中国社会科学院老年学者文库

◄◄◄
2008年，文伯屏在中国社会科学院院部门前。

◄◄◄
中国社会科学院法学所研究员，文伯屏。

◀◀◀
文伯屏自1993年任环境法国际理事会（ICEL）理事后连选连任；1988年以来任世界自然保护联盟（IUCN）环境法委员会委员。图为1991年参加国际环境法（海牙）会议时与ICEL、IUCN主席Wolfgang Buhnne博士（右一）及美、英籍委员午餐会时合影。右二是文伯屏。

◀◀◀
与与会专家在1999年欧盟环境法讲座开幕式上合影。

◄◄◄
文伯屏于2005年11月20~22日任全国人大环资委主持的《环境立法与可持续发展国际论坛》的专家委员会委员，图为文伯屏发表彩色幻灯片《论环境资源法律体系》中英文合璧演讲词，听众为中外法学专家学者。

◄◄◄
文伯屏在1991年国际环境法（海牙）会议全体大会上作《怎样加强生物多样性的国际法保护》演讲。

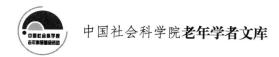

中国社会科学院**老年学者文库**

文伯屏环境资源法学文集

Comprehensive Treatise Collected Works on
Environmental & Natural Resources Law by Wen Bo-Ping

文伯屏/著

社会科学文献出版社

SOCIAL SCIENCES ACADEMIC PRESS (CHINA)

自　　序

"环境资源法学"，作为"法学"的一门分支学科的命名，是由"环保法学"、"环境法学"发展演变而来的；更准确地表述其内涵，应当称之为"环境和资源法学"或"环境、资源法学"。

中国环境资源法学的发展史，大致分为两个阶段：从 1973 年 8 月第一次全国环保会议到 1999 年 11 月召开全国环境、资源法学研究会成立大会为第一阶段；从全国环境资源法学研究会成立大会召开后到现在，为第二阶段。这两个阶段有很大的不同：其一是研究对象不同，第一阶段的研究对象是环境保护法（即狭义的环境法）和环境保护法制建设，第二阶段的研究对象是环境资源法（即广义的环境法）和环境资源法制建设，研究的法律体系扩大了，研究领域扩大了；其二是研究的视角不同，第一阶段的研究视角主要是环境科学和法学，而第二阶段的研究视角主要是环境科学、资源科学和法学。总之，环境资源法学（即广义的环境法学）这门学科比环境保护法学（即狭义的环境法学）内涵更广泛、更复杂，第二阶段的研究工作比第一阶段的研究工作艰巨复杂得多。本书收集的论文是以第二阶段的研究成果为重点，兼顾学科发展的连续性、全过程。

我对环境资源法学的研究，至今近 40 年。曾出版《环境保护法概论》《西方国家环境法》《美国环境法手册》等书，还写作、翻译了一些专业论文。原计划在我有生之年再出版几本书，但是心有余而力不足，考虑到多年来发表的论文散在很多报刊上，有些是在内部刊物上（如《中国社会科学院要报》等），还有不少是未曾发表、有价值的论文，很需要集中编辑成册出版，便于我院、有关单位和学者们研究、参考。

环境资源法学的一个特点是国内法与国际法紧密相关、有很多共性。我对环境资源法学的研究，始终是以立足国内，放眼世界，为祖国、全人类作出应有贡献为宗旨，以研究中国环境资源法学为主，同时也研究国际环境资源法学和外国环境资源法学，所以，本书重点是中国环境资源法学。全书论文分为三编：第一编是"中国环境资源法学"，其中又分为"总论"和"分论"两部分；第二编是"国际环境资源法学"；第三编是"外国环境资源法（介绍）"；附录有关文章、文件。书中有些论文是被授予奖励或表彰的。但是，即使是同行的学者，也搞不清楚哪篇文章是受奖的，受过什么奖。奖励、表扬的初衷和目的，难以广泛体现，如果翻看这本书，上述问题就能迎刃而解。后继的学者如果能从本书中得到一点启发或帮助，则幸甚矣。得小诗一首，自勉自慰。诗云：

如梦人生八十四，不辍耕耘以明志；

呕心沥血成此书，喜将收获留后世。

本书的出版，得到中国社会科学院离退休干部工作局、法学所、李步云荣誉学部委员、朱晓勤教授和社会科学文献出版社的大力支持，在此表示衷心感谢。

由于水平和精力的限制，本书难免有不当之处，敬请读者指正。

文伯屏

2012 年 2 月 10 日于中国社会科学院法学所

目　录
Contents

第一编　中国环境资源法学
Part 1：China's Environmental & Natural Resources Law

总　论

分　论

第二编 国际环境资源法学

Part 2：International Environmental & Natural Resources Law

第三编 外国环境资源法学（介绍）

Part 3：Introductions on Environmental & Natural
Resources Law of the Foreign Countries

附　录
Annex

第一编 |
中国环境资源法学

Part 1：China's Environmental & Natural Resources Law

总论

为马克思主义法学现代化作贡献

马克思主义法学现代化，就是以马克思主义法学武装头脑，以马克思主义法学指导法学研究、教学和法律工作，以马克思主义法学为指导思想，探索、构建、传播、弘扬马克思主义法律文化。怎样为马克思主义法学现代化作贡献呢？就应当响应党中央发出的"大力加强马克思主义理论研究和建设，不断开辟马克思主义发展的新境界"的号召。

一　精读马克思主义法学经典论著，以马克思主义法学武装头脑

马克思出身于一个法学世家，他的祖父、伯父、父亲都是法学家。马克思以五年半的时间在波恩大学、柏林大学刻苦攻读法学，最后作为信奉黑格尔法哲学、取得哲学博士学位的法学高材生，离开了大学。1843～1844年在巴黎创办《德法年鉴》时期，马克思实现了从唯心主义法律观到唯物主义法律观的转变。恩格斯青年时期与马克思一样，是从新理性法律观转变为唯物主义法律观的法学家。马克思、恩格斯合著的《共产党宣言》和恩格斯为起草这个宣言所写的《共产主义原理》是马克思主义法学正式诞生的标志。马克思、恩格斯两位伟大的无产阶级革命导师以极其严谨的态度，审读了西方两千多年来大批法学名著，评析了各种法学思潮，运用辩证唯物主义与历史唯物主义世界观、价值观、方法论，创建起与一切唯心主义法学根本不同的法学体系。马克思主义法学体系，包括马克思主义法学基础理论和一些部门法学思想，如宪法学、行政法学、民法学、婚姻法学、诉讼法学、国际法学等，这些思想散见于马克思、恩格斯全集之中，

有待后继者钻研、加以系统化。马克思、恩格斯披荆斩棘，呕心沥血，经过长期的艰苦钻研、共同创立的马克思主义法学体系，是集中了人类有史以来法律文化之精华，代表工人阶级和劳动群众利益的、最科学最完整的法学体系。

二 坚持以马克思主义法学思想指导法学研究、教学和法律工作

以马克思主义法学思想指导法学研究、教学和法律工作，就是要以马克思主义的立场、观点、方法来研究、解释、表述法学研究、教学和法律工作中的各种问题和现象。同样一个问题或者现象，以不同的指导思想去研究、领会、说明，往往得出不同的认识、结论。马克思、恩格斯深刻地揭露资产阶级和其他剥削阶级国家外交政策的实质时说："自古以来，一切统治者及其外交家玩弄手腕执行活动的目的可以归结为一点：为了延长专制政权的寿命，唆使各民族互相残杀，利用一个民族压迫另一个民族。"当代的伊拉克战争就有力地证明了上述精辟论断。又如国际社会对全球环境退化的原因，对大气、海洋等污染源的认识，很不一致。某些发达国家强调"人人有份"，在保护全球环境的国家责任问题上，他们总是强调"共同责任"原则，以减轻自己应当承诺的更多的义务，将其转嫁给发展中国家。以我国为代表的发展中国家则针锋相对地明确提出"共同但有区别的责任"原则，保护和改善全球环境，是世界各国以至全人类的共同责任，但是发达国家与发展中国家应当承担的责任是有区别的，发达国家应负更大的责任。主要理由是：全球环境的恶化和生态的破坏，从历史和现状分析，究其根源，主要是发达国家造成的。经过多年的南北对话和谈判，"共同但有区别的责任"原则逐渐成为国际社会的共识，1992 年签署的《联合国气候变化框架公约》和《里约环境与发展宣言》等国际法文件都明确地肯定了这一原则。这是我国继承、发展马克思主义法学，对当代国际法的新贡献。

三 以马克思主义法学为指导思想，探索、构建、传播、弘扬马克思主义法律文化

马克思主义法学不是停滞不前的，而是与时俱进，吸取各种法律文化的精华，不断创新，不断前进的。社会主义法制建设也不是停滞不前的，

而是与时俱进，吸收世界各国法制建设有益的新经验、新制度、新措施，不断改进、完善、发展的。例如我国《环境保护法》中的一项很重要的法律制度——环境影响评价制度，就是从美国的《国家环境政策法》吸收过来，结合我国国情制定的；经过一段时期实践的检验，成效显著，2002 年制定成单行法律《环境影响评价法》颁布施行。马克思主义法学原理教导我们，应当正确对待一切法律文化遗产，既不应故步自封，一概拒绝继承，也不应不加分析地照抄照搬，而应批判地继承，有所创新。马克思、恩格斯是学识最渊博、最富正义感、最伟大的，代表工农劳动群众利益的法学家。作为社会主义国家的一名法学者或法律工作者，应当以矢志做一名代表工人阶级和广大劳动人民利益的马克思主义法学家为荣，为社会主义法制建设，为捍卫工人阶级和广大劳动人民的利益出谋划策，提出建议，提供咨询，为社会主义现代化建设作出应有的贡献。

（载《中国社会科学院院报》2006 年 3 月 21 日）

建设资源节约型环境友好型社会的几个关键问题

一 必须正确处理经济发展与环境保护的关系

在这个问题上，西方国家有深刻的历史教训。以日本为例，在第二次世界大战以后，经济畸形发展，城市人口恶性膨胀，工业"三废"造成的危害很大。震惊世界的水俣病、骨痛病、气喘病等公害病事件不断发生，社会舆论大哗，受害群众不断举行游行示威和抗议。1970 年底召开了第 64 届国会，集中讨论了公害问题，所以又称"公害国会"。这次国会对现行的《公害对策基本法》等 8 个公害防治法律作了重大修改，并制定了 6 个新的公害防治法律。这次修订和制定的法律在立法指导思想上都有重大的改进，主要是正确处理经济发展与环境保护的关系，强调了公害防治的重要性。例如 1967 年制定的《公害对策基本法》，对该法任务和目的的表述中有这样的词句："生活环境的保护，得谋求与经济的健全发展相协调。"这句话包含了优先发展经济就可以牺牲环境的意思，政府对工业企业家采取让步政策。这是污染泛滥、震惊世界的公害事件不断发生的重要根源。经过 1970 年国会的修订，1971 年颁布的《公害对策基本法》第一条强调了环境保护的重要性，改为："鉴于防治公害对维护国民健康和文明生活有极大重要性，为了明确企业、国家和地方政府对防治公害的职责，确定基本的防治措施，以全面推行防治公害的对策，达到保护国民健康和维护其生活环境的目的，特制定本法。"经过"公害国会"修订、制定法律并严格执行后，环境质量取得根本性的好转。"公害国会"作为日本环境立法的转折点、重要里程碑而载入史册。我国"十五计划"期间，经济发展的各项指标大多超额完成，但环境保护的主要指标没有完成。一些长期积累的环境问题尚未解决，新的环境问题在不断产生，一些地区环境污染和生态恶化已经到了相当严重的程度，必须引起我们高度警醒。今后一定要认真贯彻落实科学发展观，在保护环境中求发展，转变发展观念，创新发展模式，提高发展质量，把经济社会发展切实转入科学发展的轨道。

二　必须深刻认识"预防为主"方针的重要意义

环境污染有四个特点：（1）有些污染不容易及时发现。日本的"水俣病"，从排放甲基汞毒水的合成醋酸工厂建厂，到发现渔民吃鱼中毒，前后经过23年之久，又经过了12年，才弄清楚是甲基汞中毒。伦敦烟雾事件，4天死了4000人，经过十几年才弄清楚事件的真相。美国洛杉矶烟雾事件，最初被认为是二氧化硫造成的，后来被认为是石油挥发物造成的，经过七八年才逐渐弄清主要是汽车废气经日光作用而形成的光化学烟雾造成的。（2）环境污染造成的有些疾病，不易彻底治疗。如水俣病、骨痛病、癌症，至今还没有彻底治疗的有效办法。（3）环境污染一旦形成，即使停止了新的污染，旧的污染也难以很快消除，造成人体健康和经济损失等严重后果是难以用数字表述的。例如用工业废水灌溉的农田土壤，一旦被废水中重金属污染，则将成为广大的、长期的、潜在的污染源，会使农作物中毒，进而使食用这种农产品的人和其他动物不知不觉地中毒。（4）环境污染的治理往往要花费高昂的代价。20世纪70年代的西德，十多年治理污染的费用，在100亿马克以上（合当时人民币85亿以上）。据专家估计，此后相当长时期内，每年还要花12亿到15亿马克，才能解决污染问题。我国治理环境污染耗费的资金额也是巨大的。例如淮河的治理。"十五期间"投入了大量资金，今明两年将再投入140亿元用于治淮工程。总之"污染容易治理难"这是国内外很多事实证明了的一条重要经验。所以，防治污染，保护环境，必须以预防为主，防患于未然，绝对不应再蹈"先污染后治理"的覆辙。

三　预防环境污染和生态破坏要"从源头抓起"

（1）全面规划，合理布局。敬爱的周恩来总理亲自制定的环境保护"32字方针"，即"全面规划，合理布局，综合利用，化害为利，依靠群众，大家动手，保护环境，造福人民"。其中头两句就是全面规划，合理布局。各地区、各部门在积极贯彻落实党中央国务院指示和"十一五规划"制订本地区、本部门的规划、计划中，要切实注意工业企业、资源配置。特别是重点污染源的合理布局。例如：重点污染源的地址都不应设置在本地区盛行风向的上风向、地面水地下水的上游。北京的首钢，地处首都盛行风向的上风向和地面水地下水的上游，是首都的重大污染源，对首都的环境质量危害很大，尽管是日伪时期留下来的旧厂，关停并转移困难很大，但是，从可持续发展的价值观考虑，不得已而迁出了首都。（2）新建、扩建、改建的项目一定要认真执行《环境影响评价法》《清洁生产促进法》以及"三同时"等法律制度，将环境污染、生态破坏的危害降到最低程度。（3）自然资源的调查、规划、开发、利用、治理、管理全过程都应贯彻执行环境保护的政策和法律法规。

四　循环经济是建设资源节约型，环境友好型社会的必由之路

循环经济（Circular Economy）的本质是一种生态化经济，就是说，在保持良好生态环境的前提下，保持经济总量的持续发展。现在德、日、美等国已经立法实施。循环经济法改变了传统的工业体系，由"资源——产品——废弃"的物质单向线性流动趋势，开始向"资源——产品——再生资源"的物质反馈式经济趋势发展，是对大量开采、大量消费、大量废弃的根本变革，提出了现在的3R（Reduce，Reuse，Recycle）操作原则，即减量化（减少资源利用量和废物排放量）、再利用（努力回收利用废弃物）、再循环（大力实施物料的循环利用系统）的发展方向。循环经济完全符合可持续发展战略思想，有利于对环境、资源的合理开发、利用和保护，有利于建立资源节约型、环境友好型社会，有利于保护子孙后代的福祉。应当认真贯彻执行国务院发布的《关于加快发展循环经济的若干意见》，要求企业界做好产品维修系统等售后服务，研发产品回收、再生产、再利用系统工程，不断创新，研发优质高效的新产品。循环经济是一个全新的前沿课题，需要开展深入的调查研究，建立符合我国国情的模式，机制、制度。

五　要更多采取市场机制来解决环境、资源问题

在传统发展模式中，尽管生态环境能产生巨大的社会效益，但保护者

一般不能从市场上自动获得经济效益和补偿，导致"环境无价、资源低价、商品高价"的现象；而且助长资源开发者把开发造成的生态破坏的外部不经济性转嫁给社会和环境，从而形成恶性循环，进一步破坏资源环境。因此，必须健全生态补偿政策，建立并完善生态补偿机制。诺贝尔经济学奖得主、哥伦比亚大学教授约瑟夫·斯蒂格利茨认为：环境税对中国政府而言可谓"一举两得"，既可以增加政府收入，又可以鼓励合理利用环境。建议政府增加环境税税种。

六　地区领导干部要有正确的、科学的政绩观，对地区领导干部政绩考核制度要科学化、法律化

温家宝总理在第六次全国环境保护大会上指示说，"十一五"时期环境保护的主要目标是：到 2010 年，在保持国民经济平稳较快增长的同时，使重点地区和城市的环境质量得到改善，生态环境恶化趋势基本遏制。单位国内生产总值能源消耗比"十五"期末降低 20% 左右；主要污染物排放总量减少 10%；森林覆盖率由 18.2% 提高到 20%；落实环境保护责任制。地方政府要对环境质量负总责，将环境保护目标纳入经济社会发展评价范围和干部政绩考核。这些指示应当是地方各级领导干部共同的奋斗目标，也是对地方各级领导干部政绩考核的主要内容。总之，地方各级领导干部不应以牺牲环境效益为代价的 GDP 增长为奋斗目标，而要以落实科学发展观，符合可持续发展理念，符合环境效益、经济效益、社会效益三统一的绿色 GDP 增长为奋斗目标。对地方各级领导干部的考核，要坚决否定以旧的 GDP 增长情况为标准，而要以上述绿色 GDP 增长情况为标准。对地方各级领导干部的考核制度，建议制定成法律或行政法规，以便全国统一遵照执行。

七　切实加强建立资源节约型、环境友好型社会的法律保障

近年来，我国每年发生环境污染事故高达 1500～2200 起，每年发生的环境违法案件多达 2 万件左右。由于有些环保法律法规出台时间早，内容滞后，惩戒力度小，缺乏环境问责制度，环保执法者腰杆不硬等原因，环保执法屡屡遭遇"制度困局"。据不完全统计，山西、江苏、福建等 12 个省市 2004 年发生的阻碍环境执法事件多达 4400 余起，其中暴力抗法事件 120

多起。因此，需要及时修订有关法律法规，加大执法力度；有的法律（如《循环经济法》等）需要及时制定；过去，环境保护立法与国土资源立法形成"两张皮"的现象。中央指示"在开发中保护，在保护中开发"，保护必须与调查、规划、开发、利用、治理、管理生态环境和国土资源的全过程紧密结合，才能真正达到保护的目的。为了使国土资源的调查、规划、开发、利用、治理，管理全过程都能贯彻执行环境保护政策，为了环境保护立法与国土资源立法密切结合，为了切实加强建立资源节约型、环境友好型社会的法律保障，建议最高立法机关制定《环境资源基本法》，将环境保护基本政策与国土资源基本政策统一地用法律形式固定下来，建立健全环境资源法体系，提高环境与资源立法、执法效率。

（2006 年会议发言稿）

环境保护的法律问题

第一节　法律调整在环境保护中的意义

环境保护的法律调整，是人类社会现代化进程中必然会出现而又必须加以妥善解决的课题，是当代经济建设中日益频繁遇到的一个重要法律问题。人们把调整因保护和改善环境而产生的社会关系的各种法律规范称之为环境保护法。它包括环境保护的基本法，也包含调整某种有关环境保护的社会关系的单行法。在经济建设的同时，运用法律手段保护环境，这是我国的一项重要国策。

环境一般分为社会环境和自然环境。环境保护中的环境，主要是指作为人类生存空间的自然环境。恩格斯曾经指出，"自然和历史——这是我们在其中生存、活动并表现自己的那个环境的两个组成部分。"[①] 这里所说的"自然"，就是人类赖以生存和发展的自然环境。它不仅是人类吸取基本生命物质，获得阳光、空气、水、食物的场所，也是为人类提供生产建设原料的基地。人类从自己生活和生产实践中逐步懂得保护自然环境的重要意义，并渐渐把这种认识上升为法律，凭借法律手段保护环境已有很悠久的历史。纵观环境保护法律调整历史发展的全过程，大体可分为三个阶段。

第一阶段，古代和中世纪，是环境立法的萌芽时期。由于社会生产力水平很低，人类的生产活动比较简单，对环境自净能力和生态系统良性循环冲击不大。只是在一些国家的法律中出现有关保护局部环境的零星规范。比如，《韩非子·内储说上》记载，"殷之法，弃灰于公道者断其手。"这大概是最早的禁止乱抛垃圾的法律条文。我国秦律规定："春二月，毋敢伐材木山林及雍

---

① 《马克思恩格斯全集》第39卷，人民出版社，1995，第64页。

（壅）隄水。不夏月，毋敢夜草为灰，取生荔、麛鷇（卵）鷇……到七月而纵之。"① 意思是，春天二月，不准到山林中砍伐木材，不准堵塞水道。不到夏季，不准烧草作为肥料，不准采取刚发芽的植物，或捉取幼兽、鸟卵和幼鸟……到七月解除禁令。这显然是我国最早的一条保护林木、水道、幼小植物、动物和水产资源的法律。1306 年英国议会也颁布禁令，不准伦敦工匠和制造商在国会开会期间用煤。这些零散的环境保护的法律规范，尽管还远非当代意义上的环境保护法，可是却包含着它可贵的萌芽。

第二阶段，即从产业革命爆发到 20 世纪 50 年代，是环境立法的开始兴盛时期。蒸汽机被发明和广泛应用，给社会带来了空前巨大的生产力，也带来了对环境的污染。随着工业的发展，火车、轮船的发明，工厂林立的大城市的兴起，在人类历史上也就出现了大规模地改变自然界，污染环境，破坏和干扰生态系统的现象。保护环境的需要逐渐迫切起来。在一般行政管理法规中夹杂规定环保问题的现象增多了。比如，英国 1863 年制定的《制碱法》对防止废气污染作了规定。1877 年日本大阪府颁布的《工厂管理条例》，从减少环境污染的角度规定了工厂的选址问题。美国 1899 年制定的《河川港湾法》，禁止将除城市街道和污水管道的液体之外的废物排入美国通航的水域。同时，专门保护环境的单行法规也应运而生。比如英国颁布了《水质污染控制法》《清洁空气法》，美国制定了《油污防止法》，西德颁布了《自然保护法》《狩猎法》。苏联十月革命胜利不久，也于 1918 年、1919 年颁布过环境保护的单行法规。环境保护单行法的出现，是环保法逐渐走向成熟的重要标志。

第三阶段，即 20 世纪 60 年代以来，是环境立法迅速发展、自成体系的时期。由于科学技术突飞猛进，生产力急剧发展，人口飞速膨胀，资源被大量开发、耗费，人类的生活和生产活动对环境的污染，对生态平衡的破坏越来越大，震惊世界的公害事件，如日本的水俣病、骨痛病，美国的洛杉矶光化学烟雾事件等不断发生。从 20 世纪 60 年代开始，环境问题就成为世界上五大社会问题（还有人口、粮食、资源、能源）之一，保护环境的呼声形成了强大的舆论压力。为了保护自然资源，控制公害的发展，许多国家越来越认识到进一步采取法律手段的重要性，环境立法得到了前所未有的发展。不只是迅速增订了许多环境保护的单行法规，还制订了综合性

① 《睡虎地秦墓竹简》，文物出版社，1978，第 26 页。

的环境保护法律，对整个环境保护中的社会关系进行通盘调整。例如：苏联于 1960 年制定了《苏俄自然保护法》，日本于 1967 年颁布了《公害对策基本法》，美国于 1969 年颁布了《国家环境政策法》，西德也于 1974 年制订了《联邦污染控制法》。环境立法已逐渐形成独立的法律部门，形成基本法和单行法相结合的体系。这个时期环境立法的特点主要表现为：（1）保护环境，防止污染，已经成为一个不可动摇的宪法原则，22 个国家已将这一点写进了自己的根本大法。（2）自成体系，日趋完备。不仅有环境保护基本法，而且有环境保护单行法。涉及环境保护的各个领域的环保法律，西德有 160 种、美国有 120 种、日本有 70 种之多，形成了一个独立的环境保护法律体系。（3）不仅加强了行政法保护、民法保护，而且增添了刑法保护。西德、日本、瑞典、美国、苏联都在刑法或其他特别法中规定了"公害罪"，对破坏环境的罪行处以徒刑或罚金。（4）环境立法开始国际化。在国际环境法领域，产生了 1972 年的《人类环境宣言》、1980 年的《世界自然资源保护大纲》、1979 年的欧洲《防止大气污染公约》、1972 年的《美苏环境保护合作协定》等国际条约、地区性公约或双边协定。

回顾世界各国，特别是西方各国环境保护法律调整的发展历史，不难看出两个问题：

第一，加强环境保护，是任何一个经济发达国家和正在建设现代化经济的国家所必须注意的问题，而采取法律调整措施则是它们保护环境的必不可少的手段。恩格斯告诉人们："人本身是自然界的产物，是在他们的环境中并且和这个环境一起发展起来的。"① 自然条件影响人类的历史发展，而人也反作用于自然界，改变自然界，为自己创造更好的生存和活动的条件。随着人类对自然规律认识的增长，人类支配、驾驭自然界的能力也增加了。但是，自然环境并不是可以受人类任意摆布的。人类的活动，如果违反了自然规律，自然界就必然给人类以无情的惩罚。人类近百年的生产活动，特别是近几十年的生产活动，给自然环境带来了巨大的影响和变化。现代人类生活的环境远不是原始的自然界，随着科学技术的进步和工业的迅猛发展，其所处环境与自然环境的差异越来越大。特别在人口密集的城市和工业区，环境的组成与变化规律同自然环境已相去甚远。但人类对环

① 《马克思恩格斯全集》第 20 卷，人民出版社，1995，第 38 页。

境变化的适应是有一定限度的，且自然界能够提供给人类的物质及其数量也不是无限的，如果人类的活动使自然环境剧烈变化，或把数量过大的有害物质倾入自然生态系统，超过了生物和人类自己可以忍受的程度，就会破坏生态平衡，使人类和生物受害。因此，当人们改造自然、发展经济的同时，必须兼顾环境保护。但是，并非所有人都认识或承认这个道理，有些国家在生产规模迅猛扩大之时，自然资源被严重滥用，环境受到工业日益严重的污染和破坏，生态平衡失调，以致在许多国家形成了普遍性的公害，发生了一系列严重的污染事件，造成巨大的生命财产损失。1952 年震惊一时的伦敦烟雾事件，四天内死亡 4000 人。这些事实，使许多国家不得不考虑，为了保护环境，在采取科学技术、经济措施的同时，还必须进一步运用法律手段，把环境保护纳入法治轨道。

第二，西方资本主义国家，由于它们的阶级本质所决定，都走了一条"先发展经济，后治理污染"以及被动采用法律调整措施的悲惨道路。在资本主义国家里发生"八大公害事件"① 并不奇怪，这是资本主义社会制度的必然产物。资本主义生产的目的"是用最小限度的预付资本生产最大限度的剩余价值或剩余产品"②。所以，"只在求得劳动的最近最直接的有用效果。那些只是在以后才显现出来而且是由于逐渐的重复和积累才发生作用的进一步的结果，一直是完全被忽视的"③。在经济发展与环境保护发生矛盾时，资本家阶级本能地优先发展经济而不顾环境污染对劳动人民的危害。但是，最近几年，有些资本主义国家也在采取措施，包括运用法律手段治理污染，并且环境状况也确实正在改善，这种改变同样是为了资产阶级的自身利益。首先，经验教训使现代资产阶级懂得：环境污染严重会引起劳动人民反对，对维护统治地位不利。其次，资本家和劳动人民生活在同一自然环境之中，一样地呼吸空气、饮水、吃食物，环境的污染和破坏，直接影响到百万富翁自己的生存。再次，环境质量的恶化，反过来也恶化了资产阶级为赚钱而经营企业的条件（土地、人力、资源等）。因此，资产阶级为了更持久地更多地榨取剩余价值和

---

① 即指英国"伦敦烟雾事件"、日本"水俣病事件""富山骨痛病事件""四日市气喘病事件""米糠油中毒事件"、美国"洛杉矶光化学烟雾事件""多诺拉烟雾事件"、比利时"马斯河谷烟雾事件"。

② 《马克思恩格斯全集》第 26 卷，人民出版社，1995，第 625 页。

③ 恩格斯：《自然辩证法》，人民出版社，1971，第 147 ~ 148 页。

剩余产品，必须付出一定的甚至是比较大的资本，用于环境的保护和改善，他们的国家也正是出于保护资产阶级的利益，而开始采取法律调整措施的。由于资本主义基本经济规律的制约，它们无不以追逐最大限度的利润为目的，不可能不走先发展经济、后治理污染的弯路。

我国是社会主义国家，人民是国家的主人，国家的全部活动就在于保护人民、造福人民，从根本上说，国家利益和人民利益是完全一致的。保护环境，是建设社会主义强国保护人民健康的大事，它的出发点和归宿都是为了人民群众。因此，我们国家在自己的实践中，能够正确地接受国外环境保护中的经验教训，并采取法律调整的手段，保护和改善环境。新中国成立以来，党和政府曾在保护土地、改良土壤、改造沙漠、根治害河、兴修水利保护森林、确定自然保护区等方面，进行了大量工作，并先后颁布了《国家建设征用土地办法》《公路绿化暂行办法》《水土保持暂行纲要》《森林保护条例》等重要法规。粉碎江青反革命集团后，国家又先后制定了《森林法（试行）》《环境保护法（试行）》。但是由于"左"的指导思想的影响，特别是林彪、江青反革命集团多年的破坏，加上我们经验不足，环境保护中的法律调整的重要性长期不被人们认识，即使环境保护法公布施行后，也未做到"有法必依"。最近，中央书记处对环境保护工作提出重要意见，指出：对于人类生活环境的保护，现在不能不提到议事日程上来了，不能不抓了。现在只抓污水处理、废气处理还不够，应当有全局安排。包括森林覆盖面积，避免沙化，长江、黄河的开发与治理，等等。指示中还说，环境保护问题涉及国家的经济布局，涉及计委与其他许多部门。对于环境保护的科学研究工作，需要自然科学家与社会科学家结合起来进行，要搞立法，搞规划。鉴于我国环境污染的严重状况，为了贯彻执行中央书记处这一重要指示，我们必须在环境保护基本法的基础上，尽快完善我国的环境保护法律制度，并解决实施环境保护法中的问题，使环境保护真正纳入法治的轨道。这样做，对于造福子孙后代，实现四个现代化的宏伟事业，是非常必要的，其意义在于：

第一，加强环境保护中的法律调整，是控制和消除污染，保证社会主义经济建设正常进行的需要。社会主义国家区别于资本主义国家的一大特点，是能够自觉认识并按照客观经济规律办事，特别是按照社会主义基本经济规律的要求发展生产。根据社会主义基本经济规律的要求，社会主生产的目的是满足人民群众不断增长的物质和文化生活的需要。实现这一目的的手段是不断创造更高的劳动生产率。从社会主义生产的目的及实现它的手段来看，都应包括为人民和子孙后代创造清洁、优美的生活和劳动的环境。所以，防治污染，保护环境，是社会主义基本经济规律的要求，保护和改善环境，不可避免地要成为经济发展的重要内容：其一，社会主义的大生产必须合理利用和保护资源，防止工农业中产生的污染和其他公害，并对已经产生的污染积极进行治理。当前，在工业生产过程中，由于技术经济条件的限制，为了生产一定的产品，往往只利用了原材料、燃料的某一部分，而其他部分则当作废料以水、气、渣的形式排放到环境中。既污染了环境，又极大地浪费了资源。列宁曾指出："把自然肥料白白抛掉，反而污染市郊和工厂附近的河流和空气，这是很不合理的。"① 随着经济的发展，资源消耗的速度更快了，客观上要求人们必须改变目前的经营方式，以实现综合利用，化害为利。其二，必须把"三废"的治理作为生产过程的必要环节。随着工业的迅速发展，向自然环境排放的各种生产和生活废弃物与日俱增，大大超过了环境的自净能力，降低了环境质量。为了保证环境质量，使经济持续稳定发展，必须为处理"三废"付出劳动。换句话说，符合一定质量标准的环境，不再纯粹是自然界的恩赐，而要靠人类劳动去创造。所以，环境保护，必然地应成为国民经济中的重要组成部分。所有这些，都需要我们的国家采用法律的调整措施，以便正确处理好保护环境和发展生产的关系，使环境保护与国家经济建设的长远规划和近期计划相协调、相适应，防止浪费资源、牺牲环境的现象出现。

第二，加强环境保护中的法律调整，是保护人民健康、安全，进一步巩固安定团结的保证。我国是以工人阶级为领导、以工农联盟为基础的人民民主专政的社会主义国家，它的法律必须坚决地把保护人民健康作为自己的重要任务。我国宪法第十一条规定"国家保护环境和自然资源，防治污染和其他公害"，这就是说，保护环境，是国家的崇高任务，是发展国民经济改善人民物质和文化生活的一个重要组成部分。为此，我们必须具体地制定一系列环境保护的法律规范，以保证人民确有清洁适宜的环境。目前，我国工业还不够发达，但环境污染已相当严重，突出表现在城市环境

---

① 《列宁全集》第 5 卷，人民出版社，1984，第 133 页。

恶化、江河湖海污染和自然生态的破坏等方面，并已给人民群众的生活和健康带来了危害。例如黄浦江、松花江受到严重污染后，影响了上海、哈尔滨两市1300多万人口的饮水，群众反映强烈。由于设在城市居民区的工厂的噪音、烟尘、恶臭，对居民造成直接危害，不断发生厂群纠纷。某市1980年1至10月就有40家工厂因"三废"污染与居民发生冲突，累计停产45天，损失3562500元。工业和城市"三废"危害农田，损害农民利益，影响工农关系、城乡关系的事情也在增多。为了保护人民的健康、安全，加强工农联盟，进一步实现安定团结，也急需健全法制，运用法律措施，调整因环境保护而产生的各种社会关系。

第三，加强环境保护中的法律调整，是按照自然规律办事，保持生态平衡，维护人类长远利益，造福子孙后代的需要。自然界给人类提供了生存的场所、条件和生活资料，从而形成了人们对自然界的依赖关系。维持自然界生态平衡的基础，是有规律的物质循环和能量循环。为了保持这种有规律的循环，人类的活动必须符合自然规律的要求。反之，人类和自然界之间的平衡关系就被破坏，就会受到自然界的惩罚，危害人类生存本身。恩格斯告诫我们，"必须时时记住：我们统治自然界，决不像征服者统治异民族一样……我们对自然界的整个支配，仅仅是因为我们胜于其他一切动物，能够认识和正确运用自然规律而已"[1]。我们在利用和改造自然的同时，必须注意使自己的活动符合自然规律，特别是生态规律的要求，爱护自然界，爱护自然资源，保护和改善人类生存的环境，这不仅是当代人民群众的整体利益的要求，也是保护人民长远利益和子孙后代幸福的需要。为此，就必须把环境质量标准法律化，使这些反映自然规律要求的法律规范，成为每一个人都必须遵守的行为准则，以维护自然生态的平衡。

第二节　环境保护法律调整的原则

环境保护法的基本原则，在环境保护的法律调整中居重要地位，这不仅在于它本身具有法律的约束力，人们必须遵守它，还在于它为制定和运用环境保护的其他法律规范提供了总依据。1973年8月，我国召开了第一次全国

---

① 恩格斯：《自然辩证法》，人民出版社，1971，第145~146页。

环境保护会议，会上制定了"全面规划，合理布局，综合利用，化害为利，依靠群众，大家动手，保护环境，造福人民"的方针，并载入了会议的正式文件，人们通常称之为"三十二字方针"。这条方针总结了我国环境保护的实践，体现了环境保护法律调整的总要求，因而它也是环境保护中法律调整的总原则。这条总原则先是载入 1973 年国务院文件，后于 1974 年 1 月载入《工业"三废"排放试行标准》中，开始成为环境保护工作的总依据。1979 年 9 月 13 日，五届人大常委会第十一次会议制定了《中华人民共和国环境保护法（试行）》，这个法的第四条明确把"三十二字方针"肯定下来，使其成为我国环境保护法的总方针和总原则。根据环境保护法这一总方针和总原则，我国在环境保护的法律调整中，必须坚持以下原则：

第一，国民经济和环境保护必须统筹兼顾，协调发展的原则。我国是社会主义国家，国民经济是有计划按比例发展的，发展经济的根本目的是造福于人民。环境保护，从根本上说，就是保护广大人民群众和子孙后代的健康，保护和促进生产力的发展。周恩来同志生前曾多次指出，我们在搞工业建设的同时，就应该抓紧解决环境污染问题，绝对不做贻害子孙后代的事。这就是告诉我们，在国民经济发展中，必须注意发展生产和保护环境的综合平衡。目前，我们已成为世界上排污较多、污染严重的国家之一。如果只片面强调发展生产，而不重视环境保护，随着生产建设的发展，环境的污染和破坏会越来越严重。就可能发生西方国家发生过的爆炸性公害。为了切实执行"统筹兼顾，协调发展"的原则，必须十分重视行政法律调整的措施：（1）在规划经济发展的同时，必须同时规划环境保护工作。环境保护法第五条规定："国务院和所属各部门、地方各级人民政府必须切实做好环境保护工作；在制定发展国民经济计划的时候，必须对环境的保护和改善统筹安排，并认真组织实施；对已经造成的环境污染和其他公害，必须作出规划，有计划有步骤地加以解决。"根据这一规定，环境保护理所当然地应成为国家计划的重要组成部分，中央各部门和地方各级人民政府在制定经济发展的长远规划和年度计划时，必须把环境保护纳入指令性计划，计划审查机关在审查计划时应认真审查有无环境保护的内容，凡没有环境保护内容的计划，应视为不完备的计划，不予批准；消除污染，保护环境，应作为工矿企业全面完成国家计划的一项考核指标。各级主管部门和企业在安排、检查、总结生产任务时，应同时安排、检查、总结环境保护工作。其他指标完成了计划，而"三废"放任自流，不积极进行治理，污染环境，危害人民健康，不算全面完成国家计划。（2）对发展生产和保护环境所需的人、财、物，必须统筹安排。中央和地方的财政预算中，应包括环境保护所用的必要财力。

对环境保护所需的资金、物资应逐年作出安排，并予以切实保证。对于国家用于环境保护的人力、财力、物力，任何机关和个人不得挤占、挪用，凡挤占挪用者应追究其法律责任。

第二，防治污染，保护环境，必须坚持防治结合，以防为主的原则。环境的污染和破坏有四个特点：（1）有些污染不易及时发现。日本的"水俣病"，从排放甲基汞毒水的合成醋酸工厂建厂，到发现渔民吃鱼中毒，前后经过了 23 年之久，又经过 12 年，才弄清楚是甲基汞中毒。伦敦烟雾事件，经过十几年才弄清事件的真相。洛杉矶烟雾事件，最初被认为是二氧化硫造成的，后来被认为是石油挥发物造成的，经过七八年才逐渐弄清主要是汽车废气经日光作用而形成的光化学烟雾造成的。（2）环境污染造成的有些疾病，不易彻底治疗。如水俣病、骨痛病、癌症，至今还没有彻底治疗的有效方法。（3）环境污染和破坏一旦形成，即使停止了新的污染和破坏，而旧的影响也难以很快消除，甚至会成为新的二次污染源。如森林的乱砍滥伐，十几年甚至几十年难以再生。土壤、地下水的污染，几十年甚至上百年都难以恢复。美、日等国早已禁止使用滴滴涕，但是，至今在人奶中仍能发现，婴儿由哺乳而得到的农药超过规定限度。（4）环境污染造成的经济损失很大，加上污染治理费用，则要付出更加高昂的代价。据专家估计，美国 1977 年由大气污染造成的经济损失，至少是 250 亿美元。美国计划 1976 年至 1985 年用于执行防止大气和水污染法令的费用，接近4500 亿美元，相当于 1976 年至 1985 年间国民经济总产值的 2%。总之，"污染容易治理难"，这是国内外很多事实证明了的重要经验。所以，防治污染，保护环境，必须以预防为主，防患于未然。我国的环境保护法贯彻了"预防为主"的精神，特别是在第四、六、七、十七、十八等条款中，对"合理布局""综合利用""三同时"① 等措施，都作了明确的规定，体

---

① "三同时"，即在新建、改建和扩建工程时，防止污染和其他公害的实施，必须与主体工程同时设计、同时施工、同时投产。

现了"预防为主"的要求。现在的问题是，要认真执行这些规定，并用相应的具体的法律规范加以落实，以便通过法律调整，防止新的污染源产生，限制旧的污染蔓延，并在积极治理中使整个环境得到改善。

第三，综合利用，化害为利的原则。环境保护法第十八条规定："加强企业管理，实行文明生产，对于污染环境的废气、废水、废渣，要实行综合利用，化害为利。"1974 年制定的工业"三废"排放标准第二条也规定："充分发动群众，开展综合利用，尽量减少工业'三废'排放数量，防止工业'三废'污染危害"。第十七条规定："工业'废渣'是一种自然资源，要想方设法利用，以开辟新的原料来源，减少对环境的污染。""凡已有综合利用经验的'废渣'……必须纳入工业设计、基本建设与产品生产计划，实行'一业为主，多种经营'，不得任意丢弃。"环境保护法还对综合利用规定了奖励条款。这些规定，体现了"三十二字方针"的基本精神，其要求在于：（1）把有害之物，变成有用之物，从而消除污染危害；（2）合理利用资源，使资源的效能充分发挥出来；（3）广泛开展工艺改革和技术革新，使"三废"少产生或不产生，把"三废"消灭在生产过程中。根据这些要求，工矿企业要把排放的有害物质加以回收或制成新的产品。在治理"三废"时，要打破行业界限，尽量采用经济有效的现代科学技术的新成就，实行多种手段结合，发展综合利用，变废为宝，使这个工厂的废物，变成另一个工厂的原料，向生产的深度、广度进军。在农村则要提倡把农业生产中的废物发酵生产沼气和沤制肥料；对于人民日常生活中排放的垃圾，也要收集起来，分类处理，把无用之物重新变成工业原料和农业肥料。

第四，防止污染，保护环境，必须坚持权利和义务一致的原则。控制和消除污染，保护和改善环境，是一个内容很复杂、涉及面很广的问题，关系亿万人民群众的切身利益，保护好环境是广大人民的迫切要求；同时，人民群众蕴藏着改善环境的无穷智慧，只要发动群众，群策群力，环境保护中遇到的难题就能逐步获得解决。正是基于上述的前提，所有公民和法人，在保护环境问题上必须坚持权利和义务相一致的原则。即是说，每个公民和法人组织都有权要求改善环境，但同时都必须为保护环境履行自己的义务。在"三十二字方针"中规定"依靠群众，大家动手"，正是体现了这种要求。如果每个公民，特别是法人，都要求别人控制和消除污染，而自己却不肯为改善环境承担任何义务，那么消除污染，改善环境，则只能是一句空话，即使有再好的计划也等于零。我国环境保护法第八条规定："公民对污染和破坏环境的单位和个人，有权监督、检举和控告。被检举、控告的单位和个人不得打击报复。"这些规定从法律上保障了每个公民享受清洁、优美、安静的环境的权利，也从法律上规定了每个公民和法人尊重别人这一权利的义务。在法律调整中，认真坚持这一原则是有重要意义的，它有利于调动广大群众保护环境的积极性，向污染和破坏环境的违法行为作斗争。

为了更好地依靠群众保护和改善环境，还应该从法律上确认将环境污染情况公布于众的制度。罗马尼亚《环境保护法》第六十条明确规定："报纸、电台和电视要大力向公众报导环境污染现象及消除污染的必要措施，以形成强大的舆论。……"日本《大气污染防止法》第二十四条规定："都道府县知事应将辖境内的大气污染状况公布周知。"《水质污染防治法》第十七条也明确规定："都道府县知事应将辖境内公共水域的水质状况公布周知。"① 这些法律规定，对于他们各自国家的环境保护都产生了好的作用。目前，在我国法律中尚无此类规定，只是在实践中有类似的做法，譬如利用报纸、电台揭露污染环境的严重事件及其肇事者。这些作法虽然也起到了发动群众监督环境保护的某些作用，但仍很不系统，没有形成制度。我国应当总结自己在环境保护中的实践经验，借鉴外国有益的东西，在今后立法中形成带有我国特点的公布环境污染和破坏情况的制度，使之成为依靠群众舆论压力推动环境保护工作的法律手段。

第三节　我国环境保护的法律制度

环境保护的法律制度，是我国社会主义法律制度的一个重要组成部分，它从最初确定之日起就鲜明地反映了我国社会主义法的本质，反映了全国人民的意志，体现了人民的根本利益。为人民群众保持优良的生活环境，保护人民所需要的资源，这就是我国环境保护法律制度的出发点。

环境保护法律制度的任务，是调整因保护和改善环境而产生的各种社会关系。由于它和其他法律制度的任务不同，形成了它自己独有的特点。

---

① 《外国环境保护法规选编》，第 166 页，中国社会科学出版社，1979。

第一，环境保护法律制度是法律规范和技术规范的结合。如前所述，环境保护法所保护的是人类生存的自然环境，而自然环境的保护所产生的问题并非一般法律规范所能完全解决的，于是，就不得不要求制定一些反映自然规律的规范，如环境质量标准、控制污染物排放的排污标准，等等。这些规范是技术性的规范，但又不同于一般的技术规范，它们一旦被国家颁布，就被赋予了某种强制性，成为法律化了的技术规范。它们虽然标明的是自然界的某些标准（如水、气、土等），但却要求人们的活动必须遵守它们。所以说，这些规范兼有法律和技术两种规范的特点，这种特殊的法律规范和一般法律规范的结合，是环境保护法律制度的一个突出特点。

第二，环境保护的法律制度，就其法律结构而言，是不同法律部门的法律规范的有机结合。我国环境保护法律制度，就它的主要方面来说，是行政法的法律规范。行政法的法律调整在环境保护法中占有重要地位，诸如禁止向一切水域排污，不得在风景区、自然保护区建立污染环境的企业，有害气体的排放必须符合国家标准，责令造成污染的单位转产搬迁，等等，都是由国家授权的行政机关制定的行政法规调整的，这些法规规定的义务是通过处以行政罚款等措施保证履行的。保护环境和防治污染，涉及的不只是某几个人，或某个地区的人民，而是整个社会。就其本身而言，它是宏观经济的问题，而不是微观经济问题。国家从战略的全局出发，运用行政法的措施管理和监督环境保护，是非常必要的，从我国的实践以及外国的经验来看，必须充分肯定它的地位。其次，运用民法的法律规范和刑法的法律规范调整环境保护中的社会关系，也是非常需要的。在环境保护的实践中，人们常常遇到违反环境保护法的规定而损害其他公民的权利的行为，从而导致了民法调整的必要。例如企业排放的废水、废气，使人民公社的庄稼产量明显下降或牲畜死亡，等等。这些情况，都不能仅靠行政措施解决，而只能根据民法损害赔偿的原则，满足集体经济组织和公民个人索赔的合理要求，由排污单位给付损害赔偿金。污染环境还可能因造成人身伤亡和重大财产损失而构成犯罪，这就需要追究肇事者的刑事责任。在保护环境中，以经济行政法的措施为主，辅之民法、刑法的法律措施，采取综合调整的方法，这是环境保护法律制度的又一个特点。

第三，环境保护法律制度，调整的范围非常广泛。它既调整人们在经济活动中产生的经济关系，也调整人们在改造自然、影响自然中产生的其他社会关系。就其法律关系的主体而言，它既调整具备法人资格的经济组织（包括国有经济组织、集体经济组织等）之间的关系，经济组织与公民个人之间的关系，也调整国家机关和经济组织之间的关系。就其法律关系的客体说来，它既保护矿产资源、生物资源等自然资源，又保护名胜古迹、风景游览区、生活居住区等。广泛的自然客体，涉及人类物质生产和生活（包括物质生活和文化生活）的各个领域，关系到千家万户，男女老少。环境保护法律制度的这一特点，对每个公民提出了一个最基本的要求，即人人都要遵守环境保护法，自觉地保护环境，人人都要和违反环境保护法、破坏和污染环境的行为作斗争，这是保护全体人民利益的需要，它不仅影响到当前的利益，也影响到长远的利益。

我国的环境保护法律制度主要是两大类。

第一类：保护自然资源的法律制度

它所调整的范围，是人们在保护自然资源中所产生的社会关系，它所保护的客体是人类生产、生活所必需的自然资源。为了顺利地进行四个现代化建设，我们在利用自然资源时，必须协调人类活动和环境之间的相互关系，协调经济发展速度与自然资源利用以及社会对生产物质的供需平衡，为此就要正确地运用生态规律和经济规律确立和执行保护自然资源的法律制度。由于自然资源范围很广，各自又有不同的特点，保护的要求也有差异，因此，在环境保护实践中形成了下列不同的自然资源保护制度。

一　大气、水资源和土壤的法律保护制度

它的自然客体是大气、水体和土壤。它们具有明显的地区性，保护这类资源的基本原则，是充分利用近代科学技术，因地制宜，发挥各地所长，以保证大气和水的永恒使用。我国环境保护法第十一条明确提出，"保护江、河、湖、海、水库等水域，维持水质良好状态"。"严格管理和节约工业用水、农业用水和生活用水，合理开采地下水，防止水源枯竭和地面沉降"。并且规定，在水源保护区不准建立污染环境的企业、事业单位。国家计委等部委印发的《关于治理工业"三废"开展综合利用的几项规定》也明确规定："不允许把江河湖海作为污水道和垃圾箱。"《中华人民共和国防

止沿海水域污染暂行规定》也规定："禁止在中华人民共和国沿海水域任意排放油类或油性混合物，以及其他有害的污染物质和废弃物。"这些规定，是保护水资源的最基本的要求，为了保证人和生物对清洁水流的源源不断的需要，为了使工农业做到合理用水，所有的企事业单位和公民个人都要认真执行这些规定，为保证水质履行自己的义务。但是，仅有这些零散的规定，还不能完全承担起保护水资源的任务，还需要制定保护水资源的单行法。目前日本、苏联、西德等国，早有此类立法。我国现在正总结自己的实践经验，吸取国外好的东西，对水体保护，包括地表水体、地下水作出规定，制定我国的水体保护法。沿海水域的保护有其特殊性，它不仅涉及水资源的利用问题，还涉及国家与国家之间在保护海水水质方面的权利和义务，应在《防止沿海水域污染暂行规定》的基础上，制定单独的海洋环境保护法这样的单行法。我国有关大气保护的立法更为薄弱，目前尚无专门的法规，而我国许多大中城市的大气环境质量又很差，急需完成现在正进行的大气保护法的制定工作。

水土保持是保护土壤制度的重要内容。我国水土保持纲要的任务是，认真开展水土保持工作，合理利用水土资源，以达到防止水土流失，保护土壤的目的。这个纲要的根本要求是：（1）根据各地区的不同特点分别制定自己的水土保持工作规划，并确实保证实施；（2）各业务部门要各负其责，努力协同，保证水土保持措施的实现；（3）在土壤上进行的农、林、牧各业都要制定水土保持办法，防止因作业的进行造成水土流失。

二 矿产资源的保护制度

它所保护的自然客体是煤、石油和其他矿产资源。这类资源的储量有限，开采后又大部分不能再生，而它又是物质生产部门不可缺少的生产资源，是实现四个现代化的物质基础。所以，国家一直把保护和合理利用矿产资源，作为一项重要的技术经济政策。矿产资源保护法就是这一重要政策的反映。新中国成立以来，我国政府对矿产资源的保护是比较重视的，1965年12月17日，国务院曾批转了《矿产资源保护试行条例》。这个条例的原则是：实行综合利用，兼顾当前与长远、局部与整体、用矿与保护的关系，充分发挥潜能，以保证资源利用合理，减少污染。根据这个条例的规定，在保护和利用矿产资源中应做到：（1）地质勘探单位应当对勘探区内的一切具有工业价值的共生矿和伴生组分进行勘探研究；对易损的特种非金属矿产，应当采用合理的勘探方法妥善保护；钻探可能蕴藏有石油、天然气等可燃流体矿产的地层，事先必须采取防喷措施；如发现世界罕有的、具有特殊学术意义的地质现象，应当划出一定地区，加以保护。(2) 对于有发展远景的矿山，应编制矿山开发总体规划，以便合理开发资源；矿区内的矿产涉及几个部门使用时，由主要使用部门会同各有关使用部门联合进行设计；对不急需或利用有困难的矿产，在设计中应当尽可能保护，以备今后开采利用，必须采出的，应当设计必要的贮存场所，以便保管。设计各种大型工程之前，必须向地质部门了解工程区内的矿产资源分布情况，以免压复矿产资源或改变地下水现状，无法避免的，应作出细致的经济比较，并征得主管工业部门同意。(3) 矿山企业，必须根据设计要求、采矿程序以及贫富、大小、厚薄、难易兼采和综合利用的原则，订出合理的、切实可行的技术措施和作业程序，然后进行开采。矿山企业在开采过程中，应当经常进行研究并不断改进采矿方法，努力降低贫化率和损失率，最大限度地回采地下资源，注意防止矿产自燃、充水等破坏现象。开采中如发现具有工业价值的共生矿产和伴生组分，应立即报请主管部门处理；凡属需要通过生产地质工作补充勘探和研究的，应组织力量抓紧进行，以利全面回收。矿山企业对于已经采出而且目前尚难回收或利用以及暂无销路的矿产，应当集中存放，妥善保管。严禁乱挖乱采，防止矿产资源的破坏和损失。(4) 选矿、冶炼企业在选矿、冶炼过程中，应当综合回收矿产资源，努力提高回收率，尽量回收一切有用组分。对某些限于当前经济条件暂时不能回收的，应妥善保存，以便将来利用。在搬运、包装、堆放矿石和矿产品的过程中，应当注意防止贫化损失。为了进一步健全对矿产资源的法律保护，还应制定《矿产资源法》。

除《矿产资源保护试行条例》对保护矿产资源作出了综合法律调整的规定外，我国其他法规中还可看到一些零散的规定。如《石油工业部环境保护工作试行条例》，对保护石油资源也作出了规定，它要求各石油企业通过革新工艺，技术改造，综合利用，最大限度地利用能源和资源。对落地的原油和其他各种油类、烃类，要尽量回收利用。天然气、油田伴生气和炼厂瓦斯，必须纳入生产流程，回收利用，不得任意排放。这些规定对合理利用石油资源是有意义的。

应该说 1965 年制定的《矿产资源保护试行条例》，其基本内容是好的，但我国的矿产名曰全民所有制财产，实则部门所有，各工业部门都管矿产。因此，并未认真执行这个条例。为了彻底改变目前浪费、破坏资源的现象，必须建立全国统一管理矿产的机构，以便保证合理利用矿产资源。

三 生物资源的保护制度

它的保护对象是野生动物、植物等生物资源。此类资源的特点是具有再生的机能，如能合理利用，并按照自然规律进行管理和抚育，就可以保证再生，而且可以有计划地繁殖扩大。我国野生动物资源种类繁多，资源丰富。陆栖脊椎动物有 2100 多种，占世界总数的 10%，其中有不少闻名世界的珍贵稀有动物。我国植物资源也极为丰富，在世界上名列前茅。我国牧区约有 43 亿亩草原，其中可利用的草牧场约 33 亿亩。合理地保护和利用这些资源，是我国的一大财富。建国以来，国家根据生物资源保护的需要，曾先后制定了水产资源繁殖保护条例、森林法等重要法规。

水产资源繁殖保护条例的任务是，繁殖保护水产资源，发展水产事业，以适应社会主义现代化建设的需要。它的保护范围，"是有经济价值的水生动物和植物的亲体、幼体、卵子、孢子等，以及赖以繁殖成长的水域环境"。这个条例的要求是：（1）按照所列的水生动植物重点加以保护。根据水生动（植）物的可捕（采收）标准进行捕捞（采收）。（2）对某些重要鱼虾贝类产卵场、越冬场和幼体索饵场，应当合理规定禁渔区、禁渔期，分别不同情况，禁止全部作业，或限制作业的种类和某些作业的渔具数量。（3）渔具渔法要合理。各种主要渔具，应当按不同捕捞对象，分别规定最小网眼（箔眼）尺寸。禁止制造或出售不合规定的渔具。严禁炸鱼、毒鱼、滥用电力捕鱼以及进行敲舨作业等严重损害水产资源的行为。（4）保护渔业水域。禁止向渔业水域排放有害水产资源的污水、油类、油性混合物等污染物和废弃物。修建水利工程要建造相应的过鱼设施，已建成的水利工程，在许可的水位、水量、水质的条件下，适时开闸纳苗和捕苗移殖。围垦海涂、湖滩，不得损害水产资源。

森林法的任务，是保护森林的所有权，加快造林速度，加强森林管理，合理开发利用森林资源。它保护的客体是森林资源，包括林木、竹子、林地，以及林区范围内的植物和动物。根据森林法的规定，在保护森林中必须做到：（1）划定森林保护区，配备专职或兼职的护林人员。（2）规定森林防火期。在森林防火期内，对林区野外一切用火和一切可能引起火灾的活动，必须规定安全措施，严加管理。（3）严禁毁林开荒或毁林搞副业。（4）划定自然保护区，保证珍贵、稀有动物和植物的生长繁殖。（5）森林采伐必须遵守国家的规定，严格坚持合理采伐的原则，以县或国营林业局为单位计算，每年的森林采伐量不得超过生长量。国家和地方的木材生长必须全部纳入国家计划，不准进行计划外的采伐。

上述的法规，在保护和发展我国野生动、植物资源中发挥了重要作用。但是不能不看到，我国生物资源保护的立法是非常薄弱的，不少保护领域尚无法可依，对野生动植物乱捕滥猎、乱砍滥伐、超载放牧、酷渔滥捕、盲目垦荒等现象相当严重，以致许多有经济价值和学术意义的生物资源濒临枯竭。据调查，野马、高鼻羚羊、白鹤等十种珍贵鸟兽已经灭绝，大熊猫、老虎等二十余种珍贵动物也接近灭绝，野人参等已趋枯竭，许多作物、果树、蔬菜、花卉的野生种源也近乎灭绝。对生物资源的破坏，已经或正在给国家建设和人民生活带来了灾害性恶果，非常需要完善这方面的立法。从目前来看，首先要根据生物资源可以再生的特点，制定保护动植物资源的综合性法律，以便确定有利再生的一系列保护原则和保护措施，使各类动、植物的保护都有所遵循。其次，要完善自然保护区的法律制度。做好自然保护区区划和管理工作，是保护我国自然环境和自然资源，特别是拯救和保存我国某些濒于灭绝的生物种源的重要措施。这方面的制度，在"文化大革命"中曾受到严重破坏，许多自然保护区名存实亡，区内的珍奇动物惨遭捕杀。现在，迫切需要总结经验教训，制定自然保护区法，确定珍奇动、植物的保护原则，制定有利珍奇动、植物繁殖的措施，以及对破坏珍奇动、植物生长的加重处罚的条款，确保它们生生不息。目前，我国划定的自然保护区也太少，和我们这个大国很不相称。有些国家自然保护区的总面积已占国土面积的20%以上，一般国家也占4%左右，而我国仅占0.17%，不仅数量少，面积小，而且类型单一。1980年全国首次自然保护区区划工作会议确定，将我国自然保护区增至300个以上，总面积扩大到国土面积的1%，现在需要尽快落实，并积极创造条件，尽量多开辟一些。同时，为了加强对野生生物资源的保护，应建立健全野生动、植物的管理机构，负责协调和管理野生动、植物资源工作，监督执行有关法规。

第二类：防止污染的法律制度

我国防治污染的法律制度，是随着工业生产的发展，以及人们对工业"三废"污染严重性的认识的提高，逐步建立起来的。我国第一次把"防止污染"写入法规，是 1965 年 12 月 17 日国务院批转的《矿产资源保护试行条例》，这个条例的第二十六条明确规定："工矿企业、医疗卫生部门和城市建设部门，对于排出的工业、医疗和生活污水，必须采取有效措施，防止污染地下水的水质"。这个规定说明，我国防治污染的法律规定，是从防治水污染制度的建立开始的。当然，在 20 世纪 60 年代，防治水污染的制度也并未完全建立起来，而整个防治污染制度的建立，则是 20 世纪 70 年代以及最近几年的事情了。

我国防治污染的法律制度，是有关工业"三废"及其他公害防治制度的总称。它的任务，是通过对污染防治中社会关系的调整，保护和改善环境。它是内容广泛的一项法律制度，包括环境质量标准和污染物排放标准，预防和治理的法律手段和法律措施及其他有关规定。

一 污染防治规划制度

这是一项对污染防治采取通盘调整的行政法律制度，它通过制定环境保护的长远规划和落实长远规划的年度计划，切实体现"统筹兼顾，适当安排"的要求，以使环境保护从近期和长远都得到保障。1974 年 12 月，国务院环境保护领导小组制定了《环境保护规划要点和主要措施》，这是我国第一个环境保护规划，就其主要内容而言，它实际上是一个防治污染的规划。这个规划明确规定了以防治水系、企业、城市、农药和食品中产生的污染及加强环境保护的科研、监测为工作重点，提出了"把住建设关"，"改造老企业"，"加强管理"等三大措施。它虽然不够完善，但对环境保护机构的建立，环境立法工作以及防治污染本身，都产生了促进作用。现在的问题是从我国的实际出发，通过调查研究，逐步完善这一规划制度。

二 基本建设工程项目的环境保护管理制度

《环境保护法》第六条规定："一切企业、事业单位的选址、设计、建设和生产，都必须充分注意防止对环境的污染和破坏。在进行新建、改建和扩建工程时，必须提出对环境影响的报告书，经环境保护部门和其他有关部门审查批准后才能进行设计；其中防止污染和其他公害的措施，必须与主体工程同时设计，同时施工，同时投产……"。这项制度是和基本建设有关法律制度一起发挥作用的，它的积极意义在于贯彻了以防为主的原则，可以防止新污染源的产生。但是，这项制度执行得并不够好。根据 1980 年对 23 个省、市的调查，这一年计划建成投产，需要建设环境保护工程的项目中，列入计划的只占 53%。为了控制污染的发展，进一步加强基本建设项目和老企业的技术改造项目的环境保护管理，以确实贯彻环境保护法的有关规定，1981 年 5 月 11 日，国家计委、国家建委、国家经委、国务院环境保护领导小组经国务院同意，制定了《基本建设项目环境保护管理办法》，这个管理办法的要求是：

（1）严格基本建设项目环境保护管理的程序。环境保护工程项目要和基本建设工程项目一起进行审批，报批基本建设项目的建设单位要同时报批该项目的环境保护措施，审批基本建设项目的机关要同时负责审查环境保护工程项目的落实情况。也就是说，建设单位及其主管单位要对基本建设项目的环境保护负责。各级计委在审批基本建设项目的可行性研究报告、计划任务书、选址报告和初步设计时，应与环境保护部门磋商，确保对建设项目的环境保护要求，与其他经济和技术问题一并作出决定。编制年度基本建设计划，必须把环境保护设施所需的投资、设备、材料等与主体工程一起安排。国家和地方环境保护部门按照基本建设项目计划任务书的审批权限，相应地负责审批环境影响报告书，并对基本建设项目的环境保护进行监督检查。建设单位履行基本建设程序的每个关键环节时，都要包括环境保护的内容。建设单位及其主管部门，必须在基本建设项目可行性研究的基础上，编制基本建设项目环境影响报告书，经环境保护部门审查同意后，再编制建设项目的计划任务书。建设项目如有变动，应将修改的环境影响报告再送原审批机关审查。基本建设的选址报告，应根据环境影响报告书及审批意见，进一步对区域环境进行论证，阐明选址方案对环境的影响。基本建设项目的初步设计，必须有环境保护篇章，保证环境影响报告书及其审批意见所规定的各项措施得到落实，设计文件的有关部分要送环境保护部门审查。

（2）搞好环境影响评价。在环境保护中，环境影响评价早已成为许多国家的重要手段，被广泛采用。目前各国的环境影响评价制度有两种：其一，用法律肯定下来。美国是第一个这样做的。瑞典、澳大利亚、法国、日本也相继在环境法中作了规定；其二，已建立了环境影响评价制度，但尚未用法律加以规定。我国的环境影响评价，已被环境保护法所肯定。《环境保护法》第六条规定："一切企业、事业单位的选址、设计、建设和生产，都必须充分注意防止对环境的污染和破坏。在进行新建、改建和扩建工程时，必须提出对环境影响的报告书，经环境保护部门和其他有关部门审查批准后才能进行设计……"第七条还规定："在老城市改造和新城市建设中，应当根据气象、地理、水文、生态等条件，对工业区、居民区、公用设施、绿化地带等作出环境影响评价，全面规划，合理布局……"这是落实"三同时"方针，防止新污染的重要保证。如上所述，编制环境影响报告书，是编制计划任务书的重要前提和根据。基本建设环境影响报告书的任务在于，从保护环境的目的出发，对基本建设项目进行可行性研究，通过综合评价，论证和选择最佳方案，使基本建设项目达到布局合理，对自然环境的有害影响最小，对环境造成的污染和其他公害得到控制。为了搞好环境影响评价，需要组织各方面的专业技术人员和经济学家，相互配合，通力协作，在确定建设项目前，对其可能给环境带来的影响（包括近期的中期的远期的），进行充分的调查研究，作出科学的预测和估价，并制定出尽可能妥善的预防损害环境的计划。

（3）基本建设项目的确定，必须充分注意布局的合理性，使其对环境的有害影响缩小到最低的程度。

（4）基本建设项目在施工过程中，应注意保护周围的环境，防止对自然环境造成不应有的破坏。竣工后，应当修整在建设过程中受到破坏的周围环境。在施工中，应当防止和减轻粉尘、噪声、振动等对周围生活居住区的污染和危害。

三 治理工业"三废"和其他公害的制度

它是针对工业生产中已经产生的污染采取治理措施的制度，是行政法律措施在治理污染中的运用。它包括：

（1）回收利用。根据我国环境保护法的规定，"对于污染环境的废气、废水、废渣，要实行综合利用、化害为利"。凡是现有企业能通过"三废"综合利用生产的产品，要优先发展。对于已有综合利用经验的，要纳入工艺设计、基本建设与产品生产计划，实行"一业为主，多种经营"，不得任意丢弃。为治理"三废"开展综合利用而进行的一般技术措施，以及与原有固定资产的更新、改造结合进行的治理"三废"措施，所需资金一般应在企业留用的更新改造资金或上级集中的更新改造资金中解决。国家对企业利用"三废"作主要原料生产的产品，给予减税、免税和价格政策上的照顾，盈利所得不上交，由企业用于治理污染和改善环境。企业排放污染环境的"三废"，在没有利用和治理以前，其他单位可以利用，一般应免费供应。对经过加工处理的"三废"，可以收取加工费。对"三废"的处理，供需单位要建立固定的协作关系。已建立的，未经双方同意，不得改变。

（2）净化。凡不能利用或需要排放的废水、废气、废渣，必须遵守国家规定的排放标准。为此，要按照需要广泛地安装排烟装置、污水净化设施、消声、防震设施等，以便达到净化和减弱污染危害程度的目的。

（3）停产或搬迁。对已建成的污染环境的企业、事业单位，凡处在城镇居民生活区、水源保护区、名胜古迹、风景游览区、温泉、疗养区和自然保护区的，要限期治理。治理仍无效的，要停产、转产或者搬迁。

四 环境质量标准和污染物排放标准

环境质量标准是为了保证人体健康和生活环境而规定的各项有毒有害物质在环境中的最高允许浓度。污染物排放标准是为了达到环境质量标准，对排放污染物的浓度或数量进行控制的规定。两者的最终目的，都是为了保证环境质量。《环境保护法》第十八条规定："加强企业管理，实行文明生产，对于污染环境的废气、废水、废渣……需要排放的，必须遵守国家规定的标准，一时达不到国家标准的，要限制企业的生产规模。"目前，我国还没有全面规定环境质量标准，只是颁布了《工业企业设计卫生标准》，《渔业水质标准（试行）》《农田灌溉水质标准（试行）》以及《工业"三废"排放试行标准》等。为了控制和治理对环境的污染，充分发挥人民群众的监督作用，需要尽快制定水、大气的环境标准，完善这两个标准，使人们有所遵循。为了保证污染物排放标准的执行，应根据规定收取排污费。

五 环境监测制度

环境监测既是环境保护的耳目，又是环境立法、执法的重要依据，也是健全环境影响评价制度的基础。根据环境保护法的规定，国务院和地方各级环境保护机构的一个重要职责就是组织环境监测，掌握环境状况和发展趋势。这就是说，环境监测早已成为环境保护法所肯定的法律制度。

随着环境保护法制建设的逐步加强，对环境监测的要求越来越高。有些环境污染纠纷案件，由于缺乏足够的监测数据而往往难以处理。如苏州人民化工厂严重污染环境案，该厂排放的氰化钠溶液，使苏州养殖场和吴县五个公社 30 个大队的鱼蚌大量死亡。苏州养殖场和吴县水产局根据自己上报的鱼蚌死亡数字，要求赔偿金额很大的经济损失，并要求法庭在开庭时公开宣布。但是，污染纠纷发生时，缺少严格的监测，没有对河水含氰化钠浓度的分片测定和鱼蚌死亡的统计数字。而苏州市中级人民法院是在纠纷发生一个月以后受理此案的，对受害单位提出的数字已无法核实，因此案造成的经济损失无法认定，致使法院费了很大精力，经过调查、协商等艰苦的补救工作才解决了问题。监测工作在环境保护的涉外案件中更为重要，它对能否保卫国家权益不受侵犯关系很大。1974 年，古巴水松号海轮在海南岛方宁县海域触礁沉没，船身断成两截，海南岛东海岸漂着许多油污，油带有一两公里长，因没有取得监测数据，没有向对方索赔。由此可见，加强监测工作，完善监测制度，势在必行。

如何在立法中进一步健全环境监测制度呢？首先，从法律上要保证各级环境监测的经常化、制度化。如上所述，环境污染案件的恰当处理急需环境监测，但环境监测的重要性远非为了应急，而在于及时了解环境状况，熟悉环境动态，掌握环境发展趋势。所以，立法应肯定环境监测经常化和环境监测计划的法律地位。其次，环境监测的结果要及时公布，以得到人民群众的监督，和在治理污染中的支持。我国立法应对此作出规定，让社会各方面都了解环境状况，以便及时采取治理措施，收到全民动手保护环境的效果。再次，应将监测和强制治理污染结合起来，以发挥监测手段的作用。在监测中，如发现严重污染环境的污染源，各级人民政府有权要求污水、烟尘的排放者采取紧急措施，降低排放量和浓度，以保证所辖境内的环境质量。

第四节 违反环境保护法的责任

违反环境保护法的法律责任制度，是环境保护法律制度的重要组成部分。在加强环境保护的法制中，追究污染和破坏环境的违法者的法律责任，是保证环境保护法实施的重要条件。所谓法律责任，是指对那些违反环境保护法的规定，污染或破坏环境，危害人民身体健康或损害财产的单位和个人所适用的法律制裁。根据我国环境保护法律、法令，这些法律制裁措施有：

其一，民事法律责任。在环境保护中通常适用的民事法律责任是损害赔偿。它是由于排污者造成污染，构成对受害者的侵权行为，而对受害者所受损害的赔偿。这是一种民事法律责任。但是，它又不同于一般的民事责任。因为，它不是建立在过错责任原则的基础之上，而是建立在无过错责任原则的基础之上。只要是由于排污者的违法行为给另外的经济组织和个人造成损害，就要对受害者赔偿损失。譬如，因工厂排放"三废"损害居民健康，造成疾病死亡；因工厂排放污水造成渔场、人民公社生产队鱼类的死亡；因工厂排放有毒气体造成人民公社生产队牲畜、禽类死亡，或者虽未造成死亡但已造成牲畜丧失役使能力；因污水侵蚀土壤，而使生产队粮食减产，等等。受害的单位或个人都有权通过司法程序请求排污者赔偿损害。排污者则必须赔偿因其排污侵权行为所造成的损失，不管其是否具有主观上的过错，这对排污者来说，要求更严；对受害者来说，则更为有利，充分体现了我国环境立法保护人民利益的宗旨。

在审理这类损害赔偿纠纷的时候，必须注意解决这样两个问题：一是确定赔偿金额。一般的原则是按照受害者所受侵害而造成的实际损失，确定赔偿的数量。而且这种实际损失，必须是排污这一侵权违法行为所直接造成，即损失与这一违法行为之间必须有直接的因果关系。否则，是谈不上赔偿责任的。比如，一个生产队因某化工厂排污而粮食减产，在确定赔偿金额时则要认真调查研究，如果其中一部分减产是由于生产队的经营管理不善所造成的，化工厂则不应赔偿这一部分损失。因为，这一部分损失同排污者的侵权行为之间毫无直接因果关系。二是对人身健康所遭受损害的赔偿问题。目前我国有的地区已发现因环境污染损害居民健康，引起疾病或死亡，对于这类问题的处理，应当按照民法损害赔偿制度处理。首先要通过技术人员、医务人员的鉴定，确定受害者的疾病、死亡是否为排污者违法行为所致；其次，分别不同情况赔偿下列费用和损失：（1）必要的医疗费用；（2）误工的工资或工分；（3）残疾者的生活补助费；（4）死者的丧葬费和死者生前扶养的人的生活补助费；（5）其他必需的费用。

其二，行政法律责任。即通过行政法律程序对违反法律规定，污染或破坏环境，造成人身伤亡和物质损失者所采取的行政处分和处罚。我国环境保护的法律对此类规定有两种。一种是针对污染或破坏的单位。各级环境保护机构对污染或破坏的企事业单位，分别情况，报经同级人民政府批准，予以批评、警告、停产治理。一种是针对污染或破坏的单位的领导人员、直接负责人员或其他公民。森林法对这方面有比较健全的规定，即："国家工作人员有下列失职行为之一的，按照情节轻重，分别给予不同的行政处分，直至开除公职；（一）领导不力，经营管理不善，给林业生产造成损失的；（二）违反林业政策法令、规章制度，使森林遭受损失或者造成木材严重浪费的；（三）不按国家规定进行采伐和更新的；（四）挪用育林基金的；（五）弄虚作假，虚报成绩的。"这些规定比其他法规具体，便于遵照执行。在实施环境保护法律中，追究行政责任的这两种规定是密不可分的，因为，违法的个人是肇事者，或领导者，他们对污染或破坏环境有不可推诿的责任。然而，只追究个人责任又不足以严肃法制，因为，污染或破坏环境的个人，往往是由于他所在的单位赋予他某种义务，而履行这种义务则又成为污染或破坏环境的原因。因此，从行政上同时处理肇事的个人和单位，是非常需要的。

行政罚款是追究违反环境保护法者行政法律责任的一种重要形式。它是对违法者的一种行政处罚。适用这种法律制裁的关键，是有无违反环境保护法律的行为。一般来说，这种违法行为是由法律条款规定了的，只要根据法律规定办理，就能处罚得当。

对违反环境保护法行为所适用的罚款，有自己的特点。它不同于民法赔偿损失的制度。（1）赔偿损失费的接受者是因污染遭受损失的受害者；罚款的征收者是国家机关，如环境保护机构、森林管理机构等，所收罚款都要上缴国家财政；（2）赔偿损害是有因污染而造成的具体损失；而征收罚款则不取决于有无具体的受害者，以及是否有损失。同时，这种罚款也不同于民法的违约罚款制度。民事的违约罚款是因不履行合同或不适当履行而发生的；环境保护法律中的罚款是因违反法律规定而发生的，被罚款者和征收罚款者之间并不存在合同关系。总之，这种罚款，无论是因破坏自然资源而适用，还是因为污染环境而适用，都是由国家授权行政机关依法对违反环境保护法行为采取的带有强制性的经济制裁措施。

我国的环境保护法律中，除一般地规定罚款外，还在环境保护法的第十八条规定了"超过国家规定的标准排放污染物，要按照排放污染物的数量和浓度，根据规定收取排污费"。环境保护法实施以来，已有 20 多个省和 50 多个市，制定并实行了排污超标收费办法。这一制度的实行，在促进污染源的治理，加速环境改善中，已经产生了良好的效果。北京市从 1981年 4 月起，对 280 多个排污超过标准的企事业单位实行收费办法，仅仅六七个月，就有 10% 的单位进行了积极治理，污染物达到了规定的排放标准，不再交费；27% 的单位也已制定并正在实施治理污染的计划；还有不少单位由于积极采取治理措施，排污量已明显下降。为了更好地发挥排污超标收费制度的作用，需要对这一法律制度的性质作准确的认定。它到底是民事法律制裁，还是行政法律制裁呢？现在有一种看法，说它是赔偿损失的一种方式，即它是民事法律制裁。这显然是一种误解。因为，就环境保护法的规定看，它和赔偿损失的本质相去甚远：（1）它是因超过国家排污标准而引起的，即因违反法律的规定由国家授权的行政机关依法采取的经济处罚，而不是对因污染而给受害者造成损失的赔偿；（2）收费的依据是按照排污的数量和浓度，而不是根据具体损失的多少；（3）因排污超标的收费，必须上缴国库；而不是给付受害者。从它们二者的区别不难看出，不能把排污超标收费制度等同于赔偿损害制度。相反，它和行政罚款却有共同的特点，即征收者都是国家授权的行政机关，征收者和违法者之间是某种行政管理关系。所以，排污超标收费制度，实质上是一种行政罚款的形式，属于行政经济法律措施。在环境保护法律调整中，正确地认识排污超标收费的性质，按照它固有的特点，恰当地加以运用，这是有效地发挥这一制度作用的重要条件。

其三，刑事法律责任。这是对污染或破坏环境而又触犯刑律的犯罪行为所采取的刑事处分。它只适用于严重污染或破坏环境，引起人员伤亡或者造成农、林、牧、副、渔业重大损失，构成犯罪的单位领导人员、直接责任人员。如苏州市人民化工厂危险品仓库操作工张长林，违反操作规程，造成大量液氰外溢，流入河道约 28 吨，致使大片水域严重污染，鱼蚌大批死亡，构成了犯罪，被苏州市中级人民法院判处有期徒刑二年。

我国环境保护法中的责任制度还不够健全，特别是有关经济制裁的制度（包括行政罚款和赔偿损害）还需进一步完善。目前，根据我国现行环境保护法规的规定，适用经济制裁的有下列几种情况：

（1）违反环境保护法和其他环境保护的条例、规定，污染或破坏环境，危害人民健康或损害国家、集体、个人财产的单位；

（2）严重污染或破坏环境，引起人员伤亡或者造成农、林、牧、副、渔业重大损失的单位的领导成员、直接责任人员或者其他公民；

（3）超过国家规定的标准排放污染物的单位；

（4）建设单位及其主管部门违反《基本建设项目环境保护管理办法》，造成自然环境破坏、污染和其他公害的；

（5）违反森林法第三十九条所列九种行为之一的情节较轻者；

（6）毁坏城镇和村旁、路旁、水旁、宅旁树木者；

（7）违反水产资源繁殖保护条例的；

（8）在我国沿海水域造成污染的肇事者；

（9）在我国海域航行、使用燃油的船舶和油轮，违反有关建立、检查油类记录簿的。等等。

适用法定经济制裁，所涉及的情况是比较复杂的。目前，我国现行的法律中，除森林法对要负经济责任的违法行为作了具体规定外，其他法律都只是一个原则，执行起来有不少困难，很需要作一些具体规定，比如：赔偿责任的确定、罚款的种类、适用罚款的条件，等等。当然，这些都规定在一个法律中，会使法律烦琐，可考虑用实施细则加以确定。再者，为了健全经济制裁制度，必须要有健全的机构执行。现在的国务院环境保护领导小组办公室是一种临时性的机构，鉴于环境保护的重要和我国环境保护任务的繁重，应当对国务院环境保护机构的性质、地位和职责，早日在法律上作出进一步明确的规定，以便更好地履行它的职责。

（载《经济建设中的法律问题》，中国社会科学出版社，1982）

世界一流的法学院应具备什么条件

　　争创"世界一流"是中国科教界的热门话题。具备什么条件才能达到世界一流水平？衡量是否达到世界一流水平的标准是什么？怎么样评判？这是一个很大很重要的课题，目前还没有看到世界一流大学、一流法学院的统一标准。我于 1951 年毕业于北大法学院法律系，今年 4 月间应邀参加了母校法学院百年大庆院长论坛，对"法学院怎么样创世界一流"这一专题作了些研究，一孔之见，就正于诸位专家学者。

　　我认为：世界一流的法学院应具备以下五个条件。

　　第一，至少要有一个世界一流的学系、一流的学科，一个或多个一流的专业。怎么样判断一流的学系，一流的学科呢？诺贝尔奖获得者杨振宁教授说，大学的系，在世界各大学同一个系中相比较，排名先后次序，公认为是在前 20 名以内的，就可以定位为世界一流的系；如果某校有 50 个系，其中 5 个系进入世界一流行列，这个学校就可以被称为世界一流学校。按照杨教授这个论断推论，世界一流的法学院应当有至少一个学系、一个学科，一个或多个专业进入世界一流行列。

　　第二，要有杰出的教师和院系领导人。"名师出高徒"，有杰出的教师，才能培育出一流的学科和杰出的人才，杰出的教师是建设世界一流法学院的首要力量。例如哈佛大学，培育出 7 位美国总统，38 位诺贝尔奖获得者以及众多国际大公司总裁、作家等杰出人才。主要由于哈佛拥有一批杰出的教师，有杰出的校长等。中国的西南联大（抗日战争时期的北大、清华、南开三大学联合体）之所以能培育出杨振宁、李政道等一批杰出的人才，也是由于当时的"联大"聚集了一批杰出的教师，有杰出的校长和院系领导人。有杰出的院系领导人，才能发现、聘请和凝聚杰出的教师。"千里马常有，而伯乐不常有"，原北大校长蔡元培有伯乐式的识别能力，才能聘请李大钊、陈独秀等杰出的教授。

第三，要有高质量的学生（包括本科生、硕士生、博士生等）。培养出杰出人才的数量质量是评判世界一流法学院重要标准之一。高质量学生需要具备哪些素质？诺贝尔奖获得者、荷兰乌特勒支大学教授霍夫特博士认为："优秀学生需要具备三方面基本素质——诚实、不折服于权威、任何时候都保持严谨的科学态度。"有了高质量的学生，在杰出的教师、院系领导人的指导帮助下，就比较容易产生杰出的人才和杰出的科研教学成果。特别是博士生、博士后等高层次学员的录取和培养应当受到极大的重视，因为他们是建设世界一流学科主要的新生力量。

第四，要有优秀的校风（包括学风、文风、工作作风）和科学的机制、制度。形成勤于思考、善于学习、勇攀高峰、敢于创新、公平竞争、朝气蓬勃的良好氛围，使弄虚作假、华而不实、沽名钓誉、以势压人，以我划线，排除异己，因循守旧，死气沉沉等恶劣风气无容身之地。一位自然科学家说：从百年来世界最著名的研究机构的成功经验来看，无不在长期的发展中形成自己独具特色的优秀传统、学风和科学精神。"海纳百川，有容乃大"。要学习蔡元培先生"兼容并包"的精神，能容纳不同学术观点的人在同一个学校工作、学习，正常发展。蔡先生当校长时的北大，出现了为追求真理而"百花齐放"的景象，这与当时的北大校风是有很大关系的。一个学校缺乏科学的机制、制度，则不能使杰出人才早日脱颖而出，或者不能凝聚杰出人才。例如实验经济学创始人史密斯教授，在亚利桑那大学任职27年，2002年获诺贝尔经济学奖，后来由于该校财务制度不健全，使史密斯教授受到无故困扰，结果史密斯离开亚利桑那大学，到乔治·梅森大学另谋发展。

第五，要有先进的信息网络、充足的图书资料等科研教学设备和清洁、安静、宽松的环境；要有高质量的科研教学辅助工作人员，使校内的学者安心科研教学，校外的学者慕名而来取经、交流、参加科研教学。

最后，用2000年诺贝尔奖获得者艾伦·麦克迪尔米德不久前在北京作报告时讲过的一句非常精彩的话作为结束语，他说："一所大学的质量并不取决于它所拥有的教学大楼，也不取决于它的实验室和图书馆，虽然这些都很重要，但决定科学研究水平高低的关键在人。一般来说，即使有风景如画的校园、汗牛充栋的图书馆、装备精良的实验室，但要是不能将最优秀的师资和一流的学生吸引到这些建筑物中来，那只能是金玉其表。"

（载《中国社会科学院院报》2004 年 9 月 14 日）

"中华人民共和国环境保护法（试行）"条目

　　《中华人民共和国环境保护法（试行）》是中国第一部关于保护环境和自然资源、防治污染和其他公害的综合性法律。中华人民共和国第五届全国人民代表大会常务委员会 1979 年 9 月 13 日原则通过，同日公布施行。

　　立法背景　中华人民共和国成立以来，由于工农业生产的发展、人口的增长、城市的增加和扩大以及人民生活水平的提高，开发和利用自然资源的规模越来越大。从 20 世纪 60 年代起，生产和资源开发对环境产生日益明显的危害，对自然资源和生态平衡造成严重的破坏，对人们的生活环境、大气、水域等造成不同程度的污染，从而影响人民的生活和健康、妨碍生产建设的进一步发展。这种情况要求国家采取有效措施，加强环境管理。中华人民共和国国务院于 1973 年 8 月召开了中国第一次环境保护会议，会议制定了《关于保护和改善环境的若干规定（试行草案）》。1974 年成立国务院环境保护领导小组。以后，国务院陆续颁发了有关环境保护的各种国家标准，对环境质量和污染物排放标准作了具体规定。1978 年 3 月 5 日通过的《中华人民共和国宪法》明确规定："国家保护环境和自然资源，防治污染和其他公害"，确认环境保护是国家职能之一。《中华人民共和国环境保护法（试行）》就是根据宪法的规定和经济发展的需要，为加强国家对环境的管理，在总结中国环境保护工作和立法经验的基础上制定的。

　　主要内容　《环境保护法》共 7 章，33 条。

　　第一章（总则）规定：（1）环境保护法的任务，是通过"保证在社会主义现代化建设中，合理地利用自然环境，防治环境污染和生态破坏"，达到"为人民造成清洁适宜的生活和劳动环境，保护人民健康，促进经济发展"的目的。（2）环境保护工作的方针是："全面规划，合理布局，综合利用，化害为利，依靠群众，大家动手，保护环境，造福人民。"（3）环境保护工作中的基本原则和制度：①加强国家对环境的管理："国务院和所属各部门、地方各级人民政府必须切实做好环境保护工作"。②把环境保护工作纳入国民经济计划："在制定发展国民经济计划的时候，必须对环境的保护和改善统筹安排，并认真组织实施"；"对已经造成的环境污染和其他公害，必须作出规划，有计划有步骤地加以解决。"③控制新污染源的基本制度和原则是："在进行新建、改建和扩建工程时，必须提出对环境影响的报告书，经环境保护部门和其他有关部门审查批准后才能进行设计。"新建、扩建、改建工程中防治污染和其他公害的设施，"必须与主体工程同时设计、同时施工、同时投产；各项有害物质的排放必须遵守国家规定的标准。"④治理现有污染源的原则："谁污染谁治理"。（4）本法的适用范围：①适用地域为整个中华人民共和国领土；②适用对象包括进入中国领陆、领水、领空的外国航空器、船舶、车辆、物资、生物等。（5）"环境"一词的含义包括"大气、水、土地、矿藏、森林、草原、野生动物、野生植物、水生生物、名胜古迹、风景游览区、温泉、疗养区、自然保护区、生活居住区等"。（6）群众监督制度："公民对污染和破坏环境的单位和个人，有权监督、检举和控告。"

第二章规定了保护自然环境的基本要求和措施，以及各种禁止事项。基本要求是：在土地保护方面，应"合理使用土地，改良土壤，增加植被、防止土壤侵蚀、板结、盐碱化、沙漠化和水土流失"。防止在开垦荒地等活动时，破坏生态系统。在水域保护方面，要求维持水质良好状态，严格管理和节约用水，合理开采地下水，防止水源枯竭和地面沉降。在矿藏资源保护方面，要求"综合勘探、综合评价、综合利用"，"妥善处理尾矿矿渣，防止破坏资源和恶化自然环境"。在森林保护方面，要求保护和发展森林资源，合理采伐，大力植树造林，绿化国土。在草原资源保护方面，要求积极规划和进行草原建设，合理放牧，防止草原退化等。在野生动物和野生植物保护方面，要求保护、发展和合理利用。

第三章规定了防治污染和其他公害的基本要求和措施。（1）在大气污染方面要求"一切排烟装置、工业窑炉、机动车辆、船舶等，都要采取有效的消烟除尘措施，有害气体的排放，必须符合国家规定的标准"。（2）在水体污染方面规定"禁止向一切水域倾倒垃圾、废渣。排放污水必须符合国家规定的标准"。"禁止船舶向国家规定保护的水域排放含油、含毒物质和其他有害废弃物"。严禁使用渗坑等或用稀释办法向地下排放有毒有害废水。（3）在噪声污染方面规定"各种噪声大、震动大的机械设备、机动车辆、航空器等，都应当装置消声、防震设施"。（4）在食品污染方面要求"严防食品在生产、加工、包装、运输、储存、销售过程中的污染"。不符合国家卫生标准的食品，严禁出售、出口和进口。（5）在放射性污染和电磁波污染方面要求"必须按照国家有关规定，严加防护和管理"。本章还规定防治污染和其他公害时应采取的措施，包括：（1）"积极试验和采用无污染或少污染的新工艺、新技术、新产品"。（2）对那些所排污染物"一时达不到国家标准的要限期治理；逾期达不到国家标准的，要限制企业的生产规模"。（3）征收排污费。"超过国家规定的标准排放污染物，要按照排放污染物的数量和浓度，根据规定收取排污费。"（4）在一些特殊保护地区，不准建立污染环境的企业、事业单位。已建成的，要限期治理、调整或搬迁。

第四章规定了环境保护机构的设置和职责。国务院设立环境保护机构，各省、自治区、直辖市人民政府设立环境保护局，市、自治州、县、自治县人民政府根据需要设立环境保护机构。国务院和地方各级人民政府的有关部门，大、中型企业和有关事业单位设立负责本系统、本部门、本单位环境保护工作的机构。本章并分别规定了各级环境保护机构的职责。

第五章为环境保护的科学研究和宣传教育的规定。

第六章是有关"奖励和惩罚"的规定："国家对保护环境有显著成绩和贡献的单位、个人给予表扬和奖励。""对违反本法和其他环境保护的条例、规定，污染和破坏环境，危害人民健康的单位"可予以批评、警告、罚款，或责令赔偿损失、停产治理。严重污染和破坏环境，引起人员伤亡或者造成重大损失者，应承担行政责任、经济责任，直至刑事责任。

第七章为附则，授权国务院根据本法制定有关环境保护的条例、规定。

环境立法和司法的展望　《环境保护法》的颁布实施是中国环境管理走上法治道路的标志，对全国的环境保护工作、环境立法和司法起着积极的促进作用。但是该法为"原则通过"的"试行"法，所以，应根据实施中出现的问题和情况的变化，在条件成熟时加以修订。《环境保护法》是一个基本法，为使其中规定的方针、原则、要求等得到正确实施，还要制定各种有关的单行法规，如大气污染防治、水体污染防治、海洋环境保护、噪声控制等方面的法规，以及关于环境污染纠纷的处理、违法者应承担的各种责任方面的法规。

（文伯屏　程正康）

（载《中国大百科全书（环境科学)》第 491~492 页，1983）

谈谈环境保护法

一

环境保护法，美、日等国简称环境法，日本有些学者称为"公害法"。它是随着工业的发展，在 20 世纪 60 年代以后逐渐形成的一个法律部门。

人类早期的生产活动比较简单，对环境影响不大。18 世纪中叶产业革命爆发，蒸汽机的发明和广泛应用，给社会带来了空前巨大的生产力，也带来了对环境的污染。恩格斯曾经指出："蒸汽机的第一需要和大工业中差不多一切生产部门的主要需要，都是比较纯洁的水。但是工厂城市把一切水都变成臭气冲天的污水。"① 随着资本主义工业的发展，在人类历史上才出现了大规模地改变自然界、污染环境、破坏和干扰生态系统的现象。特别是 20 世纪以来，资本主义发展到帝国主义阶段，对人类环境的破坏更加严重了。在许多国家和地区，环境污染形成了社会公害。曾经发生过震惊世界的"八大公害事件"，即英国"伦敦烟雾事件"，日本"水俣事件""富山事件""四日市事件""米糠油事件"、美国"洛杉矶光化学烟雾事件""多诺拉烟雾事件"、比利时"马斯河谷烟雾事件"。

20 世纪 60 年代末 70 年代初，一些资本主义国家的政府，一方面迫于社会舆论的压力，一方面逐渐认识到环境污染影响自己的切身利益。就开始设法控制和治理环境污染。起初主要依靠技术来解决问题。实践中逐步认识到，单纯依靠技术措施是不能有效地解决环境污染问题的。后来就相继成立环境保护专门机构，制定环境法规、环境质量标准、污染物排放标

---

① 恩格斯：《反杜林论》，人民出版社，1999，第 291 页。

准，以法律手段来控制污染，保护环境。

实践证明，加强环境保护法制，是控制污染发展，保护和改善环境的有效措施。一些原来公害泛滥的国家，现在环境状况有了改善，环境法起了很重要的作用。例如日本，曾经有"公害列岛"之称。1967 年以来，制定了《公害对策基本法》等环境法规，并严格执行，现在已跻入治理公害先进国的行列。从大气污染来看，日本原先是大气污染最严重的国家之一。日本律师联合会在 1967 年发表《人权白皮书》说，日本人民"每天呼吸被二氧化硫和粉尘污染的'七色空气'……"二氧化硫的污染 1967 年达到顶峰，全国大气中二氧化硫日平均浓度远远超过环境标准的规定值。但到 1975 年，二氧化硫浓度达到标准的监测点，全国达到 80%。现在二氧化硫在大气中的含量远远低于日本国家规定的大气质量标准。在各大城市和工厂，已不见黑烟，空气比较清洁。1968 年，东京全年只有 13 天能见到富士山顶，而 1975 年已增加到 76 天了。

从近二十年来许多国家环境立法的情况来看，有以下几个突出的特点和趋势。

（1）工业越发达的国家，环境立法越完备、具体。（请注意：这里只是说"完备"，而不是说"完善"。"完备"是指已有成套的法规，做到了"有法可依"。）日本的环境保护对策是由技术加法律构成的，有一套完整的环境法规。1979 年出版的《环境六法》一书，其中环保法令共 1625 页。都、道、府、县还制定了不少环保条例、规定。日本的《环境法规总览》一书，共六大册。此外，还有很多与环境保护有关的法律。这些法律都渗透着环境保护的概念，并有具体的内容和要求。

（2）一些国家的环境法把环境保护的重要性提得很高。如罗马尼亚《环境保护法》中开宗明义第一句是："罗马尼亚共产党政策的根本目的是日益全面地满足全体人民的物质和文化需要。为了实现这一目的，必须在高度发挥国家的人力和物力资源，充分使用现代科技成果基础上，使生产力的全面发展符合于环境保护的各项要求，以便保护我们社会的这一至关重要的因素——环境。……"① 在总则第一条中还写道："环境保护是国家经济和社会计划发展总活动中不可分割的,特别重要的一部分。"日本《公

---

① 着重点是本文作者加的，下同。

害对策基本法》第一条规定："鉴于防治公害对维护国民健康和文明生活有极大重要性，为了明确企业、国家和地方政府对防治公害的职责，确定基本的防治措施，以全面推行防治公害的对策，达到保护国民健康和维护其生活环境的目的，特制定本法。"

（3）法律规定环境保护的范围逐渐扩大。以西德为例，到1959年底，制定了自然保护法，狩猎法和原子能法等27个环保法律和条例。到1969年底，除对已有的环保法律、条例进行了修订外，又制定了水源管理法、植物保护法、肥料法等34个环保法律和条例，把环保法律规范扩大到工业、交通、城建和水域管理等许多部门。到1976年底，又增订了环保基本法、消除废物法、防止飞机噪声法、滴滴涕法等102个环保法律、条例和规定，把环保法律规范扩大和深入到经济和生活的各个方面。

从外国的环境法来看，无论是社会主义国家和资本主义国家，都有一个明显的趋势是：环境保护的范围由工业污染的防治扩大到自然资源的保护，进而扩大到名胜古迹，风景游览区等文化环境的保护。

（4）一些国家的法律明文规定加强环保机构，明确规定它的职权，甚至为此而制定单行法规。如日本有《环境厅设置法》，西德有《设立联邦环境局法》。

（5）环境影响评价制度法律化。美国加利福尼亚州有一套环境影响评价法规。日本公害对策审议会在接受关于环境影响评价问题的咨询后，经过三年多的研究，去年作出的正式答复是："统一的规划是必要的"，今年5月，公布了《环境影响评价法（草案）》。

（6）法律规定，把污染情况公布于众。罗马尼亚《环境保护法》第六十条明确规定："报纸、电台和电视要大力向公众报道环境污染现象及消除污染的必要措施，以形成强大的舆论。……"日本《大气污染防止法》第二十四条明确规定："都道府县知事应将辖境内的大气污染状况公布周知。"

（7）把"公害罪"列入刑法。西德、日本、瑞典判刑较重，美国、苏联较宽。

二

我国的环境保护工作是在敬爱的周总理亲自关怀下逐步开展起来的。

1973 年 8 月第一次全国环境保护会议，制订了环境保护"三十二字方针"，即"全面规划，合理布局，综合利用，化害为利，依靠群众，大家动手，保护环境，造福人民"。这条方针是总结了我国社会主义建设的经验而制定的。第一次全国环境保护会议以后，颁布了几个环境保护单行法规，如《中华人民共和国工业"三废"排放试行标准》（1974 年）、《中华人民共和国防止沿海水域污染暂行规定》（1974 年）等。但由于"四人帮"的干扰破坏，关于环境保护的法制，和各条战线法制建设的情况一样，是很不健全的。已颁布的几个法规，也没有认真执行。

粉碎"四人帮"以后，关于环境保护的法制建设才提到了重要地位。1978 年第五届全国人民代表大会第一次会议通过的新宪法，在总纲中规定："国家保护环境和自然资源，防治污染和其他公害。"华国锋总理在五届人大第一次会议作的《政府工作报告》中指出："消除污染，保护环境，是一件关系到广大人民健康的大事，必须引起高度重视，并制定环境保护的法令和条例，保证这方面存在的问题得到切实的解决。"经过一年多时间的起草工作，颁布了《中华人民共和国环境保护法（试行）》（以下简称《环境保护法》）。

《环境保护法》是从我国的实际情况出发，在总结我国环境保护政策的实践经验和环境科学研究成果的基础上，汲取了外国环境立法的一些经验教训而制订的。它的内容，概括起来，主要是以下四个方面：（1）环境保护法的任务、指导思想和基本原则；（2）对环境和自然资源的保护，包括对大气、水体、土壤的保护，对水产资源、森林、草原、矿藏和野生动植物的保护，对名胜古迹。风景游览区、温泉、疗养区、自然保护区、生活居住区的保护；（3）对工业污染和其他公害的防治，包括对工业废水、废气、废渣、放射性物质、电磁波辐射、生活垃圾污染的防治，对噪声、震动、地面下沉等其他公害的防治；（4）对其他有关的重要问题，包括环境保护机构和职责、奖励和惩罚等的规定。

三

环境保护法是调整因保护和改善环境而产生的社会关系的法律规范的总和。我国的环境保护法，是我国环境保护政策的具体化、定型化、条文化。它的任务是通过社会关系的法律调整，保护环境和自然资源，防治污染和其他公害，从而保护广大人民群众和子孙后代的健康和幸福，保护和促进社会主义现代化建设。我国新宪法总纲中规定的"国家保护环境和自然资源，防治污染和其他公害"这个原则，写进了《环境保护法》的第一条。1973 年提出的"三十二字方针"，经过六年多的实践证明，它是切合实际的，把它写进了《环境保护法》的第四条，以法律形式加以肯定。这些是我国环境立法的指导思想。根据这个指导思想，我国环境立法必须坚持以下基本原则：

（一）国民经济和环境保护必须统筹兼顾，协调发展

我国是社会主义国家，国民经济是有计划、按比例发展的。发展经济的根本目的是造福于人民。环境保护，从根本上说，就是保护广大人民群众和子孙后代的健康，保护和促进国民经济全面地、持续地发展。敬爱的周总理生前曾多次指出，我们在搞工业建设的同时，就应该抓紧解决环境污染问题，绝对不作贻害子孙后代的事。几年来，环境保护工作逐步开展，取得了一定成绩；但是由于"四人帮"的干扰破坏，也由于工作中的缺点错误，我国的环境保护仍然走了先发展经济后治理污染的弯路，经济发展同环境保护严重失调。目前，我国已成为世界上排污较多、污染严重的国家之一。许多大中城市和工矿区的降尘量，已经接近或超过 20 世纪 60 年代公害严重的伦敦、东京和纽约。大部分水域存在着不同程度的污染，有的江段含汞量超过了日本水俣病发生地水俣湾的含汞量，环境污染已直接危害工农业生产。有的地方几十万亩农田因受污染减产或绝产。有的市几百万斤大米因含毒严重，不能作食物，只能造糨糊。有些粮食、肉类、果菜等人民必需的食物因受污染，使人民的健康受到威胁。这些触目惊心的事实应该引起我们的充分注意。如果只顾发展生产，不重视环境保护，随着生产建设的发展，环境污染会越来越严重，就可能发生资本主义国家发生过的爆炸性公害事件。总之，在制订国民经济计划、抓好综合平衡时，不只是要抓好财政、信贷、物资、外汇的平衡，还要注意抓好生态平衡。考虑经济效果时，不只是要有经济观点，还要有生态观点。宏观微观都应如此。计算得失，不应只计算一个企业治理三废、防止污染所花的资金，还应计算这笔资金用于综合利用的收益以及不投这笔资金造成的后果给国家

和人民群众带来的难以计算的、甚至是不可弥补的损失。《环境保护法》第五条规定："国务院和所属各部门、地方各级人民政府必须切实做好环境保护工作；在制定发展国民经济计划的时候，必须对环境的保护和改善统筹安排，并认真组织实施；对已经造成的环境污染和其他公害，必须作出规划，有计划有步骤地加以解决。"今后，中央各部门和地方各级人民政府在制定经济发展的长远规划和年度计划时，必须把环境保护纳入计划，对环境保护所需的资金、材料和设备等应予以保证，而不应以任何理由削减、挤占或挪用。否则，既是不按客观经济规律办事，也是不依法办事，应追究法律责任。

（二）防治污染，保护环境，必须以预防为主

环境污染有四个特点：（1）有些污染不容易及时发现。日本的"水俣病"，从排放甲基汞毒水的合成醋酸工厂建厂，到发现渔民吃鱼中毒，前后经过 23 年之久。又经过 12 年，才弄清楚是甲基汞中毒。伦敦烟雾事件，4 天死了 4000 人，经过十几年才弄清楚事件的真象。洛杉矶烟雾事件，最初被认为是二氧化硫造成的，后来被认为是石油挥发物造成的，经过七八年才逐渐弄清主要是汽车废气经日光作用而形成的光化学烟雾造成的。（2）环境污染造成的有些疾病，不易彻底治疗。如水俣病、骨痛病、癌症，至今还没有彻底治疗的有效办法。（3）环境污染一旦形成，即使停止了新的污染，旧的影响也难以很快消除。例如用工业废水灌溉的农田土壤，一旦被废水中重金属污染，则将成为广大的、长期的、潜在的污染源，而使农作物中毒，进而使食用这种农产品的人和牲畜不知不觉地中毒。（4）环境污染的治理往往要花费比较高昂的代价。西德近十多年来，治理污染的费用，在 100 亿马克以上（合人民币 85 亿以上）。据专家估计，今后相当长时期内，每年还要花 12 亿到 15 亿马克，才能解决污染问题。总之，"污染容易治理难"。这是国内外很多事实证明了的一条重要经验。所以，防治污染，保护环境，必须以预防为主，防患于未然。《环境保护法》贯彻了"预防为主"的精神，特别是在第四、六、七、十七、十八等条款中，对"合理布局"、"综合利用"、"三同时"（即有污染的新建、扩建、改建企业，防止污染和其他公害的设施必须与主体工程同时设计，同时施工，同时投产）等重要措施，作了明确的规定，其中贯穿着"预防为主"的精神。过去，由于无法可依，

违者不究，没有严格执行"三同时"等重要措施；现在法律有了规定，必须严格依法办事，违法必究。

坚持"预防为主"的原则，还必须实行"环境影响评价"制度。美、日、西德、瑞典等不少国家，总结了环境污染的教训，都用法律肯定了环境影响评价制度，并建立了专门的单位承担评价任务。规定在建设大型项目之前，对这个项目可能给环境带来的影响等问题，事先进行充分的调查研究，作出科学的预测和估计，并制出订尽可能妥善的预防损害环境的计划。《环境保护法》第六条中规定："一切企业、事业单位的选址、设计、建设和生产，都必须充分注意防止对环境的污染和破坏。在进行新建、改进和扩建工程时，必须提出对环境影响的报告书，经环境保护部门和其他有关部门审查批准后才能进行设计……"第七条又规定："在老城市改造和新城市建设中，应当根据气象、地理、水文、生态等条件，对工业区、居民区、公用设施、绿化地带等作出环境影响评价，全面规划，合理布局，防治污染和其他公害，有计划地建设成为现代化的清洁城市。"为了切实执行这些条款，必须深入实际，总结经验，逐步建立环境影响评价制度，并与基本建设管理和"三同时"原则密切结合起来，使这项制度日益完善，成为防止产生重大的新污染源的一项根本性措施。

（三）防止污染，保护环境，人人有责，人人有权

控制和消除污染，保护和改善环境，是一个内容很复杂、涉及面很广的问题，关系亿万人民的切身利益，群众有消除污染、改善环境的迫切要求和无穷智慧。只要发动群众，群策群力，许多难题就能迎刃而解。《环境保护法》除在第四条中肯定了环境保护"三十二字方针"中"依靠群众，大家动手"的群众路线外，并在第八条中规定："公民对污染和破坏环境的单位和个人，有权监督、检举和控告。被检举、控告的单位和个人不得打击报复。"这些规定从法律上保障了每个公民对保护环境的责任和权利，有利于调动广大群众向污染和破坏环境的违法行为作斗争的积极性。

（四）奖励与惩罚相结合

法律是根据国家政策制订并由国家赋予强制性的行为规则。社会主义法制是加强无产阶级专政的有力武器，是工人阶级对社会实行国家领导的

一种重要方法。《环境保护法》第32条规定："对违反本法和其他环境保护的条例、规定，污染和破坏环境，危害人民健康的单位，各级环境保护机构要分别情况，报经同级人民政府批准，予以批评、警告、罚款，或者责令赔偿损失、停产治理。""对严重污染和破坏环境，引起人员伤亡或者造成农、林、牧、副、渔业重大损失的单位的领导人员、直接责任人员或者其他公民，要追究行政责任、经济责任，直至依法追究刑事责任。"根据这一条和第八条的规定，对污染和破坏环境的行为，各级环保机构和法院、检察院要分别情况，依法处理。

社会主义法律不是实行单纯惩办主义，而是赏罚严明，奖励与惩罚相结合。这是我国环境法的一大特色。它反映了社会主义制度的优越性。《环境保护法》第三十一条规定："国家对保护环境有显著成绩和贡献的单位、个人，给予表扬和奖励。""国家对企业利用废气、废水、废渣作主要原料生产的产品，给予减税、免税和价格政策上的照顾，盈利所得不上交，由企业用于治理污染和改善环境。"认真执行这些条款，将促进环保工作更快地前进。

四

《环境保护法》在我国整个法律体系中是一个大法，是环境保护的基本法。之后还需要制订一些《环境保护法》贯彻执行的单行法规，如大气污染控制法，水污染防治法、噪声震动控制法、自然保护区保护法、放射性污染防止法等；并修订环境质量标准和三废排放标准。为了保证水污染防治法的贯彻执行，还需要制订关于长江、黄河、松花江……以及沿海水域污染防治的法规。为了保证长江水系污染防治法规的贯彻执行，还需要制订长江各支流（如湘江等）的污染防治规定。我国幅员辽阔，东西南北情况差别很大，各省市还需要根据法律和本地区的情况，制订有关环境保护的单行法规和实施细则。其他各种法律，如民法、计划法、城市规划法、基本建设法、工厂法、能源法、引进设备法，等等，都应渗透环境保护的观点和要求，贯彻国家环境保护的方针、政策，包含相应的环境保护法律规范。这些法律规范都包括在我国环境法体系之中。今后的环境立法任务还是相当繁重的。

要搞好环境立法，需要领导亲自动手，深入实际，调查研究、掌握第一手资料，总结实践经验，集中广大群众和有关方面专家的智慧。要抓住重点，吃透"两头"。例如大气污染控制法，从一年四季来看，冬季取暖期是重点，这是我国发生类似伦敦型烟雾事件可能性最大的时期。从地区来看，东北、西北、华北是重点，这些地区都有如何防止取暖期发生大气污染重大事件的问题。从污染物来看，煤的燃烧所产生的污染物（如硫的氧化物，飘尘，镉、铅等重金属以及致癌物质等）是重点。所谓吃透"两头"，一头是政策，一头是情况。吃透情况就是摸清基本情况、特点、存在的关键问题和原因，以便对症下药；吃透政策，就是要根据政策来采取措施，制定的法律规范，要符合国家的政策。比如为了防止或减少大气的污染，规定改变燃料构成，把油作为主要燃料，而不准把煤作为主要燃料，那是通不过的。因为这不符合我国的能源政策——卖油烧煤。只能在如何减少因煤的燃烧而产生的污染物这个问题上大做文章，例如煤的液化、气化、脱硫、消烟除尘、集中供热供暖等技术政策和措施，要深入研究，具体贯彻。

《环境保护法》颁布以后，公害案件的处理等执法问题已经提到环保部门和司法部门的面前。怎样搞好调解、仲裁、审判等工作，环保部门与司法部门怎样分工协作，公害案件审判员的培养等问题，都需要认真调查研究，及时解决，甚至需要制订具体法规，做到有法可依。

五

环境法学是随着环境立法、司法的发展而发展起来的，在我国是一门新兴的学科。它的研究对象是，如何通过健全环境保护法制，控制和消除污染，保护和改善环境，从而保护人民的健康和子孙后代的幸福，促进国民经济的发展。环境法学研究的领域是环境保护法制（包括立法、执法、守法）。所以，环境法学是环境科学和法学的重要分支，也是环境科学和法学的交叉，是一门跨社会科学和自然科学的边缘学科。当前的主要任务是研究怎样搞好各项单行环境法规的立法，同时也需要研究怎样健全环境司法制度和守法问题。美、日、英、西德、瑞典等许多国家，在环境法学方面有不少研究成果值得借鉴。为了加快社会主义现代化建设的步伐，我国应加强环境法学的研究。建议有关部门将进一步开展环境法学的研究工作纳入计划，充实和培养环境法学研究人员，加强对外国环境法规和环境法学著作的翻译、出版和情报资料交流等工作，派遣留学生、进修生和学者到外国学习或考察环境法学，邀请外国环境法学专家来我国讲学，组织学术讨论，加强这方面的学术交流，扶植和促进这门新兴学科更健康地成长。

（载《论环境管理》，山西人民出版社，1980）

环境保护法概述

一　环境保护法的概念

（一）　环境保护法的定义

环境保护法这个新兴的法，在世界各国，名称大同小异：美国一般称为"环境法"；日本起初称为"公害法"，现在不少学者称为"环境法"；欧洲一般称为"污染控制法"，苏联称为"自然保护法"，也有不少人称为"环境保护法"或"环境法"。国际法的一个部门称为"国际环境法"。

为了加强国际间对这个法的研究和学术交流，有必要将这个法的名称向统一的方向发展。

"公害法"和"污染控制法"这类名称的产生是有历史背景的，但是这类名称反映的立法思想只是从防治公害或控制污染的观点出发，是有局限性的。从发展的眼光看，不如将这个法称为"环境保护法"或"环境法"更全面、更确切些。

可以给环境保护法下这样一个定义，环境保护法，是调整因保护和改善环境而产生的社会关系的法律规范的总和，其目的在于保护、巩固和发展对统治阶级有利的社会关系和社会秩序。

这个定义包含三个意思。

（1）环境保护法是国家制定或认可的，具有国家强制性的环境保护法律规范的总和。

（2）环境保护法调整的对象是因保护和改善环境而产生的社会关系。

（3）环境保护法是有阶级性的。环境保护法和其他法一样，是体现统治阶级意志的。资本主义国家的环境保护法是体现资产阶级意志的，是资产阶级政党政策的具体化、条文化；我国的环境保护法是体现工人阶级领导的广大劳动人民的意志的，是中国共产党政策的具体化、条文化。无论是资本主义国家的环境保护法，还是社会主义国家的环境保护法，其目的都是为了保护、巩固和发展对统治阶级有利的社会关系和社会秩序。

（二） 环境保护法与环境保护

"环境保护法"这个概念，在我国，出现在"环境保护"之后。要弄清楚"环境保护法"这个概念，有必要先弄清"环境保护"这个概念。

"环境保护"是个专用名词。这个词，在我国，最早出现在报刊上，是1972年6月17日《人民日报》登载的"我出席联合国人类环境会议代表团发言人发表谈话阐述修改'人类环境宣言'十个主要原则"的新华社电文，其中提到"战争与环境保护问题"。最早出现的专题文章是1973年6月16日《人民日报》上署名"方辛"写的《经济发展和环境保护》和1974年第9期《红旗》杂志上署名"郭寰"写的《重视环境保护工作》。当然，这不是说环境保护工作在我国都是1972年6月"联合国人类环境会议"以后才进行的。在这个会议以前，我国已经进行了大量的保护和改善环境的工作，不过，所用的概念是"三废治理"（即对废气、废水、废渣的治理）、"综合利用"、"水源保护"，等等。把这方面工作加以系统化，称为"环境保护"，在全国范围内开展起来，则是从1973年8月"第一次全国环境保护会议"开始的。

在我国，以环境保护作为法的名称，是从1979年9月13日通过的《中华人民共和国环境保护法（试行）》开始的（过去只有这方面的单行法规或零星的法律规范）。它是我国环境保护的基本法，是我国环境保护政策的具体化、定型化、条文化。

（三） 环境保护与环境

有人说：环境，一般分为社会环境和自然环境，环境保护法的"环境"，是指自然环境。这个认识是不全面的，因而也是不确切的。"环境保护法"的"环境"，是有其特定含意的，不能简单一句话说，就是指自然环境。《中华人民共和国环境保护法（试行）》第三条规定："本法所称环境是指：大气、水、土地、矿藏、森林、草原、野生动物、野生植物、水生生物、名胜古迹、风景游览区、温泉、疗养区、自然保护区、生活居住区等。"名胜古迹、风景游览区、生活居住区等,能说是"自然环境"吗?再如城市噪声等公害的防治,则更不能说都是保护"自然环境"的问题了。

再从外国环境法对"环境"所下的定义来看:美国《国家环境政策法》第2篇第1条对"环境"所下的定义是:"国家各种主要的自然环境,人为环境或改造过的环境","其中包括但不限于,空气和水——包括海域、港湾河口和淡水;陆地环境——其中包括但不限于森林、干地、湿地、山脉、城市、郊区和农村环境。"

日本《公害对策基本法》第1条把环境称为"生活环境",并在第2条中明确规定:"本法所称'生活环境',是指与人类生活有密切关系的财产,与人类生活有密切关系的动物和植物,以及这些动植物的生存环境。"

罗马尼亚《环境保护法》第3条规定:"本法所指的环境系指影响着生态平衡,决定着人的生活和社会发展条件,彼此间互为密切影响的一切人的活动所创造的环境因素。"

我国环境科学教育代表团赴英国考察报告中指出:英国环境科学和教育工作者对"环境"的看法虽然有分歧,但总的来说,他们都是从广义来理解的,他们认为"人类的环境不仅包括自然环境,也包括社会—文化环境"。

由此可见,从美、日的环境法对"环境"所下的定义来看,从英国环境科学工作者对"环境"的理解来看,虽然所指的具体范围不尽相同,但都不是说环境保护法的"环境"是指纯粹的"自然环境"。

总之,环境保护法的"环境",主要是指自然环境,但并非仅指自然环境,还包括人类加工改造了的自然环境,如城市、风景名胜、文物古迹、生活居住区等。

也有人说,环境保护法的"环境"是指"人类生产和生活的环境"。这个提法也不确切。因为生产环境,从工业来说,一般人的理解主要是指工厂企业内部环境,如车间劳动环境等,即所谓"小环境"。而"小环境"的保护,主要是劳动保护的任务,是劳动法以及其他法的任务。环境保护法的"环境"主要是指"小环境"以外的"大环境"。当然,事物不是绝对的。"小环境"与"大环境"不是截然分割、毫无联系的。但是,环境保护与劳动保护,是两个不同的工作部门,是两个既有联系又有区别的学科。环境保护法与劳动法也是既有联系又有区别的两个不同的法律部门,因此,在弄清楚环境保护法的概念这个问题上,不能不把"小环境"与"大环境"

加以区别，把环境保护法的"环境"这个概念搞清楚。

（四）环境保护法与环境法学

环境法学是以环境保护法为主要研究对象的科学。它是随着环境立法、司法的发展，在 20 世纪 60 年代以后逐渐发展起来的一门新兴学科。环境法学研究的领域主要是环境保护方面的法制（包括立法、执法、守法）。在我国，环境法学当前的主要任务是，研究怎样继续搞好环境立法，同时也需要研究怎样搞好执法和守法以及环境法学的基础理论，建立环境法学体系。

环境法学是法学和环境科学的重要分支，也是环境科学和法学的交叉。是一门跨社会科学和自然科学的边缘学科。美、日、英、西德、瑞典等许多国家，在环境法学方面有不少研究成果值得借鉴。曾经来我国访问的原东京大学校长加藤一郎教授，写有《公害法的形成和发展》《外国的公害法》等专著，美国乔治敦大学威廉·H·罗杰思教授，写有《环境法》专著，美国斯·尔斯曼博士，写有《欧洲环境法》专著。这几位是当代有代表性的环境法学家。

根据我国环境保护法的特点，参考外国的经验，我国的环境法学，在马克思列宁主义、毛泽东思想法学原理的指导下，在比较法学的基础上，可以采取以下体系。

（1）环境法学基础理论。

（2）环境保护法和环境法学的历史。

（3）环境保护法律调整的指导思想和基本原则。

（4）环境保护基本法。

（5）综合性的环境保护法。

（6）污染或其他公害防治法：大气污染控制法；水污染防治法；噪声控制法；固体废弃物处理法；有毒物质管理法；放射性污染防护法；电磁环境污染防护法；食品污染防护法；其他法。

（7）自然资源保护法：大气保护法；水土保持法；内陆水保护法；海洋环境保护法；土地保护法；森林保护法；草原保护法；野生动植物保护法；水产资源保护法；矿产资源保护法；其他法。

（8）文化环境保护法：自然保护区法；风景名胜保护法；文物古迹保护法；园林绿化保护法；温泉、疗养区保护法；其他法。

（9）环境标准：①环境质量标准：大气质量标准；水质标准；环境噪声标准；其他。②污染物排放标准：工业废气排放标准；汽车废气排放标准；工业废水排放标准；医院污水排放标准。

（10）其他部门法（如行政法、民法、刑法、经济法等）中的环境保护规范。

（11）环境保护法律制度（如"三同时"、环境影响评价、排污收费等等）。

（12）违反环境保护法的责任：行政责任；民事责任；刑事责任。

（13）执法问题：机构；程序；方法。

（14）守法问题。

（15）环境保护法与其他法律部门的关系。

（16）国际环境法。

（17）环境法学与其他学科的关系。

二 环境保护法的历史和当前特点

（一）环境保护法的历史

纵观世界各国环境保护法历史发展的全过程，大体可分为三个阶段：即18世纪中叶产业革命爆发以前；从产业革命爆发到20世纪50年代末；20世纪60年代以来。

第一阶段，即18世纪中叶产业革命以前，是环境立法的萌芽时期。由于社会生产力水平很低，人类的生产活动比较简单，对环境自净能力和生态系统良性循环冲击不大。只是在一些国家的法律中出现有关保护局部环境的零星规范。比如我国古书《韩非子·内储说上》记载："殷之法，弃灰于公道者断其手。"这大概是最早的禁止乱抛垃圾的法律条文。我国秦律规定："春二月，毋敢伐材木山林及雍（壅）堤水，不夏月，毋敢夜草为灰，取生荔、麛鷇（卵）彀……到七月而纵之。"意思是：春天二月，不准到山林中砍伐木材，不准堵塞水道。不到夏季，不准烧草作为肥料，不准采取刚发芽的植物，或提取幼兽、鸟卵和幼鸟……到七月解除禁令。这显然是我国最早的一条保护林木、水道、幼小动植物和水产资源的法律。古巴比伦的汉谟拉比法典也有禁止鞋匠住在城内，以免污染水源和空气的规定。1306年，英国议会也颁布禁令，不准伦敦工匠和制造商在国会开会期间用煤。这些零星的环境保护法规范，尽管还远非当代意义上的环境保护法，可是却包含着它可贵的萌芽。

第二阶段，即从产业革命爆发到20世纪50年代，是环境立法的开始兴盛时期。蒸汽机被发明和广泛应用，给社会带来了空前巨大的生产力，也带来了对环境的污染。随着工业的发展，火车、轮船的发明，工厂、大城市的兴起，在人类历史上也就出现了大规模地改变自然界，污染环境，破坏和干扰生态系统的现象。保护环境的需要逐渐迫切起来。在一般行政管理法规中规定环保问题的现象增多了。比如：英国1863年制定的《制碱法》对防止废气污染作了规定；1877年日本大阪府颁布的《工厂管理条例》，从减少环境污染的角度规定了工厂的选址问题，美国1899年制定的《河川港湾法》，禁止将除城市街道和污水管道的液体之外的废物排入美国通航水域。同时，专门保护环境的单行法规也应运而生。比如：英国颁布了《水质污染控制法》《清洁空气法》；美国制定了《油污防止法》；西德颁布了《自然保护法》、《狩猎法》。苏联十月革命胜利不久，也于1918年、1919年颁布过环境保护的单行法规。环境保护特别法的出现，是环保法逐渐走向成熟的重要标志。

第三阶段，即20世纪60年代以来，是环境立法迅速发展、自成体系的时期。由于科学技术突飞猛进，生产力急剧发展，人口飞速膨胀，资源被大量开发、耗费，人类的生活和生产活动对环境的污染，对生态平衡的破坏越来越大。震惊世界的公害事件，如日本的水俣病、骨痛病，美国的洛杉矶光化学烟雾事件等不断发生。从20世纪60年代开始，环境问题就成为世界上五大社会问题（还有人口、粮食、资源、能源）之一。保护环境的呼声形成了强大的舆论压力。为了保护自然资源，控制公害的发展，许多国家越来越认识到进一步采取法律手段的重要性，环境立法达到了前所未有的发展。不只是迅速增订了许多环境保护的单行法规，还制订了综合性的环境保护法律。对整个环境保护中的社会关系进行通盘调整，例如：日本于1967年颁布了《公害对策基本法》；美国于1969年颁布了《国家环境政策法》；西德也于1974年制订了《联邦污染控制法》。环境法已逐渐形成独立的法律部门，形成基本法和特别法相结合的体系。

（二）环境保护法当前的特点

从近二十年来许多国家环境立法的情况来看，有以下几个值得注意的特点。

（1）工业越发达的国家，环境立法越完备、具体。（请注意，这里只是说"完备"，而不是说"完善"。"完备"是指已有成套的法规，做到了"有法可依"。）不仅有环保基本法，而且有环保特别法。形成了一个独立的环保法律体系。日本的环境保护对策是由技术加法律构成的，有一套完整的环境法规，共 70 种。1979 年出版的《环境六法》一书，就是日本的环境法规汇编，共 14 章。美国的环境法规有 120 种，1976 年出版的《环境法规》一书，是美国的环境法规汇编，也是分 14 章。西德的环保法规有 160种，不只是有环保基本法，而且有很具体的环保法规，如《滴滴涕法》《飞机噪声法》等。

（2）保护环境，防止污染，已经成为一个不可动摇的宪法原则。一些国家在宪法和环境法中，很强调环境保护的重要性。据统计，把环境保护写入宪法的，已有 22 个国家。希腊 1975 年颁布的宪法，在第 2 编"个人的社会权利"第 24 条中规定："保护自然和文化环境，是国家的一项职责。国家应当就环境保护制定特殊的预防或强制措施。"罗马尼亚《环境保护法》开宗明义第一句是："罗马尼亚共产党政策的根本目的是日益全面地满足全体人民的物质和文化需要。为了实现这一目的，必须在高度发挥国家的人力和物力资源，充分使用现代科技成果基础上，使生产力的全面发展符合环境保护的各项要求，以便保护我们社会的这一至关重要的因素——环境。"在总则第 1 条中还写道："环境保护是国家经济和社会计划发展总活动中不可分割的、特别重要的一部分。"日本 1967 年制订《公害对策基本法》时，在总则中有"保护生活环境的目的，在于协调经济的健全发展"这样的话，国家对工业企业资本家采取让步政策，结果公害控制不住。因而上述规定，遭到了日本广大群众强烈不满。所以在 1970 年第 64 届国会（又称"公害国会"）中修改了《公害对策基本法》，删掉了上述规定。经过修订，1974 年的《公害对策基本法》第 1 条就很强调环境保护的重要性："鉴于防治公害对维护国民健康和文明生活有极大重要性，为了明确企业、国家和地方政府对防治公害的职责，确定基本的防治措施，以全面推行防治公害的对策，达到保护国民健康和维护其生活环境的目的，特制定本法。"

（3）环境保护的法律规范逐渐深入到各个领域。以西德为例，20世纪60年代以前，保护环境的要求开始提出，到1959年底，联邦议会通过了自然保护法，原子能法等环境法律和条例；进入60年代以后，环境污染成了重大的社会问题，到60年代末，除对以前通过的一些环境法律、条例进行了修订外，又增订了水源管理法、植物保护法等，把环保法律规范扩大到工业、交通、城建和水域管理等许多部门；70年代以来，又增订了环保基本法、消除废物法、防止飞机噪声法、滴滴涕法等，把环保法律规范扩大和深入到经济和生活的各个方面。

从外国的环境法来看，无论是社会主义国家还是资本主义国家，都有一个明显的趋势：环境保护的范围由工业污染的防治扩大到自然资源的保护，进而扩大到名胜古迹，风景游览区等文化环境的保护。

（4）不仅加强了行政法保护和民法保护，而且采取刑法保护的趋势在不断增长。1973年7月19日通过的欧洲共同体行动纲领的有关要求里，体现了对环境加强刑法保护的倾向。近年来，对环境的刑法保护问题，成了国际上讨论的课题。1978年8月在布达佩斯举行的第10届国际比较法大会，讨论了这个课题。1979年9月在汉堡举行的国际刑法协会第12届大会，讨论了刑法在保护环境中的作用问题。现在，西德、日本、美国、苏联、罗马尼亚、瑞典、澳大利亚等国都先后在刑法或其他特别法中规定了"危害环境罪"或"公害罪"等罪名，日本还专门制定了《关于处罚有关人身健康的公害犯罪的法律》（1970年），西德也颁布《危害环境罪惩治法草案》（1978年），对污染和破坏环境的罪行给予刑事制裁。

（5）环境立法日益成为国际法的重要内容。由于环境保护日益成为重要的国际问题，1972年在斯德哥尔摩召开的联合国人类环境会议通过了《人类环境宣言》。有些国家开展国际合作，或者互相制约，订立环境保护的双边或多边条约、协定。美、苏于1972年订立《环境保护合作协定》，丹麦、芬兰、挪威、瑞典于1974年订立环境保护公约。1979年11月，东西欧国家举行第一次环境问题政府级代表会议，制订了防止大气污染的公约。这次会议，除阿尔巴尼亚外，有33个国家参加，苏联第一次把欧洲共同体作为平起平坐的条约伙伴。斯堪的纳维亚国家特别主张签署这项公约，因为它们经常受从英国、西德等工业中心刮来的带有污染物质的风的影响。勃列日涅夫在给会议的信中说，他的国家"打算继续以一切可能的方式同欧洲各国、美国和加拿大在保护环境方面扩大合作"。根据国际自然及自然资源保护同盟、联合国环境规划署和世界野生生物基金会三个国际组织的商定：1980 年 3 月 5 日，在中国、日本、英国、法国、西德、美国、澳大利亚、肯尼亚、苏联等 30 多个国家的首都同时发表《世界自然保护大纲》，并开展有关宣传活动。1980 年 4 月间召开的联合国环境规划理事会第 8 届会议，通过了 26 项关于保护和改善环境的决定。会上要求制订国际环境法的呼声很高。但各国想法不同，特别是对拟订"共有资源"15 项原则的专家工作组的权限和"共有资源"的定义，存在分歧。我国代表发言表示原则上支持制订国际环境法，并重申了我国关于尊重各国主权、相互照顾邻国利益和平等协商的一贯主张。1982 年，联合国环境规划署召开了政府高级官员环境法会议，拟订了《亚洲太平洋环境法方案》。现在环境保护方面的国际法的一个明显的趋势是：由双边、多边条约发展为区域性的公约，进而发展为全球性的国际环境法。

三 《中华人民共和国环境保护法（试行）》

（一）《环境保护法》的立法背景

中华人民共和国成立以来，由于工农业生产的发展、人口的增长、城市的增加和扩大以及人民生活水平的提高，对自然资源的开发和利用的规模越来越大。从 20 世纪 60 年代起，生产和资源开发对环境产生的危害日益明显，对自然资源和生态平衡造成严重的破坏，对人们的生活环境、大气、水域等造成不同程度的污染（少数地区受到严重危害），从而影响人民的生活和健康，妨碍生产建设的进一步发展。这种情况要求国家采取有效措施，加强环境管理。国务院于 1973 年 8 月召开了第一次全国环境保护会议，会议制定了《关于保护和改善环境的若干规定（试行草案）》。1974 年成立国务院环境保护领导小组，负责对环境保护工作进行"统筹规划、全面安排、组织实施、督促检查"。以后，国务院陆续颁发了有关环境保护的各种国家标准，对环境质量和污染物的排放作了具体规定。1978 年 3 月 5 日通过的

《中华人民共和国宪法》明确规定："国家保护环境和自然资源，防治污染和其他公害"，确认环境保护是国家的主要职能之一。《环境保护法》就是根据宪法的规定和四化建设的需要，为强化国家对环境的管理，在总结我国环境保护工作和立法经验的基础上，并参考国外的环境立法制定的。

（二）《环境保护法》的主要内容

《环境保护法》的内容，概括起来，主要有以下四个方面：

（1）环境保护的范围，环境保护法的任务、指导思想和基本原则；

（2）对环境和自然资源的保护，包括对大气、水体、土壤的保护，对水产资源、森林、草原、矿藏和野生动植物的保护，对名胜古迹、风景游览区、温泉、疗养区、自然保护区、生活居住区的保护；

（3）对工业污染和其他公害的防治，包括对工业废水、废气、废渣、放射性物质、电磁波辐射、垃圾污染的防治，对噪声、震动、地面下沉等其他公害的防治；

（4）对其他有关的重要问题，包括环境保护机构和职责、奖励和惩罚等的规定。

（三）《环境保护法》的基本原则

《环境保护法》的基本原则，在环境保护的法律调整中居重要地位，这不仅在于它本身具有法律的约束力，人们必须遵守它；还在于它为制定和运用环境保护的其他法律规范提供了总依据。第一次全国环境保护会议制定的"全面规划，合理布局，综合利用，化害为利，依靠群众，大家动手，保护环境，造福人民"的方针，先是载入1973年国务院文件，后于1974年1月载入《工业"三废"排放试行标准》中，开始成为环境保护工作的总依据。经过六年的实践证明，这条方针尽管还有待于进一步完善，但它基本上反映了我国环境保护的实践经验，基本上体现了环境保护法律调整的总要求。《环境保护法》第4条明确把它肯定下来，因此它也是环境保护法律调整的总原则。这条方针的主要内容有四个方面：（1）"全面规划，合理布局"。在安排国民经济计划时，要合理安排和正确处理工业和农业、城市和乡村、生产和生活、经济发展和环境保护的关系，使这几个方面统筹兼顾，协调地发展。建设布局，特别是工业布局，实行大分散小集中、多搞小城镇的方针。（2）"综合利用，化害为利"。就是要把有害之物，变成有用之物，从而消除污染危害。这也是充分利用自然资源，多快好省地发展生产的积极措施。我国把综合利用列为一项主要的经济政策，要求每个工厂把排放的有害物质加以回收或制成新的产品，打破行业界限，实现一业为主，多种经营；对新建、扩建、改建企业，凡是有三废为害的，都采取把处理三废的措施，同主体工程同时设计、同时施工、同时投产的办法，从根本上加以解决。在农村则提倡把农业生产中的废物发酵生产沼气和沤肥；对于人们日常生活中排放的垃圾，也收集起来，分类处理，把无用之物重新变作工业原料或农业肥料。（3）"依靠群众，大家动手"。就是动员和依靠群众来保护和改善环境。从中央到地方，各级领导、各行各业利用各种形式，广泛宣传保护环境的意义，调动各方面的积极性，实行群众监督，大家动手解决问题。（4）"保护环境，造福人民"。这是环境保护的目的。这就要求我们在生产建设的同时，切实采取有效措施，防止对环境的污染和破坏，保护人民的健康，促进经济和社会的发展。

根据环境保护法律调整的总原则，我国在环境保护的法律调整中，必须坚持以下基本原则。

（1）国民经济和环境保护必须统筹兼顾，协调发展。我国是社会主义国家，国民经济是有计划按比例发展的，发展经济的根本目的是造福于人民。环境保护，从根本上说，就是保护广大人民群众和子孙后代的健康和幸福，保护和促进生产力的发展，是进行社会主义物质文明建设和精神文明建设的重要组成部分。周恩来同志生前曾多次指出：我们在搞工业建设的同时，就应该抓紧解决环境污染问题，绝对不作贻害子孙后代的事。这就是告诉我们，在国民经济发展中，必须注意发展生产和保护环境的综合平衡。国内外的经验证明：在制订国民经济计划、抓好综合平衡时，不只是要抓好财政、信贷、物资、外汇的平衡，还要注意抓好生态平衡。考虑经济效果时，不只是要有经济观点，还要有生态观点，宏观微观都应如此。计算得失，不应只计算一个企业治理"三废"防止污染所花的资金，还应计算这笔资金用于综合利用的收益以及不投这笔资金造成的后果给国家和人民群众带来的难以计算的、甚至是不可弥补的损失。1982年，上海出现酸雨污染环境的情况，陈云、赵紫阳同志指示有关部门必须采取有效措施，抓紧治理。目前我国已成为世界上排污较多、污染严重的国家之一。如果只片面强调发展生产，而不重视环境保护，随着生产建设的发展，环境的污染和破坏会越来越严重，就可能出现西方国家发生过的爆炸性公害。为了切实执行"统筹兼顾、协调发展"的原则，必须十分重视行政法律调整的措施。

第一，在规划经济发展的同时，必须同时规划环境保护工作。《环境保护法》第5条规定："国务院和所属各部门、地方各级人民政府必须切实做好环境保护工作；在制定发展国民经济计划的时候，必须对环境的保护和改善统筹安排，并认真组织实施；对已经造成的环境污染和其他公害，必须作出规划，有计划有步骤地加以解决。"根据这一规定，环境保护理所当然地应成为国家计划的重要组成部分，中央各部门和地方各级人民政府在制定经济和社会发展的长远规划和年度计划时，必须把环境保护纳入计划，计划审查机关在审查计划时应认真审查有无环境保护的内容。凡没有环境保护内容的计划，应视为不完备的计划，不予批准，不具有法律效力；消除污染，保护环境，应作为工矿企业全面完成国家计划的一项考核指标。各级主管部门和企业在安排、检查、总结生产任务时，应同时安排、检查、总结环境保护工作。其他指标完成了计划，而"三废"放任自流，不积极进行治理，污染环境，危害人民健康，不算全面完成国家计划。

第二，对发展生产和保护环境所需的人力、财力、物力，必须统筹安排。中央和地方的财政预算中，应包括环境保护所用的必要财力。对环境保护所需的资金、物资逐年作出安排，并切实予以保证。对于国家用于环境保护的人力、财力、物力，任何机关和个人不得挤占、挪用，对挤占挪用者，应视为违反环境保护法，追究其法律责任。

（2）防治污染，保护环境，必须防治结合，以防为主。环境的污染和破坏有三个特点。

第一，有些污染不易及时发现。日本的"水俣病"，从排放甲基汞毒水的合成醋酸工厂建厂，到发现渔民吃鱼中毒，前后经过了23年之久；又经过12年，才弄清楚是甲基汞中毒。伦敦烟雾事件，经过十几年才弄清事件的真相。洛杉矶烟雾事件，最初被认为是二氧化硫造成的，后来被认为是石油挥发物造成的，经过七八年才逐渐弄清主要是汽车废气经日光作用而形成的光化学烟雾造成的。公害事件有一个特点是，有一个潜伏期。正像人患癌症一样，不易及时发现，而一旦发现时，往往不容易收拾。

第二，环境污染和破坏一旦形成，即使停止了新的污染和破坏，而旧的影响也难以很快消除，甚至会成为新的二次污染源。如森林的乱砍滥伐，十几年甚至几十年难以再生；土壤、地下水的污染，几十年甚至上百年都难以恢复。用工业废水灌溉的农田土壤，一旦被废水中重金属污染，则将成为广大的、长期的、潜在的污染源，而使农作物中毒，进而使食用这种农产品的人和牲畜不知不觉地中毒。美、日等国早已禁止使用滴滴涕，但是，至今在人奶中仍能发现，婴儿由哺乳而得到的农药超过规定限度。

第三，环境污染造成的经济损失很大，加上污染治理费用，则要付出更加高昂的代价。据专家估计，美国 1977 年由大气污染造成的经济损失，至少是 250 亿美元（合人民币约 472 亿元）。美国计划 1976 年至 1985 年用于执行防止大气和水污染法令的费用，接近 4500 亿美元（合人民币约 8496 亿元），相当于 1976 年至 1985 年间国民经济总产值的 2%。总之，"污染容易治理难"，这是国内外很多事实证明了的。所以，防治污染，保护环境，必须以预防为主，防患于未然。《环境保护法》贯彻了"预防为主"的精神，特别是在第四、六、七、十七、十八等条款中，对"合理布局"、"综合利用"、"三同时"（即有污染的新建、扩建、改建企业，防止污染和其他公害的设施，必须与主体工程同时设计、同时施工、同时投产）等措施，都作了明确的原则规定，体现了"预防为主"的要求。现在的问题是，要认真执行这些规定，并用相应的具体的法律规范加以落实，以便通过法律调整，防止新的污染源的产生。当然对已经产生的污染要积极地进行综合治理，控制旧的污染的蔓延，预防污染与治理污染结合，使整个环境得到改善。

（3）综合利用，化害为利。最大限度地利用能源和资源，是消除污染、保护环境的根本途径。是挖掘工矿企业内部潜力、增产节约的一个重要方面。毛泽东同志曾经指出："综合利用很重要，要注意"，"综合利用大有文章可做"。实践证明，开展综合利用，是发挥社会主义制度优越性的一项重要政策。沈阳冶炼厂过去是东北有名的大污染源，由于加强了生产管理，开展了综合利用，不仅实现了不排超标污水，免交排污费，还从废气中回收二氧化硫生产硫酸，1979 年产量 88000 吨，1980 年增长到 113000 吨；而且生产连续两年持续增长，产值平均每年递增 7%，总产增加 11.4%。外国对我国的"综合利用"政策非常重视。1980 年，美国哈佛大学环境法学教授朱利安·格雷瑟来北京大学讲学。当他了解到我国"综合利用"政策的基本含意时,欣喜若狂,说要很快向美国环境保护局介绍这一重要政策。《环境保护法》第18条规定:"加强企业管理,实行文明生产,对于污染环境的废气、废水、废渣,要实行综合利用,化害为利。"《工业"三废"排放试行标准》第2条也规定:"充分发动群众,开展综合利用,尽量减少工业'三废'排放数量,防止工业'三废'污染危害。"第17条规定,"工业'废渣'是一种自然资源,要想方设法利用,以开辟新的原料来源,减少对环境的污染。""凡已有综合利用经验的'废渣'……必须纳入工业设计、基本建设与产品生产计划,实行'一业为主,多种经营',不得任意丢弃。"《环境保护法》还对综合利用规定了奖励条款。

(4)防止污染,保护环境,必须坚持权利和义务的一致性,做到人人有责,人人有权。控制和消除污染,保护和改善环境,是一个内容很复杂、涉及面很广的问题,关系亿万人民群众的切身利益,保护和改善环境是广大人民的迫切要求;同时,人民群众蕴藏着改善环境的无穷智慧,只要发动群众,群策群力,环境保护中遇到的难题就能逐步获得解决。正是基于上述的前提,所有公民和法人组织,在保护环境问题上必须坚持权利和义务相一致的原则。就是说,每个公民和法人组织都要求改善环境,但同时都必须为保护环境履行自己的义务。在"三十二字方针"中规定"依靠群众,大家动手",正是体现了这种要求。如果每个公民,特别是法人组织,都只要求别人控制和消除污染,而自己却不肯为改善环境承担任何责任,那么消除污染,改善环境,则只能是一句空话,即使有再好的计划也等于零。《环境保护法》第8条规定:"公民对污染和破坏环境的单位和个人,有权监督、检举和控告。被检举、控告的单位和个人不得打击报复。"这些规定从法律上保障了每个公民享受清洁、优美、安静的环境的权利,也从法律上规定了每个公民和法人组织尊重别人这一权利的义务。在法律调整中,认真坚持这一原则是有重要意义的,它有利于调动广大群众保护环境的积极性,向污染和破坏环境的违法行为作斗争。

四 我国环境保护法律制度

我国现行的环境保护法律制度基本上可分四大类,即综合的环境保护法律制度规定；防治污染的法律制度规定；保护自然资源的法律制度规定；保护文化环境的法律制度规定。

（一）综合的环境保护法律制度规定。

（1）国务院于1981年2月24日颁发的《关于在国民经济调整时期加强环境保护工作的决定》，包括七个问题，即①严格防止新污染的发展；②抓紧解决突出的污染问题；③制止对自然环境的破坏；④搞好首都北京和杭州、苏州、桂林的环境保护；⑤加强国家对环境保护的计划指导；⑥加强环境监测、科研和人才培养；⑦加强对环境保护工作的领导。对保护和改善环境作出了综合的法律调整的规定，是《环境保护法》的具体化和重要补充。

（2）环境保护规划制度。即把环境保护纳入国民经济和社会发展计划的制度。1982年12月10日全国人民代表大会批准的"六五计划"中，将环境保护列为十项基本任务之一。其中第一章"基本任务"的第十条是："加强环境保护，制止环境污染的进一步发展，并使一些重点地区的环境状况有所改善。"第三十五章是"环境保护"。

（二）防治污染和其他公害的法律制度和规定。

首先应指出的是，国务院于1983年2月6日颁发的《关于结合技术改造防治工业污染的几项规定》，是关于这方面制度规定的一个重要文件。防治污染和其他公害的法律制度规定主要有以下几项：

1. "三同时"制度

《环境保护法》第6条规定："一切企业、事业单位的选址、设计、建设和生产，都必须充分注意防止对环境的污染和破坏。在进行新建、改建和扩建工程时……防止污染和其他公害的设施，必须与主体工程同时设计、同时施工、同时投产。"1980年11月1日，国家计委、国家建委、国家经委、国务院环保领导小组联合颁发了《关于基建项目、技措项目要严格执行"三同时"的通知》。1981年5月11日，国家计委、国家建委、国家经委、国务院环保领导小组，经国务院同意，颁发的《基本建设项目环境保护管理办法》，对如何执行"三同时"制度作了比较具体的规定。

2. 环境影响评价制度

在环境保护中，环境影响评价早已成为许多国家的重要手段，已被广泛采用。目前各国的环境影响评价制度有两种：其一，用法律肯定下来。美国是第一个这样做的。瑞典、澳大利亚、法国、日本也相继在环境法中作了规定；其二，已建立了环境影响评价制度，但尚未用法律加以规定。我国的环境影响评价，已被环境保护法所肯定。《环境保护法》第 6 条规定："一切企业、事业单位的选址、设计、建设和生产，都必须充分注意防止对环境的污染和破坏。在进行新建、改建和扩建工程时，必须提出对环境影响的报告书，经环境保护部门和其他有关部门审查批准后才能进行设计。"第 7 条还规定："在老城市改造和新城市建设中，应当根据气象、地理、水文、生态等条件，对工业区、居民区、公用设施、绿化地带等作出环境影响评价，全面规划，合理布局。"1982 年 3 月 1 日开始生效的《中华人民共和国海洋环境保护法》第六、九、十条，对在海洋范围内的各类开发建设活动，规定了环境影响评价制度。按照这些条款的规定，海洋工程建设、围海工程、海洋石油开发等都必须编报环境影响报告书，经环保部门审查批准后才能设计和建设。环境影响评价制度中规定的环境影响报告书，是编制计划任务书的重要前提和根据。环境影响报告书的任务在于：从保护环境的目的出发，对建设项目进行可行性研究，通过综合评价，论证和选择最佳方案，使建设项目达到布局合理，对自然环境的有害影响最小，对环境造成的污染和其他公害得到控制。为了搞好环境影响评价，需要组织各方面的专业技术人员和经济学家，相互配合，通力协作，在确定建设项目前，对其可能给环境带来的影响（包括近期的、中期的、远期的），进行充分的调查研究，作出科学的预测和估价，并制定出尽可能妥善的预防损害环境的计划。

3. **基本建设项目在施工过程中，应保护周围的环境，防止对自然环境造成不应有的破坏**

竣工后，应当修整在建设过程中受到破坏的周围环境。在施工中，应当防止和减轻粉尘、噪声、震动等对周围生活居住区的污染和危害。

4. **治理工业"三废"和其他公害的制度**

①回收利用。根据《环境保护法》的规定："对于污染环境的废气、废水、废渣，要实行综合利用、化害为利。"凡是现有企业能通过"三废"综合利用生产的产品，要优先发展。对于已有综合利用经验的，要纳入工艺设计、基本建设与产品生产计划，实行"一业为主，多种经营"，不得任意

丢弃。为治理"三废"开展综合利用而进行的一般技术措施，以及与原有固定资产的更新、改造结合进行的治理"三废"措施，所需资金一般应在企业留用的更新改造资金或上级集中的更新改造资金中解决。国家对企业利用"三废"作主要原料生产的产品，给予减税、免税或价格政策上的照顾，盈利所得不上交，由企业用于治理污染和改善环境。企业排放污染环境的"三废"，在没有利用和治理以前，其他单位可以利用，一般应免费供应。对经过加工处理的"三废"，可以收取加工费。对"三废"的处理，供需单位要建立固定的协作关系。已建立的，未经双方同意，不再改变。1977年4月14日印发的《国家计委、国家建委、财政部、国务院环保领导小组关于治理工业"三废"开展综合利用的几项规定》和1979年12月30日颁发的《财政部、国务院环保领导小组关于工矿企业治理"三废"污染开展综合利用产品利润提留办法的通知》对这一制度作了具体规定。②净化。凡不能利用或需要排放的废水、废气、废渣，必须遵守国家规定的排放标准。为此，要按照需要广泛地安装排烟装置、污水净化设施、消声、防震设施等，以便达到净化和减弱污染危害程度的目的。③停产或搬迁。对已建成的污染环境的企业、事业单位，凡处在城镇居民生活区、水源保护区、名胜古迹、风景游览区、温泉、疗养区和自然保护区的，要限期治理。逾期治理无效的，要停产、转产或者搬迁。

5. 环境质量标准和污染物排放标准

环境质量标准是为了保证人体健康和生活环境而规定的各项有毒有害物质在环境中的最高允许浓度。污染物排放标准是为了达到环境质量标准，对排放污染物的浓度或数量进行控制的规定。两者的最终目的，都是为了保证环境质量。《环境保护法》第18条规定："加强企业管理，实行文明生产，对于污染环境的废气、废水、废渣……需要排的，必须遵守国家规定的标准，一时达不到国家标准的，要限制企业的生产规模。"目前，我国已颁布《大气环境质量标准》《城市区域环境噪声标准》《海水水质标准》《渔业水质标准（试行）》《农田灌溉水质标准（试行）》《生活饮用水卫生标准》以及《工业"三废"排放试行标准》《船舶排放污染物排放标准》《工业企业设计卫生标准》《工业企业噪声卫生标准（试行草案）》《机动车辆允许噪声》《食品卫生标准》等。

6. 环境监测制度

环境监测既是环境保护的耳目，又是环境立法、执法的重要依据，也是健全环境影响评价制度的基础，根据《环境保护法》第 26、27 条的规定，国务院和地方各级环境保护机构的一个重要职责就是组织环境监测，掌握环境状况和发展趋势。这就是说，环境监测已经成为环境保护法所肯定的法律制度。

7. 征收排污费制度

《环境保护法》第 18 条中规定："超过国家规定的标准排放污染物，要按照排放污染物的数量和浓度，根据规定收取排污费。"国务院于 1982 年 2 月 5 日发布了《征收排污费暂行办法》，对这项制度作了具体规定。

8. 其他法律制度规定

如 1982 年，农牧渔业部和卫生部联合颁发了《农药安全使用规定》、1974 年颁发了《放射性防护规定》等。

（三）保护自然资源的法律制度。

它所调整的范围，是人们在保护自然资源中所产生的社会关系，它所保护的客体是人类生产、生活所必要的自然资源。为了顺利地进行四化建设，我们在利用自然资源时，必须协调人类活动和环境之间的相互关系，协调经济发展速度与自然资源利用以及社会对生产物质的供需平衡，为此就要正确地运用生态规律和经济规律，确立和执行保护自然资源的法律制度。由于自然资源范围很广，各自又有不同的特点，保护的要求也有差异，因此，在环境保护实践中形成了下列不同的自然资源保护制度。

1. 大气、水资源和土地的保护制度

它的自然客体是大气、水体和土地。这类自然资源具有明显的地区性，保护这类资源的基本原则，是充分利用近代科学技术，因地制宜，发挥各地所长，以保证大气、水和土地的永恒使用。《环境保护法》第 11 条明确规定："保护江、河、湖、海、水库等水域，维持水质良好状态。""严格管理和节约工业用水、农业用水和生活用水，合理开采地下水，防止水源枯竭和地面沉降。"并且规定，在水源保护区不准建立污染环境的企业、事业单位，严格保护水源。国家计委等部印发的《关于治理工业"三废"开展综合利用的几项规定》也明确规定："不允许把江河湖海作为污水道和垃圾箱。"《中华人民共和国海洋环境保护法》第二、三、四、五、六章，就防止海洋工程、海洋石油勘探开发、陆源污染物、船舶、倾倒废弃物对海洋

环境造成污染损害，作了专门规定，并明确了违法责任。为了加强对内陆水的保护和对大气的保护，我国正在起草《水污染防治法》、《大气污染控制法》。

水土保持是土壤保护制度的重要内容。国务院于1982年6月30日发布了《水土保持工作条例》，其中对水土流失的预防和治理等问题作了专门规定。

1981年7月3日《人民日报》报道，中央书记处作出了保护国土的重要指示，作出："我们不能光是停留在城市的环境保护、三废治理这些问题上，要考虑中国近一千万平方公里的国土的保护问题。""建委的任务不能只管基建项目，而且应该管土地利用，土地开发，综合开发，地区开发，整治环境，大河流开发。要搞立法，搞规划。"这是搞好我国国土整治和保护的一项具有战略意义的决定。现在，国土整治局在国家计委的领导下，正根据中央书记处的决定开展工作。

此外，全国人大常委原则批准的《国家建设征用土地条例》，国务院于1982年发布的《村镇建房用地管理条例》等，都是对土地保护的重要法律制度和规定。

2. 矿产资源的保护制度

它所保护的自然客体是煤、石油和其他矿产资源。这类资源的储量有限，开采后大部分不能再生，而它又是物质生产部门不可缺少的生产资源，是实现四化的物质基础。所以，国家一直把保护和合理利用矿藏资源，作为一项重要的技术经济政策。矿产资源保护法就是这一重要政策的反映。1951年4月18日政务院公布了《中华人民共和国矿业暂行条例》。1965年12月17日，国务院批转了《矿产资源保护试行条例》。这个条例的原则是：实行综合利用，兼顾当前与长远、局部与整体、用矿与保护的关系，充分发挥潜力，以保证资源利用合理，减少污染。

除《矿产资源保护试行条例》对保护矿产资源作出了综合法律调整的规定外，还有《石油工业部环境保护工作试行条例》、《汽油田环境保护暂行规定》，对保护石油资源作了具体规定。

3. 生物资源的保护制度

它的保护对象是森林、草原、野生动植物等。此类资源的特点是具有再生的机能。如能合理利用，并按照自然规律进行管理和抚育，就可以保证再生。而且可以有计划地繁殖扩大。国家根据生物资源保护的需要曾先后制定了《水产资源繁殖保护条例》《森林法（试行）》《关于积极保护和合理利用野生动物资源的指示》《进出口动植物检疫条例》等重要法规。

（四）保护文化环境的法律制度

我国对自然保护区、名胜古迹、风景游览区、温泉、疗养区等文化环境的保护，有一些法律制度规定。《环境保护法》规定，在"名胜古迹、风景游览区、温泉、疗养区和自然保护区，不准建立污染环境的企业、事业单位，已建成的，需限期治理、调整或者搬迁"。《中华人民共和国治安管理处罚条例》规定：污损名胜古迹或者有政治纪念意义的建筑物的，处 10 日以下拘留、20 元以下罚款或者警告；故意损害公园和街道两旁的花草树木的，处 3 日以下拘留，6 元以下罚款或者警告。1982 年 11 月 19 日通过的《中华人民共和国文物保护法》，特别是其中的第十、十一、十三、十六、十八条等，对文物的保护作了专门规定。

此外，1981 年 4 月 11 日《光明日报》登载了国务院批转国家城市建设总局、国务院环保领导小组、国家文物事业管理局和中国旅行游览事业管理总局联合作出的《关于加强风景名胜保护管理工作的报告》摘要。这个报告就是一个行政法规，对风景名胜的保护作了一些具体规定。

五　违反环境保护法的法律制裁

法律制裁是法律制度的重要组成部分，是同违法犯罪行为作斗争的法律武器，是巩固我国社会主义法制的法律保证。明确法律制裁的种类和适用范围，对正确分析和处理各种违法犯罪行为有重要的实践意义。

从我国的法律规定和司法实践来看，违反环境保护法的法律制裁，应分行政制裁、民事制裁、刑事制裁三种。

（一）行政制裁

行政制裁是，根据法律或机关、企业事业单位的规章制度，对犯有轻微违法失职行为尚不够刑事处分的人员或单位的一种强制性措施。按执行机关的不同，行治制裁分为两种：一种是行政处罚；一种是行政处分。

（1）行政处罚。是法律规定由特定国家行政机关执行的一种制裁。必须根据法律规定实施，无处罚权的机关和部门不得行使。根据不同的违法行为；由环保机构或其他法定的国家行政机关执行处罚。例如《环境保护法》第 32 条规定："对违反本法和其他环境保护的条例、规定，污染和破坏环境，危害人民健康的单位；各级环境保护机构要分别情况，报经同级人民政府批准，予以批评、警告、罚款，或者责令赔偿损失、停产治理。"这里所说的批评、警告、罚款、责令赔偿损失、停产治理，都是环境保护机构执行的行政处罚。

值得注意的是，早在 1957 年 10 月 22 日第一届全国人民代表大会常务委员会第八十一次会议通过的《中华人民共和国治安管理处罚条例》中有既全面又具体的条款是适用于环境保护的，即第 5 条 6 款、第 7 条第 1、5 款，第 8 条第 5、6、10 款，第 12 条第 4、5 款，第 15 条第 1、2、3、5 款，对"污损名胜古迹或者有政治纪念意义的建筑物的"，"在禁止渔猎的地区捕鱼、打猎、不听劝阻的"，"在城市故意发放高大声响，影响周围的居民的工作和休息，不听制止的"，"制造、储存、运输、使用爆炸物品，化学易燃物品，不符合安全规定的"，"制造、购买、保管、使用剧性毒物不符合安全规定的"，"未经当地政府许可，烧山烧荒，尚未造成灾害的"，"私自砍伐国家、合作社或者他人少量竹林、树木的"，"损害苗圃中的树苗，尚未造成严重损失的"，"污秽公众饮用的井水、泉水或者其他水源的"，"在城市内任意堆置、晾晒、煎熬发恶臭的物品，不听制止的"，"在街道上倾倒垃圾、秽物，抛弃动物尸体或者随地便溺的"，"故意损害公园和街道两旁花草树木的"，等等，均分别根据情节轻重，规定了警告、罚款、拘留等不同处罚。

环境保护法是调整因保护和改善环境而产生的社会关系的法律规范的总和，也就是说，环境保护法也包括类似上述《治安管理处罚条例》的这些条款，所以这些条款中规定的拘留、罚款和警告，也是违反环境保护法的一种行政处罚，只不过执行机关不是环保机构，而是公安机关罢了。

（2）行政处分，是根据法律或国家机关、企业事业单位的规章制度规定，由国家机关、企业事业单位按行政隶属关系，给予犯有轻微违法失职行为尚不够刑事处分的所属人员的一种制裁。有时也称"纪律处分"。必须是享有这种处分权的主管部门，才有权作出决定。根据 1957 年国务院颁发的《国家行政机关工作人员的奖惩暂行规定》，行政处分共分 8 类，即警告、记过、记大过、降级、降职直至开除。给予违法失职人员的行政处分，通过一定时期的考察，受处分人确有认识，并认真改正错误的，有些可以由所在单位领导部门及时进行审核，重新作出决定，撤销或者变更其原处分，以示鼓励。例如《森林法（试行）》第 37 条规定："国家机关人员有下列失职行为之一的，按照情节轻重，分别给予不同的行政处分，直至开除公职：（一）领导不力，经营管理不善，给林业生产造成损失的。（二）违反林业政策法令、规章制度，使森林遭受损失或者造成木材严重浪费的。（三）不按国家规定进行采伐和更新的。（四）挪用育林基金的。（五）弄虚作假，虚报成绩的。"类似这种规定都是违反环境保护法的行政处分。

对违反环境保护法的行政制裁，采取这两种措施是很必要的。因为，违反环境保护法的行为，在某种情况下，是个人的作为或不作为，应由个人承担行政责任。而在很多情况下，是单位的作为（如排放不符合国家规定标准的污水）或不作为（如污染环境的企业、事业单位，法律规定要限期治理而不如期治理），应由单位承担行政责任。如果只给违法的个人而不给违法的单位以行政制裁，是不足以严肃法纪的。

我国环境保护法律制度，就它的主要方面来说，是行政法的法律规范，行政法的法律调整在环境保护法中占有重要地位。如不得在风景游览区、自然保护区建立污染环境的企业，工业废气、废水的排放必须符合国家标准，批准造成污染的单位转产搬迁，等等；都是由国家授权的行政机关制定的行政法规给企业规定的义务，这些义务主要是用行政制裁手段保证履行的。例如 1980 年 7 月 27 日，湖南省湘潭钢铁厂炼钢分厂因责任事故造成大量重油排入湘江。据监测报告，受污染的江水每 1000 平方米水面含油量达 140 至 1000 公斤，事故发生后，该工厂一不发出警报，二不向环保部门报告，三不采取得力的补救措施。湘潭市革委会环境保护办公室根据《环境保护法》第 20 条第 32 款、《湖南省排污收费办法》第 3 条第 6 款、《湘江水系保护暂行条例》第 19 条第 1、2、5 款的规定，并报经市革委批准，决定：对该厂罚款 30 万元并收取事故排污费 25000 元；对该厂主管生产的副厂长罚款 50 元，炼钢分厂厂长罚款 30 元。

实践证明，行政制裁是对违反环保法行为主要的很有效的制裁手段。受到行政制裁者，一般都有较大的改进。

行政制裁应贯彻以下几个原则：（1）加强对重点地区的保护的原则，例如污染危害自然保护区、风景游览区、名胜古迹和疗养区、首都、重要旅游城市以及一般城市中的文化区和居民稠密区等，则应从严惩罚。（2）过失违法者从轻，故意违法者从重的原则。（3）偶然违法者从宽、屡次违法者从严的原则。

（二）民事制裁

民事制裁是由人民法院按照民事方面的法规对违反环境保护法的单位或个人给予的制裁，主要是损害赔偿。

按照我国民事法规的规定，排污者的违法行为使受害者的人体健康或财物受到损害，构成对受害者的侵权行为。受害者有要求赔偿损失的权利，加害者应承担赔偿损失的义务。在这种情况下，即使排污单位缴纳过排污费，也不等于取得了污染环境的权利，仍应负民事赔偿责任。

污染纠纷的诉讼中，经常遇到的矛盾是污染责任和赔偿范围、赔偿数额问题。一种情况是污染受害者提出的赔偿数额要求过高，污染单位不同意；或者是不该负赔偿责任的原告也要求赔偿。另一种情况是被告不承认污染责任，或者把重污染说成是轻污染，企图减轻责任。

从污染损害诉讼的情况来看，法律明确规定损害赔偿的范围等基本原则，是很重要的一个问题。在《中华人民共和国民法》颁布以前，环保立法宜尽量作出明确规定。赔偿的范围，应该是因损害所造成的财产利益的直接减少或灭失部分，但不排除包括因加害行为而失去的本来应该获得的利益。对人身所造成的损害赔偿范围应该是：致人死亡时包括丧葬抚慰、生前受死亡人抚养的无劳动能力人的抚养费；致人伤残时，包括医疗费和因丧失劳动能力所失去的收入。

如果污染危害或损害系由两个或两个以上排污者所造成的，排污者应负共同责任。

如果污染危害是属于不可抗力所造成的，可以考虑由当地人民政府作为专门问题处理，给受害者以补偿，或由仲裁单位决定，由排污者承担部分补偿金额。

在损害赔偿问题上，是实行无过失责任原则，还是实行过失责任原则，法律应作出明确规定，以便减少执法中不必要的争执。所谓"无过失责任原则"，是指致害者无论有无过失，对受害者都应负民事赔偿责任；"过失

责任原则"是指:致害者只在有过错的情况下,才向受害者负民事赔偿
责任。

从外国的经验来看,实行无过失责任原则的国家比较普遍,如日本、
西德、英国、苏联等。日本民法第 709 条规定:"因故意或过失,侵犯他人
利益者,负有损害赔偿责任。"传统民法是实行过失责任原则的,但是《大
气污染控制法》《水质污染防治法》等公害特别法中,都明确规定实行无过
失责任原则。

实行无过失责任原则的主要理由是,在污染纠纷、诉讼中致害者是否
因有过错而造成污染,是很难判断清楚的。为了确保受害者的合法权益,
实行无过失责任原则比较有利。

《中华人民共和国海洋环境保护法》关于损害赔偿的规定是实行无过失
责任原则的。

(三) 刑事制裁

刑事制裁是审判机关给予违反环境保护法、构成犯罪者的刑罚。《环境
保护法》和《森林法》等法规作了"依法追究刑事责任"等有关原则规定。
《中华人民共和国刑法》没有明确规定"危害环境罪"或"公害罪",但是
有些条款,如第 105、106、114、115、128、129、130、174、187 条,是与
环境保护有直接关系,可以适用的。例如 1979 年苏州市人民化工厂,因责
任事故,使 28 吨氰化钠溶液流入河道,造成大片水域严重污染,鱼虾大批
死亡一案,苏州中级人民法院根据《刑法》第 115 条,判处肇事者张长林
有期徒刑二年。1981 年,四川峨眉县净水公社龙洞大队治保主任张富桃和
社员夏月明,盗伐峨眉山风景林,分别伐得林木 44 根 (16.65 立方米)、71
根 (14.47 立方米),县人民法院根据《刑法》第 128 条盗伐、滥伐森林罪,
分别判处张富桃、夏月明有期徒刑二年。1980 年,北京市第二建筑工程公
司青工赵永明,在玉渊潭公园用气枪打死一只天鹅案,海淀区人民法院根
据《刑法》第 130 条和第 60 条的规定,判处赵永明拘役 3 个月,没收其枪
支、子弹,同案人宗培新被玉渊潭公园管理处罚款 50 元。

此外,关于"追究经济责任"问题。《环境保护法》第 32 条中规定:
"……对严重污染和破坏环境,引起人员伤亡或者造成农、林、牧、副、渔
业重大损失的单位的领导人员、直接责任人员或者其他公民,要追究行政

责任、经济责任，直至依法追究刑事责任。"这里"追究经济责任"这个概念的具体含义是什么，很难理解。如果是指上述罚款、赔偿损失、罚金等从经济上惩罚违法犯罪行为的法律措施，则这些措施的性质不同，已如上述。罚款、责令赔偿损失是行政制裁措施，损害赔偿是民事制裁措施，罚金则是刑事制裁措施。因此，上述第32条，将经济责任与行政责任、刑事责任并提，而没有提追究民事责任，这是有问题的。

总之，违反环境保护法的法律责任，实际上只有三种，即行政责任、民事责任、刑事责任。违反环境保护法的法律制裁，实际上也只有三种，即行政制裁、民事制裁、刑事制裁。

（载北京市法学会出版的《经济法讲座》，1984）

环境法学

　　环境法是调整因保护和改善环境而产生的社会关系的法律规范的总和。我国称为环境保护法，美国称为环境法，日本起初称为公害法，现在不少学者称为环境法，欧洲一般称为污染控制法，也有不少人称为环境保护法或环境法，苏联则称之为自然保护法。作为国际法的一个部门，称为国际环境法。

　　环境法学，是随着环境立法、司法的发展，在 20 世纪 60 年代以后逐渐发展起来的一门新兴学科。环境法学研究的领域主要是环境保护方面的法制（包括立法、司法、执法、守法）。在我国，环境法学当前的主要任务是，研究怎样继续搞好环境立法，同时也需要研究怎样搞好环境司法、执法、守法以及环境法学的基础理论，建立具有中国特色的环境法学体系。

　　环境法和其他法一样，是体现统治阶级意志的。资本主义国家的环境法是资产阶级政党政策的具体化、条文化；我国的环境保护法则是体现全体人民的意志的。无论是资本主义国家的环境法，还是社会主义国家的环境法，其目的都是为了保护、巩固和发展对统治阶级有利的社会关系和社会秩序。

　　由于环境立法是随着工业的发展而发展起来的，一些工业发达的国家（如日、美、英、联邦德国等），环境保护方面的法制建设动手较早，经验教训较多，环境法学较发达，有不少研究成果值得借鉴。德国伯罕尼博士、原东京大学校长加藤一郎教授、东京都立大学野村好弘教授、美国乔治敦大学威廉·罗杰思教授、美国斯·尔斯曼博士等人都是当代影响很大的环境法学家。

　　根据我国的特点，参考外国的经验，我国的环境法学可采取以下体系，即环境法学基础理论；环境法和环境法学的历史；环境法的指导思想和基本原则；宪法关于环境保护的规定；环境保护基本法；综合性的环境保护法；污染或其他公害防治法，包括大气污染控制法，水污染防治法，噪声控制法，固体废弃物处理法，有毒物质管理法，放射性污染防护法，电磁环境污染防护法，食品污染防护法等；自然资源保护法，包括大气保护法，内陆水保护法，海洋环境保护法，土地保护法，森林保护法，草原保护法，野生动植物保护法，水产资源保护法，矿产资源保护法等；文化环境保护法，包括自然保护区，风景名胜保护法，文物古迹保护法，园林绿化保护法，温泉、疗养区保护法，等等；环境标准，首先是环境质量标准，包括大气环境质量标准、水环境质量标准、环境噪声标准等，其次是污染物排放标准，包括工业废气排放标准，汽车废气排放标准，工业废水排放标准，医院污水排放标准；其他部门法（如行政法、民法、刑法、经济法等）中的环境保护规范；环境保护法律制度（如"三同时"、环境影响评价、排污收费等）。法律责任和法律制裁，包括行政责任和行政制裁，民事责任和民事制裁，刑事责任和刑事制裁；执法问题，如机构，程序，方法；守法问题；环境法与其他部门法（如民法、经济法、刑法等）的关系；国际环境法；环境法学与其他有关学科（如民法学、经济法学、环境经济学、环境化学等等）的关系。

环境法学是法学和环境科学的重要分支，是一门跨社会科学和自然科学的边缘学科。它与法学基础理论、宪法学、民法学、经济法学、行政法学、刑法学以及环境经济学、环境管理学、环境物理学、环境化学、环境地学、环境生物学、环境医学等学科有比较密切的联系。因此，从事环境法学的研究，需要学习和掌握广博的社会科学、自然科学知识。

目前，我国环境法学的研究正蓬勃地发展，大专院校法律系一般都已开设环境法课程，有些科研单位和大专院校还招收了攻读硕士学位的环境法研究生。1983 年 9 月，在四川省峨眉县举行了第一次全国环境法学学术讨论会，到会代表 50 多人。讨论会就加强环境立法、执法、《环境保护法》的修订以及环境法学教育等方面的问题，展开了热烈的讨论，对如何建立一个具有中国特色的环保法体系，提出了许多有益的建议。我国与日、美等国学者之间关于环境法学的交流活动也在日益发展。

（载《新兴百科知识》，华夏出版社，1988）

环境立法的时代背景和环境法学

　　环境，在几千年前就为人们所认识，并加以保护。随着生产的发展和无政府状态的出现，环境的污染和破坏逐渐加剧。特别是从 18 世纪中叶产业革命开始，日益严重起来。人们为了控制公害的发展，也逐渐认识到采取法律手段的重要性。

　　我国是世界上环境立法最早的国家之一。早在公元前 200 多年的秦朝《田律》，就有关于保护林木和幼龄鸟兽鱼鳖的规定。湖北省孝感地区云梦睡虎地出土的秦代竹简，就有保护植物、动物的记载。如规定春天二月不准到山林中砍伐木材；不准堵塞水道，不到夏季，不准烧草作为肥料；不准采取刚发芽的植物，或捉取幼兽、鸟卵和幼鸟；不准毒杀鱼鳖等；不准设置捕捉鸟兽的陷阱和网罟，到七月解除禁令等。这是已发现有文字记载我国最早的环境保护法律规范。

　　外国环境立法比较早的有英、美等国。如英国 1306 年国会颁布了用煤禁令，禁止伦敦工匠和制造商在国会开会期间用煤。1833 年颁布了《水质污染控制法》，1863 年又颁布《制碱法》。美国最早的环境法令，是 1899 年的《河川港湾法》、1929 年的《油污防止法》。

　　但是，世界上环境立法大发展时期，是从 20 世纪 60 年代开始的。这是因为自 20 世纪 60 年代以来，环境问题已成为世界上五大社会问题（人口、粮食、资源、能源、环境）之一。震惊世界的公害事件，如日本的水俣病、骨痛病、美国的洛杉矶光化学烟雾事件等，不断发生。因此，不加强法制，环境的污染和破坏，就无法控制和防止。环境立法就是在这样的时代背景下发展和逐渐形成的。

　　随着环境立法、司法的发展，环境法学应运而生。它的研究对象是环境保护方面的法制，包括环境保护方面的立法、执法和守法等。环境法学是环境科学和法学的重要分支，也是环境科学和法学的交叉，是一门跨社会科学和自然科学的边缘学科。美、日、英、西德、瑞典等许多国家，在环境法学方面有不少研究成果值得借鉴。曾经来我国访问的原东京大学校长加藤一郎教授，就是一位环境法学家，写有《公害法的形成和发展》、《外国的公害法》等专著。美国乔治敦大学法学教授威廉·H·罗杰思，也是一位法学家，写有《环境法》等专著。

人与环境是处于对立统一之中，人的活动违反了自然规律就会受到自然界的惩罚。环境的污染和破坏，曾经给人类带来很大的灾难和经济上的严重损失。公害事件有一个特点：往往有一个潜伏期，正像人患癌症一样，不易及时发现，而一旦发现时，往往不容易收拾。

为了使我国经济调整和经济活动符合客观经济规律和自然规律，搞好综合平衡，维护生态平衡，保护人民的长远利益和子孙后代的幸福，并用法律的形式固定下来，我们必须认真贯彻执行环境保护法规，并加强环境法学的研究。

（载《环境》1981年第5期）

中国环境法与立法程序

一 环境法、环境自然资源法的概念

"环境法"这个概念，在我国已被广大学者和人民群众所接受，但其含义是什么，却有不同的理解，基本上分为两种：一是狭义的环境法；二是广义的环境法。

狭义的环境法，即"环境保护法"，简称"环保法"，它是调整因保护和改善环境而产生的社会关系的法律规范的总称。

广义的环境法，是"环保法"和"自然资源法"的总称，即"环境自然资源法"，它是调整因规划、开发、利用、治理、保护环境和自然资源而产生的社会关系的法律规范的总称。

为什么要将狭义的环境法与广义的环境法加以区别呢？简而言之，是因为：

（1）两者的内涵不同。自然资源法、包括土地法、森林法、草原法、矿产资源法、水资源法、渔业法、海岸带法、能源法、资源综合利用法、城市规划法，等等。这些法，是指法的体系。例如土地法，是指土地法体系，包括《土地管理法》《城市房地产管理法》《城镇国有土地使用出让和转让暂行条例》《土地增值税暂行条例》等；能源法是指能源法体系，包括《节能法》《煤炭法》《电力法》等。自然资源法与环保法有密切联系，甚至有交叉，但是，自然资源法体系是环保法体系包括不了的。环境自然资源法，即广义的环境法，包括环保法体系和自然资源法体系，其内涵比环保法更广泛、更复杂，环保法是环境自然资源法的组成部分。

（2）两者在中国整个法律体系中的地位不同。当代中国法律体系是在宪法之下，包括 10 个独立的法律部门，即：宪法（此处其所以与其他法并列，是就学科而言，而不是就法律效力而言，该部门法包括由宪法派生的选举法、组织法，等等）、行政法、民法、商法、经济法、劳动法和社会保障法、环境保护法和自然资源法、刑法、诉讼程序法、军事法。

划分本国部门法的目的，主要是有助于人们了解、学习本国全部现行法，提高守法意识和执法水平，促进法学的研究和发展。划分部门法的标准，主要是法律所调整的不同社会关系，即调整对象，其次是调整的方法；在划分部门法时，还应考虑到不同社会关系领域的广泛程度和相应法规的多寡。正像这次国务院体制改革、组成部门不能划得太多或太少一样，一个国家的法律部门不能划分得太多或者太少。上述 10 个部门法的划分，是中国法学界公认最为合理的。

环境保护法和自然资源法合并成为一个部门法之后，这个部门法的名称是什么呢？法学界正在讨论，尚无定论，有些人称之为"自然资源法和环境保护法"、有些人称之为"环境资源法"、也有些人仍然称之为"环境法"，名称很多，概念混乱，见仁见智，不一而足。我主张采取以下两个方案：（1）从法理来讲，称为"环境自然资源法"比较科学、确切，由于时间关系，其理由兹不赘述；（2）为了照顾这个部门法的历史发展过程，并与国际惯例接轨（e. g. IUCN；ICEL；International Environmental Law），也可以仍称之为"环境法"，但必须说明是广义的环境法，以免与狭义的环境法"环保法"混淆不清。这里我所讲的中国环境法，都是广义的环境法。

二 中国环境法的体系

法的体系是一个国家现行的（也考虑到正在制订的）法律规范组成的、分门别类的、多层次的、互相配合互相制约的有机整体。

法律规范是由国家制定或认可的、反映国家意志的、以国家强制力保证其实施的一般行为规则。法律规范在逻辑上有三个组成部分：（1）假定，指明规范适用的必要条件；（2）处理，指行为规则本身的基本要求，它规定人们的行为，如：允许做什么，应当做什么，禁止做什么；（3）制裁，指明违反法律规范所导致的法律后果，如行政制裁、民事制裁、刑事制裁。法律规范与法律条文不能等同。法律条文是法律规范的文字表述，一个条文不一定完全包括规范的三个逻辑因素。一个规范可以表述在几个条文，甚至不同的文件中。

法的体系说明一个国家法律规范之间的统一、区别、相互联系和协调性。

中国环境法体系是中国现行的环境与自然资源法律规范组成的、分门别类的、多层次的、互相配合互相制约的有机整体。其大致情况如下：《中华人民共和国宪法》（以下简称《宪法》）规定："国家保护和改善生活环境和生态环境，防治污染和其他公害"，"国家组织和鼓励植树造林，保护林木"。还规定："国家保障自然资源的合理利用，保护珍贵的动物和植物，禁止任何组织或者个人用任何手段侵占或者破坏自然资源。""国家保护名胜古迹、珍贵文物和其他重要历史文化遗产"等。这些规定是具有最高法律效力的环境、自然资源法律规范。

环境、自然资源法律规范大体分为以下六类：第一类是综合性的环境法。例如《中华人民共和国国民经济和社会发展"九五"计划和 2010 年远景目标纲要》第九章第（一）条"国土资源保护与开发"，第（二）条"环境和生态保护"，第（三）条"城乡建设"等规定。又如《环境保护法》《城市规划法》；第二类是污染或其他公害防治法。例如《大气污染防治法》《水污染防治法》《环境噪声控制法》《固体废物污染环境防治法》等；第三类是自然资源法。例如《土地管理法》《森林法》《野生动物保护法》《矿产资源法》《节约能源法》等；第四类是风景名胜园林绿化法。例如《风景名胜区管理暂行条例》《自然保护区管理条例》《园林绿化保护条例》等；第五类是有法律效力的环境标准。包括环境质量标准、污染物排放标准等；第六类是其他部门法（行政法、民法、刑法、经济法等）中的环境、自然资源法律规范。例如《刑法》规定的破坏环境资源保护罪、非法批地罪等，又如《食品卫生法》《消防法》等的有关规定。上述六类环境、自然资源法律规范，按其法律效力分为若干层次，即：全国人民代表大会制定的；全国人大常务委员会制定的；国务院制定或认可的；国务院各部门颁发的；省、自治区、直辖市等地方立法机关制定的。环境法体系正逐步健全和完备，已经形成一个独立的法律部门。

三 中国环境、自然资源立法体制

根据《宪法》的规定，享有立法权的机关是：①全国人大及其常委会；

②国务院；③国务院各部门；④县级以上地方人大及其常委会；⑤各省、自治区、直辖市人民政府；⑥省、自治区人民政府所在地的市和经国务院批准的较大的市的人民政府。这些机关的职责权限不同，它们所制定的环境、自然资源法律规范的法律效力也不同。

（1）全国人大及其常委会是中国最高的立法机关。《宪法》规定："全国人民代表大会和全国人民代表大会常务委员会行使国家立法权。"全国人民代表大会制定国家的基本法律，全国人大常委会制定国家基本法律以外的其他法律。

（2）国务院是中国最高国家权力机关的执行机关，是最高国家行政机关。根据宪法和国务院组织法的规定行使最高行政立法权。《宪法》规定：国务院"根据宪法和法律，规定行政措施、制定行政法规，发布决定和命令"，国务院颁发或认可的法规称为行政法规，行政法规不能同宪法、法律相抵触，否则全国人大常委会有权撤销。

（3）国务院各部门（部、委、行、署、总局、办）根据法律和国务院的行政法规、决定、命令，在本部门的权限内，发布命令、指示和规章。

（4）县级以上地方人大及其常委会是其所辖区域的权力机关。根据宪法和有关法律的规定，省、自治区、直辖市以及省级人民政府所在地的市、国务院批准的较大的市的人民代表大会及其常委会有权制定地方性法规；其他县级以上人大及其常委会有权制定决定、命令、决议。

任何地方性法规或其他规范性文件都必须在不与宪法、法律、行政法规相抵触的前提下才是有效的。

（5）地方各级人民政府是地方各级人大的执行机关，是地方各级国家行政机关。根据有关组织法的规定，省、自治区、直辖市以及省级人民政府所在地的市、国务院批准的较大的市的人民政府，可以根据法律和行政法规制定规章；也可以根据同级权力机关制定的地方性法规制定规章。

四 中国环境、自然资源立法程序

（一）立法程序的基本概念

立法程序是指有关国家机关制定、修改或废除法律、法规的法定步骤和方法。现代化国家一般都将立法程序用法律形式固定下来，形成规范化的立法程序，以保证立法的合法性，提高立法的质量。中国 1987 年颁布的《全国人大常委会议事规则》以及《行政法规制定程序暂行条例》对立法程序问题作了一些初步规定，这些规定是当前环境、自然资源立法所必须遵循的程序。

立法程序因法律、法规、规章的法律效力等级不同而有所不同。例如：制定法律的程序比制定行政法规的程序严格；制定、修订宪法的程序比制定、修订一般法律的程序更为严格。这里主要是介绍一下全国人大及其常委会制定法律的程序，制定行政法规、地方性法规也是大体上参照这些程序实行的。

（二） 环境、自然资源立法的基本程序

（1） 提出立法议案。享有法律议案提案权的机关或个人向立法机关提出关于制定、修改、废除某项环境自然资源法律的建议，就是立法活动的开始。在中国，享有法律议案提案权的机关或个人是：全国人民代表大会的代表团或 30 名以上的代表、全国人大主席团、全国人大常委会、全国人大各专门委员会、国务院。其他组织或个人只能通过新闻媒体、书刊提出立法建议，供立法机关参考。全国人大常委会根据提出的法律议案、立法建议，制定立法规划，予以实施。

（2） 法律草案的起草。一般是由全国人大各专门委员会委托国务院有关部门组织法律草案起草小组，提出法律草案初稿，在一定范围内征求意见，经过几次修改，由国务院审定、总理签署，形成法律草案送审稿，报全国人大常务会审议。

（3） 法律草案的审议。一般是经过两道"工序"：先经过全国人大各专门委员会审议，然后经全国人大常委会审议。国家基本法律则还须经过全国人民代表大会审议。值得注意的是：今年 4 月 29 日，全国人大办公厅发出《关于公布土地管理法（修订草案）征求意见的通知》，将土地管理法（修订草案）全文在报上公布，广泛征求意见，以便进一步研究修改，再提请以后的全国人大常委会会议审议。这是九届全国人大一项较好的新措施。

（4） 法律草案的通过。《宪法规定》：法律草案由全国人大常委会委员过半数通过，或由全国人民代表大会以全体代表的过半数通过，形成法律；

宪法的修改，则必须由全国人大常委会或者五分之一以上的全国人大代表提议，并由全国人大以全体代表的三分之二以上的多数通过。

（5）法律的公布。法律的公布是立法程序的最后一道必不可少的"工序"，只有正式公布的法律才被认为具有法律效力。《宪法》规定：中华人民共和国主席根据全国人民代表大会的决定或全国人大常委会的决定，公布法律，同时公布法律生效日期。

宪法修正案经宪法规定的程序通过后，则以全国人民代表大会公告公布施行。

（载《室内空气质量及相关政策专题国际研讨会论文集》，1998）

论环境保护法修订中的几个主要问题

《中华人民共和国环境保护法》是我国环境保护基本法（以下简称环保基本法），先是以"试行"颁布，经修订后为现在的正式法律。这是环境保护法制建设的一个重要进展，对健全环境保护法律体系、加强环境保护工作都有重要意义。现就该法中的几个主要问题谈谈个人的看法。

一 关于"环境"的定义

对环境保护法的"环境"怎样下定义，学术界是有争议的。有的认为：环境，一般分为社会环境和自然环境，环境保护法的"环境"，是指自然环境。这个认识是不全面、不确切的。环境保护法的"环境"，是有其特定含义的，不能简单说就是指自然环境。我国宪法第 26 条规定："国家保护和改善生活环境和生态环境，防治污染和其他公害。"这里的"生活环境"，例如城市，不能说是单纯的"自然环境"。又如噪音、有毒物质等污染的防治，也不能说是保护单纯的"自然环境"问题。

从外国环境保护基本法对"环境"所下的定义来看，在美国，对"环境"所下的定义是："国家各种主要的自然环境，人为环境或改造过的环境。"在日本，则把"环境"称为生活环境，"是指与人类生活有密切关系的财产，与人类生活有密切关系的动物和植物，以及这些动植物的生存环境。"从我国宪法第 26 条的规定和美国、日本的环保基本法对"环境"所下的定义来看，都不是说环境保护法的"环境"只是指单纯的"自然环境"，还包括人为环境，如城市、生活居住区、人文遗迹等。简言之，环境保护法的"环境"，是人类赖以生存和发展的生活环境和生态环境。《环境保护法》第 2 条规定："本法所称环境，是指影响人类生存和发展的各种天然的和经过人工改造的自然因素的总体，包括大气、水、海洋、土地、矿藏、森林、草原、野生生物、自然遗迹、人文遗迹、自然保护区、风景名胜区、城市和乡村等。"这是对环保法客体所作的全面、具体、准确的法定解释。

二　关于排污许可证制度

《修改草案》第 31 条规定："排放污染物的单位，应当依照国家规定申报登记，领取排放污染物许可证。"这条规定是不适当的。

目前，世界上已经实行排污许可证制度的国家有欧洲经济共同体成员国和瑞典、挪威、苏联、美国、日本、韩国等。这些国家的排污许可证制度，有如下一些特点：（1）对污染物的定义和种类，法律有明确具体的规定。如美国规定废水中有毒污染物质 64 种，韩国规定大气污染物质 24 项等。（2）实行排污许可证制度的一些国家，不是对任何污染物的排放都一律实行许可证制度，而是有区别地实行这一制度。例如美国，对固定排放源排放废水和固体废弃物，实行了许可证制度；而对固定排放源排放废气则没有实行该制度。日本对排放固体废弃物实行了许可证制度，而对排放废水、废气都没有实行许可证制度。（3）对许可证申请的条件、程序，许可证的审批等，法律都有详细、具体规定。（4）有些国家排污许可证是多种多样的。美国规定了 5 种海洋倾废许可证，西德规定了"完全许可证"和"部分许可证"。（5）法律规定强调核发排污许可证的先决条件，如排污许可证申请者自我监测和报告制度等等。例如美国，根据情况有区别地将排放标准规定在许可证里，从而对许可证持有者具有强制性。（6）规定了违反排污许可证制度的法律制裁，如强令停工停产，处以罚金，处以负责人员刑罚等。

综观国外实行排污许可证制度，可以看出，实行排污许可证制度必须具备两个条件：法律、法规完备、具体、配套、协调；监测网络健全，监测方法、设备先进，自动化程度较高。而我国目前还不完全具备这两个条件，虽在少数城市正在进行排污许可证制度的试点，但还没有见到系统的经验总结。如果实行排污许可证制度，则很可能引起混乱，不利于经济效益、环境效益、社会效益三者统一的方针的贯彻，不利于当前的深化改革。因此环境保护法第 27 条规定："排放污染物的企业事业单位，必须依照国务院环境保护行政主管部门的规定申报登记。"

三 关于排污收费制度

《修改草案》第 32 条规定："一切单位排放污染物，应当依照国家规定缴纳排污费；超过国家或者地方规定的污染物排放标准的，依照国家规定缴纳超标准排污费，并负责治理。""征收的排污费和超标准排污费应当用于污染的防治，具体使用办法由国务院规定。"

这条规定与已颁布的《水污染防治法》第 15 条的规定是一致的，但与已颁布的《大气污染防治法》第 11 条的规定不一致。《大气污染防治法》第 11 条规定："向大气排放污染物的单位，超过规定的排放标准的，应当采取有效措施进行治理，并按照国家规定缴纳超标准排污费。征收的超标准排污费必须用于污染防治。"《水污染防治法》第 15 条规定："企业事业单位向水体排放污染物的，按照国家规定缴纳排污费；超过国家或者地方规定的污染物排放标准的，按照国家规定缴纳超标准排污费，并负责治理。"

关于排污收费制度，《大气污染防治法》的规定与《水污染防治法》的规定是不同的。《水污染防治法》规定的排污费分两种。一种叫"排污费"，即企业事业单位，只要是直接或者间接向水体排放污染物，即使没有超过国家或地方的排放标准，也应缴纳；另一种叫"超标准排污费"，即排污超过国家或者地方规定的污染物排放标准的，应当负责治理，在治理期间，应当缴纳超标准排污费。《水污染防治法》其所以这样规定，目的是更好地利用经济刺激的手段促进排污单位节约用水，加强治理。而《大气污染防治法》只规定缴纳"超标准排污费"，没有规定缴纳排污费。这是由于考虑到：与水污染相比，大气污染比较容易稀释，有一定的特殊性；又鉴于国家的经济条件和排污单位的实际情况，要求向大气排放污染物时，达到污染物排放标准的单位免缴排污费，是比较合适的。

如果《修改草案》第 32 条的规定得以通过实行，那么，排放大气污染物的收费问题，是按《大气污染防治法》执行呢？还是按环境保护法执行？这是一个矛盾。

环境保护法颁布时，《修改草案》第 32 条修改为环境保护法的第 28

条，即："排放污染物超过国家或者地方规定的污染物排放标准的企业事业单位，依照国家规定缴纳超标准排污费，并负责治理。水污染防治法另有规定的，依照水污染防治法的规定执行。""征收的超标准排污费必须用于污染的防治，不得挪作他用，具体使用办法由国务院规定。"

四　关于民事赔偿责任的规定

《修改草案》第 43 条规定："造成环境污染或者环境破坏的单位，应当排除危害、负责治理和赔偿损失。"

"被控加害人只有在证明损害是由下列情况引起的，才可以减轻或者不承担赔偿责任：（1）损害是由受害人自身引起的；（2）损害是由第三者引起的；（3）损害是由不可抗拒的自然灾害引起，并经及时采取措施，仍不能避免的；（4）损害是由被控加害人和受害人共同引起的。上述（1）项或者（2）项情况成立，被控加害人不承担赔偿责任；（3）项情况成立，由第三者承担赔偿责任；（4）项情况成立，由受害人和被控加害人各自承担适当的民事责任。如果损害是由二个或二个以上被控加害人的行为造成的，被控加害人应当共同或者分别承担适当的民事责任。"

有的同志提出，这一条中关于被控加害人举证责任的规定是不适当的。我认为，环境污染或破坏案件的民事责任，应当贯彻"无过失责任原则"，这是由环境污染或破坏案件的特殊性决定的。（1）由于它直接关系到人民群众的生命安全、子孙后代的幸福，因而必须对环境污染或破坏的行为人（包括法人，下同）提出更高的要求；（2）环境污染或破坏案件重要的特殊性是：在分析、处理环境污染或破坏案件的法律责任时，在很多情况下，对行为人是否因过错造成环境污染或破坏，往往因涉及复杂的科学技术问题，很难判断和证实。如果对环境污染或破坏案件的民事责任，也实行"过失责任原则"，其结果：有些受害者的正当权益得不到法律保护，而环境污染或破坏的行为人则可以"我行我素"，逃避应得的法律制裁；有些案件，由于未能证实行为人是因故意或过失造成环境污染或破坏的，以致旷日持久，长期结不了案。

现在，掌握了先进的监测手段、监测设备的一些国家，如日本、美国、联邦德国、苏联等，对环境污染或破坏案件民事责任的法律规定，都是实行"无过失责任原则"。我国在目前环境监测手段、监测设备还不先进的情况下，为了确保环境污染或破坏的受害者的正当权益，促进责任者加快治理步伐，对环境污染或破坏案件民事责任的法律规定，更需要实行"无过失责任原则"，这是毋庸置疑的。

关于环境污染或破坏案件的举证制度，有一种学说是"举证责任转移说"，认为：由于环境污染或破坏案件的特殊性，在这类案件的举证制度上，应当把原告举证的制度改为由被告举证。《修改草案》第 43 条的规定正是根据"举证责任转移说"的精神来写的。我认为"举证责任转移说"还只是一种学说，赞成这种学说的人还没有举出一个国家把这种学说明确规定为一项全国性的法律制度，我国的环保基本法现在也不宜把这种学说肯定为一项全国性的法律制度。

环保基本法颁布时，《修改草案》第 43 条修改为环保基本法第 41 条，即："造成环境污染危害的，有责任排除危害，并对直接受到损害的单位或者个人赔偿损失。""完全由于不可抗拒的自然灾害，并经及时采取合理措施，仍然不能避免造成环境污染损害的，免予承担责任"。

《修改草案》第 43 条中关于被控加害人举证责任的条文被删掉。

（载《中国法学》1990 年第 4 期）

环保基本法修订中几个问题的探讨

　　《中华人民共和国环境保护法（试行）》（以下简称《环保法（试行）》）于 1979 年 9 月颁布以来，促进了环境保护工作的开展，推动了环境保护法制建设，提高了人民群众对环境保护重要性的认识。1982 年党的十二大的召开和新宪法的颁布以来，客观情况有很大发展。为了适应客观情况的发展，很有必要将已经试行六年的《环保法（试行）》修订成为正式的法律（以下简称《环保法》）颁布施行。目前，修订工作正抓紧进行。

　　1984 年初闭幕的第二次全国环境保护会议，总结了十年来环境保护工作的经验，确定了今后环境保护的战略目标和基本政策，是我国环境立法的重要指导思想。《环保法（试行）》的修订，必须认真贯彻这次会议的精神。本文就修订中的几个问题，谈谈自己的粗浅看法。

一　关于《环保法》任务、目的的表述

　　关于这个问题，有两个国家的环境基本法的提法很值得参考借鉴。一是罗马尼亚，一是日本。

　　日本 1967 年制定的《公害对策基本法》，对这个法的任务、目的的表述中有这样的词句："生活环境的保护，得谋求与经济的健全发展相协调。"这包含了优先发展经济，可以牺牲环境的意思。国家对工业企业资本家采取让步政策，结果污染泛滥，震惊世界的公害事件不断发生，日本成为"公害列岛"。由于广大劳动人民的强烈反对和坚决斗争，1970 年第 64 届国会集中地讨论了公害问题，修订了《公害对策基本法》等重要法律，删掉了上述规定。经过修订，1974 年的《公害对策基本法》第 1 条才强调了环境保护的重要性，改为："鉴于防治公害对维护国民健康和文明生活有极大

重要性，为了明确企业、国家和地方政府对防治公害的职责，确定基本的防治措施，以全面推行防治公害的对策，达到保护国民健康和维护其生活环境的目的，特制定本法。"由于切实加强了环境保护的法制，环境状况才得到显著的改善。可以看出，在环境立法中，对环境保护的重要性是否表述得很充分、很清楚，特别是对环境保护与经济建设的关系表述得是否正确，关系到整个环境工作目标的实现。

罗马尼亚的《环境保护法》，对环境保护的重要性的表述是比较好的。这个法开宗明义第一句是"罗马尼亚共产党政策的根本目的是日益全面地满足全体人民的物质和文化需要。为了实现这一目的，必须在高度发挥国家的人力和物力资源，充分使用现代科技成果基础上，使生产力的全面发展符合于环境保护的各项要求，以便保护我们社会的这一至关重要的因素——环境"。在总则第 1 条中还写道："环境保护是国家经济和社会计划发展总活动中不可分割的、特别重要的一部分。"

参考国外的经验教训，根据第二次全国环境保护会议的精神，关于我国《环保法》的任务和目的，建议作如下表述：

"不断满足人民日益增长的物质和文化需要，是社会主义生产和建设的根本目的。为了实现这一目的，必须使环境建设与经济建设、城乡建设同步发展。保护和改善环境是社会主义物质和精神文明建设的重要组成部分，是现代化建设中的一个战略任务，是一项重大国策。根据宪法第二十六条'国家保护和改善生活环境和生态环境，防治污染和其他公害'等规定，制定本法。"

二 关于环境保护工作的方针

《环保法（试行）》第四条规定："环境保护工作的方针是：全面规划，合理布局，综合利用，化害为利，依靠群众，大家动手，保护环境，造福人民。"即环境保护"三十二字方针"。

《环保法》是否仍这样规定，有三种意见。一种意见认为《环保法》中不必写环境保护工作方针，其理由主要是：方针作为一种指导性原则，是贯穿整个法律的，不单独写方针，把方针的内容融化到具体条文中去，更显得法规的简练。同时，环境保护工作方针不具有法律规范的性质。"合理布局"、"大家动手"等，既没有数量的概念，又无统一的评价标准，难以判断到什么程度才算违反方针，违反了也不好追究法律责任，写进法里也缺乏法律约束力。第二种意见认为，应该保留原来的"三十二字方针"，其理由主要是："三十二字方针"是经过周总理亲自审定，并曾在联合国人类环境会议上向全世界宣布，得到世界上的好评，在我国人民中有很深的影响。"三十二字方针"既全面、准确，又突出重点地概括了环境保护工作的主要原则，目前还没有提出一个比"三十二字方针"更好的方针。第三种意见是，《环保法》应该规定环境保护工作的方针，但是应该将"三十二字方针"加以修改。

我同意第三种意见，其理由主要是：写入《环保法》中的环境保护工作方针，既是环境保护工作的总方针，又是环境保护法律调整的总原则。它为制定和运用环境保护的其他法律规范提供了总的法律依据，它本身是具有法律约束力的，而且对某些法律条文中没有规定或不宜规定的内容起到补充作用。这正是我国环境保护基本法优于其他国家的环境保护基本法的一个显著特点。我国现行法规中有不少明确地写上了方针，如《中华人民共和国森林法（试行）》的第五条，《中华人民共和国劳动改造条例》的第四条、《水土保持工作条例》的第二条等。

"三十二字方针"对我国的环境保护工作起了很大的指导和推动作用，基本上是正确的。但是，"三十二字方针"是在1972年我国环境保护工作初创时期提出的，实践证明有它的历史局限性。随着客观形势的发展，已显示出它的不足之处：其一，字数太多，而要害问题（即经济建设与环境保护的关系，预防环境污染、生态破坏与治理环境污染、生态破坏的关系）没有突出；其二，文字上意义重复，不够精练。例如写了"综合利用"，就不必再写"化害为利"，写了"依靠群众"，就不必再写"大家动手"。为了开创环境保护工作的新局面，不应受老框框的束缚，应总结经验，敢于创新。

对如何表述环境保护工作的方针，有各种不同的方案。我认为，方针的表述，有两个突出的要点：一是要有明确的针对性。要解决这一领域中，这方面工作中最关键最要害的问题。作为国家的环境保护工作的总方针，主要应解决两个要害问题，即环境保护与经济建设的关系，对环境污染、生态破坏的预防与对环境污染、生态破坏的治理的关系。至于"全面规划"、"依靠群众"、"科学管理"等一般化的问题，都可以略而不提，留给具体方针、政策、原则去解决；二是要有高度的概括性。文字要特别精炼、明确，言简意赅，切忌意思重复或含混不清。

根据第二次全国环境保护会议的精神，建议对环境保护工作方针作如下的表述：

"环境建设与经济建设同步发展；预防为主，防治结合。"

需要说明的是，这里为什么用"环境建设"，而没有用"环境保护"呢？这是因为"环境建设"比"环境保护"更明确地表明是包含环境的保护和改善这个范畴，与"经济建设"相对应，很合适，很贴切。

三 怎样将环境保护纳入计划管理的轨道

我认为主要需解决两个问题：一是要把环境建设规划纳入国家和地方各级国民经济和社会发展计划之中，将环境建设费用列入国家预算。各级计划部门在进行经济和社会发展计划的综合平衡工作中，要充分做好经济发展和环境保护之间的综合平衡；二是环境建设规划一定要与国土整治规划、区域规划、城市规划密切结合，防止形成"两张皮"，各唱各的调。

因此，建议在《环保法》中作如下规定：

（1）在制订国家和地方各级国民经济和社会发展计划时，必须将保护和改善环境作为一项指导原则和重要内容，将环境建设费用列入预算，并做好经济发展与环境保护之间的综合平衡，否则不得予以通过。

（2）在制订国土整治规划、区域规划、城市规划时，都必须将保护和改善环境作为一项指导原则和重要内容，否则不得予以批准。

四 法律责任

（1）关于追究"经济责任"问题。违反环境保护法的法律责任，实际上只有三种，即行政责任、民事责任、刑事责任。

《环保法（试行）》第三十二条规定："……对严重污染和破坏环境，引起人身伤亡或者造成农、林、牧、副、渔业重大损失的单位的领导人员、直接责任人员或者其他公民，要追究行政责任、经济责任，直至依法追究刑事责任。"这里,"经济责任"这个概念的具体含意是什么,很难理解。如果是指《环保法(试行)》中规定的罚款、责令赔偿损失、罚金等从经济上惩罚违法犯罪行为的法律措施,则这些措施的性质不同。罚款、责令赔偿损失是行政制裁措施,罚金是刑事制裁措施,而损害赔偿是民事制裁措施。上述第三十二条,将经济责任与行政责任、刑事责任并提,必然造成法律概念混淆不清的问题;同时《环保法(试行)》通篇没有提追究民事责任,显然是不妥的。

建议在《环保法》的《法律责任》这一章中分别规定追究行政责任、民事责任、刑事责任的条款,不再使用"追究经济责任"这一名词。

(2)关于损害赔偿的无过失责任原则问题。在损害赔偿问题上,是实行无过失责任原则,还是实行过失责任原则,《环保法》应作出明确规定,以便减少执法中不必要的争执。"无过失责任原则"是指:致害者无论有无过失,对受害者都应负民事赔偿责任;"过失责任原则"是指:致害者只在有过错的情况下,才向受害者负民事赔偿责任。

从外国的经验来看,实行无过失责任原则的国家比较普遍。日本民法第七○九条规定:"因故意或过失,侵犯他人利益者,负有损害赔偿责任。"也就是说,传统民法是实行过失责任原则。但在《大气污染控制法》、《水质污染防治法》等公害特别法中,都明确规定实行无过失责任原则:工厂或企业由于业务活动而排放有害于人体健康的物质或污水、废液,以致造成生命和健康的损害时,该工厂或企业应对损害负赔偿责任。

实行无过失责任原则的主要理由是,在污染纠纷、诉讼中,致害者是否因有过错而造成污染危害,是很难判断清楚的。为了确保受害者的合法权益,实行无过失责任原则比较有利。

我国的《海洋环境保护法》、《水污染防治法》对损害赔偿问题的规定,实际上是贯彻了无过失责任原则,只是附加了一定条件的限制。《环保法》是环境保护的基本法,更有必要明确规定实行无过失责任原则,只是应将附加条件的限制规定清楚。

关于损害赔偿问题,建议《环保法》作如下规定:"造成环境污染、破坏危害的单位或者个人,有责任排除危害,并对直接受到损失的单位或者个人赔偿损失。""环境污染、破坏的损失由第三者故意或者过失所引起的,第三者应当承担责任。""环境污染、破坏的损失由受害者自身的责任所引起的，则不予赔偿。""完全由于不可抗拒的自然灾害，并经及时采取合理措施，仍然不能避免造成污染或者破坏损失的，免予承担责任。"

（3）关于追究刑事责任问题。在我国，对环境的法律保护，决不应以刑法保护为主要措施，而应以行政法保护和民法保护作为主要措施，刑法只能作为辅助性措施、后盾性措施。

但是，对环境的法律保护，必须加强刑法保护，一是出于惩罚犯罪的需要，一是出于预防犯罪的需要。要加强对环境的刑法保护，就必须制定明确、具体、完备的刑法规范。从外国加强对环境的刑法保护的措施来看，都是如此。我国的《刑法》没有专门的条款规定"危害环境罪"或"公害罪"，只是有些条款（如第 105 条、106 条、114 条、115 条、128 条、129 条、130 条、174 条、187 条），与环境保护有直接关系，可以适用。但还不够完备。

《中华人民共和国水污染防治法》第四十三条规定："违反本法规定，造成重大水污染事故，导致公私财产重大损失或者人身伤亡的严重后果的，对有关责任人员可以比照刑法第一百一十五条或者第一百八十七条的规定，追究刑事责任。"

这一条款是《刑法》的补充规定。但在执法中，要注意正确地适用这一条款。因为：《刑法》第一百一十五条规定的刑期是"三年以下有期徒刑或者拘役"，"三年以上七年以下有期徒刑"。第一百八十七条规定的刑期是"五年以下有期徒刑或者拘役"。而上述《刑法》可适用的条款中，最低刑是"二年以下有期徒刑、拘役或者罚金"（第 129 条），最高刑是"十年以上有期徒刑、无期徒刑或者死刑"（第 106 条）。如果按案件的性质、情节、后果，应适用《刑法》中上述其他条款处理，而一律"比照刑法第一百一十五条或者第一百八十七条的规定，追究刑事责任"，则将出现定罪不准，量刑不当的问题，造成重罪轻判或者轻罪重判的偏差。

为了避免上述偏差的发生，《环保法》中关于追究刑事责任的条款，似宜作如下规定：

"违反本法规定，严重污染或破坏环境，导致公私财产重大损失或者人身伤亡的严重后果的，对有关责任人员，依法追究刑事责任。《刑法》无明确规定的，可以比照刑法第一百一十五条或者第一百八十七条的规定处理。"

五 尽快健全环境保护法体系

李鹏副总理在第二次全国环境保护会议上的讲话中指出：要根据新宪法的有关规定，"加紧制订环境保护的各项法规，尽快形成环境保护的法规体系。"

环境保护是我国现代化建设中的一项战略任务，是一项重大国策。《环保法》是环境保护的基本法，或者说是环境保护方面的"母法"。其"子法"是：已颁布的《海洋环境保护法》、《水污染防治法》和正在制定的《大气污染防治法》、《城市噪声管理法》和地方性法规。由于环境保护涉及面很广，在土地法、水产资源法、森林法、渔业法等各种资源管理法规以及基本建设法规和城乡建设法规中，都应该体现环境保护的要求，包含环境保护的法律规范。我国的环境保护法已形成一个独立的法律部门。

为了更快地健全环境保护法体系，很有必要明确《环保法》在我国整个法律体系中的地位，也就是要明确规定，《环保法》是我国的一项基本法律。

根据新宪法第六十二条的规定，这次修订的《环保法》应由全国人民代表大会审议通过，作为国家的一项基本法律。

根据新宪法第六十七条的规定，正在制订的《大气污染防治法》、《城市噪声管理法》则应由全国人民代表大会常务委员会审议通过，作为法律。

（载《法学评论》1985 年第 4 期）

制定"实施细则"的几个问题

　　目前,《中华人民共和国海洋环境保护法实施细则》、《中华人民共和国水污染防治法实施细则》、《中华人民共和国大气污染防治法实施细则》的起草工作正在进行,这是我国环境立法的一项重要工作。如何把"细则"的起草工作做好? 笔者就大家关心的几个问题谈点意见,供参考。

　　第一,关于"细则"的性质和框架。上述三个"细则"都将是在国务院批准后施行的行政法规,是我国成文法渊源之一,具有法律效力。"细则"是根据法律制定的,保证法律贯彻实施的法则,是法律的具体化和补充,其内容不能与法律相抵触。不过《大气污染防治法实施细则》的起草,与其他两个"细则"的起草有所不同。《大气污染防治法实施细则》也应根据《大气污染防治法(送审稿)》来起草,但是,《大气污染防治法》还没有颁布施行,在起草《大气污染防治法实施细则》的过程中,如果发现《大气污染防治法(送审稿)》的原则规定有不妥之处,则可以不按(送审稿)的原则规定来起草,并建议将(送审稿)不妥之处加以修改。三个"细则"的起草,都应注意贯彻《中共中央关于经济体制改革的决定》的精神。

　　"细则"的框架要不要分章? 这没有统一的规定。从正在起草的三个细则来看,以分章为宜,而且章的标题应尽可能与相对应的法律的分章标题相一致,以便适用时查考。

　　"细则"是法律的具体化和补充,但并不等于说"细则"要对相对应的法律的条款逐条逐款地加以具体化和补充,要从实际需要出发,有重点地加以具体化和补充。例如《水污染防治法》第十五条规定的排污费缴纳的办法和数额,第三十七条规定的罚款的办法和数额,就是"细则"的重点。

　　第二,关于奖励与惩罚。《环境保护法(试行)》第六章是"奖励和惩罚"。而《海洋环境保护法》、《水污染防治法》和《大气污染防治法（送审稿）》都没有这一章，只规定"法律责任"一章，"细则"应怎样处理？是写成"奖励与惩罚"好，还是写成"法律责任"好？笔者认为，如果分章写，还是写成"法律责任"为好。一是与法律的体例相对应；二是违法责任与制裁措施比较明确，便于适用；三是奖励条款是否需要专门规定，有不同看法。《水污染防治法》其所以没有专门规定奖励条款，就是在起草过程中，认为不需要专门规定奖励条款的意见占了上风。但并不等于说，《水污染防治法》没有专门规定奖励条款，《水污染防治法实施细则》就不可以规定奖励条款。是否规定，要根据深入调查研究的结果来决定。如果规定奖励条款利多弊少，既需要，又可行，就可以规定。这不是与《水污染防治法》相抵触，而是《水污染防治法》的补充。而且《环境保护法（试行）》有"奖励和惩罚"一章，"细则"中规定奖励条款，是有立法依据的。如果"细则"中规定奖励条款，可单独作为一章，也可纳入"总则"或其他章节，但不要与"法律责任"混在一起。

第三，"细则"中是否可明确规定民事损害赔偿实行"无过失责任原则"，实行"举证责任的转移"和因果关系的"推定"原则？笔者认为：对民事损害赔偿，是实行"无过失责任原则"，还是实行"过失责任原则"，《环境保护法（试行）》中没有明确规定。正在修订的环境保护基本法应对这一问题作出明确规定。《海洋环境保护法》、《水污染防治法》以及《大气污染防治法（送审稿）》的规定，实际上是实行"无过失责任原则"。所以，三个"细则"也必须贯彻这一原则，可以作一些符合法律规定的补充规定。至于实行"举证责任的转移"和因果关系的"推定"原则，因为与《民事诉讼法（试行）》的规定不一致，不宜在"细则"中规定。如果必需明确规定，只宜在修订的环境保护基本法中规定。

第四，"细则"中，罚款应如何规定？笔者认为，罚款的规定要注意两点：（1）贯彻"两罚"原则。即不只是规定处罚违法单位的条款，而且规定对违法的直接责任人员、单位主要负责人的处罚条款。（2）罚款的数额不能规定得过高或过低。过高则对保障经济的发展和公民的正常生活水平不利，过低则不能促进环境污染或破坏的防治，达不到保护和改善环境的目的。违反某条某款罚款数额的起点，应比不违反某条款需付出的费用稍高一些。例如有"三废"治理设备而不运行，以致造成污染危害的，其罚款数额的起点应比该"三废"治理设备运行的费用高一些（按单位时间计算）。否则，有的违法者宁愿罚款而不愿付出应付的防治污染、破坏的费用，对单位的罚款数额，可考虑分为几"档"（例如两千元以下；两万元以下；五万元以下；十万元以下）。规定违反某条某款（或规定"有下列情形之一的"）给予某"档"的罚款。对责任人员罚款的最高数额不应超过本人每月基本工资（没有工资的按每月收入计算）的20%。

（载《中国环境报》1985 年 3 月 9 日）

环境立法十年回顾

今年是《中华人民共和国环境保护法（试行）》颁布的十周年。这十年是新中国成立以来环境立法进展最快、成果最多的十年，已初步建立起以宪法为基础，以环境基本法与特别法相结合的环境法体系，成为独立的法律部门，对环境和自然资源保护工作起了巨大的推动作用。

1982 年修订的宪法，特别是其中第 9、22、26 条，对环境保护问题做了明确的规定。

十年来，全国人大或全国人大常委颁布了专门的法律，即：《环境保护法（试行）》《大气污染防治法》《水污染防治法》《海洋环境保护法》《水法》《土地管理法》《矿产资源法》《森林法》《草原法》《渔业法》《野生动物保护法》《文物保护法》《食品卫生法（试行）》《药品管理法》《关于开展全民义务植树运动的决议》《关于惩治捕杀国家重点保护的珍贵、濒危野生动物犯罪的补充规定》等。

全国人大常委或国务院还作出了加入有关国际公约、协定的决定。即：《关于我国加入〈防止倾倒废物及其他物质污染海洋的公约〉的决定》《关于批准〈保护世界文化和自然遗产公约〉的决定》《关于我国加入〈1969年国际油污损害民事责任公约的议定书〉的决定》《关于我国加入〈外空物体所造成损害之国际责任公约〉的决定》等。

十年来，国务院制定或批准了一些专门的行政法规，发布了有关决定。即：《关于国民经济调整时期加强环境保护工作的决定》《关于环境保护工作的决定》《关于加强乡镇、街道企业环境管理的规定》《基本建设项目环境保护管理办法》《征收排污费暂行办法》《污染源治理专项资金有偿使用暂行办法》《城市规划条例》《关于防治煤烟型污染技术政策的规定》《节约能源管理暂行条例》《关于加强防尘防毒工作的决定》《河道管理条例》

《防止拆船污染环境管理条例》《海洋石油勘探开发环境保护管理条例》《防止船舶污染海域管理条例》《海洋倾废管理条例》《水土保持工作条例》《关于对黄金矿产实行保护性开采的通知》《关于保护森林发展林业若干问题的决定》《关于制止乱砍滥伐森林的紧急指示》《森林法实施细则》《野生药材资源保护管理条例》《森林和野生动物类型自然保护区管理办法》《关于公布第二批国家级森林和野生动物类型自然保护区的通知》《进出口动植物检疫条例》《植物检疫条例》《水产资源保护条例》《关于设立幼鱼保护区的决定》《国务院批转国家建委等部门关于保护我国历史文化名城的请示的通知》，等等。

国务院所属部、委还发布了一些有关的规章。例如《关于城市环境综合整治定量考核的决定》《工业企业环境保护考核制度实施办法（试行）》《关于环境保护资金渠道的规定的通知》《关于工矿企业治理"三废"污染开展综合利用产品利润提留办法的通知》《全国环境监测管理条例》《关于核电站基本建设环境保护管理办法》《放射性同位素工作卫生防护管理办法》等等。

发布了一些国家环境标准，如：《大气环境质量标准》《地面水环境质量标准》《城市区域环境噪声标准》《海水水质标准》《渔业水质标准（试行）》《农田灌溉水质标准（试行）》《工业企业设计卫生标准》《工业污染物排放标准（1）（2）（3）》《汽车污染物排放标准和测试方法》《锅炉烟尘排放标准》《农药安全使用试行标准》等。

此外，国家还颁布了一些与环境保护有重要关系的法律、法规，如：《刑法》《民法通则》《治安管理处罚条例》《民事诉讼法（试行）》《行政诉讼法》《全民所有制工业企业法》等。省、自治区、直辖市还发布了不少地方性环境法规和环境标准。

当前环境立法工作存在的主要问题是：

（1）有些法律，如《固体废弃物处理法》等，迟迟没有颁布，形成环境法体系的薄弱环节。

（2）有些重要的法律、法规修订不及时，是在拨乱反正初期制定的，内容不够成熟。十年来客观情况有很大变化，应当及时予以修订。

（3）有些法律的实施细则办法没有及时发布，法规不配套，影响省、自治区、直辖市立法、执法、守法的进度。

（4）法规编纂不及时、不全面。环境法律、法规以及与环境保护有重要关系的法律、法规为数不少，已出版的环境法规汇编，或者是所搜集的法规很不全面，或者是法规编纂很不及时，目前还没有一本适用的法规汇编。

上述问题需要立法部门和其他有关部门抓紧研究解决。

（载《中国环境报》1989 年 10 月 17 日）

环境保护立法（20年）的回顾和建议

　　《中华人民共和国环境保护法（试行）》于1979年9月13日公布试行以后，20年来，陆续制定了《大气污染防治法》《水污染防治法》《环境噪声污染防治法》《固体废弃物污染防治法》《海洋环境保护法》等环保法律；据统计：国务院发布了29件环保行政法规；环保部门发布了70余件规章；省、自治区、直辖市发布了900余件环保地方性法规；国家制定了395件环境标准。此外，刑法、民法、行政法等部门法中还包含一些环境保护法律规范。上述环保法律规范初步形成了环保法体系。环保法体系与"孪生姊妹"——自然资源法体系（包括《土地管理法》《森林法》《草原法》《野生动物保护法》，等等）合在一起，形成了中国法律体系中与民法、刑法、行政法等并列的10个一级部门法之一。这在中国法制建设史上是一个空前的、很大的成果，对国家可持续发展战略的制定和贯彻，对社会生产力的持续发展和社会秩序的稳定，发挥了重要的保障和促进作用。

　　我国环保立法存在的问题，笔者认为主要是：有些应制定的法律法规和规章尚未制定；有些该及时修订的法律法规和规章尚未修订；有的现行法律法规质量不高，起不到应起的作用；环保立法与自然资源立法紧密结合不够；环保法律规范在整个国民经济和社会发展领域中渗透的面还不够广，发挥的保障和促进作用还很不够。总之，我国的环保立法还没有形成体系健全，法律规范完备、具体，可操作性强的"法网"，与环保立法先进的国家比较，与客观形势发展的要求比较，都有相当大的差距。

　　在社会主义市场经济迅速发展、改革开放越来越深入、建设社会主义法治国家步伐加快的新形势下，在以信息时代、知识经济、全球经济一体化为特征的新世纪即将来临之际，笔者对今后加强环保立法提出以下几点想法和建议：

（1）我国的各项立法都应进一步强调贯彻环保政策。环境保护是基本国策，党中央指示："要把环境保护、生态建设同经济发展紧密结合起来。"这就是说，要使环保工作尽可能广泛地渗透到国民经济和社会发展的各个领域中去，做到"依靠群众，大家动手"。要认真贯彻党中央的指示精神，靠什么呢？要靠宣传教育，靠环保意识的普及、提高；更重要的是靠立法、执法、守法、普法。所以，今后各项立法工作的指导思想中，都应进一步强调贯彻环保意识、环保政策，制定有利于环境保护的法律制度和法律规范，使环保法体系日益健全和完备。

（2）环保立法要与自然资源立法密切结合。党中央指示：自然资源要"在保护中开发，在开发中保护"，所以，环境保护法制建设要渗透到自然资源的规划、开发、利用、治理、保护的全过程。建议各级立法机关，统筹兼顾，通盘计划，将环保立法与自然资源立法紧密结合起来考虑和安排。例如黄河，长期存在洪水威胁、水土流失和泥沙淤积等严重问题。近年来又出现缺水断流加剧和水污染严重等新问题，因此，黄河的立法，不宜制定污染防治的单行法律或法规，而宜制定将污染防治和水土保持、水资源的持续利用、生态的保护和建设等密切结合的、综合性的单行法律或法规。

（3）为了将国家的环境、自然资源的基本政策统一地、密切结合地用法律的形式固定下来，并进一步健全环境保护、自然资源法体系，宜抓紧制定环境、自然资源基本法，或者将现行的《环境保护法》修订成《环境自然资源基本法》。

（4）要切实加强环保立法工作中的公众参与和调查研究，深入学习、吸收国外先进的有益的经验和制度，努力提高立法效率和立法质量。

（5）关于部门法的名称问题。环保法和自然资源法合并成一个一级部门法，这是不以人们意志为转移的客观规律，也是法学界的共识。这个一级部门法的名称应当是什么呢？笔者认为：从法理来讲，从与国际惯例接轨来讲，这个部门法的全名称为"环境自然资源法"比较科学、确切；同时可简称为"环境法"；由于篇幅所限，其理由此处不能详细阐述。今后，"环境立法"是"环境自然资源立法"的同义词，"环境法学"是"环境自然资源法学"的同义词；不能再将"环境法"作为"环保法"的同义词，不能再将"环境立法"作为"环保立法"的同义词，不能再将"环境法学"作为"环境保护法学"或"环保法学"的同义词，以免造成概念的混乱。笔者建议：这个部门法的名称，宜通过充分的学术论证，统一认识；不宜以行政命令强制执行。

（本文获国家环保总局、国土资源部、中国法学会、武汉大学于1999年联合颁发的"优秀论文"证书、中国社会科学院首届离退休人员优秀科研成果奖三等奖）

中国环境资源法制建设研究报告

法律体系学概况

法律体系又称法的体系（legal system），以法律体系为研究对象的学科称为法律体系学，又称体系法学，是专门研究一个国家或地区由全部现行法律规范分类组合而形成的相互联系、有机统一的法律体系的综合性法学学科。这门学科，不仅反映一个国家法制完备和健全的状况，而且在一定程度上反映这个国家在立法意识、法制基础、立法技术等方面的成熟程度和水平的高低。如果一个国家法律体系不统一，各行其是，各立章法，势必给立法、司法和守法带来混乱不堪的局面。因此研究法律体系这门学科具有十分重要的意义。由于每个国家的历史传统、民族习惯以及经济、政治、文化发展水平的不同，对法律体系学的形成和发展具有各自不同的特点和风格。中共十五大提出"到 2010 年形成中国特色社会主义法律体系"的要求；中共十六届五中全会又强调指出，"要贯彻依法治国的基本方略，加强社会主义民主政治建设，积极稳妥地继续推进政治体制改革"。因此，将有中国特色社会主义法律体系研究清楚，有重要的理论意义和实践意义。

中国环境资源法律体系

一　环境资源立法简史

中国环境资源立法简史大体可分以下四个阶段：

（1）1972 年至 1978 年（起步阶段）。1972 年在瑞典首都斯德哥尔摩举行的联合国人类环境会议，中国代表团在周恩来总理的亲切关怀和指导下，参加了此次会议，1973 年 8 月召开第一次全国环境保护会议，制订了"环境保护三十二字方针"，即"全面规划，合理布局，综合利用，化害为利，依靠群众，大家动手，保护环境，造福人民"。1974 年颁布了几个环境保护单行法规，如《工业"三废"排放试行标准》、《防止沿海水域污染暂行规定》等。粉碎"四人帮"以后，环保和自然资源法制建设提到了重要地位。1978 年通过的宪法，在总纲中规定"国家保护环境和自然资源，防治污染和其他公害。"

（2）1979 年至 1988 年（迅速发展阶段）。1982 年颁布了新宪法，1988 年颁布了第一次宪法修正案，这 10 年中颁布了《环境保护法（试行）》《森林法（试行）》（1979 年）、《海洋环境保护法》《文物保护法》（1982 年）、《水污染防治法》《森林法》《药品管理法》（1984 年）、《草原法》（1985 年）、《土地管理法》《矿产资源法》《渔业法》（1986 年）、《大气污染防治法》（1987 年）、《野生动物保护法》（1988 年）等。

（3）1989 年至 1998 年（渐进成熟阶段）。1993 年颁布了第二次宪法修正案，这 10 年中颁布了《环境保护法》（1989 年）、《固体废物污染环境防治法》（1995 年）、《煤炭法》（1996 年）、《防洪法》（1997 年）等；修订了《土地管理法第一次修订本》（1989 年）、《水污染防治法》《矿产资源法》（1996 年）、《森林法》（1998 年）等。

从 1979 年改革开放 20 年以来，国务院和省、自治区、直辖市加强了环境和自然资源立法工作，据统计，国务院发布的环保行政法规有 29 件；环保部门发布的规章有 70 余件；省、自治区、直辖市发布的环保地方性法规有 900 余件；国家制定的环境标准有 395 件。此外，刑法、民法、行政法等部门法中还包含一些环保和自然资源法律规范。总之，环保法体系和自然资源法体系已初步形成。

（4）1999 年以后到现在是环境资源立法深入发展的新阶段。1999 年颁布了第三次宪法修正案，2004 年颁布了第四次宪法修正案。为了适应客观形势发展的需要，经中国法学会批准，于 1999 年 11 月 20 至 22 日在武汉大学召开了"中国法学会环境资源法学研究会第一次会员代表大会暨可持续发展环境资源法学国际研讨会"。这次会议标志环保法、自然资源法、国土法、生态法融合、合并形成环境资源法体系。这一阶段，颁布了《气象法》

《公路法》（1999 年）、《种子法》（2000 年）、《海域使用管理法》《防沙治沙法》（2001 年）、《清洁生产促进法》《环境影响评价法》《测绘法》《农村土地承包法》（2002 年）、《公路法》《道路交通安全法》《传染病防治法》（2004）、《可再生能源法》（2005 年）等；修订了《大气污染防治法》（2000 年）、《渔业法第一次修订本》《药品管理法》（2001 年）、《水法》《文物保护法》（2002 年）、《放射性污染防治法》（2003 年）、《野生动物保护法》（2004 年）、《土地管理法第二次修订本》《渔业法第二次修订本》（2005 年）等；国务院和省、自治区、直辖市加强了配套法规的制定和修订。

总之，从 1972 年至今 30 多年来，已制定的环境资源法律有 30 个以上，环境资源法已形成一个大体系。这一成果，在我国法制史上是空前的、巨大的，这对建成有中国特色的社会主义法律体系，保障和促进生产力和先进文化的发展、社会秩序的稳定、人民生活质量的提高都起了很重要的、不可替代的作用。

二 关于"法律体系"的定义

法律体系（legal system）或称法的体系，"通常指由一个国家的全部现行法律规范分类组合为不同的法律部门而形成的有机联系的统一整体"①。法律体系说明一个国家法律规范之间的统一、区别、相互联系和协调性。中国是社会主义国家，中国的法律体系是有中国特色的社会主义国家法律体系。

"环境保护法"（environmental protection law），是调整因保护和改善环境而产生的社会关系的法律规范的总和，即狭义的环境法。②

"自然资源法"（natural resources law），指调整人们在自然资源开发利用、保护和管理过程中发生的各种社会关系的法律规范的总称。③

"国土法"（law of national land），指调整有关国土的调查、规划、开发、利用、治理、保护的社会关系的法律规范的总和。④

---

① 《中国大百科全书·法学》，中国大百科全书出版社，1984，第 84 页。
② 引自文伯屏著《环境保护概论》，群众出版社，1982，第 1 页。
③ 见肖国兴、肖乾刚编著《自然资源法》，1999，第 33 页。
④ 《中国大百科全书·法学》，第 254 页《国土法》，中国大百科全书出版社，1984。

"生态环境法"（law of ecological environment），新出版的专著《生态环境法论》的作者说："在法律领域，生态学的积极应用主要表现为自然资源保护立法，更准确地说应当是生态环境保育立法，即包括生态环境保护和建设两个方面的法律体系。""所谓生态环境法就是现代意义上的环境法，因而生态环境法亦可简称为环境法。而事实上环境法的概念更宜为人们所理解和接受。"①

"环境资源法"（law of environment&resources），是调整有关调查、规划、开发、利用、治理、保护生态环境和国土资源的社会关系的法律规范的总称。

这个概念包括三层含意：（1）调整范围，包括有关调查、规划、开发、利用、治理、保护生态环境和国土资源的全过程，而不仅仅只是"保护"过程。"在开发中保护，在保护中开发"，保护必须与调查、规划、开发、利用、治理生态环境和国土资源的全过程紧密结合，才能真正达到保护的目的。（2）调整对象，包括因调整有关调查、规划、开发、利用、治理、保护生态环境和国土资源所产生的社会关系。（3）环境资源法的体系是调整上述范围、上述对象的法律规范的总称，而不是法律的总称。

"环境法"（environmental law），有狭义、广义之分，简言之：狭义的环境法，指"环境保护法"；广义的环境法，指"环境资源法"。

需要特别注意的是：狭义环境法与广义环境法最重要的区别是法律体系不同，前者体系比较小，后者比前者大多了。（参看下面图1："环境保护法体系示意图"和图2："环境资源法体系示意图"）

宪法关于保护环境、自然资源的规定

污染和其他公害防治法	自然资源保护法
大气污染防治法	大气保护法
水污染防治法	水体保护法
土壤污染防治法	土地保护法
固体废物处理法	森林保护法

---

① 周珂著《生态环境法论》第34页，法律出版社，2001。

噪声污染防护法   草原保护法

辐射污染防护法   矿产资源保护法

有毒物质管理法   风景名胜区保护法

清洁生产法   野生动植物保护法

环境影响评价法   自然保护区法

其他   其他

图 1　中国环境保护法（狭义环境法）体系示意图

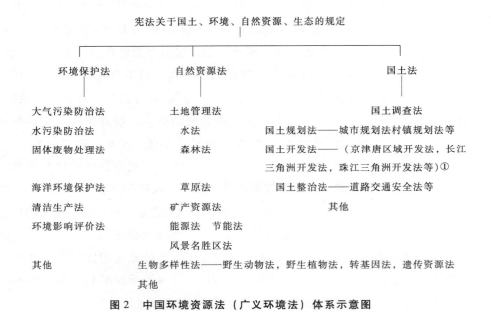

图 2　中国环境资源法（广义环境法）体系示意图

三　环境资源法的内涵、外延

  当代中国环境资源法体系是中国现行的环境和自然资源法律规范组成的、分门别类的、多层次的、互相配合的有机整体。其大致情况如下：《中华人民共和国宪法》（以下简称宪法）第九条规定："矿藏、水流、森林、山岭、草原、荒地、滩涂等自然资源，都属于国家所有，即全民所有；由法律规定属于集体所有的森林和山岭、草原、荒地、滩涂除外。国家保障自然资源的合理利用，保护珍贵的动物和植物。禁止任何组织或者个人用

---

  ① 　括号内的法律不是现行法，是预计将制订的法律。

任何手段侵占或者破坏自然资源。"第十条规定："城市的土地属于国家所有。农村和城市郊区的土地，除由法律规定属于国家所有的以外，属于集体所有；宅基地和自留地、自留山，也属于集体所有。国家为了公共利益的需要，可以依照法律规定对土地实行征收或者征用并给予补偿。任何组织或者个人不得侵占、买卖或者以其他形式非法转让土地。土地的使用权可以依照法律的规定转让。一切使用土地的组织和个人必须合理地利用土地。"第二十二条规定："国家保护名胜古迹、珍贵文物和其他重要历史文化遗产。"第二十六条规定："国家保护和改善生活环境和生态环境，防治污染和其他公害。国家组织和鼓励植树造林，保护林木。"第三十三条规定："国家尊重和保障人权"等。这些规定是具有最高法律效力的环境资源法规范。

现行环境资源法律规范大体分为以下七类：第一类是综合性的法律规范，例如《环境保护法》；第二类是污染或其他公害防治法，例如《大气污染防治法》《水污染防治法》《环境噪声污染防治法》《固体废弃物污染防治法》《清洁生产促进法》《环境影响评价法》等；第三类是自然资源法，例如《土地管理法》《森林法》《野生动物保护法》《矿产资源法》《节约能源法》《煤炭法》等；第四类是名胜古迹等文化环境保护法，例如《风景名胜区管理暂行条例》《自然保护区管理条例》《园林绿化保护条例》等；第五类是国土法，包括国土调查法、国土规划法（如《城市规划法》）、国土开发法（如京津唐区域开发法、长江三角洲开发法）、国土整治法等；第六类是有法律效力的环境资源标准，包括环境质量标准、污染物排放标准、其他标准；第七类是其他部门法（行政法、民法、刑法、经济法等部门法）中的环境资源法律规范，例如《刑法》关于破坏环境资源保护罪、非法占用耕地罪与罚的规定等，又如《食品卫生法》《文物保护法》《消防法》等法律法规中的有关规定。（澳大利亚的环境法体系中的第四大类就是"相关法规"，即包括职业安全、劳动保护、消费者权益保护和刑事法律中有关环境保护的规定）。

上述七类环境资源法律规范，按其法律效力分为若干层次，即：全国人民代表大会制定的；全国人大常务委员会制定的；国务院制定或认可的；国务院各部门发布的；省、自治区、直辖市等地方立法机关制定的。环境资源法的内涵，简言之，就是环境保护法、自然资源法、国土法、生态法的融合。上述七类环境资源法律规范，也就是环境资源法"内涵"的主要内容，其"外延"是城市规划法、能源法、综合利用法、防洪法、（循环经济法）等等。

四　环境资源法体系在整个法律体系中的位置

笔者认为：中国特色的社会主义法律体系应当是：在宪法的统率下分为以下 10 个一级部门法，即：宪法（此处其所以与其他法并列，是就学科而言，而不是就法律效力而言；此部门法包括由宪法派生的选举法、组织法、香港特别行政区基本法等），行政法，刑法，民法，环境资源法，经济法，商法，劳动法和安全、健康、医疗法，诉讼法，军事法。[①]

中华人民共和国宪法

Constitution of PRC

|

|

宪法（Constitution），行政法（Administrative Law），

民法（Civil Law），　　刑法（Criminal Law），

环境资源法（Environment&Resources Law），

经济法（Economic Law），商法（Commercial Law），

劳动法和安全、健康、医疗法

（Labor Law&Safety，Health，Medical Law），

诉讼法（Litigation Law），军事法（Military Law）.

图 3　中华人民共和国法律体系示意图

也有的法学者认为宪法之下的一级部门法应当只是行政法、经济法、民商法、刑法、社会法，环境法只是经济法或行政法的组成部分；还有的法学者认为一级部门法应当划得更多，婚姻法、社会保障法等也应当划为一级部门法。笔者认为上述 10 个部门法的划分是最合理的。因为：划分部门法的目的，主要是有助于人们学习、了解、研究、执行中国的现行法，提高全民的守法、执法水平，促进法学的研究和发展；划分部门法的标准，主要是法律

①　参看沈宗灵主编《法理学》，北京大学出版社，1996，第 304~324 页。

所调整的不同社会关系，即调整对象，其次是法律调整的方法；划分部门法的原则是，应考虑到不同社会关系领域的广泛程度和相应法律、法规的多寡，不应将一级部门法划分得过宽过少或过细过多。前苏联和民法法系国家一般都将一级部门法划为十个上下。从中国现阶段法制的实际情况看，一级部门法划分为上述 10 个是最合适的；划分得过多或过少的观点都有很大的片面性；从我国的国情来看，环境保护法、自然资源法、国土法、生态环境法四者融合、合并为一个一级部门法，是有中国特色社会主义法律体系发展规律的必然结果。这个部门法的名称仍用"环境资源法"，可以简称"环境法"，其主要理由是：（1）"国土"、"环境"、"自然资源"、"生态系统"是孪生姊妹关系，有很大的共性。例如土地、河流、海洋、大气、森林、草原、矿藏等，既是国土资源的组成部分，又是最基本的环境因素和最主要的自然资源、生态系统。"环境资源法"既突出了"环境"，又突出了"国土资源"、"自然资源"概念，其内涵、外延与这个部门法的内容比较贴切，与最高立法机关——全国人大的环境资源保护委员会相适应，与中国法学会环境资源法学研究会的名称吻合。（2）便于与国际惯例接轨。其他国家绝大多数学者都称这个部门法为"环境法"（environmental law）；称国际法的一个分支为"国际环境法"（international environmental law）。国际社会有三个著名的学术组织：一是"环境法国际理事会"（International Council of Environmental Law）；二是"世界自然与自然资源保护联盟"（International Union for Conservation of Nature & Natural Resources），现简称为 The World Conservation Union，译为"世界自然保护联盟"，下设"环境法委员会"（Commission on Environmental Law）等 6 个委员会（他们认为"环境"与"自然资源"是不能分开的）；三是联合国环境规划署（United Nations Environmental Program）。这三个机构是国际社会环境资源法领域的权威性学术机构，对学术交流与合作有巨大的影响力。（3）中国法理学界也称这个部门法为"环境法"，许多大专院校建立了环境法（或称环境资源法）研究所或教研室；（4）从文字表述的精炼来说，"环境法"最精炼，所以简称环境法也可以；但是应明确区分广义环境法（即环境资源法）和狭义环境法（即环境保护法）。

五 环境资源法的特征

（1）法律规范的科技性。例如大气污染防治法、水污染防治法……环境标准（环境质量标准、污染物排放标准等），法律规范的科技性很强。学习和研究环境法，要求知识面广，不只是需要宽广的社会科学知识，而且需要具备一定的自然科学知识，例如经常见到的 SO_2，CO，BOD，COD，ppm，苯并芘，都是自然科学名词。

（2）法律手段（规范）的多样性。环境资源法的调整方法是多种多样的，既使用民法、经济法手段，又使用行政法、刑法等手段。

（3）法律规范的独特性。例如：环境污染纠纷中的损害赔偿，不能实行传统民法损害赔偿的过失责任原则，而必须实行无过失责任原则；不能实行传统民法损害赔偿中的举证责任制度，而应实行污染损害赔偿举证责任倒置制度；环境资源法除了担负调整因调查、规划、开发、利用、治理、保护生态环境和国土资源而产生的社会关系以外，还担负着调整人与自然关系的任务。

环境资源法不是经济法的组成部分

一　调整对象不同

经济法的调整对象，不仅在经济法、民法、行政法学界存在意见分歧，而且在经济法学界内部也没有形成统一的认识，有些经济法学家甚至认为经济法不是一个部门法。笔者认为最合法理的认识如下：经济法的调整对象是，需要由国家干预的具有全局性和社会公共性的经济关系。具体范围包括三个方面：（1）宏观调控经济关系；（2）市场秩序经济关系；（3）社会保障经济关系。

环境资源法的调整对象是，有关调查、规划、开发、利用、治理、保护生态环境和国土资源的社会关系。具体范围包括三个方面：（1）环境保护方面的社会关系；（2）自然资源方面的社会关系；（3）国土整治方面的社会关系。

二　法律体系不同

经济法体系结构如下：（1）宏观调控法，又可以划分为产业法、计划法、投资法、预算法、税法、中国人民银行法、价格法等。（2）市场秩序法，又可分为反垄断法、反不正当竞争法、产品质量法、消费者权益保护法、广告法、计算与标准化法等。（3）社会保障法，又可分为社会保险法、社会救助法、社会福利法、社会优抚法等。①

环境资源法体系结构如下：（1）环境保护法，又可分为大气污染防治法、水污染防治法、固体废物处理法、海洋环境保护法、环境影响评价法、清洁生产法等。（2）自然资源法，又可分为土地管理法、水法、森林法、草原法、矿产资源法、煤炭法、能源法、节能法、生物多样性法、风景名胜区法等。（3）国土法，又可分为城市规划法、村镇规划法、水土保持法、防洪法、区域开发法等。

三 法律特征不同

经济法的突出特征是，与经济领域有密切关系，与经济学有密切关系；经济立法是国家宏观经济政策的具体化、定型化、条文化，主要应遵循客观经济规律。而环境资源法的突出特点是，与生态环境、自然资源有密切关系，涉及社会科学、自然科学广泛领域；环境资源立法是国家环境保护、自然资源、能源、国土整治政策的具体化、定型化、条文化，不只是要遵循客观经济规律，还要遵循客观自然规律、生态规律。

四 环境资源法的任务是经济法包括不了的

我国经济法的任务主要是，通过法律调整，维护社会主义市场经济秩序，保证实现国民经济和社会发展计划，巩固人民民主专政，保障社会主义现代化建设的顺利进行。而环境资源法的任务主要是：通过法律调整，落实科学发展观、可持续发展战略，合理开发、利用自然资源，保护生活环境和生态环境，防治污染和其他公害，从而保障社会主义现代化建设的顺利进行，保护公民的健康、安全和子孙后代的幸福。需要着重指出的是，从落实科学发展观来看，落实城乡发展、区域发展、经济社会发展、国内发展和对外开放的统筹，是经济法和环境资源法共同的任务；但是落实人与自然和谐发展的统筹，构建人与自然和谐的社会，则是无可替代地要依靠环境资源法制建设来担负这项法律保障任务了。

---

① 参看黄锡生、曾文革主编《经济法学》，重庆大学出版社，2003，第4～5页。

总之，环境资源法与经济法都是我国整个法律体系中的重要组成部分，都是相辅相成的一级部门法。认为环境资源法是经济法的组成部分是没有法理根据的、是站不住脚的。

环境资源法制建设存在的主要问题和原因

一 环境资源立法工作滞后

主要表现是：（1）我国已参加的国际公约，应当制定相应的法律加以贯彻执行而长期没有制定。例如我国加入《濒危野生动植物种国际贸易公约》（CITES）已经 20 多年，但至今仍未按公约的要求制定一部相应的国内法律，CITES 秘书处仍将我国列为野生动植物贸易国内立法不完善的国家。我国于 1992 年加入了《联合国生物多样性公约》，并已正式核准《卡塔赫纳生物安全议定书》，但至今没有一部执行这个国际公约的综合性法律，以致物种丧失形势严峻、生物遗传资源流失严重、生物入侵造成生态环境破坏的情况在发展、食用野生动物陋习愈演愈烈等问题得不到有效控制。① 我国于 2001 年签署了《关于持久性有机污染物（POPs）的斯德哥尔摩公约》，现已正式对中国生效，我国为该公约亚太地区专家组联席会议主席，公约要求很严，有些是限期完成的，我国承担的任务形势严峻，但至今没有关于制定法律的信息。② （2）有些条例实施多年，权威性不够，效果不好，应及时修订升级为法律而尚未修订，《耕地保护条例》是典型例子。20 世纪 90 年代，我国大中城市年均扩张 4%。扩展用地中，耕地比例占七成，在西部地区甚至高达 80.9%。我国人均耕地面积仅为世界平均水平的 30%。由于人多地少，食物安全和耕地保护已成为影响社会和经济可持续发展的重要因素。我国必须实行全世界最严格的耕地保护制度，《耕地保护条例》早就应当修订成最严格的法律，并严格执行，才能解决耕地不断被占用问题。③ （3）有些法律实施多年，已不适应客观情况的变化，应当较大地修改

---

① 参看文伯屏《关于制定生物多样性法的建议》，《中国社会科学院要报》2004 年 11 月 3 日。
② 参看张其瑶《全球围歼 POPs》，《科学时报》2005 年 5 月 23 日。
③ 参看刘英楠《城市化进程蚕食耕地惊人》，《科学时报》2005 年 1 月 10 日。

补充，而没有这样做。例如《环境保护法》于 1989 年 12 月 6 日公布施行，至今已 16 年，其中有些规定已不能适应客观情况的变化，虽然环境保护早已列为基本国策，但在现行地方领导干部的政绩考核指标中，环保法还没有列为重要内容，一些地方政府还没有真正树立起科学发展观，急功近利，竭泽而渔，不惜牺牲环境为代价，对污染严重的项目擅自开绿灯。[①]《野生动物保护法》自 1989 年 3 月起施行了 15 年，已不能适应客观情况的变化，而 2005 年第 1 期《国务院公报》上登载的重新公布的《野生动物保护法》，除其中第 26 条第 2 款稍有修改外，其他都是 1988 年制定的原文。(4) 有些法律（如黄河法、长江法）长期拖延，迟迟不能出台，不解何故。(5) 随着经济全球化，有些急需的涉外立法还是空白。例如我国经济发展与支柱性矿产资源供应不足之间的矛盾日益突出，亟须加强海外矿产资源开发的合作，但我国还没有颁布有关海外矿产资源开发的法律，对矿业界、矿业投资界"走出去"以及在海外经营的矿业公司用汇、技术设备出口、审批程序等的法律保障和支持跟不上，大大影响工作的开展。[②] (6) 有些急待解决的新问题立法，还没有纳入立法规划。例如电子废物污染防治法、光污染防治法、港澳粤跨境环境问题立法等。(7) 立法思想缺乏前瞻性、预见性。例如京津唐区域开发、长江三角洲、珠江三角洲的区域开发应当早日立法，从布局等前期工作开始有法可依，避免走大的弯路，带来大的损失，但至今还没有纳入立法规划。

二　执法方面的问题

(1) 地方保护主义阻挠、干扰执法，企业违法排污，屡禁不止。国家环保总局 2005 年首批挂牌督办的 9 个环境违法案件多属群众多次举报，反映强烈，当地政府始终不能解决的问题，涉及三个流域、1 个区域、10 个省、自治区、直辖市的几十家企业，既有区域和流域性的环境问题，也有地方政府保护和查处不到位的情况。部分基层政府追求粗放型经济增长，靠降低环保"门槛"和违反国家产业政策招商引资，甚至通过制定"土政策"阻挠、干扰环境执法。受环境法制制约，企业违法成本低、守法成本

---

① 王学红：《环保局长"匿名举报"意味着什么》，《科学时报》2005 年 6 月 10 日。

② 参看安春英《进一步加强中非矿产资源开发合作》，《中国社会科学院院报》2005 年 6 月 7 日。

高、执法成本也高的现象没有得到根本扭转，一些企业虽经多次查处，但仍采用各种方式违法排污。此外，处理责任人不到位，偏重于对企业的处罚，而对责任人的处理寥寥无几，经济处罚多、对责任人追究法律责任少，难以对环境违法行为形成威慑，也是造成这些环境违法案件的主要原因之一。① （2）重利用，轻保护，重要文化遗产损失严重。例如平遥古城，是我国现存最完整的明清县城，1997 年被列入《世界遗产目录》，2004 年 10 月 17 日，古城南门东部一段迄今六百余年的古城墙突然垮塌，经检查，古城墙 72 个敌楼有一半多存在裂缝、酥碱等各种各样的安全隐患，城墙周围垃圾遍地，臭味扑鼻。根本原因在于管理委员会（县长任主任）重利用，轻保护，对门票收入的处理不妥，文物保护部门没有钱对古迹及时维修。②

三　后果严重

国家环保总局前局长解振华于 2005 年 4 月 28 日在"中国科学与人文"论坛上名为"构建资源节约型社会和环境友好型社会"的主题报告中郑重呼吁："近十年来，不少地区的环境污染和生态破坏对群众身体健康和经济社会的全面、可持续发展造成了很大的影响。这些影响主要表现在以下方面：主要污染物排放总量大，超过了环境自净能力，流经城市的 90% 的河段都受到严重污染，75% 的湖水出现了非氧化问题，近 3 亿农村人口饮用不合格的水，每年沿海地区的赤潮发生次数比上世纪 80 年代超过了 3 倍，一些中小城市和农村地区污染在加重；我国酸雨影响面积占国土面积的 1/3；城市噪声扰民问题非常严重；生态破坏问题也较突出，全国水土流失面积 356 万平方公里，每年新增 1.5 万平方公里，沙化土地每年新增 3436 平方公里，森林面积和蓄积量持续增加，但资源总量不足，生态功能退化。环境污染和生态破坏造成了巨大的经济损失，中科院专家曾测算，2003 年环境污染和生态破坏造成的损失占 GDP 的 15%。发达国家上百年工业化过程中分阶段出现的环境问题，目前在我国快速发展的 20 多年中都集中出现了。"解振华指出："目前中国的发展时期是环境与发展矛盾最突出的时期……社会消费转型中，电子废物、机动车尾气、有害建筑材料和室内装

---

① 参看孙海东《9 大环境违法案件被挂牌督办》，《北京晚报》2005 年 5 月 10 日。

② 参看《被开发狂潮淹没的平遥古城》，《老年文摘》2005 年 5 月 2 日。

饰不当等各类新的污染呈迅速上升趋势；转基因产品新化学品等新技术、新产品将对环境和健康带来潜在的威胁，持久性有害物的危害在加重。"①

国家环保总局副局长潘岳深有感慨地说："环境立法存在空白，配套立法迟缓，对部分环境违法行为没有规定相应的法律责任，导致违法行为得不到相应的惩处，特别是对某些连续的环境违法行为，如连续超标排污，现行的环境法律就缺乏有效的处罚；行政处罚种类单一，总是以罚款为主，罚款数额过低，环保部门缺乏必要的行政强制权。一旦发现有重大污染隐患或者发生污染事故，环保部门只能提建议而不能强行责令企业停止排放。"②

2005 年 1 至 10 月份，全国共发生一次死亡 30 人以上特别重大事故 13 起，死亡 966 人，同比死亡人数增加 139 人，其中煤矿企业发生一次死亡 30 人以上特别重大事故 9 起，死亡 811 人，同比死亡人数增加 357 人。特别是 11 月 27 日，黑龙江省龙煤集团七台河分公司东风煤矿发生爆炸事故，造成 171 人死亡，这是 2005 年煤矿企业发生的第三起一次死亡百人以上特别重大事故。③ 这是煤矿业法制建设问题严重的恶果，震惊国际社会的松花江水污染事件是深刻的教训。此外，洪灾、火灾、塌方、滑坡、泥石流等导致人员伤亡、财物损失严重的事故也不断发生，都说明我国环境资源法制建设的现状堪忧。

四　环境资源法制建设滞后的深层次主要原因

我国还没有建立起一个落实党中央科学发展观的高水平、高效率的法制建设体制、机制。笔者认为主要问题如下：（1）人大常委会的力量、制度与所担负的任务很不适应。人大常委会，特别是全国人大常委会承担着立法的主要任务。立法（此处的立法是广义的，包括立、改、废）是一项工作量极大、政策性、专业性很强的工作，而且贵在及时。要求有足够数量的德才兼备、责任感很强、专业知识（特别是法学知识）很丰富的专职队伍。而现在全国人大常委委员中绝大多数是兼职的（大都是有关单位负

---

① 《生态破坏一年"吃掉"15% GDP》，参见《科学时报》2005 年 4 月 29 日。
② 《现行环保法规应根据形势修改》，参见《科学时报》2005 年 5 月 18 日。
③ 参看贾中山《年内全国煤矿至少关闭 4000 家》，《北京晚报》2005 年 12 月 11 日。

责人，本单位的任务很重，能把多少精力放到立法工作上？）。法制先进国家的议员，除公休日外，每天都在考虑立法执法问题还不能适应日新月异的形势发展，而我们这样的大国，问题成堆，起步又晚，长期以来，全国人大每两个月才开一次常委会，会期几天，能解决多少问题？（2）现行《立法法》是立法工作的主要法律根据，但是已经不适应党中央科学发展观、加强法制建设等重要指示精神和已经发生很大变化的客观情况。举几个主要问题如下：①《立法法》中只是对"法律案"提出的权限、程序作了规定，但是对全国人大每年收到大量由全国人大代表提出的"议案"和政协委员提出的"提案"应当怎样严肃地正确地处理、"议案"和"提案"的法律地位及其与"法律案"的关系等重要内容没有规定，怎样达到该法第一条规定的"健全国家立法制度"、"保障和发展社会主义民主"的目的？②《立法法》对全国人大的立法工作规划、计划、法律实施情况的检查、监督、经验总结等重要制度没有规定，对立法工作质量、效率的提高很不利；③对"法律解释"规定得很不全面，只对全国人大常委的立法解释作了规定，而对司法解释、行政解释、学理解释及其法律效力都没有规定，这对维护法制的统一以及加强法学研究、教学、普法等工作是很不利的；④对法律的修订、废止，只是简单规定了一句话："法律的修改和废止程序，适用本章的有关规定"，而对法律修订、废止这项重要制度的重要意义、期限等具体要求根本没有提到，这是现在不少应及时修订或废止的法律而长时期未修订或废止，使不少良法变成恶法的重要原因之一；⑤《立法法》第五十六条第二款规定："应当由全国人民代表大会及其常务委员会制定法律的事项，国务院根据全国人民代表大会及其常务委员会的授权决定先制定的行政法规，经过实践检验，制定法律的条件成熟时，国务院应当及时提请全国人民代表大会及其常务委员会制定法律。"这项法律制度不合法理，实践证明弊多利少。判断制定法律的条件是否成熟，应是全国人大及其常委会的职责，而且所谓"条件成熟"，是很抽象的词语，不是规范的法律语言，既不利于执行，又不利于检查，这种制度往往是某一法律的制定旷日持久、误时误事的根本原因。电子垃圾的立法就是典型例子，日本《家用电器再循环法》已于2001年4月1日生效，欧盟于2003年2月颁布了《关于报废电子电器设备指令》和《关于在电子电器设备中禁止使用某些有害物质指令》，我国国务院根据授权制定的《电子信息产品污染防治管理办法》酝酿了 5 年没有出台，现在电子垃圾成灾，还不知何年能制定法律。① （3）最高立法机关——全国人大及其常委会对党中央提出的"到2010 年形成中国特色社会主义法律体系"的要求研究不够，主要表现是：对"中国特色社会主义法律体系"的内涵、结构缺乏明确的认识。比如说，在宪法统率之下，一级部门法有几个？是哪几个？至今尚无定论。法学界有各种各样的认识、学说，有"五个部门说""十个部门说""更多个部门说"等等，而全国人大及其常委会支持、采用哪种学说至今是不明确的，更没有经过充分的论证，有些立法者至今还认为环境资源法是经济法或者行政法的组成部分，以致立法实践中难收"若挈裘领诎五指而顿之，顺者不可胜数"之效，而难免头痛医头、脚痛医脚之虞，不能摆脱很被动的局面；（4）全国人大常委会每年向全国人大的报告中只汇报制定或修订了多少法律，下一步的立法计划是不全面的，法制建设中存在的主要问题和改进措施则几乎没有。这样就很难启发全国人大代表、政协委员和广大人民群众为加强法制建设提出更多更好的建议。（5）有些法律质量低的原因是，长期以来，大部分法律案实际上是由行政部门提出，由全国人大常委会讨论通过，有的媒体称之为"部门立法"。这种"部门立法"的弊病是：立法的出发点不是反映全国人民的意志和利益，而是从部门意志和利益出发，将部门利益法律化；或者是部门之间权利争夺妥协的结果；或者是"谁愿把绳子往自己脖子上套"，不提本部门应承担的法律责任；或者是缺乏全局观念、认为对广大人民有利而对本部门不利的措施就坚决抵制。②

几点思考和建议

第一，建议全国人大常委会坚决贯彻落实党中央关于科学发展观、加快法制建设、建立和谐社会等重要指示，对法制建设情况进行更深入的调查研究，吸取、借鉴法制建设先进国家有益的经验教训，从立法、司法、执法、守法、普法等方面找差距，订措施，以与时俱进的精神，在坚持四项基本原则的前提下，从体制、机制、制度上深化改革，进一步提高工作

---

① 参看计红梅《电子垃圾的中国难题》，《科学时报》2005 年 6 月 24 日。
② 菟丝子：《走出部门立法》，参看《科学时报》2005 年 4 月 6 日。

效率和质量。例如为了在建设新农村的高潮中真正落实科学发展观和"十一五规划",制定新农村的正确指标和考核省(直辖市)、县(市)领导干部政绩的主要标准以及检查、验收制度的法律颁布施行。为了克服地方保护主义可以轻易对环境执法进行干预的弊病,可以考虑将现行的双重领导、地方为主的环境行政管理体制,改为双重领导、环保系统为主的环境行政管理体制;对违法案件应查事与查人相结合,对存在地方保护主义的地方政府及有关部门负责人和不依法行政、不作为、乱作为的失职者联合监察部门依法追究其法律责任,并向媒体公布处理结果。以强化执法和法律监督力度。①

第二,为了落实党中央关于充分发扬社会主义民主、调动一切积极因素、保障人民通过多种途径参与立法活动、提高立法质量和效率,建议将我国《立法法》进行全面的修订。以下几个问题是修订的重点:(1)将有中国特色的社会主义法律体系的内涵、结构,作出明确规定,使全国立法、司法、执法、普法、科研、教育、宣传等部门有法律依据可资遵循;(2)总则第五条规定的"立法应当体现人民的意志,发扬社会主义民主,保障人民通过多种途径参与立法活动"应在第二章第一节"立法权限"、第二节"全国人民代表大会立法程序"、"全国人民代表大会常务委员会立法程序"中有相适应的具体化规定,特别是要对全国人大代表提出的"议案"、全国政协委员提出的"提案"的法律地位,"议案""提案"与"法律案"的关系以及"议案""提案"的处理程序等作出明确规定;(3)要明确规定全国人大常委会立法规划、计划公布周知的制度。全国人大常委会制订立法规划时要更广泛地了解下情、听取民意、特别是要重视党中央、国务院智囊团、思想库的意见和建议;立法规划制订后,应通过互联网、报刊、电视、广播等媒介,尽早地定期公布周知,争取对立法工作更多的支持、帮助。(4)法律实施情况的检查、监督、立法经验总结、法律的修订、废止等重要制度应规定得明确具体(5)凡是我国正式批准参加的国际公约,全国人大常委会应限期制定或修订相应法律颁布实施。(6)规定全国人大常委会每年向全国人大的工作报告的内容不只是汇报制定、修订了多少法律,而且应对我国法制状况进行总结评估:既与我国过去的情况相比较,更重

---

① 《现行环保法规应根据形势修改》,参看《科学时报》2005 年 5 月 18 日 A3 版。

要的是与达到客观形势发展要求相比较，与法制建设先进国家的进程相比较，不断找差距，对存在的问题或困难，改进措施或解决办法应坦诚地向大会报告；（7）将《立法法》第五十六条第二款的规定删掉。（8）将法律案文本起草工作主要由国务院有关部（委、局）负责组织实施，改为主要由全国人大专门委员会或全国人大常委会法制委员会负责组织实施。

第三，不下大力加强全国人大常委会，要求如期建成合格的社会主义法治国家是很困难的，甚至会拖全面建设小康社会进程的后腿。建议党中央有计划地加强德才兼备、有真才实学的法学人才的培养、选拔；建立健全以德才兼备、水平较高的法学者不断充实、加强各级人大常委（特别是全国人大常委）的机制；全国人大常委的主要负责人中，必须有德才兼备、有真才实学、最高档次水平的法学家；全国人大常委应当是专职，每两个月才开一次全国人大常委会等制度需要改进。

第四，为了落实中央关于自然资源"在保护中开发，在开发中保护"等重要指示，加强环境、资源法制建设，建议全国人大"环境资源保护委员会"改名为全国人大"环境资源委员会"，将"保护"两字去掉，进一步明确：其工作范围不只是有关环境、资源的保护，而是更广，包括环境、资源的调查、规划、开发、利用、治理、保护全过程的法制建设。

第五，千方百计提高法制建设工作效率和质量。当前应抓紧制定《环境资源基本法》，将环境资源法的体系、结构、内涵、外延、基本政策、基本原则和体制、机制、制度、执法机构与分工等大的问题作出明确的规定；或者将现行的《环境保护法》修订为《环境资源基本法》，将现行的《环境保护法》废止；如果不制定《环境资源基本法》，则必须抓紧修订现行的《环境保护法》，否则不只是对社会主义现代化建设不利而且有害。再就是抓紧制定或修订其他法律。

（中国社会科学院老干部局科研立项项目总结报告，2005）

环境资源法学基础理论

一　环境资源法的概念

（一）概念的重要性

概念是形成法律规范和法律原则必不可少的因素，没有法律概念，"整个法律大厦就会瓦解"。但是，如果法律概念用得不准确，甚至很混乱，那么，整个法律大厦就会倾斜。部门法的划分及其名称很重要，"它不仅对法学研究和法律教育，而且对立法、执法、司法和律师业务都有重要意义。对制定立法规划、法学教学课程体系、法学研究规划、编纂法律汇编和法学工具书、法学图书资料的编目和电脑在法律和法学工作中的应用等等，都有直接的关系。"

（二）几个重要的概念

"环境保护法"（environmental protection law），是调整因保护和改善环境而产生的社会关系的法律规范的总和，即狭义的环境法。[①]

"自然资源法"（natural resources law），指调整人们在自然资源开发利用、保护和管理过程中发生的各种社会关系的法律规范的总称。[②]

"国土法"（law of national land），指调整有关国土的调查、规划、开发、利用、治理、保护的社会关系的法律规范的总和。[③]

"国土资源"（national land resources）有广义、狭义之分：国务院对国土资源部的主要职责界定为："国土资源部是主管土地资源、矿产资源、海洋资源等自然资源的调查、规划、管理、保护与合理利用的国务院组成部

---

① 引自文伯屏著《环境保护法概论》，群众出版社，1982，第1页。
② 见肖国兴、肖乾刚编著《自然资源法》，法律出版社，1999，第33页。
③ 见《中国大百科全书·法学》，中国大百科全书出版社，1984，第254页《国土法》。

门。"① 所以，狭义的"国土资源"，即我国领陆、领水（包括内水和领海）、领空②的土地资源、矿产资源、海洋资源、地质环境等；广义的"国土资源"则除上述自然资源外，还应包括空气、淡水、森林、草原、水域、渔产等自然资源。

"生态环境法"。新出版的专著《生态环境法论》的作者说："在法律领域，生态学的积极应用主要表现为自然资源保护立法，更准确地说应当是生态环境保育立法，即包括生态环境保护和建设两个方面的法律体系。""所谓生态环境法就是现代意义上的环境法，因而生态环境法亦可简称为环境法。而事实上环境法的概念更宜为人们所理解和接受。"③

"环境资源法"（law of environment & resources）。是调整有关调查、规划、开发、利用、治理、保护生态环境和国土资源的社会关系的法律规范的总称。

"环境法"（environmental law），有狭义、广义之分，简言之：狭义的环境法，指"环境保护法"；广义的环境法，指"环境资源法"。

需要特别注意的是：狭义环境法与广义环境法的区别。最重要的区别是法律体系不同，前者体系比较小，后者比前者大多了。（参看下面图 1："环境保护法体系示意图"和图 2："环境资源法体系示意图"）

二 环境资源法的渊源

"渊源"是法学名词，但法学界对此名词的理解很不一致。有的认为即"泉源"、"来源"之意；有的认为是"表现形式"；有的认为是某种法律规范"第一次出现的地方"；还有的把"渊源"分成"形式的渊源"和"实质的渊源"等。本文所说的"渊源"，取"表现形式"之意。环境法的渊源，即环境法的表现形式。综观各国的环境法，法律规范的表现形式有以下 6 种：

（1）宪法中关于环境和自然资源的规定。

（2）关于环境保护和自然资源的法律、法规、规章。有些国家有基本法，如中国的《环境保护法》、美国的《国家环境政策法》，也有的国家没有基本法，如瑞典。

---

① 见《中华人民共和国国务院公报》2000 年第 11 号封二《国务院各部委、各直属机构简介》。

② 《中国大百科全书·法学》，中国大百科全书出版社，1984，第 384～391 页《领海》《领空》《领土》。

③ 周珂：《生态环境法论》，法律出版社出版，2001，第 34 页。

（3）国家制定或认可的环境标准，可分三类：

①环境质量标准。如大气质量标准、水质标准（又分地面水水质标准、渔业水质标准、农业灌溉水质标准、饮用水水质标准等）、环境噪声标准等。

②污染物排放标准。工业废气排放标准、汽车废气排放标准、工业废水排放标准、医院污水排放标准等。

③其他国家标准。如国际海洋法中规定的某个水质标准等。

（4）其他法律、法规（如行政法、民法、刑法、经济法等）中有关环境、自然资源、国土、生态系统的规范。

（5）有些国家的环境法包括判例法。如英、美、澳大利亚等国，由司法判例形成的普通法也是适用的法律规范；但在成文法国家，如中国，判例一般只能作为参考文件，不能作为法律规范适用；法律有明文规定的除外。

（6）有些国家的环境法包括有关的国际环境法规范。如联合国《气候变化框架公约》、《生物多样性公约》的规范在我国，应当是有国内法效力的（我国签署时声明保留的除外）。

三　环境资源法的体系

各国有各国的法律体系，这里着重讲一下中国的环境资源法体系。

（1）什么是法律体系？有些人认为：法律体系是同一类性质的法律组成的一个有机整体。这种认识对不对呢？笔者认为是不全面、不准确的。法律体系（legal system）或称法的体系，"通常指由一个国家的全部现行法律规范分类组合为不同的法律部门而形成的有机联系的统一整体。"[①] 法律体系说明一个国家法律规范之间的统一、区别、相互联系和协调性。

（2）什么是法律规范？法律规范（legal norm），是由国家制定或认可的、反映国家意志的、以国家强制力保证其实施的一般行为规则。法律规范的逻辑结构有三个组成部分：①假定——规定适用该规范的条件和情况；②处理——行为规则本身。规定人们：可以这样行为；不可以这样行为；禁止这样行为；等等③法律后果——规定实行或违反该法律规范所产生的法律后果。法律后果大体上可分两种：一种是肯定性的法律后果，即法律承认这种行为合法、有效、并加以保护以至奖励；一种是否定性的法律后果，即法

---

① 见《中国大百科全书（法学）》第84页"法的体系"。

律上不予承认、加以撤销以至制裁。法律规范与法律条文不能等同，法律条文是法律规范的文字表述。一个法律条文不一定完全包括法律规范的三个逻辑因素，一个法律规范可以表述在几个法律条文，甚至不同的法律文件中。

（3）法律体系如果是由法律、而不是由法律规范组成的，那么，《中华人民共和国刑法》中关于破坏环境资源保护罪，非法占用耕地罪，非法转让、倒卖土地使用权罪等条款，就不可能纳入环境资源法体系，环境资源法体系就无法健全和完备。

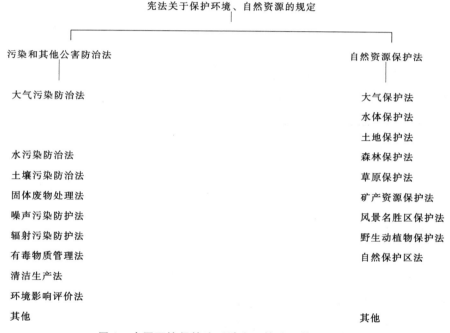

图1　中国环境保护法（狭义环境法）体系示意图

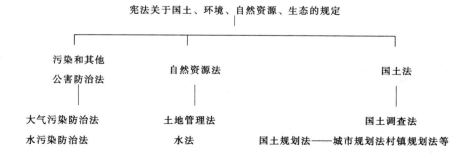

固体废物处理法　　　　　　　森林法　　　　　国土开发法——（京津唐区域开发法，长江

三角洲开发法，珠江三角洲开发法等）

国土整治法——道路交通安全法等

海洋环境保护法

环境影响评价法　　　　　　　　　　　　　　　其他

清洁生产法　　　　　　　　草原法

矿产资源法

能源法　节能法

风景名胜区法

生物多样性法——野生动物法，野生植物法，转基因法，遗传资源法

其他　　　　　　　　　　其他

图 2　中国环境资源法（广义环境法）体系示意图

（4）法律体系是发展的，法学也是发展的。从"六法全书"到"十个一级部门法"

（5）当代中国环境资源法体系是中国现行的环境和自然资源法律规范组成的、分门别类的、多层次的、互相配合互相制约的有机整体。其大致情况如下：《中华人民共和国宪法》（以下简称宪法）第九条规定："矿藏、水流、森林、山岭、草原、荒地、滩涂等自然资源，都属于国家所有，即全民所有；由法律规定属于集体所有的森林和山岭、草原、荒地、滩涂除外。国家保障自然资源的合理利用，保护珍贵的动物和植物。禁止任何组织或者个人用任何手段侵占或者破坏自然资源。"第十条规定："城市的土地属于国家所有。农村和城市郊区的土地，除由法律规定属于国家所有的以外，属于集体所有；宅基地和自留地、自留山，也属于集体所有。国家为了公共利益的需要，可以依照法律规定对土地实行征收或者征用并给予补偿。任何组织或者个人不得侵占、买卖或者以其他形式非法转让土地。土地的使用权可以依照法律的规定转让。一切使用土地的组织和个人必须合理地利用土地。"第二十二条规定："国家保护名胜古迹、珍贵文物和其他重要历史文化遗产。"第二十六条规定："国家保护和改善生活环境和生态环境，防治污染和其他公害。国家组织和鼓励植树造林，保护林木。"第三十三条规定："国家尊重和保障人权。"等。这些规定是具有最高法律效力的环境资源法规范。

现行环境资源法律规范大体分为以下七类：第一类是综合性的法律规范。

例如《环境保护法》；第二类是污染或其他公害防治法。例如《大气污染防治法》《水污染防治法》《环境噪声污染防治法》《固体废弃物污染防治法》《清洁生产法》《环境影响评价法》等；第三类是自然资源法。例如《土地管理法》《森林法》《野生动物保护法》《矿产资源法》《节约能源法》《煤炭法》等；第四类是名胜古迹等文化环境保护法。例如《风景名胜区管理暂行条例》《自然保护区管理条例》《园林绿化保护条例》等；第五类是国土法，包括国土调查法、国土规划法（如城市规划法）、国土开发法（如京津唐区域开发法、长江三角洲开发法）、国土整治法等；第六类是有法律效力的环境资源标准。包括环境质量标准、污染物排放标准、其他标准；第七类是其他部门法（行政法、民法、刑法、经济法等部门法）中的环境资源法律规范。例如《刑法》规定的破坏环境资源保护罪、非法占用耕地罪等；又如《食品卫生法》《文物保护法》《消防法》等法律法规中的有关规定。（澳大利亚的环境法体系中的第四大类就是"相关法规"，即包括职业安全、劳动保护、消费者权益保护和刑事法律中有关环境保护的规定）。

上述七类环境资源法律规范，按其法律效力分为若干层次，即：全国人民代表大会制定的；全国人大常务委员会制定的；国务院制定或认可的；国务院各部门颁发的；省、自治区、直辖市等地方立法机关制定的。环境自然资源法体系已经形成一个独立的法律部门。

（6）环境资源法是中国法律体系中的一级部门法。环境法的内涵，简言之，就是环境保护法、自然资源法、国土法、生态法的融合。上述七类环境资源法律规范，也就是环境资源法"内涵"的主要内容，其"外延"是城市规划法、能源法、综合利用法、防洪法等。环境资源法是中国法律体系中的一级部门法，其根据除以上所述外，还有一个重要根据是中国法理学专家的研究成果，中国法理学专家认为：中国的法律体系应当是：在宪法的统率下分为10个一级部门法，即：宪法（此处其所以与其他法并列，是就学科而言，而不是就法律效力而言；此部门法包括由宪法派生的选举法、组织法、香港特别行政区基本法等）、行政法、刑法、民法、商法、经济法、劳动法和社会保障法、环境保护法和自然资源法、诉讼程序法、军事法。[1]

---

① 参看沈宗灵主编《法理学》，北京大学出版社，1996，第304～324页。

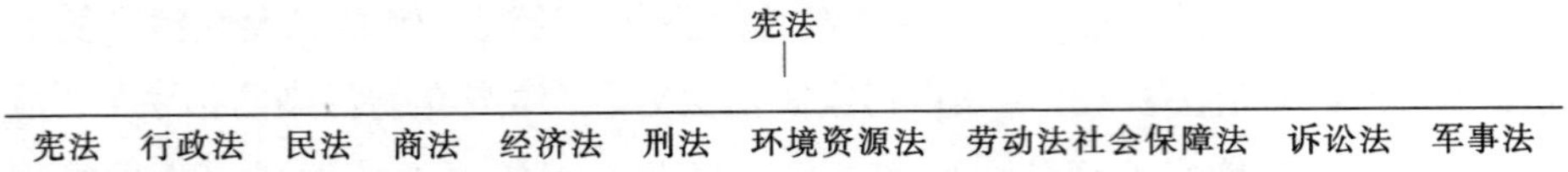

宪法
|

宪法　行政法　民法　商法　经济法　刑法　环境资源法　劳动法社会保障法　诉讼法　军事法

图 3　中华人民共和国法律体系示意图

　　也有的法学者认为宪法之下的一级部门法应当只是行政法、经济法、民商法、刑法、社会法。环境法只是经济法或行政法的组成部分，还有的法学者认为一级部门法应当划得更多，婚姻法也应当划为一级部门法。

　　笔者认为上述 10 个部门法的划分是最合理的。因为：划分部门法的目的，主要是有助于人们了解、学习、掌握中国全部现行法，提高全民的守法、执法水平，促进法学的研究和发展；划分部门法的标准，主要是法律所调整的不同社会关系，即调整对象，其次是法律调整的方法；划分部门法的原则是，应考虑到不同社会关系领域的广泛程度和相应法律、法规的多寡，不应将一级部门法划分得过宽过少或过细过多。正像九届全国人大关于国务院机构改革、部（委）不能划得太多或太少一样。前苏联和民法法系国家一般都将一级部门法划为十个上下。从中国现阶段法制的实际情况看，一级部门法划分为上述 10 个是最合适的；划分得过多或过少的观点都有很大的片面性；从我国的国情、特别是法律体系的发展趋势来看，国土法、环境保护法、自然资源法、生态环境法原有的体系可以保留；但是，四者宜融合为一个一级部门法，这个部门法的名称仍用"环境资源法"，可以简称"环境法"，其主要理由是：（1）"国土""环境""自然资源""生态系统"是孪生姊妹关系，有很大的共性。例如土地、河流、海洋、大气、森林、草原、矿藏等，既是国土资源的组成部分，又是最基本的环境因素和最主要的自然资源、生态系统。"环境资源法"既突出了"环境"，又突出了"国土资源"、"自然资源"概念，其内涵、外延与这个部门法的内容比较贴切，与最高立法机关——全国人大的环境资源保护委员会相适应，与中国法学会环境资源法学研究会的名称吻合。（2）便于与国际惯例接轨。其他国家绝大多数学者都称这个部门法为"环境法"（environmental law）；称国际法的一个分支为"国际环境法"（international environmental law）。国际社会有三个著名的学术组织：一是"环境法国际理事会"（International Council of Environmental Law）；二是"世界自然与自然资源保护联盟"（International Union for Conservation of Nature & Natural Resources），现简称为 The World Conservation Union，译为"世界自然保护联盟"，下设"环境法委员会"（Commission on Environmental Law）等 6 个委员会（他们认为"环境"与"自然资源"是不能分开的）；三是联合国环境规划署（United Nations Environmental Program）。这三个机构是国际社会环境资源法领域的权威性学术机构，对学术交流与合作有巨大的影响力。（3）中国法理学界也称这个部门法为"环境法"，上述划分 10 个一级部门法的倡导者——北京大学法理学家沈宗灵教授的观点在法学界是有代表性的。（4）从文字表述的精炼来说，"环境法"最精炼，所以简称环境法也可以；但是指广义环境法，而不是指狭义环境法。

如果说环境资源法应划为经济法或行政法的组成部分，那么，你请他详细介绍一下其理由和根据，特别是经济法、行政法的基础理论，包括：定义、体系、特征等，他必然会露怯，不能自圆其说。

四 环境资源法的特征

（1）法域宽广之最。环保部门有一句口头禅形容环保工作领域之广是：上管天，下管地，中间管空气。环境资源法法域之广则更有甚焉。上至外层空间，下至海洋之底；大至全国领土，小至微生物基因。

（2）新兴的法律部门新兴的法律学科。环境法学是新兴的学科、是边缘学科，是环境科学（包括环境物理学、环境化学、环境地学、环境医学、环境经济学、环境美学等）、自然资源科学（包括可再生资源、不可再生资源等等）与法学的交叉学科。

（3）法律规范的科技性。例如大气污染防治法、水污染防治法……环境标准（环境质量标准、污染物排放标准等），法律规范的科技性很强。学习和研究环境法，要求知识面广，不只是需要宽广的社会科学知识，而且需要具备一定的自然科学知识，如 SO_2，CO，BOD，COD，ppm，苯并芘。

（4）法律手段（规范）的多样性（民法、刑法、行政法、经济法手段等）。

（5）法律规范的独特性。例如：

①传统民法损害赔偿的过失责任原则与污染损害赔偿的无过失责任原则；

②传统民法举证责任制度与污染损害赔偿举证责任的转移制度（案例资料）；

③环境法除了担负调整因规划、开发、利用、治理、保护环境和自然资源而产生的社会关系以外，还担负着调整人与自然的关系，调整生态法律关系的任务。传统法学理论认为：法律关系是法律规范在调整人们行为的过程中所形成的一种特殊的社会关系，即法律上的权利义务关系，其法律关系的参加者只有三种：自然人、法人和国家；而生态法学则认为：生态法律关系是法律规范在调整一切生命体的自然生命过程中所形成的一种特殊的权益关系，即人与一切生命体之间的权利义务关系，其法律关系的参加者不仅包括自然人、法人和国家，而且还包括自然人以外的一切生命体。这种观点对现行法律理论构成挑战。例如国际环境法和许多国家的宪法都明确承认了环境权、生存权，等等，那么，环境权、生存权的主体有哪些呢？传统法学观点认为，其主体不外上述三种——自然人、法人和国家；而生态法学则认为，其主体不只上述三种，还应包括自然人以外的生命体（如有生命的濒危物种），如一级保护动物熊猫、扬子鳄、金丝猴、朱鹮等。过去，这些珍稀动物，人类只把它们看成是法律关系的客体来加以保护，所以保护不好；它们能不能成为法律关系的主体呢？我认为回答是肯定的。有人说，它们没有行为能力、权利能力，怎能成为法律关系的主体？关于行为能力问题，猫可以捉老鼠，马可以扛武器，大象可以背大树，担负沉重的体力劳动，有些动物还会表演，马戏团的熊、老虎、马等等能表演出精彩的节目，怎能说这些动物没有行为能力呢？至于权利能力，我想插一个小故事：同学们看过电视连续剧《海瑞》吧？明朝的嘉靖皇帝养了个小哈巴狗，取名"虬龙"，有一天虬龙突然死了，嘉靖皇帝号啕痛哭，后来行"虬龙代王"的葬礼，以金棺银椁盛虬龙的尸体还修了"虬龙神宫"，花了10万两银子，封虬龙为"忠烈王"，当时，嘉靖皇帝的老师苦口婆心进谏说："是畜生重要，还是老百姓重要？"嘉靖皇帝龙颜大怒，降旨把他老师打死。由此可见：封建皇帝，吐辞为经，举足为法，法律是人制定的，人想把动物当成人，并封之为"忠烈王"，不也是可以的吗？法律赋予野生动植物有权利能力就会有权利能力。刚出生的婴儿没有行为能力，但是有权利能力，例如就有继承遗产的资格。它的权利能力从哪里来的？是法律赋予的。《继承法》规定，在分配遗产时，要给没有出生的胎儿保留

一定份额的遗产。同样，法律规定上述动物有权利能力，这些动物就能有权利能力了。至于珍稀动物怎样行使权利能力问题，关键是要扩大和完善法定代理人制度。这方面的理论和实际问题还很多，现在环境法学界有些学者将这些问题作为专题，进行系统深入的研究，已经有些初步成果，我相信不久的将来会有突出的研究成果面世的。

五　环境资源法的重要性

（1）环境和资源是国际社会全局性的根本问题。环境是人类赖以生存和发展的场所。生态环境是人类和其他生物的生命支撑系统，自然资源是国民经济和社会发展的重要物质基础。全世界五大问题是：人口、粮食、资源、能源、环境。这五大问题关系到世界能不能和平与发展，其中资源、能源、环境三个问题是环境法直接调整的领域，人口、粮食问题也是与环境法有密切关系、是环境法学必须研究的对象。1992 年联合国环境与发展大会为什么称为"The Earth Summit"（地球峰会）？就因为是盛况空前。为什么出现这种空前盛况呢？就因为环境问题的重要。近年来我国每年的全国人大，江泽民主席在百忙中总要挤时间亲自主持一次关于计划生育和环境保护的座谈会，作出重要指示。这些都说明环境问题、资源问题的重要性。

（2）环境资源法是按照自然规律办事，维护生态平衡，保护人体健康和经济正常发展的法律保障。恩格斯曾经指出："人本身是自然界的产物，是在他们的环境中并和这个环境一起发展起来的。"[①] 自然条件决定人类的历史发展；而人也反作用于自然界，改变自然界，为自己创造更好的生存和活动的条件。随着人类对自然规律认识的增长，人类支配驾驭自然界的能力也增加了。但是自然环境和自然资源并不是可以受人类任意摆布的。人类的活动，如果违反了自然规律，自然界就必然给人类无情的惩罚。恩格斯有一段比较长、但很生动、很深刻的名言。他说："美索不达米亚、希腊、小亚细亚以及其他各地的居民，为了想得到耕地把森林都砍光了，但是他们却梦想不到这些地方今天竟因此成为荒芜不毛之地，因为他们把森林砍完之后，水分积聚和贮存的中心也不存在了。阿尔卑斯山的意大利人，因为要十分细心地培养该山北坡上的松（树）林，而把南坡上的森林都砍光了。他们预料不到因此

---

① 见《马克思恩格斯全集》第 20 卷，人民出版社，1995，第 38 页。

却把他们区域里的高山畜牧业的基础给摧毁了；他们更预料不到这样就使山泉在一年中大部分时间都枯竭了，而且在雨季又使洪水倾泻到盆地上去。"①人类近百年的生产活动，特别是近几十年的生产活动，给自然环境带来了巨大的影响和变化，现代人类生活的环境远不是原始的自然界，随着科学技术的进步和工业的迅猛发展，其所处环境与自然环境的差异越来越大。特别在人口密集的城市和工业区，环境的组成与变化规律同自然环境相去甚远。人类对环境变化的适应是有一定限度的，而且自然界能够提供给人类的物质及其数量也不是无限的，如果人类的活动使自然环境剧烈变化，或者把数量过大的有害物质倾泻到自然生态系统，超过了生物和人类自己可以忍受的程度，就会破坏生态平衡，使人类和生物受害。因此当人们改造自然、发展经济的同时，必须首先考虑和评估对环境的影响，并且采取切实有效的措施，保护自然环境和生态系统。但是并不是所有人认识和承认这个道理。曾经发生过的八大公害事件，其根本原因不就在于此吗？震惊世界的 1952 年伦敦烟雾事件，四天死亡 4000 人。这些深刻的教训使许多国家不得不考虑，为了保护环境和生态系统，在采取科学技术、经济措施的同时，还必须进一步运用法律手段，必须加强环境和自然资源的法制建设。

（3）环境资源法是贯彻可持续发展战略，保护人类长远利益和造福子孙后代的法律保障。环境、自然资源与人类的关系是复杂的。有三个特点：①有些污染不容易及时发现；②环境污染和破坏一旦形成，即使停止了新的污染和破坏，而旧的影响也难以很快消除，甚至会成为新的二次污染源；③环境污染造成的经济损失很大，加上污染治理费用，则要付出更加高昂的代价。下面举一个典型例子：日本的"水俣病"，从排放甲基汞毒水的氮肥工业公司建厂，到发现渔民吃鱼中毒，前后经过 23 年之久。又经过 12 年，"到 1956 年，熊本大学经过大量调查研究才确认，是位于水俣市的氮肥工业公司排放的含汞废水污染了水俣湾，使海鱼体内含有高浓度的甲基汞，渔民吃了这种鱼而中毒的。但这个结论没有引起当时日本政府的高度重视，氮肥工业公司不承认他们是污染者，又拖了 12 年，直到 1968 年，国家才正式认定水俣病是由氮肥工业公司造成的，该公司才停止排放含汞废水。水俣病受害者组织了 16 个代表团，多年来与氮肥工业公司谈判索赔问题，到 1997 年 5 月，赔

①　见恩格斯：《自然辩证法》人民出版社，1971，第 145～146 页。

偿金全部到位，总共有 10355 人得到了赔偿，平均每人赔偿 260 万日元，此外，该公司还要支付患者医疗费和生活费。日本政府花了 14 年的时间，投入了 485 亿日元，把水俣湾的含汞底泥深挖 4 米，全部清除了。同时，在水俣湾入口处设立隔离网，将海浪内被污染的鱼统统捕获进行填埋。如今，水俣湾的水质非常好，几乎没有一点污染，水俣湾的鱼吃了绝对安全。"① 日本对环境污染等公害所采取的对策，概括为一句话就是："技术+法律"，吃一堑长一智，日本现在是环境立法的先进国家，这是付出沉重代价的。

（4）环境资源法是保证实现我国第三步战略目标的法律保障。社会、经济的发展是否按着客观经济规律和生态规律正常地运行，环境法的立法、执法起着决定性的作用。日本的经验教训是很深刻的，值得世界各国借鉴、研究并从中汲取营养。日本于 1967 年制定的《公害对策基本法》中，对该法任务和目的的表述中有这样的词句。"生活环境的保护，得谋求与经济的健全发展相协调。"这句话包含了优先发展就可以牺牲环境的意思。政府对工业企业资本家采取让步政策，这是日本当时污染泛滥、震惊世界的公害事件不断发生的重要根源。由于污染泛滥，民怨沸腾，1970 年，日本召开了国会，专门研究修订了《公害对策基本法》、《大气污染防治法》等法律，所以这次国会被称为"公害国会"。经过这次国会的修订，1971 年公布的《公害对策基本法》第一条强调了环境保护的重要性，改为："鉴于防治公害对维护国民健康和文明生活有极大重要性，为了明确企业、国家和地方政府对防治公害的职责，确定基本的防治措施，以全面推行防治公害的对策，达到保护国民健康和维护其生活环境的目的，特制定本法。"1971 年公布修订后的《大气污染防止法》，也对法的目的和任务作了重大修改，删掉了"保护环境，要设法与经济发展相协调"等词句，与《公害对策基本法》的提法一致，从保护国民的健康和维护生活环境的观点出发，阐述了法的目的和任务。总之，经过"公害国会"修订的这些重要法律实施后，公害泛滥的局面出现了根本性的扭转。② 由此可见，现代化国家必须是法治国家，但不是任何法律都能代表先进的生产力，都能促进社会生产力的发展。

---

① 参见文伯屏著《环境保护法概论》，群众出版社，1982，第 31 页；《世纪梦魇艰难消退》，《中国环境报》1999 年 5 月 19 日第六版。

② 参见文伯屏著《西方国家环境法》，法律出版社，1988，第 12、35 页。

我国要建成富强、民主、文明的社会主义现代化国家，必须实现以法治国的方略，必须健全整个法律体系，包括其中很重要的一个部门法——环境资源法（或称环境法）。而环境立法中一个核心问题是经济发展与环境保护的关系处理得是否正确、是否很明确，前车之鉴，庶几慎之又慎！希望同学们都密切关心和研究这个核心问题。

（对研究生讲课教材，2004）

论环境资源法律体系

法律体系学概况

法律体系又称法的体系（legal system），以法律体系为研究对象的学科称为法律体系学，又称体系法学，是专门研究一个国家或地区由全部现行法律规范分类组合而形成的相互联系、有机统一的法律体系的综合性法学学科。这门学科，不仅反映一个国家法制完备和健全的状况，而且在一定程度上反映这个国家在立法意识、法制基础、立法技术等方面的成熟程度和水平的高低。如果一个国家法律体系不统一，各行其是，各立章法，势必给立法、司法和守法带来混乱不堪的局面。因此研究法律体系这门学科具有十分重要的意义。由于每个国家的历史传统、民族习惯以及经济、政治、文化发展水平的不同，对法律体系学的形成和发展具有各自不同的特点和风格。[①]

党的十六大指出，发展社会主义民主政治，最根本的是要把坚持党的领导、人民当家做主和依法治国有机统一起来；提出"到2010年形成中国特色社会主义法律体系"的要求；明确把"依法执政"列为党的领导干部必须不断提高的五种能力之一。[②] 胡锦涛同志《在中国共产党第十七次全国代表大会上的报告》指出："在新的发展阶段继续全面建设小康社会、发展中国特色社会主义，必须坚持以邓小平理论和'三个代表'重要思想为指导，深入贯彻落实科学发展观"；"在十六大确立的全面建设小康社会目标

[①] 参看金哲、姚永抗、陈燮君主编《世界新学科总览续编》，重庆出版社，1990。

[②] 参看博悦《积极创建创建和发展中国特色法学理论》，《中国社会科学院院报》2005年5月12日。

基础上对我国发展提出新的更高要求……扩大社会主义民主，更好保障人民权益和社会公平正义。公民政治参与有序扩大。依法治国基本方略深入落实，全社会法制观念进一步增强，法治政府建设取得新成效。"[1] 因此，将有中国特色社会主义法律体系研究清楚，是有重要的理论意义和实践意义的。

从世界范围法律体系学发展的历史和趋势来看，法律体系学主要有两种类型：[2]

一 资本主义国家法律体系学说

(一) 公法和私法是法律体系的基本结构

资本主义国家法学界普遍地把法律分为公法和私法，最早由罗马法学家乌尔比安提出，一直为后代法学家所沿用，在划分公法、私法的标准方面，西方法学家们的见解各不相同，具有代表性的有利益说、主体说、权力说、关系说等。主张利益说的学者认为：凡有关公益的法律，即直接保护国家和集体利益的法律为公法；凡有关私益的法律，即保护私人利益的法律为私法。主张"主体说"的学者认为：凡以国家或公共团体的一方或双方为法律关系主体的法律为公法，凡法律关系主体的双方都是公民个人的法律为私法。主张"权力说"的学者认为：凡规定国家与公民之间的权力服从关系（亦称纵的垂直法律关系）的法律为公法；凡规定公民之间权益平等关系（亦称横的平行法律关系）的法律为私法。主张"关系说"的学者认为：凡规定国家机关之间或国家与公民之间的政治生活关系（亦称公权法律关系）的法律为公法；凡规定公民之间或国家与公民之间的民事生活关系（亦称私权法律关系）的法律为私法。资本主义国家的法律体系普遍划分为公法和私法两大部门；但也有人反对这样分类。

(二) 阶梯式的等级规范体系学说

资本主义国家中反对将法律划分为公法与私法的学者也不乏其人。如美国法学家奥斯汀认为，一切法律都是由特定的主权者所发布命令的总和，而且一切法律都是通过国家权力而起制约作用的，根本不因公法和私法而有所

---

① 参看《中国共产党第十六届中央委员会第五次全体会议公报》，《科学时报》2005 年 10 月 13 日。

② 参看金哲、姚永抗、陈燮君主编《世界新学科总览续编》，重庆出版社，1990。

不同。美籍奥地利法学家凯尔森也反对把法律划分为公法和私法，他强调法的体系是各种法律规范的总和而各种法律规范的效力则永远来自规范。他主张用阶梯式的等级来规定规范的体系，即从"最高规范"和"基本规范"中派生出来的国际法、宪法、法律、命令等规范来构成法律体系，否认以公法与私法作为法律体系的基础。

（三）法律体系的其他分类方法

在资本主义国家法律体系中，还有许多分类方法，诸如：按法律形式来分，有成文法和不成文法；按法律内容来分，有实体法和程序法；按法律效力来分，有强制法和任意法；按法律关系主体来分，有国际法和国内法；按法律渊源来分，有固有法和继受法。在英美法律体系中，还有普通法与衡平法、制定法与判例法之分。这些分类方法都从不同角度构建国家的法律体系。第二次世界大战后，西方国家一方面出现经济高速发展，另一方面出现严重的社会弊端，因而兴起了介于公法与私法之间的环境保护法、经济法、社会法（包括垄断法、证券交易法、社会保险法等）。有些国家的法学者把这类法律规范称为"中间领域的法律规范"，它们也是各国法律体系的重要组成部分。

二　社会主义国家法律体系学说

因为社会主义法律体系是建立在以生产资料公有制为主的基础上，所以社会主义国家法律体系的构成，不继承划分为公法与私法的观点。列宁说过："我们不承认任何'私法'，在我们看来，经济领域中的一切都属于公法范围，而不属于私法范围。"

社会主义国家法律体系研究的主要内容是：

（一）关于法律的相互联系和相互协调统一的问题

在社会主义经济和社会日益发展的情况下，立法范围在日益扩大，立法内容也越来越专门化。这种情况，虽然有助于人们对法律的研究和适用，但它往往会促使人们用狭窄的专业化观点来看待法律现象。为了防止和克服这种狭窄的法制观点，必须加强对法制进行综合性或整体性的研究和分析，必须不断注意完善法律的一般原则和基本制度，以保证实现各类法律部门和法律规范相互联系和协调统一的作用。正如恩格斯指出："在现代国家中，法必须适应于总的经济状况，不仅必须是它的表现，而且还必须是不因内在矛盾而自己推翻自己的内部和谐一致的表现。"恩格斯的这个论断，对研究和完善社会主义法律体系具有重要的指导意义。

（二）关于法律体系的客观基础问题

前苏联有些法学者认为，法律体系是一种客观存在的社会法律现象，这种现象是由社会主义条件下社会关系性质所决定的，人们不能随意对它进行创造或改变，法学研究者的任务，在于自觉地、能动地认识和利用法律体系。但是，人们也必须看到，各种具体的法律形式，具有一定的主观性，因为它是由立法者自觉创制规范的结果。从这个意义上说，法律体系既具有客观性，又具有主观性。这种见解，在前苏联法学界有争议，认为把法律体系说成是客观的、第一性的东西，把立法活动说成是主观的、第二性的东西，是缺乏科学依据的。

（三）关于法律体系的基本成分问题

有人主张法律体系应以各个法律部门为基础。这种观点，受到了前苏联著名女法学家雅姆波利斯卡娅等人的反对。她认为法律部门不是法律体系的基本单位，而是以相互紧密联系为一个统一整体的法律规范组成的。

（四）关于法律部门的划分及其标准问题

在社会主义法律体系学说中一直存在着争议。焦点是前苏联国家和法的理论权威伊尔·亚历山大罗维奇·阿尔扎诺夫在 20 世纪 30 年代提出的"法律的调整对象是划分法律部门的标准"，这个观点成为前苏联法的体系的基本原理。后来，前苏联法学工作者普遍认为，划分法律部门的标准，除法律调整对象外，还必须把法律的调整方法作为一个补充标准。社会主义国家对法律部门的划分，一般是按照法律调整对象和调整方法相一致的观点来进行的。

（五）关于法律部门相互关系和发展趋势问题

当前社会主义国家法律发展的趋势之一是：法律调整的一体化和专门化相结合。一体化主要是指加强法律内部的相互联系和协调，旨在使各个部门之间、规范之间建立更加紧密的、有机的联系。这种联系，不仅表现在法的内容上的联系，还表现在法的形式上的联系，如工业法、农业法、商业法等；另一种趋势是有些新兴的法律部门由于客观的需要，逐渐合并而独立成为更高层次的法律部门，如环境保护法、自然资源法、国土法、生态法逐渐合并成为环境资源法，与民法、刑法、行政法等并列为国家一级部门法。

（六）关于法律体系和立法体系的联系和区别的问题

一般来说，法律体系的单位是指各个法律部门、法律制度等；立法体系的单位是指纲要、法典和条例等。这两个体系从整体上说是相辅相成的，是一个统一体的两个方面。从严格意义上说，法律体系和立法体系在概念上是不能等同的，其区别在于：（1）范围不同：法律体系是指现行的全部法律规范；立法体系则包括失效的或过时的法律规范；（2）主客观方面不同：法律体系的客观性是以法的起源、法的历史发展规律和社会经济的要求为基础，它是立法者不能任意改变的；（3）形成的因素不同：立法体系是受国家制度和立法机构等方面的影响；而法律体系的形成是法的历史发展规律的结果；（4）功能不同：法律体系注重于法学理论的指导意义，它是立法体系的基础；而立法体系则注重于反映现实等。

中国环境资源法律体系

一 环境资源立法简史

中国环境资源立法简史大体可分以下四个阶段：

（一）1972 年至 1978 年（起步阶段）

1972 年在瑞典首都斯德哥尔摩举行的联合国人类环境会议，中国代表团在周总理的亲切关怀和指导下，参加了人类环境会议，1973 年 8 月召开第一次全国环境保护会议，制订了"环境保护三十二字方针"，即"全面规划，合理布局，综合利用，化害为利，依靠群众，大家动手，保护环境，造福人民。"1974 年颁布了几个环境保护单行法规，如《工业"三废"排放试行标准》、《防止沿海水域污染暂行规定》等。粉碎"四人帮"以后，环保和自然资源法制建设提到了重要地位。1978 年通过的宪法，在总纲中规定"国家保护环境和自然资源，防治污染和其他公害"。

（二）1979 年至 1988 年（迅速发展阶段）

1982 年颁布了新宪法，1988 年颁布了第一次宪法修正案，这 10 年中颁布了《环境保护法（试行）》《森林法（试行）》（1979 年）、《海洋环境保护法》《文物保护法》（1982 年）、《水污染防治法》《森林法》《药品管理法》（1984 年）、《草原法》（1985 年）、《土地管理法》《矿产资源法》《渔业法》（1986 年）、《大气污染防治法》（1987 年）、《野生动物保护法》（1988 年）等。

（三）1989 年至 1998 年（渐进成熟阶段）

1993 年颁布了第二次宪法修正案，这 10 年中颁布了《环境保护法》（1989 年）、《防洪法》（1997 年）等；修订了《土地管理法第一次修订本》（1989 年）、《水污染防治法》《矿产资源法》（1996 年）、《森林法》（1998 年）等。

从 1979 年改革开放 20 年以来，国务院和省、自治区、直辖市加强了环境和自然资源立法工作，据统计，国务院发布的环保行政法规有 29 件；环保部门发布的规章有 70 余件；省、自治区、直辖市发布的环保地方性法规有 900 余件；国家制定的环境标准有 395 件。此外，刑法、民法、行政法等部门法中还包含一些环保和自然资源法律规范。总之，环保法体系和自然资源法体系已初步形成。

（四）1999 年以后到现在是环境资源立法深入发展的新阶段

1999 年颁布了第三次宪法修正案，2004 年颁布了第四次宪法修正案。为了适应客观形势发展的需要，经中国法学会批准，于 1999 年 11 月 20 至 22 日在武汉大学召开了"中国法学会环境资源法学研究会第一次会员代表大会暨可持续发展环境资源法学国际研讨会"。这次会议标志环保法、自然资源法、国土法、生态法融合、合并形成环境资源法体系。这一阶段，颁布了《气象法》《公路法》（1999 年）、《种子法》（2000 年）、《海域使用管理法》《防沙治沙法》（2001 年）、《清洁生产促进法》《环境影响评价法》《测绘法》《农村土地承包法》（2002 年）、《公路法》《道路交通安全法》《传染病防治法》（2004）、《可再生能源法》（2005 年）等；修订了《大气污染防治法》（2000 年）、《渔业法第一次修订本》《药品管理法》（2001 年）、《水法》《文物保护法》（2002 年）、《放射性污染防治法》（2003 年）、《固体废物污染环境防治法》《种子法》《野生动物保护法》（2004 年）、《土地管理法第二次修订本》《渔业法第二次修订本》（2005 年）等；国务院和省、自治区、直辖市加强了配套法规的制定和修订。

总之，从 1972 年至今 30 多年来，已制定的环境资源法律有 30 个以上，环境资源法已形成一个大体系。这一成果，在我国法制史上是空前的、巨大的，这对建成有中国特色的社会主义法律体系，保障和促进生产力和先进文化的发展、社会秩序的稳定、人民生活质量的提高都起了很重要的、不可替代的作用。

二 关于"法律体系"的定义

法律体系（legal system）或称法的体系，"通常指由一个国家的全部现行法律规范分类组合为不同的法律部门而形成的有机联系的统一整体"①。法律体系说明一个国家法律规范之间的统一、区别、相互联系和协调性。中国是社会主义国家，中国的法律体系是有中国特色的社会主义国家法律体系。

"环境保护法"（environmental protection law），是调整因保护和改善环境而产生的社会关系的法律规范的总和，即狭义的环境法。②

"自然资源法"（natural resources law），指调整人们在自然资源开发利用、保护和管理过程中发生的各种社会关系的法律规范的总称。③

"国土法"（law of national land），指调整有关国土的调查、规划、开发、利用、治理、保护的社会关系的法律规范的总和。④

"生态环境法"（law of ecological environment），新出版的专著《生态环境法论》的作者说："在法律领域，生态学的积极应用主要表现为自然资源保护立法，更准确地说应当是生态环境保育立法，即包括生态环境保护和建设两个方面的法律体系。""所谓生态环境法就是现代意义上的环境法，因而生态环境法亦可简称为环境法。而事实上环境法的概念更宜为人们所理解和接受。"⑤

"环境资源法"（law of environment & resources），是调整有关调查、规划、开发、利用、治理、保护生态环境和国土资源的社会关系的法律规范的总称。

这个概念包括三层含意：（1）调整范围，包括有关调查、规划、开发、利用、治理、保护生态环境和国土资源的全过程，而不仅仅只是"保护"

---

① 《中国大百科全书·法学》，中国大百科全书出版社，1984，第84页。
② 引自文伯屏著《环境保护法概论》，群众出版社，1982，第1页。
③ 见肖国兴、肖乾刚编著《自然资源法》，法律出版社，1999，第33页。
④ 《中国大百科全书·法学》，中国大百科全书出版社，1984，第254页，国土法。
⑤ 见周珂著《生态环境法论》，法律出版社，2001，第34页。

过程。"在开发中保护，在保护中开发"，保护必须与调查、规划、开发、利用、治理生态环境和国土资源的全过程紧密结合，才能真正达到保护的目的。（2）调整对象，包括因调整有关调查、规划、开发、利用、治理、保护生态环境和国土资源所产生的社会关系。（3）环境资源法的体系是调整上述范围、上述对象的法律规范的总称，而不是法律的总称。

"环境法"（environmental law），有狭义、广义之分，简言之：狭义的环境法，指"环境保护法"；广义的环境法，指"环境资源法"。

需要特别注意的是：狭义环境法与广义环境法最重要的区别是法律体系不同，前者体系比较小，后者比前者大多了。（参看下面图1："环境保护法体系示意图"和图2："环境资源法体系示意图"）

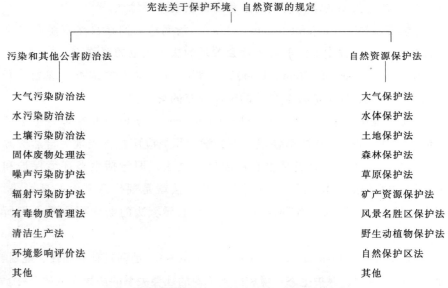

图 1　中国环境保护法（狭义环境法）体系示意图

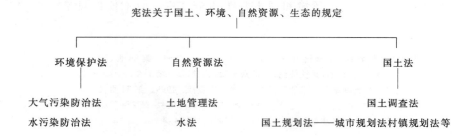

固体废物处理法   森林法   国土开发法——（京津唐区域开发法，长江
三角洲开发法，珠江三角洲开发法等）①

海洋环境保护法   草原法   国土整治法——道路交通安全法等

清洁生产法   矿产资源法   其他

环境影响评价法   能源法 节能法

                      风景名胜区法

其他   生物多样性法——野生动物法，野生植物法，转基因法，遗传资源法
其他

图 2　中国环境资源法（广义环境法）体系示意图

三　环境资源法的内涵、外延

当代中国环境资源法体系是中国现行的环境、自然资源、国土、生态法律规范组成的、分门别类的、多层次的、互相配合的有机整体。其大致情况如下：《中华人民共和国宪法》（以下简称宪法）第九条规定："矿藏、水流、森林、山岭、草原、荒地、滩涂等自然资源，都属于国家所有，即全民所有；由法律规定属于集体所有的森林和山岭、草原、荒地、滩涂除外。国家保障自然资源的合理利用，保护珍贵的动物和植物。禁止任何组织或者个人用任何手段侵占或者破坏自然资源。"第十条规定："城市的土地属于国家所有。农村和城市郊区的土地，除由法律规定属于国家所有的以外，属于集体所有；宅基地和自留地、自留山，也属于集体所有。国家为了公共利益的需要，可以依照法律规定对土地实行征收或者征用并给予补偿。任何组织或者个人不得侵占、买卖或者以其他形式非法转让土地。土地的使用权可以依照法律的规定转让。一切使用土地的组织和个人必须合理地利用土地。"第二十二条规定："国家保护名胜古迹、珍贵文物和其他重要历史文化遗产。"第二十六条规定："国家保护和改善生活环境和生态环境，防治污染和其他公害。国家组织和鼓励植树造林，保护林木。"第三十三条规定："国家尊重和保障人权。"等等。这些规定是具有最高法律效力的环境资源法规范。

现行环境资源法律规范大体分为以下七类：第一类是综合性的法律规

---

① 括号内的法律不是现行法，是预计将制订的法律。

范，例如《环境保护法》；第二类是污染或其他公害防治法，例如《大气污染防治法》《水污染防治法》《环境噪声污染防治法》《固体废弃物污染防治法》《清洁生产促进法》《环境影响评价法》等；第三类是自然资源法，例如《土地管理法》《森林法》《野生动物保护法》《矿产资源法》《节约能源法》《煤炭法》等；第四类是名胜古迹等文化环境保护法，例如《风景名胜区管理暂行条例》《自然保护区管理条例》《园林绿化保护条例》等；第五类是国土法，包括国土调查法、国土规划法（如《城市规划法》）、国土开发法（如京津唐区域开发法、长江三角洲开发法）、国土整治法等；第六类是有法律效力的环境资源标准，包括环境质量标准、污染物排放标准、其他标准；第七类是其他部门法（行政法、民法、刑法、经济法等部门法）中的环境资源法律规范，例如《刑法》关于破坏环境资源保护罪、非法占用耕地罪与罚的规定等，又如《食品卫生法》《文物保护法》《消防法》等法律法规中的有关规定。（澳大利亚的环境法体系中的第四大类就是"相关法规"，即包括职业安全、劳动保护、消费者权益保护和刑事法律中有关环境保护的规定）。

上述七类环境资源法律规范，按其法律效力分为若干层次，即：全国人民代表大会制定的；全国人大常务委员会制定的；国务院制定或认可的；国务院各部门发布的；省、自治区、直辖市等地方立法机关制定的。环境资源法的内涵，简言之，就是环境保护法、自然资源法、国土法、生态法的融合。上述七类环境资源法律规范，也就是环境资源法"内涵"的主要内容，其"外延"是城市规划法、能源法、综合利用法、防洪法、循环经济法等等。

四　环境资源法体系在整个法律体系中的位置

环境资源法是中国法律体系中的一级部门法。其根据以上所述外，还有一个重要根据是中国法理学专家的研究成果，中国法理学专家认为：中国的法律体系应当是：在宪法的统率下分为以下 10 个一级部门法，即：宪法（此处其所以与其他法并列，是就学科而言，而不是就法律效力而言；此部门法包括由宪法派生的选举法、组织法、香港特别行政区基本法等），行政法，刑法，民法，环境资源法，经济法，商法，劳动法和安全、健康、医疗法（或简称"社会法"），诉讼程序法、军事法。①

$$宪法$$

| 宪法 | 行政法 | 民法 | 商法 | 经济法 | 刑法 | 环境资源法 | 社会法 | 诉讼法 | 军事法 |

图3　中华人民共和国法律体系示意图

也有的法学者认为宪法之下的一级部门法应当只是行政法、经济法、民商法、刑法、社会法，环境法只是经济法或行政法的组成部分；还有的法学者认为一级部门法应当划得更多，婚姻法、社会保障法等也应当划为一级部门法。笔者认为上述10个部门法的划分是最合理的。因为：划分部门法的目的，主要是有助于人们学习、了解、研究、执行中国的现行法，提高全民的守法、执法水平，促进法学的研究和发展；划分部门法的标准，主要是法律所调整的不同社会关系，即调整对象，其次是法律调整的方法；划分部门法的原则是，应考虑到不同社会关系领域的广泛程度和相应法律、法规的多寡，不应将一级部门法划分得过宽过少或过细过多。前苏联和民法法系国家一般都将一级部门法划为十个上下。从中国现阶段法制的实际情况看，一级部门法划分为上述十个是最合适的；划分得过多或过少的观点都有很大的片面性；从我国的国情来看，环境保护法、自然资源法、国土法、生态环境法四者融合、合并为一个一级部门法，是有中国特色社会主义法律体系发展规律的必然结果。这个部门法的名称仍用"环境资源法"，可以简称"环境法"，其主要理由是：（1）"国土"、"环境"、"自然资源"、"生态系统"是孪生姊妹关系，有很大的共性。例如土地、河流、海洋、大气、森林、草原、矿藏等，既是国土资源的组成部分，又是最基本的环境因素和最主要的自然资源、生态系统。"环境资源法"既突出了"环境"、"生态"概念，又突出了"国土资源"、"自然资源"概念，其内涵、外延与这个部门法的内容比较贴切，与最高立法机关——全国人大的环境资源保护委员会相适应，与中国法学会环境资源法学研究会的名称吻合。（2）便于与国际惯例接轨。其他国家绝大多数学者都称这个部门法为"环境法"（environmental law）；称国际法的一个分支为"国际环境法"（in-

---

① 参看沈宗灵主编《法理学》，北京大学出版社，1996，第304~324页。

ternational environmental law）。国际社会有三个著名的学术组织：一是"环境法国际理事会（International Council of Environmental Law）；二是"世界自然与自然资源保护联盟" （International Union for Conservation of Nature & Natural Resources），现简称为 The World Conservation Union，译为"世界自然保护联盟"，下设"环境法委员会" （Commission on Environmental Law）等6个委员会（他们认为"环境"与"自然资源"是不能分开的）；三是联合国环境规划署（United Nations Environmental Program）。这三个机构是国际社会环境资源法领域的权威性学术机构，对学术交流与合作有巨大的影响力。（3）中国法理学界也称这个部门法为"环境法"，许多大专院校建立了环境法（或称环境资源法）研究所或教研室；（4）从文字表述的精炼来说，"环境法"最精炼，所以简称环境法也可以；但是应明确区分广义环境法（即环境资源法）和狭义环境法（即环保法）。

五　环境资源法的特征

（1）法律规范的科技性。例如大气污染防治法、水污染防治法……环境标准（环境质量标准、污染物排放标准等），法律规范的科技性很强。学习和研究环境法，要求知识面广，不只是需要宽广的社会科学知识，而且需要具备一定的自然科学知识，例如经常见到的 SO_2，BOD，COD，PCBs，CFCs，ppm，苯并芘，等等，都是自然科学名词。

（2）法律手段（规范）的多样性。环境资源法的调整方法是多种多样的，既使用民法、经济法手段，又使用行政法、刑法等手段。

（3）法律规范的独特性。例如：环境污染纠纷中的损害赔偿，不能实行传统民法损害赔偿的过失责任原则，而必须实行无过失责任原则；不能实行传统民法损害赔偿中的举证责任制度，而应实行污染损害赔偿举证责任倒置制度；环境资源法除了担负调整因调查、规划、开发、利用、治理、保护生态环境和国土资源而产生的社会关系以外，还担负着调整人与自然关系的任务。

环境资源法不是经济法的组成部分

一　调整对象不同

经济法的调整对象，不仅在经济法、民法、行政法学界存在意见分歧，而且在经济法学界内部也没有形成统一的认识，有些经济法学家甚至认为经济法不是一个部门法。笔者认为最合法理的认识如下：经济法的调整对象是，需要由国家干预的具有全局性和社会公共性的经济关系。具体范围包括三个方面：（1）宏观调控经济关系；（2）市场秩序经济关系；（3）社会保障经济关系。

环境资源法的调整对象是，有关调查、规划、开发、利用、治理、保护生态环境和国土资源的社会关系。具体范围包括三个方面：（1）环境保护方面的社会关系；（2）自然资源方面的社会关系；（3）国土整治方面的社会关系。

二　法律体系不同

经济法体系结构如下：（1）宏观调控法，又可以划分为产业法、计划法、投资法、预算法、税法、中国人民银行法、价格法等。（2）市场秩序法，又可分为反垄断法、反不正当竞争法、产品质量法、消费者权益保护法、广告法、计算与标准化法等。（3）社会保障法，又可分为社会保险法、社会救助法、社会福利法、社会优抚法等。①

环境资源法体系结构如下：（1）环境保护法，又可分为大气污染防治法、水污染防治法、固体废物处理法、海洋环境保护法、环境影响评价法、清洁生产法等。（2）自然资源法，又可分为土地管理法、水法、森林法、草原法、矿产资源法、煤炭法、能源法、节能法、生物多样性法、风景名胜区法等。（3）国土法，又可分为城市规划法、村镇规划法、水土保持法、防洪法、区域开发法等。

三　法律特征不同

经济法的突出特征是，与经济领域有密切关系，与经济学有密切关系；经济立法是国家宏观经济政策的具体化、定型化、条文化，主要应遵循客观经济规律。而环境资源法的突出特点是，与生态环境、自然资源有密切关系，涉及社会科学、自然科学广泛领域；环境资源立法是国家环境保护、自然资源、能源、国土整治政策的具体化、定型化、条文化，不只是要遵

---

① 参看黄锡生、曾文革主编：《经济法学》，重庆大学出版社，2003，第4～5页。

循客观经济规律，还要遵循客观自然规律、生态规律。

四　环境资源法的任务是经济法包括不了的

我国经济法的任务主要是，通过法律调整，维护社会主义市场经济秩序，保证实现国民经济和社会发展计划，巩固人民民主专政，保障社会主义现代化建设的顺利进行。而环境资源法的任务主要是：通过法律调整，落实科学发展观、可持续发展战略，合理开发、利用自然资源，保护生活环境和生态环境，防治污染和其他公害，从而保障社会主义现代化建设的顺利进行，保护公民的健康、安全和子孙后代的幸福。需要着重指出的是，从落实科学发展观来看，落实城乡发展、区域发展、经济社会发展、国内发展和对外开放的统筹，是经济法和环境资源法共同的任务；但是落实人与自然和谐发展的统筹，构建人与自然和谐的社会，则是无可替代地要依靠环境资源法制建设来担负这项法律保障任务了。

总之，环境资源法和经济法都是我国整个法律体系中的重要组成部分，都是相辅相成的一级部门法。认为环境资源法是经济法的组成部分是没有法理根据的、是站不住脚的。

（载《环境立法与可持续发展国际论坛论文汇编》，全国人大环资委，2005 年；获第三届中国社会科学院离退休人员优秀科研成果奖三等奖）

论国土资源法律体系

几个重要概念

概念是形成法律规范和法律原则必不可少的因素，没有法律概念，"整个法律大厦就会瓦解"①。如果法律概念用得不准确，甚至很混乱，那么，整个法律大厦就会倾斜。本文有关国土资源法律的几个重要概念简要叙述如下：

"法律体系"或称"法的体系"（legal system），"通常指由一个国家的全部现行法律规范分类组合为不同的法律部门而形成的有机联系的统一整体"②。法律体系说明一个国家法律规范之间的统一、区别、相互联系和协调性。有人认为，法律体系是同一类性质的法律组成的一个有机整体。这种认识是不全面、不准确的。

"法律规范"（legal norm），是由国家制定或认可的、反映国家意志的、以国家强制力保证其实施的一般行为规则。法律规范的逻辑结构有三个组成部分：（1）假定——规定适用该规范的条件和情况；（2）处理——行为规则本身。规定人们：可以这样行为，不可以这样行为，禁止这样行为；等等（3）法律后果——规定实行或违反该法律规范所产生的法律后果。法律后果大体上可分两种：一种是肯定性的法律后果，即法律承认这种行为合法、有效、并加以保护以至奖励；一种是否定性的法律后果，即法律上不予承认、加以撤销以至制裁。③ 法律规范与法律条文不能等同。法律条文

---

① E. 博登海默著《法理学》，第 382 页，1974 年英文版；转引自沈宗灵主编《法理学》，北京大学，1996，第 28 页。

② 《中国大百科全书·法学》，中国大百科全书出版社，1984，第 84 页《法的体系》。

③ 参见沈宗灵主编《法理学》，北京大学出版社，1996，第 31 页。

是法律规范的文字表述。一个法律条文不一定完全包括法律规范的三个逻辑因素。一个法律规范可以表述在几个法律条文，甚至不同的法律文件中。

法律体系如果是由法律、而不是由法律规范组成的，那么，《中华人民共和国刑法》中关于破坏环境资源保护罪，非法占用耕地罪，非法转让、倒卖土地使用权罪等条款，就不可能纳入环境法体系，或者自然资源法体系。环境法体系或者自然资源法体系就无法健全和完备；法律体系如果是由法律、而不是由法律规范组成的，那么，制定和颁布几个必要的法律，法律体系就可以健全、完备了，还要制定和颁发相应配套的行政法规、地方性法规以及规章干什么呢？这正是当前健全中国法律体系的步伐不快的认识根源之一。

"国土法"（law of national land），指调整有关国土的开发、利用、治理、保护的社会关系的法律规范的总和。①

"国土资源"（national land resources）有广义、狭义之分：国务院对国土资源部的主要职责界定为："国土资源部是主管土地资源、矿产资源、海洋资源等自然资源的调查、规划、管理、保护与合理利用的国务院组成部门。"② 所以，狭义的"国土资源"，即我国领陆、领水（包括内水和领海）、领空③的土地资源、矿产资源、海洋资源、地质环境等；广义的"国土资源"则除上述自然资源外，还应包括空气、淡水、森林、草原、水域、渔产等自然资源。

"自然资源法"（natural resources law），"指调整人们在自然资源开发利用、保护和管理过程中发生的各种社会关系的法律规范的总称。"④

"环境保护法"（environmental protection law），"是调整因保护和改善环境而产生的社会关系的法律规范的总和"，即狭义的环境法。⑤

"生态环境法"。最新出版的专著《生态环境法论》的作者说："在法律领域，生态学的积极应用主要表现为自然资源保护立法，更准确地说应当

---

① 见《中国大百科全书·法学》，中国大百科全书出版社，1984，第254页《国土法》。
② 见《中华人民共和国国务院公报》2000年第11号封二《国务院各部委、各直属机构简介》。
③ 《中国大百科全书·法学》1984，第384～391页《领海》、《领空》、《领土》。
④ 见肖国兴、肖乾刚编著《自然资源法》，法律出版社，1999，第33页。
⑤ 引自文伯屏著《环境保护法概论》，群众出版社，1982，第1页。

是生态环境保育立法，即包括生态环境保护和建设两个方面的法律体系。"
"所谓生态环境法就是现代意义上的环境法，因而生态环境法亦可简称为环境法。而事实上环境法的概念更宜为人们所理解和接受。"①

"环境资源法"（law of environment & resources）。专著《环境资源法论》的作者说：所谓环境资源法，是"调整有关环境资源的开发、利用、保护、治理的社会关系的法律规范的总和；是由环境保护法、自然资源法和区域开发整治法等组成的法律部门，相当于广义的环境法"②。笔者认为，此定义有两个问题值得商榷：一是调整对象中没有反映出"国土资源"的概念；二是只是提到环境资源的"开发、利用、保护、治理"四个环节，没有包括"调查、规划"两个重要环节，不够全面。笔者将"环境资源法"的定义表述为："环境资源法，又称环境法，是调整有关调查、规划、开发、利用、治理、保护国土资源和生态环境的社会关系的法律规范的总称。"

"环境法"（environmental law），有广义、狭义之分，简言之：广义的环境法，指"环境资源法"；狭义的环境法，指"环境保护法"。

我国国土资源法律体系研究概况

追溯国土法渊源，我国历代法律中都能找到关于国土法的描述，例如《秦律》规定："春二月，毋敢伐材木山林及雍（壅）堤水，不夏月，毋敢夜草为灰，取生荔……到七月而纵之。"意思是：春天二月，不准到山林中砍伐木材，不准堵塞水道。不到夏季，不准烧草作为肥料，不准采取刚发芽的植物，或捉取幼兽、鸟卵和幼鸟……到七月解除禁令。③ 这显然是我国最早的一条保护林木、水道、幼小植物、幼小动物和水产资源的法律，也可以说是最早的国土法条文之一。新中国成立前，在中国共产党领导的人民民主政府于1931年在解放区制订了《中华苏维埃共和国土地法》。新中国成立后，制定了一些国土法法规，最早的如《中华人民共和国土地改革法》（1950），特别是党的十一届三中全会后，加强了法制建设，1979年颁

---

① 见周珂著《生态环境法论》第34页，法律出版社，2001。
② 见蔡守秋主编《环境资源法论》，武汉大学出版社，1996，第1页。
③ 《睡虎地秦墓竹简》，转引自文伯屏著《环境保护法概论》，群众出版社，1982，第12页。

布了《中华人民共和国森林法（试行）》（1984 年修订为《中华人民共和国森林法》），1985 年颁布《草原法》，1986 年颁布了《土地管理法》《矿产资源法》《渔业法》等。

值得注意的是，进入 20 世纪的 80 年代，党中央、国务院强调了国土的整治和立法。1981 年，中央书记处向国家建委发出的通知中指出："国土整治是个大问题，很多国家都有专门的部管这件事，我们可不另设部，就在国家建委设一个专门机构，提出任务、方案，报国务院审批。""建委的任务不能只管基建项目，而且应该管土地利用，土地开发，综合开发，地区开发，整治环境，大河流开发。要搞立法，搞规划。"① 同年 9 月至 11 月，国家建委国土局举办了国土整治研究班，并将研究班的辅导报告选编印成《国土研究班讲稿选编》，内部发行；当时，中央书记处还对环境保护工作作出重要指示说："关于国土保护问题，我们不能光是停留在城市污水处理的环境保护、三废治理这些问题上。要考虑中国近一千万平方公里的国土的保护问题。"② 后来国土局由国家计委领导，管理国土整治工作和国土立法的起草工作，起草了《国土整治条例（草稿）》，1982 年 7 月举行了第一次国土整治战略问题讨论会。1983 年 6 月，编印了《中国国土法规选编》；同年 8 月编印了《外国国土法规选编》，共 6 册，内部发行；同年 11 月召开了起草《国土整治条例》研究讨论会；会后对上述草稿进行了修订。1984 年 1 月 17 日至 22 日，受国家计委国土局的委托，中国自然资源研究会、中国地理学会、中国生态学会、中国国土经济学研究会、中国环境科学学会联合召开了第二次国土整治战略问题讨论会。

国家计委国土局撤销后，国土整治工作，国务院没有专管机构抓总，而是分散在国家土地局、国家海洋局、国家环保局、矿产资源部、建设部、林业部、水利部、农业部等单位分头进行，国土立法工作，实际是由最高立法机关——全国人大的环境与资源保护委员会管理。1999 年，党中央指示："要把环境保护、生态建设同经济发展紧密结合起来。""在保护中开发，在开发中保护。"③ 九届全国人大关于国务院机构改革的决定实施后，

---

① 《搞好我国的国土整治》，见《人民日报》1981 年 7 月 3 日。
② 《国土保护应有全局安排》，见《人民日报》1981 年 7 月 3 日。
③ 《重点讨论和研究环境与发展问题》，参见《中国环境报》1999 年 6 月 24 日第一版。

成立了国土资源部，对国土资源部的主要职责界定为："国土资源部是主管土地资源、矿产资源、海洋资源等自然资源的调查、规划、管理、保护与合理利用的国务院组成部门。"① 到现在，国土整治和立法工作，取得了一定的成绩，而国土法体系，一直没有形成；从狭义的"国土资源"来看，国土资源法（即土地法体系、海洋环境保护法体系、矿产资源法体系等），已初步形成一个小的部门法体系；而环境保护法体系、自然资源法体系发展较快，有不少专著和教科书问世。大专院校一般都将环境保护法和自然资源法纳入教学计划。法理学专家主张将环境保护法和自然资源法合并为一个一级部门法，取名为"环境法"。特别是1999年中国法学会环境资源法学研究会的成立，标志着环境资源法已经形成与民法、刑法、经济法平行的、独立的一级部门法，这个一级部门法实际上包括国土资源法在内。

外国国土资源法律体系研究概况

综观世界各国的立法概况，日本是最重视国土整治和国土立法的国家，在国土整治方面就曾颁布《国土综合开发法》（1950）、《国土调查法》（1951）、《国土利用计划法》（1974）、《国土厅设置法》（1974）等；德意志民主共和国于1970年颁布《国土整治法》，还颁布了6个配套的《条例》；美国曾颁布《联邦土地政策和管理法》（1976）、《佛蒙特州土地利用和开发法》等；前苏联最高苏维埃曾颁布《关于进一步改善自然保护和合理利用自然资源的措施的决议》。② 其他国土立法，则是分散在土地、水域、森林、草原、海洋、矿产等自然资源法、环境保护法、生态法体系中进行的。

值得注意的是，20世纪90年代，特别是联合国环境与发展大会（UNCED）以后，由于可持续发展战略的贯彻实施，环境法体系明显扩大，国土资源立法、自然资源立法逐渐融合并入环境法体系之中，而且更加强调环境法的功能。举例来说：

---

① 见《中华人民共和国国务院公报》2000年第11期封二《国务院各部委、各直属机构简介》。

② 参看《外国国土法规选编》（第一分册）第1至6页，1983年内部参考资料。

《美国法典》第 42 卷是"公众健康与福利"，其中第 55 章是《国家环境政策法》。第 4332 条规定："国会授权并命令国家机构，应当尽一切可能实现：1. 国家的各项政策、法律以及公法解释与执行均应当与本法的规定相一致。2. 所有联邦政府的机关均应当：（1）在进行可能对人类环境产生影响的规划和决定时，应当采用足以确保综合利用自然科学、社会科学以及环境设计工艺的系统性和多学科的方法。（2）与本法第二节规定而设立的环境质量委员会进行磋商……（3）对人类环境质量具有重大影响的各项提案或法律草案、建议报告以及其他重大联邦行为，均应当由负责经办的官员提供一份包括下列事项的详细说明：①拟议行为对环境的影响；②提案行为付诸实施对环境所产生的不可避免的不良影响；③提案行为的各种替代方案；④对人类环境的区域性短期使用与维持和加强长期生命力之间的关系；⑤提案行为付诸实施时可能产生的无法恢复和无法补救的资源耗损。……"美国《联邦水污染防治法》于 1972 年制定，经 3 次修订后，共 205 页，成为《美国法典》第 33 卷"航行与通航水域法律"的第 26 章。①

法国 1998 年制定的《环境法典》，共分五卷：第一卷是"公用条款"，其中第一编是"通则"，第二编是"信息及民众参与"；第二卷是"自然环境"，其中第一编是"水体和水域"，第二编是"空气与大气层"……第四卷是"动物与植物"；第五卷是"（可预见）自然灾害、污染及其他公害"，其中：第一编是"防治污染与技术危害"，第二编是"自然灾害"，第三编是"听觉与视觉公害"。需要着重指出的是，第二卷"自然环境"的第一编"水体和水域"中，第一章是"水资源管理"，第二章是"规划"，第三章是"行政机构及财政机构"，第四章是"活动、设施及使用"，第五章是"有关非国有河流专门条款"，第六章是"处罚"，第七章是"国防"，第八章是"有关海水及对海洋航行开放航道的专门条款"。②

英国环境法已经成为一个庞大的体系，包括规划法、海洋污染防治法、自然资源和生态保护法等。1995 年制定的《环境法》，共五部分：第一部分是"环境机构与苏格兰环境保护机构"；第二部分是"污染的土地和废弃的矿山"；第三部分是"国家公园"；第四部分是"空气质量"；第五部分是

① 参看《外国环境法选编》上册，中国政法大学出版社，2000，第 5~216 页。
② 参看《外国环境法选编》下册，第 617~761 页。

"杂项条款、一般条款及补充条款"。① 1997 年出版的专著《环境和规划法》（Environmental and Planning Law），共分两大部分：第一部分是环境法，第二部分是规划法，共 10 章：第 1 章是"环境法的历史和渊源"；第 2 章是"法规"；第 3 章是"环境法的实施"；第 4 章是"营业和商务的申请"；第 5 章是"导言"；第 6 章是"什么是发展?"；第 7 章是"规划许可的申请"；第 8 章是"对规划限制的上诉"；第 9 章是"规划合同"；第 10 章是"规划法的实施"。全书的重要指导思想是"污染控制的一体化"（Integrated pollution control）。②

德国在 20 世纪 60 年代以前，保护环境的要求开始提出，到 1959 年底，联邦议会通过了《自然保护法》、《原子能法》等环境法律和法规；进入 60 年代以后，环境污染成了重大的社会问题，到 60 年代末，除对以前通过的一些环境法律、法规进行了修订外，又增订了《水源管理法》、《植物保护法》等，把环保法律规范扩大到工业、交通、城建和水域管理等许多部门。70 年代以来，又增订了《环保基本法》《消除废物法》《防止飞机噪声法》《滴滴涕法》等，把环保法律规范扩大和深入到生产和生活的各个方面。90 年代，又颁布了《环境监测法》《环境信息法》《循环经济和废物清除法》《联邦侵扰防护法》等，使环境保护法律规范渗透的面更广。1998 年最新修订的《水管理法》：序章是"开始的规定"；第一章是"对水域的一般规定"；第二章是"对地表水的规定"；第三章是"对沿海水域的规定"；第四章是"地下水的规定"；第五章是"水经济计划和水书"；第六章是"罚款和最后规定"。③

总之，外国的国土资源立法、自然资源立法融合并入环境法体系的趋势是显著的；环境法体系在发展，以致对"环境法"概念，外国法学家很难下一个准确的定义，有的称环境法为"行星家政管理"（planetary housekeeping）法，它旨在保护这颗行星和它的人民免受破坏地球及其生命保障系统的活动的危害。④

---

① 参看《外国环境法选编》上册，453~612 页。
② ENVIRONMENTAL AND PLANNING LAW/By Trevor Hellawell MA, Solicitor etc. /1997/P. vii–ix.
③ 参看《外国环境法选编》下册，中国政法大学出版社，2000，第 763~864 页。
④ 王曦：《美国环境法概论》，武汉大学出版社，1992，第 58~63 页。

国土资源法+环境保护法+自然资源法+生态环境法 =环境资源法（又称环境法）

中国法理学专家认为：中国的法律体系应当是：在宪法的统率下分为 10 个一级部门法，即：宪法（此处其所以与其他法并列，是就学科而言，而不是就法律效力而言；此部门法包括由宪法派生的选举法，组织法，香港、澳门特别行政区基本法等）、行政法、民法、商法、经济法、劳动法和社会保障法、环境法、刑法、诉讼程序法和军事法。[①] 也有的法学者认为宪法之下的一级部门法应当只是行政法、经济法、民商法、刑法、社会法。环境保护法、自然资源法、国土资源法都是经济法或行政法的组成部分，还有的法学者认为一级部门法应当划得更多，婚姻法也应当划为一级部门法。

笔者认为上述 10 个部门法的划分是最合理的。因为：划分部门法的目的，主要是有助于人们了解、学习、掌握中国全部现行法，提高全民的守法、执法水平，促进法学的研究和发展；划分部门法的标准，主要是法律所调整的不同社会关系，即调整对象，其次是法律调整的方法；划分部门法的原则是，应考虑到不同社会关系领域的广泛程度和相应法律、法规的多寡，不应将一级部门法划分得过宽过少或过细过多。前苏联和民法法系国家一般都将一级部门法划为十个上下[②]。从中国现阶段法制的实际情况看，一级部门法划分为上述 10 个是最合适的；划分得过多或过少的观点都有很大的片面性，都是不能自圆其说的。

从国外国土资源法研究的情况和趋势来看，从我国的国情、特别是法律体系的发展趋势来看，国土资源法、环境保护法、自然资源法、生态环境法原有的体系可以保留；但是，四者宜融合为一个一级部门法，这个部门法的名称仍用"环境资源法"，简称"环境法"，其主要理由是：（1）"国土"、"环境"、"自然资源"、"生态系统"是孪生姊妹关系，有很大的共性。例如土地、河流、海洋、大气、森林、草原、矿藏等，既是国土资源的组

---

① 参看沈宗灵著《法理学》，北京大学出版社，1996，第 324 页。
② 见沈宗灵著《法理学》，北京大学出版社，1996，第 310 页。

成部分，又是最基本的环境因素和最主要的自然资源、生态系统。"环境资源法"既突出了"环境"，又突出了"资源"两个概念，其内涵、外延与这个部门法的内容比较贴切，与最高立法机关——全国人大的环境资源保护委员会相适应，而且中国法学会环境资源法学研究会的名称可以不必改动，免去了很多不必要的麻烦。（2）便于与国际惯例接轨。其他国家绝大多数学者都称这个部门法为"环境法"（environmental law）；称国际法的一个分支为"国际环境法"（international environmentallaw）。国际社会有三个著名的学术组织：一是"环境法国际理事会"（Intemational Council ofEnvironmental Law）；二是"世界自然与自然资源保护联盟"（Intemational Union for Conservation of Nature&Natural Resources），现简称为 The World Conservation Union，译为"世界自然保护联盟"，下设"环境法委员会"（Commission on Environmental Law）等6个委员会；三是联合国环境规划署（United Nations Environmental Program）。这三个机构是国际社会环境资源法领域的权威性学术机构，对学术交流与合作有巨大的影响力。（3）中国法理学界也称这个部门法为"环境法"，上述划分十个一级部门法的倡导者——北京大学法理学家沈宗灵教授的观点在法学界是有代表性的。（4）从文字表述的精炼来说，"环境法"最精炼。

需要指出的是：环境法有广义、狭义之分，有的学者所说的"环境法"，实际是指狭义的环境法，即"环境保护法"，[①] 与本文上述的广义的"环境法"是既有联系、又有区别的两个概念。所以，对"环境资源法"的定义及其内涵、外延必须阐述清楚，以免产生误解。关于"环境资源法"的定义，笔者考虑作如下表述："环境资源法，又称环境法，是调整有关调查、规划、开发、利用、治理、保护国土资源和生态环境的社会关系的法律规范的总称。"

我国国土资源法律体系的建设怎样适应新的形势

21 世纪是信息时代，知识经济时代，经济全球化时代，生态化时代，我国即将加入世贸组织。信息与知识密切相关，在新的世纪，信息量和速

---

① 见《中国大百科全书·法学》，中国大百科全书出版社，1984，第285页《环境保护法》。

度猛增，知识更新的周期越来越短，国与国之间、人与人之间的竞争日益激烈，特别是入世以后，竞争会更加激烈。要想立于不败之地，必须增强竞争力。就一个国家来讲，必须增强综合国力，必须健全法制；就每个单位、每个公民来讲，必须提高自身的素质，提高处理问题的效率和质量。

所谓生态化时代，简言之，即任何事物，任何工作都必须有利于生态系统优化，有利于生态环境建设，[1] 都必须符合可持续发展战略，否则早晚会被淘汰或抛弃；入世以后，根据非歧视原则、国民待遇原则，外资进入我国市场更加容易，生态化和"绿色壁垒"导致对生态保护、环境保护的要求越来越高；随着一些国家将 ISO14000 系列纳入法律以及环境质量标准、污染物排放标准、绿色环境标志的日益严格，对国际市场的影响越来越大；[2] 如此种种……挑战与机遇并存，压力与动力同在。为使我国国土资源法律体系的建设适应新的形势，现着重就国土资源部职责范围，提出以下五点建议。

第一，建议全国人大环境资源保护委员会，将国土资源立法、环境保护立法、自然资源立法、生态环境立法，统一规划，统一组织，统一部署，以提高这方面立法工作的效率和质量。有些已制定的法律，根据需要，以全国人大常委的名义，责成国务院或省、自治区、直辖市及时制定相应配套的、具体化的行政法规、规章或地方性法规、规章，以加强法律、法规的可操作性，逐步健全国土资源法等部门法体系。

第二，加强国土资源立法。应当制订而尚未制订的法律，如国土调查法、国土规划法、西部开发法、海岸带法、湿地保护法、土壤污染防治法、荒漠化防治法、地质遗产保护法、地质灾害防治法等，需要抓紧制订；立法需要加强预见性、超前性；有的法律法规，如《矿产资源法》、《基本农田保护条例》等，需要总结经验，及时修订，其中有的需要上升为法律，例如《基本农田保护条例》需要上升为《耕地保护法》，以强化其法律效力。

第三，国土资源立法、环保立法、自然资源立法需要紧密结合，协调一致。过去，曾发生国家环保总局与原国家质量技术监督局两套国家机动

---

① 参看周珂著《生态环境法论》，法律出版社，2001，第 8 页。
② 参看朱晓勤《绿色壁垒法律制度研究》，载《2000 年全国环境资源法学研讨会论文集》2000，第 209 页。

车污染物排放标准长期并存的局面，使执法者、守法者无所适从，直到最近才解决。① 今后，例如《渔业法》的修订、《海水水质标准》的修订、为建设城市污水处理厂征地的规定等，环保部门、国土资源部门、农业等有关部门，需要互相协作，加强联系，避免类似上述"法出多门"的情况发生。

第四，国土资源法学、环境保护法学、自然资源法学、生态环境法学的科研教学，需要加强交流和合作，多出成果和人才，共同培养出一批具备复合型知识结构的法学专家、学者，加强立法、执法、管理机构，为祖国的现代化建设多作贡献。

第五，国土资源部门与其他自然资源管理部门、环保部门在职责范围、执法管辖权等问题上，需要划分明确、界定清楚；避免职责不清，工作重复等问题的发生。

（参加 2001 年国土法学研讨会论文）

---

① 参看《机动车排放新标准出台》，《中国环境报》2001 年 4 月 20 日。

中国大陆与香港环境立法之比较

1984 年 12 月 19 日，中英两国政府签署了关于香港问题的联合声明，确认中国政府于 1997 年 7 月 1 日恢复对香港行使主权。现在离全国人民共同盼望的这一天只有几个月了，在这个重要时刻，作为一个法学学者，将中国内地和香港的环境立法作一次比较研究，是一件很有意义的事情。

一 法律性质、法律体系之比较

香港现行法律体系属于英国法系。

英国政府于 1843 年 4 月 5 日制定对香港实行殖民主义的宪法性文件——《英皇制诰》，同日发布的还有《皇室训令》，《英皇制诰》是英王发给香港总督的委任令。现行的《英皇制诰》共 21 条，其主要内容为：香港总任免议员、法官和行政官员，赦免、减刑、批地等权力；设立行政、立法两局，立法、司法、行政等机构都向总督负责；总督必须遵守香港法律，以及执行英王或英国外交及联邦事务大臣的训诉。《皇室训令》是英国王室对香港总督发出的工作指令。现行的《皇室训令》共 29 条，是对《英皇制诰》的具体化和补充。其主要内容为：行政、立法两局的组织和职权，议员的任命；行政局议事种类，总督就重要政策咨询行政局的责任，以及总督反对行政局意见的权力；立法局的构成、选举事宜、议事种类，以及不可能获得通过法例的种类；行政、立法两局的工作程序和制定法律的程序。

香港政府享有有限的立法权。适用于香港的成文法有以下几方面的来源：（1）香港立法局制定的法律；（2）英国议会专为香港制定的法律；（3）英国议会为英国本土及属地制定的法律；（4）枢密院为香港制定的法令；（5）1841 年的大清律例，除条例外，地方立法还包括各种规程、规则和细则等。地方立法数量最多，同时，判例法，包括英国的普通法（Common Law）、衡平法（Equity）和香港本地的判例法，也对香港生效。随着历史的发展，成文法在香港法的体系中已居于首要地位，成文法调整的领域日益扩大，判例法的作用相对地逐渐缩小。

由于香港法制属于英美法系，香港的立法局不享有解释法律的权力，香港的行政机关在具体应用法律时也不享有具有法律效力的解释法律的权力。换言之，在香港现行的法律制度下，不存在立法解释和行政解释。享有法律解释权的是香港的法院，香港的任何法院都有权在审理具体的、个别的案件中进行法律解释。也就是说在香港只有司法解释，这种司法解释的范围，不仅限于对如何具体应用法律的问题进行解释，也可以对法律条文本身需要进一步明确界限的加以解释和说明。只有这种司法解释才具有法律效力，由于在香港的司法制度中，英国的枢密院司法委员会是香港法院上诉案的最终审级，所以，除香港法院享有法律解释权外，英国的枢密院司法委员会享有最高的司法解释权。

香港法律虽然来源于英国法，并带有明显的殖民主义性质，但经过 100 多年的沿用、发展和演变。已经适应了香港社会的需要，这种法律是比较完备的，对香港经济的迅速发展起了保证和促进作用。[①]

1997 年 7 月 1 日中国政府对香港恢复行使主权以后，《英皇制诰》、《皇室训令》自然失效。

在香港实行的法律是香港特别行政区基本法、香港原有法律（即普通法、衡平法、条例、附属立法和习惯法）和香港特别行政区立法机关制定的法律。这三部分法律组成以"基本法"为核心的香港特别行政区的法律体系。

香港特别行政区基本法（以下简称"基本法"）是全国人大制定、适用于全国的、社会主义性质的基本法律。根据"基本法"的规定，在香港特别行政区不实行社会主义制度和政策，保持原有的资本主义制度，现行的法律基本不变。香港特别行政区法律的性质，从整体上、本质上说，仍然

---

① 参见李泽沛主编《香港法律概述》，香港三联书店，1987，第 26、28、241 页。肖蔚云主编《一国两制与香港基本法律制度》，北京大学出版社，1990，第 33、83 页。

是资本主义的。但是，在香港特别行政区增加了少数适用的全国性法律，情况也有些变化，香港的法律与全国性法律发生联系，香港特别行政区立法机关制定的法律不能与"基本法"相抵触。

中国内地现行的法律体系是社会主义法律体系，法律性质是社会主义的，中国的最高国家权力机关是中华人民共和国全国人民代表大会。只有全国人民代表大会及其常设机关全国人大常务委员会拥有国家立法权，有权制定法律。根据1982年宪法规定，国务院、省、直辖市的人民代表大会及其常务委员会，民族自治地方的人民代表大会等单位，根据宪法和法律，分别有权制定行政法规、地方性法规、自治法规。

香港回归后，中国是实行"一国两制"：在中国内地实行社会主义制度；在香港特别行政区实行资本主义制度。这就必然出现两种性质不同、形式各异的法律体系并存的局面，出现一些新的情况：

（1）立法方面：在"一国两制"下，香港特别行政区享有立法权，这种立法权不是指国家立法权，而是指中央授予的地方立法权，是类似地方性法规的制定权。但是，必须看到：这种规定是很独特的，是从中国实际出发的一种突破，是中国立法体制的发展。

（2）法律解释方面：香港回归前，中国的立法解释权是由全国人民代表大会常务委员会行使，司法解释权是由最高人民法院和最高人民检察院行使，行政解释权是由国务院及其主管部门行使。而香港特别行政区的法律解释，是遵循英美法系的判例法原则，一律由法院在审判案件中作出，与中国原来的司法解释也不完全相同，它们的立法机关和行政机关，都不具有法律解释的职能。因此，在两种法律解释制度并存的情况下，应该如何处理好二者之间的矛盾，也是一个新问题。

（3）法的渊源方面：法的渊源一般是指法的表现形式。根据中国宪法的规定，中国法的渊源，主要包括：宪法、法律、行政法规、地方性法规、行政规章以及其他规范性文件等。实行"一国两制"后，中国法的渊源，除上述体系外，还包括香港特别行政区的法律体系，而香港原有的法律包括普通法、衡平法、条例、附属立法和习惯法，因而中国法的渊源就显得多样化、很复杂。

二 环境立法之比较

中国内地的环境立法，大致情况是：《宪法》第 26 条规定："国家保护和改善生活环境和生态环境，防治污染和其他公害。""国家组织和鼓励植树造林，保护林木。"第 9 条规定："国家保障自然资源的合理利用，保护珍贵的动物和植物。禁止任何组织或者个人用任何手段侵占或者破坏自然资源。"第 22 条规定："国家保护名胜古迹、珍贵文物和其他重要历史文化遗产。"宪法的这些规定是具有最高法律效力的环境法。

《环境保护法》是环境保护基本法，是国家环境保护政策的具体化、条文化。环境保护法律规范大体分为以下六类：第一类是综合性的环境保护法。例如《中华人民共和国国民经济和社会发展"九五"计划和 2010 年远景目标纲要》第九章第（一）条"国土资源保护与开发"，第（二）条"环境和生态保护"，第（三）条"城乡建设"等规定，又如《国务院关于环境保护若干问题的决定（1996 年）》等；第二类是污染或其他公害防治法。例如《大气污染防治法》《水污染防治法》等；第三类是自然资源法。例如《森林法》《草原法》《矿产资源法》等；第四类是文化环境保护法。例如《风景名胜区管理暂行条例》、《自然保护区管理条例》等；第五类是环境标准。包括环境质量标准和污染物排放标准等；第六类是其他部门法（行政法、民法、刑法、经济法等）中的环境保护规范。例如《城市规划法》、《食品卫生法》等的有关规定。

上述六类环境保护规范，按其法律效力分为若干层次。即：全国人民代表大会制定的；全国人大常务委员会制定的；国务院制定或认可的；国务院所属部、委颁发的；省、自治区、直辖市制定的。环境法体系正在逐步健全和完备，已经形成一个独立的法律部门。

香港环境立法的大致情况是：没有一部综合性的环境保护法律，而是由一系列重要的条例和规章所组成，即《空气污染管制条例》《水污染管制条例》《噪音管制条例》《废物处置条例》《海上倾倒条例》以及有关保护自然与自然资源的法律如《新界条例》《官地条例》《官地租借条例》《林区及郊区条例》《郊野公园条例》《动植物条例》《保护野生鸟兽条例》等。在其他法律如《城市规划条例》《船舶港口管理条例》《公众卫生市政条例》《道路交通条例》中也有关于环境管理方面的规定，还颁布了与上述条例配套的规章，例如与《空气污染管制条例》配套的规章就有 11 个。

三 几项环境法律制度之比较

（一） 汽车尾气污染的防治

1995 年 8 月 29 日经修订后重新公布施行的中国《大气污染防治法》关于汽车尾气污染防治的规定是："机动车船向大气排放污染物不得超过规定的排放标准，对超过规定的排放标准的机动车船，应当采取治理措施。污染物排放超过国家规定的排放标准的汽车，不得制造、销售或者进口，具体监督管理办法由国务院规定。"

对含铅汽油的规定是："国家鼓励、支持生产和使用高标号的无铅汽油、限制生产和使用含铅汽油。""国务院有关主管部门应当制定规划，逐步减少含铅汽油的产量，直到停止含铅汽油的生产和使用。"国务院还没有颁布贯彻执行上述法律规定的行政法规。

香港《空气污染管制条例》规定：香港所有的加油站都必须提供不含铅的汽油。自 1992 年 1 月起，对新的汽油车辆实施目前美国和日本所采用的最严格的废气管制标准。所有新登记的汽油车辆必须符合这套标准。对违反规定者，根据情节轻重，给予停止排放污染、罚款（最高罚款额比 1993 年修订前上升 10 ~ 200 倍不等）、刑罚等处分。[①]

（二） 噪声的管制

1983 年，中国国务院环保部门发布《城市区域环境噪声标准》，1989 年 12 月 1 日起施行的《环境噪声污染防治条例》，共 8 章 44 条。由于条例只是行政法规，权威性不高，加以条例中措施不具体有力，可操作性差，远不适应客观形势的发展。目前，从总体上看，环境噪声污染呈恶化趋势。国家环保局 1995 年的监测表明，全国有 2/3 的城市居民生活在噪声超标的环境中，城市居民对环境噪声的投诉比例由 1991 年的 25% 上升到 35.6%；对 46

---

① 参见林峰《如何在市场经济下加强环境保护法律制度》，载于《中国法学》1995 年第 2 期。

个城市的调查表明，城市居民对环境噪声污染的投诉比例已占整个环境问题投诉比例的第一位，其中北京市 1995 年的噪声投诉比例为 62%。

香港《噪音管制条例》分导言、管制发生噪音的活动、管制发出噪音的产品、上诉、执行、杂项规定 6 部分 41 条，并附表相应修订《工厂及工业经营条例》、《公众卫生及文康市政条例》、《简易程序治罪条例》等。

《噪音管制条例》主要管制下列三类：（1）建筑工程噪音；（2）住宅楼宇及公众地方噪音；（3）工商业噪音，条例规定：从事打桩工程的建筑行业，都必须先向环境保护署申请建筑噪音许可证，获得许可证后，始可进行工作。该署对许可证的申请，必须于 28 日内向申请者作出答复。许可证内将列明获准进行打桩工程的地点地盘、每日施工时间以及在哪段时间内进行。除特殊情况外，获准打桩的时间，多数是 3~5 小时内，为尽量减轻对市民造成影响，规定分别在早、中、晚三段时间进行。违反条例者，最高罚款首次为 5 万元，以后每日罚 1 万元。为方便处理许可证资料，环境保护署把所发出的许可证有关资料，用电脑储存，当需要查询某打桩地盘被投诉违法施工时，该署工作人员只需一按电脑，便可一目了然，获悉该地盘获批准的有关资料。对住宅楼宇及公众地方发出噪音的管制，条例规定：任何人于晚上 11 时至第二天上午 7 时，或于一般假期的任何时间，在住宅楼宇或公众地方发出或促使发出噪音，而该噪音成了烦扰别人的原因，即属犯法；并规定发出噪音的活动为下列 4 项：（1）奏玩或操作任何乐器或其他器具，包括唱机、录音机、收音机或电视机；（2）使用扬声器、传声筒或其他扩音装置或器具；（3）进行任何游戏或消遣活动；（4）经营买卖或业务，还规定任何人于任何时间，在任何楼宇或公众地方养动物或雀鸟，它们发出的噪音成了烦扰别人的原因，亦属犯法，任何人触犯上述规定，可判罚款 5000 元。

（三）土地管理

内地与香港的土地管理制度，在许多方面是大同小异的，主要不同点有三：（1）土地所有制不同。中国内地土地所有权形式，根据宪法和《土地管理法》的规定有两种：一是国家所有；二是集体所有。即"城市市区的土地属于全民所有即国家所有。农村和城市郊区的土地，除法律规定属于国家所有的以外，属于集体所有；宅基地和自留地、自留山，属于集体所有。"香港现行的土地所有权等制度是不平等条约的产物。香港本岛、九龙半岛界限街以南地区，是分别根据 1842 年中英《南京条约》、1860 年中英《北京条约》由中国割让给英国的。英国认为它对这两个地区的土地有所有权。香港其余土地（即新界地区）是英国政府根据 1898 年中英两国关于《展拓香港界址专约》从中国政府处租借来的，自 1898 年 7 月 1 日起，到 1997 年 6 月 30 日止，租期 99 年。英国政府是新界土地的承租人，而土地的所有权属于中国而非属于英国政府。根据普通法的一条原则"任何人都不能把自己没有的东西给予别人"，英国政府采取对香港所有的土地都不向别人授予所有权的政策，由港府代表英皇垄断占有全部土地，只租不卖，实行土地批租制度。（2）在土地使用制度方面，内地是采取政府划拨制度和有偿使用制度并存的双轨制；而香港则是所有土地都实行有偿使用制度，不实行划拨制度。（3）对农业用地的保护，内地主要是制定了《基本农田保护条例》，但对集体所有的非农用地还没有制定具体的、严格的法律制度；而香港的农业用地都实行有偿使用制度，在使用土地的管理上作出了严格的限制，例如法律规定："承租人未经有关当局的许可，不得在原议作为农田或园圃而租用的土地上建筑大厦"。①

四　参加国际公约之比较

香港作为一个自由港和国际贸易、金融、航运中心，许多国际条约对它都是重要的。已经参加的国际条约不少。有关环境方面的国际公约，现在有如下三种情况：（1）既适用于中国内地，也适用于香港，如《国际海事组织公约》《国际捕鲸管制公约》《国际油污损害民事责任公约》《濒危野生动植物种国际贸易公约》《保护世界文化和自然遗产公约》《大陆架公约》《各国开发外层空间等活动准则条约》等。（2）只适用于中国内地，不适用于香港，如《核事故及放射和援助公约》《国际热带木材协定》《南极条约》等；（3）只适用于香港，现在不适用于中国内地，如《禁止将环境改善技术用于军事或其他敌对行动公约》等。②

"基本法"规定："中华人民共和国缔结的国际协议，中央人民政府可

---

① 宛融志：《中国大陆与香港土地法律制度之比较》，载于《政法学刊》1995 年第 1 期。
② 参见王叔文主编《香港特别行政区基本法导论》，中共中央党校出版社，1990，第 407 页。

根据香港特别行政区的情况和需要，在征询香港特别行政区政府的意见后，决定是否适用于香港特别行政区。""中华人民共和国尚未参加但已适用于香港的国际协议仍可继续适用。""中央人民政府根据需要授权或协助香港特别行政区政府作出适当安排，使其他有关国际协议适用于香港特别行政区。"根据这些规定，香港回归祖国后，有关环境法的国际协议，可能出现三种情况：（1）适用于中国内地，也适用于香港；（2）适用于中国内地，但不适用于香港；（3）适用于香港，但不适用（或目前不适用）于中国内地。

五　几点有益的启示

（1）香港的环境法制建设有许多内容和经验值得中国内地学习借鉴。以汽车尾气污染防治的法律制度为例，香港实施的是目前美国、日本所采用的最严格的废气管制标准，而且违法制裁措施比中国内地严格；但是，由于数量和使用率急速上升，汽车尾气污染的威胁，仍然是一个严峻的问题，据香港的学者测算，到 2000 年，香港车辆排放的氧化氮将大约增加60%。总体空气质量将会比现在坏。而中国内地现行的大气质量标准和汽车尾气排放标准，不如香港严格，汽车尾气污染已相当严重。例如上海机动车尾气排放量是发达国家的 10 到 20 倍，成为上海大气的主要污染源。主要干道空气中的一氧化碳、碳氢化合物及氮氧化物的浓度普遍超过大气环境质量的三级标准，治理工作已经刻不容缓。① 随着汽车数量和使用率的激增，汽车尾气的污染将越来越严重。在积极参与国际市场竞争的情况下，如果不及时修订大气质量标准和汽车尾气排放标准，不只是大气环境质量不可能得到有效的控制，同时，国家的支柱产业的产品——小汽车，也将在国际市场上缺乏竞争力。最近，中国环境报记者团访德的文章中说："在德国，对各类污染物的排放有全国统一的严格标准。这个标准，不是'顺乎其中'，而是'法乎其上'。以全国最先进的企业已经达到的标准为尺度来要求全国所有的企业。""1983 年，他们对水资源法作了第五次修正补充，颁布实施了 35 项新的管理规定，对排放水污染指标限值也先后作了三四次

---

① 　见《新华每日电讯》1996 年 8 月 9 日。

修改。一次比一次更为严格。他们通过完善立法和多次修改法律与限值，一步一步推动着水污染防治向更高层次攀登。"① 需要注意的是，这里说的排放水污染指标限值就是指水环境质量标准和为保证达到水环境质量标准所采用的水污染物排放标准。美国很重视及时修订大气质量标准和污染物排放标准以及公众参与的制定和修订。1974 年修订的大气净化法中规定："发布大气质量标准和大气污染控制技术的情报时，应在联邦政府通报上宣布，副本应在一般公众中公布周知。"还要求举行公众意见听取会，根据公众的意见及时修订大气质量标准和实施大气质量标准的计划。这些立法经验和法律措施都值得我们借鉴。中国政府对环保是重视的，国民经济与社会发展"九五"计划和 2010 年远景目标纲要中提出了明确的环保目标。国家环保局提出的污染物排放总量控制，也是一种改进措施；但是，笔者认为：环境质量标准（包括大气质量标准、水环境质量标准、环境噪声标准等）是保护人体健康、生态平衡和生活环境而规定的各项污染物在环境中的最高允许浓度或数量，是要求在规定的空间和限定的时间内达到的质量标准；污染物排放标准是为了达到环境质量标准，对单位时间内排放的污染物浓度或数量进行控制的规定；这种标准在国际社会是可比的技术规范，而一旦被某个国家颁布施行，就成为该国环境法规的重要组成部分。没有规矩、无以成方圆。没有科学的、严格的环境质量标准，就无法正确地评价环境的质量，环保工作也就缺乏明确具体的奋斗目标。古语云："取法乎上，仅得其中；取法乎中，仅得其下。"所以，单纯强调施行污染物排放总量控制是不够的，必须根据需要与可能，及时修订环境质量标准和有关的污染物排放标准，实施更严格的标准，并与排放总量控制、许可证制度等手段相结合，才能更有效地改善环境质量。

另一方面，对香港环境法制建设的内容和经验，也要进行辩证的分析，对不合理的部分或不适合内地情况的部分则不能盲目地学习或吸收，而要努力避免或扬弃，例如，大气污染的防治，香港环境保护署曾采取高烟囱政策，要求电厂建高烟囱，高达 200 米以上，最高的 240 米。② 这是以邻为壑转嫁污染的政策，是不合理的、不可取的，又如土地管理，在港英当局

① 见《中国环境报》1996 年 8 月 3 日，第四版。
② 见《聂德先生谈香港的环境管理》，载于《中国环境报》1994 年 12 月 3 日。

的垄断操纵下，香港的土地价格不断暴涨，通过"公开拍卖，价高者得"的政策，每年的售地收入占香港岁入 15% ~28%。这虽然对香港的财政带来益处，然而在高地价的刺激下，房价和房租猛升，同大多数居民支付能力严重脱节。结果，虽然每年都有数百万平方米住宅楼宇建成，但是，中下水平收入者只能望楼兴叹。香港住宅空置率，1988 年为 36.5%，1992 年上升为 61.1%。对这样的问题，内地应当引以为戒。

（2）中国内地的环境法制建设也有一些内容和有益的经验值得香港学习或借鉴。举例来说，环境法的一个突出特点是综合性很强，涉及的面很广，需要统一的政策和法律来调整因保护和改善环境而产生的各种社会关系。香港回归祖国后，是否需要根据"基本法"的规定，制定一个综合性的环保法律，作为香港特别行政区环保政策的条文化、具体化、定型化，以便全面地、更快地加强香港的环境法制建设，也是值得研究的问题。

（3）环境的污染是不会考虑人为的边界的，香港与祖国内地，特别是广东等沿海省市，唇齿相依，休戚与共。香港食用和工商业用自来水的供应，70% 以上来自广东省的东江—深圳供水工程。珠江的水污染，可能影响到香港的水域，香港的大型污水排海工程可能将污染扩散到南中国海域。①大气污染更是可以跨越省界、国界的。中国内地和香港都面临环境污染、生态破坏的严重挑战，今后，特别是香港回归祖国后，中国内地和香港，在环境法制建设中，都需要强调全国一盘棋的思想，无论立法、执法和守法，都需要强调全局观点，加强交流和协作，才能事半而功倍。

（载《海峡两岸及港澳地区环境法学研讨会论文集》，1996）

---

① 见《中国环境报》1994 年 8 月 18 日第一版、1995 年 4 月 13 日第三版。

香港回归与环境自然资源法制建设

　　香港作为一个自由港和国际贸易、金融、航运中心，许多国际条约对它都是重要的。已经参加的国际条约不少，环境和自然资源方面的国际公约，现在有三种情况：（1）既适用于内地，也适用于香港，如《保持世界文化和自然遗产公约》《濒危野生动植物种国际贸易公约》等。（2）只适用于内地，不适用于香港，如《核事故及放射事故援助公约》《国际热带木材协定》《南极条约》等；（3）只适用于香港，现在不适用于内地，如《关税与贸易总协定》等。

　　由此我联想起一个问题：我国正积极争取早日加入世界贸易组织，各有关部门都需要抓紧研究加入贸易组织后带来的新情况、新问题、新要求，做好准备，争取主动。例如有关环境和自然资源立法、执法、司法、守法的部门和单位，都需要抓紧研究我国加入世界贸易组织后我国环境和自然资源法制建设带来的新情况、新问题和新的对策，而香港早已参加了世界贸易组织，在这方面肯定已经取得了不少宝贵的经验教训。因此，建议全国人大环资委、国务院环保委、国家环保局等有关部委和有关单位、学者注意搜集和研究香港在这方面已取得的经验教训。

　　香港的环境和自然资源法制建设有许多内容和经验值得内地学习或借鉴。以汽车尾气污染防治的法律制度为例，我国重新公布施行的《大气污染防治法》对含铅汽油的规定是："国家鼓励、支持生产和使用高标号的无铅汽油，限制生产和使用含铅汽油。"国务院有关主管部门应当制定规划，逐步减少含铅汽油的产量，直至停止含铅汽油的生产和使用。而香港《空气污染管制条例》规定：香港所有的加油站都必须提供不含铅的汽油。自1992年1月起，实施符合最严格国际标准的汽车废气排放标准，所有新登记的汽油车辆必须符合这套标准，对违反规定者，根据情节轻重，给予停止排放污染、罚款（最高罚款额比 1993 年修订前上升 10 至 200 倍不等）、刑罚等处分。可以看出，对控制汽车尾气污染的法制制度，内地不如香港严格。古语云："取法乎上，仅得其中；取法乎中，仅得其下。"建议环保等有关部门多注意研究借鉴香港的法律制度和经验教训根据需要与可能，及时修订内地的环境质量标准和有关的污染物排放标准，实施更严格的标准和法律措施，与排放总量控制、许可证制度等手段相结合，才能更有效地保护和改善环境质量。

另一方面，对香港环境和自然资源法制建设的内容和经验，也要进行辩证的分析，对不合理的部分或不适合内地情况的部分则不能盲目地学习或吸收，甚至要努力避免或扬弃。例如大气污染的防治，港英政府环境保护署曾采取高烟囱政策，最高的达 240 米。这是以邻为壑，转嫁污染的政策，是不合理的、不可取的。

香港与内地，特别是广东等沿海省市，唇齿相依，休戚与共。珠江的水污染，可能影响到香港的水域，香港的大型污水排海工程可能将污染扩散到南中国海域。大气污染更是可以跨越省界的。香港回归祖国后，在环境和自然资源法制建设中，内地和香港都需地强国全局观点，加强交流和协作，才能事半而功倍。

（载 1997 年 5 月 9 日《中国科学报》，获"迎香港回归征文"奖）

"一国两制"国策实施中的新问题及对策建议

——参加"跨境环境管理国际学术研讨会"的汇报

一 会议概况

2004 年 11 月 9 至 12 日在香港公开大学召开了"跨境环境管理国际学术研讨会",会议的主办单位是香港公开大学科技学院,协办单位是国家环保总局华南环境科学研究所;参加者来自香港、内地和海外的有关政府部门、学术界、环境企业共一百多位科学家和专家(其中外宾 18 人)。国家环保总局别涛处长在大会上发了言,我是大会邀请的主讲嘉宾,也在大会上发了言。与会者参观了米埔雀鸟保护区和湿地公园。大会内容丰富,效果很好,印发了论文集(34 篇),而且将记录大会全过程的光盘在闭会时分发给与会者。

二 粤、港、澳跨境环境问题形势严峻

粤港山水相连,享用共同的河流(珠江、深圳河)和海洋资源(如后海湾、大鹏湾),呼吸着同样的空气。两地经济交流日益频繁,跨界环境污染日益严重,以水污染、空气污染为最。(1)淡水污染。最严重的是深、港界河深圳河,主要超标污染物为氨氮和总磷,部分城市江段和小流量跨市河流有机污染物突出,跨市河流边界断面水质达标率不足一半。水污染直接影响跨境人民饮用水质;(2)空气污染。主要是电厂、工厂使用高含硫量燃料所致。车辆废气主要来自柴油车。广东尤其是珠江三角洲汽车量增长迅速,低档柴油车辆增长尤其迅猛;香港虽有便捷的公交系统,且维持较低私家车拥有率,但每部汽车平均道路使用率比英国高四至五倍,光

化学污染及细粒子污染呈恶化趋势,酸雨频率(40.5%)居高不下;受珠三角地区污染物影响,香港空气中臭氧水平升高近50%,处于"甚高"水平。香港受到不可接受程度二氧化硫、二氧化氮影响的居民达150万~200万,受高浓度粒子影响的达300万之众;① (3)废物越境转移污染很严重。据香港政府统计处资料,经香港转口废物1995年出口总量309.9万吨,其中进入中国内地的废物245.1万吨,占总量的79.1%;废物种类主要是:有色金属、废纸、塑料、皮革、纺织品和其他有害废物。由于香港原有的废物加工业在80年代逐步转移到内地,近年从香港进口到内地的废物,约80%分布在广东省珠江三角洲地区进行加工处理;(4)海洋污染。香港现在仍有25%的污水基本上未经有效处理排入海港。深圳、香港每天数以吨计的污染物排入属深、港共有的后海湾,使后海湾污染超出负荷能力10至1000倍。珠江口水域、香港、澳门海域和南海海域是相通的水体,与此相通的维多利亚海域是香港主要的纳污水域。据统计,珠江水系和珠江口各岛屿有各种船舶16800多艘,年排油总量约2830吨,香港海区平均每四年发生一次大的漏油事故,每次超过1000吨。近年珠江河口水质不断恶化,海域各项指标超标率逐年增高,赤潮发生的范围和频率逐年增加。海水污染导致海洋生物污染和死亡,部分海域海水污浊发臭,浮标及船只加速腐蚀。②

处在珠江口下游的澳门半岛,近年不但经常受到来自广东省污染物的影响,也受到来自香港污染物的影响(澳门无人参加此次研讨会,环境污染等问题的具体情况、资料不详)。

三 港澳粤跨境环境问题受到国际社会的关注甚至渲染,"一国两制"国策面临新的挑战

英国《金融时报》于2004年8月13日以《政治使珠三角地区的环保战复杂化》为题报道:"香港和广东携手治理珠江三角洲污染的努力正因双方政治和法律体制不同而受阻。"香港智囊机构思汇政策研究所的行政总监陆恭蕙

---

① 参看中山大学港澳珠江三角洲研究中心陈丽君《粤港跨境环保中的政府管治问题探讨》,载本研讨会论文集 TS5-3。
② 参看华南环境科学研究所研究员马小玲《大珠三角区域环境管理政策研究》,载本研讨会论文集 TS7-1。

说："（珠三角地区的）污染问题比美国和欧洲严重得多。""双方在衡量空气污染方面也没有任何共同的标准。在中国大陆仍然无法通过公开渠道获取空气质量数据，而香港会在网站上公布空气质量数据，每小时更新一次。""地区环境规划委员会远远解决不了珠江三角洲的污染问题。"① 经过此次研讨会的交流讨论，港澳粤跨境环境问题将会更加受到国际社会的瞩目。

四　研讨会强调港澳粤跨境环境问题立法的必要性、迫切性

此次研讨会印发的邀请信中说："为了控制不断增加之跨境污染问题，本地与国际专家须共享实践经验，寻求有效的机制及防治方法，工作实是迫在眉睫。"大会要求达到的三项目标中的第一项是"交换、分享解决跨境环保问题的立法及管治规范新知识"，大会主要研讨内容的第一条是"跨境环境管治和立法"，大会期望的成果是：研讨会的结论"将有助香港特别行政区政府、内地政府及东南亚国家在环境管理方面推行有效的政策、立法与技术"。

五　对策建议

从研究会的宗旨和国际社会的关注来看，从粤港澳跨境环境问题严重性以及原因、解决办法等有关资料来分析，立法的必要性、迫切性是肯定的，是及时、有效地解决客观存在的实际问题，促进跨境居民之间的团结合作和生活福利，进一步发扬"一国两制"国策生命力的需要；也是贯彻执行新颁布的宪法，加快依法治国步伐、促进现代化建设全局的需要。但是，立法的依据是什么，可以立个什么样的法，什么机构有权立这个法，等等，尚不明确，针对这几个问题，我在大会上提了几点认识和建议。

（一）立法依据和指导思想

（1）香港特别行政区基本法第十八条第三款规定："全国人民代表大会常务委员会在征询其所属的香港特别行政区基本法委员会和香港特别行政区政府的意见后，可对列于本法附件三的法律作出增减，任何列入附件三的法律，限于有关国防、外交和其他按本法规定不属于香港特别行政区自治范围的法律。"澳门特别行政区基本法第十八条第三款也有实质相同的规

---

① 《英报说治理珠三角污染粤港难携手》，见《参考消息》2004 年 8 月 20 日。

定。据此，关于港澳粤跨境环境问题的法律（以下简称"拟制定的法律"），涉及港澳粤三地区甚至更广的地区，显然是不属于港澳特区自治范围的法律，而是属于港澳特区基本法附件三中需要增订的法律。全国人大常委会才有权制定这部法律，港澳特区立法会无权制定这部法律。

（2）中华人民共和国宪法第五十八条规定："全国人民代表大会和全国人民代表大会常务委员会行使国家立法权。"第一百条规定："省、直辖市的人民代表大会和它们的常务委员会，在不同宪法、法律、行政法规相抵触的前提下，可以制定地方性法规，报全国人民代表大会常委会备案。"据此，广东省人民代表大会及其常务委员会有权制定地方性法规而无权制定法律，更无权制定涉及"一国两制"地区的法律。

（3）拟制定的法律规定，不能同中华人民共和国宪法，香港、澳门特别行政区基本法及其附件三中规定的法律相抵触。

综上所述，拟制定的法律只能由香港、澳门特别行政区立法会与广东省人大常委会联名向全国人大常委会写请示报告，汇报清楚制定此法律的必要性、紧迫性和立法建议，呈请全国人大常委会主持制订此法律。

（二）立法的基本原则

拟制定的法律的基本原则，主要是以下十条：（1）坚持科学发展观、加强生态环境建设、防止环境污染生态破坏原则，（2）预防为主、防治结合原则，（3）在保护中开发，在开发中保护原则，（4）实行循环经济、清洁生产、环境影响评价原则，（5）污染者负担原则，（6）禁止以邻为壑、转嫁污染原则，（7）有关信息资料共享、环境紧急情况时及时通报、积极援助原则，（8）自然资源共享、平等互惠原则，（9）善意、协商、团结、合作原则，（10）个人在环境领域有平等诉诸救济的权利和非歧视原则。

（三）拟制定的法律拟定名为：《港澳粤跨境环境自然资源法》，其框架和主要内容大致分为以下十三章（略）

由于自己的水平和了解的情况都很有限，上述认识和建议仅供参考。

鉴于港澳粤跨境环境问题关系到我国现代化建设可持续发展的全局，关系到"一国两制"国策生命力的进一步发扬，加以港珠澳大桥的兴建将加速对环境的影响，建议中央（特别是全国人大常委）主动研究解决有关港澳粤跨境环境问题的立法，防止存在的问题恶化，造成对我国现代化事业全局更不利的影响。

港、澳、粤跨境环境问题立法初探

一 立法的重要性、必要性

一是及时、有效地解决客观存在的实际问题，促进跨境居民之间的团结合作和生活福利，进一步发扬"一国两制"国策生命力的需要。这次大会邀请信中的"会议背景"指出："在过去数十年珠江三角洲交通及经济之发展，导致香港及广东省面对着跨境空气污染的问题。同样，港珠澳大桥之兴建亦会加速对环境的影响，危及生物多样性及港珠澳三地居民的健康。为了控制不断增加之跨境污染问题，本地与国际专家须共享实践经验，寻求有效的机制及防治方法，工作实是迫在眉睫。"大会要求达到的三项目标中的第一项是"交换、分享解决跨境环保问题的立法及管治规范新知识"，大会主要研讨内容的第一条是"跨境环境管治和立法"，大会期望成果是：交流有关处理跨境环境问题的最新研究结果，研讨会的结论"将有助香港特别行政区政府、内地政府及东南亚国家在环境管理方面推行有效的政策、立法与技术。"大会这种实事求是的态度十分明确地表明了港、澳、粤跨境环境问题立法的必要性、迫切性及其重大意义。另外，2004 年 8 月 20 日《参考消息》中《英报说治理珠三角污染粤港难携手》一文报道：英国《金融时报》说"香港和中国大陆衡量环境问题的标准是不一样的"，"香港和广东携手治理珠江三角洲污染的努力正因双方的政治和法律体制不同而受阻"云云。看了这段报道后，深有所感，珠三角地区跨境环境问题的存在我相信是事实，但是香港和广东携手治理珠江三角洲污染的努力会因双方的政治和法律体制不同而束手无策吗？我不相信。经过这次大会的交流讨论，定能得到解决上述问题的最佳方案。参考消息的上述报道也说明港、澳、粤跨境环境问题立法的必要性、迫切性；而且从另一角度证明这次立法有进一步发扬"一国两制"国策生命力的重要意义。

二是贯彻执行新颁布的宪法,加快依法治国步伐、促进现代化建设的需要。中华人民共和国宪法修正案于 2004 年 3 月 14 日公布施行,新颁布的宪法内容有些重要的修改和补充:中国大陆各省、自治区、直辖市以及港澳特别行政区都需要进一步学习和贯彻,以加快法制建设、促进现代化建设的发展。

立法的必要性、迫切性是肯定的,那么,立法的依据是什么,可以立个什么样的法,什么机构有权立这个法?下面谈谈我的认识和建议。

二 立法的依据和指导思想

香港特别行政区基本法规定:"全国人民代表大会常务委员会在征询其所属的香港特别行政区基本法委员会和香港特别行政区政府的意见后,可对列于本法附件三的法律作出增减,任何列入附件三的法律,限于有关国防、外交和其他按本法规定不属于香港特别行政区自治范围的法律。"澳门特别行政区基本法中也有实质相同的规定。拟制定的关于港澳粤跨境环境问题的法律(以下简称"拟制定的法律"),涉及港澳粤三地区甚至更广的地区,显然是不属于港澳特区自治范围的法律,而是属于特区基本法附件三中需要增订的法律。全国人大常委会才有权制定这件法律,港澳特区立法会无权制定这件法律。

中华人民共和国宪法规定:"全国人民代表大会和全国人民代表大会常务委员会行使国家立法权。""省、直辖市的人民代表大会和它们的常务委员会,在不同宪法、法律、行政法规相抵触的前提下,可以制定地方性法规,报全国人民代表大会常委会备案。"据此,广东省人民代表大会及其常务委员会有权制定地方性法规而无权制定法律,更无权制定涉及"一国两制"地区的法律。

拟制定的法律规定,不能同中华人民共和国宪法,香港、澳门特别行政区基本法及其附件三中规定的法律相抵触。

综上所述,拟制定的法律只能由香港、澳门特别行政区立法会与广东省人大常委会联名向全国人大常委会写请示报告,汇报清楚制定此法律的必要性、紧迫性和立法建议,呈请全国人大常委会主持制订此法律。

拟制定的法律拟定名为:《港澳粤跨境环境自然资源法》,其中含义之一是既贯彻环境意识，又贯彻资源意识；既考虑到跨境环境的调查、规划、建设、治理、保护，又考虑到跨境自然资源的调查、规划、利用、治理、保护；将环境与自然资源统一起来，密切结合；将环境保护与自然资源的调查、规划、利用、治理、保护全过程密切结合；拟制定的法律内容宜全面、具体、可操作性强，既切实可行，又有前瞻性、预见性。

三　立法的基本原则

拟制定的法律的基本原则，主要是以下十条：（1）坚持科学发展观、加强生态环境建设、防止环境污染生态破坏原则，（2）预防为主、防治结合原则，（3）在保护中开发，在开发中保护原则，（4）实行循环经济、清洁生产、环境影响评价原则，（5）污染者负担原则，（6）禁止以邻为壑、转嫁污染原则，（7）有关信息资料共享、环境紧急情况时及时通报、积极援助原则，（8）自然资源共享、平等互惠原则，（9）善意、协商、团结、合作原则，（10）个人在环境领域有平等诉诸救济的权利和非歧视原则。

四　拟制订法律的框架和主要内容，大致分以下几章

（1）总则：法律的目的、任务、适用范围、基本原则、跨境居民的权利义务等；

（2）环境监督管理。包括：环境影响评价，建设项目中防治污染的设施必须与主体工程"三同时"（同时设计、同时施工，同时投产使用），环境标准（环境质量标准、污染物排放标准、食品农药残留标准等），环境监测，管理机构的建立、职责、隶属关系，污染权交易等；

（3）淡水资源的利用和保护。包括饮用水源的保护，保证跨境居民饮用水供给的东江输水工程的维护，有关地区权利义务的规定；地表水、地下水污染防治，防洪等；

（4）空气污染防治。包括防治机动车船排放污染，防治燃煤产生的大气污染，防治废气、尘和恶臭污染，开发、使用清洁能源政策等；

（5）固体废物（包括有毒化学物质、电子废弃物、医疗废弃物、生活垃圾等）回收利用与污染防治；

（6）土地的调查、规划、利用、治理、保护以及土壤污染防治；

（7）海洋资源开发利用与环境保护。包括港珠澳大桥工程，南海油气

田的勘探、开发，陆源污染防治，船舶污染防治等；

（8）生物多样性的保护和持久使用。包括对珍稀、濒危野生动植物的保护，生物入侵防治，生物遗传资源流失、丧失的防治，对转基因作物、食品的政策与保证食品安全等；

（9）噪声的防治。包括机动车船、飞机、火车等交通噪声、建筑工程噪声、商业噪声、居民楼等重点保护区噪声的防治；

（10）纠纷的处理；

（11）法律责任；

（12）附则。

（13）其他。

（载《跨界环境管理国际学术研讨会论文集》，2004）

参与环境、资源立法的一些回忆

我于 1927 年 6 月出生，1948 年参加革命，1950 年入党。1951 年毕业于北京大学法律系，"文革"前曾历任北京市公安局研究科副科长、法制科副科长十多年，1974 至 1978 年历任北京市环境监测科学研究所综合分析室负责人、大气分析室主任、情报资料室主任，1978 年调到中国社会科学院法学研究所后曾任副研究员、研究员，1988 年办了离休手续，实际是离而不休，继续克服重重困难坚持环境、资源法的研究。曾获国家社会科学突出贡献、享受政府特殊津贴证书，中国社会科学院 2003 年优秀信息一等奖，中国社会科学院第一届、第二届、第三届离退休人员优秀科研成果奖三等奖等奖项，获中国环境资源法学研究会于 2012 年 6 月评选为"第一届作出突出贡献的环境资源法学专家"的荣誉称号。

国内立法

我是《环境保护法》《大气污染防治法》《水污染防治法》《土地管理法》《城市规划法》等起草领导小组（或称起草小组）成员，还参加了森林法、矿产资源法、水法、人民解放军环境保护条例等等很多环境资源法律、法规草案的论证，提出了书面修改意见和建议。这些意见和建议绝大部分未曾发表，甚至连底稿都没有留，参与立法工作，花费了大量的时间和精力。现将有资料可查的，举以下 3 个例子：

一是参与制定《中华人民共和国环境保护法（试行）》和《中华人民共和国环境保护法》。我是 1978 年 12 月 2 日调到法学所的，1979 年的一天，全国人大常委将《中华人民共和国环境保护法（试行草案）》发到法学所，征求对该试行草案的书面意见。所长孙亚明要我代表法学所写这个书面意见，我于 1979 年 9 月 8 日写出《对〈中华人民共和国环境保护法（试行草案）〉的一些意见》，4000 字，署名文伯屏，报送全国人大常委会审阅参考。此书面意见未曾公开发表，只留一份复制件保存至今，纸已发黄，偶尔翻阅，自认为其中含金量不小，可以说是我做了 5 年环境监测工作后环境资源法学水平的一次重要检验。上述试行法律于 1979 年 9 月 13 日颁布施行后，1983 年，城乡建设环境保护部奉命组成"中华人民共和国环境保护法修订起草领导小组"，主持将《中华人民共和国环境保护法（试行）》修订为正式法律的起草工作，11 月 8 日给我公函任我为该领导小组成员，并寄来《第二次全国环境保护会议简报》等文件，此后，我除了认真调查研究，参加领导小组会议提出口头立法建议、反复修改草案外，还写了一篇题为《环保基本法修订中几个问题的探讨》的书面立法建议，其中"关于环保法任务、目的的表述"，"关于环境保护工作方针的修订问题"，"怎样将环境保护纳入计划管理的轨道"，"尽快健全环境保护法体系"等问题，系统地阐述了我的独到见解。此文载《法学评论》1985 年第 4 期。《中华人民共和国环境保护法》于 1989 年 12 月 26 日颁布施行。

二是参与制定《中华人民共和国水污染防治法》。1980 年，国务院环境保护领导小组办公室主持的《中华人民共和国水域污染防治法》起草小组成立，起草小组由北京市环保局、水利部、地质部、交通部、中国社科院法学所、北京大学法律系、北京市政法学院等 8 个单位组成，中国社科院法学所的代表是我，起草小组日常工作由北京市环保局一位副局长和陈子久处长主持。起草工作开始阶段，由于组内成员缺乏立法的基础知识，组长要求法学专家按自己的学识和设想，先写出一份《中华人民共和国水域污染防治法》（初稿）的全文，作为讨论稿示范，我按时交了一份。① 当时听到环保局的同志惊叹："几天之内就拿出法律初稿，真是人才，佩服！"。为了借鉴外国的有益经验，掌握国内的基本情况，我与北京市环保局的同志一起组织编译了《国内外水污染防治法规与资料》，一大厚本约 68 万字。② 我与小组成员一起去了 10 个省、市进行系统调查研究后，我写了《论水污染防治的立法》一文，12000 字，载《法学评论》1983 年第 2 期，其中介

① 现在还保存一份铅印的上面署名"法学所文伯屏写"的稿件。
② 参看中国法学网"学者文集"中《环境法学研究之路》。

绍了外国水污染防治立法的经验和特点，主要是："预防为主"、"合理规划土地利用"、"严格控制工业布局"、"建立排污和用水许可证制度"、"加强对饮用水的保护"、"制订水质标准和污染物放标准"、"经济刺激"、"违法责任"；并就以下五个问题："法的任务和适用范围"、"防治结合，以防为主"、"标准与监测"、"管理机构"、"法律制裁"，提出了我的观点和建议。起草小组反复研究修改草案稿后，形成《中华人民共和国水污染防治法（草案）》上报审议。此法律于 1984 年颁布施行后，进行过一次修订，中国环境报征求修改此法律的立法建议，我应征写了《对修订水污染防治法的几点建议》一文，载 1995 年 4 月 6 日中国环境报，1995 年 6 月获中国环境报征文奖证书。后来又写了《关于加快水资源法制建设的建议》（专供信息）一文，在中国社会科学院要报 2003 年第 32 期上发表，被评为中国社会科学院 2003 年优秀信息一等奖。

三是参与制定《中华人民共和国大气污染防治法》。1981 年，国务院环境保护领导小组办公室主持的《中华人民共和国大气污染防治法》起草小组成立。我代表中国社科院法学所参加起草小组，北京大学法律系的代表是程正康，沈阳市环保局的代表是宋殿棠，我与小组成员一起去了 5 个省、市进行系统调查研究，收集了大量的有关资料，我写了《论大气污染防治的立法》一文，约 1 万字，载《法学研究》1981 年第 6 期，其中主要内容是："大气污染控制立法简史""外国大气污染控制立法的特点""我国大气污染的现状和特点""对我国大气污染控制立法的建议"。我与起草小组其他成员反复讨论修改草案，直至 1984 年还曾参加修改《大气污染防治法（送审稿）》上报审议，《中华人民共和国大气污染防治法》于 1987 年 9 月 5 日颁布施行。

我还写了一些关于环境、资源立法的专题论文，例如《环境立法的时代背景和环境法学》，载《环境》1981 年第 5 期；《环境立法十年回顾》，载 1989 年 10 月 17 日中国环境报；论文《环境保护立法的回顾和建议》，载 1999 年《中国环境资源法学研究会成立大会论文集》，1999 年 11 月获国家环保总局、国土资源部、中国法学会、武汉大学联合授予的优秀论文证书，1999 年 11 月 20 至 22 日在武汉大学举行"纪念环境保护法颁布 20 周年、中国法学会环境资源法学研究会第一次会员代表大会暨可持续发展环境资源法学国际研讨会"，我在大会上宣读了此论文，大会选举我为中国法学会环境资源法学研究会顾问，此论文还荣获 2005 年首届中国社会科学院离退休人员优秀科研成果奖三等奖；《关于制定生物多样性法的建议》，载《中国社会科学院要报》2004 年第 84 期，2007 年 9 月 27 日荣获第二届中国社会科学院离退休人员优秀科研成果奖三等奖；《制定耕地保护法刻不容缓》，载 1989 年 6 月 29 日《中国环境报》；《论噪声控制的立法》，8000 字，载《法学研究》1982 年第 6 期；《中国大陆与香港环境立法之比较》，载 1996 年海峡两岸及港澳地区环境法学研讨会论文集；《港澳粤跨境环境问题立法初探》，是我于 2004 年在香港召开的"跨界环境管理国际学术研讨会"上的演讲词，载此国际研讨会论文集。还写了其他一些关于环境、资源立法的论文、研究报告等，此处不一一列举了。为了加强我国的环境立法工作，我与其他学者一起编译了《外国环境法选编》，上下册共一百多万字，2000 年中国政法大学出版社出版，我担任此书编委会委员兼常务副主编，在完成此项艰巨任务中付出了不少心血和时间，审稿中，对有些差错较多的译文，我就逐件重新翻译编写。我还和我带的研究生宋迎跃合译了 436000 字的《美国环境法手册》，1988 年 10 月由中国环境科学出版社出版。

国际立法

我曾连续十年担任 ICEL（International Council of Environmental Law）环境法国际理事会理事，1987 年至今任 IUCN–CEL（International Union for Conservation of Nature and Natural Resources——Commission on Environmental Law）世界自然保护联盟环境法委员会委员，曾参与制定《联合国生物多样性公约》。当时，IUCN–CEL 和 ICEL 主席、著名国际环境法学家沃尔夫冈·伯罕尼博士负责《联合国生物多样性公约》起草工作，他经常通过电子邮件、将公约草案寄给我并征求我对公约草案的修改意见，我每次都认真研究修改公约草案，提出许多建议，得到沃尔夫冈·伯罕尼博士的表扬，1988 年 10 月 5 日，他给我来信说："收到您对国际生物多样性公约草案大量的、富有创见性的意见以及具体的修改方案，对您的贡献表示诚挚的感谢。我们将尽可能把您的宝贵意见吸收到新的公约草案中，并望在这项重要工作中与您保持联系。"由于我对生物多样性国际立法工作作出了贡献，我应邀参加了 1991 年 8 月 12 至 16 日在海牙举行的国际环境法会议。8 月 6 日上午才得到机票，下午 6 时从北京起飞，经华沙到阿姆斯得丹，然后乘火车，于 8 月 7 日下午抵海牙（此班机每周一次，故在开会前几天到达）。

这次会议由世界自然保护联盟荷兰全国委员会主办，到会的专家、学者、法律工作者来自 43 个国家，共 130 人，其中来自发展中国家的占 60% 以上，来自中国的只我 1 人，还有英、美、德、荷兰、瑞典、日本、斯里兰卡、印度等 IUCN-CEL 负责人。会议在和平宫举行，荷兰女王参加了开幕式。大会重点讨论了生物多样性国际立法问题，每天都安排了全体大会的学术报告，报告人必须现场回答听众提出的各种问题，讨论情况很热烈，也比较深入。各抒己见，畅所欲言，有时争论得面红耳赤，但气氛友好。在需要制订一个什么样的保护生物多样性国际公约问题上出现了意见分歧，德国一学者不同意新的公约中明确规定发达国家有责任支援、帮助发展中国家。我和罗马尼亚等发展中国家的学者力争坚持这一原则。在 15 日的全体大会上，我发表了题为 "How to Strengthen International Environ-mental Law on the Preservation of Biodiversity"（《怎样加强生物多样性国际环境法保护》）的英语演讲（演讲词被编入 "BIODIVERSITY AND. INTERNATIONAL LAW" 《生物多样性与国际法》，IOS 出版社 1992 年版）。我发言中的要点是："从 20 世纪 30 年代到 80 年代，已制定的保护生物多样性的国际多边条约和包含保护生物多样性重要内容的国际多边条约共 52 件，其中全球性公约 13 件；尽管其中有些公约是比较重要的，但是总的来看，物种多样性没有得到强有力的国际法保护，其主要原因之一是，很少发展中国家参加上述国际公约。当前，第一，在发展中国家管辖境内的物种占全球物种的 2/3；第二，全世界 170 多个国家中，2/3 是发展中国家。所以，要使生物多样性得到强有力的国际法保护，关键是要制定一个使发展中国家普遍愿意参加的新的全球性公约。为此，新的公约必须具备两个突出特点：一是必须建立足够的专项基金。基金的来源不只是有关国家的政府和国际组织，而且应来自从生物资源中受益的商业和企业公司；二是公约中关于全球合作的条款，特别是对发展中国家优惠条款，例如财政资助、技术转让、工作人员的教育训练等，必须规定得很明确、适当"。我的发言，赢得了热烈的掌声，会后不少学者向我表示祝贺。在海牙的几天，我游览了海滩、国际法庭、博物馆、书店等景点，还在游泳馆游了一次泳，与沃尔夫冈·伯罕尼博士、英美 IUCN-CEL 负责人同桌午餐，留下了好几张珍贵的照片。会议最后通过了《关于国际环境法的海牙建议书》。17 日，与会者中的 32 人由会议副主席西姆尼·毕德毕克带队，坐着一辆大巴士，从海牙出发，经德国，直抵瑞士日内瓦，参加了联合国环境与发展大会第三次筹备会议，大会将我在海牙会议的演讲词手稿打印分发与会各国代表团，成为有广泛国际影响和历史意义的文件。25 日，从日内瓦起飞，经华沙，等飞机一天一夜，27 日下午两点回到北京。参加这次国际会议，我的机票和生活费用都由主办单位资助，没有花国家一分钱，而自始至终，我贯彻了国家的政策，维护了我国和发展中国家的利益，给国家增了光。回国后，写了《论保护生物多样性的国际立法》一文，在《中国法学》1992 年第 2 期上发表。[①]

（应中国社会科学院老专家协会约稿，2012 年修订）

_____

① 参看中国法学网"学者文集"中《环境法学研究之路》。

怎样学好环境法学

（一） 充分认识环境法、环境法学的重要性

概括地说：环境是人类赖以生存和发展的场所。生态环境是人类和其他生物的生命支撑系统，自然资源是国民经济和社会发展的重要物质基础。党中央和国务院很重视环境的保护和改善以及自然资源的合理开发利用，我国宪法上有明确规定，"九五计划"中有专门的章节（第九章第一、二节）对环境和自然资源方面的任务、目标作了明确具体的规定，我国要建设成社会主义的法治国家，要解决好环境和自然资源问题，关键是依靠环境和自然资源方面的法制建设，而环境法学就是以此为研究对象的一门新兴的学科，环境和自然资源问题是全世界五大问题（人口、粮食、资源、能源、环境）之三。关系到世界能不能和平与发展。1992 年在里约热内卢召开了联合国环境与发展大会，又名"地球峰会"（The Earth Summit），到会的国家首脑之多，在历史上是空前的，会上通过了五个重要的法律文件，这个会是国际环境法发展史新的里程碑。上述这些国际国内的情况就足以说明环境法和环境法学的重要。随着客观形势的发展，这门学科会越来越显示它的重要性。环境法是我国整个法律体系中，与经济法、民法、行政法等十个部门法并列的一个部门法。有人认为"环境法是经济法中的一个法"、"环境法学面太窄"，这是因为对环境法在我国整个法律体系中的重要地位以及环境法学的性质和特点还不了解而产生的不正确认识。经过深入的学习，我想这些不正确的认识是会迎刃而解的。

（二） 紧紧地"抓住机遇"

随着祖国四化建设的蓬勃发展，社会上出现了"考研热"，一大批青壮年同学渴望提高知识水平，增长才干，作出更大的贡献。而现在官办的研究生招生制度，满足不了社会的要求。中华研修大学是中国老教授协会主

办的全国仅有的一所招收博士、硕士研修生的综合大学。党中央和国务院很重视这所大学。在中国老教授协会成立10周年时，党和国家领导人为中国老教授协会题词，鼓励办好这所大学。著名教育家、中国科学院院士、国务院学位委员会委员唐敖庆是本校名誉校长，现任校长是计算机专家、清华大学教授谭浩强。本校从1993年成立至今只有3年，还缺乏经验。创业难，目前条件比较困难，但是有中央的重视、社会各界的大力支持和全校师生的艰苦努力，相信会越办越好。没有这所大学，诸位就没有这个学习机会。环境法专业从今年春开始招生后报名的有二三十人，经过双向选择，择优录取，诸位得以入学。我想趁身体还好时，多带出几个我所满意的接班人，为祖国为社会多作一点贡献。我现在担任中国老教授协会中国社会科学院培训部负责人兼法学导师组组长，师生走到一起，有一定的缘分，所以诸位要紧紧地"抓住机遇"，珍惜这次难得的学习机会，勤奋学习，共同把环境法专业办好。

（三）端正学习态度，养成好的学风

（1）要立志成为未来环境法学科的带头人，为祖国的四化建设和全人类的进步事业作出较大的贡献。要为祖国为全人类作出较大贡献，就要立志成名成家，古语云：学海无涯勤是岸，云程有路志为梯。只要树立和培养坚定正确的志向，加上百折不挠、坚持不懈的努力，就能到达彼岸。（2）对自己一分为二，坚定地树立信心，要正确地认识和估计自己，客观地分析自己的优点、缺点、长处、短处，扬长补短，缺什么补什么。既不要骄傲自满，也不要妄自菲薄，不断地总结经验，必能有所发现、有所发明、有所创造、有所前进。（3）下定决心，不怕牺牲，排除万难，去争取胜利。马克思也说过，只有不畏艰难险阻的人，才能攀登科学的光辉顶点。要有充分的思想准备，排除来自各方面的、形形色色的阻力和干扰，要争取组织上的支持，处理好学习和工作的关系以及家务拖累等问题，要挤出时间，讲究效率，克服一切困难，安心地学习。（4）要博大精深。环境法学是一门跨自然科学、社会科学的边缘学科，是环境科学与法学的交叉学科，要成为一个环境法学家，必须具备博大精深的学识，所谓"博大"，就是指知识面要广，既要有丰富的社会科学知识，又要懂得一些自然科学知识。所谓"精深"，就是指对环境法这个独立的部门法、对环境法学这门综合性的新兴科学要一心一意地、专心致志地深入钻研，环境法学是当今一门热门学科，许多不是法学本科毕业的学生都攻读环境法硕士生、博士生。我是很热爱这门学科，20多年来没有动摇过。你们要培养对这门科学的热爱，千方百计地、像海绵吸水似地吸收专业知识，强化自己的环境意识和法学意识，例如看电视、听广播、读书报杂志等，都以此为重点，"只要工夫深，铁杵磨成针"，日积月累，坚持下去，必有所成；反之，如果三心二意，心猿意马，"这山望着那山高"，"吃在嘴里又想着锅里"，摇摆不定，时间过去了，还没有钻进去，那就会成为"万金油"式的学者，而不能成为有真才实学的专家。（5）树立良好的、严谨的学风。要养成艰苦细致的调查研究、实事求是的作风，要做到"五勤"——脑勤、眼勤、耳勤、腿勤、手勤……点滴地积累知识和资料，扎扎实实、一步一个脚印往前进，坚持真理，敢讲真话；反对夸夸其谈、言之无物等浮夸作风，不要做"墙上芦苇，头重脚轻根底浅；山间竹笋，嘴尖皮厚腹中空"那种人；反对抄袭、剽窃、弄虚作假等不道德的甚至是违法的行为。

（四）爱护集体，尊重老师，遵纪守法，团结互助

（1）模范地遵守学校的制度和要求。例如按时交纳学费制度、按时参加导师通知的集中听课制度、按时上报考试或作业卷制度、定期书面汇报制度、平时的请示报告制度等等。认真执行和完成导师、教师布置的学习任务和教学计划。（2）谦虚谨慎，注意影响，不利于团结的话不说，不利于团结的事不做，处理好各方面关系，包括与招待所的关系，同学之间，互相学习，取长补短、互相照顾、鼓励、帮助。（3）"严师出高徒"。要正确对待老师、特别是导师的严格要求，主动地、及时地使导师了解自己的情况、困难、问题和想法，多向导师提出合理化建议，帮助导师搞好环境法专业的建设，力争成为一个成功的试点。

（五）关于学好外语问题

这里不准备详细谈，只强调一点：我主张至少熟练掌握、甚至精通一门外语，特别是英语，非常重要，对跨世纪人才来说更加重要，无论年龄多大，都要千方百计努力做到这一点。

（对研究生讲课教材，1996年10月5日）

分论

论水污染防治的立法

颁布水污染防治法是当务之急

水是生命的源泉、工业的饮料、农业的命脉，是一种宝贵的自然资源。

水污染是指水体因某种物质、生物或能量的介入，导致其性质发生变化，从而影响人类对水的有效利用，危害人体健康或破坏生态平衡等水质恶化的现象。我国已颁布《海洋环境保护法》，自 1983 年 3 月 1 日起生效，本文着重论述内陆水污染防治的立法问题。

水污染首先是影响居民饮用水的安全。地球表面约 2/3 被海水或冰雪所覆盖，淡水只占世界总水量的 2.7%。世界卫生组织认为，地球上 80% 的疾病是由于水的污染和缺乏起码的卫生条件造成的。世界上每天平均有 25000 多人由于污染的水所引起的疾病或由于缺水而死亡。据有关部门统计，一些经济发展比较落后的国家，能使用安全饮水的居民的比例仅占 20% 左右，由于饮水不卫生而引起的各类疾病每年达六亿多人次。以发展中国家为中心的 10 亿人苦于淡水不足，甚至把现在称为"水荒时代"。

水域污染往往造成鱼类死亡和渔业产品质量的下降。不只是造成经济上的损失，有的毒物被鱼类吸收后，人吃了这种含毒的鱼类而中毒致病，甚至死亡。日本的水俣病，就是患者吃了含甲基汞的鱼中毒而死亡的。

水污染还造成农业的损失。不合理地用工业废水灌溉农田，会使农作物减产或绝产。苏联农业部承认，20 世纪 60 年代，单是水的污染，每年就损失 66 亿多美元。不合理地用工业废水灌溉农田，有的毒物被农作物吸收后，人吃了这种含毒的农作物因而中毒致病。甚至死亡。日本的骨痛病，就是患者吃了含镉的米中毒而死亡的。

水体污染还严重影响风景游览区的建设，影响旅游事业的发展。日本的濑户内海，以山清水秀著名，因受工业废水的污染，曾一度变成巨大的脏水坑。在无生物的海底，全是散发着臭鸡蛋气味的污泥，变成"死的海底"。

人类生存所需的水，并不是取之不尽、用之不竭的。目前世界淡水资源危机日益严重，饮水问题尤其突出，1980 年在巴黎召开的第 13 次水源分配会议的专家估计，世界上有 20 亿人没有安全的饮水。世界淡水资源污染严重，不只是人口稠密的工业区，甚至连无人居住的南极大陆、北冰洋等地的冰雪也难以幸免。

据联合国的估计，今后 25 年里，人类对水的需要量将增加一倍，仅人口增长一项，就使世界几乎一半的地区水的需要量增加一倍。工农业用水的情况更令人吃惊。据计算，生产一辆汽车需要 40 万公升水，生产一公斤钢要 150 公升水，生产一公斤纸要 700 公升水，生产一公斤合成橡胶要 2000 公升水。这些工业生产还易于造成水源污染。在农业上生产一公斤菠菜要用 50 公升水，一公斤小麦 1500 公升水，一公斤大米 4500 公升水，一公斤鲜牛肉 3 万公升水。

我国水利和地质工作者近两年来通过大规模勘测调查，初步查明我国水资源情况：河川径流总量为 26300 亿立方米，地下水天然资源总量为 8000 亿立方米。我国水资源总量仅次于巴西、苏联、加拿大、美国、居世界第五位；但人均占有量只相当于世界人均占有量的四分之一，低于世界大多数国家。①

随着各方面的发展，我国本来不缺水的地区，水源也日益紧张。特别是在缺水的北方地区矛盾更尖锐。以北京为例，1973 年以来，夏季高峰用水每天缺水 10 万多吨，最高时缺十七八万吨，所以水资源的保护是一个十分迫切的重要问题。

我国在水污染防治方面做了大量工作，成绩是肯定的。但是，目前水资源的污染和破坏情况仍然十分严重。据 1981 年统计，全国废水总排放量为 303 亿吨，其中，工业废水 240 亿吨，占 79%。若按万元产值的废水排

---

① 见《我国水资源居世界第五位》，《人民日报》1981 年 10 月 9 日。

放量计，我国相当于西德的 3 倍、日本的 2.6 倍。每年随工业废水排出大量有毒有害物质，其中汞、镉、铬、铅等重金属一万多吨，有机物 400 多万吨，石油类 327000 万吨，酚、氰 35000 吨。由于 85% 的工业废水未经处理，直接排入水域，严重污染了江河湖海和地下水，也浪费了大量的宝贵资源。据近两年对全国 53000 公里河段的调查，鱼虾绝迹、成为 "死水" 的河段有 2400 公里，水质符合饮用水、渔业用水水质标准的只有 14.1%。据对 47 个城市地下水源的调查，有 43 个城市受到污染。占 91.4%，许多有害物质的含量超过了饮用水水质标准。

水污染是我国当前的主要环境问题之一。它不仅直接影响人民的健康，而且使工、农、牧、副、渔业生产都遭到了很大的危害。作为上海市饮用水源的黄浦江，每天要接纳 374 万吨工业废水和生活污水。每到夏季，江水发黑变臭，并且逐年恶化。淮河干流 500 多公里，支流 29 条，大型水库 13 座，大型湖泊 3 个，全部受到污染。尤其是蚌埠段，近几年曾出现罕见的水体污染严重事件：以河水为水源的工厂，次品率达 100%，自来水发黄味苦，饮用后头晕、腹泻、嘴麻，每天有数万人疲于取井水喝。水污染对水产品的影响也很大。20 世纪 50 年代全国淡水鱼捕捞量为 60 万吨，70 年代只剩 30 万吨，这一下降趋势目前还没有停止，重要原因之一是水污染。水产品质量也明显下降，淡水鱼体中检出残毒的约占全国淡水鱼产量的 70%。

从国外与水污染作斗争的历史来看，美、英、苏、西德等一些国家曾经严重污染的河流、湖泊，近年来有了明显好转。如芝加哥河、底特律河、泰晤士河、莫斯科河、莱茵河以及美国五大湖均已出现曾长期绝迹的鱼群。日本 97 个主要水域中，75% 有改善或处于稳定状态。这一成绩的取得，固然有多种因素，而加强水污染防治的法律调整，则是各国共同采取的一个很重要的措施。

我国虽已颁布《环境保护法》，但这只是环境保护的基本法，其中对水污染防治问题只作了很原则的规定，还必须制定进一步具体化的法律。因此，制定和颁布《水污染防治法》实为当务之急。

外国水污染防治的立法

从世界各国水污染防治立法的历史过程来看，大体可分为四个阶段，即产业革命爆发以前；从产业革命爆发到 19 世纪末；从 20 世纪开始到 60 年代末；70 年代以来。

产业革命爆发以前，是水污染防治立法的萌芽时期。有些国家的法律中开始出现关于水污染防治的零星规范。例如古巴比伦汉谟拉比法典有禁止鞋匠住在城内，以免污染水源的规定。从产业革命爆发到 19 世纪末，是水污染防治立法开始兴盛的时期。产业革命爆发后，随着蒸汽机的发明和广泛应用，工厂林立的大城市的兴起，一些工业较发达的国家开始注意水污染控制的立法。最早立法的国家是英国、爱尔兰、西班牙、美国。英国早在 1833 年就制定了《水质污染控制法》，爱尔兰于 1847 年、1863 年制定《河道法令》，1876 年、1893 年制定《河流污染防治条例》，1878 年制定《公共卫生条例》，1890 年修正。西班牙水污染控制的立法比较零碎，公共卫生、渔业保护、采矿、洗涤剂及杀虫剂禁用令等法规都有涉及，《1879 年 6 月 13 日水法》的条款，至今仍然有效，美国于 1899 年制定河川港湾法。

从 20 世纪开始到 60 年代末，是水污染防治立法逐步深入的时期。随着水污染问题的逐渐严重，水污染防治的立法被更多的国家注意。一些立法较早的国家，水污染防治法律规范进一步具体化，有的国家开始制定海洋污染控制的单行法规。

20 世纪 70 年代以来，是水污染防治立法的大发展时期。由于水污染在一些工业发达国家成了严重的社会问题，震惊世界的日本水俣事件、富山事件和米糠油事件等逐步查清，许多国家更加重视水污染防治的立法，纷纷制定严格的、完整的水污染防治特别法。日本于 1970 年召开了《公害国会》，修订了《公害对策基本法》，并制定了《水质污染防治法》。苏联于 1970 年通过《苏联和各加盟共和国水立法纲要》。西德于 1976 年制定《水法》和《排污收费法》。美国在过去水污染控制法的基础上，于 1977 年制定《联邦清洁水法》。意大利也于 1976 年制定《水污染控制法》。挪威于 1970 年制定《水污染法令》，1972 年还制定了《关于饮用水行业的规定》。由于切实加强了水污染防治的法律调整，一些原来水污染严重的国家，情况有了根本好转。

从水污染防治立法的历史来看，和大气污染防治立法的历史有不同点。1955 年到 1970 年的 15 年，是大气污染防治立法的大发展时期，而水污染防治的立法进展较慢，直到 20 世纪 70 年代以后才进入立法的大发展时期。

原因何在呢？从有关情况来分析，很可能是因为大气污染事件引起各国普遍的注意，比水污染事件引起各国普遍的注意要早。大气污染事件在 20 世纪 50 年代，甚至 30 年代（比利时马斯河谷事件发生在 1930 年）就开始引起人们的重视；而水污染事件，如日本的水俣病、骨痛病等，直至 60 年代后期才逐渐查清原因，引起人们的重视。看来，污染事件的教训，对各国环境立法所起的推动作用是很大的。

从世界各国水污染防治的立法来看，有以下一些值得注意的特点。

第一，预防为主。 不少国家水污染防治的立法都明确地提出了"预防为主"的方针。保加利亚《自然保护法问题》一书第 4 章"水体保护的法律问题"第 15 节第 2 段是"预防措施"。其中明确提出："毫无疑问，与其让水体受到自由污染，而后再对它进行净化，不如采取必要的措施，使水在使用过程中不受到污染，或者说，最大限度地限制污染更为合理。""人们愈来愈清楚，国家在保护水质的活动中，特别是在同工业污水对水体污染的斗争中，与其把注意力主要放到净化措施上，倒不如把注意力主要放到预防措施上更为实际。这不仅是因为净化装置价格昂贵，而且归根到底，主要因为在利用净化设备时，其净化效果一般还达不到 60%。由于工业生产越来越复杂和多样化，因而也要求越来越复杂越来越昂贵的净化设备，以适应工艺流程的需要。这就是说，为什么向预防措施进行投资要比先让工业污水对水体进行污染，而后再进行净化，要更合适更有效得多（特别是适用于工业水）。"《自然保护法问题》提出的基本措施是："（一）预先审查和批准工业企业及各个机关的建筑、扩建或改建计划；（二）所有企业组织和机关必须得到许可才能用水，这已成为各种用水的既定方针；（三）向特定的水库和河流排放污水时，必须得到许可；（四）把水库和河流分成等级和在国土上按地区进行工业企业的布局；（五）规定污染的极限容许标准。"《南非水污染控制》一文在"基本原理"中强调指出："水法中或许最为重要的基本原理和可以大大提高功效的规定是这样一种观点，即污染必须从两"头"进行控制。其一，必须控制用于工业的数量（即取水量），因此，可能只有数字比较稳定的最低数量的水被污染；其二，应严格控制出水水质。"《苏联的水污染控制及其立法原则》一文中提到："当新的或改建的企业选址、设计、建设和投产时，苏联的法律，在居民饮水和其他市政需要首先得到满足的情况下，允许给他们供水。新建、改建企业未采取防止水污染适当措施者，是苏联法律所禁止的。"《德意志联邦共和国环境保护法和实践》一书中指出："单靠惩罚、赔款来解决环境保护方面的一切问题，这种想法是不切实际的，正确的办法应当是，把旨在保持水的洁净的环境保护重点始终置于主管部门的检查和控制的范围之内。这种见解要求我们在处理、审批许可证和执照的实际工作中应倍加慎重和细心。"

第二，**合理规划土地利用，严格控制工业布局**。许多欧洲共同体成员国土地利用规划法律在某种程度上是用于保护内陆水域的。例如西德，各行政区提出的建设规划（包括城市建设规划），必须遵守水管理规定的要求，就是说，在审批一切建设项目时，要认真检查其是否具有合乎规定的废水处理装置。没有合乎规定要求的废水处理的保证措施，不能颁发建筑许可证。南非水法很重视对新工业布局的控制，法律规定，将排放含盐废水的工业建在海边，将易于处理的工业建在小城市或离海较远的地方。美国《联邦水污染控制法》102 节（A）规定：环境保护局长"应经过深入调查研究，会同联邦其他部门、州际水污染控制部门、跨州部门、有关的市政与工业部门，准备和提出综合规划，用以防止、减少或消除通航水域和地下水的污染，改善地面水和地下水的卫生状况。"日本《水污染防治法》第 5 条规定："自工厂或企业向公共水域排放污水或废液的排放人，在修建任何特定设施前，必须按照总理府命令的规定，向都道府县知事申报工厂的名称、地址、特定设施的种类、构造、使用方法、排放废水的处理方法、废水的数量等项目。"

第三，**建立排污和用水许可证制度**。许多国家采取发许可证的灵活办法控制污水的排放。有些国家还对工厂、企业用水也规定持有用水许可证才能抽水。美国《联邦水污染控制法》第 4 章是"许可证和执照"，对排污许可证和执照的申请、批准等问题作了详细的规定。西德《联邦水管理法》规定：任何人向地表水引入或排放物质以及向地下水排放物质，都必须有主管部门的许可证或执照。意大利 1931 年《捕鱼法典》规定：为了防止给渔业工业带来损失，各单位必须持有污水排放许可证，方可向公共水体排放污水。法律还规定："任何人建造需汲水及用水的工厂，必须持有许可证，大规模的汲水要经总统批准，少量的汲水要得到地方公共工程顾问的批准。"此外，英、法、挪威、西班牙、丹麦、荷兰、比利时、爱尔兰、南非、罗马尼亚、波兰、保加利亚等都对许可证制度作了规定。

第四，加强对饮用水的保护。有些国家的立法对饮用水源建立保护区。有些国家制定饮用水保护的专门法规。法国的《水法》规定：凡是为居民用水而抽水的地方，均应建立水源保护区。保护区分三部分，即直接部分、间接部分和远距离部分。在直接保护区，必须获得土地所有权，如果可能的话，将土地加以围墙。在间接保护区，对于诸如钻井、倾倒垃圾、使用有机肥或化肥等活动，都可加以禁止和控制。对远距离保护区，只可以控制上述活动。为了保护饮用水，对于净化厂的操作有严格的控制，并规定了严格的饮用水标准。西德的法律规定：在水源保护区，绝对禁止设立排污口。如因禁止排放而降低了不动产的经济价值，不动产拥有者有要求补偿损失的权利。

第五，制订水质标准和废水排放标准。日本《水质污染防治法》第3条规定："污水标准由总理府有关限制污染程度（包括热污染）的政令加以规定。""都道府县如果根据本地区的自然和社会条件认为本辖区内某公共水域适用第1款所述污水标准仍不足以保障人体健康和维护生活环境时，可以参照内阁政令规定的标准，以条例对该公共水域规定比该款所述容许量更为严格的污水标准。"美国《水污染控制法》第3章是"标准与实施"，对水质标准作了详细规定。苏联为家用和市政需要从中取水的水环境中的近500种物质，确定了最大许可浓度；此外还为用于水产业的淡水及海水中的60种物质确定了最大许可浓度。

第六，经济刺激。外国普遍采取提供资金或补助金、收费、罚款、累进收税、低息贷款等经济刺激的办法来促进水污染的防治。美国在这方面是最突出的国家之一。《联邦水污染控制法》第2章就是"处理工程建设补助金"的专门规定，此外还有"研究与发展补助金""污染控制规划补助金""培训补助金""奖学金"等专门规定。匈牙利的办法是征收用水费。水费按基本用水量计算，对缺水期浪费水者实行罚款。爱尔兰则由工业发展局会同工业研究与标准研究所向安装污水处理厂和处理设施的新工业或现有企业提供补助资金。个人建设家庭污水处理设施，也可享受补助金。农业与渔业部负责向农业企业提供污染控制设备的安装、研究补助费。意大利《水法典》第35条规定：根据基本用水量每年向水体的用户征收水费。耗水量超过基本用水量时，实行累进收费法。《1944年8月3日法令关于鼓励为地方城镇建造公共工程措施的规定》规定：国家为地方当局提供固定补助资金或低息贷款，以帮助建设下水道系统和安装污水净化设备。根据《1957 年 6 月 30 日法令》，工业部门也可以享受低息贷款。贷款额可占其承付的工业污水净化厂的基建、扩建和发展费用的 70%。此外，西德、日本、西班牙等也作了相应的规定。

第七，违法责任。外国一般都规定了追究违法责任的法律规范。采取的法律制裁手段不尽相同，大体可分行政制裁、民事制裁和刑事制裁三类。意大利《水污染控制法》（1976）规定："凡未经批准擅自排放污水，应处以两个月至 2 年的徒刑，或罚款 50 万至 1000 万里拉。"《刑法典》第 439、440 条规定：凡危害或污染饮用水或食品加工用水按违法行为论处的行动应予追究，可处以罚金或徒刑。罗马尼亚《水法》（1973 年）第 52 条规定：国家水委员会（管理机构）可在出现严重污染，或污染已严重威胁到公共卫生或可能造成重大经济损失时，命令一切导致此污染的活动、装置或生产暂停，直至消除污染原因。《环境保护法》（1973 年）第 73 至 79 条规定：凡违反本法者，应给予行政制裁，包括：情节较轻，不足给予刑事制裁者，罚款 1000～10000 列伊；对造成严重水污染的污染源，或严重危及公共卫生或国民经济的污染源，全部或部分停止生产或活动。《1974 年水法》规定：违反本法规定，处以 2000～15000 列伊的罚款或 3 个月至 2 年的徒刑；情节严重者，如受污染的水体已危及公共卫生，则应处以 15 年至 20 年的徒刑。日本《水质污染防治法》第 4 章是"损害赔偿"，第 6 章是"罚则"。保加利亚《自然保护法问题》一书第 4 章第 16 节"违反水体保护法规应负的责任"中，对行政责任、民事责任、刑事责任，分别作了详细叙述和分析。

我国水污染防治的立法

我国水污染防治法的制订，应贯彻"全面规划，合理布局，综合利用，化害为利，依靠群众，大家动手，保护环境，造福人民"的"三十二字方针"和"国民经济与环境保护统筹兼顾、协调发展"，"防治结合，以防为主"，"坚持权利义务的一致性"等基本原则，关于水污染防治法的内容，主要探讨以下几个问题：

第一，法的任务和适用范围。水污染防治法的任务是：防治水污染，保护水质，以维护生态平衡，保证水资源的有效利用，保障公民身体健康，促进社会主义物质文明和精神文明的建设。这里需要注意的是：有些同志认为，应将"促进社会主义物质文明和精神文明的建设"这句话改为"促进社会主义经济的发展"。我认为不妥。前者对水污染防治法目的性的表述，比后者更全面，更深远。例如风景游览区水体，是人民生活环境的一部分，给人们以文化熏陶、身心休养和爱国主义教育。这些水域如果被污染或破坏，不只是影响社会主义经济的发展，而且影响社会主义精神文明的建设。

我国已颁布的《海洋环境保护法》的适用范围是"中华人民共和国的内海、领海以及中华人民共和国管辖的一切其他海域"。所以，水污染防治法的适用范围应当是：中华人民共和国领域内的江河、湖泊、运河、渠道、水库等地表水体及地下水体的污染防治。

第二，防治结合，以防为主。水污染防治法怎样贯彻这一基本原则呢？关键是规定以下几项主要措施。

（1）划定保护区，严格管理。水污染防治法需规定各级人民政府对生活饮用水源地（是指城市、城镇、工矿区集中式给水取水点的上游一千米及下游一百米的范围或地方人民政府特别划定的范围）、风景游览区水体（是指人民政府划定的风景游览区范围内的水体）、重要渔业水体（"渔业水体"是指划定的鱼虾类的产卵场、索饵场、越冬场、洄游通道和鱼虾贝藻类的养殖场）和其他有特殊经济文化价值的水体，划定保护区，严格管理。例如规定上述保护区（生活饮用水源地只限城市的生活饮用水源地）内，不得设置排污口，在保护区邻近设置排污口，必须保证上述水体不受污染。

（2）坚持环境影响预断评价和"三同时"制度。水污染防治法需规定：

①新建、扩建、改建的工程项目，在选址、定点阶段，必须在建设项目可行性研究的基础上进行水环境影响评价，写出环境影响报告书，经环境保护部门审查同意后，方可编制建设项目的计划任务书。

②上述建设项目的设计方案中，必须有水污染防治篇章，经环境保护部门审查同意后，方可动工。若修改经批准的设计方案，必须重新报环境保护部门审批。

③上述建设项目竣工后，其水污染防治的设施，须经环境保护部门检查验收，不合规定要求的，不准建设项目投产。强行投产的，要追究责任。

（3）将水污染防治纳入城市规划和市政管理。水污染防治法应规定：

国务院有关部门和地方各级人民政府应将合理开发、利用和保护城市的地表水体和地下水体，防止污染，作为城市规划和市政管理的重要内容，健全供水、用水、排水管理制度，积极修建排水管网和城市污水处理设施。

（4）对危害严重的排污单位限期治理。水污染防治法需规定：对造成水体污染危害严重的排污单位实行限期治理。对逾期未完成治理任务的排污单位，环境保护部门可按照国家关于工厂关闭、停业、合并、转产或迁移批准权限的规定，报经批准，责令关闭、停业、合并、转产或迁移。

（5）水污染防治最经济有效的办法是，最大限度地减少污水量及其污染程度，废水重复利用，节约用水，降低新鲜水的消耗。水污染防治法需规定：国务院有关部门和地方各级人民政府要有计划地对水污染严重的企业进行整顿和技术改造。采取措施，促进无污染、少污染工艺技术的发展，推动企业节约用水，清污分流，提高水的重复利用率，减少废水和污染物排放量。对采取上述措施成效显著的单位，在税收、贷款、利率、资金和能源分配方面实行鼓励、优惠和补助政策。

（6）实行排污申报登记制度。国外普遍实行用水、排污许可证制度。我国目前治理、监测等技术条件还未完全具备，暂不宜实行这一制度。为了加强对排污的控制，水污染防治法应规定：向水体排放污染物的企业、事业单位在水污染防治法生效前三个月内，向所在地的环境保护机构如实申报登记拥有的污染物排放设施、处理设施和在正常作业条件下排放污染物的种类、数量、浓度，并提供防治水污染和特殊污染物的评价等资料；新建、扩建、改建工程和设施，应在投产（包括试产）前三个月申报登记排放污染物的种类、数量和浓度等，有重大改变时，应及时申报；拆除或闲置污染物处理设施，应事先申报，并征得环保部门同意。

至于用水是否也实行申报登记制度？由于我国幅员辽阔，水资源的分布很不平衡，不宜作一刀切的规定，只宜规定：在大、中城市和缺水地区，地方各级人民政府可实行计划用水和用水申请制度。

（7）超标排污收费。水污染防治法需规定：企业事业单位向水体排放污染物，均应符合国家或地方的污染物排放标准。不符合标准的应依法交排污费，并负责治理，承担污染后果的责任。

（8）明确规定其他各项禁止事项。如防止地表水方面，需规定：禁止向水体排放或倾倒油类、酸液、碱液和剧毒废液；禁止向水体排放或倾倒一般工业废渣和城市垃圾等固体废弃物等。在防治地下水污染方面，需规定：禁止利用渗井、渗坑和裂隙、溶洞排放有毒的和有害的工业废水、医疗污水和其他废弃物，等等。

第三，标准与监测。目前，水环境质量标准和水污染物排放标准都不健全，需要重新制订或修订。水环境质量标准是为了保护人体健康、生态平衡和生活环境而规定的各项污染物在水体中的最高允许限度。水污染物排放标准，是为了使水体达到水环境质量标准而对排放的污染物进行控制的规定。水污染防治法应规定：国务院环境保护部门应制订国家的水环境质量标准。国家的水环境质量标准应按不同用途（如生活饮用水、农田灌溉水、渔业用水等）对水质的要求，分为若干类别和级别；省、自治区、直辖市人民政府应根据国家的水环境质量标准，划定适用的水体，确定适用的等级，并对国家标准中未规定的特殊污染物做补充规定。法律还应规定：国务院环境保护部门应制定国家的水污染物排放标准。省、自治区、直辖市人民政府对执行国家的水污染物排放标准，不能达到水环境质量标准的水体，可以制订地方的水污染物排放标准。有地方污染物排放标准的地区，执行地方标准。国务院环境保护部门和省、自治区、直辖市人民政府，应根据水污染防治的要求和国家经济技术条件的发展，适时修订水环境质量标准和污染物排放标准。

客观形势的发展，对环境监测的要求越来越高。有些环境污染纠纷或案件，由于缺乏足够的、准确的监测数据而难以处理。环境监测的重要性还不在于此，而在于及时了解环境质量，掌握环境污染动态和发展趋势，为防治污染、保护和改善环境服务。所以，水污染防治法应规定：各级环境保护监测机构对所管区域内的水质动态进行定期、定点监测，对水污染趋势实行预测预报。应责成全国环境保护监测总站统一水质监测方法，提出水质监测网络化、自动化、标准化的发展规划，经国家审批后实施。地方环境保护监测机构应负责组织、协调辖区内的水质监测工作。水系水源保护机构负责组织、协调本水系的水质监测工作。征收排污费和处理水污染纠纷、案件，应以负责常规监测单位的资料、数据为依据。法律还应规定：各级人民政府每年向同级人民代表大会或人大常委会作一次环境质量现状（包括水、大气等）和改进措施的报告，以争取人民群众对污染防治的监督和帮助。

第四，管理机构。水污染防治是涉及许多部门的一项综合性很强的工作。既需要有关部门互相配合，协调一致，又要有主管机构，统一指挥。水污染防治法需要规定：各级人民政府环境保护部门是水污染防治的行政主管机关；各级水利、地质等有关部门协同环境保护部门，加强水环境的管理，保护水源，防治污染；重要水系的水源保护机构，组织协调有关省市环保部门合理利用水源，保护水质，并协同环保部门开展水质监测，对排污单位进行监督；各级交通部门的航政机构负责船舶排污的监督管理。

第五，法律制裁。水污染防治法需要规定，对违法的单位和个人，应根据问题的性质，情节、后果的轻重，给予行政制裁、民事制裁直至依法给予刑事制裁。

（1）关于损害赔偿。按照我国民事法规的规定，致害者的不法行为使受害者的人体健康或财物受到损害，构成对受害者的侵权行为。受害者有要求赔偿损失的权利，致害者应承担赔偿损失的义务。在这种情况下，即使致害者（排污单位）缴纳过排污费，也不等于取得了污染环境的权利，仍应负损害赔偿责任。

赔偿的范围，应该是因损害所造成的财产利益的直接减少或灭失部分；但不排除包括因加害行为而失去的本来应该获得的利益。对人身造成的损害的赔偿范围应该是：致人死亡时，包括丧葬、抚慰、生前受死亡人抚养的无劳动能力人的抚养费；致人伤残时，包括医疗费、因丧失劳动能力所失去的收入。

污染危害或损害如系由两个或两个以上致害者所造成，致害者应负连带责任。

污染危害或损害完全是由于第三者的故意或过失造成的，则应由第三者承担赔偿责任。

污染危害或损害完全是由于天灾或其他不可抗力造成的，经过及时采取合理措施仍然不能避免对环境造成污染损害的，应免予承担赔偿责任。

污染危害或损害完全是由于受害者自身故意或过失所引起的，受害者无要求赔偿的权利。

排污单位的职工受到违反劳动保护法规的行为造成的危害或损害，应按劳动保护法规处理，不适用水污染防治法。

（2）关于行政处罚。水污染防治法需要规定行政处罚的具体条款。

违反水污染防治法，造成污染危害或损害的单位，除承担赔偿责任外，环境保护机构（船舶为航政机构）可根据情节的轻重，危害或损害的大小，给予不同的行政处罚。行政处罚包括①警告，②十万元以下的罚款，③制止投产或投入使用，④强制关闭、停业、合并、转产、迁移。

此外，还可规定，对责任人员给予警告或五元以上至受罚人月基本工资收入 30% 以下的罚款。

（3）关于刑事制裁。有些同志主张：水污染防治法应规定："凡违反本法，造成水污染、公私财产重大损失或致人伤残死亡的，对其责任人员依法判处三年以下有期徒刑或拘役。"其主要理由是，我国的《刑法》没有明确规定"污染罪"，不全面，所以水污染防治法应作上述具体规定。

我认为上述规定是不妥的。主要理由是：

我国的《刑法》，虽没有明确规定"污染罪"或"公害罪"，但是，违反水污染防治法，构成犯罪，需要追究刑事责任的，可以适用《刑法》"总则"以及"分则"中的某些条款，如第 79 条、第 105 条、第 106 条、第 114 条、第 115 条、第 129 条、第 187 条等。这些条款规定的最低刑是"二年以下有期徒刑、拘役或者罚金"（第 129 条），最高刑是"十年以上有期徒刑、无期徒刑或者死刑"（第 106 条）。

《刑法》是我国的基本法，各种立法必须维护我国刑罚的一致性。上述脱离《刑法》的规定，笼统地、简单地规定"判处三年以下有期徒刑或拘役"，虽然是不符合刑罚一致性原则的。

我认为，水染污防治法中只宜原则地规定："凡违反本法，染污损害水环境，造成公私财产重大损失或者致人重伤或死亡的，对其责任人员依法追究刑事责任。"

（载 1983 年第 2 期《法学评论》）

论《水污染防治法》

《中华人民共和国水污染防治法》已于 1984 年 5 月 11 日第六届全国人民代表大会常务委员会第五次会议通过，自 1984 年 11 月 1 日起施行。这是继《中华人民共和国环境保护法（试行）》（以下简称《环保法》）和《中华人民共和国海洋环境保护法》之后，又一个重要的环境保护法律。

制定《水污染防治法》的意义

水是生命的源泉，工业的血液，农业的命脉，是一种宝贵的自然资源。人类的生活和生产活动都离不开水。

水资源不是取之不尽、用之不竭的。我国河川径流总量为 26300 亿立方米，地下水天然资源总量为 8000 亿立方米。我国水资源总量仅次于巴西、苏联、加拿大、美国，居世界第五位；但是，按人口平均拥有的年径流量只有 2600 立方米，是世界人均拥有量的 1/4，低于世界大多数国家。随着我国工业、农业和城市的发展，对水的消费增长很快。本来不缺水的地区，水源也日益紧张。特别是在缺水的北方地区矛盾更尖锐。以北京为例，1973 年以来，夏季高峰用水每天缺水十万多吨，最高时缺十七八万吨，所以对水资源的保护是一个十分迫切的重要问题。

"水污染"是指水体因某种物质的介入，导致其化学、物理、生物或者放射性等方面特性的改变，从而影响水的有效利用，危害人体健康或者破坏生态环境，造成水质恶化的现象。

近年来，特别是《环保法》颁布以来，国家在水污染控制方面，采取了很多措施，许多工矿企业和城市结合工业整顿和技术改造，完成了一些治理任务，加强了对新建项目的控制。但是，随着工业生产的增长和城市的发展，排向江河、湖泊的污水量不断增加，水污染还没有得到控制，有些地方的污染还在发展。1983 年，全国废水排放量为 310 亿吨，其中工业废水占 77%；生活污水占 23%。随废水排出的有毒有害物质约十三万吨左右。而我国城市的污水处理厂只有几十座，工业废水的处理率仅为 17%，生活污水的处理率不足 10%，所以污染严重。目前，大江大河的干流约有 12.7% 受到了污染；支流，尤其是城市区域内的河流约有 55% 受到严重污染。城市区域内的中小湖泊受污染现象很普遍。地下水污染主要集中在大、中城市区域和污灌区，在部分地区水污染已很严重。①

水污染造成的危害是很大的：其一是，影响居民的饮用水质，从而危害居民的健康和安全。黄浦江、松花江受到严重污染后，影响了上海市、哈尔滨市一千三百多万人口的饮水，群众反应很强烈。其二是，造成鱼类死亡和水产品质量的下降。全国淡水鱼捕捞量，20 世纪 60 年代比 50 年代下降 20%，70 年代又比 60 年代下降 25%。这一下降趋势目前还没有停止，重要原因之一是水污染。其三是，影响工农业生产。水污染使工业产品质量下降，使能源耗费率提高。全国 20 个城市用于硬水软化的费用就多达十一亿多元。不合理地用工业废水灌溉农田，会使农作物减产或绝产。现在，全国有 943 万亩农田受到汞、镉等重金属不同程度的污染。有的毒物被农作物吸收后，人吃了这种含毒的农作物则将中毒致病，甚至死亡。其四是，严重影响风景游览区的建设，影响旅游事业的发展。据上海等七个城市统计，每年因水污染造成的经济损失即达 27 亿多元。全国每年因水污染造成的经济损失超过 100 亿元。因为水污染，人们的体质下降，在水污染严重的地区，发病率都比较高。一言以蔽之，水污染直接影响我国社会主义现代化建设的前进步伐。②

《水污染防治法》的颁布施行，对防治水污染、保护水资源，提供了一个强有力的法律保证。对保护和改善环境，维护生态平衡，保障人体健康，促进四化建设，具有重要的意义。同时，它标志着我国环境保护法制建设的一个重要发展，对健全我国环境保护法体系，是一个很大的促进。

---

① 参看《中国环境报》1984 年第 20 期第 1 版。
② 参看《光明日报》1984 年 5 月 15 日第 4 版。

《水污染防治法》 的特点和主要内容

第一，《水污染防治法》是我国水污染防治方面的第一部法律。它的适用范围是我国领域内的江河、湖泊、运河、渠道、水库等地表水体以及地下水体的污染防治，也就是我国内陆水的污染防治。我国海洋污染的防治则适用《中华人民共和国海洋环境保护法》。可以说《水污染防治法》与《海洋环境保护法》是"姊妹法"，都是环境保护法体系中的重要法律。

《水污染防治法》在我国内陆水污染防治的法规中起着统帅作用。过去颁布的各项内陆水污染防治的法规和规范，凡是与《水污染防治法》抵触的，都必须以《水污染防治法》为准。

《水污染防治法》的任务和目的是"防治水污染，保护和改善环境，以保障人体健康，保证水资源的有效利用，促进社会主义现代化建设的发展"。我认为在该法中有"促进社会主义现代化建设的发展"这一提法很重要。因为这是对水污染防治法目的性的表述，这一提法很全面、很深远、很恰当。例如风景游览区水体，是人民生活环境的一部分，给人们以文化熏陶、身心休养和爱国主义教育。这些水域如果被污染和破坏，不只是影响社会主义经济的发展，而且影响社会主义精神文明的建设。因此，水污染防治法的目的，不仅应着眼于"促进社会主义经济的发展"，而且应着眼于促进包括社会主义精神文明建设在内的整个社会主义现代化建设的发展。

水污染防治工作综合性很强，涉及的面又很广。既需要有关部门互相配合，协调一致；又要有主管机构，统一监督管理。所以，关于监督管理机构，《水污染防治法》作了明确的规定：各级人民政府的环境保护部门是对水污染防治实施统一监督管理的机关。各级交通部门的航政机关是对船舶污染实施监督管理的机关。各级人民政府的水利管理部门、卫生行政部门、地质矿产部门、市政管理部门、重要江河的水源保护机构，应结合各自的职责，协同环境保护部门对水污染防治实施监督管理。

由于水污染防治的内容相当复杂，这个法律只能对水污染防治方面的重要问题作出全面、系统的规定，不可能对所有实施细则问题都规定得很详细具体。所以《水污染防治法》在第 45 条中规定："国务院环境保护部门根据本法制定实施细则，报国务院批准后施行。"

第二，《水污染防治法》贯彻了"以防为主，防治结合"的方针。第二次全国环境保护会议强调，环境保护工作应贯彻"以防为主，防治结合"的方针。《水污染防治法》通篇都贯彻了这一方针，特别是体现在以下一些重要方面：

（1）将水污染防治纳入国家计划管理的轨道。《水污染防治法》第3条规定："国务院有关部门和地方各级人民政府，必须将水环境保护工作纳入计划，采取防治水污染的对策和措施。"

（2）制定和实施水环境质量标准和污染物排放标准。水环境质量标准是为了保护人体健康、生态平衡和生活环境而规定的各项污染物在水体中的最高允许限度。污染物排放标准是为了使水体达到水环境质量标准而对排放的污染物进行控制的规定。这两种标准都是执法中重要的衡量尺度。《水污染防治法》对国家的和地方的水环境质量标准、污染物排放标准的制订权限、法律效力和修订问题，分别作了明确规定。

（3）规定了国家防治水污染的管理原则和基本的管理制度。

①水污染防治同水资源管理相协调的原则。《水污染防治法》规定：国务院有关部门和地方各级人民政府在开发、利用和调节、调度水资源的时候，应当统筹兼顾，维护江河的合理流量和湖泊、水库以及地下水体的合理水位，维护水体的自然净化能力。

②水污染防治同城市市政公用事业建设相协调的原则。《水污染防治法》规定：国务院有关部门和地方各级人民政府必须把保护城市水源和防治城市水污染纳入城市建设规划，建设和完善城市排水管网和污水处理设施。

③水污染防治同工业技术改造相结合的原则。《水污染防治法》规定：国务院有关部门和地方各级人民政府应当合理规划工业布局，对造成水污染的企业进行整顿和技术改造，采取综合防治措施，提高水的重复利用率，合理利用资源，减少废水和污染物排放量。

④划定重要用水保护区制度。《水污染防治法》规定：县级以上人民政府可以对生活饮用水源地、风景名胜区水体、重要渔业水体和其他具有特殊经济文化价值的水体，划定保护区，并采取措施，保证保护区的水质符合规定用途的水质标准。

⑤环境影响评价制度。《水污染防治法》规定：新建、扩建、改建直接或者间接向水体排放污染物的建设项目和其他水上设施，必须遵守国家有

关建设项目环境保护管理的规定。建设项目的环境影响报告书，必须对建设项目可能产生的水污染和对生态环境的影响作出评价，规定防治的措施，按照规定的程序报经有关环境保护部门审查批准。在运河、渠道、水库等水利工程内设置排污口，应当经过有关水利工程管理部门同意。建设项目投入生产或者使用的时候，其水污染防治设施必须经过环境保护部门检验，达不到规定要求的，该建设项目不准投入生产或者使用。

⑥排污登记制度。《水污染防治法》规定：直接或者间接向水体排放污染物的企业事业单位，应当按照国务院环境保护部门的规定，一向所在地的环境保护部门申报登记拥有的污染物排放设施、处理设施和在正常作业条件下排放污染物的种类、数量和浓度，并提供防治水污染方面的有关技术资料。排放污染物的种类、数量和浓度有重大改变的，应当及时申报。拆除或者闲置污染物处理设施的，应当提前申报，并征得所在地的环境保护部门的同意。

⑦缴纳排污费和超标准排污费制度。《水污染防治法》规定：企业事业单位向水体排放污染物的，按照国家规定缴纳排污费；超过国家或者地方规定的污染物排放标准的，按照国家规定缴纳超标准排污费，并负责治理。

值得注意的是，关于缴纳排污费，《水污染防治法》的规定比《环保法》的规定更严格。《环保法》规定："超过国家规定的标准排放污染物，要按照排放物的数量和浓度，根据规定收取排污费。"而《水污染防治法》规定的排污费分两种：一种叫"排污费"，即企业事业单位，只要是直接或者间接向水体排放污染物，即使没有超过国家或地方的排放标准，也应缴纳；另一种叫"超标准排污费"，即排污超过国家或者地方规定的污染物排放标准的，应当负责治理，在治理期间，应当缴纳超标准排污费。

《水污染防治法》其所以这样规定，目的是更好地利用经济刺激的手段促进排污单位节约用水，加强治理。

⑧限期治理制度。《水污染防治法》规定：对造成水体严重污染的排污单位，限期治理。中央或者省、自治区、直辖市人民政府直接管辖的企业事业单位的限期治理，由省、自治区、直辖市人民政府的环境保护部门提出意见，报同级人民政府决定。市、县或者市、县以下人民政府管辖的企业事业单位的限期治理，由市、县人民政府的环境保护部门提出意见，报同级人民政府决定。排污单位应当如期完成治理任务。

⑨强制性的应急措施。《水污染防治法》规定：在生活饮用水源受到严重污染，威胁供水安全等紧急情况下，环境保护部门应当报经同级人民政府批准，采取强制性的应急措施，包括责令有关企业事业单位减少或者停止排放污染物。

⑩现场检查制度。《水污染防治法》规定：各级人民政府的环境保护部门和有关的监督管理部门，有权对管辖范围内的排污单位进行现场检查，被检查的单位必须如实反映情况，提供必要的资料。检查机关有责任为被检查的单位保守技术秘密和业务秘密。

（4）明确规定一些禁止事项。在防止地表水污染方面，对在地表水体范围内从事各种可能引起水污染的行为作了限制性的规定。其中对剧毒污染物、放射性物质、含病原体污水和油类的排放，作了比较严格的限制。例如第21条规定：禁止向水体排放油类、酸液、碱液或者剧毒废液。第26条规定：禁止向水体排放或者倾倒放射性固体废弃物或者含有高放射性和中放射性物质的废水。向水体排放含低放射性物质的废水，必须符合国家有关放射防护的规定和标准。第28条规定：排放含病原体的污水，必须经过消毒处理；符合国家有关标准后，方准排放。第30条规定：使用农药，应当符合国家有关农药安全使用的规定和标准。运输、存贮农药和处置过期失效农药，必须加强管理，防止造成水污染。在防止地下水污染方面，对利用渗井、渗坑和裂隙、溶洞排放有毒工业废水、含病原体污水也作了严格限制。

第三，《水污染防治法》是在对我国国情认真进行调查研究，并广泛汲取外国有益经验的基础上制定的。1980年6月正式成立了《水污染防治法》起草小组。在起草的准备阶段，整理出国内有关水污染防治基本情况的资料，翻译了大量的外国水污染防治法规和重要论著，同时，起草小组分赴吉林、黑龙江、广东、湖南等二十多个省、市进行了系统的调查研究。在起草过程中，曾反复征求国务院有关部门和各省市的意见，经过四次大的修改，才形成《中华人民共和国水污染防治法（草案）》。此后经全国人大常委会审议，又作了重要修改。

鉴于我国幅员辽阔，东西南北的情况差别很大，《水污染防治法》在水污染防治的管理体制上，采取了中央与地方相结合、以地方为主的原则。例如关于水环境质量标准的制定权限，既规定了国务院环境保护部门应该制定国家统一的水环境质量标准，同时又规定了省、自治区、直辖市人民政府可以对国家水环境质量标准中未规定的项目，制定地方补充标准，并报国务院环境保护部门备案。关于污染物排放标准的制定权限、法律效力，既规定了国务院环境保护部门应根据国家水环境质量标准和国家经济、技术条件，制定国家污染物排放标准；又规定了省、自治区、直辖市人民政府对执行国家污染物排放标准不能保证达到水环境质量标准的水体，可以制定严于国家污染物排放标准的地方污染物排放标准，并报国务院环境保护部门备案；还规定了凡是向已有地方污染物排放标准的水体排放污染物的，应当执行地方污染物排放标准。在水污染防治的管理制度上，也注意了因地制宜的原则，充分发挥地方政府的作用。例如关于划定重要用水保护区制度、排污登记制度、限期治理制度等。

所有这些，都说明《水污染防治法》是在对国情作了认真的、深入的调查研究的基础上制定的。

在汲取、借鉴外国的经验这个问题上，注意了既要积极引进外国的好经验、好措施，又要防止生搬硬套的偏向。国外许多资料强调水污染防治应贯彻"预防为主"的方针以及加强对饮用水的保护等制度和措施，起草小组对这些重要经验都认真地吸收了。但有些制度，考虑到目前条件不同不予采用为好。

第四，《水污染防治法》规定了明确的、严格的法律责任。"法律责任"一章，分别规定了行政责任、民事责任、刑事责任。

（1）行政责任。第37条对有些行为，如拒报或者谎报国务院环境保护部门规定的有关污染物排放申报登记事项的；违反本法的有关规定，贮存、堆放、弃置、倾倒、排放污染物、废弃物的，作了给予警告或者处以罚款的规定。

值得注意的是，针对目前有些排污单位拒绝缴纳排污费，环保部门对此没有强制手段这一问题，在这一条中还规定了：对不按国家规定缴纳排污费或者超标准排污费的，也可以根据不同情节，给予警告或者处以罚款。

第38条，对造成水体严重污染，经限期治理，逾期未完成治理任务的企业事业单位，规定了严格的行政处罚，即"除按照国家规定征收两倍以上的超标准排污费外，可以根据所造成的危害和损失处以罚款，或者责令其停业或者关闭"。

第 39 条规定了"双罚"制度，既处罚违法的单位，又处分有关责任人员。这一条规定："违反本法规定，造成水污染事故的企业事业单位，由环境保护部门或交通部门的航政机关根据所造成的危害和损失处以罚款；情节较重的，对有关责任人员，由所在单位或者上级主管机关给予行政处分。"

（2）民事责任。规定实行无过失责任原则。即水污染危害，无论致害者是否有过失，都应对受害者负赔偿责任。第 41 条规定："造成水污染危害的单位，有责任排除危害，并对直接受到损失的单位或者个人赔偿损失。"还明确规定，有三种情况是例外的：即"水污染损失由第三者故意或者过失所引起的，第三者应当承担责任"；"水污染损失由受害者自身的责任所引起的，排污单位不承担责任"；"完全由于不可抗拒的自然灾害，并经及时采取合理措施，仍然不能避免造成水污染损失的，免予承担责任"。

（3）刑事责任。比《环保法》的规定更具体、明确。《环保法》只是原则规定："对严重污染和破坏环境，引起人员伤亡或者造成农、林、牧、副、渔业重大损失的单位的领导人员、直接责任人员或者其他公民，要追究行政责任、经济责任，直至依法追究刑事责任。"而《刑法》没有专门的条款规定"污染罪"或"公害罪"，只是有些条款与环境保护有关，可以适用。《水污染防治法》在第十三条作了《刑法》的补充规定，即"违反本法规定，造成重大水污染事故，导致公私财产重大损失或者人身伤亡的严重后果的，对有关责任人员可以比照刑法第一百一十五条或者一百八十七条的规定，追究刑事责任。"

此外，在"法律责任"这一章中，对程序法也作了明确的补充规定。

（载 1984 年第 5 期《法学研究》）

对修订水污染防治法的几点建议

一 逐步健全水污染防治法体系

水污染防治法体系，是一个国家水污染防治法律规范组成的、多层次的、互相配合互相制约的有机整体。目前，我国虽然有水污染防治法、水污染防治法实施细则等法律、行政法规、规章以及一些有关的、单行的或者综合性的地方性法规、规章；但是，事实证明，在社会主义市场经济条件下，仅有现行的这些法律、法规、规章是不够的，还没有形成一个强有力的水污染防治法体系。

怎样健全我国水污染防治法体系呢？除了修订水污染防治法，尽可能把这个法的质量搞得好一些以外，关键的一步是制定以六大水系（即长江、黄河、黑龙江、珠江、海河、淮河）、流域为单元的水污染防治单行条例，作为水污染防治法体系的"骨干"，需要作以下几点解释：

（1）我国地域辽阔，河流众多，世界最长的十大河流中我国有 4 条，而且水系类型多样，地区差异显著；所以，以水系、流域为单元来制订水污染防治条例，十分必要，好处甚多；主要是便于实现水污染防治的"六结合"，即上游与下游结合、干流与支流结合、流域与区域结合、地表水与地下水结合、中央立法与地方法结合、局部与整体结合，这是水污染防治立法应当注意的重要特点。

（2）法规的名称，统一称为《XX 流域水污染防治条例》。"流域"包括干流与支流两岸的污染源（主要指排污的工矿企业）等，比"水系"的含义更广；标题中标出"流域"，使法规的任务范围更明确。

（3）水污染防治条例的主要内容是：管理机构的组成和职责；污染源调查、管理和治理；水环境质量标准和污染物排放标准的制定；监测网络的建设；事故的防范与处理；及时通报、协调行动、社会公众的参与和监督等制度；奖励与惩罚。

（4）所谓水污染防治法体系的"骨干"，是指这些条例，都作为行政法规来制订，修订后的水污染防治法的具体化，是保证水污染防治法的要求落实、而又为同一水系的水污染防治地方性法规、规章所必须遵循的，属于这六大水系的较小水系则可根据大水系水污染防治条例，制订或修订水污染防治的地方性法规或规章，例如湘江水系，则应根据《长江流域水污染防治条例》，将现行的《湘江水系保护暂行条例》修订为《湘江流域水污染防治办法》。需要指出的是，现行的《湘江水系保护暂行条例》，是由湖南省人民政府发布施行的，从法规的等级来讲，属于地方性规章，名称叫"条例"是不合适的，应改为"办法"或"规定"，以免与行政法规相混淆。

（5）其他水系（包括江、河、湖泊、水库），特别重要的必要时也可以制定水污染防治的行政法规。例如乌苏里江是黑龙江的一大支流，本应根据《黑龙江流域水污染防治条例》制订地方性法规如《乌苏里江流域水污染防治办法》；但是，由于它是中俄两国的界河（全长764公里），鉴于乌苏里江流域的重要性，为了强化乌苏里江流域的水污染防治，也可以考虑制定行政法规《乌苏里江流域水污染防治条例》，但其内容需注意与《黑龙江流域水污染防治条例》相协调。

（6）这样就能建成基本上分为三级的水污染防治法体系：第一级是法律，是环境保护法、水污染防治法；第二级是行政法规，是六大水系水污染防治条例以及其他水污染防治的行政法规，如水污染防治法实施细则等；第三级是地方性法规、规章。

综上所述，在修订的水污染防治法中，对怎样健全水污染防治法体系问题，应当作出明确、有力的规定。

二　加强地下水污染防治

地下水污染防治是水污染防治法的重要任务之一，现行水污染防治法对地下水污染防治的规定不够有力，需要在现有规定的基础上充实和强化。现在，地下水资源的开发利用缺乏规划和管理，存在严重超量开采、水位持续下降、漏斗面积不断扩大和城市地下水受到普遍污染等问题，因此，在修订的水污染防治法中，建议增加以下条款：

"国务院和各级地方人民政府要全面评价地下水严重超量开采的现状、影响以及不同条件下的控制措施，统一规划地下水的开发利用，对地下水和地表水进行综合管理。

要划分和确定地下水资源保护区，采取地下水人工补给、地表水和地下水联合调蓄、建立地下水库等措施，以保证地下水采补平衡、供需平衡。

要实行水价格机制，建立地下水取水许可证、征收水费等制度，抑制对地下水资源的浪费。"

三　经济手段法律化

这是社会主义市场经济条件下重要的立法原则之一，对促进水污染防治的主要的经济政策、手段，应当在修订的水污染防治法中得到充分的体现并加以具体化。例如原西德制定的洗涤剂法制定了洗涤剂中必须有80%的物质能够通过生物途径分解，并规定了水厂及用水户的法律责任，这种立法的具体、明确性是值得学习借鉴的，当然不是说要不顾客观条件地照搬。修订的水污染防治法，建议在"总则"一章中作原则性规定，在其他章节中作若干具体规定，原则性规定的条款可表述如下：

"国家对节水好、耗水量低以及其他有利于水污染防治的先进设施、设备、工艺、产品、企业，实行经济上扶植、优惠、奖励的政策，财政、金融、税收等有关部门应与环保部门密切配合，制订相应的法规、规章颁布实施。"

四　关于加强水污染防治的管理，建议增加以下条款

"加强水源保护区的水质监测和执法监督力量，逐步推行水源保护区污染防治管理的目标责任制。"

"国务院要制定全国污水资源化的计划和污水资源化的水质标准、行业用水的水质标准。要制定建立污水处理厂的规划，倡导污水处理和再生利用的企业化经营，促进环保产业的发展。"

（载 1995 年 4 月 6 日《中国环境报》；

获《中国环境报》水污染防治立法征文奖二等奖）

为保证 2000 年淮河水变清，
需要进一步加大治理投入

淮河流域水污染防治经过三年多的艰苦奋战，基本实现了第一阶段的目标，即 1997 年全流域工业污染源达标排放，削减全流域 40% 的污染负荷，成绩很大，得来不易。今年开始了治淮第二阶段，怎样在巩固第一阶段成绩的基础上，夺取 2000 年淮河水体变清的最后胜利，这是全国人民非常关心的问题。治淮是治理"三河"、"三湖"污染的第一战役，也是最主要的战役，治淮战果如何，对"三河"、"三湖"污染的治理影响很大。

"淮河水体变清" 的内涵是什么？

《淮河流域水污染防治暂行条例》（以下简称《条例》）第三条规定："淮河流域水污染防治的目标：……2000 年淮河流域各主要河段、湖泊、水库的水质达到淮河流域水污染防治规划的要求，实现淮河水体变清。"这一段话的概念比较抽象，需要具体化。"变清"这个概念的内涵是什么？据 1997 年 12 月 27 日《中国环境报》报道："淮河干流目前总体水质达到三类水"，是否可以这样认为："2000 年淮河水体变清"是指：2000 年淮河干流总体水质达到国家地面水环境质量标准二类以上；集中式生活饮用水源的水质符合国家卫生标准；支流的水质按功能分类，符合国家规定的水质标准？

治淮第二阶段的首要任务是什么？

治淮第二阶段的任务很多，例如严格执行《条例》，进一步落实达标排放规定；组织有关部门对辖区内所有工业污染源进行检查，保证治污设施正常运转；强化水质监测，对违法超标排放污染物的当事人坚决查处，依法追究当事人的责任等。但是必需搞清楚第二阶段中第一位的任务是什么？目标是什么？根据《条例》的规定，参考国内外的经验教训和治淮的实际情况，我的回答是：建设足够的城镇污水集中处理设施并保证按期正常运行，是治淮第二阶段的首要任务。其主要理由是：（1）要保证淮河水变清而且不再发生污染事故，就一定要做到：需要流进淮河的所有污水必须经过处理达到排放标准之后，才被允许流进淮河，这就必需建立几道"防线"，工业污染源的达标排放只是防线之一，而城镇污水集中处理设施是更重要的一道防线，因为总会有一部分工业污染源的污水达不到排放标准而需要流进淮河；同时，还有大量的生活污水需要流进淮河；这两种污水只能靠城镇污水集中处理设施集中收集、处理，达到排放标准后，才能允许流进淮河。（2）据了解，"九五"期间，沿淮四省计划建设的40家污水处理厂的建设速度缓慢，如果第二阶段再不把城镇污水集中处理设施的建设这项任务放在首位抓紧抓好，则治淮的最后胜利很可能会落空。（3）污水集中处理设施的建设，一般耗资大，工期长，必须充分估计并抓紧解决好完成这项任务所需的财力、物力和时间问题。

从英国泰晤士河治理的经验来看：泰晤士河从18世纪末开始，遭到严重污染，河水变黑，成了一条肮脏的大臭水河，世世代代在这条河里繁殖的、味道鲜美的萨门鱼，自1833年以后完全绝迹，直到1974年以后，才重返泰晤士河。萨门鱼是一种需要充足氧气的鱼类，只在清洁的河水里才能生存。萨门鱼重返泰晤士河表明，这条河的污染确已得到控制，泰晤士河为什么能"死"而复生呢？最重要的一项措施是修建足够的污水处理厂并保证按时正常运行，从20世纪50年代开始，到1983年底，英国在泰晤士河流域已建起453个污水处理场，其中最大的贝克顿污水处理厂，占地100公顷，负责处理伦敦北部200万人口地区的污水，每天达100万至300万吨。

国家环保局长解振华于今年2月12日答中外记者问时说："从现在起到2000年，淮河流域需投资50亿～60亿元，建设55座城市污水处理厂，每天污水处理量达到350万吨。"根据这一情况，建议抓紧对淮河流域城镇污水集中处理设施（包括污水处理厂、氧化塘工程、污水土地处理系统等）

的建设规划进行一次复查，经过充分的调查研究和论证，制定或修订出一个切合实际的、能保证及满足淮河水变清要求的城镇污水集中处理设施建设规划。

要为建设城镇污水集中处理设施投入足够的资金

要建设保证满足淮河水变清要求的城镇污水集中处理设施，特别是大型城市污水处理厂，必需足够的资金，这个问题应该是可以解决的。第一，国务院及有关部门都极为重视，并在信贷、税收、征地等方面实行了倾斜、扶持政策。如原国家计委下达了 5 亿元城市污水处理厂贷款计划；原经贸委、财政部等部门规定 22 种城市污水集中处理设备等可享受 1997 年进口商品暂定税率；原国家计委把拟开工的 16 个城市污水处理厂项目征地作为重点工程给予了优先考虑；财政部、原国家计委等在淮河流域开展城市污水处理收费试点工作。第二，有些新颁布的法规作了明确规定。自 1998 年 1 月 1 日起试行的《当前国家重点鼓励发展的产业、产品和技术目录》中，第二十八项"资源综合利用和环境保护"的内容之一是"大型污水处理"。自 1998 年 1 月 1 日起施行的《外商投资产业指导目录》中，已将日处理 25 万吨以上城市污水处理设备等列入"鼓励外商投资产业目录"。"九五"期间，BOT 即"兴建—经营—移交"，将成为我国基础设施的重要投资方式之一，它是一种新型的利用私人（民营）资本进行基础设施建设项目的融资方式。引入 BOT 投资方式，有助于调整结构，拓宽投资领域，培育吸收外资新的增长点。上述这些，都是解决污水集中处理设施所需资金的有利条件。

（载 1998 年 3 月 28 日《中国环境报》）

我国淡水资源形势严峻

一　目前世界淡水危机加剧

　　水在维持生命和保护环境中有着极为重要的作用。现在全世界每年排放的污水达 4000 多亿吨，从而造成 5 万多亿吨水体被污染，致使目前全世界 60 亿人口中约 20% 的人无法获得洁净饮水，每年有 220 万人死于与污染或恶劣卫生条件相关的疾病。据预测，在 2025 年之前，因为水的原因而成为难民者将多达 1 亿人。随着世界淡水系统的严重退化，世界上已知的 1 万种淡水鱼中，在最近的几十年来已经有 20% 的鱼种消失或处于将要灭绝的危险之中。全球半数河流断流，咸海和美索不达米亚沼泽地等世界上非常重要的湿地和内陆水域缩小，给当地人和野生动植物带来环境灾难，20 亿人的饮用水来自地下水，印度和中国的部分地区、美国的西部地区等地的地下水水位在下降。西欧和美国地下水农药含量越来越高。随着人口的增长和气候变暖引起干旱等自然灾害，因争夺水资源而引起地区和国家间的冲突难以避免。

　　鉴于全球水资源紧缺日益加剧，1993 年第 47 届联合国大会根据联合国环境与发展大会制定的《21 世纪议程》中提出的建议，通过了 193 号决议。确定自 1993 年起，将每年的 3 月 22 日定为世界水日。今年"世界环境日"的主题被定为：水——20 亿人生命之所系。联合国 2002 年 12 月宣布启动"国际淡水年"计划，决定将 2003 年定为"国际淡水年"，旨在提高各国政府及民众对淡水资源重要性以及淡水短缺问题严重性的认识，促进各国在淡水管理与消费领域寻求新的思路。制定新的战略，开发新的技术，提高各国民众参与保护淡水资源的积极性，争取在 2015 年以前使全世界未能饮用卫生水的人口减少一半，为后代人留下有益于其生存和发展的水源。

二　我国水资源可持续利用形势严峻

第一，缺水严重。黄河断流现象严重。黄河沿岸八省区正面临着新中国成立来最严重的用水紧张局面。黄河水利委员会专家预测，今年汛前，黄河来水有可能创 50 年来最低纪录。自 1998 年以来，山东持续 5 年大旱，中小河道全部断流。目前山东农作物受旱面积已超过 1500 万亩，有 625 万人吃水困难，50 多家骨干企业被迫限产、停产。持续干旱使越冬小麦出苗率低，一类苗比常年减少 20 个百分点。今年 1~6 月份，黄河水利委员会分配给山东的引黄水量是 21.46 亿立方米，仅相当于去年同期山东引黄水量的 60%。黄河主要水源补给地上游的省区也持续干旱。专家指出，在南水北调工程尚未建成的情况下，黄河用水紧张的局面还将持续一段时间。

有的内陆河干枯，接近沙漠化。新疆塔里木河全长 2200 公里，居世界内陆河之二。我国内陆河之首位。由于 20 世纪 50 年代的大规模屯垦，全流域生态急剧恶化。20 世纪 60 年代至 90 年代的 30 年间，塔里木河干流已由 1321 公里缩短到 1001 公里，缩短 1/4；水质急剧恶化，枯水季节矿化度大于每升 5 克。甚至超过我国灌溉用水二类标准 2~3 倍，下游垦区已基本停止饮用；断流地区地下水位已由 2 米下降到 16 米以下；绿色走廊的面积也由 81 万亩减少到不足 20 万亩，大片草原沦为沙漠，20 万亩耕地抛荒。塔克拉玛干大沙漠和库姆塔格大沙漠从东西两面向塔里木河绿洲合击。30 年间推进了 60 公里。目前，塔里木河下游地区生态仍靠紧急输水维系，水利部门今年上半年组织实施的第五次输水工程，向下游输送 3 亿多立方米水量，其中来自塔里木河自身的水量约占 1/5，其余水量均由博斯腾湖调入。

在今年"第三届水资源论坛大会"召开之前，联合国发表的《世界水资源开发报告》对 180 个国家和地区的水资源丰富状况做出了排名，我国年人均拥有近 2260 立方米用水，位居第 128 位。我国年缺水总量约为 300~400 亿立方米。水资源短缺已经成为我国尤其是北方地区经济社会发展的严重制约因素。

第二，水污染严重。据悉，我国 7 大水系中。珠江、长江水质较好，黄河、海河、松花江、辽河水质较差；水库的水质好于湖泊，太湖、滇池、巢湖水质较差，均为劣五类。1200 条河流中，有 850 多条河受到不同程度的污染；一些大型湖泊的富营养化程度也非常严重，四大海区近岸海域有机物和无机磷浓度明显上升，无机氮全部超标。据不完全统计。全国每年由于环境污染所造成的捕捞产量损失约 50 万吨，经济价值约 130 亿元。由于人们的环境保护意识不强，片面追求眼前的经济利益，再加上管理上的问题，沿江沿河城市往往把江河当做不花钱的垃圾场。以长江流域为例，在废、污水的排放中，工业废水和生活污水分别占 75% 和 25%。四川、湖北、湖南、江苏、上海、江西的废、污水排放量占流域 18 个省、市、自治区总量的 84.6%，是废、污水的主要产生地。由于污染严重，长江岸边形成许多污染带。这些污染带冲向大海，加上沿海地区产生的大量废、污水直接排入海中，导致赤潮频频发生。

水环境化学污染和病原体污染都将严重危害人类健康。中国预防医学科学院对 24 个省、市、自治区的 164 个县的 1534 个监测点作长期调查，结果发现 30% 的水样有机污染物超标，46.3% ~ 66.2% 的水样大肠杆菌超标，这是值得注意的问题。

第三，生物入侵。近日，中国科学院武汉植物所三峡课题组的专家在三峡库区考察时，意外发现了一种外国恶性杂草——紫茎泽兰。它原产中美洲，是一种适应性强的恶性杂草，繁殖速度惊人，它与周边植物抢水争肥，所到之处寸草不生，牛羊吃了会有中毒现象，堪称"绿色杀手"。国家环保总局公布的首批入侵国内的 16 种外来物种黑名单中，紫茎泽兰名列第一。紫茎泽兰在入侵云南、贵州的大部分地区后，开始入侵广西；另一种危害很大的外来物种"水葫芦"在广西境内天然水域随处可见，对水域生态环境及自然景观影响很坏，应引起有关方面的高度重视。

（载 2003 年 9 月 2 日《中国社会科学院院报》）

关于加快水资源法制建设的建议

一　国际水法和外国水法可资借鉴的一些特点

第一，许多国家的宪法或法律规定了"环境权"是基本人权。规定了环境权的40多个国家的宪法或立法文件中，环境权或者是作为人的权利之一，或者是作为国家的职责，或者二者兼而有之。1979年7月12日的秘鲁宪法第123条承认"在健康、生态平衡、适合于生命发展和风景自然保护的环境中生活的权利"。联合国在解释《经济、社会和文化权利的国际公约》的一个文件中也明确宣布，"饮水的人权是一项生活和健康的基本权利。足够的安全饮水是实现所有人权的一个先决条件"。

第二，一些国家的法律还规定了多种"水权"。包括水资源所有权、使用权、支配权、经营权、水运权、水电权、河岸权、河流流量权和湖泊正常水位权以及水权交易市场等。法国环境法2101条规定"水体为全民族的共同财产"，"人人均有权遵照法律、法规及以往制定的法律、法规的规定使用水"。美国许多州都规定了维持河流基本流量和湖泊正常水位的权利。

第三，从只考虑一个地区主要河流或河流的一部分狭隘视角发展为考虑集水区域或河流流域的以及自然水文数据；从相对简单、直接防治重大跨界污染的义务发展为建立广泛的、保护共享资源的法律制度。联合国制定的《21世纪议程》主张，为统一淡水的质量和水资源管理，需要同时追求三个目标：以流域为基础保持生态系统的统一，保护公共健康，实施水资源管理、发展人力资源。著名的国际河流，如莱茵河、多瑙河等都订立了以流域为基础的国际公约。

第四，法律规范具体、完备。在淡水资源保护方面，国际环境法建立了一个金字塔似的结构：最上层是一整套原则和规则，以下是区域制度，再往下是次区域协定或双边协定。例如，德国于 1959 年制定《自然保护法》后相继制定了《水源管理法》《环保基本法》《水管理法》《洗涤剂法》《滴滴涕法》《废水排入水域纳税法》等法规，加以执法严明，因而对水域的管理收效很好。20 世纪 50～60 年代，莱茵河水污染很严重。而现在的莱茵河水已达到饮用水标准。

第五，规定建立强有力的水资源管理机构。法国《环境法典》第二卷第一编 "水体和水域" 中规定：国家水利委员会直属政府总理领导，每个流域或流域群设立一个流域委员会和一个水利管理局。对这些机构的组成人员、任务、财政、制度、水价、排污、处罚等都作了详细规定。

第六，重视污水处理和水的重复利用率。德国环境保护部近日发表的年度报告称，德国日人均生活用水开支大约为 22 欧分，年人均水费 79.2 欧元，而日人均污水处理费则达 32 欧分，年人均污水处理费大约为 117 欧元。德国每吨生活用水均价 1.7 欧元。这说明德国人支付的污水处理费高于生活用水费。

第七，重视对淡水湿地的保护。两年前，经美国最高法院判决，各州淡水湿地的管辖权由联邦政府移交至州政府。其中，南卡罗莱州正在着手制定淡水湿地保护法案。该法案将根据湿地的大小、位置、功用、受已有排水渠等设施影响的程度等特性来划分不同等级，允许开发低等级湿地。但需要对开发商规定保护责任，补偿因土地开发而丧失的湿地面积；严格保护高等级湿地，禁止开发。

二 加快我国水资源法制建设的建议

第一，制定全国水资源立法规划。我国水资源方面的现行法律有：《水法》《水污染防治法》《防洪法》《水土保持法》以及一些相关的配套法规。总起来看，水资源方面的法律规范还不具体、不细致、不完备。有人曾提出我国应当有一部统一的水法，应当将《水污染防治法》与《水法》合并成一部法律。《水污染防治法》和《水法》是先后颁布、修订的，这两部现行法律具有同等法律效力，是相辅相成的，如果两者发生不适应实际情况的问题，可以采取及时补充、修订的办法解决，现在尚无合并的必要，如果要合并，那就要同时考虑是否将防洪法、水土保持法等有关的法律、法规都合并编纂成一部水法典。编纂、制定一部水法典的条件目前不成熟，必要性不大，当务之急是要使水资源法律规范比现行法更具体、细致、完备。

具体建议：一是制定长江法、黄河法、珠江法、松花江法、淮河法、辽河法；二是先加快制定长江法、黄河法，取得经验后再制定其他五大流域的特别法。其余重要河流、湖、库可分别制定行政法规或地方性法规；省、自治区、直辖市不应等待，应当根据有关的现行法律和行政法规，结合辖区的情况和特点，制定有关的地方性法规或规章。三是建立、健全强有力的水务管理机构。重要江河和重要湖、库，都应建立水务管理委员会、水务管理局（或处、科），作为法律法规的一项重要内容。应明确规定水务管理委员会、水务管理局（处、科）的性质、隶属关系、职责任务、人员编制、有关制度等；为了加强执法的力度，法律法规应明确规定水务管理委员会、水务管理局（处、科）的法律地位，是本流域（湖、库）特别法的主要执法机构。

第二，重要江河必须制定以流域为基础的综合性特别法律。在我国的七大水系中，海河、淮河、辽河干流长度、流域面积比长江、黄河、松花江、珠江小，但是人口总量大、密度高，资源、能源消耗高度集中，水环境问题突出，在现代化建设中同样占有重要的战略地位。是党中央、国务院确定的环保工作重点流域，因此对这七大重点水系必须分别制定以流域为基础的综合性特别法律。

第三，制定以流域为基础的特别法律需注意的问题。首先，现行《水法》《水污染防治法》《防洪法》《水土保持法》与将要制定的《黄河法》《长江法》是水资源基本法与水资源特别法的关系。两者的法律效力同等，但功能有所不同。后者立法时应尽可能与前者相协调，如果两者有矛盾、抵触之处，应按"后法优于前法"、"特别法优于基本法"的原则处理。其次，要上、中、下游一体化。要考虑流域两岸的地质、经济、人文等各方面因素。坚决贯彻全局观点，克服地方保护主义和部门本位主义等弊病，保证流域立法的高质量。再次，以流域或湖、库为基础制定的法律、法规应当是综合性的。其内容包括水质、水量，地表水、与之相连的地下水、水陆生态系统，水权和水权交易市场，流域（湖、库）的规划、开发、利用、治理、保护等。最后，有些比较复杂的重要问题，如南水北调、沿岸污水处理设施的建设和管理、水价、水权交易等，必要时可以制定配套法规。

（载 2003 年 11 月 15 日《中国社会科学院
要报》，获中国社会科学院优秀信息一等奖）

水资源可持续利用的法律对策

淡水资源的重要性

水在维持生命和保护环境中有着极为重要的作用。科学研究表明，人体的 59% ~ 66% 是由水组成的，一般情况下一个人在没有食物但是有水的环境下可以存活 7 天左右，可是在虽有食物却没有水的干燥环境下只能存活 3 天。一个城市在没有正常能源甚至没有交通工具的情况下还可以维持一定时间的正常运转，然而没有水，这个城市很快就会成为一座死城。

地球上 97.5% 的水是海水，既不能直接饮用也不能灌溉。在余下的 2.5% 的淡水中，有 87% 是人类难以利用的两极冰盖、高山冰川和永冻地带的冰雪。人类真正能够利用的是江河湖泊及地下水中的一部分，不足世界淡水总量的 1%。有人比喻说，在地球这个大水缸里可以用的水只有一汤匙。水资源不仅仅是一个环境和经济问题，同时也是社会和政治问题。没有足够的可用水，越来越多的人营养不良，寿命缩短或丧失劳动力；工农业的发展受到很大制约。在过去 50 年中由水引发的冲突共 507 起，其中 37 起是跨国境的暴力纷争，21 起演变为军事冲突，因水而起的用水条约共签署了 200 个。

世界淡水危机加剧

水在维持生命和保护环境中有着极重要的作用。现在全世界每年排放的污水达 4000 多亿吨，从而造成 5 万多亿吨水体被污染，致使目前全世界 60 亿人口中约 20% 的人无法获得洁净饮水，每年有 220 万人死于与污染或恶劣卫生条件相关的疾病，被砷污染的井水每年在孟加拉国导致 125000 人患上皮肤病，3000 人死亡。到 2025 年世界上无法获得安全饮用水的人数将增加到 23 亿，到 2050 年底，全世界 90 亿总人口中的大约 70 亿将可能面临用水短缺。随着河流流域水资源危机而出现的 "水难民" 在 1998 年达到 2500 万人，第一次超过战争难民人数。据预测，在 2025 年之前，因为水的原因而成为难民者将多达 1 亿人。随着世界淡水系统的严重退化，世界上已知的 1 万种淡水鱼中，在最近的几十年来已经有 20% 的鱼种消失或处于将要灭绝的危险之中。全球半数河流断流，咸海和美索不达米亚沼泽地等世界上非常重要的湿地和内陆水域缩小，给当地人和野生动植物带来环境灾难，20 亿人的饮用水来自地下水，印度和中国的部分地区、美国的西部地区等地的地下水水位在下降，西欧和美国地下水农药含量越来越高。随着人口的增长和气候变暖引起干旱等自然灾害，因争夺水资源而引起地区和国家间的冲突是难以避免的。

鉴于全球水资源紧缺日益加剧，1993 年第 47 届联合国大会根据联合国环境与发展大会制定的《21 世纪议程》中提出的建议，通过 193 号决议，确定自 1993 年起，将每年的 3 月 22 日定为世界水日；今年 "世界环境日" 的主题被定为：水——20 亿人生命之所系（Water-Two billion people are dying for it）。联合国 2002 年 12 月 12 日宣布启动 "国际淡水年" 计划，并根据塔吉克斯坦总统拉赫莫诺夫的提议，决定将 2003 年定为 "国际淡水年"，旨在提高各国政府及民众对淡水资源重要性以及淡水短缺问题严重性的认识；促进各国在淡水管理与消费领域寻求新的思路，制定新的战略，开发新的技术，提高各国民众参与保护淡水资源的积极性，争取在 2015 年以前使全世界未能饮用卫生水的人口减少一半，为后代人留下有益于其生存和发展的水源。

中国水资源可持续利用形势严峻

第一，缺水严重。（1）母亲河断流现象严重。黄河沿岸 8 省区正面临着新中国成立以来最严重的用水紧张局面。黄河水利委员会专家预测，今年汛前，黄河来水有望创 50 年来最低纪录，这些地区的传统农产品减产已成定局。面临严重用水紧张局面的省、自治区是：青海、甘肃、宁夏、内蒙古、山西、陕西、河南、山东。山东省省长韩寓群说，自 1998 年以来，山东持续 5 年大旱，中小河道全部断流。目前山东农作物受旱面积已超过

1500 万亩，有 625 万人吃水困难，50 多家骨干企业被迫限产、停产。持续干旱使越冬小麦出苗率低，一类苗比常年减少 20 个百分点。今年 1～6 月份，黄河水利委员会分配给山东的引黄水量是 21.46 亿立方米，仅相当于去年同期山东引黄水量的 60%。黄河主要水源补给地上游的省区也持续干旱。黄河源区分别于 1960 年、1979 年、1997 年、1998 年、1999 年发生断流，其中发生于 1998 年 10 月 20 日至 1999 年 6 月 3 日的断流时间长达 7 个多月。目前，龙羊峡、刘家峡等黄河上游大、中型水库的蓄水量已降至建库以来的历史最低点。甘肃省一位副省长说：黄河上游来水出现了近 50 年来的最低值，大面积河滩外露，龙羊峡与刘家峡区间来水比多年同期平均值减少 50% 以上，龙羊峡库容已经逼近死水位。黄河水利委员会洪尚池教授说，黄河来水少，除了气候原因外，主要是流域内工农业用水大幅增加。1950 年，黄河流域灌溉面积仅为 1200 万亩，现在已达 11000 万亩，黄河用水已超过水资源的承载能力。黄河水利委员会预计，到 2010 年，正常年份下，黄河水资源供需缺口将达 40 亿立方米。专家指出，在南水北调工程尚未建成的情况下，黄河用水紧张的局面还将持续一段时间。因此，在黄河流域率先建立节水型社会是大势所趋。长江源头通天河水已浑浊如黄河，五大干支流注入通天河的水量占总水量的 70%，但这些干流的水也都受到沙漠和干涸的严重威胁。（2）有的内陆河干枯，接近沙漠化。新疆塔里木河全长 2200 公里，长度居世界内陆河之二，居我国内陆河之首位。在生态环境极其脆弱的中国西部，养育了这一带宝贵的举世闻名的沙漠绿洲。由于 20 世纪 50 年代的大规模屯垦，全流域生态急剧恶化，60 年代至 90 年代的 30 年间，塔里木河干流已由 1321 公里缩短到 1001 公里，缩短 1/4；水质急剧恶化，枯水季节矿化度大于每升 5 克，咸涩不堪，甚至超过中国灌溉用水二类标准 2～3 倍，下游垦区已基本停止饮用；断流地区地下水位已由 2 米下降到 16 米以下；绿色走廊的面积也由 81 万亩减少到不足 20 万亩，大片草原沦为沙漠，20 万亩耕地抛荒，塔克拉玛干大沙漠和库姆塔格大沙漠从东西两面向塔里木河绿洲合击，30 年间推进了 60 公里，一旦两大沙漠合二为一，整个新疆东南部将变为人类生存的禁区。目前，塔里木河下游地区生态仍靠紧急输水维系，水利部门今年上半年组织实施的第五次输水工程，向下游输送 3 亿多立方米水量，其中来自塔里木河自身的水量约占 1/5，其余水量均由博斯腾湖调入。（3）联合国在今年 3 月 16 日 "第三届水资源论坛大会"召开之前发表的最新报告《世界水资源开发报告》对 180 个国家和地区的水资源丰富状况做出排名，中国以平均每人每年拥有近 2260 立方米用水统计数字排在第 128 位。我国年缺水总量约为 300 亿～400 亿立方米，每年农田受旱面积 700 万～2000 万公顷。全国 669 座城市中有 400 座供水不足，110 座严重缺水。河南省商丘市目前人均拥有水资源仅为 280 立方米，不足全国人均水资源量的 1/8，远远低于国际公认的人均水资源 1000 立方米的下限。水资源短缺已经成为中国尤其是北方地区经济社会发展的严重制约因素。

第二，水污染严重。一是主要污染物排放量远远超过水环境容量。据专家测算，2002 年 COD 排放量超过环境容量的 70%，二是江河湖泊普遍遭受污染。全国 7 大水系 741 个监测断面中，41% 的监测断面水质劣于 V 类（严重污染）标准；全国 75% 的湖泊出现了不同程度的富营养化，尤以巢湖、滇池、太湖为重；三是生态用水缺乏，加剧水环境恶化。辽河、淮河、黄河地表水资源利用率都远远超过国际上公认的 40% 的河流开发利用率上限，海河已接近 90%。一些北方河流呈现出"有水皆污、有河皆干"的局面，生态功能几近丧失。以长江流域为例，在废、污水的排放中，工业废水和生活污水分别占 75% 和 25%；四川、湖北、湖南、江苏、上海、江西的废、污水排放量占流域 18 个省、市、自治区总量的 84.6%，是废、污水的主要产生地；上海、武汉、南京、重庆排放的废、污水量占 21 个干流城市的 73.4%，是长江最主要的污染源。由于污染严重，在长江岸边形成许多污染带。这一条条的污染带冲向大海，加上沿海地区产生的大量废、污水直接排入海中，导致赤潮频频发生，显示我国水污染的最后一道防线已被冲破。2003 年 3 月以来，广西壮族自治区北海市的南部海岸已先后 4 次遭受赤潮袭击。昔日的渤海水清、物丰，今日的渤海"死海、空海"，水环境化学污染和病原体污染都将严重危害人类健康。在抗击"非典"的斗争中，应当强调不可忽视的一个问题是水环境病原体污染。病原体污染是指由细菌、病毒、寄生虫等造成的污染。水环境病原体主要来自城市污水、医院污水及屠宰、制革、洗毛、生物制品等工业废水和牲畜污水。水环境病原体污染可以导致传染病的暴发。中国预防医学科学院对 24 个省、市、自治区的 164 个县的 1534 个监测点作长期调查，结果发现 30% 的水样有机污染物超标，46.3%～66.2% 的水样大肠杆菌超标，这是值得严重注意的问题。

第三，有的水系洪水泛滥成灾。2002 年全国共有 1.9 亿人次不同程度遭受洪涝灾害，因灾死亡 1532 人，造成各类直接经济损失达 679.8 亿元。2003 年，淮河洪水刷新了 20 个世纪洪水的纪录，境内有近百万人大转移，受灾人口 4751.8 万，直接经济损失 181.7 亿元；湖南省湘江全流域和资水上游曾出现超危险水位洪水。

第四，血吸虫病疫情肆虐长江流域。近年来，血吸虫病在我国长江流域的湖南、江西、湖北、安徽、江苏以及四川、云南两省的部份山区呈上升趋势。现已发现血吸虫进入人的脑部、骨髓、脊椎的病例。血吸虫在人体内的寿命可达三四十年，血吸虫病的传播渠道是钉螺，有阳性钉螺存在的水域都是疫水，有的血防干部说，洞庭湖每年都发洪水，被洪水漫过的地方又有了钉螺，现在差不多整个洞庭湖都是疫水了。血防工作将是一项长期艰巨的任务。

第五，生物入侵。国家环保总局公布的首批入侵国内的 16 种外来物种黑名单中，紫茎泽兰名列第一。中国科学院武汉植物所三峡课题组的专家在三峡库区考察时，意外发现了紫茎泽兰。它原产中美洲，是一种适应性强的恶性杂草，繁殖速度惊人，它与周边植物抢水争肥，很快就能将其他植物消灭并蔓延开来，所到之处寸草不生，牛羊吃了会有中毒现象，堪称"绿色杀手"。

紫茎泽兰在入侵云南、贵州的大部分地区后，开始入侵广西；另一种危害很大的外来物种"水葫芦"在广西境内天然水域随处可见，对水域生态环境及自然景观影响很坏。"食人鱼"1985 年首次在大连海洋馆露面，接下来在遍布全国的家庭玻璃缸水族市场上备受欢迎，当最近有消息说"食人鱼"进入了黄河流域，人们的漠视态度才有了改变。因为欠考虑地引进一些物种，云南省有记载的鱼的种类有 2/3 已消失或受到威胁。

国际水法和外国水法可资借鉴的一些特点

国际水法和外国水法可资借鉴的内容，主要有以下几点：

第一，许多国家的宪法或环境法律规定了"环境权"是基本人权。规定了环境权的 40 多个国家的宪法或立法文件中，环境权或者是作为人的权利之一，或者是作为国家的职责，或者二者兼而有之。1979 年 7 月 12 日的秘鲁宪法第 123 条承认"在健康、生态平衡、适合于生命发展和风景自然保护的环境中生活的权利"。1991 年 12 月 19 日颁布的俄罗斯环境保护法第 1 条规定：以保护自然资源和个人生活方式为目标、调整社会与自然的关系，是俄罗斯环境立法的首要任务之一，环境立法的目标是加强今世与后代的利益平衡。2002 年，联合国人权委员会发表了一个关于水问题的报告，支持获得安全饮水和卫生条件是一项人权的观点；联合国在解释《经济、社会和文化权利的国际公约》的一个文件中也明确宣布，"饮水的人权是一项生活和健康的基本权利。足够的安全饮水是实现所有人权的一个先决条件"。

第二，一些国家的法律还规定了多种"水权"。包括水资源所有权、使用权（用益权）、支配权、经营权、水运权、水电权、放水权、河岸权、河流流量权和湖泊正常水位权等以及水权交易市场。法国环境法第 210.1 条规定"水体为全民族的共同财产"。"人人均有权遵照法律、法规及以往制定的法律、法规的规定使用水"。美国许多州都规定了维持河流基本流量和湖泊正常水位的权利。为了维护河流基本流量和湖泊正常水位权，科罗拉多州水利委员会除努力申请新的水权外，还实施了"水获得计划"，各种政府实体、环境资源保护组织、企业和个体户纷纷将他们已经优先占有的水权捐献给水利委员会，目前该州水利委员会已对全州 8000 英里长的河流和 486 个湖泊拥有河流基本流量和湖泊正常水位权，此后该州的环境获得了很好的保护，居民可以享受河流、湖泊的美丽景色，野生动植物特别是水生生物也因此受益；旅游业、水上娱乐行业也得到长足的发展。

第三，从只考虑一个地区主要河流或河流的一部分这种狭隘视角发展为考虑集水区域或河流流域，考虑自然水文数据；从相对简单、直接地防止重大跨界污染的义务发展为建立广泛的、保护共享资源的法律制度。联合国制定的《21 世纪议程》主张，为统一淡水的质量和水资源管理，需要同时追求三个目标：以流域为基础保持生态系统的统一，保护公共健康，实施水资源管理发展人力资源。著名的国际河流如莱茵河、多瑙河都订立了以流域为基础的国际公约，日本过去污染严重的湖泊制定了特别法（如濑户内海环境保全特别措施法）以后，情况得到根本好转。

第四，法律规范很具体、完备。在淡水保护方面，与海洋保护和生物多样性保护一样，国际环境法建立了一个金字塔似的结构：最上层是一整套原则和规则，以下是区域制度，再往下，是次区域协定或双边协定。《美国法典》第 33 卷是《航行与通航水域法律》，其中第 26 章是《联邦水污染控制法》，1972 年制定，1972 年、1977 年、1987 年修订。此法律共六章137 条，译成中文共 206 页，可谓十分详细。德国于 1959 年制定《自然保护法》，20 世纪 60 年代制定《水源管理法》，70 年代制定《环保基本法》，1996 年制定《水管理法》，1998 年修订，该法共 6 章，45 条，规定的内容很具体、明确，违反本法规定（除违反第 41 条第 1 款第 7 项是罚款 2 万德国马克外），罚款 10 万马克。还有《洗涤剂法》《滴滴涕法》《废水排入水域纳税法》等法规，加以执法很严，因而对水域的管理收效很好。在 20 世纪五六十年代，莱茵河水污染很严重，而现在的莱茵河水已达到饮用水标准。

第五，规定建立强有力的水资源管理机构。法国是最典型的例子。法国《环境法典》第二卷第一编"水体和水域"中规定：国家水利委员会直属政府总理领导；每个流域或流域群设立一个流域委员会；每个流域或流域群设立一个水利管理局。对这些机构的组成人员、任务、基金与财政、制度、水价、排污、处罚等等都作了详细规定。

第六，很重视污水处理和水的重复利用率。德国环境保护部近日发表的年度报告称，德国日人均生活用水开支大约为 22 欧分，年人均水费 79.2欧元，而日人均污水处理费则达 32 欧分，年人均污水处理费大约为 117 欧元。德国每吨生活用水均价 1.7 欧元。就是说，德国人支付的污水处理费高于生活用水费。

第七，很重视对淡水湿地的保护。两年前，经美国最高法院判决，各州淡水湿地的管辖权由联邦政府移交至州政府。目前，南卡罗莱州正在着手制定淡水湿地保护法案。该法案将根据湿地的大小、位置、功用、受已有排水渠等设施影响的程度等特性来划分不同等级，允许开发低等级湿地，但需要对开发商规定保护责任，补偿因土地开发而丧失的湿地面积；严格保护高等级湿地，禁止开发。

必须以法治水

我国水资源可持续利用形势严峻的重要原因之一是水资源法制不健全，

法制建设步伐缓慢。针对我国水资源法制建设存在的问题，借鉴国际水法、外国水法的重要经验，提出以下七点想法和建议。

第一，坚定不移地树立"以法治水"的理念。关于水资源可持续利用方面存在的问题，不少专家学者作了很多调查研究，并且提出了不少解决问题的意见、建议、方案、规划、措施，这些都是很重要的基础理论和基础工作；但是如果停止在这一步，其作用则很有限，必须及时集中上述意见、建议、方案、规划、措施，经过立法程序制定（或修订）成体现国家和全体人民意志、以强制力保证其实施的法律，才能发挥其绝对权威的效力和作用。发达国家其所以都是法治国家，就是深知这个道理。我国要建成法治国家，必须坚定不移地树立以法治国、以法治一切事业的理念；治水也不例外，必须坚定不移地树立"以法治水"的理念，制定具体、细致、完备的水资源法律规范，真正做到有法可依、有法必依、执法必严、违法必究。法律法规是反映、依据经济基础而制定的上层建筑的组成部分，法律法规的实施又反过来保护、促进经济基础的发展；经济基础是不断发展变化的，法律法规必须依据经济基础的发展变化适时地进行修订（包括立、改、废），才能充分发挥其保护、促进经济基础不断发展的作用，否则适得其反。立法工作当然应力求保证和提高立法质量，但是对一件法律法规的制定，不能要求一劳永逸，毕其功于一役。纵观中外法制建设史，法律、法规往往是在不断修订中逐步成熟、完善的，"成熟一个，制定一个"的立法指导思想容易导致立法工作滞后，应当以"只争朝夕"的精神，提高立法效率，加快水资源法制建设的步伐。

第二，建议修订宪法。在修订的宪法中，体现党的十六大关于"三个代表"重要思想等决定；同时对国家可持续发展战略，公民、法人环境权，土地、淡水等自然资源的所有权、使用权、支配权、经营权以及交易市场等重大问题作出明确的原则性规定。

第三，制定中央与地方两个积极性密切结合的全国水资源立法规划。我国幅员辽阔，地形多样，气候复杂。在这样的条件下发育的河流，与世界同纬度其他国家或面积相当的地区和国家相比，则不尽相同，具有自己的明显特点：数量众多，水量丰沛，水系多样，资源丰富。全国流域面积在一百平方公里以上的河流有 50000 余条，一千平方公里以上的河流有 1580 条，大于一万平方公里的有 79 条。还有许多湖泊、水库，重点湖、库有 28 个。我国陆地面积约与欧洲及美国相近，然而大河的数量却远远多于欧洲和美国。甚至面积为我国两倍多的北美洲，长度超过 1 千公里的大河条数也仅为我国的 2/3。我国的河流虽多，但在地区上分布很不均匀；水量丰沛，而随季节变化；而且地区差异显著，华北河流的水量远远小于南方河流，华北河流洪、枯水流量变幅大，洪水暴涨猛落，南方河流流量变幅小，洪水涨落缓慢，华北河流的含沙量远远大于南方河流，华北河流有结冰封冻现象，南方河流经冬不冻；水系类型也多种多样，树枝状水系最普遍，格子状水系也不少见，还有扇形水系、不对称水系等。河川径流量的多寡是水利资源丰富与否的一个重要标志，有了丰富的水量，才有灌溉、发电、航运、给工业及城市居民供水的条件。我国是世界上河流水量最多的国家之一，无疑水利资源是极其丰富的。我国水资源方面的现行法律是：《水法》（1988 年颁布，2002 年修订）、《水污染防治法》（1984 年颁布，1996 年修订）、《防洪法》（1997 年颁布）、《水土保持法》（1991 年颁布）以及一些相关的配套法规。总起来看，水资源方面的法律规范还很不具体、不细致、不完备，还不可能真正做到有法可依，执法必严。有人曾经提出中国应当有一部统一的水法，应当将《水污染防治法》与《水法》合并成一部统一的水法。笔者认为《水污染防治法》和《水法》是先后颁布、修订的，这两部现行法律具有同等法律效力，是相辅相成的，如果两者发生不适应实际情况的问题，可以采取及时补充、修订的办法解决，现在尚无合并的必要，如果要合并，那就要同时考虑是否将防洪法、水土保持法等有关的法律、法规都合并编纂成一部水法典。编纂、制定一部水法典的条件目前不成熟，必要性不大，当务之急是要使水资源法律规范比现行法更具体、细致、完备，应当制定、修订而尚未制定、修订的法律、法规必须有计划地尽快制定或修订。

第四，重要江河必须制定以流域为基础的综合性特别法律。我国大江大河流域很长很广。在世界最长的河流中，长江和黄河分别列为第三和第五位，此外，流经或发源于我国的澜沧江（下游是湄公河）、黑龙江，也都在世界最长的 10 大河流之列。我国通常称为 7 大重点水系是指长江、黄河、珠江、松花江、淮河、海河、辽河。

长江总长 6300 公里（仅次于亚马逊河与尼罗河），干流流经 11 个省、自治区和直辖市；支流延伸至 8 个省、自治区境内，流域面积为 180 多万平方公里，约占我国陆地面积的 1/5（相当于英、法、意大利、奥地利、日本和西德面积的总和）；流域人口总数已逾 4 亿。长江干流拥有 700 多条一级支流，其中流域面积 1 万平方公里以上的 40 多条，5 万平方公里以上的 9 条，10 万平方公里以上的 4 条。通常所说的"五湖四海"中的五湖，即鄱阳湖、洞庭湖、太湖、洪泽湖、巢湖，都集中在长江中下游地区。据统计，仅湘、鄂、赣三省沿长江两岸，面积在百亩以上的也有 18 个之多。长江流域的湖泊总面积为 22000 多平方公里，其中中下游两岸约为 21000 平方公里，占 97.8%。长江三角洲河道纵横，土地肥沃、是"鱼米之乡"，加以人口集中、交通便利、是我国工农业生产最发达地区。三峡大坝是世界第一大坝，6 月 10 日已实现蓄水 135 米，满足初期发电、通航和调蓄洪水的要求；到 2009 年，221.5 亿立方米库容可拦截百年一遇大洪水，847 亿度年均发电量可照亮大半中国，万吨级船队可从重庆直达上海。总之，长江在自然、经济、社会和国家发展战略地位等方面，具备各种优越条件，孕育着巨大的发展潜力。

黄河是我国第二大河，全长 5464 公里，流经 9 个省、自治区，流域面积近 80 万平方公里，流域的人口约 9000 多万。黄河是中华民族的母亲河，其政治、经济、文化等各方面意义都十分重要，但是因"先天不足，后天失调"而成为一条多灾的河流。

我国第三大水系是**黑龙江**，其南源额尔古纳河、黑龙江干流及其支流乌苏里江，都是中俄两国的界河，在我国境内全长 3420 公里。流域面积254796 平方公里，径流总量达 2709 亿立方米，为黄河水量的 5 倍。

松花江是黑龙江的最大支流，全长 1927 公里，流域面积为 545000 平方公里（均在我国境内，跨黑龙江、吉林省和内蒙古自治区），超过了珠江流域，占东北地区总面积的 60%。松花江虽是黑龙江的支流，然而在经济意义上却远远超过了黑龙江。松花江的干流河槽宽而深，坡度比较平缓，水量丰富，对航行十分有利，全流域通航里程为 2600 多公里，哈尔滨以下可通航千吨以上的江轮，松花江的航运量约占我国境内黑龙江流域总航运量的 95%，成为东北地区重要的水运干线。

我国第四大水系是**珠江**，干流总长 2215.8 公里，流域面积为 45.26 万平方公里（其中极小部分在越南境内），流经云南、贵州、广东三省和广西壮族自治区，是我国南方最大的河流。珠江三角洲是全国经济发达地区之一。

海河是我国华北最大的水系，干流长度只有 74 公里，它有五条大支流和向四面八方伸展出去的 300 多条较大支流，构成华北最大的水系——海河水系。流域面积 265000 平方公里，跨北京、天津、河北、河南、山东、山西及内蒙古自治区，是我国北方政治、经济、文化的心脏地带。

淮河是我国中部一条重要河流，流经河南、湖北、安徽、江苏，干流全长 1000 公里，流域面积为 18.6 万平方公里，与长江流域相接。

辽河全长 1430 公里，流域面积达 164104 平方公里，跨辽宁、河北、吉林三省和内蒙古自治区。

上述七大水系中，海河、淮河、辽河干流长度、流域面积比长江、黄河、松花江、珠江较小，但是人口总量大、密度高，资源、能源消耗高度集中，水环境问题突出，在现代化建设中同样占有重要的战略地位，是党中央、国务院确定的环保工作重点流域——"三河"，而且其流域都是跨三个省（自治区、直辖市）以上，因此，笔者认为，我国的 7 大重点水系，都必须分别制定以流域为基础的综合性特别法律。先加快制定长江法、黄河法，取得经验后再制定其他五大流域的特别法律，其余重要河流、湖、库可分别制定行政法规或地方性法规，加强管理，使"以法治水"的理念落到实处。

第五，制定以流域为基础的特别法律需注意的问题：（1）现行《水法》《水污染防治法》《防洪法》《水土保持法》与将要制定的《黄河法》《长江法》是什么样的法律关系？笔者认为是水资源基本法与水资源特别法的关系，两者的法律效力是同等级的，只是功能有所不同，后者立法时应尽可能与前者相协调，如果两者有矛盾、抵触之处，应按"后法优于前法"、"特别法优于基本法"的原则处理；（2）要上、中、下游一体化，包括源头和入海口；要考虑流域两岸的地学、经济、人文等各方面因素，要充分体现国家和全国人民的意志，坚决贯彻全局观点，克服地方保护主义和部门本位主义等弊病，保证流域立法的高质量；（3）以流域或湖、库为基础制定的法律、法规应当是综合性的，其内容包括水质、水量；包括地表水、与之相连的地下水、水陆生态系统；包括水权（水资源所有权、使用权、支配权、经营权、水运权、水电权、放水权、河岸权等）和水权交易市场；包括流域（湖、库）的规划、开发、利用、治理、保护以及供水、调水、节水、筑坝、开渠、防治洪水、水土保持、沿岸污染源的防治、污水处理设施的建设和管理、地质灾害的防治、水价问题、渔业、湿地等自然保护区的管理、保护生物多样性、防治生物入侵、污染物排放标准、许可证、监测、预警、报告等制度和违法责任等;(4)有些比较复杂的重要问题,例如南水北调、沿岸污水处理设施的建设和管理、水价、水权交易等,必要时可以制定配套法规。

第六,建立、健全强有力的水务管理机构。重要江河和重要湖、库,都应建立水务管理委员会、水务管理局(或处、科),作为法律法规的一项重要内容。应明确规定水务管理委员会、水务管理局(处、科)的性质、隶属关系、职责任务、人员编制、有关制度等;为了加强执法的力度,法律法规应明确规定水务管理委员会、水务管理局(处、科)的法律地位,是本流域(湖、库)特别法的主要执法机构。

第七,发挥地方立法的积极性、主动性。省、自治区、直辖市不应等待,应当根据有关的现行法律和行政法规,结合辖区的情况和特点,制定有关的地方性法规或规章。《浙江省水资源管理条例》从 2003 年 1 月 1 日起开始实施,是一个很好的典型,值得其他省、市、自治区借鉴。

(载《重庆大学学报(社会科学版)》2003 年第 5 期)

论大气污染控制的立法

大气污染控制立法简史

　　大气污染是指大气中连续存在着烟尘、粉尘、废气等污染物质，对人体健康、生态系统和生活环境带来恶劣影响的现象。

　　大气污染控制的立法，大致可分为四个阶段，即 18 世纪中叶产业革命爆发以前；产业革命爆发到 1952 年伦敦烟雾事件发生；伦敦烟雾事件发生以后到 60 年代末；70 年代以来。

　　第一阶段，即 18 世纪产业革命爆发以前，是大气污染控制立法的萌芽时期。早在 1306 年，英国国会颁布了用煤禁令，禁止伦敦工匠和制造商在国会开会期间用煤。

　　第二阶段，即产业革命爆发到 1952 年伦敦烟雾事件发生，是大气污染控制法开始兴盛时期。随着蒸汽机、火车头、汽车的发明和广泛应用，工厂、大城市的兴起，大气的污染逐渐严重，大气污染控制的立法也随着开始引起注意。例如英国、美国、法国和苏联等，都相继制定了一些有关的法律。但是，这一阶段的立法，一般都没有控制住大气污染的发展。震惊世界的"八大公害事件"中有五起是大气污染事件，而其中的四起就是发生在这个时期。

　　第三阶段，即伦敦烟雾事件发生以后的 1955 年到 1970 年，这 15 年是大气污染控制立法的大发展时期。许多国家逐步提高了对大气污染危害的认识，都颁布了比较严格和完整的大气污染控制法律规范。美国 1955 年《大气污染控制法》，是第一个由联邦制订的控制大气污染的法律。1963 年《清洁空气法》确定了联邦、州、地方三级制。1965 年颁布《机动车污染控制法》，1967 年颁布《大气质量法》，1970 年又颁布了《清洁空气修正法》。

英国于 1956 年颁布《清洁空气法》，1968 年进行修改。法国于 1961 年对 1917 年的《环境保护分类工厂法》作了补充规定。以后又对家庭采暖设备和燃料性能及使用条件，对汽车排气、工厂烟囱高度、各污染工业制订了法令。日本则先后制订了《煤烟控制法》《粉尘烟雾排放限制法》《公害对策基本法》《大气污染防止法》。此外，比利时、西德、波兰、意大利、荷兰也都制定了法律。

第四阶段，即 1971 年以来，是大气污染控制立法的继续完备时期。许多国家控制大气污染的情况有很大好转，立法更加完备。意大利制订了机动车辆管理法，日本对《大气污染防止法》作了三次修订，法国修订了《环境保护分类工厂法》，苏联于 1980 年 6 月 25 日正式通过了《苏维埃社会主义共和国联盟保护大气法》，西德于 1974 年颁布《关于防止空气污染、噪声、振动及其他类似现象对环境造成有害影响的法律》，1976 年又加以修订。

近年来，还订立了区域性或双边的防止大气污染的国际公约。1979 年 11 月，东西欧国家举行第一次环境问题政府级代表会议，制订了防止大气污染的公约。加拿大和美国于 1980 年签订消除两国边境的酸雨和其他类型空气污染的协定。

外国大气污染控制立法的特点

据不完全统计，到目前为止，世界上已有四十多个国家颁布了防止大气污染或保护大气质量的法律。从这些国家的立法来看，都很重视防治污染、以防为主的方针，有以下几个值得注意的特点：

第一，合理地规划和利用土地，严格把住工厂选址关。许多国家的立法中都肯定了这项根本性的措施，为此，主要采用以下三种法律制度：

（1）环境影响预断评价。就是在大型工程建设之前，对这项工程可能给环境带来的影响等问题，事先进行充分的调查研究，作出科学的预测和估计，并制订出尽可能妥善的预防损害环境的计划。

环境影响评价，在国外已作为环境管理的一个重要手段。美国是世界上第一个把环境影响评价在环境法中肯定下来的国家。

（2）颁发许可证。这是各国普遍采用的。欧洲经济共同体国家以此作为土地使用规划的重要控制手段。法国的《环境保护分类工厂法》，把工厂分成危险的、不卫生的和有噪声的三大类，第一类"危险"工厂必须位于远离居民区的地方。西德规定：凡在建造和运行中特别易于引起各种环境恶化或对公众、邻里产生严重危害的工厂，都应持有许可证。苏联《大气保护法》也作了相似的规定。

（3）建立特种保护区。许多国家把城市中的重点区域划为特种保护区，规定更严格的排放标准等特别措施，以保证区内大气污染程度处于规定的水平之下。例如英国清洁空气法规定：地方当局可以把管辖地区的全部或部分划为"烟尘控制区"，在该区内应使用无烟燃料，冒黑烟即为违法，家庭建炉必须得到许可，违者依法论处。西德州政府可以根据法律条例决定哪些地区必须加以特别控制。法国 1963 年 9 月 17 日法令规定了分区制，巴黎市分为第一区和第二区，对这两个区的规定是有所不同的。瑞典对斯德哥尔摩和哥德堡周围地区的要求非常严格。荷兰、意大利、比利时也是对不同地区有不同的要求。日本《大气污染防止法》规定，环境厅长官认为设施集中地区排放的污染物超过国家规定的最高允许量，有使该地区遭受大气污染的危险时，可以为该区新修建的排放设施规定特殊的排放标准。由于此种特殊排放标准要求严格，许多建厂者被迫改选厂址。

第二，制订大气质量标准和污染物排放标准。大气质量标准是为了保护人体健康、生态平衡和生活环境而规定的各项污染物在大气中的最高允许浓度。要求在规定的空间和限定的时间内达到大气质量标准。苏联在 1951 年第一个颁布了大气质量标准，列有 114 种物质，其标准比大多数国家严格。一些东欧国家沿用苏联的大气质量标准。美、日、加拿大、西德、南斯拉夫、瑞典、意大利等国也都在 20 世纪 70 年代初制订了自己的大气质量标准。

有少数国家持不同观点。例如英国，认为全国气象等条件不同，不主张制订全国统一的大气质量标准。

污染物排放标准，是为了达到大气质量标准，对单位时间内排放污染物的浓度或重量进行控制的规定。从外国污染物排放标准制订的历史过程来看，日本是最有代表性的国家，对污染物排放标准研究得很细。日本《大气污染防止法》规定的排放标准，就有"一般排放标准"、"特殊排放标准"、"地方排放标准"、"排放总量控制标准"、"特殊排放总量控制标准"

五种，对烟尘的控制收到了明显的效果。

第三，健全监测与监督系统。日本《大气污染防止法》在第四章之一"大气污染状况的监测"中作了明确规定。美国的主要措施是授权环保局，环保局局长可以要求任何排放源的所有人和使用人建立或保持必要的记录，提出必要的报告，设置、使用或维持必要的监测设备及其他事宜。美、日、苏等国向环保部门的官员颁发检查证件，有权对一切排污单位实行检查和监督。英国很重视传统的检查官制度，1975 年拥有国家检查员 45 名，地方政府也配备了相应的人数。法国从 1972 年起，成立 87 个防止公害队，对汽车公害进行流动监测。

日、美、法、加拿大等国都建立了自动化的监测网络和警报系统。有些国家如波兰、日本、丹麦、韩国，还对排放源规定了自行监测制度，使之主动遵守法定的排放标准。

许多国家的法律还规定，要求各种社会组织和公民协助国家机关实施保护大气的措施，参与保护大气的社会活动。并赋予公民一定的权利，如监督、检举、控告、要求赔偿损失等，形成官民一体的监督体制。

第四，减少污染物的排放。许多国家都认为这是改善大气质量的根本途径。主要采取以下三方面的措施：

（1）对污染物排放设施和装置的控制。罗马尼亚《环境保护法》规定："凡可能构成空气污染源，而又未具备控制或消除污染的适当设备或装置，或者未依照专门机构所规定的空气质量保护条件去采取措施，在这种情况下，任何新建设施都禁止使用，已有的设施则禁止再发展。"还规定："负责运输工具技术检查的国家机构，在检验运输工具行驶的全部必要条件时，首先要检验其排放废气的成分是否符合法定标准。"美国、苏联、法国、西德等国法律都有类似规定。

（2）对燃料的控制。日本《大气污染防止法》规定：都道府县知事认为有必要时，可以将指定地区分为两个或两个以上地区，分别规定燃料使用标准。英国特别重视民用燃煤污染的控制。政府鼓励研究无烟燃料的制备工艺。美国 1970 年清洁空气法中特别强调的三项研究课题之一是研究燃烧前燃料的净化。西德联邦政府根据规定，有权强行要求降低汽油中的铅含量；并规定柴油中的硫含量要逐步减少。

（3）兴建高烟囱，改进燃烧技术。英、法、西德等国都采取高烟囱政策，使烟气高空稀释排放，减少地面浓度。如法国规定：石油化工精炼厂的烟囱高度是 80～90 米；火电站的烟囱高度是 110～240 米。美、日等国都鼓励研究改进燃烧技术和烟气脱硫等方法。

第五，改造道路系统，改善交通管理。例如日本《大气污染防止法》规定：都道府县知事根据监测结果，认定某一道路及其周围地区的大气中机动车废气的污染程度超过规定的限度时，应要求该都道府县的公安委员会根据道路交通法采取措施，警察经常到现场检查汽车废气。采取这些措施后，城市交通拥挤的现象有所改善，废气排泄量也有所减少。

第六，追究违法责任：许多国家的大气污染控制法规中规定了追究违法责任的章节或条款。日本《大气污染防止法》中规定了"损害赔偿"和"罚则"两章。违法者除依法赔偿损失外，按不同情况，分别处以一年以下的劳役或 20 万日元以下的罚金。美国清洁空气法规定：故意违反执行计划、排放标准、实施标准或有类似行为者，初犯罚款每天 25000 美元或监禁一年或兼罚二者；对故意违法的再犯，罚款每天 50000 美元，监禁二年或兼罚二者。意大利的罚金也是相当多的，在某种情况下，罚金达 100 万里拉。加拿大最高罚金达 20 万美元。法国规定：对违法的工厂，罚款 400 到 2000 法郎。行政管理机构并可根据工厂违法的情节与程度勒令它停工，甚至勒令它关闭。苏联规定，"违犯者要承担刑事、行政或其他责任"；"企业、机关、团体或公民，必须赔偿由于违反大气保护法所造成的损失"；"单位的负责人员和其他有过错人员，也应承担物质责任"。罗马尼亚规定，违反大气保护法规，构成犯罪，处三个月至三年的徒刑或罚金。

我国大气污染的现状和特点

我国在大气污染控制方面，做了大量的工作，成绩是应当肯定的，但是存在的问题还很严重。我国现在是世界上大气污染物排放量最大的国家之一，而城市的大气污染尤为严重。大气污染严重的城市，1978 年有 18 个，1979 年增加到 22 个。据对 62 个城市统计，1979 年大气中飘尘含量都超过国家标准，二氧化硫含量有 17 个城市超过国家标准。全国工业和生活窑炉每年排入大气的烟尘量在 1400 万吨以上，平均每平方公里降尘量为 1.5 吨，比全球陆地平均每平方公里降尘量 0.7 吨高出一倍多。全国每年排入大气的二氧化硫估计有 1500 万吨以上，平均每平方公里的负荷量为 1.6 吨，比全球陆地每平方公里的负荷量 1 吨高出 0.6 倍。大量污染物的排放，对人体健康和工农业生产造成严重危害，越来越引起人们的重视。

我国的大气污染主要是燃料燃烧过程排放的烟尘、工业生产过程排放的废气和粉尘、机动车行驶过程排放的废气造成的。其中，煤的燃烧产生的烟尘污染是最主要的，占 70% 以上，机动车排出的约占 10.5%，工业废气约占 19.5%。

我国季节性耗煤量大。东北、西北、华北地区每年取暖用煤三千万吨左右，为平时用煤量的一倍以上，所以取暖期的污染特别严重。每天大气污染出现两个高峰，一般在早上 6～8 时和晚上 6～8 时。南方地区煤的品种杂，含硫量高，灰分大，污染也很严重。

我国大气污染控制的立法

我国虽已颁布了《中华人民共和国环境保护法（试行）》，但这仅是环境保护的基本法，只是一些原则的规定，还必须制定大气污染控制法、水污染防治法、噪声振动控制法等单行法规。对大气污染控制法怎样制订，提出以下几点粗浅的看法和建议。

第一，制定大气质量标准，修订污染物排放标准。没有规矩，无以成方圆，没有环境标准，就无法评价环境质量，就缺乏区分守法和违法的科学根据，环境保护工作也就缺乏明确具体的奋斗目标。已否制订科学的、完整的环境标准，是衡量一个国家的环保工作已否走上正轨的一个重要标志。

我国至今还没有大气质量标准。过去一直用《工业企业设计卫生标准》中有关的规定来代替大气质量标准，虽起了很大的促进作用，但这个标准与大气质量标准的目的和要求不完全一样，一般说，前者比后者要求更高。其中有的项目规定过严，不适合我国的国情。因此，应该重新制订大气质量标准。1973 年颁布试行的《工业废气排放标准》，现在已经不能适应环保工作的需要，也要进行修订。

环境标准，包括各项环境质量标准和各项污染物排放标准，一旦颁布，就是法规，实施标准就是执法。因此，标准的制订必须慎重。环境标准规定过宽，则达不到保护和改善环境的目的；规定过严，一则国家投资过大，行不通，或者一般都达不到标准的要求，流于形式，也失去规定标准的意义。所以，环境标准的制订，必须从我国的实际情况和条件出发，有充分的科学根据，从需要和可能两方面考虑。

第二，分区分级控制，保护重点。我国幅员辽阔，地区的性质、自然条件、人口情况差异很大，大气质量宜分区、分级进行控制。可以根据地区的性质、自然条件、人口情况等，划分为三类地区。第一类地区包括国家规定的自然保护区、著名风景游览区、名胜古迹和国家级疗养地；第二类地区包括：首都，重要旅游城市，省、自治区、直辖市规定的风景区、名胜古迹和疗养区，城市中的文化区和居民稠密区；第三类地区包括工业比重大的城市和工厂集中的地区。大气质量标准按地区分类规定为三级。第一、二类地区应作为露点保护地区，采取一些特别措施，例如全面规划、合理布局、严格执行环境影响预断评价、建厂许可证等制度，以严格控制有污染的工厂的选址；并严格执行"三同时"制度，规定严格的排放标准等等，以保证大气质量达到标准的要求。

第三，抓住主要矛盾，规定有力措施，集中解决主要矛盾。防治大气污染的基本内容和手段是控制大气污染物的来源。大气污染物的来源与能源政策有密切关系。从我国的能耗量来看，煤占很大比重。从大气污染监测的结果来看，煤的燃烧是大气污染物的主要来源。我国的能源政策重要内容之一是，当前和今后相当长时期内，煤是我国的主要能源和燃料。所以，大气污染控制法应将怎样控制和减少煤的燃烧所产生的污染物作为突出的内容，并研究相应的技术政策和措施。

从季节来看，冬季采暖期是烧煤最多的季节。伦敦 1952 年和 1962 年的烟雾事件都发生在 12 月间的浓雾时期。从地区来看，东北、西北、华北地区有取暖期，是烧煤最多的地区。所以，东北、西北、华北地区的采暖季节，是我国发生伦敦型烟雾事件可能性最大的时期和地区。应当针对这个重点季节和地区，具体规定防止重大污染事件的有效措施，例如采取限制主要污染物排放总量的方法、改变燃料构成等作为应急措施。

节约能源和燃料既是我国一项重要的经济政策，也是减少大气污染的积极措施。因此，大气污染控制法也应贯彻这项政策，作出相应的规定。

当然，在抓住主要矛盾的同时，还要照顾全面，解决次要矛盾。因此对其他燃料如石油、柴油等燃烧产生的污染物，对汽车、火车等流动污染源排放的污染物，也应采取适当的防治措施，例如要求汽车制造企业改进汽车废气排放装置等。

第四，建设大气污染监测网。环境监测既是环境保护的耳目，又是环境立法和执法的重要依据，需要大力加强。大气污染控制法应规定各级环境保护监测站对所管区域内的大气质量动态进行定期、定点监测，对大气污染趋势实行预测预报。应责成全国环境保护监测站统一大气污染监测方法，提出大气污染监测网络化、自动化、标准化的发展规划，经过国家审批后实施。

对制造大气污染监测仪器的企业，国家应给予低息贷款等经济上的鼓励，并创造条件，建立这类大型企业或专业化联合企业。

将环境污染情况公布于众，这样既有利于取得广大群众对环境保护工作的监督，又有利于促进群众性的防治污染工作的开展。无论社会主义国家或资本主义国家的环境法，都对此有明文规定。我国的大气污染控制法应规定各级人民政府每年向同级人民代表大会作一次大气质量现状和改进措施的报告。

第五，实行收取排污费制度。我国《环境保护法》规定："超过国家规定的标准排放污染物，要按照排放污染物的数量和浓度，根据规定收取排污费。"由于企业交纳排污费要影响产品的成本，成本联系利润，而利润是反映企业经济效果的综合指标，涉及每个职工的经济利益，所以，排污收费对环保工作起了很大的推动作用。有些省市进行了试点，效果显著。

征收排污费是手段，目的是促使排污单位搞好环境保护工作。对排污收费须注意以下几个问题：（1）收费金额起点应比较低，比相应的控制排污量所需的设备运转费稍高一点即可，以后逐年递增。（2）交纳的排污费，企业要计入生产成本，事业单位要从事业费支出，使排污费和排污单位的利润、奖金和福利事业相联系。（3）对积极治理"三废"但因工艺不成熟而超标排放者要减低收费。对有治理设施搁置不用或管理不善者，不执行"三同时"者，资金、材料已落实，限期治理而到期不治者，要加倍收费，有的还要递增或累进收费。（4）排污费原则上用于环保工作，由环保部门和财政部门监督，专款专用，违者应追究责任。（5）排放污染物的危害主要在排污单位所在地，所以收费应以"块块"为主，由主管部门收缴后按规定划归环保部门。对到期不缴排污费的要收滞纳金，法律应规定收费部门有通知银行直接划拨的权力。

第六，法律制裁。对违反大气污染控制法的，应依法给予行政制裁、民事制裁或刑事制裁。

民事制裁的主要手段是赔偿损失。除正在起草的《中华人民共和国民法》中明确规定外，大气污染控制法等环境保护法律中也可以规定相应的条款，作为补充。凡违反法律规定，因污染大气，危害公民的健康，致人病残、死亡或对公私财产造成损害，应该负赔偿责任。

排污单位缴纳了排污费，不等于取得了污染大气的权利，不应以此作为拒绝赔偿或补偿的理由。

如果污染危害或损害是由两个或两个以上致害者造成，致害者应负共同责任。受害人所受危害或损害如果是由自身故意或过失所造成，则不应有请求赔偿或补偿的权利。

损害赔偿的举证是个比较复杂的问题。因为从多种多样的大气污染源排放的各种有害物质在大气中不是单独存在的，而是结合在一起变成复合物，相乘或相加地起作用的。污染物质的传输途径很复杂，被害者对加害行为与被害之间的因果关系的举证是很困难的。有些国家的法律规定，由被告负举证责任。如日本公害罪法中规定："如果一个人在经营工厂和企业活动中，排放出有害人体健康的污染物质，致使公众的生活或健康受到危害，可以认为此种危害是由排放的那种物质引起时，就应该假定是那个人排放的物质引起的。"被告如果否认，就应由被告提出污染危害与自己行为无关的证据。

此外，还应规定损害赔偿请求权的时效。日本《大气污染控制法》规定："如果受害人或其法定代理人在知悉损害情况和应负赔偿责任人之时起连续三年不予行使，损害赔偿请求权即消失；损害发生满二十年后亦同。"根据我国的情况，损害赔偿请求权连续不予行使的时效，以一年为宜。上述"损害发生满二十年后亦同"的规定，也不大适合我国的国情。

对有些违法者，根据其违法行为情节的轻重、对社会危害的大小，应给予行政制裁或刑事制裁，或者除给以民事制裁外，同时给以行政制裁或刑事制裁。

法律制裁应贯彻以下几个原则：（1）加强对重点地区的保护的原则。

例如大气污染危害自然保护区、风景游览区、名胜古迹和疗养区、首都、重要旅游城市以及一般城市中的文化区和居民稠密区等，则应从严惩罚。（2）过失违法犯罪者从轻、故意违法犯罪者从重的原则。（3）偶犯从宽、屡犯从严的原则。

由于环境污染案件，绝大部分是属于人民内部矛盾问题，因此，法律制裁应以行政制裁（行政处罚或行政处分）和民事制裁为主要手段，刑事制裁只能作为辅助手段。但是对极少数情节恶劣、后果严重，已构成犯罪的，则仍应给予刑事制裁。

《中华人民共和国刑法》中没有明确规定公害罪或污染罪。在《刑法》未修订以前，大气污染控制法等环境保护法律可分别规定怎样追究刑事责任的条款，作为补充。待《刑法》修订时，再将上述条款纳入。

（载 1981 年第 6 期《法学研究》）

大气污染防治法的立法背景及主要内容

《中华人民共和国大气污染防治法》（以下简称大气污染防治法）已于 1987 年 9 月 5 日第六届全国人民代表大会常务委员会第二十二次会议通过，自 1988 年 6 月 1 日起施行。这是继《中华人民共和国环境保护法（试行）》、《中华人民共和国水污染防治法》、《中华人民共和国海洋环境保护法》之后的又一个重要环境保护法律。这个法律的颁布，是保护和改善生活环境和生态环境，保障人体健康，促进社会主义现代化建设的一件大事。

一　大气污染防治法的立法背景

近些年，我国在防治大气污染方面的工作有较大的进展，但大气污染仍很严重。据对全国 60 个城市的调查，大气总悬浮微粒日平均浓度超过二级标准（每立方米 300 微克）2.2 倍。32 个北方城市日平均浓度高达 860 微克，还有一些城市甚至超过 1000 微克。28 个南方城市日平均浓度为每立方米 450 微克，100% 的城市超标。

据对全国 72 个城市调查，二氧化硫年日平均浓度为每立方米 91 微克。37 个北方城市为 93 微克。对 54 个城市进行酸雨监测，发现有 45 个城市出现酸雨。

当前，我国大气污染程度已相当于世界发达国家 20 世纪 50～60 年代污染最严重的时期。特别是冬季采暖期更为突出，一些城市大气中总悬浮微粒和二氧化硫浓度已达到伦敦烟雾事件的起始值，如遇到不利于扩散的气象条件，很可能会发生重大污染事件。大气污染对人体健康产生严重危害，与大气环境密切相关的疾病发病率及死亡率在不断升高。据估算，大气污染每年造成的经济损失，高达近百亿元。

1979 年以来，国务院及有关部委在大气污染防治方面制定了一些政策和法规、规章。如 1982 年的《大气环境质量标准》，1983 年的《汽车污染物排放标准和测量方法》、《锅炉烟尘排放标准》，1984 年的《关于防治煤烟型污染技术政策的规定》，1986 年的《节约能源管理暂行条例》。各地还发布了一些地方性法规或规章。

但是，大气污染防治，内容比较复杂，涉及的面很广，亟须一项专门法律来进行综合调整。在这种情况下，我国第一部大气污染防治法应运而生。

二　大气污染防治法的主要内容和特点

我国大气污染防治法的内容和特点，主要有以下几点。

（1）以控制煤烟型污染为中心内容。

以煤炭为主的能源构成是我国长期的政策。目前，我国年产煤 8 亿吨左右，其中作为燃料燃烧的约占 84%。全国年排放烟尘量约 2800 万吨，其中燃煤排尘占年排放烟尘量的 80%，全国年排放二氧化硫约 1460 万吨，其中燃煤排放占 90%。今后，随着我国国民经济的发展和人民生活水平的提高，我国煤炭的开采量和消耗量将有大幅度的增长。无烟煤、块煤所占的比例将越来越小，原煤中所含的灰份、硫份等也将增加。因此，控制煤烟型污染是我国防治大气污染的关键。大气污染防治法以专章对烟尘污染的防治作了规定，采取了以下几项法律措施：

①控制和改造锅炉产品质量。据 1983 年统计，全国有工业锅炉 25 万台，每年耗煤 2 亿多吨，热效率只有 50% 左右；另外，还有 10 多万台茶炉和上千万个居民炉灶，每年耗煤 1 亿多吨，热效率只有 30% 和 10%，而且都是低空排放。以上两项每年耗煤 3 亿多吨，约占全国燃料耗煤总量的 50%，是重要的污染因素，我国从 1972 年开展消烟除尘以来，全国投资 10 多亿元，改造了 10 万台锅炉，但与此同时，新投入使用的锅炉中又有 10 万台亟待改造。这种治不胜治、改不胜改的局面必须扭转。所以，大气污染防治法规定：国务院有关主管部门应当根据国家规定的锅炉烟尘排放标准，在锅炉产品质量标准中规定相应的要求；达不到规定要求的锅炉，不得制造、销售或者进口；新建造的工业窑炉、新安装的锅炉，烟尘排放不得超

过规定的排放标准。

②发展集中供热。发展城市集中供热是节约能源、综合防治煤烟型大气污染的重要途径之一。在老城市改造和新城市建设总体规划中，要求把生产用热和生活用热结合起来，采用多种热源途径，编制供热规划，以集中供热的方式替代分散的供热方式。所以，大气污染防治法规定，城市建设应当统筹规则，统一解决热源，发展集中供热。

③改进城市燃料结构，发展城市煤气，推广成型煤的生产和使用。大气污染防治法规定：国务院有关部门和地方各级人民政府应当采取措施，改进城市燃料结构，发展城市煤气，推广成型煤的生产和使用。发展城市煤气的原则是：先大城市和重点环境保护城市，后中、小城市。有气源条件的中、小城市（包括工矿区），也可优先气化。合理利用多种气源。对于有天然气、焦炉余气、煤矿矿井瓦斯以及石油和化工尾气等可以利用的地区，要充分利用这些气源，发展城市燃气。煤炭资源优越的地区，要积极发展煤制气。

推广民用和工业型煤，是解决我国大气污染问题的一条重要措施。发展型煤的好处很多：一是节约能源；二是减轻污染；三是一次性投资少，适合目前国情；四是方便群众生活，减轻家务劳动，而且比较清洁。"六五"期间，我国的型煤事业有较大发展，但离普及还有很大距离。目前型煤约占民用生活煤的17%。到1990年，要求全国风景游览城市、沿海开放城市、非采暖地区的重点城市民用型煤的比例达到30%～50%。

此外，大气污染防治法还规定：在人口集中地区存放煤炭、煤矸石、煤渣、煤灰、石灰，必须采取防燃、防尘措施，防止污染大气。

（2）大气污染防治法的总则和关于管理原则、管理制度的规定，与水污染防治法的规定基本上相同，但也有一些不同。某些规定比水污染防治法更明确、更有力。

关于环境质量标准和污染物排放标准的制定、环境影响评价制度、排污登记制度、限期治理制度、现场检查制度等，大气污染防治法与水污染防治法的规定是基本上相同的，但在下列问题上，大气污染防治法的规定则更明确、有力。

①关于将污染防治纳入国家计划管理的轨道问题，水污染防治法的规定是："国务院有关部门和地方各级人民政府，必须将水环境保护工作纳入

计划，采取防治水污染的对策和措施。"大气污染防治法草案关于这一问题的规定，与水污染防治法的规定基本上相同，但经全国人大常委审议后，作了重要修改，正式的规定是："国务院和地方各级人民政府，必须将大气环境保护工作纳入国民经济和社会发展计划，合理规划工业布局，加强防治大气污染的科学研究，采取防治大气污染的措施，保护和改善大气环境。"①

②关于强制性的应急措施问题，水污染防治法规定："在生活饮用水源受到严重污染，威胁供水安全等紧急情况下，环境保护部门应当报经同级人民政府批准，采取强制性的应急措施，包括责令有关企业事业单位减少或者停止排放污染物。"大气污染防治法草案关于这一问题的规定，经全国人大常委审议后，也作了重要修改，正式规定是："因发生事故或者其他突然性事件，排放和泄漏有毒有害气体和放射性物质，造成或可能造成大气污染事故，危害人体健康的单位，必须立即采取防治大气污染危害的应急措施，通报可能受到大气污染危害的单位和居民，并报告当地环境保护部门，接受调查处理。""在大气受到严重污染，危害人体健康和安全的紧急情况下，当地人民政府必须采取强制性应急措施，包括责令有关排污单位停止排放污染物。"

③大气污染防治法增加了关于奖励的规定（第 8 条）和监测制度的规定（第 16 条）。这是水污染防治法所没有的。

此外，关于排污收费制度，水污染防治法规定的排污费分两种。一种叫"排污费"，即企业事业单位，只要是直接或者间接向水体排放污染物，即使没有超过国家或地方的排放标准，也应缴纳；另一种叫"超标准排污费"，即排污超过国家或者地方规定的污染物排放标准的，应当负责治理，在治理期间，应当缴纳超标准排污费。而大气污染防治法只规定缴纳"超标准排污费"，没有规定缴纳排污费。这是由于考虑到：与水污染相比，大气污染比较容易稀释，有一定的特殊性；又鉴于目前国家的经济条件和排污单位的实际情况，要求向大气排放污染物时，达到污染物排放标准的单位免缴排污费，是比较合适的。

（3）"区别对待，今后从严"，是大气污染防治法立法的重要指导思想。

---

① 重点符号是本文作者加的。下同。

该法对大气污染的治理，作了根据不同情况区别对待的规定。即向大气排放污染物超过排放标准的单位，尚没有造成严重污染的，一是要采取有效措施进行治理，二是要缴纳超标准排污费。对造成严重污染的单位，则作出了更严格的规定。对这些单位除了要征收其超标准排污费以外，须由有关环境保护部门报经同级人民政府决定，责令限期治理，如果逾期仍然治理不好，必须承担法律责任，即：除加收超标准排污费外，还要给以包括罚款、停业、关闭的行政处罚。对新建项目的大气污染防治，本着"今后从严"的精神，作了严格规定："建设项目投入生产或者使用之前，其大气污染防治设施必须经过环境保护部门检验，达不到国家有关建设项目环境保护管理规定的要求的建设项目，不得投入生产或者使用。"（第9条）对违反上述规定的单位，第32条规定，有关环境保护部门必须责令停止生产或者使用，可以并处罚款。受罚单位如果不服，可以在15日内向法院起诉，如果既不起诉，又不执行，则由作出该处罚决定的环境保护部门向法院申请，由法院强制执行。

对于汽车废气污染的控制问题，该法规定，现在正在行驶的汽车，其废气排放超过排放标准的，应当采取治理措施，具体监督管理办法由国务院规定；对新投入运行的汽车，则作了严格的规定，即"污染物排放超过国家规定的排放标准的汽车，不得制造、销售或者进口。"

（4）规定了明确的、严格的法律责任。

该法规定的法律责任分行政责任、民事责任、刑事责任三种。与水污染防治法的规定，基本上是一致的。其不同点主要是：

①在行政责任条款中规定：对在人口集中地区焚烧沥青、油毡以及其他产生有毒有害烟尘和恶臭气体的物质的，可以根据不同情节，给予警告或者处以罚款。还增加了"环境保护监督管理人员滥用职权、玩忽职守的，给予行政处分"的规定。

②在民事责任条款中，与水污染防治法一样，是实行无过失责任原则。第36条规定："造成大气污染危害的单位，有责任排除危害，并对直接遭受损失的单位或者个人赔偿损失。"但免责条款与水污染防治法的规定稍有不同。水污染防治法规定不负民事责任的三种情况是（1）水污染损失由第三者故意或者过失所引起的，第三者应当承担责任；（2）水污染损失由受害者自身的责任所引起的，排污单位不承担责任；（3）完全由于不可抗拒

的自然灾害，并经及时采取合理措施，仍然不能避免造成水污染损失的，免予承担责任。而大气污染防治法规定不负民事责任的只有一种情况，即水污染防治法上述规定中的第三种情况。

③关于刑事责任的规定，比水污染防治法的规定更严一些，表现在：

其一，水污染防治法第 43 条规定："违反本法规定，造成重大水污染事故，导致公私财产重大损失或者人身伤亡的严重后果的，对有关责任人员可以比照刑法第 115 条或者第 187 条的规定，追究刑事责任。"而与之相对应的大气污染防治法第 38 条的规定，把水污染防治法第 43 条中第一句话"违反本法规定"删掉了。这就是说，只要是造成重大大气污染事故，无论是否违反大气污染防治法，对有关责任人员都可以比照刑法第 115 条或者第 187 条的规定，追究刑事责任。

其二，大气污染防治法中增加了一条刑事责任条款，该法第 39 条规定：环境保护监督管理人员滥用职权、玩忽职守、构成犯罪的，依法追究刑事责任。

（载 1988 年第 4 期《法学研究》）

汽车生产应当符合
《大气污染防治法》的规定

汽车是"改造世界的机器"。汽车工业是我国的支柱产业。国务院于1994 年颁发了《汽车工业产业政策》（以下简称《产业政策》）。我国汽车工业将真正走向技术上高起点、经济上大批量、专业化，按经济规模组织生产的高速度发展道路。仅 1993 年一年的产量就相当于改革前 30 年总和的四倍；总产值从 1981 年的 72 亿元增长到 1993 年 1200 亿元。《产业政策》规定：2000 年汽车总产量要满足国内市场 90% 以上的需要，轿车产量要达到总产量一半以上，并基本满足进入家庭的需要；摩托车产量基本满足国内需要，并有一定数量出口。2010 年以前形成 3 至 4 家具有一定国际竞争力的大型汽车企业集团和 3 至 4 家大型摩托车企业集团，实现自主生产、自主销售、自主发展，参与国际竞争。2010 年汽车年产量将达到 600 万辆。总之，我国汽车工业将有一个飞速的发展。

在贯彻落实《产业政策》中，一个很关键的问题是：应当大批量生产什么车型的轿车？有一种主张是：应当大批量生产廉价的轿车，使得轿车的价格和当前多数居民的收入相适应。我认为这种主张是不全面、不正确的。循着这条思路走去，其后果的危害是不堪设想的。因为汽车排出的废气中的碳氢化合物、一氧化碳、氮的氧化物、硫的氧化物、粉尘、铅、致癌物苯并芘等污染物造成大气污染。据测量，汽车排出的废气中有 94% 是引起温室效应的二氧化碳，导致气候变暖。所以，选择车型，必须从经济效益、社会效益、环境效益三者结合起来考虑，如果单纯追求价廉，而忽视"高起点"，大批量生产超过国家规定的废气污染物排放标准的轿车，不只是在国际市场上没有竞争力，卖不出去，或者很难卖出去；就国内市场来说，也是违反《产业政策》和 1995 年 8 月 29 日重新公布施行的《大气污染防治法》的规定。是被淘汰或者受惩罚的对象，如果卖出去了，那就是增加新的流动污染源，污染大气环境，危害人民。美国 1952 年爆发的"洛杉矶光化学烟雾事件"，就是汽车废气造成的，两天内 65 岁以上的老人死亡 400 余人。另外，由于视程缩短，眼睛受刺激，使车祸增多。日本东京一个区 1970 年遭受光化学烟雾污染毒害，使 2 万人患眼痛病，正在操场活动的某校学生，突然都患红眼病和喉痛，并相继有人昏倒；到 1971 年夏，这种烟雾事件扩展到神奈川县、千叶县等地，据统计，受害人数猛增到 48000 人，在汽车进入家庭的大潮中，要极力预防类似的烟雾事件在我国重演！

应当大批量生产什么车型的轿车呢？首先需要搞清楚发达国家轿车在技术上的高起点是什么。发达国家轿车在技术上的高起点，突出的有以下三点：(1) 微型、小型。获 1995 年美国工业设计优秀奖的克莱斯勒公司的道奇微型汽车，成了美国人追求的时尚，已经驶上公路的 4500 辆这种有轿车风度的家庭实用型汽车取得了几乎像 1983 年刚上市时一样的突破性成就，小型车正再次成为欧洲的主流。1993 年后，法国雷诺汽车制造公司每月生产将近 2 万辆 Twingo 小汽车，车长 3.4 米，有 4 个座位，且十分舒适，一生产出来很快就能卖掉。法国标致汽车公司最新研制的双座电动车日前亮相，最高时速 70 公里每小时，投产日期和价格，尚未公布。"迷你梅塞德斯"小型汽车最近由奔驰公司首次推出，该车适合家庭使用，将于 1997 年夏季开始生产。(2) 无污染或极少污染。保护环境是当代最重大的社会挑战之一，发达国家都意识到了这种挑战。随着过去几年环境意识的不断增强，以及随之颁布的法律，汽车开发人员把保护环境的工艺放在最优先的位置。纷纷开发"绿色设计"、"绿色产品"，20 世纪 80 年代末采用了装有净化催化器的汽油发动机，使有害物质的排放最多可减少 90%。过去 30 年，德国售出的汽车的耗油量平均减少了一半，从而使排放的有害物质减少了一半。英国采取严厉措施解决汽车污染问题，运输部将从 1996 年 6 月 1 日至 9 月 1 日加速推行运输部更严格的车辆排气检测标准，对违犯规定者处以 2500 英镑（3925 美元）的罚款。欧洲运输和环境联合会建议按以下五个标准划分新型汽车的等级：释放有毒气体情况，噪音，耗油情况，可循环利用材料使用情况，安全程度，污染最严重的汽车如马自达牌、丰田牌等都在欧洲曝光。(3) 用清洁能源取代含铅汽油作动力。日本于 1975 年初实现了普通汽油无铅化；欧洲共同体于 1991 年颁布了汽车使用无铅汽油的规定；美国从 1988 年起所销售的汽油全部无铅化。法国将进入无污染汽车时代，政府鼓励个人购买电动汽车，每辆补贴 5000 法郎，法国电力公司则为电动汽车制造商每辆提供一万法郎补贴。伦敦的出租车过去全部用柴油，现在开始尝试利用含碳少的天然气。某出租车公司从 1994 年起把 50 辆新型出租车投入营业。这种车既可使用天然气又可使用柴油，在没有天然气充气的地方，便使用柴油。在欧洲，这种"两用车"已成为一种潮流。比如德国的宝马公司已推出电池和汽油两用车。在市区用电池，在郊外用汽油，这样就不必担心电池耗尽。由于以天然气作燃料不仅价格便宜，而且造成的污染程度要比汽油小 20 倍，天然气汽车在当今世界汽车市场已形成发展之势。据统计，美国已装配了三万辆天然气汽车，并正在致力于商业性的试验与开发。在意大利、法国、阿根廷和俄罗斯等国，现投入运行的天然气汽车约达 63 万辆。在非洲运行的汽车中，越来越多的汽车以天然气为动力，仅在科特迪瓦首都阿比让就达上千辆。日本《朝日新闻》报道，将来燃氢汽车最有前途。

借鉴发达国家的情况，根据《产业政策》、新公布施行的《大气污染防治法》和我国的国情，我认为大批量生产的轿车车型，以国内市场为主要销售对象的，需要具备以下四个条件：(1) 微型或小型，价廉物美；(2) 以汽油作动力的，必须装有净化催化器的汽油发动机，保证排放的废气符合国家规定的排放标准；(3) 装有消声器，保证汽车运行中的噪声符合国家规定的机动车辆噪声允许标准；(4) 用无铅汽油或天然气、电池、氢气作动力，或如国外，开发"两用车"。具备上述四个条件的轿车，还可以适当推向国际市场，扩大销路。以国际市场为主要销售对象的。则必须及时了解国际市场的要求和走向，及时提高技术和工艺水平，使出口的轿车达到比上述四个条件更严的国际先进水平、比如排放的废气必须符合更加严格的国际排放标准，等等。有很强的竞争力，才能在竞争日益激烈的国际市场上立于不败之地。

(1995 年 9 月 3 日参加学术研讨会的定稿)

略论噪声控制的立法

制定噪声控制是当务之急

噪声被称为"慢性毒药",其危害是多方面的。人们在较强的噪声环境(超过 90 分贝)工作时,会感到刺耳难受,久之就会发生听觉迟钝,甚至噪声性耳聋。强噪声还会引起人们头痛、失眠、血管痉挛、消化机能减弱、全身疲乏无力,从而导致心脏病、高血压、胃溃疡以及神经官能症。

噪声会分散人的注意力,有时会降低人们从事劳动的生产率和工作效率。在极强噪声影响下,灵敏的测试仪器会失灵;还会给建筑物带来灾难。它可以使墙震裂,玻璃震碎,烟囱倒塌,甚至使钢结构产生"声疲劳"而损坏。

噪声已成为世界上最大的公害之一。例如日本,城市噪声成为严重的社会问题。据日本文部省调查:因噪声干扰而无法上课的学校超过 10%。有的学校已改建为无窗教学大楼,完全用人工采光。噪声对"贫民区"的危害最大,有些贫苦市民用棉花堵塞耳朵睡觉。城市居民由于受到噪声危害而到法院起诉的案件逐年增多。1966 年,噪声与振动危害案件约 8000件,1971 年超过 22000 件。近年来,日本大城市中噪声与振动危害案件占全部公害案件的 1/3 以上,在中等工业城市中,有的达到 65.2%。

许多国家的调查研究结果表明,交通噪声是城市环境噪声的主要来源,约占 70%。根据我国有关科研单位近年来的调查,北京、上海、天津等城市的车辆数量、飞机来往数量都低于纽约、伦敦、罗马、东京等城市,而交通噪声却普遍高于上述外国城市。同时,我国纺织、机械、冶金、造船、石油化工等行业的工业噪声也普遍偏高。因问题长期得不到解决而发生厂群纠纷的事件不少,有的甚至因斗殴造成重伤。建筑施工噪声和社会生活噪声也是普遍严重的。在上海、北京等大城市,环境保护部门收到的群众来信中，有关噪声危害问题的信件占首位。消除噪声危害成了广大群众的强烈呼声。

从国外对噪声、振动作斗争的历史来看，都是由于加强了噪声控制方面的法制建设才得到好转的。没有噪声控制方面的明确而又具体的法律规范，要消除或减少噪声的危害是不可能的。我国虽已颁布《中华人民共和国环境保护法（试行）》，但这仅是环境保护的基本法，其中对噪声的控制，只有简单、原则的规定，解决不了噪声控制问题。为了减少城市噪声，保护人民的健康，使广大人民群众能安静地工作、学习和休息，提高劳动生产率和工作效率，加快四化建设的速度，必须健全这方面的法制。制定城市噪声控制法实为当务之急。

外国噪声控制的立法

噪声控制的立法，从 20 世纪初期就已经开始。瑞士早在 1914 年就有了第一个机动车辆的规则，规定机动车辆必须装配有效的消声器。美国密歇根州的庞蒂亚克城于 1929 年就制订了噪声控制法令。

由于人们对噪声控制立法重要性的认识不断提高和科学研究的发展，到 20 世纪 60 年代末期，噪声控制的立法逐渐完备。英国噪声控制的立法开始于 1936 年的《公共卫生法》，最重要的立法是 1974 年制订的《污染控制法》。日本于 1968 年颁布《噪声控制法》，1970 年、1971 年作了修订；1967 年制定《关于防止公用机场周围遭受飞机噪声危害》等法律；1976 年制定《振动控制法》。美国于 1972 年制定《噪声控制法》。苏联于 1973 年通过《关于减少工业企业、城市和其他居民区噪声措施的决议》。西德于 1971 年颁布《飞机噪声法》，1974 年颁布《关于防止空气污染、噪声、振动及其他类似现象对环境造成有害影响的法律》，1980 年制定《噪声防护法》。法国在 1977 年关于改革都市规划的条例中作了控制噪声的规定，1980 年又通过一项反噪声法令。

在欧洲共同体、经济合作与发展组织等国际机构的推动下，一些国家反噪声的活动正在统一步调。经济合作与发展组织在反噪声方面，提出了十五点行动计划。

外国噪声控制立法的主要内容有以下几个方面。

第一，对交通噪声的控制。

首先是加强对地面车辆噪声的控制。（1）规定各种车辆发生的噪声级。如 1975 年 10 月美国环保局规定：重量超过 4536 公斤（包括载重物在内）的载重卡车（车速为每小时 56 公里），在距其 15 米处，允许发出的噪声级为 86 分贝；车速超过每小时 56 公里时，允许其发出的噪声为 90 分贝；静止时开足马力，允许其发出的噪声为 88 分贝。法令还规定禁止出售超过规定声级的车辆。法国的反噪声法令规定：从 1981 年起限制各种车辆发出的声音，使车辆的噪声量减少 20% 到 50%。还确定了对车辆进行检查的方法，尤其对摩托车进行更加严格的检查。巴拿马城市政府于 1981 年 7 月通过一项法令规定，禁止在公共汽车上安装和使用喇叭等音响设备，对违者将进行严厉的惩罚，包括罚款。日本《噪声控制法》第 16 条规定："环境厅长官必须规定考机动车在一定条件下运行时发生机动车噪声的强度的容许限度。"（2）制定各种地区不同的环境噪声标准，限制车辆等噪声。如 1978 年西德交通噪声法规规定，在新建和改建马路的住宅区，白天噪声要小于 65 分贝，晚上要小于 55 分贝；在工业区，白天噪声要小于 75 分贝，晚上要小于 65 分贝；在混合区，白天噪声要小于 70 分贝，晚上要小于 60 分贝。（3）对修建道路的规定。如罗马尼亚《环境保护法》第 40 条规定："县、市、城镇和乡人民委员会执行委员会应有步骤地把强响度的交通线路建在居住区以外，并采取其他措施或进行其他工程，努力减少运输工具的噪声。"（4）给噪声受害者补助防噪声费。英国防噪声法规定，因道路结构而引起噪声级大于规定标准的，地方当局应发给受噪声污染的居民防噪声费和房屋隔音费。另外，凡认为自己的住宅受到新道路基础结构造成的公害污染（噪声、震动、烟、挥发物、人工照明和垃圾堆放）的居民，也可根据土地补偿法，在一定期限内向地方当局申请补助。经鉴定，住宅确受噪声污染的房主可领得与公害费相符的补助金。如房主要求，可由地方当局帮助实施隔音措施。英国自 1966 年初制定防噪声法以来，已有 17 万幢住宅的居民享受了政府按隔音法规定而给予的隔音费。目前，约有一半住宅安装了隔音装置，使噪声降低了 36 分。法国反噪声法令规定，国家为群居住宅安装隔音设备提供 20% 到 30% 的补助金。

其次是，对飞机噪声的控制：（1）限制飞机场附近飞机起飞和降落的噪声级。瑞士政府为了提醒各国重视并共同与噪声作斗争，从 1980 年 11 月起，对降落在日内瓦和苏黎世机场的超过国际噪声标准的飞机加收"噪音税"。收税标准分别为 100 至 300 法郎；（2）限制飞机的航道，如瑞典、西德等国禁止飞机在其领空超音速飞行，除非其发生的噪声级符合法规要求。

第二，对工业噪声的控制。

罗马尼亚《环境保护法》第 39 条规定："国家单位、合作社单位和其他团体性组织以及自然人都应在自己活动范围内采取有效措施减少噪声强度，如工业设施和工具产生的噪声、运输工具产生的噪声及其他持续或断续的噪声等等，都不得超过允许的噪声强度界线。"日本《噪声控制法》第 2 章是："对特定工厂等的控制"，其中对控制标准的制订、遵守义务以及设置特定设施（有显著噪声的厂矿企业的设施）的申报和审批等制度作了详细规定。《苏联部长会议关于减少工业企业、城市和其他居民区噪声措施的决议》规定务有关部应采取措施减少工业噪声，如第 4 条规定："交通部、海运部、苏俄河运部和其他加盟共和国的河运管理机关以及其企业拥有专用线路和码头的各部和主管部门，应在 1973～1975 年期间，制定并实施措施，限制铁路、海运和河运机器、机械和装置在居民区的噪声，特别注意减少夜间装卸工作、车辆调动以及各站和各港口进行通讯联络的高音装置造成的噪声。"英国劳动部根据《污染控制法》规定：工矿企业内部的噪声最高不得超过 90 分贝。

第三，对社会生活噪声的控制。

罗马尼亚《环境保护法》规定："禁止产生法定标准所允许的强度界限以上的噪声。""在居住区内一切影响当地安静和休息的发出噪声的活动，无论是露天的还是无适当隔音设备的室内场所进行的，均一律禁止。"法国反噪声法令规定：进行喧闹的活动，如摩托车、汽车越野赛、射击练习和集市庙会等，必须获得批准。家用器具（吸尘器、洗衣机）应从 1981 年起标出产品的音量，并设专人解决有关纠纷。日本《噪声控制法》规定："对于饮食店等深夜营业或使用扩音机播送的噪声的控制，地方公共团体为了保护居民的生活环境，认为必要时，可以根据该地区自然的社会的条件，从控制营业时间开始，研究出必要的措施。"

有些国家的噪声控制法还规定了法律制裁。如法国反噪声法令规定：对制造、销售和进口不合标准的排气消音器或超过允许限度的警报器等要追究法律责任，轻者罚款，重者拘留，最多罚到 20 万法郎。对不完备的器材予以没收。命令那些噪声过大的安装工程者加速完工，并限制期限，逾期每天罚款 20 至 2000 法郎。拒不执行上述条令者，判刑二至六个月，罚款 5000 至 50 万法郎。日本《噪声控制法》第 6 章 "罚则" 规定：违反该法规定的，处一年以下的拘役或 10 万日元以下的罚金。

我国噪声控制的立法

我国当前急需制定和颁布城市噪声控制法等有关法令，并且要着重解决以下几个问题。

第一，环境噪声标准。国家应制订城市区域环境噪声标准，既作为评价环境质量的标准，又作为控制城市噪声的管理标准。标准的制订需要针对不同的区域提出不同的要求。城市环境大体可分成六类：（1）"特殊住宅区"，即当地人民政府指定需要特别安静的住宅地区（如休养区）；（2）"居民、文教区"，即纯居民区和文教、机关地区；（3）"一类混合区"，即一般商业与居民混合区；（4）"商业中心区"和"二类混合区"，即商业集中的繁华地区和工业、商业、少量交通与居民混合区；（5）"工业集中区"，即当地政府指定的工业地区；（6）"交通干线道路两侧"，即车流量每小时 100 辆以上的道路两侧。针对上述六类地区分别规定噪声允许最高值，上述六类区域的划分，应由当地环保部门与城建规划部门讨论确定，由当地人民政府公布。

第二，对交通噪声的控制，需要规定以下一些措施。

（1）对机动车噪声的控制。在城市使用机动车辆，必须符合国家标准总局发布于 1979 年 7 月 1 日试行的《机动车辆允许噪音》。现有车辆不符合上述标准的，限期达到标准，否则不准行驶，新生产的机动车辆，均须按上述标准检验，不合格的不发给行车执照。

机动车进入市区，必须遵守交通规则，按规定的时间、路线、车速行驶，合理使用喇叭。禁止使用高噪声喇叭或怪音喇叭。喇叭声级在正前方 1 米处不得超过 105 分贝。疗养区、文化区、医院等地段设立禁止鸣喇叭的标志。各种机动车（执行紧急任务的消防车、救护车、工程救险车、警备车除外）行驶在设有禁止鸣喇叭标志的地方时，不得使用喇叭；在其他路段需鸣喇叭时，应尽量减少次数，缩短时间，不准连续不断或长时间鸣喇叭。禁止用喇叭叫门唤人。消防车、警备车、救护车、工程救险车除执行任务外，禁止使用警报器。未经公安部门批准，其他车辆一律不许安装警报器。公安、交通主管部门和用车单位应将噪声的控制纳入车辆管理的各项规章制度。

严格控制拖拉机进城。临时特殊需要进城的，必须经公安部门批准，发给通行证。

对新建的住宅区和新建、改建的交通线路，城市规划、环境保护、建筑设计、市政工程等有关部门应采取措施，使住宅区与交通线路保持一定距离，防止交通噪声对居民的干扰。

（2）对火车噪声的控制。应规定火车行驶必须严格执行铁道部发布的《铁路技术管理规程》。凡是进入市界的机车，除遇紧急情况外，一律使用风笛，禁止使用汽笛。机动船只应安装消声器，进入市区后，应合理鸣笛，以减少噪声。城市规划必须逐步改变火车通过市区的线路。新建线路一律不准穿过市区。对于现有的通过市区的线路，应由铁道部门采取噪声控制的综合治理措施。

（3）对飞机噪声的控制。对靠近市区的现有机场，应严格控制飞机在市区上空低飞。飞机跑道两端5公里以内，两侧1公里以内的居民，应由国家补贴，由机场负责迁往安全地带。新建机场必须远离市区，并保证飞机起飞着陆航道不得通过市区，从事飞行训练的各种飞机，不准在城市上空试飞和盘旋。民航局应及时制订机场环境噪声标准。国内大型国际机场应及时建立飞机噪声监测系统，对超过机场噪声标准的任何国籍飞机，实行收费制度。

第三，对工业噪声的控制，需要规定以下一些措施。

（1）对机械设备的控制。对产生噪声和振动的机械、设备和机电产品，应制订国家噪声标准。制造行业今后生产上述机械、设备和机电产品，必须经有关部门的噪声检验，符合国家标准的才能出厂。上述产品必须标出噪声声级。

（2）对居民区的保护。位于第四类地区，即工业、商业、少量交通与居民混合区的工厂（包括街道工厂），其厂区边界外1米处的等效声级，白天不得大于60分贝，夜间不得大于50分贝。超过上述标准的工厂企业必须采取措施使噪声符合上述标准，否则必须迁出。不准在特殊住宅区、居民区、文教区新建、扩建和改建超过城市区域环境噪声标准的工厂企业。

（3）"三同时"。一切新建、扩建、改建的工业企业；防治噪声与振动污染的工程项目必须与主体工程同时设计、同时施工、同时投产。正在建设的工业企业，没有采取噪声防治措施的，必须限期补建，否则不准投产。

第四，对建筑施工噪声的控制，需要规定以下措施。

（1）在市区露天作业使用的噪声大的主要施工机械，凡能安装隔声或消声设施的都必须安装。在离开施工作业场地边界 30 米处，主要施工机械设备的噪声一般不许超过 75 分贝，撞击设备（如打桩机、铆枪等）最大噪声级不许超过 90 分贝。

（2）制订施工机械、设备的国家噪声标准。建筑施工场所的施工机械、设备的噪声，必须符合上述标准。

（3）对居民区的保护。在居民区夜间（一般为晚 10 时至早 6 时）施工作业的噪声，不准超过城市区域环境噪声标准，否则禁止施工。

第五，对社会生活噪声的控制，应规定以下措施。

（1）市区和近郊区禁止在室外使用扩音喇叭；除公安专用车外，不许在宣传车上安装高音喇叭，如确有需要安装时，须经当地环保部门批准。

（2）各单位早操、工间操的播音，音量应放低，不得影响邻近单位和居民。

（3）单位和家庭的电视机、录音机、收音机、乐器等音响设备，在使用播放时，音量应适当，使其边界外的等效声级不超过城市区域环境噪声标准，以免影响外界环境的安静。

（4）对上述第一、二类地区，夜间应禁止大声喧哗，其噪声级不得超过城市区域环境噪声标准，防止干扰居民休息。

第六，管理机构。城市噪声源，面广、量大、情况复杂。对城市噪声的管理，既需要各有关部门互相配合，协调一致；又要有主管机构，统一指挥。从我国的国情出发，在各级人民政府统一组织领导下，应由环境保护机构主管，公安、交通、劳动、工业、铁路、民航、部队等部门分工负责，积极配合。

第七，法律制裁。应规定对违反"城市噪声控制法"的直接责任人员或单位主要负责人，根据问题的性质、情节的轻重，给以警告、没收、吊销执照、罚款等行政制裁，或损害赔偿等民事制裁，对情节恶劣、后果严重的，应依法追究刑事责任。

（载 1982 年第 6 期《法学研究》）

制定耕地保护法刻不容缓

我国城乡非农业建设、乱占滥用耕地的现象普遍存在。"六五"期间，平均每年净减少耕地700万亩。从1987年开始，国家对非农业建设用地实行了指令性计划控制，取得了一定的收效。扣除新增加的耕地，全国耕地净减少量，1986年开始比1985年有所下降。但是，乱占滥用耕地、耕地逐年减少的问题并没有解决。现在，我国人均占有耕地已不到1.4亩，比1949年的人均2.7亩少了一半多，不及世界人均数的1/3。在全世界26个人口在5000万以上的国家中，我国人均耕地占有量排在倒数第3位。我国人口平均每年增加1400万人左右，现在已突破11亿。人口越来越多，而耕地越来越少，这样下去，伊于胡底？如不及时扭转这种趋势，必然会有一天像"三年暂时困难时期"那样，大家勒紧裤带挨饿。

面对这种严峻形势怎么办？出路何在？

有些人寄希望于新耕地的开发。当然，土地的开发，新耕地的开发，是应当大搞的。但是，能不能听任现有耕地逐年减少而去寄希望于新耕地的开发呢？决不能。国家土地管理局王先进局长算过一笔账：要保证15亿人口吃饭，至少要有18亿亩耕地（以每年人均消费粮食500公斤、复种指数163%、播种面积亩产365公斤计算）。中国科学院国情分析研究小组预测，到20世纪末，我国的人口达13亿，到2020年，将达到15亿。而我国现有耕地只有14.9亿亩，全国可能开发的耕地，经国家土地管理局根据过去的调查资料以及典型调查后的推算，只有将近2亿亩（大片荒地和海涂中可开垦成耕地的约1.25亿亩；分布在全国各地零星闲散的宜农荒地约有4000多万亩；由于采矿和工厂排渣等占用和损坏的土地，约有二三千万亩）。① 这就是说，即

---

① 参看《中国土地》1987年第5期，第8~9页。

使现有的耕地 14.9 亿亩不再减少，到 2020 年，全国可能开发的耕地 2 亿亩全部得到开发，总计也只有近 17 亿亩耕地，还不够解决 15 亿人口的吃饭问题，更甭说建设用地了。

这就告诉我们：新耕地的开发应当大搞，但不能盲目乐观。不能作这样的设想：我国国土辽阔，现有耕地逐年减少没多大关系，用新开发的耕地来弥补。如果这样想，就会犯方向性的错误。

还有些人认为：现有耕地减少没多大关系，可以靠长期进口粮食来弥补口粮。这条路显然更是错误的。农业部何康部长于 1989 年 3 月 21 日答中外记者问时谈到粮食问题。他说："1984 年以前，我国粮食一直进口，每年在 1000 万斤以上，1985 年、1986 年我国的粮食是净出口，1987 年以后又成了净进口。由于去年的灾荒，今年进口更多一些。"国家用外汇高价买进粮食，再用低价卖给人民消费，作为短时期权宜之计还可以，如果作为我们这样一个大国的长远之计，那不是饮鸩止渴吗？如果国际粮食市场紧张，拿外汇花高价也买不到需要数量的粮食，那不也是只好大家挨饿，还谈得上经济腾飞吗？

所以，摆在我们面前的出路只有一条：在千方百计保住现有耕地不再减少的前提下，努力开发土地，增加耕地。

为什么《土地管理法》施行已两年多了，乱占滥用耕地的现象还不断发生呢？其原因固然是多方面的，如有法不依、执法不严、违法不究等。但不容忽视的一个重要原因是：现行《土地管理法》本身有严重缺点。1986 年颁布的《土地管理法》，虽然根据 1988 年 12 月 29 日第七届全国人大常委会第五次会议《关于修改〈中华人民共和国土地管理法〉的决定》作了修订。但主要是就土地使用权可以有偿转让问题，对个别条款作了修改和补充，没有全面进行修订。修订后的《土地管理法》，关于耕地的保护，仍然只有很简单、很原则的规定，特别是"法律责任"一章，对破坏耕地的违法责任的规定，简单、笼统、软弱无力、有空子可钻，缺乏威慑作用。例如按照第 48 条的规定，对无权批准征用、使用土地而非法批准占用土地以及超越批准权限而非法占用土地的单位主管人员或者个人，无论他造成的损失有多大，情节怎样严重，只要是查不出他"收受贿赂"的证据，就不能追究他的刑事责任。这种规定显然是不合理的。

据了解，当前的关键问题是，一些基层干部知法犯法，滥用职权，乱占滥用耕地的情况突出。尤其是那些大规模的乱占耕地事件中，往往是干部率先，群众效仿。这些基层干部采取的手段是多种多样的，如越权审批，擅作主张；少报多占，弄虚作假；化整为零或私下交易；毁坏良田图谋私利；"先斩后奏"，或征而不用等。一些应受到行政处分的违法干部并没有受到行政处分；有的甚至受到行政处分或行政处罚而不改，说："虽然受了处分，但我建的楼房合法化了，还是划得来。"还想再违法占地。

还有一个重要原因是，决策者还没有充分认识当前耕地仍然逐年减少这一问题的严重性。法律是人制订的，法律是政策的具体化、条文化。如果决策者充分认识到当前耕地仍然逐年减少这一问题的严重性，深入细致地调查研究造成这一问题的原因和解决办法，包括采取严格的法律措施，问题不是没有办法解决的。

针对上述情况，建议抓紧制订《耕地保护法》，以强化对耕地的保护。通过制订这项法律，认真总结《土地管理法》施行两年多以来的经验教训，将行之有效的政策、措施、制度等更具体更明确地在这项法律中肯定下来。特别是关于"法律责任"一章，要规定得明确、有力。对耕地的保护，在加强行政法手段、经济法手段和民法手段的同时，应当加强刑法手段。应明确规定破坏耕地罪以及相应的刑罚，作为现行《刑法》的补充规定。

如果认为不能另外制订《耕地保护法》，那就必须对现行的《土地管理法》再一次进行修订，做大的修改，使之真正起到"切实保护耕地"的作用。

（载 1989 年 6 月 29 日《中国环境报》）

关于改革土地集体所有制、
所有权法律制度的建议

当前，农村土地存在三大严重问题：一是用地无规划，大量土地被浪费，而且很难补救，甚至无法补救；二是土地非法交易行为已相当普遍，而且是方兴未艾；三是耕地锐减，而且有些地方还在继续。

农村集体土地产生三大严重问题的根本原因

一　土地集体所有制是土地利用无规则、大量土地被浪费的根本原因

现在，农村建设处于无规划的个体行为状态，反映了严重的小生产意识，缺乏现代化气息，大量土地被浪费，主要表现如下。

（1）乡镇企业的布局严重分散。由于乡镇企业受土地所有制、所有权的支配，所以村村建厂，到处修路，带来的问题是：①多占土地，首先是增加不必要的筑路占地，往往因为在一方大田中建了一个工厂，或建了一户人家，就需专辟一条道路。其次是不便于搞可以共用的公共设施，如自来水、供热、供汽、码头、仓库等，各厂都自成体系地建一套，既多占了土地，又增加了投资和运行费用，更使污染扩展蔓延。②进一步分割农田，使本来规模不大的田块更分散化、小型化，甚至成为夹杂在工厂或房屋之间的遮阴田、边角田、严重污染田。这对推进农业的适度规模经营和现代化，大幅度提高劳动生产率和农业的综合效益十分不利。

（2）追求小而全，搞了许多不必要的非生产建设，多占了大量土地。许多乡镇企业搞了许多科室，多建了办公用房，一些企业自建宾馆，搞小桥流水、亭台楼阁，又多占了不少土地。如果以小城镇集中建宾馆和公园，不仅可以大大节省土地和造价，而且可以大大提高这些设施的利用率和

效益。

（3）用地大手大脚。以居住面积而言，现在城市居民每户平均占地面积 10 多平方米，而农村许多地方每户平均占地 100～200 平方米，甚至更多。由于绝大多数农户从事二、三产业而不务农，耕地将集中给少数农户种植，除这些农户因生产辅助设施需占用一部分土地外，其余村民应安排公寓式住房，应尽可能建较高层次的楼房，以节省用地，这是农村住宅的长远方向。在各种开发区的圈地中，往往很少有规划论证，随意性、盲目性很大，造成土地的大量浪费。

（4）由于农村土地归集体所有，经集体批准的农民建住房、盖厂房和其他各项基础设施建设，土地是无偿使用的（如江苏省），因而容易产生宽打宽用浪费土地的现象，而且为少数人以权谋私、多占土地大开了方便之门。上有好者，下必有甚焉，少数人建房多占地就为千家万户宽用地、多占地打开了缺口。例如江苏的土地管理法实施办法中规定，农户建房占地，允许 2～3 分地，苏南则只允许 2 分地，但是，一些乡村农户建房占地普遍超标，乡村的土地管理站和干部基本上归乡管理，一些乡村存在土地占用失控，布局不合理、土地浪费严重等现象，有时甚至连情况都不准如实上报。一言以蔽之，乡村的土地管理被掌握土地集体所有权的人所支配，土地管理的法律法规不容易贯彻下去。

二　土地的集体所有权法律制度是土地非法交易行为相当普遍的根本原因

从广东、湖南、山东、江苏、上海、厦门等省市的典型调查来看，农村集体土地非法出让、转让的行为已相当普遍。据湖南省国土管理局对本省 20 个县（市）的调查统计，1990 年至 1993 年 4 月，发生各种形式的集体所有非农用地非法交易共 4 万多起，土地总面积达 58 公顷以上，总收入达 7200 多万元。据广东省南海市国土局调查，该市大沥镇所辖的三个管理区（村），1990 年以来约有 47 公顷集体所有非农用地进行非法交易，占三个管理区总面积（8.73 平方公里）的 5.53%。集体所有非农用地的非法交易，既有买卖土地所有权的，也有买卖土地使用权的，卖土地所有权的是集体土地所有权人，卖土地使用权的则既有土地所有权人，也有个体农民及其他土地使用者。买卖土地有四种情况；一是买卖耕地，江苏省无锡县的一个村将 4.7 公顷耕地卖给邻村开办公司，每公顷收地价款 7.5 万元，由于没有规定使用年限，买地者可以无限期地占有、使用这些地，实际上是买得土地所有权。二是买卖宅基地。湖南省临湘市某村民因三个儿子相继结婚，于 1990 年申请到两处新宅基地共 300 平方米，准备盖房，后来私自将这两块宅基地卖给本市城市居民，共得地价款 2.5 万元。三是买卖非农用地使用权。山东省临沂市某厂将使用权属于该厂的 0.3 公顷空闲地以 10 万元卖给其他单位。四是以买卖房屋为名买卖土地使用权。这种形式隐蔽性强，容易逃避行政执法机关的监督，多发生在城郊结合部、小集镇和交通要道旁。湖南省宜章县某村民在镇规划区有一栋 70 年代建的、占地 90 平方米的房子，据估算，房子本身最多值 5 千元，但却卖了 5 万元，其中 4.5 万元显然是地价款。山东省济南市某办事处近年来发生随房卖地事件 22 起，总面积达 1.8 万多平方米。此外，还有将土地产权出租、抵押、入股、投资等情况。现在，集体土地所有权人认为自己有权出卖土地，土地非法交易之风方兴未艾，已经形成隐形市场，如果不及时采取强有力的政策、法律措施，此风将愈演愈烈，其后果是严重的；既影响国家对土地的宏观管理，严重冲击国有土地市场，又不利于切实保护耕地等基本国策的贯彻实施，而且使国家利益大量流失。

三 土地集体所有制、所有权的法律制度是耕地锐减的根本原因

目前我国耕地共 9533.3 万公顷，人均占有耕地仅为世界人均数的 1/4，相当于美国的 1/9，泰国的 1/4，印度、巴基斯坦的 1/2。据统计，从 1957年到 1986 年间，全国累计减少耕地 4066.7 万公顷，净减少 1533.3 万公顷，平均每年净减少 52.7 万公顷。1986 年土地管理法颁布实施后，耕地锐减的趋势一度得到控制，但近两年来，又重新回升，仅 1993 年全国耕地就减少62.5 万公顷，相当于一个青海省的耕地面积，现在我国每年净增人口 1600万，相当于每年增加三个半青海省的人口，如果这种耕地锐减、人口剧增的势头得不到遏制，50 年以后我国人均耕地将降到 0.6 亩。我国耕地大幅度减少，人为占用是一个重要原因，有相当一部分是属于乱占滥用，1987年曾查出违法占地案件 1000 多万件，违法占地达 54.4 万公顷，1993 年全国清理开发区，查出在新设立的 2804 个各级各类开发区中，有 78% 属于滥设，涉及土地面积高达 76.2 万公顷。

需要进一步分析的是为什么会乱占滥用耕地？为什么此问题得不到根本解决？决定的因素是什么呢？现在，农村二、三产业普遍兴起，各种生

产和基础设施的建设、社会事业的发展、人民居住条件的改善，都需要占用土地，这是必然的。问题是农村的各种生产和建设，都是受土地的集体所有制、所有权所支配和制约，不少集体土地所有权人拜金主义严重，法制观念淡薄，为了吸引外商参加合资企业，置法律于不顾，不经报批，大量违法占地，形成土地占用失控的局面。据江苏省的不完全统计，1992 年全省县市以上的开发区就有 124 个，规划用地 859 平方公里（128.85 万亩），已启动 78.6 平方公里（11.79 万亩），仅此一项的占地就超过了以往全省全年的用地控制指标（10 万亩），1988 年、1989 年，1991 年 3 年，全省耕地占用面积控制在 0.1% 左右，而乡镇企业起步最早也最发达的苏州、无锡两市，这 3 年都是 0.2% ~ 0.25%，其中无锡县达到 0.3%。有的农村在发展"三资"企业中，为了吸引外商，不惜将经过多年建设的最好农田"吨粮田"，让外商任意挑选，而不少港台投资者十分注重"风水"，往往在一片方整的良田中随心所欲地挖出一块。挖肉补疮，削足适履，实在令人痛心！在土地集体所有权的支配下，乱占耕地者有之，出卖耕地者有之，破坏耕地者有之，耕地如何不锐减！

综上所述，农村土地所有制、所有权的法律制度如果不及时改革，则将束缚、障碍生产力的发展，大大影响社会主义物质文明和精神文明建设的进程，拖四化建设的后腿。

马克思在 120 多年前曾经预言："土地所有权——一切财富的原始源泉，现在成了一个大问题，工人阶级的未来将取决于这个问题如何解决。"今天重温马克思的这段预言，有其十分重要的现实意义。

生产关系一定要适合生产力的性质，这是人类社会进化的一条根本规律，生产关系的核心是生产资料的所有制，土地是极其重要的生产资料。土地所有制一定要适合、促进生产力的发展。作为上层建筑的土地所有制、所有权的法律制度，必须适应生产力的发展，如果不适应，就必须及时改革，否则就会束缚、障碍甚至破坏生产力的发展。

从土地立法来说，《土地管理法》正在修订，作为土地基本法的《土地法》即将出台。《土地法》中必须对土地所有制、所有权制度作出明确规定。为了坚决贯彻"十分珍惜和合理利用每寸土地，切实保护耕地"的基本国策和"一要吃饭，二要建设"的正确方针，为了提高土地利用的效率，加快生产力发展的步伐，凡能实行国有的土地应尽可能地实行国有，对现行集体土地所有制、所有权的法律制度必须进行改革。

关于改革农村集体土地所有制、所有权的法律制度的具体建议

一　首先要从思想认识上正确领会、全面贯彻党中央"抓住机遇，深化改革，扩大开放，促进发展，保持稳定"的方针

集体土地所有制、所有权的改变，涉及农民千家万户的利益，为了贯彻"保持稳定"的方针，在深入调查研究的基础上，步骤、方法要考虑得稳妥、细致、合理、合法，对农民合理合法的利益不能伤害，而且要保护，但是，另一方面，不能片面强调保持农村的稳定而不敢抓住机遇，深化改革，扩大开放，促进发展，不能对农民不合法的行为听而不闻，任其泛滥；不能对农民不合理不合法的权益一味妥协，置国家的权益于不顾。

二　集体土地所有制所有权改革的原则和方案

（1）原则：①有利于市场经济的发展和充分发挥市场机制对土地优化配置的作用；②有利于国家对土地的统一管理；③有利于耕地的保护；④有利于土地收益的合理分配；⑤有利于对农民合理合法权益的保护。

（2）方案：①集体所有的非农用地（包括城市规划区内的集体所有的非农用地）一律改为国有制；②集体所有的农业用地（包括城市规划区内的集体所有的农业用地），除国家征用的以外，所有制不变，仍然实行土地的集体所有制；③上述农业用地与非农用地的划分一定要界定清楚，农业用地包括农业、林业、牧业、渔业用地、宅基地、自留地、自留山，非农用地包括原有企业用地、预留企业用地、公共设施用地等；④集体所有的非农用地（包括城市规划区内的和城市规划区外的）只有依法征用转为国有土地后，该幅国有土地的使用权方可有偿出让、转让；⑤集体所有的农业用地的所有权，非经国家征用，不准有偿出让、转让，使用权可以有偿出让、转让，但严禁改变出让、转让土地原来的用途，特殊情况需要改变时，必须按照《土地法》的有关规定申报批准；⑥农业用地转为非农用地（包括国家征用土地），必须严格控制其申报程序和批准权，《土地法》必须重新作出明确规定。

三　步骤

（1）上述改革方案，如被采纳，与现行宪法的规定没有不一致的地方，不需要修改宪法，但是，要在即将出台的《土地法》中作出明确规定。生

产资料所有制，所有权法律制度的改变是一件很严肃的事情，为了使这一方案顺利通过，建议由国家土地管理局写出专题请示报告，将当前存在的问题、危害以及所有制、所有权法律制度必须改革的理由写充分，上报国务院，并建议国务院关于提请审议的《中华人民共和国土地法（草案）》的说明，将土地的集体所有制，所有权法律制度必须改革的理由写清楚。

（2）《土地法》颁布后，建议由国务院制定土地法实施细则，对土地法中某些重大问题（例如国家征用土地的补偿标准、宅基地占地标准等）作出具体化规定，颁布施行。

（3）为了及时地、有效地遏制当前农村土地利用无规划、大量浪费土地以及集体所有制土地非法出让、转让等严重问题的发展，建议由国务院颁布有关的紧急通知贯彻实施。

（载 1995 年第 3 期《中国土地科学》）

论土地法框架

——对土地立法的一次书面建议

《中华人民共和国土地法》正在起草，笔者参加了第七次讨论稿（以下简称七稿）的讨论。七稿共分十章：第一章总则；第二章土地产权；第三章地籍；第四章土地利用；第五章土地保护；第六章土地征用；第七章土地使用权交易；第八章土地估价；第九章法律责任；第十章附则。七稿存在的主要问题是：（1）法律概念不清，逻辑性不强。例如第二章是"土地产权"，第二章第二节是"土地使用权"，而又设置第七章"土地使用权交易"；（2）章节的安排不相称。地籍、土地估价都是土地管理的一项制度，独立成一章，与土地产权并列，从问题的份量来说，显然是不相称的；（3）重点（如土地所有权、土地市场、土地管理）都没有突出；（4）有的章节（例如土地保护）内容不够充实。

土地法是调整因土地而产生的社会关系的法律规范的总称。《中华人民共和国土地法》是我国环境和自然资源法这个法律部门中的一个重要法律，是我国土地法体系的基本法。因此，要求内容全面，对土地法的重要内容（包括概念、制度、措施、权利义务等）都应作出原则性的明确规定；但是篇幅又不能过长，不能像编纂土地法典那样详细具体，有些内容应由配套的法律法规去规定；对框架的设定，应根据问题的性质和份量来安排章节，要求法律概念清楚，逻辑性强，建议将这个法律的框架改为以下十章：第一章总则；第二章土地所有权；第三章土地使用权；第四章地上权、相邻权；第五章土地征用；第六章土地市场；第七章土地管理；第八章土地开发、利用、保护；第九章法律责任；第十章附则。着重说明以下几点。

土地所有权是土地法的首要问题，应作为一章，内容包括：所有权的种类；所有权的内涵；所有权人及其法人代表；所有权的确认；所有权的行使等。土地使用权也应独立成一章，内容包括：使用权的取得和丧失；使用权的内涵；使用权的出让、转让、出租、抵押等法律概念和机制；承包经营权的法律地位、流转机制和继承等。土地市场一章，内容主要是市场的主体、客体等法律概念；进入市场的条件、程序；市场的组成、管理和基本制度，例如：土地所有权一律不准进行交易；国有土地使用权的出让，必须经土地所在地的市、县级以上人民政府批准，同级人民政府土地管理部门办理法定手续；以划拨方式取得土地所有权的，该幅土地使用权不准转让、出租、抵押，但经补交或者抵交土地使用权出让金、依法办理土地使用权出让手续的除外；集体所有非农用地，不经国家征用，该幅土地的使用权不准出让、转让、出租、抵押；坚决取缔隐形市场等非法的土地交易行为，等等。土地管理一章应将土地管理的原则，地籍、地价评估等基本制度以及土地管理部门与有关部门（如林业、牧业、水利等）管理权责容易混淆的问题，划分界定清楚，作出明确的规定。关于建立健全土地资源管理信息系统、建设土地利用监测站网、掌握土地的动态变化、实现土地资源管理的现代化等问题，也应作出适当的规定。土地保护应当贯穿于土地开发、利用的始终，而且应当贯彻谁开发利用谁保护的原则，所以将土地开发、利用、保护合并为一章是必要的。要强调耕地的保护，逐步完善基本农田保护制度，严禁擅自将耕地转为非耕地，破坏耕地的法律责任应从严，七稿第 134 条的规定显然失之过轻。应当规定：对破坏耕地情节严重的，比照刑法第 120 条、128 条、152 条、187 条的规定，依法追究刑事责任，对防治土地荒漠化问题，应当有明确的法律制度或措施。

（1995 年 6 月 14 日定稿）

论森林法

《中华人民共和国森林法》，经六届全国人大常委会第七次会议通过，已于 1984 年 9 月 20 日公布，自 1985 年 1 月 1 日起施行。这是我国林业建设的一件大事。这个法律的颁布施行，为保护森林，振兴林业，促进我国现代化建设，提供了有力的法律保证。本文着重论述以下四个问题：（1）正确地认识森林的作用和效益；（2）依法治林是世界各国的宝贵经验；（3）我国森林法的立法背景；（4）我国森林法的主要内容和特点。

正确地认识森林的作用和效益

人类对森林的作用和效益的认识是逐渐深化的。在过去相当长时期内，人们只看到森林的直接效益和作用，即提供木材和林副产品。直到林业科学和生态平衡的理论产生以后，人们才大开眼界，认识到森林对于人类生存和发展更为根本的作用，从而把它看成是"绿色的金子"、"幸福的源泉"。

森林的作用和效益，最重要的是保护和改善环境，维护生态平衡。森林是整个陆地生态系统中的重要组成部分、自然界物质和能量交换的重要枢纽，对于地面、地下、空间的生态环境都有多方面的影响。作为综合的自然体，森林具有恢复生态平衡的能力。它的功能主要有以下几方面。

（1）涵养水源，保持水土。森林的树木，用它发达的根系深扎在土壤中，用树干和茂密的枝叶截留天然降雨，对降水进行重新分配。据研究，每亩有林地比无林地大约多蓄水 20 立方米。5 万亩的森林，所含蓄的水量，相当于一个总容量为 100 万立方米的小型水库。水土流失是从雨滴打击地面开始的。雨滴在重力作用下，以很高的速度落到地上，可使表土受到冲击而破碎。当土壤渗透雨水的量小于降雨量时，地面就开始积水，沿坡面向下流动，形成"地表径流"，把大量泥沙携往江、河、湖、海，造成水土流失。[①] 所以，植树造林是保持水土的根本措施。

（2）净化大气、水质。树木在光合作用中，每吸收 44 克二氧化碳，即可生产 32 克的氧。在生长季节中，1 公顷阔叶林，1 小时内吸收的二氧化碳，相当于 200 人同一时间排出的二氧化碳的总和。所以，一棵树就是一个小小的"氧气发生器"和"二氧化碳吸收器"。

森林是大气的天然"过滤器"。通过绿化林带，能使降尘量减少 23% ~ 52%，飘尘量减少 30% ~ 60%。森林对二氧化硫、氟化氢、氟等有毒物质也有一定的吸收能力。有些树木还能分泌具有杀菌作用的挥发油，消灭病菌。

森林还可以净化水质，自无林山坡流下的水中溶解物含量为有林山坡的 2.7 倍。

（3）调节气候。森林通过改变太阳辐射和大气流通，直接影响空气湿度、温度、风速及降雨等气候因素。在正常的生长季节内（以 110 天计），每公顷森林每天蒸腾到空中的水分约 20 吨。森林上空和附近的空气湿度要比没有森林地区高 15% ~ 25%，而温度却低 5 ~ 8 摄氏度。森林自己形成一个小的循环，使这些水蒸气补充大气湿度凝结成云块，产生降水，所以林区降水比无林区要多。

（4）制服风沙。一条防护林带，可以使树高 20 ~ 25 倍距离内的风速降低 30% ~ 50%，水分蒸发量减少 14%，土壤含水量增加 20%，空气湿度也有所提高。这样就可以使灾害性大风变成无害的小风。森林还可以固定流沙。在沙丘上栽种耐旱、耐沙压的灌木，几年后即可锁住流沙。采用积极的封沙、引水灌沙和育草措施，三到五年后植被覆盖度即可恢复到 50% 左右。

（5）降低噪音。森林对声波具有吸收能力，是减少城市喧哗的"消声器"。据日本调查，40 米宽的林带可以减低噪音 10 至 15 分贝。据报道，绿化的街道比不绿化的街道可减少噪音 8 至 10 分贝。

（6）提高地面能见度。据苏联研究，沿着公路栽种针叶树，可在雾天

---

① 《水土的有效保护者》，参看《光明日报》1980 年 3 月 7 日。

使公路路面的能见度提高 7 至 10 倍，而栽种阔叶树可提高 5 至 6 倍。格鲁吉亚的专家确定，沿高加索山区公路栽种树木，可以使紧急情况减少 2/3，提高了行车安全率。

（7）保护物种。长期以来，森林一直保持自然历史发展过程中的动态平衡，千千万万的动植物在森林里生息、繁殖和发展。例如，地球上共有 1 千万个物种，在热带雨林的生物群落里就聚集了 200 万 ~400 万个物种。因而森林又是宝贵的"生物基因库"，为人类研究和利用生物种源，提供种子依据和必要的基础资料。

森林的作用和效益，还表现在以下几方面。

（1）森林是农牧业生产的保卫者。由于森林对环境的保护作用，所以它能提高作物的产量和质量，减少水、旱、风沙等灾害对农业的影响。一般说来，一个较大的国家或地区的森林覆盖率达到 30% 以上，而且分布均匀，这个国家或地区的生态环境就比较好，农牧业生产就比较稳定。

（2）森林是部分食物和其他林副产品的供应者。我国是七分山水，二分草原，一分耕地，山区和丘陵占了国土面积的 2/3 以上。山区的木本粮油作物不仅种类繁多，而且分布极广。我国有枣、栗、柿等木本食用作物 200 种；油茶、核桃、榛子等木本油料作物 150 种。

森林的林副产品如松香、栲胶，樟脑、桐油、橡胶、活性炭等，是许多工业部门不可缺少的原料，以此制成的轻工业产品也有几百种。林副产品是我国传统的出口物资，能为国家换取大量外汇。

（3）森林是环境的美化师，是人类的保健员。林木是园林和风景区的重要组成部分，是人们游览、休憩的场所。给人们以大自然美的享受。当人们走进森林时，清新的空气，美丽的风光，使人们心旷神怡，精神振奋。许多伟大的诗人、艺术家、科学家都是在森林中获得灵感的。"绿树村边合，青山郭外斜。""万壑树参天，千山响杜鹃。山中一夜雨，树杪百重泉。""余杭形胜四方无，州傍青山县枕湖。绕郭荷花三十里，拂城松树一千株。"多少有名的诗句都是以林木之美为题材的。著名物理学家赫尔姆戈尔茨曾说过，出现在他头脑中的新思想，不是发生在物理实验室，不是在办公室的写字台上，而常常发生在阳光灿烂的日子里散步于山间林中的时候。

森林中空气的电离作用要比无林区高得多。空气电离程度高对人的机体有益，增大大脑生物电流，提高血液的含氧量，改善人的自我感觉和心情，减轻疲劳，使许多疾病得以痊愈。①

（4）森林是木材的供应者。在 20 世纪 70 年代，日本的木材平均采伐量为 4300 万立方米，与我国差不多，但按每公顷森林的采伐量来计算，则日本近两立方米，而我国仅 0.41 立方米。可见只有重视造林、护林，木材的采伐量才会不断上升，国民经济对木材日益增长的需要才能得到满足。

（5）森林是农村能源的供应者。我国 170000000 户农户，约有一半严重缺柴烧，少的短缺三四个月，多的短缺半年。解决这个问题既快又省的途径是发展一批薪炭林。同时配合着发展沼气、风能和太阳能。②

（6）森林是国防上坚不可摧的碉堡、无形的战壕和永不过时的重要武器。森林可以增加地貌的复杂性，增强军民回旋和隐蔽的能力，最适合于运动战和游击战。熟悉森林情况的民兵和驻军可以利用森林这个"掩体"，迅速灵活地转移、集结、出击，采取机动灵活的战略战术，在最有利的时间和地点歼灭敌人。

（7）植树造林是国土整治不可缺少的重要内容。目前，我国农田、森林和可牧草场，共占国土面积约 43%。与国外相比，这个比例很小，尤其是森林占地面积太小。大面积荒山、荒地不仅不能为社会主义建设提供物质财富，而且是造成生态恶化的根源。同时，随着工业的发展，排放的工业"三废"将更多，而人们对环境质量的要求将越来越高。所以，森林的公益效能将越来越被人们重视。

依法治林是世界各国的宝贵经验

据历史记载，在人类历史的初期，地球上 2/3 为森林覆盖，当时森林面积达 76 亿公顷。现在世界林地总面积为 40.3 亿公顷，占陆地面积 30% 左右。郁闭林（即郁闭度在 0.2 以上的森林）的覆盖率为 22%。面积为 28 亿公顷。在历史上，世界各国的森林资源大体上都经历了由破坏到恢复、发展的过程。特别是资本主义兴起以来的破坏最严重，教训最深刻。随着大工业的发展，在剩余价值规律的驱使下，资本家为了取得更多的超额利润，

---

① 参看《城郊森林的卫生防护功能》，《环境与健康杂志》1984 年第 4 期。
② 《森林——绿色的金子》，参看《光明日报》1983 年 9 月 16 日。

不惜以毁坏大量的森林资源做代价，对森林进行掠夺性的采伐，结果：森林资源迅速减少，木材供应日趋紧张；风暴肆虐，沙漠蔓延；水土流失，洪水泛滥；气候失调，环境污染。给人类社会造成极严重的危害。英国从资本主义兴起以来，茂密的原始森林被破坏得只残留 5%，从 18 世纪中叶以来，90% 以上的木材依赖进口。美国 1934 年发生的黑风暴，连续刮了三天，越过全国 2/3 的大陆，刮走了 3 亿吨地表沃土，使当年小麦减产 102 亿斤。日本因盲目地毁林开荒，水土流失严重，据 1950 年调查，每年受水灾淹没的地区达 57.7 万公顷，平均每年损失达 2500 亿日元。英国 1952 年伦敦烟雾事件，四天死亡 4000 人，这是与泰晤士河两岸的森林被严重破坏有极大关系的。

人们受到大自然的严厉惩罚之后，日益认识到保护和恢复森林资源的重要性。从 19 世纪 20 年代起，一些资本主义国家就开始为保护森林、制止破坏作出认真的努力，其中最主要的行动就是致力于林业立法。首先，法国于 1827 年颁布森林法，其后奥地利 1852 年、比利时 1854 年、日本 1897 年、瑞典 1903 年、英国 1919 年、德国 1920 年也相继颁布。这些国家颁布森林法的时间先后不同，但当时都面临相似的情况，即森林的破坏已非常严重。由于一个森林法不可能包括当代林业工作中出现的所有问题，所以各国还陆续颁布了一些单项的林业法令。这些林业法律、法令，采取了不少具体措施，如设立专门机构以保证林业法律、法令的实施；为林业经营提供技术指导；向公众宣传森林的巨大作用和爱林护林的重要意义等，所以都执行得比较好。

在很多林业发达的国家。林业能取得重大成就，最直接最主要的原因是健全法制，依法治林。日本在第二次世界大战和战后数年内，全国森林受到严重破坏，共损失约 450 万公顷。1951 年修改了森林法，制订了一系列有关的法令，使林业工作迅速发展，1947 年，全国森林蓄积量只有 17 亿立方米，到 1981 年，森林蓄积量增加到 22 亿立方米；森林面积达到 2，500 多万公顷，占国土面积的 68%。人造林的面积占森林总面积的 37% 以上。在 1948 年，荒山秃岭还有 150 万公顷，到了 20 世纪 80 年代，就没有荒山秃岭了，享有"绿色之国"的美称。美国从 17、18 世纪大量移民开始，大致到 20 世纪初期，在大规模移民垦荒过程中，全国约 20 亿亩原始森林砍伐殆尽。1836 年制定了第一个有关林业的联邦法令，1873 年制定《木材培育条例》，1920 年制定第一部《森林法》，1960 年制定《国有林多种利用与永续生产条例》，1976 年制定《国家森林管理法》，1978 年制定《森林和牧地可更新资源法》。由于健全了林业法制。林业得到很快的恢复和发展，现有森林三亿公顷，仅次于苏联、加拿大、巴西，森林覆盖率为 33％。芬兰在第二次世界大战期间，1/10 的森林面积连同土地割让给苏联，战后对苏联的战争赔款又以大量的木材和森林工业产品偿付，加上国际市场上对林业产品的需求也急剧增加，因而在芬兰出现了对森林的滥伐现象。森林资源日趋减少，森林工业的原料日感不足，这才引起人们对保护森林的重视。由于制定了私有森林法等严格的具体的法律、法令并切实执行，森林资源日益恢复，现在，芬兰的森林面积有 2500 万公顷，占全国陆地面积的71％，森林覆盖率占欧洲第一位，人们称芬兰是"绿色金库"。

我国森林法的立法背景

我国于 1979 年 2 月 23 日五届全国人大常委会第六次会议原则通过《中华人民共和国森林法（试行）》。《森林法（试行）》颁布实施以来，对保护森林、发展林业起到了积极作用。各省、自治区、直辖市人民政府根据《森林法（试行）》的基本原则，结合本地区的具体情况，发布了地方性的法规，加强了依法治林。全国已有 65％ 的县、80％ 的生产队，完成了山林定权发证工作，解决了一百多万起山林权纠纷。多数的省、自治区划定了林区县和林区社队，调整了林区粮食购销政策，为林业建设创造了有利条件。有些省、自治区核定了合理采伐量，建立健全了凭证采伐和运输制度，加强了森林采伐管理。有 25 个省、自治区建立健全了林业公、检、法机构，林业政法和工商行政管理部门相互配合，查处了一批毁林案件，打击了破坏森林的违法犯罪活动，广大群众增强了遵守林业法规的观念。

但是，由于《森林法（试行）》是在我国十年内乱之后，拨乱反正刚刚开始的情况下制订的，不够成熟，存在一些问题，主要是：（1）对控制森林消耗，扭转过量采伐的措施不够有力；（2）有关处罚的规定过于原则、笼统，在实际工作中不好执行。《森林法（试行）》规定，由林业部制订实施细则，报国务院批准。各省、自治区、直辖市根据森林法和实施细则，制定具体实施办法，但是实施细则一直没有制订。加之有些地方和部门的干部，甚至是一些负责干部，错误地认为"试行"是可执行可不执行，因而对《森林法（试行）》不认真贯彻执行。以致几年来，许多地方乱砍滥伐森林的歪风一直没有煞住。

目前，我国森林覆盖率很低，仅占国土面积的 12.7%，森林面积为12200万公顷，而且分布很不平衡。在大约 160 个国家和地区中，我国的森林覆盖率排在第 120 位；按人口平均拥有的森林面积（0.13 公顷）只及苏联的 1/33，美国的 1/15，日本的 1/3，排在第 121 位。长期以来，由于我国许多地方缺少森林植被的保护，致使生态环境严重恶化，水旱风沙等自然灾害频繁，农牧业生产低而不稳。应该加强林业的法制建设，运用法律手段，保护森林资源，迅速扭转我国林业落后的现状。

党的十一届三中全会以来，党中央对林业建设十分重视，曾多次发布关于保护森林、发展林业的重要指示和决定，如《中共中央、国务院关于大力开展植树造林的指示》（1980 年）、《中共中央、国务院关于保护森林发展林业若干问题的决定》（1981 年）、《第五届全国人民代表大会第四次会议关于开展全民义务植树运动的决定》（1981 年）、《中共中央、国务院关于制止乱砍滥伐森林的紧急指示》（1982 年）等。这些重要指示和决定应该贯彻到森林法中去。

综上所述，将《森林法（试行）》修订成正式法律颁布施行，不只是当务之急，十分必要，而且是条件成熟，势在必行了。

我国森林法的主要内容和特点

《中华人民共和国森林法》是在总结近年来的经验教训，广泛征求各方面的意见，并借鉴国外有益的经验的基础上制定的，共七章四十二条。其主要内容和特点有以下六点。

一　稳定林木、林地的权属

稳定林木、林地的所有权和使用权，保障所有者和使用者的合法权益，是保护森林发展林业的关键问题。过去在"左"的影响下，政策多变，林木、林地的所有者和使用者的权益得不到切实保障。一有风吹草动，就砍树毁林，资源被破坏，广大干部群众发展林业的积极性被挫伤，这是极为深刻的教训。

从 1981 年起，各省、自治区、直辖市根据《中共中央、国务院关于保护森林发展林业若干问题的决定》，逐步开展了林业"三定"（稳定山权林权、划定自留山、确定林业生产责任制）。据福建省林业厅统计，除处于沿海平原的长乐县外，有 66 个县，13000 个大队、林场单位，完成山林定权 13300 万亩，占全省林业用地总面积的 99.8%。全省给 161 万多农户划定自留山 1100 多万亩。集体山林普遍因地制宜地建立了各种形式的生产责任制。在林业"三定"中，全省还调处了山林权纠纷 16000 多起，占总纠纷数 19200 起的 83.8%。通过稳定山权林权、落实林业生产责任制，使林业单位和林业生产者有权、有责、有利，充分调动了广大群众和各行各业造林、育林、护林的积极性，全省出现了林业"两户"50000 多户，新联合体 6000 多个。山西省通过山林树木稳权发证工作，先后解决了十万零四百起林权争议，明确和稳定了林权。使一大批个人与个人、个人与集体、集体与集体、集体与国有林场之间因林权纠纷而不睦、打官司甚至发生械斗的问题得到妥善解决，出现了团结营林的新局面。

为了从法律上保障林木、林地的权属，推动国家、集体和个人都来兴办林业，《森林法》第 3 条规定，森林资源属于全民所有，由法律规定属于集体所有的除外。全民所有的和集体所有的森林、林木和林地，个人所有的林木和使用的林地，由县级以上地方人民政府登记造册，核发证书，确认所有权或者使用权。森林、林木、林地的所有者和使用者的合法权益，受法律保护，任何单位和个人不得侵犯。第 23 条规定，全民所有制单位营造的林木，由营造单位经营并按照国家规定支配林木收益。集体所有制单位营造的林木，归该单位所有。农村居民在房前屋后、自留地、自留山种植的林木，归个人所有。城镇居民和职工在自有房屋的庭院内种植的林木，归个人所有。集体或者个人承包全民所有和集体所有的宜林荒山荒地造林的，承包后种植的林木归承包的集体或者个人所有；承包合同另有规定的，按照承包合同的规定执行。

关于林木、林地权属争议的处理问题，《森林法（修改草案）》原规定，对林木、林地权属有争议的，由当地县级人民政府主持协商解决。协商解决不了的，可向当地人民法院起诉；县级以上行政区域之间的林木、林地权属争议，由其上一级人民政府组织协商解决。协商解决不了的，由组织协商的人民政府作出决定，争议双方必须执行。经全国人大常委会审议认为，按照草案规定，林木、林地权属争议有的可以向法院起诉，有的不能向法院起诉，不够恰当。经修改，《森林法》第14条规定，全民所有制单位之间，集体所有制单位之间以及全民所有制单位与集体所有制单位之间发生的林木、林地所有权和使用权争议，由县级以上人民政府处理。个人之间、个人与全民所有制单位或者集体所有制单位之间发生的林木、林地所有权和使用权争议，由当地县级或者乡级人民政府处理。当事人对人民政府的处理决定不服的，可以在接到通知之日起一个月内，向人民法院起诉。在林木、林地权属争议解决以前，任何一方不得砍伐有争议的林木。

关于占用国有林地的审批问题，《森林法（修改草案）》原规定，国家建设需要占用国有林地时，由林业部门批准。经全国人大常委会审议认为，这个规定同《国家建设征用土地条例》的规定不一致，在实际上也难于执行。修改后，《森林法》第15条规定，进行勘察设计、修筑工程设施、开采矿藏，应当不占或者少占林地；必须占用或者征用林地的，按照有关法律规定办理。占用、征用林地面积二千亩以上的，报国务院批准。

二 严格控制采伐量

经营森林的一项基本原则是，森林年消耗量必须低于年生长量。只有这样，才能实现越采越多，越采越好，青山常在，永续利用。严格控制采伐量，是各国森林立法的一条普遍的重要经验。日本的森林法规定，森林所有者、使用者或受益者，在进行采伐时必须预先向政府提出采伐申报书，得到批准后方可进行采伐；采伐木材要以不影响发挥森林的公益效能，保证森林资源的永续利用为前提。采伐量不能超过森林生长量。联邦德国黑森州森林保护法规定，任何采伐，均需当局批准。签发许可证的前提是，保证林地在签证机关所确定的期限内，或者进行更新，或者作非林地使用。为了防御风灾、水土流失等特别危险或者出于土地开发利用的理由必须加以维护的、为签证机关宣布为防护墙的森林，不得签发采伐许可证。只在提出特殊理由的情况下，才许可有例外。芬兰森林法除一般要求不许任意砍伐森林之外，对幼林的间伐和壮林的皆伐都有明确的规定。为了保护幼林，规定：树木生长 30 年后才可以进行间伐；间伐量不得超过蓄积量的 30％；两次间伐一般要相隔 20 年，事先要得到林业局的同意。如间伐量超过森林法的规定，林业局有权进行干涉，甚至向法院起诉。奥地利森林法不仅严禁侵占、破坏公园与绿化区树木而且规定凡要砍伐全国范围内的任何树木，均须报经政府部门批准。至于罕见的古树以及具有纪念意义的树木，则绝对禁止砍伐。

多年来，我国的森林过量采伐严重，资源消耗惊人，一些重点林区森林急剧减少，木材产量下降，自然生态环境恶化。为了切实改变这种局面，《森林法》除总则第 6 条规定了对森林实行限额采伐的原则外，对森林采伐问题作了专章规定。第 25 条规定，国家根据用材林的消耗量低于生长量的原则，严格控制森林年采伐量。全民所有的森林和林木以国营林业企业事业单位、农场、厂矿为单位，集体所有的森林和林木以县为单位，制定年采伐限额，由省、自治区、直辖市林业主管部门汇总，经同级人民政府审核后，报国务院批准。《森林法（修改草案）》原规定，国家实行统一的木材生产计划。禁止计划外采伐。经全国人大常委会审议认为，用于地方基建项目、农村盖房、群众烧柴等方面的木材，多数都未纳入国家计划。这样规定，实际上行不通。修改后，《森林法》第 26 条规定，国家制定统一的年度木材生产计划。年度木材生产计划不得超过批准的年采伐限额。计划管理的范围由国务院规定。第 27 条规定了采伐森林和林木必须遵守的具体规定，第 28 条规定，采伐林木必须申请采伐许可证，按许可证的规定进行采伐。《森林法（修改草案）》原规定，农民采伐房前屋后个人所有的林木也要申请采伐许可证。经全国人大常委会审议认为，这样规定，限制太死，不利于调动农民植树造林的积极性。修改后，《森林法》第 28 条中规定，农村居民采伐自留地和房前屋后个人所有的零星林木，可以不申请采伐许可证。第 29 条规定，审核发放采伐许可证的部门，不得超过批准的年采伐限额发放采伐许可证。第 30 条规定，国营林业企业事业单位申请采伐许可证时，必须提出伐区调查设计文件。其他单位申请采伐许可证时，必须提出有关采伐的目的、地点、林种、林况、面积、蓄积、方式和更新措施等内容的文件。对伐区作业不符合规定的单位，发放采伐许可证的部门有权收缴采伐许可证，中止其采伐，直到纠正为止。

三 扭转重采伐、轻造林倾向，贯彻以营林为基础的林业建设方针

许多国家的林业立法都很重视植树造林，采育结合。日本规定，农林大臣应每五年作出为期十五年的全国森林规划，都道府县知事要制定为期五年的本地区森林规划。无论国有林、公有林或私有林，都必须制定森林管理计划，经政府批准后执行。联邦德国黑森州森林保护法规定，对未造林的或未造满林的采伐基地，监督机关应规定在一定期限内更新。为确保林地更新，可要求林地所有者或合法利用者存放一批能抵偿更新所需的预计费用的款项。实行抚育间伐和对密度不够的林区进行下层补植。芬兰森林法规定，壮林最后皆伐时，私有林主必须从收入中把一笔用于森林更新的款项存入银行，这笔款项只有等更新完毕、形成幼林后才能收回，如果林主在伐林后三年内未及时更新，国家就有权没收这笔款项，由国营林队进行更新。届时林主还必须无偿参加劳动。奥地利森林法规定，凡要占用林地，有关单位必须在其他地方营造同等面积的树林。有计划建造的林区要按时更新，故意违反者要受到惩处。

为了汲取外国的有益经验，扭转重采伐轻造林的倾向，《森林法》在总则中规定，林业建设实行以营林为基础，普遍护林，大力造林，采育结合，永续利用的方针；各级人民政府应当组织全民义务植树，开展植树造林活动；在植树造林、保护森林以及森林管理等方面成绩显著的单位或者个人，由各级人民政府给予精神的或者物质的奖励。在"森林采伐"一章中规定，采伐林木的单位或者个人，必须按照采伐许可证规定的面积、株数、树种、期限完成更新造林任务，更新造的面积和株数必须大于采伐的面积和株数。此外，对植树造林还作了专章规定。第 22 条规定，各级人民政府应当制定植树造林规划，因地制宜地确定本地区提高森林覆盖率的奋斗目标，各级人民政府应当组织各行各业和城乡居民完成植树造林规划确定的任务，全民所有和集体所有的宜林荒山荒地可以由集体或者个人承包造林。第 24 条规定，新造幼林地和其他必须封山育林的地方，由当地人民政府组织封山育林。

四 对林业实行经济扶持

森林是再生性资源，每年采伐之后要及时培育新的森林，同时还有大

量宜林的荒山荒地需要造林绿化。任务重，投资大，需要国家大力扶持。许多国家鉴于森林的巨大作用和效益以及林业生产周期长、收益慢的特点，都制定了扶持和奖励的政策法令，从财政上大力资助。日本的《国有林特别会计法》规定，设置林业特别公积金，由农林水产省在每个会计年度中向大藏省提出年度经费支出计划；各需款单位通过借款和借款支票形式，向各级财政部门取得经费，每年结算一次，并规定余款可在下一会计年度继续使用。经国会批准，农林水产省还可通过发行公债取得林业发展资金。政府还通过农林、渔业金融公库向林业经营单位发放长期低息贷款。如对造林贷款规定年息为 3.5%，偿还期从贷款后的 20 年开始，35 年还清。政府对林业的所得税采取优待办法，林业所得税相当于其他行业所得税的 23%。新西兰的《造林鼓励法》规定，凡是小土地所有者造林，政府一律补助造林成本的一半。每公顷补助费高达 600 新西兰元（新元与美元价值相近）。公司企业的造林费用，都可以记入财政开支成本中去。等于减少了税额。奥地利森林法规定，农户造林所需投资，由国家补助 60%，所在州补助 30%，农户自己只负担 10%，林木收益全部归个人。

我国发展林业过去主要靠政策、靠科学、靠亿万人民的劳动积累。但是，随着国民经济的发展，也必须逐步增加对林业的经济扶持，保证林业有必要的资金来源。因此，《森林法》第 6 条规定，根据国家和地方人民政府有关规定，对集体和个人造林、育林给予经济扶持或者长期贷款；征收育林费，专门用于造林育林；煤炭、造纸等部门，按照煤炭和木浆纸张等产品的产量提取一定数额的资金，专门用于营造坑木、造纸等用材林；建立林业基金制度。

五　给民族自治地方林业建设以更多的自主权

我国的森林资源，约有 1/3 的面积，近 1/2 的蓄积分布在少数民族地区。应当根据各民族自治地方经济和文化的特点，依照国家对民族自治地方自治权的规定，开展林业生产建设。为了充分调动当地各民族群众护林育林的积极性，促进民族自治地方林业的发展，《森林法》第 7 条规定，国家和省、自治区人民政府，对民族自治地方的林业生产建设，依照国家对民族自治地方自治权的规定，在森林开发、木材分配和林业基金使用方面，给予比一般地区更多的自主权和经济利益。第 41 条规定，民族自治地方不能全部适用本法规定的，自治机关可以根据本法的原则，结合民族自治地方的特点，制定变通或者补充规定，依照法定程序报省、自治区或者全国人民代表大会常务委员会批准施行。

六　规定了明确的、严格的法律责任

许多地方反映，试行的森林法没有明确规定罪与非罪的界限，对处罚的规定过于笼统，《刑法》对有些破坏森林的违法犯罪行为没有相应的规定，在执行中不好掌握。同时反映《刑法》和《治安管理处罚条例》对破坏森林的违法犯罪行为处罚偏轻，不能起到震慑作用。

《森林法》作了较大的修改和补充。对违法犯罪行为规定了明确的、严格的法律责任。违法责任分为行政责任、刑事责任两类：

（1）行政责任。行政制裁包括行政处分，责令赔偿损失，没收违法所得，不再发给采伐许可证，补种树木，罚款。

①第34条第1款规定，盗伐森林或者其他林木，情节轻微的，由林业主管部门责令赔偿损失，补种盗伐株数十倍的树木，并处以违法所得三至十倍的罚款。滥伐森林或者其他林木，情节轻微的，由林业主管部门责令补种滥伐株数五倍的树木，并处以违法所得二至五倍的罚款。

②第35条规定，违反本法规定，超过批准的年采伐限额发放林木采伐许可证或者超越职权发放林木采伐许可证的，对直接责任人员给予行政处分。

③第36条规定，伪造或者倒卖林木采伐许可证的，由林业主管部门没收违法所得，处以罚款。

④第37条规定，违反本法规定，进行开垦、采石、采砂、采土、采种、采脂、砍柴和其他活动，致使森林、林木受到毁坏的，由林业主管部门责令赔偿损失，补种毁坏株数一至三倍的树木。

⑤第38条规定，采伐林木的单位或者个人没有按照规定完成更新造林任务的，发放采伐许可证的部门有权不再发给采伐许可证，直到完成更新造林任务为止；情节严重的，可以由林业主管部门处以罚款，对直接责任人员由所在单位或者上级主管机关给予行政处分。

（2）刑事责任。刑事制裁包括拘役、有期徒刑、无期徒刑，并处、单处罚金或者没收财产。

①第 34 条第 2 款规定，盗伐森林或者其他林木，情节严重的，依照《刑法》第 128 条的规定追究刑事责任。

②第 34 条第 3 款规定，盗伐林木非法占有，数额巨大的，依照《刑法》第 152 条的规定追究刑事责任。

③第 36 条规定，违反本法规定，超过批准的年采伐限额发放林木采伐许可证或者超越职权发放林木采伐许可证，情节严重，致使森林遭受严重破坏的，对直接责任人员依照《刑法》第 187 条的规定追究刑事责任。

④第 36 条规定，伪造或者倒卖林木采伐许可证，情节严重的，比照《刑法》第 120 条的规定追究刑事责任。

由此可见，对破坏森林和其他林木的违法犯罪活动的处理规定，《森林法》比《森林法（试行）》明确多了，也严格多了。例如，按照《森林法（试行）》的规定，盗伐、滥伐森林罪的最高刑是三年有期徒刑（《森林法（试行）》第 39 条，《刑法》第 128 条）；而按《森林法》的规定，盗伐、滥伐森林罪的最高刑则是无期徒刑（《森林法》第 34 条第 2 款，《刑法》第 152 条）。

此外，《森林法》第 39 条还对程序法作了明确规定，即当事人对林业主管部门的罚款决定不服的，可以在接到罚款通知之日起一个月内，向人民法院起诉；期满不起诉又不履行的，林业主管部门可以申请人民法院强制执行。

（载《中国法学》1985 年第 1 期）

关于制定生物多样性法的建议

根据《联合国生物多样性公约》，"生物多样性"是指所有的形形色色的生物体，其来源包括陆地、海洋和其他水生生态系统及其构成的生态综合体；包括基因多样性、物种多样性和生态系统的多样性。5 月 22 日是国际生物多样性日，联合国环境规划署与《联合国生物多样性公约》秘书处将 2004 年国际生物多样性日的主题确定为——"生物多样性：全人类食物、水和健康的保障"，强调在确保粮食安全和适当供水方面，以及在保护基于世界生物宝藏的众多传统药物和现代药品方面，"生物多样性非常重要"。目前，《联合国生物多样性公约》（以下简称《公约》）已有 199 个缔约国，是批准国家最多的环境公约之一，也是自 1992 年联合国环境与发展大会以来进展较快的国际环境公约。生物多样性立法先进的国家为了全面贯彻执行《公约》，又制定了一些新的配套法律。如法国于 1992 年颁布《控制转基因有机物的使用和扩散法》，挪威于 1993 年颁布《转基因生物的生产和使用法》，瑞典于 1999 年实施的综合性《环境法典》第 13 章中对转基因生物的安全问题作了专门规定，第 2 章、14 章中也有生物安全和生物技术产品的规定。①

我国是《公约》第 64 个签约国，1992 年批准加入《公约》，是最先批准《公约》的发展中国家。我国加入《公约》后，在保护和持久使用生物多样性方面，做了大量工作，取得一些进展，但是还存在不容忽视的问题。

一 我国在保护和持久使用生物多样性方面存在的主要问题

（1）生物多样性丧失的趋势未得到有效控制。全国有濒危或接近濒危

---

① 参看蔡守秋主编《欧盟环境政策法律研究》，武汉大学出版社，2002，第 227~229 页。

的高等植物 4000 ~ 5000 种，占总数的 15% ~ 20%。野生植物如苏铁、珙桐、金花茶杪椤等已濒临灭绝。20 世纪在我国已灭绝的野生动物有普氏野马、高鼻羚羊。接近和濒临灭绝的有蒙古野驴、野骆驼和普氏原羚等。《濒危野生动植物国际贸易公约》中列出的 640 种世界濒危物种中，中国有 156 个物种。保护野生动植物的栖息地和生境，提高自然保护区的建设和管理水平，是我国生物多样性保护需要迫切解决的问题之一。[①]

（2）**生物入侵，威胁国内生物物种的安全，造成生态环境的破坏。** 据世界自然保护联盟公布的数据显示，世界上 100 种最坏的外来入侵物种约有一半入侵中国。每年全国因松材线虫、湿地松粉蚧、美国白蛾等森林害虫入侵危害森林面积达 150 万公顷。一些生物学家指出，一旦某种"生物入侵者"在新的环境中站稳脚跟，开始大规模繁衍后，其数量将很难控制。即使在科学技术高度发达的今天，面对那些适应能力和繁殖能力很强的动植物，人们仍旧束手无策。[②] 例如，原产南美洲的水葫芦，20 世纪入侵上海，年年顽强地在黄浦江、苏州河水面滋长蔓延，成为上海市改善水质和水面环境的大敌，有关部门每年都不得不动用大量的人力物力打捞水葫芦。[③]

（3）**生物遗传资源流失严重。** 生物遗传资源是指具有实用或潜在实用价值的任何含有遗传功能的材料，包括动物、植物、微生物的 DNA 基因、基因组、细胞、组织、器官等遗传材料及相关信息，是生物科学研究重要基础、人类生存和社会可持续发展的战略性资源。国际上已将对生物遗传资源的占有情况作为衡量一个国家国力的重要指标之一。近年来，发达国家采取各种手段，不断从发展中国家搜集、掠夺生物遗传资源，并通过对世界生物遗传资源的控制，进而加速对发展中国家的市场占有和经济垄断。我国是世界上生物遗传资源最丰富的国家之一，也是发达国家掠取生物遗传资源的重要地区。我国农作物种质资源保有量居世界首位，我国拥有高等植物 3 万余种，脊椎动物 6 千多种，均居世界前列，是世界 8 个作物起源中心之一，在漫长的农牧业发展过程中，培育和驯化了大量经济性状优良

---

① 参看铁铮《我国生物多样性保护任务依然艰巨》，《科学时报》2003 年 5 月 26 日。
② 参见《生物入侵者——生态环境中的非法移民》，1998 年第 12 期。
③ 参见《警惕与防范外来生物入侵》，《科学时报》2002 年 8 月 27 日。

的作物、果树、家禽、家畜物种和数以万计的品种。我国是大豆的原产地，野生大豆资源占全世界的 90% 以上，共计 6000 多种。但是现在国外一些国家作物基因库中保存的大豆资源却达 2 万多份，很多原产于我国的大豆资源已经成了外国的专利产品，我国已从世界上最大的大豆出口国变为最大的大豆进口国。我国生物遗传资源的引进、输出处于失控阶段，非法带进带出境的生物物种资源量远远超过官方渠道交换的进出口数量。①

我国现有的遗传资源管理规定是在其他法律法规之下附带作出的，内容很不完善，尤其是在遗传资源的取得、惠益分享和专利制度方面基本上是空白，使很多想通过合法途径获取生物遗传资源的外国公司感到无所适从，而有些外国公司却通过合作研究或共同建立数据库等方式，无偿窃取我国遗传资源。我国当务之急是根据《生物多样性公约》等的有关规定，将遗传资源管理从速纳入立法议程，与其他问题合并制定《生物多样性法》，并严格执行。

（4）**食用野生动物的陋习，后果十分严重**。随着人们经济条件的改善，食用野生动物的情况愈演愈烈。滥食野生动物的陋习促使野生动物资源过度开发，是推动野生动物非法贸易的原动力，已对我国及周边国家的生物多样性保护造成危害。加快野生动物管理和可持续利用的立法进程，尤其是完善作为食品的野生动物的管理和立法，提倡新的饮食文化和饮食观念，已经刻不容缓。②

（5）**对转基因作物的政策不明确，影响较大**。随着生物工程技术的迅速发展，科学家研制出越来越多的转基因农作物。这些农作物可以像普通农作物一样在田地里生长，但是却能产生普通农作物所不能产生的药品和化学物质。正因为如此，人们十分担心这些作物一旦不慎流入食物中，将会带来可怕的灾难。美国准备修改有关法律，更严格地控制生产药品和化学品的基因作物从而确保食品的安全。我国也需要一部法律来规范各部门的行动，从而确保我国人民的食品安全。③

---

① 参看王馨睿、宗建树：《物种资源输出管理亟待加强》，《中国环境报》2003 年 11 月 18 日。
② 参看铁铮《22 位院士呼吁加强野生动物保护》，《科学时报》2003 年 6 月 24 日。
③ 边昕：《研制基因作物要走法治之路?》，参看《科学时报》2003 年 5 月 16 日。

二 生物多样性立法中应注意的重要问题

（1）**要从认真执行我国已加入的国际公约、双边条约等国际法来考虑我国相应的法律体系、法律框架、法律结构等问题。**我国加入《濒危野生动植物种国际贸易公约》（CITES）已经 20 多年，但至今仍未按公约的要求制定一部相应的国内法律，CITES 秘书处仍将我国列为野生动植物贸易国内立法不完善的国家。① 我国于 1992 年加入了《联合国生物多样性公约》，但至今没有一部执行这个国际公约的综合性法律。《野生动物保护法》自 1989 年 3 月起施行，至今 15 年，已不能适应客观情况的变化，而且不能替代生物多样性法；关于野生植物的保护、遗传物种的保护、生物入侵的防治等，都还没有一部单行的法律；应当看到，我国关于生物多样性的法制建设是不健全的。从国内立法的实际需要来看，从认真贯彻执行我国已参加的国际公约来看，亟须集中有关方面的知识、智慧和力量，制订一个相应的综合性法律——《生物多样性法》，将修订《野生动物保护法》的内容纳入《生物多样性法》的制定。

（2）**动物与植物的立法有紧密的关系和共同点，立法中要同样重视，合并考虑。**例如，生物入侵问题，既包括动物入侵，又包括植物入侵；保护珍稀濒危物种问题，既包括珍稀濒危动物，也包括珍稀濒危植物；防治生物物种资源丧失和流失问题，既包括动物物种，也包括植物物种；执行《联合国生物多样性公约》、《濒危野生动植物种国际贸易公约》等，既包括动物，又包括植物；所以，立法中要予以综合考虑，防止出现"头痛医头，脚痛医脚"的问题，影响立法的效率和质量。

（3）**生物多样性立法必须贯彻预防为主、"防"重于"治"的原则。**例如生物入侵问题、遗传资源流失问题、濒危野生动植物保护问题等，如果不及时采取得力措施防患于未然，等问题已经蔓延，再采取措施去治，则要付出几倍、几十倍、甚至于更多的代价，或者是无法挽回损失。生物多样性立法应有预见性、前瞻性，贵在及时。有些问题的立法刻不容缓，靠已有的法律法规已不能有效解决问题。

（4）**执法部门职责任务必须规定得明确统一，切实可行。**由于生物多

---

① 王静：《野生动物立法存在哪些认识缺陷》，参看《科学时报》2003 年 5 月 30 日。

样性的利用和保护涉及环保、农业、林业、水利、海洋、海关、检疫、商业、交通、运输、科技、宣传、教育等很多部门，需要一个既有权威性又切实可行的法律来明确、细致地规定管理机构的职责、分工，才能真正做到执法部门分工协作，形成合力。

（载 2004 年 11 月 3 日《中国社会科学院要报》，2007 年获中国社会科学院第二届离退休人员优秀科研成果奖三等奖）

强化生物入侵防治立法是当务之急

生物入侵， 形势严峻

生物入侵，威胁国内生物物种的安全，造成生态环境的破坏。据专家初步调查，IUCN（世界自然保护联盟）公布的世界上 100 种最坏的外来入侵物种约有一半入侵中国。每年全国因松材线虫、湿地松粉蚧、美国白蛾、松突圆蚧等森林害虫入侵危害森林面积达 150 万公顷。豚草、薇甘菊、紫茎泽兰、飞机草、大米草、水葫芦等在部分地区蔓延。沿海滩涂和近海生物栖息地因大米草等入侵物种的影响，海水交换能力和水质下降并引发赤潮，使大片红树林消失。西南部分地区因飞机草和紫茎泽兰群落入侵，造成草场和林木的破坏和衰弱，对自然保护区保护对象构成了威胁。① 据国家环保总局有关负责人介绍说：目前进入中国的外来杂草共有 107 种、75 属，其中有 62 种是作为牧草、饲料、蔬菜、观赏植物、绿化植物等有意引进的，占杂草总数的 58%；主要外来害虫 32 种，如美国白蛾、松圆突蚧；外来病原菌 23 种，如棉花枯萎病病原菌。②

一些生物学家指出，一旦某种"生物入侵者"在新的环境中站稳脚跟，开始大规模繁衍后，其数量将很难控制。即使在科学技术高度发达的今天，面对那些适应能力和繁殖能力很强的动植物，人们仍旧束手无策。③ 例如原产南美洲的水葫芦，现已广泛分布于我国华北、华中、华南大部分省市的河流、湖泊和水塘中。1000 公顷的滇池，水葫芦疯长成灾，布满水面，导

① 铁铮：《我国生物多样性保护任务依然艰巨》，参看《科学时报》2003 年 5 月 26 日。
② 《警惕与防范外来生物入侵》，见《科学时报》2002 年 5 月 27 日。
③ 参见《生物入侵者——生态环境中的非法移民》1998 年第 12 期。

致大量水生动植物的死亡。在对外贸易频繁的大都市上海，20 世纪入侵的水葫芦，年年顽强地在黄浦江、苏州河水面滋长蔓延，成为上海市改善水质和水面环境的大敌，有关部门每年都不得不动用大量的人力物力打捞水葫芦。① 恶性杂草"豚草"因其迅速在江西省各地蔓延而引起此间媒体和民众的极大关注，南昌市郊和城内，曾发现大片豚草疯长。② 如果听任"生物入侵者"自由发展，许多本土物种将难逃绝种厄运，自然界的物种多样性将受到严重破坏，美国白蛾侵入我国后，仅辽宁一地就有 100 多种植物受到危害。

"生物入侵者"给人类社会造成的经济损失是惊人的。 每年由"生物入侵者"造成的经济损失，美国高达 1500 亿美元（有人说是 2000 多亿美元），印度是 1300 亿美元，南非为 800 亿美元。我国仅几种主要外来入侵物种造成的经济损失，每年就达 574 亿元人民币，其中，对美洲斑潜蝇一项的防治费，每年就需 4.5 亿元。生物入侵给我国造成的损失总数有多大？负责中国入侵生物现状调查的中国环境与发展国际合作委员会解炎博士说："估计比美国还要大。"③

生物入侵的主要渠道

（1）盲目地引进物种。在物种引进上，有的人认为"外来的就一定比本地的好"，不加分析地盲目引种。例如我国沿海为防风固堤引进的大米草，如今在福建等地已形成危害；近年来，绿茵茵的草地成为越来越多城市中的新景观，我国幅员辽阔，种质资源丰富，可利用的潜力很大，而我国草坪业的草种几乎全部依赖进口，仅 1997 年进口量就达 2000 吨以上，这些草疯长，甚至成了"不死草"。（2）流动人口从国外带来的。以新鲜水果和蔬菜为例，许多昆虫和昆虫卵附着在这些货物上，其中包括危害性极大的害虫，如地中海果蝇等。尽管各国海关动植物检疫中心对这些害虫严加防范，但由于进出口货物量极大，很难保证没有漏网之"虫"。据美国一份

---

① 参见《警惕与防范外来生物入侵》，《科学时报》2002 年 8 月 27 日。
② 见《恶性杂草在江西疯狂蔓延》，《科学时报》2002 年 6 月 3 日。
③ 参看《捍卫我们的生态家园》，《科学时报》2002 年 6 月 7 日。

调查报告报道：美国很多外来物种如冷杉蚁、条纹贻贝都是由越来越多的流动人口从国外带来的。①（3）乘垃圾潮压舱水之便的"偷渡客"。英国南极调查组织的大卫。伯尼斯发现：不断增加的塑料垃圾潮已经使塑料取代原来的木头成为主要的海岸垃圾，"乘"着这些垃圾来的是蠕虫和藤壶一类的"偷渡客"。②（4）跨国宠物贸易也为"生物入侵者"提供了便利。近年来，由于引进五彩斑斓的观赏鱼而给某些地区带来霍乱病源的消息时常见于报端。一些产自他乡的宠物，如蛇、蜥蜴、山猫等，往往会因主人的疏忽或被遗弃而逃出藩篱，啸聚山林，危害一方。

几点建议

要采取预防为主防治结合的方针：

（1）要谨慎引种。必须加强对引进物种的研究、审批和管理；

（2）要查清我国现有的外来有害物种的种类、危害及入侵途径等情况；

（3）针对已知的和可能的外来物种入侵途径，采取得力措施，防患于未然；例如规定船舶入境前，对压舱水进行严格处理的操作规程，采取多种方法杀死压舱水中的生物，防止入侵；

（4）加强对已知的主要外来有害物种的综合治理工作（例如瑞士采取公布"外来物种黑名单"的办法，提醒植物园和公众注意防止外来物种的危害）；

（5）在国务院领导下，由环保、农业、林业、水利、海洋、海关、检疫、商业、交通、运输、科技、宣传、教育等部门参加，组成生物入侵防治办公室，明确职责，分工合作，统一指挥、协调和管理。

关键是强化生物入侵防治立法

《联合国生物多样性公约》规定："缔约国应尽可能并酌情防止引进、

---

① 见《外来物种严重威胁美国本地物种》，《中国科学报》1998 年 8 月 12 日。
② 见《外来物种严重威胁美国本地物种》，《中国科学报》1998 年 8 月 12 日。

控制或消除那些威胁到生态系统、生境或物种的外来物种"①，我国是该公约的缔约国，应当认真执行这项规定。从现行的生物入侵防治立法来看，虽然在新修订施行的《农业法》中很原则很含糊地规定了一句："从境外引进生物物种资源应当依法进行登记或者审批，并采取相应安全控制措施。"但是，生物入侵的防治涉及环保、农业、林业、水利、海洋、海关、检疫、商业、交通、运输等部门，光靠上述很原则很含糊的一句，我想是不能很有效地解决问题的。建议与执行《联合国生物多样性公约》有关的问题（如濒危珍稀动植物的保护问题，遗传资源流失防治问题，转基因食物的销售种植问题等合并制定《生物多样性法》，或者《野生生物保护法》，颁布执行；如果这项法律暂时不可能制定，则建议抓紧制定单行法律——《生物入侵防治法》，并严格执行。

（载《环境资源法学研讨会论文集》，2004）

---

① 见《联合国生物多样性公约》序言第 8 条"就地保护"第（h）项，《迈向 21 世纪——联合国环境与发展大会文献汇编》，中国环境科学出版社，1992 年。

中国动物保护法制建设的新问题

尊敬的主席、院所领导，尊敬的外国专家和国内专家学者，女士们、先生们：

这次会议是贯彻落实党中央关于科学发展观、关于加强生态文明建设等重要指示精神的一次研讨会，对中国生物多样性法制建设，特别是对动物保护法制建设，是一次促进会。我发言的题目是《中国动物保护法制建设的新问题》。

新中国建国以后，特别是参加《联合国生物多样性公约》以后，对野生动物的保护和持续利用做了大量工作，取得的成效也是举世瞩目的；另一方面，也面临一些新的问题、新的挑战。中国动物保护法制建设面临的新问题、新挑战，我个人认为主要有以下 7 个：

（1）**应当采取哪些法律措施保障野生动物，特别是国家重点保护的野生动物不致因重大自然灾害而大批伤亡。**今春一场 50 年一遇、持续而严重的雪灾，大批野生动物因饥寒交迫而死亡。据不完全统计，栖息于新疆南部帕米尔高原、昆仑山地区的 10 万余只野生动物受灾，大量珍稀野生动物因饥寒交迫而死亡；四川省甘孜州石渠县国家二级保护动物藏原羚已有 5000 多只由于雪盲症而饿死。（由于集雪很厚，太阳一出来，阳光照在雪地上反射出强烈的阳光，导致眼角膜被烧坏，看不见任何东西，这些藏原羚没有能力抵御外界侵犯和寻觅食物，以致活活饿死。）① 今春雪灾期间，新疆维吾尔自治区曾发生"狼灾"，狼群突然袭击羊圈，一次就咬几十头羊，牧民遭受很大损失。对因重大自然灾害造成家畜动物大批死伤、生活困难

---

① 参见《十万野生动物面临危机》，《北京晚报》2008 年 2 月 29 日，《雪盲症害死大量藏原羚》，《北京晚报》3 月 14 日。

的农牧民，政府应当给予哪些法律救济？是需要关注、研究的问题。

（2）对遭受野生动物袭击、伤害，损失重大的居民和单位，政府应给予哪些法律救济？现在，因野生动物肇事，造成人员伤亡和农作物损失的事件越来越多。在滇西北，黑熊咬死咬伤家畜动物的事件日益增多，河南、陕西、湖北等省，野猪频频伤人事件引起广泛关注。西双版纳地区 2005 年至 2007 年期间，发生野生动物肇事事件 38000 多起，伤亡 61 人，直接经济损失 6545 万元，其中仅 20% 得到政府的补偿。今年 4 月间，江西省婺源县农民吴志红被黑熊咬伤，因治伤花了不少钱，又不能上山干活，生活很困难，请求政府给予救济金，尚未得到批准。《野生动物保护法》第 14 条规定："因保护国家和地方重点保护野生动物，造成农作物或其他损失的，由当地政府给予补偿。补偿办法由省、自治区直辖市政府制定。"今年两会期间，来自西双版纳的全国人大代表张美兰与另外 30 多名全国人大代表联合提出议案，认为《野生动物保护法》上述条款不符合实际情况，建议将该条款中"由当地政府给予补偿"，修改为"由国家和地方共同承担补偿责任"。①

（3）应当采取哪些法律措施防治外来动物入侵中国，造成难以估量的损失？每年入侵中国的生物造成的经济损失达一千亿元。今年 1 月 6 日，由华盛顿飞抵北京的 UA897 航班飞机上，捕获躲藏的活鼠和死鼠共 8 只。北京市被入侵的动物超过 18 种。2006 年初迅速蔓延的美国白蛾对北京的生态安全带来极大威胁。这种昆虫是多食性害虫，可危害 200 多种林木、果树、农作物和野生植物，且繁殖能力极强，2005 年蔓延到 9 个区县，受害面积达 9300 亩；2006 年已攻进北京市核心区域。② 应当引起高度重视。

（4）应当采取哪些法律措施防治因动物遗传资源流失，给国家造成很大损失。国际上已将对生物遗传资源的占有情况作为衡量一个国家国力的重要指标之一。中国是世界上动物遗传资源最丰富的国家之一。例如红色大狮头藏獒，也是一种珍稀动物，长春市一居民养了一条红色大狮头藏獒，今年刚一岁就生下 8 个小崽，其中一只雄性的小崽被辽宁省一家獒园以 10

---

① 参看 2008 年 4 月中央电视台 7 频道《黑熊来袭》。
② 参见《外来生物"搭车"入侵中国》，《北京晚报》2008 年 4 月 14 日。

万元人民币抱走。① 中国现有的动物遗传资源管理规定是在其他法律法规之下附带作出的，内容很不完善，尤其是在遗传资源的取得、收益分享和专利制度方面漏洞较大，使很多想通过合法途径获取动物遗传资源的外国公司感到无所适从而有些外国公司却通过合作研究或共同建立数据库等方式，窃取中国动物遗传资源。②

（5）**应当采取哪些法律措施防治敌特组织利用动物作间谍、特工工具，危害中国的安全？**有的国家正在研究开发"电子动物特工"，通过给飞蛾、甲虫、老鼠、鸽子和鲨鱼等动物体内植入芯片，训练一支动物"侦察兵特种部队"。例如在苍蝇还是幼虫或蛹的阶段，将芯片植入它的体内，令芯片成为其身体的一部分，当这些昆虫长大后，它们就将变成一半昆虫，一半机器的"生物机器人"。有的国家正研制开发一种飞行距离超过 100 米的"苍蝇特工"。③ 中国应当采取哪些法律措施防治"电子动物间谍"危害国家安全？特别是确保北京奥运会期间首都的绝对安全？

（6）**应当采取哪些法律措施，保障宠物养护规范化，使宠物养护人与邻近居民能和谐共处，促进生态文明、精神文明？**现在城市居民养猫、养狗、养其他宠物的人越来越多。北京有个丁奶奶，80 多岁，过去患病十分严重时，猫时刻陪伴着她，猫是支撑她的精神源泉，她对猫产生了特殊感情，所以在狭小的房间里，养了 260 只流浪猫。流浪猫得到了幸福，而群猫的叫声却使同居的妹妹和邻居不堪忍受，丁奶奶被告上了法庭，结论尚不知晓。上海有位姑娘也是因为养猫被邻居反对而不得不带着她心爱的 300 多只猫离开了城市。④ 北京市通州区荞馨园小区内，共有 500 多户居民，养狗现象非常普遍，有些居民嫌狗太吵，影响睡眠、休息和环境卫生，有的公开贴出警告，声称：如果再不收敛"就会放毒"，今年 3 月间，该小区有 10 只狗突然死亡，死时的情况很类似，"开始时出现呕吐，大小便失禁，最后抽搐了几下就死了。"警察对狗的死因进行了调查（未见结论），估计与人为投毒有关。⑤ 家养犬因管理不当，咬伤居民的事故，时有发生；对遭受宠

---

① 参看《纯种藏獒一胎产下 8 崽》，《北京晚报》2008 年 3 月 23 日。
② 参看文伯屏：《加快制定生物多样性法的建议》，载《中国法学网》专论。
③ 参看《小心墙上苍蝇可能是间谍》，《北京晚报》2008 年 3 月 7 日。
④ 参见 2008 年 4 月日中央电视台 10 频道《绿色空间》"丁奶奶与她的 260 只猫"。
⑤ 参见《10 条家养犬相继离奇死亡》，《北京晚报》2008 年 3 月 24 日。

物侵害、干扰的居民，应给予哪些法律救济？也是需要研究解决的问题。①

（7）为了贯彻落实党中央关于加强生态文明建设的重要指示精神，应当采取哪些新的法律措施，取缔社会上滥食野生动物的陋习，完善作为食品的动物的管理，对农场动物在运输、屠宰过程中，贯彻动物福利观念，确保动物不致遭受可以避免的痛苦或折磨，促进生态文明、社会文明？常纪文教授写的《中国与欧盟动物屠宰福利法之比较》、《中国与欧盟动物运输法之比较》两篇论文有重要的参考价值。②

（载《中国动物保护法制建设国际研讨会论文集》，2008）

---

① 参见《一女子街边走，背后扑来两恶狗》，《北京晚报》2008 年 3 月 24 日。
② 此两篇文章载《中国社会法学网"常纪文的博客"》。

第二编 |
国际环境资源法学

Part 2：International Environmental & Natural Resources Law

国际环境法发展史简介

　　国际环境法的产生和发展，与世界工业的发展、人类环境意识、资源意识的发展有密切关系。纵观国际环境法发展的历史，大致可分为五个阶段，即从 20 世纪 20 年代到第二次世界大战结束；从第二次世界大战结束到 1972 年联合国人类环境会议召开前；从联合国人类环境会议到 1982 年内罗毕会议；内罗毕会议后到 1992 年联合国环境与发展大会；联合国环境与发展大会以后。

　　（1）从 20 世纪 20 年代到第二次世界大战结束是国际环境法的萌芽期。这 35 年中，根据联合国环境规划署的登记，签订环境资源的国际公约有 3 件，其中最早出现的是 1921 年在日内瓦签订的关于油漆中使用白铅的公约，其次是 1933 年在伦敦签订的保护自然环境中动植物公约和 1940 年在华盛顿签订的西半球自然保护和野生物保存公约。

　　（2）从第二次世界大战结束到 1972 年联合国人类环境会议召开前是国际环境法的初步成长期。在这 25 年里国际环境法得到初步的发展，环境资源的国际公约共 56 件，重要的如 1946 年的国际捕鲸管制公约（修正本）、1950 年的国际鸟类保护公约，1951 年的国际植物保护公约，1959 年的南极条约，1963 年的核能损害民事责任维也纳公约和禁止在大气层、外层空间和水下进行核武器试验条约，1971 年的关于特别是水禽生境的国际重要湿地公约等。美国和苏联环境保护合作协定（1972），也是在联合国人类环境会议之前产生的。

　　（3）从联合国人类环境会议到 1982 年的内罗毕会议是国际环境法的蓬勃发展期。1972 年 6 月 5 日到 16 日，在瑞典首都斯德哥尔摩召开了联合国人类环境会议。会议以前，人们往往把环境问题看成是孤立的局部的问题，通过这次会议，树立了全球一体化、保护生物圈的整体观念。《人类环境宣言》与《世界环境行动计划》一起，被 113 个与会国一致通过，并得到 1972 年联合国大会的确认。这两个文件是各国人民保护和改善人类环境的准则。宣言第一次阐明了国际环境法的国家主权原则，公民享有环境权和保护、改善人类环境的义务原则，环境资源破坏者承担法律责任原则，各国在保护环境、资源的国际问题上加强合作原则，对发展中国家应给予特殊照顾和技术、政治援助原则，环境保护与经济发展必须同时并进原则等，为国际环境法的基本原则奠定了基础。宣言唤起了全人类对环境、资源问题的普遍重视。会后许多国家，特别是发展中国家，开始了环境、资源保护工作和环境、资源立法；联合国建立了环境规划署（UNEP），促进了国际国内环境资源法的发展。会后的十年，签订国际公约共 40 件。重要的如 1972 年保护世界文化和自然遗产公约，1973 年的濒危野生动植物物种国际贸易公约，1974 年的丹麦、芬兰、挪威和瑞典各国间环境保护公约，1978 年的亚马逊河区域合作条约，1979 年的养护欧洲野生物和自然环境公约，养护野生动物移栖物种公约，以及长程越界空气污染公约等。可以说，人类环境会议标志着原则性的全球环境法的诞生，是国际环境法发展史上第一个里程碑。

（4）内罗毕会议后到 1992 年的联合国环境与发展大会，是国际环境法的成熟期，为了纪念 1972 年人类环境会议十周年，联合自环境规划署于 1982 年 5 月 10 日至 18 日在肯尼亚首都内罗毕召开了特别会议，参加者有 105 个国家和 149 个国际组织的代表 3000 多人，会议总结了人类环境会议以来的工作，规划了以后十年的工作，会后发表了内罗毕宣言。这次会议对国际环境法的进展起到了加油站的作用。在这十年中，签订了 40 多件国际公约、协定，例如：联合国海洋法公约（1982），国际热带木材协定（1983），保护臭氧层维也纳公约（1985），关于消耗臭氧层物质的蒙特利尔议定书（1987），南太平洋无核区条约（1985），核事故及早通报公约（1986），核事故或辐射紧急情况援助公约（1986），管制南极矿物资源活动公约（1988）等，更重要的是，出现了 1992 年联合国环境与发展大会的高潮。

联合国环境与发展大会（UNCED），又名地球首脑会议（The Earth Summit），于 1992 年 6 月 3 日至 14 日在巴西里约热内卢召开。全世界 180 多个国家和地区、60 多个国际组织的代表 1.5 万人参加了大会。12 日至 13

日举行了首脑会议，118 个国家的领导人参加了大会。这是有史以来空前的盛会。大会在国际环境法方面取得的进展，突出的是：①通过和签署了 5 个文件，其中 4 个文件，即里约环境与发展宣言、21 世纪议程、生物多样性公约、气候变化框架公约，是有法律约束力的；另一件是关于森林问题的原则声明，虽不具有法律约束力，但它维护了发展中国家的主权，是一个比较好的文件，②生物多样性公约和气候变化框架公约已经生效，是强行法，具有现行国际法最强的法律约束力。③环境与发展大会产生的 4 个法律文件，重申并发展了人类环境宣言所阐明的国际环境法原则，产生了新的基本原则。例如在保护和改善全球环境的国家责任问题上实行"共同但有区别的责任"原则，总之，环境与发展大会取得了突破性进展，是国际环境法发展史的第二个里程碑。它标志着国际环境法已经发展到成熟阶段，已经形成国际法的一个独立部门。

（5）环境与发展大会以后，是国际环境法发展史的新阶段，迄今已有 5 年时间。主要进展是：①"环发"大会的后续工作。继续完成"环发"大会签订公约的最后立法程序；同时，各国贯彻执行"环发"大会签订的法律文件，加强国内的环境资源立法、执法。联合国已于今年 6 月在纽约召开环境与发展事务特别联大会议，检查环发大会签订的法律文件的执行情况；②签订了新的公约：一是《联合国关于在发生严重干旱和/或荒漠化的国家特别是在非洲防治荒漠化的公约》，是"环发"大会首脑会议提议制订的，1994 年在巴黎举行该公约签约仪式上，有 112 个国家的代表在公约上签了字。至 1996 年底，有 53 个国家批准了该公约。中国人大常委会于 1996 年 12 月 30 日通过批准该公约的决定。今年 5 月，中国政府和联合国防治荒漠化公约临时秘书处联合举办了亚洲防治荒漠化部长级会议，主要内容是商讨亚洲各国防治荒漠化的对策，并制定出共同的行动纲领。二是《关于禁止发展、生产、储存和使用化学武器及销毁此种武器的公约》，于 1993 年 1 月 13 日在巴黎签署，今年 4 月 29 日开始生效。中国人大常委会于 1996 年通过批准该公约决定，同时作出 5 点声明。今年 4 月 25 日向联合国交存了批准该公约的法律文书，成为该公约的原始缔约国。贯彻该公约的"禁止化学武器组织"缔约国大会第一届会议于今年 5 月 8 日在海牙开幕，会期 3 周，89 个缔约国代表将选举出由 41 个成员国组成的禁止化学武器组织执行理事会。此外，禁止核试验条约于 1996 年 9 月 24 日起，在纽约联合国总部开放供所有国家签署。迄今已有包括中国等五个核大国在内的 144 个国家签署了该公约。

（载 1997 年 7 月 19 日《中国环境报》）

国际环境法及其对国内法的调整

一 国际环境法的定义和主体、客体

（一）国际环境法的定义

国际环境法是调整国际社会因保护和改善人类环境而产生的社会关系的法律规范的总和；是融国际公法、国际私法、国际刑法、国际经济法、国际发展法等多种法律规范于一体，在国际法中自成体系的一个分支。

（二）国际环境法的主体

国际环境法的主体是国际社会中因保护和改善人类环境而产生的权利义务法律关系的参加者。

国际环境法主体的资格是具有行为能力和权利能力，能独立承受国际环境法上的权利义务。

国际环境法的主体分以下四类：①主权国家；②国际组织；③法人（包括企业、团体等）；④自然人。

1972年联合国人类环境会议通过的《人类环境宣言》中指出："保护和改善人类环境是关系到全世界各国人民的幸福和经济发展的重要问题，也是全世界各国人民的迫切希望和各国政府的责任。""种类越来越多的环境问题，因为它们在范围上是地区性和全球性的，或者因为它们影响着共同的国际领域，将要求国与国之间广泛合作和国际组织采取行动以谋求共同的利益。"

从宣言的这些表述和若干年的实践来看，主权国家和国际组织（如联合国、欧洲共同体等）是国际环境法的主体，是毫无疑义的。这与传统国

际法认定的主体是一致的，在法学界没有什么争论；问题是，具备上述国际环境法主体资格的法人和自然人是否可以成为国际环境法的主体？这是国际环境法的一个重要问题。基本上有两种意见：一种意见是持否定态度，认为传统国际法不承认法人和自然人可以成为国际法的主体。主要理由是，法人和自然人不可能独立地行使和承担国际法规定的权利与义务。如果承认法人和自然人可以成为国际环境法的主体，就与国际法相矛盾。另一种意见认为，国际环境法有它的复杂情况和新的特点。由于国际环境污染或生态破坏的责任者有时不是国家或国际组织，而是法人或自然人；由于国际环境法是融国际私法、国际刑法以及国际社会认可的一些国内法等多种法律规范于一体的综合体；又由于国际环境法明确规定赋予法人、自然人以环境权和保护、改善人类环境的义务，所以，具备上述国际环境法主体条件的法人和自然人是可以成为国际环境法主体的。也只有这样，才能较好地解决实践中存在的某些理论问题和实际问题。例如：

（1）在国际社会中，近来出现一批投机商人、走私犯，他们倒买倒卖国际环境法明令禁止买卖的物品（如虎骨、犀牛角等）。在这些事件中，投机商、走私犯是自然人或法人。他们进行直接违反国际环境法的行为，甚至构成犯罪。如果不承认他们是主体，就不利于及时追究其法律责任，予以严厉打击，特别是对境外的违法犯罪分子很可能打击不力，甚至让他们逍遥法外，逃避罪责。

（2）司法实践中，不少国际环境污染事故是由作为肇事者的法人直接承担赔偿责任的。例如1983年11月25日，巴拿马籍"东方大使"号油轮触礁漏出原油造成我国青岛港及其附近沿海严重污染案件，作为法人的英国伦敦汽船保赔协会向我方赔偿了1775万元人民币，就是用国际私法规范解决国际环境污染纠纷的案例。

（3）大量事实证明，经济发达国家向拉美、非洲和亚洲的许多发展中国家和地区倾倒有毒废料及其他污染物的现象在全球范围内相当普遍。外资企业是重要的污染源之一。例如在墨西哥出版的《视界》周刊1992年12月16日以"污染非常严重的北方地区"为题报道：由于靠近美国的边境地区劳动力价廉、缺少环境保护法规，且投资申请办厂手续简便，所以大批美国企业（亦称客户企业）蜂拥而至。这些企业的建立使边境地区繁荣昌盛起来，创造了大量就业机会，吸引了成千上万的移民。但同时，它们也给该地区的环境保护带来很大危害。这些企业大都使用或排放有毒物质,如溶剂、各种酸液、树脂、油漆、塑料和油墨等,其中有些是美国政府不准在境内生产或使用的产品。边境地区的居民和工人们在无任何防护措施的情况下,直接接触这些危险品。地表水源及覆盖物受到污染,各种溶剂的挥发、化合物的燃烧及其产品的烟尘都污染了空气,破坏了生态环境。这些客户企业还将本应带回国内处理的有毒垃圾偷偷地埋藏在工厂所在城市附近的地下。更令人担忧的是,有人甚至钻海关检查不严的空子,悄悄地向墨西哥出口有毒垃圾。据绿色和平组织的一份报告说,美国在墨西哥的客户企业运回本国处理的废物只占10%。它们还在当地没有自来水设施的情况下,将盛过危险物品的铁桶作为废品卖给居民们储水。在这一事件中,加害者是外资企业,是法人;受害者中大部分是自然人。如果不承认法人和自然人可以成为国际环境法的主体,就很不利于问题的解决。

(4)有的环境争端是一国的跨国公司对另一国的居民群众造成严重污染等损害,受害国的政府作为原告,控告跨国公司。例如:1984年12月4日午夜,美国的跨国公司联合碳化物公司在印度博帕尔市开办的一家农药厂,由于储气罐阀门失灵,罐内用来制造农药的剧毒化学物质泄漏,以气体的形态向外扩散,严重危害了当地居民的生命。仅事故发生的第一个星期里,就有2500人死亡,50多万人受到伤害。至今近10年了,毒气泄漏事故的后果仍未消除。美国华盛顿邮报报道:"据博帕尔市医疗机构的统计,现在,每星期都有大批毒气受害者因患各种后遗症而死亡。在毒气泄漏事故中受害的父母生下的孩子,普遍患有各种疾病,不少人正在慢慢死亡。"事故发生后,印度政府曾向美国法院和印度法院起诉,控告美联合碳化物公司犯有杀人、严重伤害和残杀动物的罪行。经双方反复交涉,最终美国公司向印度政府赔偿4.7亿美元。但是,这笔用受害者的痛苦和生命换来的金钱并没有真正到达受害者手中。迄今为止,印度法院仅对受害者要求赔偿案的5%做出了裁决。为受害者请愿的社会活动家宣称:"当务之急是对美国联合碳化物公司和其总裁们追究法律责任","惩处肇事者理应是社会的责任。"

(5)一国政府造成很严重的污染事故,本国和周边国家广大人民群众受到很严重的损害,受害群众得不到及时的抢救和补偿。例如合众国际社1993年8月28日报道:"白俄罗斯政府最近发表的统计数字表明,人们对

1986 年切尔诺贝利核事故的担忧是有道理的。统计数字表明，甲状腺癌（一种同辐射有关的致命疾病）在白俄罗斯呈上升趋势，今年上半年新发现的病人数几乎跟去年全年发现的一样多。这表明，切尔诺贝利事件给白俄罗斯人健康带来的长期后果才刚刚开始。白俄罗斯 1070 万人口中，一半以上的人（其中包括 40 万儿童）仍然居住在受核辐射污染的地区……更为严重的是，一度曾被认为已经绝迹的白喉、霍乱、结核病和伤寒等传染病正在白俄罗斯再次蔓延。"

还有些国家进行核试验，受害者不只是本国广大居民，而且波及他国广大居民。例如法新社 1993 年 1 月 11 日报道：据研究人员说，1949 年在哈萨克的塞米巴拉金斯克中部进行的核试验，对西伯利亚阿尔泰地区居民造成了严重危害。目前，这部分居民的出生率低于其死亡率。有许多人患了癌症。住在受害最严重地区（洛克捷夫斯克、鲁布佐夫斯克、乌格洛夫斯克、和塔利缅斯克）的儿童的中枢神经系统受了严重损害。在居民们身上还发现了遗传基因方面的变异。

这些案件，受害群众苦不堪言，而不能得到及时的救济和补偿。如果不承认法人和自然人可以成为国际环境法的主体，那么，人民群众的环境权、基本人权只会是一句空话。

（6）《人类环境宣言》在第 1、2、6 条，作了各国公民享有环境权，并应承担保护和改善人类环境义务的规定。如果不承认具备国际环境法主体资格的法人和自然人可以成为国际环境法的主体，则与《人类环境宣言》的规定相矛盾，各国公民怎样更好地行使环境权，完成保护和改善人类环境的义务呢？大量事实证明，不能把国际社会保护和改善人类环境的工作，看作完全是国家间、政府间的事，它和各国保护、改善环境的工作一样，没有全人类的广泛监督和参与，没有人民群众反对污染等危害环境行为的不懈斗争，要做好这项工作是不可能的。当然，单纯从理论上承认法人和自然人可以成为国际环境法的主体是不够的，还需要解决一些实际问题。例如国家之间，自然人、法人与国家之间，自然人与法人之间的环境争端、诉讼的受理、调解、仲裁和审判等，需要制定有关实体法和程序法的国际公约，进一步健全国际环境法，以便有所遵循。

环境污染等危害是没有国界的，我们只有一个地球。随着国际环境事故、案件、争端的日益复杂和尖锐，国际社会不少学者、专家认为，现在的国际法院、国际仲裁等机构已经远远不能适应现实的需要。例如 1989 年 4 月 21～24 日，在罗马召开的有 27 个国家的代表参加的国际会议，发表了一个会议报告和最后建议书，要求在联合国系统内设立国际环境法院，审理环境和自然资源方面的案件，并要求制订保护人类环境权的国际公约，等等，这些问题值得我们进一步研究。

（三）国际环境法的客体

国际环境法的客体是因保护和改善人类环境而产生的权利义务共同指向的对象。其范围很广、包括全球性的环境系统、生态系统（如全球气候、土地、海洋、森林、生物多样性等）和局部的环境系统、生态系统（如南极、地中海、莱茵河、热带雨林、某种濒危珍稀动植物等）。就这一部分对象来说，国际环境法的客体也就是国际环境法的保护对象。但是，有人认为国际环境法的客体就是国际环境法的保护对象，把两者等同起来，这是不全面、不确切的。这是因为，国际环境法的客体不只是指上述保护对象，还包括一些不属于保护对象范畴的处理对象，如温室气体、有毒有害废料、垃圾、噪声、蝗灾等各种污染源和自然灾害。

二　国际环境法的渊源和约束力

（一）国际环境法的渊源

"渊源"是法学名词，但法学界对此名词的理解很不一致。有的认为渊源即"泉源"、"来源"之意；有的认为是"表现形式"；有的认为是某种法律规范"第一次出现的地方"；还有的把"渊源"分成"形式的渊源"和"实质的渊源"等。本文所指的"渊源"取"表现形式"之意。国际环境法的渊源，即国际环境法的表现形式。

国际环境法的渊源是：条约，重要的国际宣言、决议、大纲，国际习惯法，一般法律原则，条约或国际习惯法认可的环境标准、准则或建议，其他国际法中的环境保护规范，国际社会认可的国内法规范。

1. 条约

条约是国际环境法主要的渊源。国际社会已经签订了很多环境方面的条约，包括双边条约、多边条约、区域性公约、全球性公约以及各种协定、协议、议定书等。

双边条约，例如：美国和加拿大关于大湖水质的协议（1978），中日关于保护候鸟及其栖息环境协定（1981）等。

我国在80年代，同美国、丹麦、荷兰签订了环保合作协定或备忘录。近年来又同蒙古、朝鲜、加拿大、印度、韩国签订了有关合作协议。

区域性公约，重要的有10个，如：防止船舶和飞机倾弃废物污染海洋公约（修正本）（1972），保护波罗的海区域海洋环境公约（1974），长程越界空气污染公约（1979）等。

全球性公约，例如：保护世界文化和自然遗产公约，1972年11月16日订于巴黎，1975年12月17日生效，1986年3月13日起对我国生效。濒危野生动植物物种国际贸易公约，1973年3月3日订于华盛顿，1975年7月1日生效，1981年4月8日起对我国生效。生物多样性公约，1992年6月5日订于里约热内卢，1993年12月29日正式生效，同日起对我国生效。气候变化框架公约，1992年5月9日订于纽约，1994年3月21日正式生效，同日起对我国生效，等等。

2. 重要的宣言、决议、大纲

国际社会公认为环境方面的重要宣言、决议和大纲是国际环境法的渊源之一。例如：1972年6月在瑞典斯德哥尔摩召开的联合国人类环境会议产生的《人类环境宣言》。1992年6月在巴西里约热内卢召开的联合国环境与发展大会产生的《里约环境与发展宣言》和《21世纪议程》。1989年12月22日联合国大会第85次全体会议通过的《关于召开环境与发展大会的决议》。1980年3月5日在全世界30多个国家的首都同时发表的《世界自然资源保护大纲》等。

3. 国际习惯法

习惯法规范是以各国的惯例为基础确立的，是作为约束构成国际社会所有主体的一般国际法而存在的。由于国际习惯法普遍适用于整个国际社会，因而在多边条约大大增加的今天，仍在国际社会中占有极为重要的地位。有些重要的全球性公约（如《联合国海洋法公约》）虽然至今尚未生效，但是作为国际习惯法，仍在发挥作用，有一定的约束力。有些著名的国际判例、仲裁案例，如崔尔冶炼厂仲裁案、兰诺克斯湖案件等，实际上起着国际习惯法的作用，也有一定的约束力。

4. 一般法律原则

一般法律原则，首先是指国际环境法的基本原则；其次是指国际法的一般法律原则，如所有国家的主权平等原则、互不干涉内政原则、平等条约必须信守原则等，也适用于国际环境法领域；再次是指国际社会认可的国内法的一般法律原则。

5. 重要的国际环境标准、准则、建议

为了进行环境影响评价，或对特定的污染物进行控制，或衡量人体、其他生物应达到的卫生目标，都必须采用某些国际环境标准，或某些准则、建议。这些标准、准则、建议往往是在条约的附件中出现的科学技术规范，但一旦被条约所肯定，则成为法律规范的组成部分，在一定范围内具有约束力。例如：

美联社 1993 年 11 月 5 日报道：国际海事组织颁布放射性材料运输新标准。新标准把核材料按其放射性强度分为 3 类：核燃料、钚和高放射性核废料。放射性较低的两类可用货轮、客轮和渡轮运输；放射性高的一类必须用加强安全措施的船只运输，不得用客轮运输。

1973 年签订的《国际防止船舶造成污染公约》议定书附则 II 的附录 I 是"有毒液体物质的分类准则"。

1972 年签订的《防止倾倒废物及其他物质污染海洋的公约》附件 II 第 4 项中规定："未列入附件 I 的放射性废物或其他放射性物质，在发给倾倒这些物质的批准书或许可证时，缔约各方应适当考虑国际主管机构（目前是国际原子能委员会）的建议。这些规定中指出的标准、准则、建议都有一定的约束力。

6. 其他国际法（如国际经济法、国际发展法等）中的环境保护规范

7. 国际社会认可的国内法规范

国际社会认可有些国家的国内法规范有域外效力。例如我国《海洋环境保护法》第 2 条规定："在中华人民共和国管辖海域以外，排放有害物质，倾倒废弃物，造成中华人民共和国管辖海域污染损害的，也适用本法。"第 3 条规定："进入中华人民共和国管辖海域的一切单位和个人，都有责任保护海洋环境，并有义务对污染损害海洋环境的行为进行监督和检举。"这两条规定不只适用于我国领域内的中国人、外国人和无国籍人，而

且适用于我国管辖领域外的中华人民共和国公民和外国人。

（二）国际环境法法律规范的约束力

国际环境法主要来源于各种形式的国际文件。国际环境法规范有无约束力或者约束力的大小，不仅决定于规范的形式是宣言还是条约，更重要的是决定于它的内容、产生的背景和实际的作用。就以条约而论，其约束力的差别很大。双边条约，一般来说，只对缔约双方有约束力，对其他国家是无约束力的。而《人类环境宣言》与《世界环境行动计划》一起，被113 个与会国一致通过，并得到 1972 年联合国大会的确认。这两个文件是各国人民保护和改善人类环境的准则。宣言第一次阐明了国际环境法的国家主权原则（第 21 条），公民享有环境权和保护、改善人类环境的义务原则（第 1、2、4、6、7 条），环境危害者应承担法律责任原则（第 22 条），各国在保护和改善环境的国际问题上应加强合作的原则（第 24 条），对发展中国家应给予特殊照顾和技术、财政援助原则（第 12 条），环境保护与经济发展必须同时并进的原则（序言第 4 段）等，为国际环境法的基本原则奠定了基础。宣言唤起了全人类对环境问题的普遍重视。许多国家，特别是发展中国家，此后才开始了环境保护工作和环境立法。其约束力表现在，宣言中的一些原则已被广泛地作为国际司法判决、裁决和国际国内环境立法的指导原则。例如《里约环境与发展宣言》中就重申和再次强调了《人类环境宣言》中的一些原则。《人类环境宣言》被国际社会公认为是国际环境法的基础，从这个意义上说其约束力比有些条约要大得多。

又如 1991 年 6 月 19 日通过的《北京宣言》，是 41 个发展中国家的部长参加的 "发展中国家环境与发展部长级会议"，深入讨论了国际社会在确立环境保护经济发展合作准则方面所面临的挑战，特别是对发展中国家的影响问题之后产生的。在联合国环境与发展大会第三次筹备会议上，中国代表团根据《北京宣言》内容提出的 7 条原则，被列入《里约环境与发展宣言》的讨论基础文件。后来，联合国环境与发展大会产生的四个法律文件，在很大程度上吸收了《北京宣言》的内容和要求，所以，《北京宣言》也是有一定的法律约束力的。

国际环境法法律规范，从约束力来分类，大体可分两类，即：一类是强行法规范；另一类是非强行法规范。

《维也纳条约法公约》第 53 条规定："一般国际法强制规律指国家之国际社会全体接受并公认为不许损抑，且仅有以后具有同等性质之一般国际法规范始得更改之规律。"第 64 条规定："一般国际法新强制规律产生时，任何现有条约之与该项规律抵触成为无效而终止。"参照上述规定，强行法规范具备的三个条件和特征是：①国际社会全体接受；②公认为不许损抑；③仅有以后具有同等性质之规范始得更改。

强行法规范，或称一般国际法强制规律，是法律效力范围最广、约束力最强的一种国际法规范。在国际环境法规范中，《生物多样性公约》已经生效，是强行法；《气候变化框架公约》于 1994 年 3 月 21 日正式生效后也是强行法；此外，目前都只能算是非强行法规范。

国际环境法的法律规范，包括本文上述 7 种形式的规范，都有法律效力和法律约束力。只是效力的范围大小不同，约束力的强弱不同而已。从国际立法的程序来看，强行法的产生是很困难的。在国际环境法迅速发展的过程中，由于客观形势的需要，非强行法的不断产生是不可避免的；而且强行法往往是在非强行法的基础上产生的。从发展的观点看，为了更快地健全国际环境法体系，加强国际环境法的约束力，更有力地保护和改善人类环境，促进国际政治经济新秩序的发展，今后，世界各国和全人类应当共同努力使国际环境法的强行法越来越多。

三　国际环境法的基本原则

国际环境法的基本原则是被国际社会公认的、具有普遍约束力的、构成国际环境法基础的法律原则。国际环境法经过近百年的发展，特别是经过人类环境会议和环境与发展大会的系统总结，已经形成以下十项基本原则。

（一）　环境和自然资源的国家主权原则

1962 年 12 月 14 日联合国大会通过的《关于天然资源之永久主权宣言》，通篇强调了各国对其生存环境和自然资源享有永久主权的原则。特别是其中第一部分第 3、5、6、7、8 条明确规定："各国必须根据主权平等原则，互相尊重，以促进各民族及各国家自由有利行使其对天然资源之主权。""侵犯各民族及各国家对其天然财富与资源之主权，即系违反联合国宪章之精神与原则"，等等。因此，任何国家对其他国家，特别是发展中国家，以保护环境或自然资源为借口，干涉别国内政，侵犯别国主权的言论和行动，都是违反国际环境法基本原则的。

《人类环境宣言》对国家主权原则作了进一步的、更全面的表述。《宣言》第 21 条规定："按照联合国宪章和国际法原则，各国有按自己的环境政策开发自己资源的主权；并且有责任保证在他们管辖或控制之内的活动，不致损害其他国家的或在国家管辖范围以外地区的环境。"这也就是著名的领土无害使用原则。值得注意的是，《里约环境与发展宣言》的"原则 2"重申了《人类环境宣言》第 21 条的规定。

在处理保护环境和自然资源的问题上，不能主张"绝对主权"论。过去的"哈蒙主义"就是一个著名的例子。1894 年，美国和墨西哥为流经两国的大河改向而发生争议时，美国司法部长哈蒙强调：每个国家在本国领土管辖范围内行使权利不受限制，因此美国有权使大河改向，而对于墨西哥造成的损失不负任何责任。这就是主张"绝对主权"论的哈蒙主义。当一个国家行使所谓"绝对主权"而危害他国利益时，实际上已否定和侵犯了他国的主权，所以哈蒙主义应当受到批判。著名的兰诺克斯湖案例的裁决书中说："法庭认为，根据善意原则，上游国有义务对所涉及各方的利益都给以考虑……它也有义务表明：它真诚地关心使沿岸国的利益与自己的利益得到协调。"这就是对哈蒙主义有力的批判。

（二）公民享有环境权并承担保护和改善人类环境的义务原则

《人类环境宣言》第 1 条指出："人类有权在一种能够过尊严和福利的生活的环境中，享有自由、平等和充足的生活条件的基本权利，并且负有保护和改善这一代和将来的世世代代的环境的庄严责任。"这是第一次对公民的环境权和环境保护义务的明确规定。《里约环境与发展宣言》进一步肯定和发展了这一原则。"原则 1"规定："人类处于普受关注的可持续发展问题的中心。他们应享有以与自然相和谐的方式过健康而富有生产成果的生活的权利。"保护和改善环境是各国政府的基本职责。同时，由于人民群众是环境的主人，环境的好坏与人民群众有切身的利害关系，人民群众中蕴藏着保护和改善环境的巨大潜力，要搞好环境的保护和改善，没有人民群众的广泛参与和监督是不可能的。《人类环境宣言》第 6 条指出："为了保证不使生态环境遭到严重的或不可挽回的损害，必须制止在排除有毒物质以及散热时其数量和集中程度超过环境能使之无害的能力。应该支持各国人民反对污染的正义斗争。"《里约环境与发展宣言》对怎样使公民广泛参与环境的保护和改善，作了更具体的阐述。"原则 10"规定："环境问题最好是在全体有关市民的参与下，在有关级别上加以处理。在国家一级，每一个人都应能适当地获得公共当局所持有的关于环境的资料，并应有机会参与各项决策进程。各国应通过广泛提供资料来便利及鼓励公众的认识和参与，应让人人都能有效地使用司法和行政程序，包括补偿和补救程序。"各国应根据这些规定，建立、健全广大群众参与和监督环境保护、环境建设的法律制度。

（三）环境损害者承担法律责任原则

《人类环境宣言》第 22 条规定："各国应进行合作，以进一步发展有关他们管辖或控制之内的活动对他们管辖以外的环境造成的污染和其他环境损害的受害者承担责任和赔偿问题的国际法。"这是国际社会公认的解决国际环境纠纷的准则。近年来的国际实践证明，环境损害者对受害者承担赔偿等责任的原则，已在许多国际环境保护公约、协定中加以肯定。例如《丹麦、芬兰、挪威、瑞典环境保护公约》第 2 条规定：有害于环境的活动"给他国造成的环境危害，应被视为在活动所在国所造成或可能造成的环境危害。"还规定，在损害赔偿诉讼案件中，"对受害一方所判赔偿待遇不得低于活动所在国的赔偿规定"。《里约环境与发展宣言》的"原则 13"进一步强调了这一原则，规定："各国应制定关于污染和其他环境损害的责任和赔偿受害者的国家法律，各国还应迅速并且更坚决地进行合作，进一步制定关于在其管辖或控制范围内的活动对在其管辖范围外的地区造成的环境损害的责任和赔偿的国际法律。"

（四）国际合作原则

由于地球的整体性和各国的相互依存性，在保护和改善环境的工作中，必须实行国际合作的原则，才能收到事半功倍的效果。《人类环境宣言》第 24 条规定："有关保护和改善环境的国际问题应当由所有的国家，不论其大小，在平等的基础上本着合作精神来加以处理，必须通过多边或双边的安排或其他合适途径的合作，在正当地考虑所有国家的主权和利益的情况下，防止、消灭或减少和有效地控制各方面的行动所造成的对环境的有害影响。"《里约环境与发展宣言》原则 9 规定："各国应当合作加强本国能力的建设，以实现可持续的发展，做法是通过开展科学和技术知识的交流来提高科学认识，并增强各种技术——包括新技术和革新技术的开发，适应修改、传播和转让。"

（五）在保护和改善全球环境的国家责任问题上实行"共同但有区别的责任"原则

国际社会中，对全球环境退化的原因，对大气、海洋等污染的来源，过去往往认识不一致，某些发达国家认为是"人人有份"。因此在保护和改善全球环境的国家责任问题上，他们总是强调"共同责任"原则，以减轻自己应当承诺的更多的义务，将其转嫁给发展中国家。而以我国为代表的发展中国家则针锋相对地明确提出了"共同但有区别的责任"原则。简言之，即：保护和改善全球环境，是世界各国以至全人类的共同责任，但是发达国家与发展中国家应当承担的责任是有区别的，发达国家应负更大的责任。主要理由是：全球环境的恶化和生态的破坏，从历史和现状来分析，究其根源，主要是发达国家造成的。据世界自然与自然资源保护联盟、联合国环境规划署以及野生生物基金会经过 3 年考察完成的重要报告《保护地球——人类持续生存的战略》中指出："按人平均数计算，商业能源高消耗国家的每人消耗量是低消耗国家每人消耗量的 18 倍，而且造成更多的污染；二氧化碳排放量，北美是南美的 2 倍，是南亚和东亚（日本除外）的 10 倍。今天世界上生活着 53 亿人口，尤其是最富裕国家中的 10 亿人口正滥用自然资源，并严重地给地球生态系统带来过大的压力。"美国环保局 1989 年发表的《温室（效应）特征梗概》一文中指出：每年进入大气的温室气体，美国占 21%，苏联占 14%，欧洲共同体占 14%，三项合计，占总量的 49%。这些重要的科学结论影响很大。经过多年来的南北对话和谈判，"共同但有区别的责任"原则逐渐成为国际社会的共识。《气候变化框架公约》在序言和第 3 条"原则"，第 4 条"承诺"以及里约环境与发展宣言"原则 7"都明确地肯定了这一原则。这是人类环境会议以后 20 年来国际环境法十分重要的新发展。

（六） 发达国家应支援发展中国家原则

人类环境宣言第 9 条指出："由于不发达和自然灾害的原因而导致环境破坏造成了严重问题。克服这些问题的最好办法，是移用大量的财政和技术援助以支持发展中国家本国的努力，并且提供可能需要的及时援助，以加速发展工作。"第 12 条指出："应筹集资金来维护和改善环境，其中要照顾到发展中国家的情况和特殊性，照顾到他们由于在发展计划中列入环境保护项目而需要的任何费用，以及应他们的请求而供给额外的国际技术和财政援助的需要。"里约环境与发展宣言"原则 6"指出"发展中国家，特别是最不发达国家和在环境方面最易受伤害的发展中国家的特殊情况和需要应受到优先考虑。"从治理和改善全球环境的能力来说，发达国家经济力量和科学技术水平大大超过发展中国家；而且发展中国家自己的某些环境问题也是由发达国家直接或间接地造成的，发达国家欠发展中国家的"环境债"甚多，有偿还发展中国家"环境债"的义务。发达国家在资金和技术转让问题上应积极履行自己的责任，帮助发展中国家解决环境问题。

（七） 环境保护与经济发展同时并进原则

人类环境宣言在序言中指出："在发展中的国家中，环境问题大半是由于发展不足造成的……因此，发展中的国家必须致力于发展工作，牢记他们优先任务和保护及改善环境的必要。""工业化国家应当努力缩小他们自己与发展中国家的差距。"里约环境与发展宣言"原则 3"指出："为了公平地满足今世后代在发展与环境方面的需要，求取发展的权利必须实现。""原则 4"指出："为了实现可持续发展，环境保护工作应是发展进程的一个整体组成部分，不能脱离这一进程来考虑。""原则 25"指出："和平、发展和保护环境是互相依存和不可分割的。"由于各国的国情不同，面临的环境问题各异，各国只能根据自己的国情和国力来选择自己的经济发展和环境保护的最佳途径。发达国家应当尊重发展中国家自己的选择，任何以保护环境为借口，干涉别国内政，或者把自己的发展模式和价值观强加于人，都是与国际环境法原则背道而驰的。

（八）人类共同继承财产原则

这项原则形成国际环境法基本原则之一，是从海洋环境保护问题开始的。传统的国际法有个著名的原则，即公海自由原则。公海自由原来意味着公海不属于任何国家，各国的船舶有在公海上不受别国干扰的航行权。但是，海洋强国往往把公海自由解释成为无限制的绝对自由，包括公海海底开发自由，公海倾废自由等。他们利用先进的装备和技术，抢先占有公海海底的开发权，而把大量有毒有害物质抛入公海。广大的发展中国家纷纷抗议和抵制这种行动。主张"公海是人类共同继承的财产"，"不允许污染公海"的原则。1970 年 12 月 17 日联合国大会通过的关于各国管辖范围以外海洋底床与下层土壤之原则宣言中明确宣告："各国管辖范围以外海洋底床与下层土壤（以下简称该地域），以及该地域之资源，为全人类共同继承之财产。"1982 年通过的联合国海洋法公约第 136 条重申了这一原则，而且在第 311 条第 6 款中强调"缔约国同意对第 136 条所载关于人类共同继承财产的基本原则不应有任何修正，并同意它们不应参加任何减损该原则的协定"。

现在，这项原则已规定在一些普遍接受的联合国宣言和多边国际条约、协定中，已适用于海洋、外空、南极、世界文化和自然遗产等国际法领域。联大法律委员会中的一些发展中国家的代表主张：人类共同继承财产原则已经成为公认的习惯法规范。

（九）及早通报原则

1986 年 4 月切尔诺贝利核事故发生后，前苏联没有及时将事故的真相通报周边国家，以至造成可以避免的更大的损失，引起许多国家的严重不满。同年 10 月 29 日，五个核大国总结了教训，在维也纳签订了《核事故及早通报公约》和《核事故或辐射紧急情况援助》。前者的第 2 条规定："在发生第 1 条所规定的一起核事故时，该条所述的缔约国应立即直接或通过国际原子能机构将该事故及其性质、发生时间和在适当情况下确切地点通知第 1 条所规定的那些实际受影响或可能会受影响的国家及机构。"这是早期的及早通报原则。

里约环境与发展宣言对这一原则作了更明确的规定，提出了更严格的要求。该宣言的"原则18"指出："各国应将可能对他国环境产生突发的有害影响的任何自然灾害或其他紧急情况立即通知这些国家。国际社会应尽力帮助受灾国家。""原则19"还规定："各国应将可能具有重大不利跨越国界的环境影响的活动向可能受到影响的国家预先和及时地提供通知和有关资料，并应在早期阶段诚意地同这些国家进行磋商。"

根据里约宣言的上述规定，及早通报原则已经成为国际环境法的一项重要的新原则。

（十） 和平解决环境争端原则

里约环境与发展宣言的"原则26"指出："各国应和平地按照《联合国宪章》采取适当方法解决其一切的环境争端。"国与国之间要有意识地防止环境争端的发生。为此，对容易引起国际环境争端的隐患和问题，应本着善意和睦邻友好的原则出发，防微杜渐，及时解决。例如边界工业的选址，应特别注意做好环境影响预评价，坚持合理布局；又如国际河流的改道等问题，上游国家一定要照顾下游国家的利益。再如一旦发生可能影响他国人民生命安全或财产损失的事故，必须坚持上述及早通报原则，妥善处理。

如果争端已经不可避免，则应主动与对方磋商、谈判，合理解决；如果磋商、谈判还解决不了问题，在双方同意的基础上，可将分歧提交一个不偏不倚的第三方进行调解。如果调解还不成，则按法定程序提交国际仲裁机构仲裁，或者提交国际法院判决。需要强调的是，和平协商是解决国际环境争端的最佳途径，双方应本着善意和睦邻友好原则合理地解决问题。

四 国际环境法对国内法的调整

（一） 国际环境法与国内法的关系

我国宪法虽然没有对国际法与国内法的关系、条约的国内执行问题作出规定，但是在宪法的序言中申明，要坚持和平共处等五项原则发展同各国的外交关系和经济、文化的交流。而坚持和平共处原则就意味着要遵守国际条约和国际习惯法。

同时，我国的一些法律中明文规定了我国所缔结或参加的国际条约在我国有直接的法律效力，而且一般来说高于我国的法律。例如：

《中华人民共和国民法通则》第142条规定："中华人民共和国缔结或者参加的国际条约同中华人民共和国的民事法律有不同规定的，适用国际条约的规定，但中华人民共和国声明保留的条款除外。""中华人民共和国法律和中华人民共和国缔结或者参加的国际条约没有规定的，可以适用国际惯例。"

《中华人民共和国环境保护法》第46条规定："中华人民共和国缔结或者参加的与环境保护有关的国际条约，同中华人民共和国的法律有不同规定的，适用国际条约的规定，但中华人民共和国声明保留的条款除外。"

《中华人民共和国野生动物保护法》第40条规定："中华人民共和国缔结或者参加的与保护野生动物有关的国际条约与本法有不同规定的，适用国际条约的规定，但中华人民共和国声明保留的条款除外。"

上述法律规定是我国最高立法机关对条约的国内执行作出的原则规定。按照这个原则，我国缔结或者参加的条约，对我国生效时，就当然被纳入国内法，由我国各主管机关予以适用。

（二）关于国际环境法怎样调整国内法问题，提出以下几点看法和建议

（1）加快国内环境立法步伐。

我国对联合国环境与发展大会精神的贯彻执行，是认真的。在较短时间内已经制定出《我国环境与发展十大对策》《中国21世纪议程》等重要文件。但是，光有这些政策性文件是不够的。法律是政策的具体化、条文化、定型化，当务之急是要加快立法工作。我国的最高立法机关需要组织力量对我国的法律，特别是环保和自然资源方面的法律，进行检查和研究。以联合国环境与发展大会通过的四个法律文件为重点，结合过去通过的重要的国际环境法文件（如人类环境宣言以及我国缔结或参加的条约等）对照检查我国的现行法律，分清哪些是与国际环境法的要求不符合的，甚至是抵触的；哪些是不适应客观形势发展要求的，确定哪些是需要废止的，哪些是需要修订的，哪些是需要新制订的，全盘考虑，作出规划。例如：大气污染防治法，是1987年颁布施行的，其内容主要是控制烟尘污染和工

业废气污染，对二氧化碳等温室气体排放的控制和减少，没有作为重点采取有力措施；对汽车尾气污染的控制，几乎没有涉及。目前，我国的汽车猛增，截至 1993 年底，全国已有 400 多个城市兴办了出租汽车业，营运车辆已增至 32 万辆。由此可见，现行的大气污染防治法，显然不符合联合国环境与发展大会通过的法律文件的要求，也不适应客观形势的发展，必需抓紧进行修订。有些法律法规，如能源法、野生植物保护法（特别是珍稀植物的保护和遗传工程的促进）、废弃物（特别是有毒废物）处理法、噪声控制法、自然保护区条例等，需要及时颁布施行。

（2）加强对国际环境法的研究。

里约环境与发展宣言指出：各国和人民应"促进持久发展方面国际法的进一步发展"。随着国际环境法的迅速发展，加强对国际环境法的研究越来越重要。不只是需要研究怎样贯彻执行我国已签订的条约协定等问题，而且需要研究怎样进一步健全国际环境法的问题。例如气候变化框架公约，应当肯定基本上是一个好的公约，但是也有漏洞：一是该公约的目标比较含糊，没有明确规定限制二氧化碳等温室气体的排放应达到的具体目标和期限。该公约的最后文本删去了发达国家必须在 2000 年时把他们的二氧化碳排放量稳定在 1990 年水平的要求，而是在第 2 条"目标"中规定："将大气中温室气体的浓度稳定在防止气候系统受到人为干扰的水平上。"在第 4 条"承诺"中也用了一些含糊的措辞。这样含糊的规定，其结果很可能是：某些发达国家增加二氧化碳等温室气体的排放量而不承担法律责任，致使制定该公约的最终目的——有效地控制温室效应，防止全球继续变暖——落空。二是该公约对怎样筹集足够数额的资金、怎样保证发展中国家缔约方能得到应得的资金援助和优惠的技术转让还缺乏明确具体的规定。如果解决这个问题的措施不落实，也将严重影响该公约的收效。对类似的问题，需要做到心中有数，才能争取主动。

（3）做好国际环境法和国内环境法规范性文件的颁布和宣传工作。

要求人民群众有法必依，执法必严，首先应创造好的条件，让人民群众能及时看到、并便于学习颁布的规范性文件。因此，立法、宣传等有关部门做好法律、法规等规范性文件的颁布和宣传工作十分重要。这项工作贵在及时、准确。

（4）建立国际环境法学研究机构。

以国际环境法为研究对象的国际环境法学，是一门新的跨自然科学和社会科学的边缘学科。在发达国家和某些发展中国家（如印度、菲律宾和巴西等）正蓬勃发展。有些发达国家大力资助扶植这门学科的发展。例如荷兰，在联合国环境与发展大会召开的前夕，于 1991 年 8 月 12 至 16 日在海牙和平宫召开了国际环境法会议，会议组织者是国际自然与自然资源保护联盟荷兰全国委员会，到会的专家、学者 130 人，来自 43 个国家。会议讨论很热烈，收效很好，最后产生了一个建议书，发到联合国和世界各国，还将大会的发言编辑成书，出版发行，在国际社会影响很大。

我国对国际环境法学的研究，还在起步阶段，与先进国家比较，差距较大，需要急起直追。为了把对国际环境法学的研究力量组织起来，有计划地开展国际环境法学的研究，应建立国际环境法学研究会一类的研究组织，创办国际环境法或环境法的刊物，加强国际环境法文件资料的汇编和出版工作，及时掌握有关的信息，促进这方面的学术研究。

思考题

（1）试述国际环境法的定义及其含意，国际环境法的主体是什么？有哪几类？主要理由是什么？

（2）概述国际环境法的渊源，1972 年的人类环境宣言是否有法律约束力？主要理由是什么？

（3）国际环境法的基本原则有哪几项？

（4）国际环境法与我国国内法的关系是怎样的？根据是什么？

（5）关于国际环境法对我国国内法的调整问题，你对本文的建议有何看法？自己有何新的建议？

（载全国人大环保委等 9 单位联合主办的
《中国环境法制》，国防工业出版社，1994）

How to Strengthen International Environmental Law on the Preservation of Biodiversity

The Speech at the International Environmental Law Conference, in Hague, August, 1991.

by Wen Boping

Contents

Preface

Ⅰ. It should be emphasized that the Principle of the Common Heritage of Mankind (the CHM principle) should be applied in International Environmental Law on the Preservation of Biodiversity.

Ⅱ. To establish a new Global Convention on the preservation of biodiversity is a task of the greatest urgency at present.

Mr. Chairman, distinguished Netherlandish experts, ladies and gentlemen,

The subject I am going to talk is how to strengthen international environmental law on the preservation of biodiversity.

Before talking about the subject I would like to introduce some relevant information.

According to the register of the UNEP, I counted up, from the 30's to 80's of the twentieth century, that the international multilateral legal instruments which are specific of biodiversity or containing important biodiversity contents are total 52 pieces. That is thirty seven point one per cent (37.1%) of the international multilateral legal instruments in environmental field total 140 pieces in the same period. It follows that the international law on biodiversity occupied a important position in international environmental law.

Although there are 52 instruments and some are important ones such as the Convention on International Trade in Endangered Species of Wild Fauna and Flora of 1973, the World Heritage Convention of 1972, Berne Convention of 1979 and the ASEAN-Agreement of 1985, etc., but it should be noted that the preservation of biodiversity has not been strongly, effectively protected. It appears to me in two major aspects as follows.

1. The covering surface of the preservation of biodiversity by existing international multilateral legal instruments is very limited. The Global conventions in this aspect is 13, but few states acceded to these conventions even if they are open to any states. Therefore, they didn't produce marked effects.

2. A large number of these 52 instruments owing to that the problems of fund, institution and mechanism of implementation of these instruments have not been better solved, the obligations of the Parties, especially the responsibility of breach of contract haven't been provided explicitly, so, they haven't got desired effects yet.

How to Strengthen International Environmental Law on the Preservation of Biodiverstiy?

In the interest of time, I shall concentrate on my following two points.

My first point: It should be emphasized that the Principle of the Common Heritage of Mankind should be applied in International Environmental Law on the Preservation of Biodiverstiy.

The Principle of the Common Heritage of Mankind (hereafter called the CHM principle) has been confirmed in the declarations or resolutions of the United

Nations and provided in several multilateral treaties on the areas of the sea, outer space, Antarctic problem as well as the protection concerning the world cultural and natural heritage, etc. The CHM principle should be applied in international law on the preservation of biodiverstiy. Wily? It is because of the following 3 reasons.

1. The loss of biodiversity is always the loss of all mankind, e. g. the tropical rain forests contain at least half the Earth's species, its loss is definitely not only the losses of the relevant States but also the heavy losses of all mankind.

2. To depend upon international cooperation and common activities of all mankind so that the preservation of biodiversity can get great results. This is because:

Firstly, that is determined by the character of biodiversity. For example, the habitants of highly migratory birds, as the change of seasons, move far away; some of them across national or continental boundary such as snow geese, in the summer, fly to the Arctic to lay eggs, during the winter fly toward south as far as the gulf of Mexico. Another example is the conservation of the anadromous species and the catadromous species. The preservation of these highly migratory species must depend upon the efforts of the range States even all mankind. Any one State can not fulfil this work only depending upon its own efforts.

Secondly, the preservation of biodiversity needs a large sum of financial, material and human being resources as well as scientific and technical assistance.

Thirdly, only depending upon carrying out the CHM principle, can the activities of all mankind on the preservation of biodiversity be fixed at a common object. If according to the absolute sovereignism, the preservation of biodiversity within the jurisdiction of a State is merely the obligation of the State. Any other states haven't any obligation to support it.

3. The CHM principle is not incompatible with the principle of permanent sovereignty over natural resources, on the contrary, both principles can run parallelly and complement each other. To look upon some species and habitats which have the outstanding universal value as the common heritage

of mankind is not to deny the sovereignty and property authority of the State
on whose territories the species and habitats are situated. Just as Article 6
Section 1 of the World Heritage Convention provided, "At the same time of
respecting of the sovereignty of the location state of the cultural and natural
heritage, admits that this kind of heritage is a part of the world heritages.
Therefore, the whole international community has the obligation to protect
them cooperately".

The 18th chapter of the "World Conservation Strategy" brought up the view
points of "common resources" and "shared resources".

In short, from now on, in international instruments on the preservation of
biodiversity, the legal position of the CHM principle should be explicitly confirmed
and the specific provisions concerning the preservation of the "common resources"
and the "shared resources" should be separately provided.

My second point: to establish a new Global Convention for the preservation of
biodiversity is a task of the greatest urgency at present.

What kind of Convention should the new Convention be?

My reply is that the new Convention should have five outstanding characters.

First, the new convention should explicitly confirmed the CHM principle as
well as the view points of "common resources" and "shared resources".
Moreover, to counter the major threatens such as tropical deforestation and
pollution of sea etc. adopts effective protection measures.

The second outstanding character is as follows. The new Convention should be
a new peremptory norm of general international law. At present, global convention
on preservation of biodiversity is neither no, nor few; but is a lot of. Just as I
mentioned above, it is 13. The problem is lack of a overall convention which is a
peremptory norm of general international law and is the commander in existing
convention on the preservation of biodiversity. According to Articles 53 and 64 of
the Vienna Conventionon on the Law of Treaties (1969), the new convention
should be a new peremptory norm of general international law. Its contents should
be in accordance with the circumstances of majority States. Its goals, objects can

be achieved through their offering efforts. It should explicitly, comprehensively stipulate the rights and obligations of the Parties as well as the international responsibility of breach of the convention of all states. It should have the general binding force to all States whether or not acceded to the new Convention. Any reservation should not be allowed. All states include non-parties of the new Convention can not opposite or deny the binding force to itself with declaration. Regional convention or multilateral or bilateral treaties which are the specific provisions carrying out the new Convention should be encouraged. But they all should explicitly provide rights and obligations of the Parties as well as international responsibility of breach of contract. The creation of regional peremptory rules should be permitted.

The method of vote duning adopting the new Convention should exercise the system of voting by ballot rather than the system of consulting to reach a consensus. On account of that the circumstances of all States are very different, as a result, States can not reach a consensus on any problems. If insist on using the system of consulting to reach a consensus, it is as good as to give many States veto power, not only wasting a large amount of human resources and time, and still very difficult to reach a consensus agreement, but also that even a solution finally be adopted, because of that the solution is always the compromise of various comments, in addition to allow reserve comments, thus, the abuses will arise, such as that the contents of the solution will be confusionable or the demands of the solution will be cut down. Therefore, the method of adopting the new Convention is appropriate that according to the provision of the UN General Assembly on the basis of full consultation, exercise the system of voting by ballot and adopting at a two third majority of parties present and voting.

Furthermore, the enforcement circumstances of the new Convention as well as of relevant instruments should be examined and concluded periodically so as to continuously raise the working-level of international law on the preservation of biodiversity.

The third outstanding character of the new Convention is as follows:

The Convention should establish a sufficient Fund. It is necessary not only for enforcement of the new Convention but also in order to attract more and more countries, especially developing countries to join the new Convention. It should be stressed that the species which are situated within territories of developing countries is about two third of the Earth's species. In the world, there are more than 170 countries, and two third of them are developing countries. Hence, it is a key problem to attract more and more developing countries actively joining and conscientiously carrying out the new Convention.

On the other hand, the mechanism of application, approvement and use of the financial support should be appropriately provided in the new Convention.

The resources of the Fund should come not only from governments and international organizations but also from those business and enterprises and companies which obtained benefits from biological resources. The intervence of trade should be looked upon sharely bearing the common obligation rather than is conferred using privileges.

The forth outstanding character of the new convention is that in the new convention, the global cooperation Articles, especially the Articles of favourable to developing countries, such as financial assistance, transfer of technology, education and training of staff and so on must be clearly, appropriately provided. In a word, once developing countries are aware that accede to the new Convention, then, half the work with double results, otherwise, twice the work with half of results. Thus, I believe that the developing countries will universally accept and join the new Convention.

The fifth outstanding character is that other important problems, such as establishment of a strong, high effective secretariat for enforcement of the new Convention and a good mechanism to ensure the financial assistance really using for the preservation of biodiversity only should be also explicitly provided.

I think, if the new convention has above five outstanding characters, it certainly will be a successful convention.

In conclusion, the CHM principle to be applied in international environmental law on the preservation of biodiversity and the new convention which has above five outstanding characters to be established will greatly strengthen and improve international environmental law on the preservation of biodiversity.

Thank you very much for your attention.

> （在 1991 年国际环境法（海牙）会议上的演讲，编
> 入 IOS 出版社出版的 "BIODIVERSITY AND INTER-
> NATIONAL LAW"；同年参加联合国环境与发展大会
> （日内瓦）第三次筹备会议时，大会秘书处将此讲演
> 稿印发与会各国代表团）

生态化是人类必由之路

有人说 21 世纪是"知识经济时代"、"信息时代"、"@（电子邮件）时代"、"W（无线上网）时代"、"纳米技术时代"、"生物技术时代"、"海洋时代"……但更应当强调 21 世纪是生态化时代，是可持续发展时代。

生态化时代，即任何事物，任何工作都必须有利于生态系统优化，有利于生态环境建设，都必须符合可持续发展战略，否则会被淘汰或抛弃。生态化是可持续发展战略的核心，所以，生态化时代亦即可持续发展时代。

为什么要强调 21 世纪是生态化时代，是可持续发展时代

现在，国际社会的两大问题——和平与发展都没有解决。有位史学家、哲学家说得好："由于创造出了剩余价值而诱发了享受理念，由于追求享受而激发了贪欲与进取，由于贪欲与进取而产生了矛盾和冲突，由于矛盾和冲突而促进了科学技术的发展，由于科学技术的发展而创造出了更多的剩余价值，由于更多的剩余价值，又激发了人们更高的享受欲望，如此循环往复以致无穷。"所以，科学技术的发展模式应该转变，向生态化的方向转变，主要是价值观、思想方法和运用方面的生态化，其中最主要的是价值观的生态化。[①]

世界应走向何方？人类怎样才能使"和平"、"发展"这两大问题得到解决？要号召全世界各个国家的领导和人民放弃上述恶性循环的道路，共同地、坚决地走良性循环的道路——向生态化进军！

---

① 常贵宁：《人类将走向何方？》余谋昌：《谋生态文化之道》，《科学时报》2001 年 8 月 10 日。

怎样向生态化进军

必不可少的一个条件是：国际社会要有健全的机制。

（1）要加强联合国的作用。2001年6月5日，联合国秘书长安南宣布："十年生态系统评估"活动正式启动。这个计划将检验地球上的主要生命保障系统。如农田、草地、森林、河流、湖泊和海洋。这必将对维护地球生态平衡，促进世界可持续发展产生积极性影响；问题在于这次评估的最终目的还不十分明确，换句话说，这次评估活动最后的成果将是什么呢？联合国打算怎样巩固这次评估活动难得的成果呢？

建议要产生生态化系列的各种评价标准，例如城市生态化评价标准、农村生态化评价标准、大气生态化评价标准、淡水生态化评价标准、海水生态化评价标准、室内环境质量生态化评价标准……各国可以有各国的评价标准，但联合国应当制定符合当代国际社会现实的最低标准，并不断根据现实情况的进步而修订、提高标准要求的水平；而且在2002年纪念里约会议（The Earth Summit）10周年之际，按照国际法的程序，产生相应的、新的国际法规范性文件，要求国际社会认真执行。

值得注意的是：不少国家已经以实际行动在积极响应联合国"十年生态系统评估"的号召。

中国国家环保总局和科技部于2001年6月15日在北京联合召开了《中国生态系统评估研究计划》启动仪式[1]；同年10月1日，中国国家环保总局发布了《室内环境评价标准》（征求意见稿），使广大公众积极参与标准的修改。这是一种很好的发动公众直接参与这次生态系统评估活动的办法，值得在全世界推广应用。[2]

（2）不断强化国际环境法的功能和作用。1992年的里约会议是有进展的：主要表现在《生物多样性公约》和《气候变化框架公约》强制性法律规范成分在增长。不断增强国际法，特别是国际环境法的强制性规范，这是国际法，特别是国际环境法急需研究解决的重大课题。

（3）在全球营造一种强烈的舆论氛围。世界各国只要其政府和人民对

---

[1] 《中国环境报》2001年6月16日。

[2] 《中国环境报》2001年10月1日。

全球生态化作出了直接或间接的有益贡献,联合国就应选择典型,采取各种方式进行表彰、奖励;对生态化作出贡献者受到尊敬、鼓励,对生态化造成破坏或损失者予以批评,制裁。表彰、奖励与批评、制裁相结合,而以正面教育、表彰、奖励为主。

(4) 例如:①自《我们共同的未来》发表以来,许多国家赞同将实现可持续发展战略作为国家的基本政策,纷纷制定或修订法律、法规、政策文件和行动计划,欧盟是突出的典型。1992 年 12 月,欧盟制定了《欧洲共同体有关环境与可持续发展的政策和行动规划》;新的欧盟基础条约(即《阿姆斯特丹条约》)1997 年 6 月将可持续发展作为欧盟的中心目标,并进一步加强了贯彻这一中心目标的措施;1998 年 6 月,欧盟理事会和委员会作出决定,加强实施《欧洲共同体有关环境与可持续发展的政策和行动规划》,[①] 以执行《气候变化框架公约》为例,制定了许多具体的法律规定。2001 年 7 月的波恩气候会议,美国拒绝实施削减 7% 温室气体排放的承诺,在最艰难的情况下。欧盟作出的牺牲最大,经过近 180 个国家代表们的努力,最后通过实施《京都议定书》的一致协议。[②] 欧盟国家公众的环保意识、生态化意识也较高,由《国际先驱者论坛》报与美国外国关系委员会共同实施的一项民意测验,近 4000 名来自英国、法国、德国、意大利的成年人参加了这次民意测验,其结果表明:80% 的欧洲人反对布什政府在全球气候变暖问题上的政策。[③]

②美国国家航空和航天局(NASA)最近向中美洲 7 国提供了卫星地图和照片,用以帮助他们制订环保计划和城市发展计划。NASA 提供的图片资料可以帮助技术人员识别森林、水域、农田和城市;还将为中美洲生态走廊制定保护政策提供依据,生态走廊贯穿中美洲 7 国以及墨西哥南部,汇集了一系列自然保护区,而且连成一片,有助于野生动物在生态走廊里迁移以及同一物种之间的基因交换。生态走廊是一个真正的生物宝库,它包含许多原始动植物和古老的物种。生态走廊尽管只占世界土地面积的 0.5%,

---

① 蔡守秋:《可持续发展与可持续环境资源法》,《可持续发展:跨世纪环境资源法学的思考和探索》,武汉大学出版社,1999。
② 《中国环境报》2001 年 7 月 28 日。
③ 《中国环境报》2001 年 8 月 25 日。

但它所包含的物种占世界物种的 12%。①

③韩国政府在 30 年里。营造了约 250 万公顷的森林，使森林覆盖率达到了 65%，成功地使破坏的森林得以恢复。今天，森林在韩国的环境保护中发挥着重要作用。他们的经验已为国际社会，特别是为那些正饱受森林破坏之灾的发展中国家树立了一个良好的榜样。日前在北京参加国际会议的韩国林务局副局长崔永魁介绍了该国在营林方面的成功经验和在实现森林的可持续经营方面将要采取的措施。②

④日本国土交通省从 2002 年 4 月开始，向东京、大阪、名古屋 3 个特大型城市的公共汽车和卡车司机提供适当数量的津贴，以鼓励他们使用更清洁的燃料。日本将在 2010 年对所有机动车采用更严格的尾气排放标准，因此，汽车制造商们要及早采用对环境更为有益的动力系统。③

⑤中国于 1992 年加入《国际湿地公约》，按国际统一要求对国内湿地进行了系统调查，查清中国湿地面积达 1594 万 hm（居亚洲第一位，世界第四位），有湿地植物 5000 多种、动物 3200 种、鱼类 770 种。向国际组织提交的 173 处中国重要湿地名录、271 种中国主要水鸟名录和 262 个中国湿地自然保护区名录，以数字准确、资料规范而受到国际好评。这些材料在国际上受到高度重视，中国 11 个湿地保护区分别被列入国际《重要湿地名录》、《人与生物圈 MAB 网络》和《国际雁类迁飞网络》。中国在东亚湿地鸟类保护上成绩最为突出。为了保护好迁徙鸟类和飞行通道，中国政府专门制定了保护法规，还先后与俄罗斯、澳大利亚、印度、日本、美国等签署了保护候鸟、湖泊、水面等内容的双边协议，积极开展湿地飞禽保护。中国独有的湿地动物大熊猫、朱鹮、金丝猴和中国独有的湿地植物银杉、珙桐、水杉等，均得到科学的保护。最近在纪念《国际湿地公约》成立 30 周年之际。该公约秘书长著文称"中国是湿地公约缔约国中受人尊敬的成员国"④。

中国辽宁省大连市，20 世纪 90 年代以来，遵循"不求最大，但求最好"的城市发展理念，把城市环境当做最大的国有资产来经营，围绕城市

---

① 《中国环境报》2001 年 9 月 15 日。

② 《科学时报》2001 年 9 月 30 日。

③ 《中国环境报》2001 年 8 月 25 日。

④ 《科学时报》2001 年 8 月 23 日。

环境功能、提升城市环境质量，积累环境资本，变环境优势为经济优势，步入了一条经济与环境协调发展的快车道。大连所取得的成绩得到联合国环境规划署的肯定，"全球 500 佳"的荣誉，对中国、对所有发展中国家环境保护事业以及城市环境建设和保护具有非常重要的意义。①

结　论

如果国际社会有健全的机制，各国政府和人民都以好的典型事例为榜样，用同一的标准衡量向生态化进军的进步尺度，朝着同一方向不断地努力，共同富裕、繁荣的经济基础必然会不断增强，进步的政治和文化必然会不断增长，战争、各种形式的恐怖主义活动、各种犯罪行为必然会逐步减少直至消灭。全球生态化实现之日，乃是全人类共同乐园真正建成之时！

（载《2001 年环境资源法国际研讨会论文集》；
《中国科技发展经典文库》第 2 辑转载）

---

① 《中国环境报》2001 年 6 月 13 日。

论保护生物多样性的国际立法

作者认为，制订一个全球性为保护生物多样性的国际公约是当务之急。这个公约必须明确肯定人类共同继承财产原则的法律地位；具有一般国际法的强制性；建立充裕的专项基金；适当规定国际合作条款和对发展中国家的优惠条款并设立一个保证公约实施的高效机构。

一 保护生物多样性的法律定义和重要性

生物多样性，简言之，即地球上生存的物种的多样性，它包括：遗传学的多样性，即每一物种内基因和基因型的多样性；分类学的多样性，即物种与物种之间的多样性；以及生态学的多样性，即生物体形成的不同类型的群落及其相互关系的多样性。总之，生物多样性包括基因、物种、群落、生态系统的多样性，是人类赖以生存和发展的各种生命资源的总汇。[①]

生物多样性对科学技术的发展有很重要的价值。例如人类的食品，在很大程度上依靠从未曾受过干扰的群落生境输入遗传资源，没有这种输入，保护最重要的粮食作物抗病虫害灾难的可能性则显著地削弱。作为人类基本食物的农作物、家禽家畜等均源自野生祖型。目前人工饲养或栽培的动植物，遗传物质基础狭窄，需要自然界野生祖型及近亲的遗传物质作为新品种培育的基础。随着近代遗传工程的兴起和发展，保护生物多样性的意义日益深远。[②] 应当更加强调的是生物多样性对医药研究的重要意义。据不

---

① 见国际自然与自然资源保护联盟准备的《保护生物多样性及建立专项基金国际公约（草案）》，1989 年 7 月。

② 见《人民日报》1991 年 2 月 11 日。

完全统计，生长在热带森林中可供提炼抗癌药物的植物就有 3000 多种。①
此外，生物多样性的研究，已经给工业的发展带来很大利益。微生物体的
多样化对工业污染防治的环境工程的发展就是一例。保护生物多样性不仅
有巨大的经济价值，还有无法用金钱估算的精神文明方面的价值。它对维
持自然生态的平衡以及促进文化、艺术、教育的进步都发挥着不可替代的
作用。

总之，保护生物多样性意味着保护现代和将来子孙后代可以利用的生
物资源，因而对于人类的生存和发展是至关重要的。

需要注意的一个问题是，"保护生物多样性"这一概念不能与"保护濒
危物种"这一概念等同。濒危物种的保护是非常重要的防止物种灭绝的活
动，它只是保护生物多样性战略中的一个组成部分和衡量工作效果的重要
标准。生物多样性的保护包括濒危物种的保护和挽救及其关键性生境的保
护，同时也要求注意非濒危物种以及它们组成的群落和生境的保护。②

二　保护生物多样性的迫切性

地球上生存着的物种很多，除遗传学和生态学多样性的物种无法用确
定的数量表示外，地球上现今生存着的物种，已知的大约有 1400 万。可悲
的是，据估计未来 10 年内，其中 20% 将灭绝。其主要原因是物种生境的破
坏和污染。由于已知的最大的生物多样化集中在热带雨林和海洋，所以，
热带雨林被乱砍滥伐和海岸带的污染是可以见到的物种灭绝的主要因素。
在热带雨林遮盖下赖以生存的物种占全球物种总数的一半。由于热带雨林
遭到破坏，已有 200 多种动物和 2 万种植物面临灭绝的威胁。如不加以控
制，到 20 世纪末，将有 10% 的植物和 20% 的动物在地球上绝迹。③ 20 多年
来，全世界曾经发生 15 起重大的泄油事故，泄漏原油总量达 229 万余立方
米，使大片海域遭受污染。④ 海湾战争造成有史以来最大的一次泄油事件。
据报道，海湾战争期间，流入海湾水域的泄油，估计有 300 万到 400 万桶之

---

① 见《人民日报》1991 年 3 月 7 日。
② 见《中国环境报》1990 年 6 月 2 日。
③ 见《人民日报》1991 年 3 月 7 日。
④ 见《人民日报》1990 年 6 月 9 日。

多。战前的海湾渔业是当地很重要的工业，而现在受到严重威胁。其他物种，包括儒艮、海豚、龟类以及很多鸟类都受到严重损害。[①] 要消除这一灾难，至少需要 50 年时间。

综上所述，物种灭绝的加速进程是一个不可逆的过程。这些物种一旦从地球上消失，则是永远灭绝，没有办法将其中任何一物种再引入自然界。因此，可以说，保护生物多样性是人类当代最严重的环境问题之一。

三 保护生物多样性的国际多边法律文件

根据联合国环境规划署的登记，以保护生物多样性为专题或是有保护生物多样性重要内容的国际多边条约等法律文件，从 20 世纪 30 年代到 80 年代，共计 52 件，占同期环境方面多边条约等法律文件总数 140 件的 37.1%。这 52 件多边法律文件中，公约 41 件，协定 9 件，议定书 2 件；从签订的时间来分，70 年代最多（15 件），其次是 50 年代（13 件），再次是 80 年代（11 件），60 年代（9 件），40 年代（3 件），30 年代（1 件）；从立法的形式分，全球性的 13 件，区域性的 39 件；从立法的性质分，开放性的 45 件，非开放性的 7 件；[②] 从保护的对象分，综合性的（即综合规定各种保护生物多样性规范）20 件，单一性的 32 件（动物 9 件，渔业 8 件，防治病虫害 6 件，植物 5 件，鸟类 4 件）。

上述 52 件多边法律文件中，我国参加的共 6 件：

（1）《国际捕鲸管制公约》，1946 年 12 月 2 日订于华盛顿，1948 年 11 月 10 日生效，我国于 1980 年 9 月 24 日起成为公约当事国。

（2）《南极条约》，1959 年 12 月 1 日订于华盛顿，1961 年 6 月 23 日生效，1983 年 6 月 8 日起对我国生效。

（3）《保护世界文化和自然遗产公约》，1972 年 11 月 16 日订于巴黎，1975 年 12 月 17 日生效，1986 年 3 月 13 日对我国生效。

（4）《濒危野生动植物物种国际贸易公约》，1973 年 3 月 3 日订于华盛

---

① 见《生态学者》英文版，1991 年 8 月第 4 期。
② 开放性国际条约是未参加关于签订这些条约的谈判的国家有权加入的多边条约。在国际实践中，有三类开放性条约：（1）对所有国家开放的条约；（2）对一定地区的国家开放的条约；（3）对条约中指明的具体国家开放的条约。开放性国际条约制度，不涉及双边协议。

顿，1975 年 7 月 1 日生效，1981 年 4 月 8 日对我国生效。

（5）《联合国海洋法公约》，1982 年 12 月 10 日订于蒙特哥湾，尚未生效，我国于 1982 年 12 月 10 日加入。

（6）《国际热带木材协定》，1983 年 11 月 18 日订于日内瓦，1985 年 4 月 1 日生效，1986 年 7 月 2 日对我国生效。

保护生物多样性国际立法的主要内容包括以下几个方面：

（1）**对于捕捉野生动物、搜集野生植物进行管理和限制**。1946 年签订、1956 年修正的《国际捕鲸管制公约》，规定了受保护和未受保护的鲸种，开放和禁止捕鲸的季节、地区，各鲸种的限制尺寸，每季的最大捕鲸量，捕鲸所使用的装备和船具等内容，并附表载有捕鲸的详尽规章，要求缔约国政府采取执行这些规章的措施，并将任何违反规章的情况向国际捕鲸委员会提出报告。① 《关于东非区域保护区和野生动植物的议定书》规定，采取措施，保护该议定书附件一、二所列濒危动植物种，不许捕捉、杀害、破坏生境、占有及出场。

（2）**保护野生动植物的生境**。1971 年由澳大利亚、奥地利等 49 个国家签订的《关于特别是水禽生境的国际重要湿地公约》规定，缔约国至少指定一个国立湿地列入国际重要湿地名单中，受本公约的保护。截至 1980 年，各国已建立 117 个国际自然保护区，开始形成一个世界保护网。我国的长白山、卧龙山和鼎湖山三处自然保护区已被列为国际生物圈保护区。② 泰山、黄山被列入《世界遗产名录》。

（3）**对于野生动植物的国际贸易加强管理和控制**。这方面内容的主要法规是 95 个国家于 1973 年缔结的《濒危野生动植物物种国际贸易公约》。公约根据野生动植物的稀有程度分为三种，分别列入附录一、二、三。附录一是濒临灭绝的物种，对这些物种的标本的贸易加以特别严格的管理，以防止进一步危害其生存，而且只在特殊情况下才允许进行贸易。附录二是目前虽未濒临灭绝，但需对其贸易严加管制，以免变成有灭绝危险的物种。附录三是成员国认为属其管辖范围内，应进行管理以防止或限制开发利用，而需要其他成员国合作以控制其贸易的物种。为了加强贸易管理，

---

① 《环境方面的国际条约和其他协定登记簿》1985 年英文版，（以下简称 RITOAFE）第 8 页。
② 韩成栋、潘抱存主编《国际法教程》，中国政法大学出版社，2008，第 463 页。

规定了物种标本进出口许可证和证明书制度，还规定了各成员国应向公约秘书处提出执行本公约情况的定期报告等制度。① 由 92 个国家 1951 年签订、1952 年生效的《国际植物保护公约》规定，缔约国严格管制植物和植物产品的进出口。必要时，应采取禁止、检查、毁灭托销货物的办法。②

（4）**对病虫害的防治**。以对蝗虫的防治为专题的公约就有 4 个，如 1963 年的《设立西南亚东部沙漠蝗虫分布区控制委员会协定》等。1959 年由苏联、东欧和蒙古等 10 国签订的《植物检疫及其虫害与疾病防治合作协定》规定，要求缔约国对附件所列各种虫害、野草和疾病采取防范措施。③

（5）**加强科学研究、培训人员等的合作和情报资料的交流**。《保护世界文化和自然遗产公约》规定，缔约国在保护文化和自然遗产方面应互相协助；设立世界遗产基金；任何缔约国都可为其列举的遗产的组成部分要求协助，而这类协助可由世界遗产基金以研究、提供专家、训练工作人员、供应器材、贷款或津贴等方式授予。④

（6）**建立公约的执行机构**。这些国际公约一般都明确规定了公约的执行机构。《国际捕鲸管制公约》规定，设立国际捕鲸委员会。委员会应鼓励有关捕鲸和鲸原种的研究和调查，搜集和分析统计资料，并将这些资料加以评价和散发，委员会每年开会一次。⑤

但是，尽管如此，还应该看到，这些公约、协定在保护生物多样性方面还不够得力，主要表现在：

第一，现行国际多边条约、协定对生物多样性保护的覆盖面很有限。这方面的全球性公约有 13 件，为数不少，开放给任何国家参加，但参加国很少，其作用也就很小。例如 1950 年通过的《国际鸟类保护公约》，参加国只有 10 个；1961 年通过的《保护植物新品种公约》，参加国有 17 个；1979 年通过的《养护野生动物移栖物种公约》，也只有 27 个国家和欧洲经济共同体参加。我国是最大的发展中国家，生物多样性程度居世界第 8

---

① 见 RITOAFE，第 115 页。
② 见 RITOAFE，第 17 页。
③ 见 RITOAFE，第 44 页。
④ 见 RITOAFE，第 109 页。
⑤ 见 RITOAFE，第 3 页。

位。① 迄今只参加了 13 件全球性公约中的 4 件。

第二，现行国际多边条约、协定，由于基金、实施公约的机构、机制等问题尚未得到很好解决，对生物多样性的保护收效甚微。以《波恩公约》（即《养护野生动物移栖物种公约》）为例，由于基金短缺，公约秘书处被缩减到只有一个专业人员和一个秘书，致使工作进展缓慢。迄今为止，该公约对移栖物种的保护效果不大。

四 关于加强生物多样性的国际法保护问题

关于怎样加强生物多样性的国际法保护，本文着重阐述以下两个问题：

（1）人类共同继承财产原则应当适用于生物多样性的国际法保护。

人类共同继承财产原则是国际环境法的一项新原则。这项原则已规定在一些普遍接受的联合国宣言和多边国际条约、协定中。

1982 年通过的《联合国海洋法公约》第 136 条规定："'区域'及其资源是人类共同继承财产。"公约第 1 条对"区域"的定义作了规定："'区域'是指国家管辖范围以外的海床和洋底及其底土。"② 第 311 条第 6 款规定："缔约国同意对第 136 条所载关于人类共同继承财产的基本原则不应有任何修正，并同意它们不应参加任何减损该原则的协定。"③

1979 年联合国大会通过的《指导各国在月球和其他天体上活动的协定》明确提出了"人类共同继承财产"这一新的用语。该协定第 11 条第 1 款规定："月球及其自然资源均为全体人类的共同财产，这将在本协定的有关条款，尤其是本条第 5 款中表现出来。"第 11 条第 5 款是："本协定缔约各国承诺一俟月球自然资源的开发即将可行时，建立指导此种开发的国际制度，其中包括适当程序在内。本款该按照本协定第 18 条的规定予以实施。"第 18 条的最后一句是："审查会议还应按照第 11 条第 1 款所述原则，并且在特别考虑到任何有关的技术发展的情况下，审议执行第 11 条第 5 款的各项规定的问题。"④

---

① 见《人民日报》1990 年 12 月 1 日。
② 《国际法资料选编》，法律出版社，1986，第 293、344 页。
③ 《国际法资料选编》，法律出版社，1986，第 426 页。
④ 《国际法资料选编》，法律出版社，1986，第 637，638、641 页。

联大第 40 届常会上通过的决议"确认南极洲涉及全人类的利益"。1991 年 4 月 29 日，南极条约组织第 11 届特别协商大会第 2 次会议在马德里通过一项旨在保护南极环境的协议。协议规定，今后 50 年内，禁止一切在南极大陆开采矿产资源和石油资源的活动。①

《保护世界文化和自然遗产公约》规定：公约缔约国"在充分尊重文化或自然遗产的所在国的主权并不使国家立法规定的财产权受到损害的同时，承认这类遗产是世界遗产的一部分，因此整个国际社会有责任进行合作予以保护"。

综上所述，人类共同继承财产原则已适用于海洋、外空、南极、世界文化和自然遗产等国际法领域。

人类共同继承财产原则应当适用于生物多样性保护的国际法。其理由主要有三点：

①生物多样性的损失往往是全人类的损失。例如热带雨林，只覆盖地球陆地面积的 6%，但却至少拥有地球物种的一半，可能拥有全世界全部物种的 90%，甚至还多。② 据联合国环境开发署 1990 年公布的材料，最近 5 年来，拉美每年平均滥伐森林 5 万平方公里，30 年来拉美地区森林面积共减少了 200 万平方公里。巴西航天研究所的一项研究表明，如果继续目前的毁林速度，整个亚马逊热带雨林可能在 50 至 100 年内彻底消亡。③ 热带雨林的消亡，绝不仅是拥有热带雨林的国家的损失，而是对全人类的不可弥补的惨重损失。所以，像热带雨林这样的物种栖息地，应当视为人类共同继承的财产，加以特别的保护。

②必须依靠国际合作，依靠全人类的共同行动才能高效率地保护生物多样性。这是由于生物多样性的特点决定的。高移栖动物的鸟类，随着季节的变化，栖息地迁移很远，有些是跨越国界、洲界。例如雪雁，夏天飞往北极产卵，冬天则飞往南方，最远达到墨西哥湾。又如因产卵从公海流入江河或从江河顺流入公海的动物。这些物种的保护，必须依靠物种迁移路线的所有国家甚至全人类的共同努力，才能得到高效率的保护，此其一；

---

① 见《人民日报》1991 年 5 月 2 日。

② 《我们共同的未来》，世界知识出版社，1989，第 130～131 页。

③ 见《拉美加强合作保护环境》，《人民日报》1991 年 6 月 5 日。

生物多样性保护需要大量的财力、物力、人力和先进的科学技术，《波恩公约》就是很明显的例证。由于财力、物力、人力很不够，工作进展迟缓，①此其二；只有贯彻人类共同继承财产原则，才能把全人类保护生物多样性的积极性凝聚到一个共同的目标上来，共同承担责任，此其三。

③人类共同继承财产原则与国家对自然资源的永久主权原则不是矛盾的，而是并行不悖、相辅相成的。把一些有世界意义的物种及物种栖息地看成人类共同继承的财产，并不是否定这些物种及其栖息地的所在国的主权和财产权。

《保护世界文化和自然遗产公约》规定："就本公约而言，世界文化遗产和自然遗产的国际保护应被理解为建立一个旨在支持本公约缔约国保存和确定这类遗产的努力的国际合作和援助制度。"（第7条）《我们共同的未来》第2篇第6章中也明确指出："……《物种公约》（如由国际自然与自然资源保护同盟所准备的草案）应明确阐明物种和遗传多样性是人类的共同遗产这一思想。对共同遗产的共同义务，并不意味着对各个国家范围内的特定资源有国际共有的权利。这种方法同国家主权的原则是不矛盾的。但是这意味着各国将不再只依靠自己独自的努力去保护其国内的物种。"②

《世界自然资源保护大纲》第18章"全球的公物"中提出了"公有资源"与"共有资源"的观点，并明确指出："例如鲸和金枪鱼局限在公海的物种应该被看成是全人类的公有资源，在公海和国家管辖区的水域之间活动的物种则是共有的资源。因此需要有关于两种物种群保护的特别规定，但目前还没有满意的措施规定。"总之，人类共同继承财产原则以及"公有资源"、"共有资源"的观点。在保护生物多样性的国际公约、协定中，应当进一步明确肯定其法律地位。

（2）**制订一个具备五项突出特点的保护生物多样性全球公约是当务之急。**

制订一个新的生物多样性保护公约，已经列入巴西会议的议程。但是，新的公约是个什么样的公约，这是普遍关心的问题。我的建议是，新的公约必须具备以下五个突出特点：

---

① 见《野生动物移栖物种保护国际公约》，载《自然资源季刊》英文版1989年第3期，第1000页。

② 《我们共同的来来》，世界知识出版社，1989，第142页。

①新的公约必须明确肯定"公有资源"、"共有资源"以及人类共同继承财产原则的法律地位。同时,针对当前对生物多样性的主要威胁,如热带雨林的消失、海洋污染等问题,分别采取得力的保护措施。关于国际性生物保护区网的工作。从 1980 年制定《世界自然保护大纲》算起,至今已有 11 年了。应当进行一次总结,在此基础上制订保护区网的全球计划,确定应建设的国际性保护区,例如热带雨林保护区以及《世界宣然保护大纲》中指出的"空白点保护区"。同时,要求各国进一步搞好自己管辖的生物保护区的建设。

②新的公约应当是新的一般国际法强制性规范。现在,生物多样性保护的全球公约有 13 件,尚缺乏一个全面的、起统率作用的具有一般国际法强制性的全球性公约。

《维也纳条约法公约》第 53 条规定:"条约在缔结对与一般国际法强制规律抵触者无效。就适用本公约而言,一般国际法强制规律指国家之国际社会全体接受并公认为不许损抑且仅有以后具有同等性质之一般国际法规律始得更改之规律。"该公约第 64 条规定:"一般国际法新强制规律产生时,任何现有条约之与该项规律抵触者即成为无效而终止。"新的公约应当是第 64 条规定的一般国际法强制规律。它应当明确规定世界各国在保护生物多样性方面的权利和义务以及违约的国际责任;它是对世界各国(无论是否参加该公约)都具有普遍拘束力的强行法规则和规范,不允许有任何保留条款。任何国家,包括非该公约的当事国的国家在内,不得以声明来反对或否定其对该国的拘束力。与该公约相抵触的条约、协定,从该公约生效之日起无效和终止。签订的地区性公约或多边、双边条约,只要是贯彻此公约的具体化规定,仍应受到鼓励,但都应加强强制性,都应明确规定条约各方的权利义务以及违约的国际责任,容许不与该公约相抵触的区域性的强行法规则产生。

在讨论通过此公约的表决方法上,不应实行"协商一致同意"的制度,而应实行投票多数表决制度。由于世界各国情况千差万别,不是对任何问题都能取得一致意见。如果坚持采用"协商一致同意"的方法,则无异于授予许多国家以否决权,这不但旷日持久,耗费大量人力,而且难以达成一致的协议;同时,即使最后能通过决议,而由于这样的决议往往是各种意见的妥协,加之允许保留意见,则很容易出现决议内容含混不清,或者降低决议的要求等弊病。因此，在讨论通过决议的方法上，以按照联合国大会的明文规定，在充分协商的基础上，实行投票表决2/3多数通过的制度为宜。

此外，对该公约和有关条约、协定的执行情况应定期进行检查和总结，以不断提高生物多样性国际法保护的工作水平。

③新的公约应当建立充裕的专项基金。这不仅是执行公约的需要，而且是吸引更多的国家，特别是发展中国家参加新公约的需要。

基金的来源，不仅应该来自政府和国际组织，而且应该来自那些直接从生物资源中受益的商业企业公司的捐助，商业的介入应该被看做不是授予使用特权，而是分担共同的责任。

加强对基金的管理也是一个重要问题。例如资助的申请、审查、批准以及对资助项目工作进展情况的检查等制度，均应在该公约中作出明确规定。

④新的公约中，国际合作条款，特别是对发展中国家的优惠条款，例如资金援助、技术转让、人员培训等等，必须明确地、适当地规定。

由世界自然保护同盟、联合国环境规划署以及世界野生生物基金会经过三年考察，最近完成的重要报告《保护地球——人类持续生存的战略》要求富国负起特殊的责任来帮助低收入国家减轻债务和创造持续生存的条降。报告指出："今天世界上生活着53亿人口，尤其是最富裕国家中的10亿人口正滥用自然资源，并严重地给地球生态系统带来过大的压力。"[①]

新的公约应当体现公平和有区别责任的原则，支持发展中国家有效地参与生物多样性保护的国际行动和补偿他们因履行国际义务的经济损失，保证发展中国家获得先进的技术、设备，提高他们吸收消化的能力和支持他们积极参与先进技术的研究与开发。

⑤其他重要问题，例如建立一个执行新公约的高效率的秘书处和实施公约的好的机制等，也应明确规定。没有一个高效率的秘书处，没有保证公约有效实施的好的机制，公约的内容再好也是很难实现的。

（载《中国法学》第 1992 年第 2 期）

---

① 见《人民日报》（海外版）1991 年 10 月 22 日第六版。

绿色奥运法先行

申奥成功，普天同庆，但这是万里长征走完了第一步，更重要的是：2008年奥运会结束后，国际奥委会，国际社会普遍公认：2008年奥运会是最出色的一次奥运会。为了实现这一目标，在2008年奥运会组委会即将成立，筹备工作规划即将制订之际，不揣浅陋，特就制订规划的指导思想提几点建议，供参考。

第一，"取法乎上，仅得其中；取法乎中，仅得其下"。规划中的目标要有保险系数，争取最好的情况，准备最坏的情况。例如，对国际奥委会许下的承诺是：到2008年，全市污水日处理量达到268万吨，污水处理率增加到90%以上；市区的垃圾处理率达到100%……那么，在筹备工作规划中，上述指标应规定为2007年底以前完成。

第二，"举一反三"。2008年奥运会实际是新北京、新中国整个新形象向全世界的展示。从"绿色奥运"这一意义来讲，就不只是已承诺的指标必须不折不扣地兑现，而应当是环境保护的各方面工作，都应取得很高水平的进展。例如噪声污染的防治，不仅交通噪声、施工噪声的防治有极大进展，连居民楼内噪声的防治，都应取得很高水平的进展，使首都的国内外居民亲身感受到生活质量确实有极大的提高，新北京确实是"清洁、优美、宁静、舒适"的现代化城市，是各国首都的榜样。

第三，有些工程项目周期长，需要及早安排、启动。例如污水处理厂等城市基础设施的建设，有的项目甚至需要六七年才能完工，完工后还得经过试运营期才能交付使用；安排、启动晚了，就不能如期投入使用，发挥作用，使计划落空。

第四，真正体现"以法治国"的精神。促进、巩固筹备工作的进展和成果，要靠法制建设，例如污水处理厂建设，亟须民间的投资和外资的投入，怎样做到保证及时融资，及时完成建设计划？关键是要及时制定有关的地方性法规、规章，使投资者的资金、利润等问题有明确的法律保障。通过这次奥运会的筹备工作，首都应当充分发挥地方立法的积极性、主动性，并严格执法，特别是在环境、资源法制建设方面，为各省、自治区、直辖市带个好头。

第五，真正体现"以德治国"和"三个代表"的精神。2008 年奥运会，实际是新北京、新中国物质文明建设和精神文明建设向国际社会的一次全面的展示，是社会主义优越性的宣言书。因此，筹备工作规划中应切实纳入精神文明建设的内容，例如全民环境保护意识、生态保护意识、守法自觉性的很大提高等等，不随地吐痰，不随便扔垃圾等，"什么是环境权？它的内涵和重要意义是什么？"类似这样的知识，应当做到家喻户晓，对答如流。

（载《中国环境报》2001 年 8 月 11 日）

中华民族复兴、持续发展的里程碑

北京奥运会的 17 天，使我心潮澎湃，感慨万千。

一　北京奥运会是中华民族复兴的里程碑

从"东亚病夫"到奥运会的举办国，百年梦想，终于实现。而且这次奥运会是奥运史中"无与伦比"、最好的一届。奥运的金牌数反映一个国家的综合国力。中国有史以来第一次获得奥运会金牌数第一，超过了所有体育强国。这次奥运会创造了 38 项世界纪录、85 项奥运会纪录。这是历届奥运会之最。

"鸟巢"、"水立方"等 37 座世界最先进的竞赛场馆，设施最完善、方便、舒适的奥运村，高效率的组织工作和非常出色的服务工作，宏大、精美、迷人的开幕式、闭幕式……受到国际奥委会官员们、参赛的运动员教练员们、外国贵宾和记者们的交口称赞。这次共有 147 万名志愿者投入服务（年龄最大的是 88 岁），是历届奥运会投入志愿者服务人数最多的一届。许多外国记者都感叹从来没有感受过如此体贴、周到的服务。"就连键盘都有阿拉伯文等其他国家文字的，还有防止手指碰伤的指甲套：太人文了，太感人了，以前采访奥运会可没这个"。在闭幕式上，3 位新当选的国际奥委会运动员委员会委员向 12 名北京奥运会志愿者代表献花，感谢志愿者们作出的无私奉献。这个情节是历届奥运会中没有出现过的。这一仪式将在今后的奥运会闭幕式上固定下来。北京奥运会首次提出了"绿色奥运、科技奥运、人文奥运"的理念，丰富了奥林匹克精神的时代内涵。

国际奥委会终身名誉主席萨马兰奇，在接受中央人民广播电台采访时表示："北京奥运会是所有奥运会中最好的一届。未来很少有人能做到这种程度。这不是我个人的看法，同时是绝大部分媒体和国际奥委会官员们的看法。"

二　北京奥运会是中华民族融入世界、拥抱世界的里程碑

过去，奥运会举办国，几乎都是在发达国家中轮流，这次可以说是例外。这次是奥运史上最"完整"的一届奥运会。国际奥委会的 205 个成员中，204 个成员的 1.6 万名运动员出席参赛。302 块金牌由 55 个国家和地区分享，87 个国家和地区夺得奖牌，是金牌和奖牌分布面最广的一届。美国游泳健将菲尔普斯 9 天得 8 块金牌，破 7 项世界纪录，创造了奇迹。

86 位国家首脑出席奥运开幕仪式。全球有 45 亿观众观看比赛。盛况空前，说明中华民族在国际大家庭的影响力和凝聚力在逐步增强。

"相互了解、友谊、团结和公平竞争"的奥林匹克精神与中国倡导的"加深了解，增强友谊，推动建设持久和平、共同繁荣的和谐世界"，"同一个世界、同一个梦想"等理念融合在一起，在全世界发扬光大。日本《产业新闻》在头版刊发外交评论家的文章惊呼"当今中国，具有盛唐之势"。法国《世界报》报道：中国观众在狂欢中并未出现所谓的民族主义情绪。在中美男篮比赛时，既为姚明得分鼓掌，也为美国球员们的"灌篮"喝彩；北京奥运村仿佛是一个地球村，是中外文化交流、加深了解和友谊的极好场所。许多外国朋友们由衷地用汉语表示自己感激之情说："我爱北京"，"我爱中国!"纷纷给自己取汉语姓名。获得 3 块金牌、创造 3 项世界纪录的牙买加运动员博尔特深情地说："我一辈子不会忘记北京，不会忘记中国!"他还捐献 5 万美元给汶川大地震受灾的孩子们。8 月 23 日下午，两名意大利运动员躺在天安门广场上相互拍照留念，"五体投地"地亲近北京。

英国首相布朗在会见胡锦涛主席时表示，中国提高了举办奥运会的水平，英国作为下届奥运会的东道主希望借鉴中国的成功经验。他还希望英国运动员向中国跳水、乒乓球、羽毛球运动员学几招，在伦敦奥运会上夺得更多的奖牌。胡锦涛主席表示中方将同英方共同落实两国奥运合作计划。

出席北京奥运会开幕式的以色列总统佩雷思深情地说："若非亲眼所见，我无法相信中国发生的巨大变化。这种变化有深远的社会意义和科学意义。我深信，一个更加美好的中国将带来一个更加美好的世界，一个更强大的中国，将增强全人类的力量。"

三　北京奥运会是中华民族持续发展的里程碑

北京奥运会开幕前夕，中共中央政治局 9 位常委展开了对奥运主办城市、协办城市的整体式实地考察，进行了集体学习，作了奥运会后宏观的布局和规划，他们向世人表明：中国领导集体的眼光不仅仅盯在奥运本身，而是借奥运东风，融入世界，促进国家的改革开放，更快地、持续地和谐发展。

美国举办的洛杉矶奥运会，赚了近 4 亿美元，奥运遗产是主办人、赞助商等少数人受益。北京奥运会留下了丰富的遗产，是全中国人民受益。国际奥委会主席罗格先生在北京奥运会闭幕式上说："我觉得，奥运遗产分为有形和无形两种。有形遗产包括这么多场馆很智能地融入大学里，即使奥运会结束后，年轻人还可以每天利用，这是很了不起的做法……3 号航站楼、新的地铁线路，也都是奥运给北京留下的有形遗产。"罗格说："环保是本届奥运的重要遗产。中国人民普遍提高了环保意识，我和联合国的环境主管进行过探讨，他认为在环保方面，北京发生了结构性变化，这甚至会影响中国的气候和环境。这种变化，不会随着奥运的结束而结束。此外，中国人民对于运动的热情大幅提高，中国政府官员承诺，奥运之后会更多在群众体育上进行投资，会有数亿的人参与，这也是重要的奥运无形遗产。"

我深信，北京奥运会是中华民族持续发展的里程碑，在以胡锦涛同志为总书记的党中央坚强领导下，祖国将日益繁荣昌盛，人民生活将越来越美好。

（载《中国社会科学院院报》2008 年 9 月 16 日）

全面、正确地认识绿色贸易壁垒

"入世"一年来，外商在我国的投资大幅度增加。我国进出口贸易总额递增，产业经济调整和企业改革步伐加快。总体上，我国宏观经济形势较好，前景更好。但也存在不利的一面，如我国有些出口产品遭受"绿色贸易壁垒"的阻击，相继被退货、拒绝进口、甚至销毁，造成较大的损失。

所谓"绿色贸易壁垒"是指，各国政府和国际社会为了保护人类、动植物和生态环境的健康与安全，采取限制、禁止某些国际贸易活动的法律、法规、标准、政策及相应的行政措施，避免这些贸易活动可能导致的环境、生态的破坏，以实现经济与社会的可持续发展。所以，绿色贸易壁垒也称环境贸易壁垒。绿色贸易壁垒原则上是合法的，只是不能滥用。

在经济全球化、贸易自由化迅速发展的今天，可持续发展、生态化、环境保护意识普遍提高，且重要性日益凸显。在多边贸易体系中，关税壁垒的作用逐渐减弱，绿色贸易壁垒的作用则日趋增强。绿色贸易壁垒对促进国民环保意识的提高，鼓励绿色产品生产和销售，加快环境法制建设的步伐，促进国民生活质量的提高，加强生态环境的建设，保障人民、动植物的生命或健康，实现可持续发展，都有很大的推动作用。发达国家科技水平较高，环保工作和环境立法起步早，环保法律法规也较完备、具体，而我国环保法制则不健全、不完备，相对滞后。以大豆为例，我国生产的大豆不是转基因大豆，安全性高于转基因大豆，从国际市场消费取向来讲，对我国有利。欧盟是全球最大的大豆消费市场，基本上禁止进口转基因大豆，日本、韩国等大豆消费大国对转基因大豆的进口持非常审慎的态度，日、俄、加拿大、欧盟等国进口转基因产品时都要求贴明标签并附文字说明；而中国对目前是否应当进口转基因产品这样一个重大问题，尚无一部法律作为依据，长期没有对转基因作物的安全管理，也没有相关的检测手段，加上转基因大豆成本低，因此近年来美国出口到中国的转基因大豆已经相当于中国大豆的年产量。中国已经由传统的大豆出口国，变成大豆的进口大国。

绿色贸易壁垒和以环境保护为借口的贸易保护主义是两个不同的概念，前者是合法的，后者是非法的。区分两者的关键在于：第一，其具体行为是否有本国已颁布的、全国统一规定的法律法规条款作为依据；第二，是否符合 WTO/GATT 规定的最惠国待遇原则、国民待遇原则、发展中国家优惠待遇原则、透明度原则。不符合这两个条件，则可以认定为以环境保护为借口的贸易保护主义行为。

对以环境保护为借口的贸易保护主义行为应当依法坚决斗争。我国应充分利用 WTO 基本原则、多边贸易体系的谈判机制、合理对抗机制以及国际多边环境协议中对发展中国家特殊照顾的规定，来维护自身的合法权益；在发生争端和纠纷时。要依据 WTO 规定的原则和程序，向有关国家和 WTO 规定的机构提出交涉或申诉，力争通过磋商和谈判加以解决，必要时申请 WTO 仲裁机构依法裁决。

绿色贸易壁垒是一把双刃剑，发达国家已经高高举起了这把利剑，我国必须加快建设自己的绿色贸易保障体系，维护本国的合法权益。

（载《中国社会科学院要报》2003 年第 7 期）

论入世后贸易与环境法律问题

一 入世后形势较好，前景更好

世界贸易组织（World Trade Organization，以下简称 WTO）与世界银行、国际货币基金组织被称为世界经济发展的"三驾马车"，其成员的贸易量占全球的 95% 以上；联合国的成员是 190 个，WTO 的成员是 140 多个，世界上主要的经济体都在 WTO 当中。WTO 对稳定世界经济和贸易秩序起着不可估量的作用。经过 15 年的艰苦谈判过程，2001 年 12 月 11 日，中国正式加入 WTO，一年来，情况怎样？可用 8 个字概括："形势较好，前景更好"，理由和根据如下：

外商在中国的投资大幅度增加。据信息产业部的统计，目前，中国电信企业在国际资本市场融资总额累计达到 200 亿美元，融资规模远远超过改革开放以来利用外国政府和国际金融组织贷款总额，而中国加入世贸组织以后，力度会更大。[1] 据日本贸易振兴会提供的统计数据，2002 年上半年，外国在中国的直接投资总额是 231 亿美元，比上年同期增长 18.3%，首次超过美国成为世界最大的外国投资接受国。日本贸易振兴会认为，中国自加入世界贸易组织之后，外国对中国的投资步伐加速，规模增大，预计 2002 年全年也一定能够超过美国成为世界最大的资本流入国。中国作为今后全世界资金吸收中心的地位进一步得到提高。[2]

进出口贸易总额递增。1978 年我国在世界贸易中排名第 32 位，进出口总额 206.4 亿美元。2001 年，我国在世界贸易中排名第 6 位，进出口总额

---

[1] 范海涛：《中国加入世贸组织后首家中外电信合资公司上周出世》，参见《北京青年报》2002 年 3 月 25 日第 19 版。

[2] 《日本统计报告：中国成为世界上最大的资本流入国》，见《科学时报》2002 年 11 月 30 日。

5098 亿美元。《中国对外贸易形势报告》预测，2002 年中国货物贸易总额有望超过 6000 亿美元，较上年增长 17.7%。其中出口额 3150 亿美元，增长 18.3%；进口额 2850 亿美元，增长 17%。贸易顺差 300 亿美元左右，比上年有所增加。[①]

企业经营者对未来发展充满信心。据报道：国务院发展研究中心、中国企业家调查系统等单位组织的为期三个月的第十次全国范围企业经营者问卷跟踪调查日前结束。调查结果显示：57.9% 的企业经营者认为今年的宏观经济走势"正常"，比去年同期调查增加了 13.5 个百分点；有 34.2% 的企业经营者认为入世后国内市场对企业经营的影响"有利"，比认为"不利"的多 16.5 个百分点；而认为企业目前经营状况"良好"的经营者比认为"不佳"的多 25.1 个百分点。专家认为：这说明近年来我国经济体制改革的各项措施得到了企业经营者的积极评价，企业经营者对未来发展充满信心。[②] 上海市申请 2010 年世博会成功的喜讯，说明我国的综合国力大大提高，更加鼓舞人心。

产业结构调整和企业改革步伐加快，国内有些企业也已成为"狼"。例如 IT 市场的联想、清华同方等，笔记本电脑旧的价格体系全面瓦解，奔腾 4 笔记本电脑已跌破 1 万元，还在降价；江苏波司登股份有限公司的纺织品成为畅销国际市场的名牌产品。

中国经济依然保持了高增长率。2002 年度，中国 GDP 增长达到 8%[③]。四川省 GDP 增长 10.6%；国家计委展望 2003 年 GDP 增长预计为 7.5% 至 7.8%[④]

法制建设取得进展，法制意识和环保意识普遍提高。为了与 WTO 规则一致，国务院各部门共清理了与外经贸业务有关的法律法规 2300 多件，地方清理相关法规的工作也已完成。

中国加入 WTO 后，获得了平等制定 WTO 规则的权利。在履行承诺的同时，运用 WTO 规定的各项权利维护了我国的合法权益，开始与国际贸易保护主义作斗争。

---

① 陈今：《中国对外经济贸易保持强劲增长》，参看《中国社会科学院院报》2003 年 1 月 28 日。
② 《今年 GDP 增长 8% 突破 10 万亿有信心》，见《中国环境报》2002 年 11 月 25 日头版。
③ 袁钢明：《不断开发新的增长空间》，《中国社会科学院院报》2003 年 1 月 30 日第三版。
④ 《国家计委展望 2003 经济 GDP 增长 7.5% 至 7.8%》，《科学时报》2003 年 1 月 13 日第一版。

入世后，也有不利的一面，据报道，主要是：我国有些出口产品遭受"绿色贸易壁垒"的阻击，相继被退货、拒绝进口、甚至销毁，造成较大的损失。

我国出口产品遭遇"绿色贸易壁垒"的具体情况是：

农产品和食品：主要是农药、有毒物质残留量超标以及使用发达国家已经禁用的农药品种。

机电产品：主要是电磁污染、噪声污染及节能等方面达不到进口国环境标准的要求。

纺织品：主要是生产过程中印花、染色和后整理工艺中使用的化学物质含有可能致癌的物质。

皮革制品：主要是制革过程中使用了多氯联苯等剧毒物质，不符合环境标准的要求。

包装材料：带有病菌、病毒或植物病虫害、病媒昆虫等，不符合环境标准的要求。

其他：如陶瓷器产品中、特别是餐具中的铅含量，烟草中的有机氯含量，玩具中的软化剂含量以及鞋类黏着剂含量，有些是因超标而受阻，有些是因使用了进口国禁用的物质而受阻。①

此外，我国还存在一些与入世后新形势不相适应的问题和挑战，如立法效率问题等。

总之，入世一年来的事实证明：党中央关于加入 WTO，扩大开放，深化改革的决策是十分正确的，我们坚信：只要全面、认真贯彻十六大精神和"三个代表"的重要思想，聚精会神搞建设，一心一意谋发展，开拓创新，与时俱进，闻胜不骄，居安思危，及时研究解决新问题，总结新经验，采取新举措，前景一定会越来越好。

二　绿色贸易壁垒是否合法

什么是绿色贸易壁垒，怎样评价绿色贸易壁垒，绿色贸易壁垒是否合法？搞清楚这些问题是重要的。

所谓"绿色贸易壁垒"，是指：各国政府和国际社会为了保护人类、动植物

---

① 《加入 WTO 后环境问题对我国有关行业的影响》，参看《环境工作通讯》2002 年第 7 期。

和生态环境的健康和安全，采取限制、禁止某些国际贸易活动的法律、法规、标准、政策及相应的行政措施，避免这些贸易活动可能导致的环境破坏，以实现经济与社会的可持续发展。所以，"绿色贸易壁垒"也称环境贸易壁垒。

笔者认为，绿色贸易壁垒原则上是合法的，只是不能滥用。

说绿色贸易壁垒原则上是合法的，其主要法律根据是：

第一，1994 年《建立 WTO 的协定》序言中指出："为了持续发展，扩大对世界资源的合理利用，保护和维护环境，并以符合不同经济发展水平的方式，加强采取各种相应措施。"在这里肯定了可持续发展、环境保护和合理利用自然资源是 WTO 的宗旨之一；

第二，GATT1994（1947 年的《关税及贸易总协定》，后被 1994 年的《关贸总协定》所代替，直到现在适用，以下简称 GATT1994）第 20 条 "一般例外"中规定："本协定的规定不得解释为禁止缔约国采用或加强以下措施，但对情况相同的各国，实施的措施不得构成武断的或不合理的差别待遇，或构成对国际贸易的变相限制……（b）为保障人民、动植物的生命或健康所必需的措施……（g）与国内限制生产与消费的措施相结合，为有效保护可能用竭的天然资源的有关措施……"由此可以看出，GATT 多边贸易体系经过东京回合和乌拉圭回合谈判，为了贯彻 1992 年联合国环境与发展大会（UNCED）产生的《里约宣言》和《21 世纪议程》和两个重要公约等国际环境法文件精神，在 GATT1994 中，已经给予绿色贸易壁垒以合法地位。[①]

第三，以上述条款为基础，1994 年的《技术性贸易壁垒协议》（简称 TBT 协议）和《卫生与植物检疫措施协议》（简称 SPS 协议）都赋予各国为保护环境而采取措施的合法性。如 TBT 协议在序言中开宗明义地申明：不应阻止任何国家在其认为适当的程度内采取必要的措施，以保护人类、动物或植物的生命或健康，保护环境。SPS 协议则更进一步，其第 5 条 7 款还引入了"预防原则"，即在找不到充分的科学依据时，成员方可以根据获得的有关资料，临时采取某种卫生或植物检疫措施。

由此可以看出，在上述协议中，也已经肯定了绿色贸易壁垒以合法

---

① 参看 Ernst-Ulrich Petersmann：International and European Trade and Environmental Law after the Uruguay Round，PP. 99~113；朱晓勤：《绿色壁垒法律制度研究》，《2000 年全国环境资源法学研讨会论文集》，第 210 页；王占柱、伍美芝主编《关贸总协定与国际市场知识讲座》，中国物资出版社，1992。

地位。

说绿色贸易壁垒不能滥用，其主要法律根据是：

第一，上述 GATT1994 第 20 条中的但书，即"但对情况相同的各国，实施的措施不得构成武断的或不合理的差别待遇，或构成对国际贸易的变相限制"。TBT 协议和 SPS 协议在允许 WTO 成员为环保目的而采取相关措施时，也同时要求实施的措施，不得在情况相同的成员之间构成任意或不合理的歧视，且不得对国际贸易构成变相的限制。

第二，根据上述 GATT1994 第 20 条采取的"为保障人民、动植物的生命或健康所必需的措施"，"与国内限制生产与消费的措施相结合，为有效保护可能用竭的天然资源的有关措施"，还必须符合 GATT1994 的基本原则，即最惠国待遇原则、国民待遇原则、发展中国家优惠待遇原则、透明度原则等。

三 面对绿色贸易壁垒的合法对策

第一，对绿色贸易壁垒要有全面的、正确的认识。

（1）绿色贸易壁垒的形成有其必然性。在全球经济一体化、贸易自由化迅速发展的同时，可持续发展、生态化、环境保护意识也在普遍提高，而且日益显现其突出的重要性；在 WTO/GATT 多边贸易体系中，关税壁垒的作用逐渐减弱，而绿色贸易壁垒应运而生，其作用日益重要，这是有其必然性的。应当认识，发达国家科技水平较高，环保工作和环境立法起步早，环保法律法规完备、具体，例如英国于 1833 年颁布《水质污染控制法》，1956 年颁布《净化大气法》；美国于 1924 年制定《石油污染防止法》，1948 年制定《联邦水污染防治法》，1955 年制定《大气污染防治法》；而中国于 1979 年才颁布第一部环保法律——《环境保护法（试行）》，（比英国《水质污染控制法》晚 146 年，比美国《石油污染防止法》晚 55 年）；中国今年 10 月 28 日颁布的《环境影响评价法》比美国 1969 年的《环境影响评价法》晚 33 年。联邦德国于 1975 年颁布《洗涤剂法》，禁止使用含磷洗涤剂，而我国尚无洗涤剂法，仍在普遍使用含磷洗涤剂；发达国家立法禁止用聚氯乙烯包装材料，或者要求制作购物袋等包装物的所有塑料必须是生物分解性塑料，欧盟各国从 1992 年起完全禁止用聚氯乙烯包装材料，要求用可循环利用的包装材料，而我国仍在普遍使用聚氯乙烯包装材料，

"白色污染"仍很严重。许多发达国家还针对不同食品规定了不同的农药残留量标准，如日本规定了大米有 52 种标准，美国规定了梨果类水果有 128 种标准，德国对蔬菜水果类规定了 168 种标准，而我国尚未针对不同类型食品规定不同的农药残留量标准。德国 1994 年颁布禁令，禁止进口所有使用含可能致癌的 22 种芳香胺类染料的纺织品，并公布了 118 种禁用染料清单。德国、荷兰、瑞典等国的立法，禁止生产、使用、进口含有剧毒物质多氯联苯的产品。

发达国家的这些环境立法是长期的、艰苦的科学研究的结晶，要求发达国家违反法律规定，降低人民的生活质量和生态环境的保障来进口我国落后的不合格产品，可能性是不大的；对发达国家来说，绿色贸易壁垒既是合法的，又是发达国家的优势所在，希望发达国家放弃绿色贸易壁垒的可能性也是比较小的，面对这种情况，比较明智的对策是：吃一堑，长一智，总结经验教训，找差距，定措施，主动调节出口产品结构，把开发合格的绿色产品作为争夺国际市场的重要举措，从生产、加工、包装、运输等环节对出口产品质量严格把关，提高产品的质量、竞争力，形成一批有实力的跨国企业和著名品牌。

（2）中国也需要绿色贸易保障体系。绿色贸易壁垒对促进国民环保意识的提高、鼓励绿色产品生产和销售、加快环境法制建设的步伐，说到底，对促进国民生活质量的提高，加强生态环境的建设，保障人民、动植物的生命或健康，实现可持续发展，都有很大的推动作用。与发达国家相比，我国的环境法制是相对落后的，由于环境法制的不健全、不完备，人民的生活质量和生态环境的保障受到危害和威胁还习以为常，加入 WTO 后，这种状况如果不加倍努力，迅速改善，其后果是不堪设想的。与狼共舞，必须自己成为狼，否则就会被狼吃掉。这可不是危言耸听，以大豆作为例子来说，我国生产的大豆不是转基因大豆，安全性高于转基因大豆，从国际市场消费取向来讲，对我国有利，欧盟是全球最大的大豆消费市场，基本上禁止进口转基因大豆，日本、韩国等大豆消费大国对转基因大豆的进口持非常审慎的态度，日、俄、加拿大、欧盟等国进口转基因产品时都要求贴明标签并附文字说明；而中国对目前是否应当进口转基因产品这样一个重大问题，尚无一部法律作为依据，长期没有对转基因作物的安全管理，也没有相关的检测手段。加上转基因大豆成本低，因此近年来美国出口到中国的转基因大豆已经相当于中国大豆的年产量。中国已经由传统的大豆出口国，变成大豆的进口大国。今年 3 月间才由农业部颁发了三个农业转基因生物的管理办法，还不知道能否挡住美国等转基因大豆大批进口的冲击。① 现在还只是初试锋芒，再过三五年，过渡期的贸易限制取消，问题就更大。以汽车为例，汽车及汽车零部件的关税到 2006 年 7 月 1 日分别降到 25% 和 10%（2002 年 1 月 1 日起，我国关税总水平已由 15.3% 降到 12%，2005 年将降到约 10%），北京市因举办奥运会，宣布提前 3 年，于 2002 年 8 月实施欧洲 2 号汽车尾气排放标准（以下简称 2 号标准），而欧盟国家从 2002 年已实施 3 号标准了（3 号标准比 2 号标准严格），2005 年开始实施 4 号标准，2009 年开始实施 5 号标准。我国的排放标准等级老赶不上欧盟，欧盟被淘汰的汽车就很容易充斥我国的市场，到那时候，洛杉矶光化学烟雾事件、伦敦煤烟型污染事件（4 天死 4 千人）就可能在我国重演。如果我国贸易与环境法制建设没有大的改进，日本水俣病事件、米糠油事件、在印度发生的美国跨国公司发生的博伯尔毒气泄漏事件等世界著名的公害事件都有可能在中国重演；还可能发生新的公害事件。一言以蔽之，没有自己坚强的绿色贸易保障体系，要坚决走可持续发展道路，实现第三步战略目标，2008 年办成一个有史以来最出色的奥运会，都是没有保障的。

（3）要将绿色贸易壁垒和以环境保护为借口的贸易保护主义这两个不同的概念区分开，前者是合法的，后者是非法的。以环境保护为借口的贸易保护主义行为是客观存在的，但是不要因为出口产品受阻、受损，就不加分析地一概认定是对方在搞以环境保护为借口的贸易保护主义。怎样区分绿色贸易壁垒和以环境保护为借口的贸易保护主义？这是当前需要仔细研究的重要课题。笔者初步认为，区分二者的关键在于：以环境保护为借口也好，以"为了保障人民、动植物的生命或健康所必需的措施"，"为有效保护可能用竭的天然资源的有关措施"为理由也好，其具体措施有没有本国已颁布的、全国统一规定的法律法规条款作为依据？其具体措施是否符合 WTO/GATT 规定的最惠国待遇原则、国民待遇原则、发展中国家优惠待遇原则、透明度原则？不符合这两个条件，则可以认定为以环境保护为借口的贸易保护主义行为。

---

① 李新丽：《国产大豆能否扛住转基因冲击》，参看《北京青年报》2002 年 4 月 1 日第 23 版。

第二，对以环境保护为借口的贸易保护主义行为应当依法坚决斗争。应当充分利用上述 WTO 基本原则、多边贸易体系的谈判机制、合理对抗机制以及国际多边环境协议中对发展中国家特殊照顾的规定，来维护自身的合法权益；在发生争端和纠纷时，要依据 WTO 规定的原则和程序，向有关国家和 WTO 规定的机构提出交涉或申诉，力争通过磋商和谈判加以解决，必要时申请 WTO 仲裁机构依法裁决。

四　加速强化与贸易有关的环境法制建设

前面主要讲了出口贸易问题，这一部分主要讲进口贸易问题，正如下围棋、踢足球一样，攻防兼顾，才能制胜，只攻不防，往往导致全局失败。所以这一部分强调的是"防守"。绿色贸易壁垒是一把双刃剑，发达国家已经高高举起了这把剑，我国必须赶快建设自己的绿色贸易保障体系，只有自己成为狼，才能与狼共舞，而不是被狼吃掉。怎样建立有中国特色的绿色贸易保障体系？提出以下几点建议：

第一，中国绿色贸易保障体系的各项措施都应符合 WTO/GATT 的规定。

第二，建立贸易与环境法制建设专门机构。在国务院领导下，由外经贸部、国家环保总局牵头，国务院法制局、内贸、农业、工业、卫生、海洋、海关、检疫等部门参加，并聘请环境法学家、国际贸易法学家等作为法律顾问，组成精干的专门机构，及时汇集、掌握有关信息、情报、资料，研究发达国家的绿色贸易壁垒和我方存在的问题、漏洞，研究 WTO/GATT 多边贸易体系规则，快速反应地提出对策、方案，提供决策机构及时解决问题，促进该制定或修订的法律、行政法规、部门规章、环境标准等能及时制定或修订；并协调各部门的动作，形成合力，防止分散主义、各行其是。

第三，加速与贸易有关的环境立法。值得注意的是：国际社会在 GATT 执行中，与贸易有关的国际环境法和国内环境法都受到很大的重视，在处理贸易与环境争端案件中，引用过几百个国际环境协议，都没有受到过质疑和责难；① 从已处理的贸易与环境争端的一些案例的裁决来看，只要引用

---

① 参见 Ernst-Ulrich Petersmann：International and European Trade and Environmental Law after the Uruguay Round，1996，Athenaum Press Ltd，p. 22.

的国内环保法律规定准确、有权威性，持维护环境利益的一方，往往是胜诉的一方；对环境保护不利的一方往往是败诉的一方。① 同时，根据GATT1994 中"贸易条例的公布和实施"以及透明度原则的规定，中国的绿色贸易保障体系应当以法律、行政法规、部门规章为主要构件，同时地方性法规、规章建设也要紧紧跟上。例如中国对转基因产品的政策，应当以法律的形式固定下来，才能对内对外发挥法律的权威性。再如防止生物入侵，防范生物遗传资源流失等问题的立法，都是刻不容缓的。有的问题可以制定综合性法律，有的问题可以制定单行法律。

第四，健全环境标准体系。国家环境标准，包括环境质量标准、污染物排放标准、环境监测标准以及产品质量环保标准（如针对不同类型食品规定不同的农药残留量标准等），是环境法体系的组成部分，具有法律效力，是绿色贸易保障体系的重要支柱。目前我国环境标准不完备，而且比发达国家相对应的环境标准一般都是要求偏低，甚至差距很大，必须及时研究改进。尚未制定的，应当抓紧制定；要求偏低的应当抓紧修订。

第五，整顿绿色产品市场，规范绿色产品的认证、发证工作。由中国环境标志产品认证委员会对全国各认证机构、认证培训机构、认证咨询机构审查批准后进行登记，依据国家环保总局颁布的环境标志产品技术要求开展认证工作，凡未取得该委员会的批准确认，一律不得从事绿色产品的认证、发证工作，违者予以严惩。②

第六，建立预警报告制度。严密掌握市场动态，遇到紧急情况及时请示报告，采取应急措施。例如小汽车进口到一定数量，必须采取应急措施，防止发生重大污染事件。

第七，加强对进口产品检验、检疫制度和设备。例如区分转基因产品与非转基因产品的检测手段和设备等需及早解决；对进口产品的检验要严格把关，防止发生镉米中毒、米糠油中毒等类似事件发生。

第八，加强环境、资源法律、行政法规、部门规章的翻译出版工作。实现我国承诺的"中国将使 WTO 成员获得译成一种或多种 WTO 正式语文

---

① 参见 Ernst-Ulrich Petersmann：International and European Trade and Environmental Law after the Uruguay Round，1996，pp. 145-154；郭霁：《WTO 争端解决的个案剖析与启示》，《法学评论》2002 年第 4 期。

② 《中环双绿环境标志认证中心立潮头》，参看《中国环境报》2002 年 8 月 15 日第二版。

的所有有关或影响货物贸易、服务贸易、TRIPS 或外汇管制的法律、法规及其他措施，最早在实施或执行前，最晚在实施或执行后的 90 天内使 WTO 成员可获得这些法律、法规及其他措施"的译本。①

第九，**提高贸易与环境执法水平**。将国际标准化组织发布的 ISO 14000 环境管理体系系列标准纳入我国行政法规，在全国实施；并严格执行贸易与环境各项法律制度，提高贸易与环境管理水平。

第十，**提高环境立法的效率和质量**。入世以后，国家环境立法完备、具体的必要性、重要性日益显著。可以肯定：环境立法完备、具体的国家，在贸易与环境的争端中，也往往处于有利的一方；反之也往往处于被动挨打的局面。从中国环境立法的效率和质量来看，与发达国家相比，有很大差距，现在，从法律起草到法律颁布实施，发达国家一般只需要一年时间，而我国则一般需要两三年，甚至更长时间，而且条款多是"宜粗不宜细"、可操作性差，这样的立法效率和质量，很不适应入世以后形势发展的要求，必须加倍努力，进行认真的改革，而不能头痛医头、脚痛医脚，才能真正建立起坚强的绿色贸易保障体系，适应形势发展的要求。

WTO 需要研究解决的法律问题

贸易与环境的争端，是很复杂的问题，直到现在，WTO/GATT 有关贸易与环境争端的法律规定还只是粗线条的，存在不少亟待解决的问题，主要是：

第一，**有些法律规定不具体、不明确**。例如上述 GATT1944 第 20 条的规定中：前一句"本协定的规定不得解释为阻止缔约国采用或实施以下措施……"；与随后的"但对情况相同的各国，实施的措施不得构成武断的或不合理的差别待遇，或构成对国际贸易的变相限制"，前后两者究竟怎样明确地界定？

其中"武断的"、"不合理的差别待遇"、"构成对国际贸易的变相限制"等词汇，其统一的准确解释是什么？怎样断定？

第二，**WTO/GATT 和与贸易有关的多边环境协定**（Multilateral Environmental Agreements with Trade Provisions）**之间的关系含糊不清**。截至

---

① 参看刘力主编《中国入世法律文件干部培训读本》，中共中央党校出版社，2002，第 82 页。

目前，国际社会还制订了 180 多个多边环境协定，其中 20 多个有明确的贸易条款，提倡用贸易控制的手段来保护资源与环境。在处理贸易与环境的问题时，要不要执行这些协定的规定？多边环境协定中规定的贸易方面的特殊义务与 WTO 现行规则之间，是一种什么样的关系？两者之间，是前者比后者重要？还是后者比前者重要？或是同等重要？这些问题曾在今年 4 月间的"多哈论坛"上作为主题讨论过，意见比较分歧。① 笔者认为，21 世纪的贸易自由化对全球经济发展有一定的推动作用；但是，贸易自由化应以有利于生态化、环境保护、可持续发展为前提；多边环境协定中确立了"共同但有区别的责任原则"，是国际环境法的基本原则之一；WTO 在处理贸易与环境问题，涉及多边环境协定时，应以多边环境协定为主要准绳；这是符合 WTO 绝大多数成员——发展中国家利益的。现在国际社会对此问题尚未作出明确的结论；可持续发展世界首脑会议上也没有作出明确的决定，有必要在 2002 年 11 月间开始的"新一轮大规模谈判"中作出明确的决定。

第三，WTO/GATT 处理贸易与环境问题的法律规定比较零碎、分散，应当有专门的章节或法律文件集中地作出明确、具体的规定，以便查考适用。

在 WTO140 多个成员中，发展中国家占绝大多数，中国是最大的发展中国家，加入 WTO 后，对于制定公正、合理的 WTO 规则，使 WTO 朝着有利于发展中国家可持续发展的方向发展，将起着至关重要的作用。

> （《加入 WTO 后贸易与环境法律问题研究》论文，载《重庆大学学报（社会科学版）》2003 年第 1 期；获《WTO 与中国经济文库》的入选通知；以此文为内容，在北京大学法学院的演讲词，2003）

---

① 参看 NGLS：Go Between，April-May 2002，pp. 24–25，Published by United Nations.

加快建设绿色贸易保障体系

　　"入世"一年来，外商在我国的投资大幅度增加，进出口贸易总额递增，产业经济调整和企业改革步伐加快。总体上，我国宏观经济形势较好，前景更好。但也存在不利的一面，如我国有些出口产品遭受"绿色贸易壁垒"的阻击，相继被退货、拒绝进口，甚至销毁，造成较大的损失。

　　所谓"绿色贸易壁垒"指，是各国政府和国际社会为了保护人类、动植物和生态环境的健康与安全，采取限制、禁止某些国际贸易活动的法律、法规、标准、政策及相应的行政措施，避免这些贸易活动可能导致的环境、生态的破坏，以实现经济与社会的可持续发展。所以，绿色贸易壁垒也称环境贸易壁垒。绿色贸易壁垒原则上是合法的，只是不能滥用。

一　全面、正确地认识绿色贸易壁垒

　　在经济全球化、贸易自由化迅速发展的今天，可持续发展、生态化、环境保护意识普遍提高，且重要性日益突显。在 WTO/GATT 多边贸易体系中。关税壁垒的作用逐渐减弱，绿色贸易壁垒的作用则日趋增强。绿色贸易壁垒对促进国民环保意识的提高。鼓励绿色产品生产和销售，加快环境法制建设的步伐，促进国民生活质量的提高，加强生态环境的建设，保障人民、动植物的生命或健康，实现可持续发展，都有很大的推动作用。发达国家科技水平较高，环保工作和环境立法起步早，环保法律法规也较完备、具体；而我国环保法制则不健全、不完备，相对滞后。以大豆为例。我国生产的大豆不是转基因大豆，安全性高于转基因大豆。从国际市场消费取向来讲，对我国有利。欧盟是全球最大的大豆消费市场，基本上禁止进口转基因大豆，日本、韩国等大豆消费大国对转基因大豆的进口持非常审慎的态度，日、俄、加拿大、欧盟等国进口转基因产品时都要求贴明标签并附文字说明；而中国对目前是否应当进口转基因产品这样一个重大问题，尚无一部法律作为依据。长期没有对转基因作物的安全管理，也没有相关的检测手段。加上转基因大豆成本低，因此近年来美国出口到中国的转基因大豆已经相当于中国大豆的年产量。中国已经由传统的大豆出口国，变成大豆的进口大国。

绿色贸易壁垒和以环境保护为借口的贸易保护主义是两个不同的概念，前者是合法的，后者是非法的。区分二者的关键在于：第一，其具体行为是否有本国已颁布的、全国统一规定的法律法规条款作为依据；第二，是否符合 WTO/GATT 规定的最惠国待遇原则、国民待遇原则、发展中国家优惠待遇原则、透明度原则。不符合这两个条件，则可以认定为以环境保护为借口的贸易保护主义行为。

对以环境保护为借口的贸易保护主义行为应当依法坚决斗争。我国应充分利用 WTO 基本原则、多边贸易体系的谈判机制、合理对抗机制以及国际多边环境协议中对发展中国家特殊照顾的规定，来维护自身的合法权益；在发生争端和纠纷时，要依据 WTO 规定的原则和程序，向有关国家和 WTO 规定的机构提出交涉或申诉，力争通过磋商和谈判加以解决，必要时申请 WTO 仲裁机构依法裁决。

二　加强与贸易有关的环境法制建设

绿色贸易壁垒是一把双刃剑，发达国家已经高高举起了这把剑，我国必须加快建设自己的绿色贸易保障体系，维护本国的合法权益。

第一，中国绿色贸易保障体系的各项措施都应符合 WTO/GATT 的规定。

第二，建立贸易与环境法制建设专门机构。在国务院领导下，由外经贸部、国家环保总局牵头，国务院法制局、内贸、农业、工业、卫生、海洋、海关、检疫等部门参加，聘请环境法学家、国际贸易法学家等作为法律顾问，组成精干的专门机构，及时汇集、掌握有关信息、情报、资料；研究发达国家的绿色贸易壁垒和我方存在的问题、漏洞；研究 WTO/GATT 多边贸易体系规则；快速反应地提出对策、方案，提供决策机构及时解决问题；促进应当制定或修订的法律、行政法规、部门规章、环境标准等能及时地制定或修订；协调各部门的动作，形成合力。

第三，加速与贸易有关的环境立法。值得注意的是。国际社会在处理贸易与环境争端案件时，与贸易有关的国际环境法和国内环境法往往备受重视，所引用过的几百个国际环境协议，都没有受到质疑和责难。从已处理的贸易与环境争端的一些案例的裁决来看，只要引用的国内环保法律规定准确、有权威性，维护环境利益的一方往往胜诉；对环境保护不利的一方则往往败诉。根据 GATT1994（1947 年的《关税及贸易总协定》被 1994年的《关贸总协定》所代替，直到现在还适用，简称 GATT1994）中"贸易条例的公布和实施"与透明度原则的规定，中国的绿色贸易保障体系应当以法律、行政法规、部门规章为主要构件。同时地方性法规、规章建设也要紧紧跟上。有的问题可以制定综合性法律。有的问题可以制定单行法律。

第四，健全环境标准体系。国家环境标准，包括环境质量标准、污染物排放标准、环境监测标准以及产品质量环保标准（如针对不同类型食品规定不同的农药残留量标准等），是环境法体系的组成部分，具有法律效力，是绿色贸易保障体系的重要支柱。目前，我国环境标准不完备，而且比发达国家相对应的环境标准偏低，甚至差距很大。对此，我们必须及时研究改进。尚未制定的。应当抓紧制定；要求偏低的，应当抓紧修订。

第五，整顿绿色产品市场。规范绿色产品的认证、发证工作。由中国环境标志产品认证委员会对全国各认证机构、认证培训机构、认证咨询机构审查批准后进行登记，依据国家环保总局颁布的环境标志产品技术要求开展认证工作。凡未取得该委员会的批准确认，一律不得从事绿色产品的认证、发证工作，违者予以严惩。

第六，建立预警报告制度。严密掌握市场动态，遇到紧急情况及时请示报告。采取应急措施。

第七，加强对进口产品的检验、检疫制度。例如，区分转基因产品与非转基因产品的检测手段和设备等需及早解决，对进口产品的检验要严格把关，防止发生镉米中毒、米糠油中毒等类似事件发生。

第八，加强环境、资源法律、行政法规、部门规章的翻译出版工作。实现我国承诺的"中国将使 WTO 成员获得译成一种或多种 WTO 正式语文的所有有关或影响货物贸易、服务贸易、或外汇管制的法律、法规及其他措施，最早在实施或执行前，最晚在实施或执行后的 90 天内使 WTO 成员可获得这些法律、法规及其他措施"的译本。

第九，提高贸易与环境执法水平。将国际标准化组织发布的 ISO14000

环境管理体系系列标准纳入我国行政法规，在全国实施；严格执行贸易与环境各项法律制度。提高贸易与环境管理水平。

第十，提高环境立法的效率和质量。我国环境立法的效率和质量与发达国家相比。有很大差距。发达国家从法律起草到法律颁布实施一般只需要一年时间，而我国则一般需要两三年，甚至更长时间，而且条款多是"宜粗不宜细"，可操作性差。我们必须加快步伐，建立完备具体的绿色贸易保障体系，适应形势发展的要求。

（载《中国社会科学院院报》2003 年 2 月 27 日）

国际环境法的新发展

——《联合国气候变化框架公约》评介

一　气候变化国际立法的重要性、 迫切性

（一） 两种对立的观点

关于全球气候变化问题，国际社会有两种基本上对立的观点。

一种是，大多数科学家认为，全球气候呈变暖趋势。主要原因是排放到大气层的二氧化碳等温室气体增多，由于温室效应而气温升高，人类如果不采取有效措施成功地减轻温室效应，地球将继续变暖，则将带来严重灾难性后果，因此呼吁国际社会紧急行动起来，加强国际合作，控制气候变化。下面是持这种观点的几个代表性言论。

1988 年 8 月 29 日美国《纽约时报》报道：据源源不断收到的世界各地科学家的报告说，80 年代全球平均气温是 130 多年前首次保存可靠记录以来所测到的高气温。1987 年是 "有记录可查的最暖的一年"。[①]

1989 年 2 月 3 日人民日报报道：据英国气象部门统计，20 世纪末，年平均气温升高的情况曾出现过 6 次，都发生在 80 年代：1988 年、1987 年、1983 年、1981 年、1980 年、1986 年。1988 年全年平均气温比 1949 ~ 1979 年的平均气温升高 0.34 摄氏度。而 20 世纪初年平均气温比上述 30 年平均气温还低 0.25 摄氏度。

1990 年 8 月 24 日《人民日报》报道：联合国环境规划署警告说。地球表面温度正在不断上升，其速度是最近 1 万年里最快的。

---

① 《八十年代全球平均气温急剧上升》，参看《参考消息》1988 年 4 月 18 日。

1991 年 10 月 16 日《人民日报（海外版）》报道美国和英国的科学家联合进行研究的结果表明：1990 年地球平均温度为 15.56 摄氏度，这是自世界有气温记录（1880 年）以来地球温度最高的一年。

世界气象组织秘书长奥巴西说，1992 年将可能成为有记录以来最炎热的年份之一。①

据《中国气象报》报道：今年 1 月，我国除西南地区以外，气温都较常年偏暖 1 至 2 摄氏度以上，其中北疆大部、吉林及黑龙江、辽宁、内蒙古三省区的部分地区偏高 4 至 5 摄氏度；内蒙古海拉尔、新疆乌鲁木齐偏高达 6 摄氏度。北京自 1841 以来有气温资料的 122 年中，1 月平均气温最高值出现在 1932 年，为负 1.6 摄氏度。而今年 1 月北京平均气温为负 1.1 摄氏度，创同期平均气温最高纪录。②

持另一种观点的一些科学家认为，历史上没有气温变化的记录能印证温室效应，地球气温没有变暖的趋势；或者认为大气层温度在下降，全球气候将会变冷，变暖只是暂时现象；或者认为全球变暖利多于弊；或者承认温室效应会给人类带来严重灾难，但同时也会带来一些"意想不到的好处"，或者认为目前天气恶化并非温室效应所致，地球冷暖不定，它本身具有强有力的自我调节机能……持这类观点的科学家们的结论是，没有必要紧急行动起来，加强国际合作，减轻温室效应，控制气候变化。

下面是持这种观点的几个代表性言论：

据 1990 年 6 月 18 日《人民日报》报道：美国宇航局和亚拉巴马大学的研究人员用气候卫星进行检测以及先进的计算机进行模拟，得到的结论是：目前还没有足够的证据能证明地球气温在上升。对数据进行分析表明：从 1979 到 1988 这 10 年，地球并没有变暖的趋势。历史上气温变化的记录没有一个能印证温室效应。

法国《巴黎人报》1991 年 9 月 7 日至 8 日合刊报道：法国全国科学研究中心的一个研究小组发现，二氧化碳、天然气和氯氟烃的增多还会引起大气层温度下降。自 1979 年以来的观察表明，中间层（即平流层以上 50 公里至 90 公里之间的空间）的温度在 12 年里大约下降了 5 摄氏度。按照这个

---

① 参看《光明日报》1992 年 3 月 22 日。
② 参看《人民日报》1992 年 2 月 11 日。

速度，从现在起到 21 世纪中期，大气层温度可能下降 20 摄氏度。①

《中国环境报》1992 年 7 月 18 日报道：气象专家们最近预测，全球气温在未来几年内将明显变冷。但在短时期内的情况则恰恰相反，地球目前正处于一个短暂的变暖时期。去年 6 月菲律宾皮纳图博火山的喷发是造成未来气候变冷的主要原因。

1991 年，一批美国科学家根据试验结果认为，二氧化碳的增加和地球随之变暖，将会使世界变得更加美好，土地变得更加肥沃，植物变得更加茂盛，农业也将会更加丰收。②

《人民日报》1992 年 1 月 19 日报道：一个由世界著名的农业专家、地质专家及环境学专家组成的地球气候变化研究委员会得出"令人振奋的结论"：地球气候变暖带给人类的好处将远远超过它所产生的副作用。

瑞典、芬兰等国的科学家还认定，"温室效应将给寒带国家带来更为直接的好处。芬兰到下一世纪，全国都将成为适合耕作的米粮川"。③

（二）权威性的结论

对上述两种基本上对立的观点，人类究竟应当按照哪一种观点制定对策，采取行动呢？

国际气象界最权威机构——政府间气候变化专业委员会（IPCC）④ 在 1990 年气候变化评估报告中提出的科学结论说："长期莫衷一是的全球性气候变化问题终于有了明确答案：过去的 100 多年中，全球平均地面气温已升高 $0.3 \sim 0.6$ 摄氏度；如果人类不能有效地控制二氧化碳、甲烷、氟利昂和一氧化碳等温室气体的排放，未来 40 年左右，温室效应可能造成地球平均表面气温增加约 2.5 摄氏度，即全球仍继续变暖。""专家们就此指出，全球性气候变暖会给社会和经济带来严重影响，尤其可能导致海平面上升。因此，科研人员要对气候变暖与环境、生态之间的关系进行更全面的研究。"这份由世界 300 多名气象专家共同撰写的报告，是了解全球变暖问题

---

① 参看《参考消息》1991 年 9 月 16 日。
② 参看《参考消息》1991 年 10 月 31 日。
③ 参看《"温室效应"的另一面》，《人民日报》1988 年 12 月 4 日。
④ 政府间气候变化专业委员会是由联合国环境规划署和世界气象组织于 1988 年 11 月建立的，其任务是对气候变化的程度、时间和可能的影响等科学评价进行国际协调。

的权威著作，也是制定气候变化框架公约的科学依据。[①]

（三） 全球变暖的严重后果

首先是，随着全球变暖，极地覆冰大量融化，导致海平面上升，使居住在离海岸线 60 公里以内的、占世界 1/3 的人口受到威胁。世界上许多大城市和港口有可能遭到灭顶之灾。[②] 澳大利亚联邦科学和工业研究组织的海洋地理学家首次发现了海平面上升的证据：在 22 年的时间里，位于澳大利亚和新西兰之间的一片海域，其海面下 5 公里深处温度上升了 0.03℃ ~ 0.04℃。温度略为上升一点就会使海水盐度减少而改变海水的密度，并且导致塔斯曼海的海平面因热膨胀上升了 2 ~ 3 厘米。[③] 加拿大多伦多大学的科学家根据在全球 470 个地点的测量和高级计算机计算的结果发现，地理差别对海平面升高影响不大。在选出的 40 个地点的详细调查中发现在 1920 ~ 1970 年全球海平面平均每年上升约 0.294 厘米。[④] 英国《每日电讯报》1989 年 9 月 27 日披露，设在罗塞拉的英国南极探测基地附近的覆冰已大量融化。这是由于自 1982 年以来夏季的几个月中气温的大幅度上升。[⑤] 联合国环境规划署纽约办事处主任诺埃尔·布朗说，如果到 20 世纪末还不能扭转全球变暖的趋势，全球变暖使极地冰冠融化，洋面将升高 1 米，足以淹没马尔代夫、塞舌尔和其他低洼岛国的沿海地区。[⑥]

特别值得注意的是，海平面上升，对我国的威胁很大。联合国环境规划署和世界气象组织 1988 年 6 月 6 日共同发表的一个报告认为，"按目前工业排放量，温度将每 10 年上升 0.3℃，到 21 世纪中，海平面将上升 0.3 至 1.5 米，将对荷兰、中国、孟加拉国、埃及等国的低海岸地区构成洪水威胁"[⑦]。据新华社 1992 年 3 月 5 日报道，测绘工作者利用全国沿海近千个验潮站的验潮资料，对海平面实施精密水准测量监测的结果表明，我国海平面从北到南总体呈上升趋势，每年平均上升 1 到 2 毫米。著名测绘专家、国

---

① 参看《光明日报》1992 年 1 月 18 日。
② 参看《救救地球》，《世界信息报》1992 年 6 月 6 日。
③ 参看《参考消息》1992 年 5 月 17 日。
④ 参看《人民日报》1989 年 5 月 21 日。
⑤ 参看《参考消息》1989 年 10 月 30 日。
⑥ 参看《参考消息》1989 年 7 月 11 日。
⑦ 参看《人民日报》1988 年 6 月 10 日。

家测绘局测绘科学研究所高级工程师胡明说，造成我国海平面上升主要有两方面原因：一是全球的温室效应导致大气中二氧化碳浓度不断增加；二是我国近年经济发展较快，沿海许多城市地下水抽取过量，造成陆地下沉。① 科学家预测：到2050年，温室效应将使地球上的平均温度增加6℃左右，使海面上升20至40厘米，到那时，地球南北极的冰川全部融化。海面的上升将使世界上许多河口三角洲和海岸线上的大城市沦为大海，上海将首当其冲，东海的浪花将直拍紫金山麓。②

海平面上升将带来经济上的巨大损失。日本由专家组成的预测委员会说，假如海洋水位上升1米而不采取护岸等措施，则日本全国浸水面积将达1400平方公里，受淹人口330万人，折合财产损失30万亿日元。假如修筑堤岸，加高港口设施，更新水闸和排水设施等，则需花费12万亿日元。③

其次是，气候变暖过快、过剧会使农作物、森林、草场退化、衰亡，水资源会发生较大变化，不少地方会日趋干旱，有些地方又会暴雨增多。这一系列后果，会给人类带来前所未有的灾难。④ 大多数发展中国家地处热带和亚热带，它们的经济以农业为基础，对适应大气变化的措施又不多，不能克服地球气温上升造成的影响，因此损失更大。⑤

受美国环保局委托、由英国牛津大学和美国纽约戈达德空间研究所以及50名各国科学家共同作出的耗时3年的调查报告指出：一个最重要的发现是，到2060年时，世界粮食产量将下降1%到7%，而减产最大的将在发展中国家。⑥ 由于粮食供应减少，粮价上涨，将新增6000万到3.6亿处于饥饿状态的人，使全世界处于饥饿线上的人口达到10亿。⑦

新华社报道，已导致几万人丧生、几百万头牲畜死亡的严重干旱将严重影响非洲大陆今年的经济增长。据经济界人士预计，1992年非洲经济增长率将跌至2.5%以下。而今年早些时候联合国非洲经济委员会的估计是3.6%。这主要是由于非洲南部和东部近20个国家遭受了20世纪最严重的

---

① 参看《人民日报》1992年3月5日。
② 参看《人民日报》1990年5月27日。
③ 参看《人民日报》1992年5月18日。
④ 参看《人民日报》1992年5月12日。
⑤ 参看《参考消息》1991年3月1日。
⑥ 参看《参考消息》1991年3月1日。
⑦ 参看《人民日报》1992年5月22日。

旱灾。南部非洲地区正面临一场严重的饥荒。① 波兰全国干旱少雨。持续的干旱使波兰各条河流水位下降。全国最大的河流——维斯瓦河的水位，7 月底只有 100 厘米，创近 200 年来最低纪录。② 今年 9 月 9 日以来，连续 12 天的季雨，造成巴基斯坦有史以来最严重的一次自然灾害。河水泛滥、山体滑坡、桥梁被冲垮，铁路交通中断。2 千人丧生，300 多万人无家可归。③ 今年 9 月 22 日，法国遭到 34 年来最大的暴风雨袭击。时速达 120 公里、每平方米为 245 升降雨量的暴风骤雨袭击了沃克吕兹省，使 34 人死亡，50 多人失踪，30 多座民宅被摧毁。④

低洼地区遭淹没和农作物歉收将使大批人流离失所，成为"生态难民"。联合国环境规划署警告说：除非国际社会成功地减少温室效应，否则，40 年内，全世界将有 6 千万人沦为生态难民。⑤ 生态难民的大批出国，必然造成政治上的混乱。

我国科学家们认为，气候变暖将使我国农业生产的不稳定性增长，近年来已经发生"锈病南下"、"稻瘟病北上"、"白粉病东迁"、"飞蝗飞起"等灾害。⑥ 去年夏季，江淮地区在梅雨季节出现大范围暴雨，形成严重洪涝灾害。今年我国天气异常，先是南涝北旱，东北低温，继之北方多雨，南方晴热高温。复杂多变的灾害性天气，给我国秋粮生产构成严重威胁。⑦ 山东省遭到历史上罕见的大旱，全省受旱面积发展到近 6000 万亩，不少地方春夏作物因旱干枯，果树枯死，人畜饮水发生困难。今年夏季，重庆市连晴高温，全市 37 万亩水稻干枯，188 万人饮水发生困难。⑧

此外，全球气候变暖还会对生物多样性产生影响，会使生物带和生物的分布发生变动，部分动植物和高等真菌可能处于变异、濒危或灭绝的境地。我国也不会例外。⑨

---

① 参看《人民日报》1992 年 9 月 6 日、22 日。
② 参看《人民日报》1992 年 8 月 13 日、9 月 21 日。
③ 参看《北京晚报》1992 年 9 月 25 日。
④ 参看《北京晚报》1992 年 9 月 25 日。
⑤ 参看《南方周末》1992 年 7 月 17 日。
⑥ 参看《光明日报》1992 年 5 月 29 日。
⑦ 参看《人民日报》1992 年 8 月 12 日。
⑧ 参看《人民日报》1992 年 7 月 3 日、8 月 7 日。
⑨ 参看《迈向 21 世纪》，中国环境科学出版社，1992，第 208 页。《参考消息》1988 年 12 月 18 日。

综上所述国际社会必须紧急行动起来，制订有关的全球性国际公约，加强国际合作，有效地控制温室效应，与全球变暖进行坚持不懈的斗争。

二 《联合国气候变化框架公约》产生的过程和背景

（一）联合国政府间气候变化专业委员会，维也纳公约模式

1988 年 12 月，由马耳他提议，其他 19 国支持，最后联大一致通过一项制订气候变化框架公约的特别决定。决定要求联合国环境规划署（UNEP）、世界气象组织（WMO）和政府间气候变化专业委员会（IPCC）立即行动，完成一项综合考察和建议，即：（1）有关气候和气候变化、特别是全球变暖的科学说明；（2）气候变化、特别是全球变暖的社会、经济影响的研究计划；（3）政府和其他组织控制和减轻气候变化副作用的对策；（4）有关气候的条约和其他法律文件；（5）气候变化国际公约内容提纲。完成时间是 1990 年 11 月在日内瓦召开第二世界气候会议之前的 1990 年 9 月间。目的是赶在 1992 年 6 月将在巴西召开的联合国环境与发展大会之前通过气候变化框架公约。

IPCC 建立了三个工作组来执行上述决定：第一工作组，由英国任主席，负责提供气候变化的科学评价；第二工作组由前苏联任主席，负责提供气候变化的环境和社会、经济影响评价；第三工作组，由美国任主席，负责制订相应的战略对策。气候变化框架公约内容提纲由第三工作组起草，英国、加拿大和马耳他参加，进行法律事务的监督并负责协调和指导起草工作。公约内容提纲第一稿产生于 1989 年 10 月 IPCC 全体会议。

在 1989 年 10 月第 3 工作组会议上，气候变化框架公约应以保护臭氧层维也纳公约模式为基础的意见占优势，即，框架公约规定一般原则，附以一系列特别议定书，包括蒙特利尔议定书。第三工作组决定，在框架公约里规定有关气候变化的一般原则和义务，以及监测、评价气候变化的机构和机制；同时，将发展中国家技术上、财政上的需要考虑进去。公约提纲草案的说明中指出：提纲草案中有些内容是有争议的，例如是否设置监督公约实施的机构问题，怎样规定二氧化碳和其他温室气体排放的限制问题等等。

IPCC1989 年 6 月 21 日决议由英国和欧洲共同体理事会认可。七国集团的国家或政府首脑、参加巴黎最高级会议的欧共体委员会主席、在兰开卫参加共同富裕会议的政府首脑以及马来西亚于 1989 年 10 月 21 日认可，参加荷兰诺底维克大气污染和气候变化部长级会议的 68 个国家于 1989 年 11 月 16 日认可，在马尔代夫召开的沿海小国和岛国会议的国家于 1989 年 11 月 14 ~ 18 日认可，在东京召开的全球环境和人类持续发展会议的国家于 1989 年 9 月 11 ~ 13 日认可。

IPCC 是争论全球变暖的影响和对策的好论坛，但是在具体问题上达成协议的困难还刚刚开始。其困难不仅在于第三工作组内观点不同，而且在于争取诺底维克部长级会议认可到 20 世纪末二氧化碳的排放量限制在 1988 年水平的规定由于美国、英国、前苏联和日本的阻挠而失败。因此，诺底维克宣言中没有提对二氧化碳排放量的降低，而只是说：工业化国家"同意二氧化碳排放量应尽早达到 IPCC 和第二世界气候会议考虑的水平……许多工业化国家应将至迟到本世纪末达到固定二氧化碳排放量的目标作为第一步"。

（二）多伦多会议，"大气法"模式

除了 IPCC 进行工作以外，设想制订一个类似海洋法公约的综合性"大气法"公约的准备工作也在进行。以加拿大为首，在 1988 年 6 月大气变化多伦多会议上号召制订一个保护大气层的综合性框架公约和议定书。会后，大气变化法律、政策专家会议于 1989 年 2 月 20 ~ 22 日于渥太华举行，任务是起草两个提纲——大气层公约和气候变化公约。法律、政策专家们声明的立场是，"制订保护大气层框架公约的原则应当优先"。声明提出了保护大气层的 24 项实质性和程序性条款的提纲，也陈述了气候变化特别公约的提纲。

"大气法"公约方案由于框架太大、减慢达成协议的步伐而受到批评。英国驻联合国大使迪克尔警告说：到处都有人期待一个海洋法公约模式的大气法公约。我劝他们谨慎行事。海洋法会议并不是完全成功的。许多政府，包括美国和英国，还不能接受。"大气法"公约方案终于被搁浅。①

---

① 参看《环境法文选》英文版（1990 ~ 1991 年），第 1 册，第 248 ~ 290 页，美利坚大学华盛顿法律学院出版。

（三） 海牙宣言和其他改革建议

1989 年 3 月 11 日的海牙宣言，是由法国、荷兰、挪威发起，有澳大利亚、德国、日本、新西兰、印度、印度尼西亚、肯尼亚等 24 个国家的代表参加，在海牙开了两天会议后由 24 国首脑签署的。宣言肯定的五项原则是：（1）规定在联合国系统内加强现有机构或是建立新机构，负责对全球逐步变暖作斗争的工作，包括有时即使不能达成一致协议也能作出决定的有效程序；（2）授权新机构制订文件和环境标准，以加强对大气的监测和保护，保证进行必要的研究和科技信息的交流；（3）为了促进遵守和有效地实施新机构作出的决定，新机构所作的决定服从国际法院的管理；（4）鉴于某些国家的发展水平和对大气恶化的实际责任，规定必需的机制，使这些国家得到为完成所承担任务的公平合理的补偿；（5）协商必需的法律文件，以规定上述原则在机构和财政问题上的有效性和一致性。①

此外，法国、荷兰、挪威的代表曾建议：新机构应被称之为 "全球性的"，它有权对违反新机构的决定和标准的国家予以强制性制裁；新西兰也曾明确要求建立新机构——环境保护理事会——以处理气候变化问题，新机构不是替代联合国环境规划署或其他现有的组织，但具有相应的立法职能，并能根据授权作出强制性决定；诺底维克部长级会议也曾提出 "制订适当决定的权力和程序" 的书面意见。

（四） 发展中国家广泛参加谈判

全球变暖是全球性问题，发达国家清楚地认识到如果没有发展中国家广泛参加框架公约的谈判而且最终成为公约的当事国，问题是不可能很好解决的。从 1991 年 2 月气候变化框架公约国际协商委员会 （INC/FCCC）第一次会议开始，发展中国家广泛参加了公约草案的谈判。② 发展中国家与发达国家都希望国际社会采取共同行动解决全球变暖问题，但对全球变暖的根源、责任问题以及应采取的措施则有不同的看法，因而所坚持的立场和主张有明显差异。欧共体愿意起 "表率作用"，认为工业化国家应对全球

---

① 参看《海牙宣言》英文版，载《国际法资料》1989 年，第 1308 页。
② 参看《环境政策和法》英文版 1991 年 5 月第 2 期，第 50 页。

环境恶化承担责任。但是发展中国家也应对其当地和区域环境承担责任。英国认为环境问题是发达国家造成的。欧共体和日本同意在 2000 年前把二氧化碳的排放量压缩到 1990 年的水平。指责美国反对限制二氧化碳排放量，同意准备少量增加对环境项目的援助。美国认为，它既要发挥解决全球环境问题的"领导"作用，又要不损害其利益。布什总统说："我不会做亏本生意或成为亏本的一方"，"我不会签署不保护本国环境和经济的协议。"美国坚决反对限制二氧化碳排放量的规定目标和时间表。为缓和同欧共体的关系，美国政府发表声明说，将在 1993 年起草关于减少二氧化碳排放量的计划。日本人表示要发挥主导作用，为国际环境合作做出"积极的贡献"。[1]我国和 77 国集团则认为，鉴于发达国家对全球环境退化负有主要责任，并且有能力解决这一共同关切的问题，发达国家应向发展中国家提供充足的、新的和额外的财政援助，以及按优惠条件转让无害环境的技术，使发展中国家能够实现持续发展。[2] 150 个国家的代表经过长达 15 个月的讨价还价，终于 1992 年 5 月 9 日在纽约召开的气候变化框架公约国际协商委员会第五次会议上达成了协议，通过了《联合国气候变化框架公约》最后文本，会议决定将公约最后文本提交将在巴西召开的联合国环境与发展大会上签署。[3]

（五）联合国环境与发展大会

联合国环境与发展大会（UNCED），又名地球首脑会议（the Earth Summit）于 1992 年 6 月 3 日至 14 日在巴西里约热内卢召开。全世界 180 多个国家和地区、60 多个国际组织的代表 15 万人参加了大会。12 日至 13 日举行了首脑会议，118 个国家的领导人参加了大会。[4]

1992 年 6 月 4 日上午 11 时 20 分，在里约国际会议中心新闻大厅举行了《气候变化框架公约》签字仪式。我国总理李鹏于 6 月 11 日到达里约后 4 个多小时就到国际会议中心代表中华人民共和国庄严地签署了这项公约。我

①　参看《各国对解决全球环境问题的主张》，《人民日报》1992 年 6 月 1 日。
②　参看《环保必须考虑发展中国家特殊情况》，《人民日报》1992 年 3 月 25 日。
③　参看《环境与发展档案》英文版 1992 年第 128 期，联合国非政府联络处出版。
④　参看《人民日报》1992 年 6 月 13 日、15 日。《北京日报》1992 年 6 月 15 日。

国是第 61 个在这项公约上签署的国家。^① 截至 1992 年 6 月 14 日，已有 153 个国家和欧洲共同体签署了这项公约。^② 这项公约第 20 条规定：自 1992 年 6 月 20 日至 1993 年 6 月 19 日在纽约联合国总部，开放供联合国会员国或任何联合国专门机构的成员国或《国际法院》的当事国和各区域经济一体化组织签署。第 23 条规定，"本公约自第 50 份批准、接受、核准或加入的文书交存之日后第 90 天起生效"。

上述过程说明《联合国气候变化框架公约》的诞生，来之不易，它和姊妹篇《联合国生物多样性公约》的同时诞生，标志着人类为保护自身生存环境而采取的协调一致行动取得了长足的进展。

三　对《联合国气候变化框架公约》的初步评价

《气候变化框架公约》（以下简称《公约》）的内容是序言加 26 条。其核心部分是第 2 条"目标"、第 3 条"原则"、第 4 条"承诺"、第 11 条"资金机制"、第 15 条"公约的修正"等条款。对《公约》的全面评价有待对《公约》实施一段时期后的效果的观察和研究。本文仅就《公约》的内容作些初步分析。

《公约》内容较好的方面：

（1'）《公约》第一次明确肯定了"共同但有区别的责任"的国际环境法新原则。国际社会中，在保护和改善全球环境的国家责任问题上，一些发达国家总是强调"共同责任"原则，以减轻自己应当承诺的更多的义务，将其转嫁给发展中国家。而以我国为代表的发展中国家则针锋相对地明确提出了"共同但有区别的责任"原则。所谓"共同但有区别的责任"原则，简言之，即，保护和改善全球环境，是世界各国以至全人类的共同责任，但是发达国家与发展中国家应当承担的责任是有区别的，发达国家应负更大的责任。为什么呢？主要理由有二：

第一，全球环境的恶化和生态的破坏，从历史和现状来分析，究其根源，主要是发达国家造成的；

① 参看《人民日报》1992 年 6 月 13 日、19 日。
② 参看《环境法通讯》英文版 1992 年 4 月至 8 月期刊第 5 页，IUCN 环境法中心出版。

第二，从治理和改善全球环境的能力来说，发达国家经济力量和科学技术水平大大超过发展中国家；而且发展中国家自己的某些环境问题也是由发达国家直接或间接地造成的，发达国家欠发展中国家的"环境债"甚多，有偿还发展中国家"环境债"的义务。

这两点，特别是第一点，要发达国家公认是不容易的。过去，南北对话、谈判，往往是各唱各的调，达不到共识。近年来，一些权威性的或是重要的科研成果陆续问世，提供了这一原则更具说服力的根据。这里仅举数例如下：

①由世界自然与自然资源保护联盟、联合国环境规划署以及野生生物基金会经过三年考察于 1991 年 10 月完成的重要报告《保护地球——人类持续生存的战略》中说："按人平均数计算，商业能源高消耗国家的每人消耗量是低消耗国家每人消耗量的 18 倍，而且造成更多的污染；二氧化碳排放量，北美是南美的 2 倍，是南亚或东亚（日本除外）的 10 倍。""今天世界上生活着 53 亿人口，尤其是最富裕国家中的 10 亿人口正滥用自然资源，并严重地给地球生态系统带来过大的压力。"①

②美国环境保护局 1989 年发表的一篇文章《温室（效应）特征梗概》中说："每年进入大气的温室气，美国占 21%，苏联占 14%，欧洲共同体占 14%，三项合计，占总量的 49%。"②

③上述 1988 年 6 月多伦多会议声明中也说："气候变化是发达国家造成的，而大多数贫穷国家是实际受害者。"③

这些重要的科学结论影响很大，加上几年来的南北对话和谈判，"共同但有区别的责任"原则逐渐成为国际社会的共识。《公约》第一次明确肯定了这项原则，这是一个突破性进展。

《公约》的序言中说："……要求所有国家根据其共同但有区别的责任

---

① 参看《保护地球——人类持续生存的战略》英文本，第 194 页，以及该书摘要英文本，第 3 页、第 9 页。IUCN、UNEP、WWF，1991 年 10 月出版。"商业能源"包括化石燃料、泥煤、水力发电、核能和地热能，不包括燃料木材、木炭、庄稼残余物、牲畜粪、生物沼气、太阳能。

② 参看《环境法文选》英文版 1990~1991 年第 1 册，第 280 页，注释 147，美利坚大学华盛顿法学院出版。

③ 参看《环境法文选》英文版 1990~1991 年第 1 册，第 280 页，注释 147，美利坚大学华盛顿法学院出版。

和各自的能力及其社会和经济条件，尽可能开展最广泛的合作，并参与有效和适当的国际应对行动。"① 《公约》第 3 条 "原则" 第 1 款是这样表述的："各缔约方在为实现本公约的目标和履行其各项规定而采取行动时，除其他外，应以下列作为指导：各缔约方应当在公平的基础上，并根据它们共同但有区别的责任和各自的能力，为人类当代和后代的利益保护气候系统。因此，发达国家缔约方应当率先对付气候变化及其不利影响。" 《公约》第 4 条 "承诺" 第 1 款的开头是这样表述的："1. 所有缔约方，考虑到它们共同但有区别的责任，以及各自具体的国家和区域发展优先顺序、目标和情况……" 可以说，"共同但有区别的责任" 原则是整个公约的一条 "纲"，贯穿于《公约》的全篇。所以，《公约》肯定了这项原则，其意义是十分重大的，这是斯德哥尔摩人类环境会议以后 20 年来国际环境法的一项十分重要的新发展。

（2）《公约》体现和发展了国家间平等、互利、友好、合作的原则。《公约》对发展中国家的利益和要求反映得比较充分，对发达国家和发展中国家应承担的义务，分别作了公平合理的规定。例如第 4 条第 3 款规定："附件二所列的发达国家缔约方和其他发达缔约方应提供新的和额外的资金，以支付议定的发展中国家缔约方为履行第 12 条第 1 款规定的义务而招致的全部费用。它们还应提供发展中国家缔约方所需要的资金，包括用于技术转让的资金，以支付经议定的为执行本条第 1 款所述并经发展中国家缔约方同意第 11 条所述那个或那些国际实体依该条议定的措施的全部增加费用。" 第 4 款规定："附件二所列的发达国家缔约方和其他发达缔约方还应帮助特别易受气候变化不利影响的发展中国家缔约方支付这些不利影响的费用。" 第 7 款规定："发展中国家缔约方能在多大程度上有效履行其在本公约下的承诺，将取决于发达国家缔约方对其在本公约下所承担的有关资金和技术转让的承诺的有效履行，并将充分考虑到经济和社会发展及消除贫困是发展中国家缔约方的首要和压倒一切的优先事项。" 第 10 款规定："各缔约方应按照第 10 条，在履行本公约各项承诺时，考虑到其经济容易受到执行应付气候变化的措施所造成的不利影响之害的缔约方、特别是发展中国家缔约方的情况。这尤其适用于其经济高度依赖于矿物燃料和相关的能源密集产品的生产、加工和出口所带来的收入。和/或高度依赖于这种燃料和产品的消费，和/或高度

---

① 着重号是作者加的，下同。

依赖于矿物燃料的使用，而改用其他燃料又非常困难的那些缔约方。"等。

（3）《公约》签署国之多，覆盖面之广，就国际环境立法来看是空前的，就整个国际立法来看也是罕见的。与几个签署国较多的国际公约比较一下。根据联合国环境规划署的登记：《联合国海洋法公约》签署国共126个，批准国共22个，英国、美国未曾签署，此公约于1982年12月10日通过，至今已近十年，尚未生效；《濒危野生动植物物种国际贸易公约》于1973年3月3日通过，1975年7月1日生效，缔约国共95个；《保护世界文化和自然遗产公约》于1972年11月16日通过，1975年12月17日生效，缔约国共71个；《维也纳保护臭氧层公约》于1985年3月22日通过，1988年9月22日生效，34个国家和欧共体参加。① 而《气候变化框架公约》，截至1992年6月14日，已有153个国家和欧共体签署。

目前，在全世界180多个国家中，发展中国家占2/3以上。可以说，没有发展中国家的普遍参加，要想解决好全球性的环境问题是不可能的。过去，环境问题的全球性公约大部分由于发展中国家很少参加，覆盖面很有限，所以收效显著的很少。《气候变化框架公约》有很多发展中国家签署，可以期望《公约》能早日生效，实施以后，能取得较好的效果。

（4）《公约》生效后是新的强行法。《维也纳条约法公约》第53条规定："一般国际法强制规范指国家之国际社会全体接受并公认为不许损抑，且仅有以后具有同等性质之一般国际法规范始得更改之规范。"参照这一规定，强行法具备的三个条件和特征是：①国际社会全体接受；②公认为不许损抑；③仅有以后具有同等性质之规范始得更改。从《公约》的签署情况来看，从《公约》第14条"争端的解决"、第15条"公约的修正"，第16条"公约附件的通过和修正"、第17条"议定书"、第24条"保留"等条款来分析，《公约》符合强行法的三个条件和特征。《公约》生效即为新的强行法，以后缔结的条约，与《公约》抵触者是无效的。

《公约》并不是尽善尽美的，还存在两个漏洞：

（1）《公约》的目标比较含糊。《公约》没有明确规定限制二氧化碳等温室气体的排放应达到的具体目标和期限，而是用了一些含糊的措词。《公约》的最后文本删去了发达国家必须在2000年时把他们的二氧化碳排放量

---

① 参看《环境方面的国际条约和其他协定登记簿》，联合国环境规划署出版，1989。

稳定在 1990 年的水平的要求，而只是在第 2 条"目标"中规定"将大气中温室气体的浓度稳定在防止气候系统受到危险的人为干扰的水平上。……"第 4 条"承诺"中规定："……目的在个别地或共同地使二氧化碳和《蒙特利尔议定书》未予管制的其他温室气体的人为排放回复到 1990 年的水平。"这样含糊的规定，其结果很可能是：某些发达国家增加二氧化碳等温室气体的排放量而不承担法律责任。致使制定《公约》的最终目的——有效地控制温室效应，防止全球继续变暖——落空。

（2）《公约》对怎样筹集足够数额的资金，怎样保证发展中国家缔约方能得到应得的资金援助和优惠的技术转让还缺乏明确、具体的规定。如果解决这个问题的措施不落实，也将严重影响《公约》的收效。

我国人大常委会已于 1992 年 11 月 7 日通过了关于批准《联合国气候变化框架公约》的决定。建议缔约各方及时完成缔约程序，使《公约》早日生效。而且必须紧跟着制订议定书，对上述存在的一些关键问题作出更加明确、具体的规定，堵塞漏洞。千万不要忘记：《公约》的通过和签署不是最终目的；有效地控制温室效应，防止全球继续变暖才是最终目的。人类犹如共处于汪洋大海中一叶扁舟之上的伙伴，只有同舟共济。齐心协力地与全球变暖作坚持不懈的斗争，才能转危为安，顺利地到达彼岸。

（国家环保总局立项约稿，1992）

应对哥本哈根谈判需注意的两个问题

2009 年 12 月 7 日，《联合国气候变化框架公约》第 15 次缔约国会议暨《京都议定书》第 5 次缔约方会议将在丹麦哥本哈根召开。这是一次重要的国际法立法会议，谈判中我方需要注意两个问题。

（1）"共同但有区别的责任"原则不容否定或改变

国际社会中，对全球环境退化的原因，过去往往认识不一致，某些发达国家认为是"人人有份"，因此在保护和改善全球环境的国家责任问题上，他们总是强调"共同责任"原则，以减轻自己应当承诺的更多的义务，将其转嫁给发展中国家。而以我国为代表的发展中国家则针锋相对地明确提出了"共同但有区别的责任"原则。简言之，即：保护和改善全球环境，是世界各国以至全人类的共同责任，但是发达国家与发展中国家应当承担的责任是有区别的，发达国家应负更大的责任。主要理由是：全球环境的恶化和生态的破坏，从历史和现状来分析，究其根源，主要是发达国家造成的。据世界自然保护联盟、联合国环境规划署、野生生物基金会经过三年考察完成的重要报告《保护地球——人类持续生存的战略》中指出："按人平均数计算，商业能源高消耗国家的每人消耗量是低消耗国家每人消耗量的 18 倍，而且造成更多的污染；二氧化碳排放量，北美是南美的 2 倍，是南亚和东亚（日本除外）的 10 倍。美国环保局 1989 年发表的《温室效应（特征）梗概》一文中指出：每年进入大气的温室气体，美国占 21%，苏联占 14%，欧洲共同体占 14%，三项合计，占总量的 49%。这些重要的科学结论影响很大。经过多年的南北对话和谈判，"共同但有区别的责任"原则逐渐成为国际社会的共识。1992 年制定的《气候变化框架公约》在序言和第 3 条"原则"，第 4 条"承诺"以及《里约环境与发展宣言》"原则 7"都明确地肯定了这一原则。这是继 1972 年人类环境会议后 20 年国际环境法十分重要的新发展。①

这次谈判的任务应当是进一步贯彻实施《气候变化框架公约》，研究制定贯彻落实公约的新议定书，没有任何理由否定或者改变公约中明确规定的"共同但有区别的责任"原则。

（2）谈判中始终贯彻"有理、有利、有节"的方针

我国面临的国际形势是复杂的。我国既是沟通南北对话的"旗手"，又是某些国家"棒杀"或"捧杀"的对象，这次谈判，我国代表团肩负的任务是艰巨的。谈判最后将产生议定书等法律文件，我国是《气候变化框架公约》的缔约国，签署的法律文件，就要按照该法律文件的规定享用权利，履行义务，因此，对将签署的法律文件必须字斟句酌，认真推敲。谈判中应始终贯彻"有理、有利、有节"的方针，该解释的要解释，该驳斥的要驳斥，该接受的要接受，既要坚持原则，又要具体分析，区别对待，做到既是谈判的赢者，又不失大国风范。有些国家很可能抓住我国温室气体排放总量较高这一问题大做文章，施加压力，我方应当针锋相对地予以解释和回击：中国温室气体排放总量较高，这个总量包括外资企业、外国驻华跨国公司的温室气体排放量；中国温室气体人均排放量不高。发达国家人口约占世界人口15%，但能耗占全球能耗总量的50%，其中发达国家民众消费领域能耗占其总能耗的60%至65%。中国户均耗电量只及美国家庭一台烘干机。2007年，英国的一个环保组织计算出，如果全人类都按照美国人的生活方式生活，需要5.6个地球，按照欧盟的生活方式，需要3.9个地球，按照日本的生活方式，需要2.9个地球，而按照中国的生活方式，只需要0.9个地球。德国《财经时报》不久前公布的"2009年全球消费绿色指数"报告上，在17个发达国家和新兴国家中，德国只获得第10名，美国最差，而中国却名列第三。《国家地理》德国版主编里特克对记者称，西方国家因其国民个人的消费行为而对资源消费过高。西方人应该向中国等新兴国家的民众学习，改变消费行为，而不是随意指责发展中国家的污染。② 中国虽然经济有所发展，但仍然是发展中国家，而且已经采取了很多节能减

---

① 参看中国人民法制电视教育讲座指导委员会办公室编：《中国环境法制》，国防工业出版社，1994，第342~343页。

② 见《西方与中国谁更绿》，《老年文摘》2009年9月28日第六版。

排措施，取得了很大成就，为人类作出了很大贡献，中国将进一步把应对气候变化纳入经济社会发展规划并继续采取强有力的措施，中国愿与其他国家合作，共同应对全球气候危机，但是不可能承担力不能及的法定义务。

（写在哥本哈根气候谈判之前，2009）

评议哥本哈根气候谈判

对哥本哈根气候谈判进行评议，必须从哥本哈根气候谈判的渊源、任务等谈起。

充分认识《气候变化框架公约》 的重大意义

1992 年 6 月 3 日至 14 日在巴西里约热内卢举行联合国环境与发展大会，183 个国家的代表团和联合国及其下属机构等 70 个国际组织的代表出席了会议，102 位国家元首或政府首脑亲自与会。李鹏总理应联合国秘书长加利和巴西总统科洛尔的邀请出席了首脑会议，发表了重要讲话。会议通过和签署了《里约环境与发展宣言》《气候变化框架公约》《生物多样性公约》《21 世纪议程》《关于森林的原则声明》五个文件。这次会议是 1972 年联合国人类环境会议之后举行的讨论世界环境与发展问题的规模最大、级别最高、影响深远的一次盛会，国际社会称之为 "地球峰会" （The Earth Summit）。[1]

这次会议突出贡献之一是，在法律文本中第一次明确宣示了 "共同但有区别的责任" 原则。这项原则的内涵、来由是什么呢？在国际社会中，对全球环境退化的原因，往往认识不一致，某些发达国家认为是 "人人有份"，因此在保护和改善全球环境的国家责任问题上，他们总是强调 "共同责任" 原则，以减轻自己应当承诺的更多的义务，将其转嫁给发展中国家。而以我国为代表的发展中国家则针锋相对地明确提出了 "共同但有区别的

---

[1]　参看《迈向 21 世纪——联合国环境与发展大会文献汇编》，中国环境科学出版社，1992，第 22 页。

责任"原则。简言之,即:保护和改善全球环境,是世界各国以至全人类的共同责任,但是发达国家与发展中国家应当承担的责任是有区别的,发达国家应负更大的责任。主要理由是:全球环境的恶化和生态的破坏,从历史和现状来分析,究其根源,主要是发达国家造成的。根据无可辩驳的事实和数据,经过多年的南北对话和谈判,"共同但有区别的责任"原则逐渐成为国际社会的共识。《气候变化框架公约》在序言和第 3 条"原则",第 4 条"承诺"以及《里约环境与发展宣言》"原则 7"都明确地肯定了这一原则。这是继 1972 年人类环境会议后 20 年来国际环境法十分重要的新发展,有划时代里程碑的重大意义。①

《气候变化框架公约》(以下简称《公约》)于 1994 年 3 月 21 日正式生效。《公约》规定,根据"共同但有区别的责任"原则和"公平原则"、"可持续发展"原则,要求发达国家率先采取措施限制温室气体的排放,并向发展中国家提供有关资金和技术;而发展中国家在得到发达国家技术和资金支持下,采取措施减缓气候变化。

1997 年 12 月 11 日,《公约》第 3 次缔约方大会在日本京都召开。149 个国家和地区的代表通过了《京都议定书》(2005 年 2 月 16 日正式生效),是实施《公约》的具体化法律文件,其主要内容是:规定从 2008 年至 2012 年,主要工业发达国家的温室气体排放量要在 1990 年的基础上平均减少 5.2%,其中欧盟将 6 种温室气体的排放削减 8%,美国削减 7%,日本削减 6%;对发达国家的减排要求是强制性的、绝对量的;对发展中国家没有规定强制性的量化要求。2000 年 11 月在海牙召开的第 6 次缔约方大会期间,世界上最大的温室气体排放国美国坚持要大幅度降低它的减排指标,因而使会议陷入僵局。截至 2004 年,主要工业发达国家的温室气体排放量在 1990 年基础上平均减少了 3.3%,但美国的排放量比 1990 年上升了 15.8%。中国于 1998 年 5 月签署并于 2002 年 8 月核准了《京都议定书》。截至 2009 年 12 月 4 日,已有 184 个《公约》缔约方签署,但美国布什政府于 2001 年 3 月宣布退出《京都议定书》,成为游离于议定书之外的发达国家。

2007 年 12 月在印度尼西亚巴厘岛举行了《公约》第 13 次缔约方大会

---

① 参看中国人民法制电视教育讲座指导委员会办公室编:《中国环境法制》,国防工业出版社,1994,第 342 ~ 343 页。

暨《京都议定书》第 3 次缔约方会议。这次会议的主要成果是：制定并启动了"巴厘岛路线图"，决定在 2009 年底前召开联合国气候会议，对《京都议定书》规定的"第一承诺期"（2008 年至 2012 年）到期后的全球气候变化对策进行谈判并签署有法律约束力的新的议定书。①

正确评价哥本哈根气候谈判的成果

2009 年 12 月 7 至 19 日，《公约》第 15 次缔约方会议暨《京都议定书》第 5 次缔约方会议在丹麦哥本哈根召开，192 个国家的环境部长和其他官员参加了这次大会，中国总理温家宝、美国总统奥巴马等许多国家领导人到会，这是继《京都议定书》后，国际社会期待制定又一个有法律约束力的《哥本哈根议定书》的重要国际会议。②

这次大会通过的《哥本哈根协议》，虽然体现了各方积极应对气候变化的政治意愿，重申了《公约》的基本原则和双轨制；但是，不仅没有规定发达国家近中期量化的、有法律约束力的整体和国别的减排指标，而要求发展中国家将国内减排行动目标和政策纳入附件，这与《京都议定书》相比较是一种倒退。③ 应当说，哥本哈根会议是没有完成预定任务的国际会议，但是，以这次会议为标志，在世界范围内提高了"低碳经济模式"、"低碳生活方式"信念，对低碳社会的建设是一次大的促进。《哥本哈根协议》是不具法律约束力的文件，但是来之不易，是在涉及各国重大利益问题上可能取得的最好成果。④

这次会议前后和会议期间明显暴露出一些值得注意的问题：（1）两大陈营的博弈中呈现出发达国家集团日益团结、发展中国家集团日益分裂的局面。谈判中，发达国家把矛头对准中国；发展中国家中，虽"基础四国"保持了沟通顺畅、立场一致，但非洲国家集团、小岛屿国家、部分拉美国

---

① 《关注哥本哈根》，参看《北京晚报》2009 年 12 月 7 日，第 18～21 版。

② 参看 2009 年 12 月 7 日《北京晚报》，第 20 版，《关注哥本哈根》中，"期待哥本哈根议定书"。

③ 参看曹荣湘：《"后哥本哈根"谈判须做好四篇文章》，《中国社会科学报》2010 年 4 月 22 日第 14 版。

④ 参看《温总理面对中外记者再次向世界传递信心和力量》，《中国社会科学报》2010 年 3 月 15 日。

家则明显有着不同的声音和立场。尤其是在会议最后阶段达成协议草案后，部分发展中国家表示反对。在会后的评价中，一些发展中国家仍然认为《哥本哈根协议》是中美等五国达成的私下协议，协议缺乏透明度。① （2）发达国家在设法模糊、否定《公约》的核心原则——"共同但有区别的责任"原则：手段之一是，对减排指标的承诺，长期指标态度明朗，而中期指标则态度含糊，近期指标则激烈争吵不休，与《京都议定书》的规定背道而驰。② 手段之二是，否定"双轨制"。所谓"双轨制"，即按照"巴厘岛路线图"，气候变化国际对策的协商是在两条轨道上运行：一条是发达国家在《京都议定书》机制下的深度减排，一条是在《公约》机制下的减缓、适应气候变化、资金支持、技术转让和能力建设等工作。77 国集团和中国等发展中国家坚持《京都议定书》的有效性与"巴厘岛路线图"授权的双轨制，而一些发达国家则或明或暗地将两条轨道"并轨"，目的是将强制性减排责任扩展到发展中国家，从而模糊"共同但有区别的责任"原则的界限；"资金援助"和"技术转让"则形成"粥少僧多"或者"空中楼阁"、"水中捞月"之势。③ （3）欧盟态度转变，强烈要求中国这样排放总量大、较发达的发展中国家承担强制性减排责任；④ 美国以"应对气候变化战略伙伴关系"名义，将中国捆绑在一起，混淆视听，企图使中国失掉发展中国家资格，从发展中国家集团中分裂出去。（4）美国与欧盟加强在碳排放市场的合作与控制。双方积极探索共同排放贸易体系，开发共同补偿政策，改进监测、报告和核查（MRV）标准，努力在"与碳有关的市场"使美欧标准成为全球标准，通过双方对话协商解决有争议的问题。⑤ 高盛、大摩、花旗等国际金融机构都已进入欧洲和美国的碳交易市场，并试

---

① 曹荣湘：《"后哥本哈根"谈判须做好四篇文章》，参看《中国社会科学报》2010 年 4 月 22 日第 14 版。

② 范勇鹏、怀畅：《哥本哈根 路向何方》，参看《中国社会科学报》2009 年 11 月 10 日第一版；潘家华：《哥本哈根协定预期不宜过高，中国承诺面临的挑战严峻》，《中国社会科学报》2009 年 12 月 3 日第六版；《法国气候制度谈判大使表示：2050 年法国实现人均温室气体排放 2 吨》，《中国社会科学报》2009 年 8 月 27 日第二版。

③ 《关注哥本哈根》，参看《北京晚报》2009 年 12 月 7 日第 18 版。

④ 傅聪：《欧盟气象外交取向透视》，参看《中国社会科学报》2010 年 2 月 4 日第 14 版。

⑤ 《欧洲政策研究中心报告"后哥本哈根时代的美欧关系更为重要"》，参看《中国社会科学报》2010 年 2 月 2 日第 13 版。

图控制未来的交易价格。① （5）联合国政府间气候变化委员会的全球气候变化评估报告有错误，其权威性受到强烈质疑。该委员会 2007 年全球气候变化评估报告中说，荷兰 55% 国土处于海平面以下，而荷兰的实际情况是：26% 国土处于海平面以下，29% 国土面临遭河水淹没威胁，两项合计才是55% 。荷兰政府公开纠正了这一错误。② 在哥本哈根会议之前，英国东英格兰大学电脑被黑，暴露的电子邮件说明，该大学的琼斯教授下令同事在研究中略去对"暖化说"的不利证据。由于琼斯是联合国政府间气候变化委员会（IPCC）的重要成员，不少媒体认定气候变化的真伪很值得怀疑，大量质疑（IPCC）科学性报道成为报纸的头条。③

总之，"后哥本哈根"气候谈判的前景不容乐观，《气候变化框架公约》的贯彻落实，将有很长的路要走。

关于"后哥本哈根" 气候变化对策的几点建议

胡锦涛总书记在 2010 年 2 月 2 日中共中央政治局会议上指出：全球气候变化深刻影响人类生存和发展，是各国共同面临的重大挑战。妥善应对气候变化，事关我国经济社会发展全局，事关我国人民根本利益，事关世界各国人民福祉。把应对气候变化作为我国经济社会发展的重大战略和加快经济发展方式转变、经济结构调整的重大机遇，进一步做好应对气候变化各项工作，确保实现 2020 年我国控制温室气体排放行动目标。④

根据胡锦涛总书记的指示精神，就"后哥本哈根"气候变化对策，提出以下几点建议：

第一，加强对全球气候变化的研究。联合国政府间气候变化委员会的全球气候变化评估报告，只能作为我国气候对策的重要参考资料，而不应作为我国战略决策的依据。因此建议：责成国家气象局加强对全球气候变化动态、趋势、影响、对策的研究工作，每年至少适时提出一份综合性报

---

① 王子忠：《从系统与变迁的角度来认识气候变化》，参看《中国社会科学报》2010 年 3 月 11 日第 15 版。
② 详情请见《北京晚报》2012 年 2 月 15 日第 9 版，据新华社讯《联合国气候报告出错》。
③ 见《气候变化，我们应该相信谁》，《每周文摘》2010 年 3 月 23 日第 4 版。
④ 见《高层声音》，《中国社会科学报》2010 年 3 月 11 日第 15 版。

告，作为党中央、国务院战略决策的重要依据。

第二，加强气候谈判代表团的建设。鉴于今后的气候谈判任务更加艰巨，而且会像马拉松式的赛跑长期举行，建议在哥本哈根代表团的基础上适当加强。要使代表团专业化，像球类国家队那样，有"训练基地"，可供平时学习、训练，不断提高成员素质和水平；并不断选拔德才兼备的年轻优秀人才充当"递补队员"，积累经验，充实后备力量。要求代表团成员在气候谈判工作中，更加谨慎细心，讲究策略，紧紧记住：中国还是一个发展中国家，理直气壮地享有包括更多碳消费权在内的发展中国家应当享有的权利，以满足消除贫困和社会发展的需求①；理性地对待谈判中出现的矛盾和分歧，"与狼共舞"而不忘狼的本性，不上"棒杀"、"捧杀"的当，不说过头话，做到无懈可击，避免授人以柄，陷入被动；要争取更多的国际话语权，在讨论、制定法律文件中，做到字斟句酌，滴水不漏，防止对手利用话语权优势，设置文字陷阱。②

第三，加强气候谈判的准备工作，特别是做好维护发展中国家团结的准备工作。1992 年的里约热内卢地球峰会，其所以取得辉煌战果，我国在会前的准备工作充分是重要因素之一。那次会前，国务院组织专门机构写出 52 页的《中华人民共和国环境与发展报告》；41 个发展中国家的部长应中国政府的邀请，在北京举行了"发展中国家环境与发展部长级会议"，会后发表了《北京宣言》，统一了思想认识，所以在会议中，发展中国家很团结，意见很一致，以压倒优势战胜了发达国家集团，产生了 5 个重要的国际法文件。今后还要针对客观需要，有计划有重点地做好维护发展中国家团结的工作，才能在两大阵营的博弈中立于不败之地。

第四，韬光养晦，走好自己的发展道路。要使"低碳经济模式"和"低碳生活方式"理念深入人心，及时制定有关法律和配套法规，使全国人民和企业、团体有所遵循，促进低碳社会建设的步伐；把握时机，参与构建全球碳交易市场，实现既定的经济社会发展目标；媒体等有关部门对气候谈判的报道需要更加细致，不只是报道动态、评论等，而且将重要文件

① 樊纲、苏铬、曹静：《将"共同但有区别的责任"扩展为"碳消费权"》，参看《中国社会科学报》2010 年 2 月 23 日第 20 版。
② 曹荣湘：《"后哥本哈根"谈判须做好四篇文章》，参看《中国社会科学报》2010 年 4 月 22 日第 14 版。

（如《京都议定书》、《哥本哈根协议》）等全文公之于众，以便广泛地深入研究，建言献策。

第五，积极参加应对气候变化的国际合作。在气候外交工作中做到有理有礼有节，坚决维护"共同但有区别的责任"原则和"双轨制"。力争延长《京都议定书》的有效性，而且要求进一步明确规定各发达国家"第二承诺期"（2013 年至 2020 年）的减排指标。我国对外宣布的自主减缓指标和措施，需要注意在经过缜密研究和精确计算后留有余地，不宜接受不应承担的"三可"（可测量，可报告，可核查）义务。

（写在哥本哈根气候谈判后，2010 年）

行使南海诸岛主权、
管辖权的法律问题和对策

一 保卫南海诸岛主权、管辖权的重要意义

南海的自然资源很丰富。海底蕴藏着大量油气资源，主要分布在 24 个沉积盆地，总面积约 72 万平方公里，石油地质储量在 230 亿至 300 亿吨之间。科考人员在南海圈定了 11 个"可燃冰"矿体，预测储量约 194 亿立方米。"可燃冰"是天然气水合物的俗称，是近 20 年来在海洋和冻土带发现的新型洁净能源，可以作为传统能源如石油、碳等的替代品。可燃冰的能量密度是煤的 10 倍，而且燃烧后不产生任何残渣和废气。[①]

据估算，世界上可燃冰所含有机碳的总资源量相当于全球已知煤、石油和天然气的 2 倍，我国成为继美、日、印度之后第 4 个通过国家级研发计划在海底钻探获得可燃冰实物样品的国家。[②] 南海有堆积如山的鸟粪、磷矿，是十分宝贵的天然优质肥料，仅太平岛一处就蕴藏着 10 万吨以上鸟粪、磷矿。[③] 南海还盛产海龟、龙虾、石斑鱼等鱼类水产品。

南海的战略地位十分重要，是太平洋与印度洋之间的海上交通要道，是东亚通往南亚、中东、非洲、欧洲必经的重要国际航道。我国通往国外

[①] 《南海发现 194 亿立方米可燃冰》。载《老年文摘》2011 年 1 月 6 日第 10 版。

[②] 《南海存在可燃冰资源》，载《北京晚报》2011 年 1 月 4 日第 20 版；《可燃冰再热，成关注焦点》载《老年文摘》2011 年 1 月 31 日第 13 版。

[③] 孙晔飞、王斌：《南海争端始末："平静之海"成大国利益前沿阵地》，载《老年文摘》2011 年 7 月 11 日第 3 版。

的航线中，有 21 条通过南海，60% 的外贸运输从南海经过。美国在全球控制的 16 个海上交通 "咽喉点" 中，有 3 个在南海附近。作为世界上通航量第二大海上航道，南海是东盟各国、欧洲各国、美日俄澳等主要经济体的海上航运生命线。

总之，拥有南海诸岛主权、管辖权，才能真正拥有南海自然资源宝库的主权权益，才能有效控制这一重要国际航道。

二 南海诸岛是中国领土的法律根据

南海诸岛在唐代已列入中国版图，明代也将南海纳入行政管辖，直至中华人民共和国成立后，中国对于南海以及所属岛礁都拥有无可争议的主权权益。进入 20 世纪以来，世界主要国家出版的近 200 种地图集和权威性百科全书都标明或承认，南沙群岛及其附近海域在中国南海的传统海疆之内。

1958 年 9 月 4 日，中国政府颁布关于领海的声明中宣布："中华人民共和国的领海宽度为 12 海里。这项规定适用于中华人民共和国的一切领土，包括中国大陆及沿海岛屿，和同大陆及其沿海岛屿隔有公海的台湾及周围各岛、澎湖列岛、东沙群岛、西沙群岛、中沙群岛、南沙群岛以及其他属于中国的岛屿。"[①] 1982 年通过的《联合国海洋法公约》，中国是缔约国之一，根据该公约的规定，中国享有 "九段线"[②] 内沿陆地领海基线向外 200 海里的专属经济区以及不超过 350 海里的大陆架主权权利及专属管辖权。[③] 同旧海洋法比较，新的海洋法公约有了不少进步。但是，正如中国代表韩叙当时指出："公约中还有不少条款的规定是不完善的，甚至是有严重缺陷的。" 如 "公约有关领海无害通过的条款中对军舰通过领海的制度未作明确的规定"，"关于大陆架的定义以及相向和相邻国家间专属经济区和大陆架的划界原则，公约有关条款的规定也是有缺陷的"。因此，公约中不少条款

---

① 周子亚、杨志雄：《海洋法知识》，知识出版社，1985，第 29、30 页。
② "九段线" 是我国南海海域国界线的一种称谓。1947 年，当时的中国政府在其编绘出版的《南海诸岛位置图》中，标绘了一条由 11 段断续线组成的未定国界线。新中国成立后，经政府有关部门审定出版的地图在同一位置上也标绘了这样一条线，只是将 11 段断续线改为 9 段断续线。
③ 孙晔飞、王斌：《南海争端始末："平静之海" 成大国利益前沿阵地》，《老年文摘》2011 年 7 月 11 日第三版。

有待实施过程中继续完善。[①] 1992 年《中华人民共和国领海及毗连区法》第二条规定："中华人民共和国领海为邻接中华人民共和国陆地领土和内水的一带海域。中华人民共和国的陆地领土包括中华人民共和国大陆及其沿海岛屿、台湾及其包括钓鱼岛在内的附属各岛、澎湖列岛、东沙群岛、西沙群岛、中沙群岛、南沙群岛以及其他一切属于中华人民共和国的岛屿。"以上是南海诸岛乃中国神圣领土的法律根据。[②]

三 外国侵占南海诸岛是严重违反国际法的行为

事实上，在 1968 年联合国有关机构发表关于南海有丰富石油资源的报告之前，南海的形势非常平静，有关国家也承认南海主权属于中国。但在这一报告发布后，南海周边国家纷纷提出对南海岛屿的主权要求，并采取行动占领岛屿，才发生了与中国的领土争端。

从 20 世纪 70 年代开始，有的周边国家对南沙群岛提出主权要求，并以军事手段占领南沙群岛的部分岛礁。据报道，越南占领了南沙 29 个岛礁，已形成 230 海里的岛链，驻扎了一个营 600 人的军队，并在南威岛设立指挥部，基本上控制了南沙西部海域；菲律宾占领 10 个岛礁，进驻了 1000 名海军陆战队士兵，拥有一条长 1300 米的简易飞机跑道。[③] 最近更变本加厉地在我领土黄岩岛挑衅，派军舰抓捕我渔民，拉美国搞军演做靠山，气焰十分嚣张。我们祖先传下来的宝贵国土被外国侵占，如果不及时采取强有力的措施，这种不可忍受的严重违反国际法的行为将愈演愈烈，中国遭受的损失将越来越大！

四 保卫南海诸岛主权、管辖权的对策

根据上述情况，笔者建议采取以下五项对策：

（1）调整海洋战略，将保卫南海诸岛主权管辖权列为中国海洋战略的

---

① 周子亚、杨志雄：《海洋法知识》，知识出版社，1985，第 27 页。
② 王铁崖：《国际法》（"九五"规划高等学校法学教材），法律出版社，1995，第 262 页。
③ 《南海"六国七方"占领格局》，凤凰网，最后访问时间 2011 年 7 月 13 日，孙晔飞、王斌：《南海争端始末："平静之海"成大国利益前沿阵地》，载《老年文摘》2011 年 7 月 11 日第三版。

重中之重。主要理由是：其一，南海诸岛和海域战略地位非常重要，是中国核心利益、长远利益的重要组成部分。其二，南海周边有些国家为了争夺油气等自然资源，侵占南海岛礁、海域的决心很大，他们善于利用口蜜腹剑，软硬两手，与我周旋；或者狐假虎威，以美国为后盾；或者拉日本、印度入伙，联合反华，趁我防御力量不强的时机，巧取豪夺，得寸进尺，变本加厉；美国强调"重返亚洲"的战略决策，乐于插手南海争端分一杯羹，增加了南海争端问题的复杂性。其三，从《联合国海洋法公约》的规定来看，中国南海主权、管辖权、控制权与南海相邻国、相向国符合该公约规定的权益（领海、大陆架、专属经济区）之间的界线需要有进一步明确的法律规定。其四，南海争端问题的复杂性较大，解决问题的难度较大，不是单纯运用外交手段或军事手段就能解决好的，而是需要运用军事手段、法律手段、外交手段、经济手段、行政手段等合力才能较好地解决：不是在短时间内就能彻底解决的，但又不能让问题搁置拖延下去，搁置、拖延的时间越长，解决问题的难度更大，对我方更不利。根据当前形势，建议国家领导紧紧抓住战略机遇期，及时调整海洋战略，将保卫南海诸岛的主权、管辖权、控制权列为我国海洋战略的重中之重，采取强有力的对策、措施。①

（2）对南海诸岛的保卫、管理，明确职责，统一领导。建议在中央直接领导下，由国防、外交、国土资源、环境保护、最高立法等部门以及海南省、广东省、广西壮族自治区等单位负责人组成"南海诸岛保卫工作领导小组"，统一指挥这项工作的开展，并加强检查、督促，使各项对策、措施真正落实到位。

（3）加强军事力量。派遣足够的坚强部队驻守重要的、必需而且能够驻军的岛礁；加强海空巡逻，派遣航空母舰和有关舰艇驻守在适当港口，较长时期对南海诸岛的保卫、供应、巡逻等提供有力保障。我国热爱和平，但是不能拿国家核心利益被侵蚀来换取和平，我国尽力按国际法宗旨和平解决国际争端，避免发生战争，但是，树欲静而风不止，侵略势力利令智昏，违反国际法的规定，不择手段地侵蚀我国领土、主权，而且正在针对

① 《要以百年眼光规划海洋战略》，载《老年文摘》2011 年 1 月 6 日第 16 版；《港媒：应对南海争端，中国须作军事准备》，载《老年文摘》2011 年 6 月 23 日第 16 版；《1974 年中越南海之战》，载《老年文摘》2011 年 7 月 14 日第 14 版；《南海突获成果能管用吗》，载《环球时报》2011 年 7 月 22 日头版。

我国，组织、部署包围圈，频频军演，剑拔弩张，虎视眈眈；菲律宾不但侵蚀我国领土、主权，而且极力使之合法化、多边化、国际化，现正乞求美国增加军援，有不达目的不肯罢休之势，分析认为："中菲摊牌已无法避免"；越南官方《西贡解放报》声称"决不放弃一寸土地"，并"不惜与中国一战"。面对南海当前的严峻形势，必须有清醒的认识、足够的估计和准备，我国要对子孙后代可持续发展负责。保卫祖国领土、主权的完整是人民解放军和全国人民的神圣职责。不要被"中国威胁论"等阴谋诡计捆住自己的手脚；要继续加强军事实力，立军威，立国威，人不犯我，我不犯人，人若犯我，我必犯人。魔高一尺，道高一丈。敌对势力逼迫我国进行保卫国土、保卫国家安全的战争，逼迫我国用正义战争来维护和平环境，我国就应当坚强不屈，奉陪到底。

（4）加强法制，以法治海。根据《联合国海洋法公约》等国际法和我国有关法律的规定，制定新的法律法规，强化我国对南海诸岛及其有关海域的主权、管辖权、控制权的法律根据；严格执法，加强管理，堵塞漏洞。例如制定《南海诸岛勘探开发管理条例》，规范勘探开发行为，在执行"搁置争议，共同开发"政策的同时，必须强调"主权属我"的前提，并采取相应的得力措施；根据现在国内外情况、条件，尽可能组织较大力量自行勘探开发，避免"引狼入室"；对南海诸岛的管理、保卫等职责和分工合作等体制、机制做出明确规定，协同配合，步调一致。要加强对管辖范围内海上、海底的调查研究，深入、全面地掌握第一手海情、资源等动态、资料，做到平时心中有数，战时了如指掌。

要采取多种措施（如设立国境界碑，提高海空巡逻频率，以先进的渔政船、海监船巡逻，建立渔业基地、军事基地等）更明确有效地宣示主权、管辖权、控制权的地区、范围、界线。主权宣示工作做得及时有力，可以减少或消除侵略者的误判和野心。黄岩岛是我国中沙群岛中唯一的涨潮时仍露于水面的岛礁，是我国固有的领土；菲律宾派军舰到黄岩岛解决渔业纠纷，抓捕我国渔民，是违反国际法规定的侵略行为；我国派渔政船保护渔民，以军舰为后盾，是宣示主权、和平解决国际争端的正确措施。在黄岩岛对峙 20 多天，结局是菲律宾不得已而就范，知难而退。[①] "黄岩岛对

①　参看罗援《在黄岩岛不应"撤火"，而应增兵》，载《环球时报》2012 年 4 月 26 日第 14 版。

峙"是处理国际争端的范例,在国际法发展史上有重要的历史意义。

海洋争端比较复杂,不只是需要加强国内的法治,还需要加强对国际法、特别是国际海洋法的研究和宣传教育,才能正确贯彻"有理、有利、有节"的方针政策,在实际斗争中、在国际舆论中占住主动,立于不败之地。

我国南海诸岛、海域如果与相邻国、相向国符合《联合国海洋法公约》规定的岛屿、海域确有重叠情况者,可与有关国家进行双边专题谈判,划定界限,制定有法律约束力的协议,并将协议文本附海图报送《联合国海洋法公约》秘书处备案;经谈判达不成协议者,则依照我国法律规定进行勘探、开发和管理。待条件成熟时,绘制中国南海主权、管辖权、控制权界线图,经国家审定后,在新出版发行的地图上标明,并报《联合国海洋法公约》秘书处备案。

(5)鼓励并有计划地组织移民。制定优惠政策和专项基金,在适宜居住的岛屿修建住房、简易飞机跑道、灯塔等永久性建筑物,使一批移民迅速在南海的岛屿安家落户,进行生产和开发。有长期居民或驻军的岛屿才可能成为实际控制的岛屿。

(载《海洋法律、社会与管理(2011 年卷)》,海洋出版社;《2012 年全国环境资源法学研讨会论文文集(光盘),中国环境资源法学研究会》)

第三编 |
外国环境资源法学（介绍）

Part 3：Introductions on Environmental & Natural
Resources Law of the Foreign Countries

外国环境法

　　环境法是随着工业的发展而发展起来的一个新兴的法律部门。从近 30 年来外国环境立法的情况来看，有以下几个值得注意的特点：

　　（1）工业越发达的国家，环境立法越完备、具体。不仅有环保基本法，而且有环保特别法。形成了一个独立的环保法律体系。日本的环境保护对策是由技术加法律构成的，有一套完整的环境法规，共 70 种。《环境六法》一书，就是日本的环境法规汇编，共 14 章。美国的环境法规有 120 种。《环境法规》一书，是美国环境法规汇编，也是分 14 章。西德的环保法规有 160 种。不只是有环保基本法，而且有很具体的环保法规，如《滴滴涕法》、《飞机噪声法》等。

　　（2）保护环境，防止污染，已经成为一个不可动摇的宪法原则。一些国家在宪法和环境法中，很强调环境保护的重要性。据统计，把环境保护写入宪法的，已有 22 个国家。希腊 1975 年颁布的宪法，在第 2 编 "个人的社会权利" 第 24 条中规定："保护自然和文化环境，是国家的一项职责。国家应当就环境保护制定特殊的预防或强制措施。" 日本 1967 年制订《公害对策基本法》时，在总则中有 "保护生活环境的目的，在于协调经济的健全发展" 这样的话，国家对工业企业资本家采取让步政策，结果公害控制不住。因而上述规定，遭到了日本广大群众强烈不满。所以在 1970 年第 64 届国会（又称 "公害国会"）中修改了《公害对策基本法》，删掉了上述规定。经过修订，1974 年的《公害对策基本法》第 1 条就很强调环境保护的重要性："鉴于防治公害对维护国民健康和文明生活有极大重要性，为了明确企业、国家和地方政府对防治公害的职责，确定基本的防治措施，以全面推行防治公害的对策，达到保护国民健康和维护其生活环境的目的，特制定本法。"

（3）环境保护的法律规范逐渐深入到各个领域。以西德为例，20 世纪 60 年代以前，保护环境的要求开始提出，到 1959 年底，联邦议会通过了自然保护法、原子能法等环境法律和条例；进入 60 年代以后，环境污染成了重大的社会问题，到 60 年代末，除对以前通过的一些环境法律、条例进行了修订外，又增订了水源管理法、植物保护法等，把环保法律规范扩大到工业、交通、城建和水域管理等许多部门；70 年代以来，又增订了《环保基本法》《消除废物法》《防止飞机噪声法》《滴滴涕法》等，把环保法律规范扩大和深入到经济和生活的各个方面。

从外国的环境法来看，无论是社会主义国家，还是资本主义国家，都有一个明显的趋势是：环境保护的范围由工业污染的防治扩大到自然资源的保护。进而扩大到名胜古迹、风景游览区等文化环境的保护。

（4）不仅加强了行政法保护和民法保护，而且采取刑法保护的趋势在不断增长。1973 年 7 月 19 日通过的欧洲共同体行动纲领的有关要求里，体现了对环境加强刑法保护的倾向。1978 年 8 月在布达佩斯举行的第 10 届国际比较法大会，讨论了对环境的刑法保护问题。1979 年 9 月在汉堡举行的国际刑法协会第 12 届大会，讨论了刑法在保护环境中的作用问题。现在，西德、日本、美国、苏联、罗马尼亚、瑞典、澳大利亚等国都先后在刑法或其他特别法中规定了"危害环境罪"或"公害罪"等罪名，有的国家如日本等，还制定了专门法律，对污染和破坏环境的罪行给予刑事制裁。

（5）环境立法日益成为国际法的重要内容。由于环境保护日益成为重要的国际问题。1972 年在斯德哥尔摩召开的联合国人类环境会议通过了《人类环境宣言》。有些国家开展国际合作，或者互相制约，订立环境保护的双边或多边条约、协定。美、苏于 1972 年订立《环境保护合作协定》，丹麦、芬兰、挪威、瑞典于 1974 年订立环境保护公约。1979 年 11 月，东西欧国家举行第一次环境问题政府级代表会议，制定了防止大气污染的公约。1973 年 3 月 3 日于华盛顿签订《濒危野生动植物物种国际贸易公约》。1975 年 7 月 1 日生效，我国于 1981 年 4 月 8 日加入此公约。根据国际自然及自然资源保护同盟、联合国环境规划署和世界野生生物基金会三个国际组织的商定：1980 年 3 月 5 日，在中国、日本、英国、法国、西德、美国、苏联等 30 多个国家的首都同时发表《世界自然保护大纲》，并开展有关宣传活动。1985 年在维也纳签订《保护臭氧层公约》，已有 48 个国家批准了这项公约，我国也于 1989 年 5 月批准了这项公约。1989 年 3 月 22 日，在巴塞尔，来自 118 个国家的代表讨论通过了《控制危险废料越境转移及其处置公约》。此公约将在有 20 个国家签约后的第 90 天开始生效。

环境保护方面的国际法的一个明显的趋势是：由双边、多边条约发展为区域性的公约，进而发展为全球性的国际环境法。

（载《中国经济管理百科全书》，中国经济出版社，1993）

美国环境保护法

美国的环境立法有以下几个特点：

（1）环境立法起步早。美国于 1776 年发表"独立宣言"，宣布成立美利坚合众国。1787 年通过美国宪法，成立联邦共和国。从建国初期开始，就着手制定自然保护方面的法规，并在宪法通过之前的 1785 年制定了第一个土地法令，1787 年制定了第一个关于河流的法令，1836 年制定了第一个林业法令，1866 年制定了第一个矿业法令，1872 年制定了建立黄石国家公园（也是全世界第一个国家公园）的法令，1894 年制定了第一个关于保护野生动物的法令，1906 年制定了《联邦古迹法》。在污染防治方面，1910 年制定了第一个《农药法》，1912 年制定了第一个与水污染防治有关的法律，1924 年制定《石油污染防止法》，1946 年制定《原子能法》，1948 年制定《联邦水污染防治法》，1955 年制定《大气污染控制法》，1965 年制定《固体废弃物处理法》和《机动车污染控制法》，1968 年制定《消除航空噪声法》。总之，美国建国较晚，但从环境立法的历史来看，起步之早，在世界各国中也是名列前茅的。这一点是很值得引起重视的。

（2）法规完备具体，立法效率较高，修订比较及时。无论是自然保护方面，还是污染和其他公害的防治方面，法规都是比较完备，内容都是很具体的。1976 年出版的《环境法规》一书，汇编了美国的环境法规，共十四章：第一章"空气"；第二章"能源"；第三章"环境政策"；第四章"历史建筑文物保护"；第五章"土地使用"；第六章"自然区域、公园、休养地"；第七章"噪声"；第八章"海洋"；第九章"资源保护"；第十章"固体废物"；第十一章"有害物质"；第十二章"交通运输"；第十三章"水"；第十四章"野生生物"。上述十四章中，不只是有联邦的立法，而且有州的立法，可说是相当完备。从法规内容来看，一般都是很具体的，例如 1977 年《联邦水污染防治法（修正案）》，共五章 518 节，中文译文约 10 万字，可谓详尽具体。从适应新形势的需要来看，美国环境法规的修订是比较及时的。各种环境法规，从制定以来，一般都已经过几次修订，例如《联邦水污染防治法》，从 1948 年制定以来，至 1982 年已经过 10 次修订，可以看出，其立法效率是比较高的。

（3）环境立法随着环境政策的演变，经历了由以治理污染为主到以防止污染发生为主的转变。在 60 年代以前，由于资本主义经济的迅猛发展，环境污染严重，发生了震撼世界的洛杉矶光化学烟雾事件和多诺拉烟雾事件，导致反公害运动达到高潮，公众舆论强烈要求政府采取有效措施进行国家干预。联邦被迫于 1948 年制定了《联邦水污染防治法》，于 1955 年制定了《大气污染控制法》。随着经济的进一步迅速发展，二氧化硫污染与日俱增。水污染开始突出，1960 年到 1970 年的 10 年间，共发生了 130 多起水污染事件，造成 4 万多人发病和 20 人死亡。1965 年因污染造成的粮食损失为 10 亿美元。为了尽快控制污染的扩大，联邦政府从眼前利益出发，制定了以治理污染为主的环境政策，确定以水污染为治理重点，采取了一些法律措施，使水质较前有所改善。煤烟污染基本上也得到控制。由于以治为主的环境政策不是解决污染问题的根本途径，所以仍然发生污染事件，造成的损失仍相当严重，1968 年因污染造成的器材损失费为 95 亿美元。到 60 年代末，美国经济的发展居世界领先地位，随着能源、资源消耗量的迅速增加，以二氧化硫污染为主的大气污染加剧，严重危害人体健康，每年死于大气污染的达 53000 多人，直接间接因汽车废气污染死亡的，每年约 4000 人。每年损失的工作日约 400 万个，影响了生产的发展。与此同时，随着经济的高速发展和生活水平的不断提高，工业和生活废弃物污染开始突出。于是，联邦政府于 1969 年制定了《国家环境政策法》。《国家环境政策法》的制定，是美国环境政策、环境立法由以治为主演变为以防为主的转折点。为了贯彻以防为主的指导思想，采取了一系列的法律措施，环境质量得到了显著的改善。

（4）走过一段管理体制上片面强调州政府的职权、忽视联邦政府的职权的漫长弯路。如对大气污染，起初美国国会考虑，这是地区性的局部问题，不愿由联邦政府严格控制，认为应该委托州和地方政府管理。所以，虽然在 1955 年制定了第一个《大气污染控制法》，但由于缺乏联邦政府的大力支持和强有力的措施，大气污染没有得到有效的控制，经济上遭到严重损失，平均每个美国人因大气污染造成的经济损失，从 1948 年的 10 美元，增加到 1958 年的 65 美元。后来逐渐认识到联邦政府在大气污染控制中的责任，几次修订了《大气污染控制法》，到 1970 年的《净化大气法》，才达到成熟阶段。从美国环境立法走过的一段漫长的弯路来看，环境问题，无论是对污染和其他公害的防治，或是对自然环境和自然资源的保护，都不是地区性的局部问题，而是全局性的问题。在管理体制上、工作上，固然要发挥地方政府的作用和积极性，但决不能忽视或削弱中央政府强有力的领导、推动和检查监督，地区性法规的效果是很有限的。

（5）很注意城市基础设施的建设，在防治污染、保护和改善环境方面的投资是巨大的。以水污染防治为例，美国很注意下大力建设完备的城市下水道和污水处理设施。据 1984 年的资料报道：美国大约平均 1 万人就有 1 座污水处理厂。污水处理厂的建设速度相当快。1976 年有 13220 座，1980 年增加到 15251 座。这些处理厂中，二级生物处理厂比重逐年增长，1976 年为 4944 座，1980 年达到 7852 座，约增加 57%。同时处理能力超过百万吨的污水处理厂不断增加，而且处理费用低，管理水平和自动化水平都比较高。

（6）环境质量有很大改善，但存在的问题不少，某些方面还是严重的。如以大气质量为例，酸雨威胁严重。在美国环保法规中，对目前化工厂产生的 204 种有毒气体，只有 6 种受到管制。美国的噪音污染、地下水污染和海洋污染也是比较严重的，

（7）从环境立法技术来看，存在形式主义偏向。例如《水污染防治法》中曾经提出工业企业要普遍达到"零排放"的要求，即工业企业排放的废水中的污染物含量等于零，事实证明这是脱离实际、行不通的，使法律要求流于形式，影响法律的严肃性。

（载《中国经济管理百科全书》，中国经济出版社，1993）

日本大气污染防止法

  日本在第二次世界大战后，特别是 20 世纪 50 年代以来，由于经济高速增长和城市人口的迅速集中，造成了对环境的严重污染，而大气污染更甚，曾发生世界闻名的公害病——"四日市哮喘病"。1970 年，"四日市哮喘病"患者达 500 多人，其中 10 多人死亡。据日本环境厅统计，到 1972 年为止，全国气喘病患者有 6000 人。鉴于大城市黑烟案件堆积如山，难以解决，日本于 1962 年制定《煤烟控制法》。1963 年看到伦敦烟雾事件的严重后果，于是参照英国的《净化大气法》，制定了《粉尘烟雾排放限制法》。1968年，在《公害对策基本法》的基础上，制定了《大气污染防止法》，并于1970 年、1971 年、1972 年、1974 年对此法作了 4 次修改。

  《大气污染防止法》共六章 37 条，其主要内容可归纳为以下八个方面：

  （1）关键词的定义。在第一章总则中就对"烟尘"、"粉尘"、"烟尘排放设施"、"粉尘排放设施"、"机动车排放的废气"等关键词下了明确的定义。给关键词下定义的目的，是给它以法定的解释，在执法中可以避免很多不必要的误解和争论。

  （2）排放标准。该法对烟尘、粉尘、机动车废气的排放标准作了规定。对污染物排放标准规定得很细，分为"一般排放标准"、"特殊排放标准"、"地方排放标准"、"总量控制标准"、"特殊总量控制标准" 5 种，对这 5 种排放标准都作了具体规定。

  （3）降低排放量的计划。该法规定：都、道、府、县知事应制定排放量超过总理府命令所规定的烟尘排放容许量的工厂、企业降低排放量的计划。还作了些具体规定，如降低排放量的计划应包括降低的指标、完成计划的时间、方法等。

  （4）修建废气排放设施的申报制度。该法规定：凡计划修建烟尘排放设施，必须根据总理府命令的规定，向都、道、府、县知事申报：负责人姓名、住所、工厂、企业的名称、地址、烟尘排放设施的种类、构造、使用方法和拟采取的烟尘处理方法。还规定：都、道、府、县知事如果认为申报的特定设施预计产生和排放的烟尘数量不符合排放总量控制标准，可以在收到申报之日起 60 天内命令该项设施的申报人改进烟尘的处理方法，改用其他燃料或采取其他必要的措施。申报者"在送达报告之日起 60 天内不得动工修建所申报的烟尘排放设施或者改变所申报的烟尘排放设施的构造、使用方法或烟尘处理方法"。

（5）对燃料使用的控制。为了有效地控制二氧化硫的污染，在法律上对燃料使用的控制作了明确的规定主要是：①规定使用标准；②规定季节性措施，③规定指定地区内燃料使用的限制措施。

（6）大气污染状况的监测。主要是规定了：①都、道、府、县知事应对大气污染状况进行经常性监测；②都道府县应采取的紧急措施；③都道府县知事应将辖境内的大气污染状况公布周知。

（7）损害赔偿。①无过失责任。规定：工厂或企业由于企业活动而排放（包括飞散）的有害于人体健康的物质（包括一切经内阁政令规定为对人体健康有害的烟尘、特定物质或粉尘）造成生命或健康的损害，该工厂或企业应对损害负赔偿责任。如果工厂或企业造成的损害是由于自然灾害或其他不可抗力合并造成的，法院在确定责任和赔偿额时可以将此项情况考虑在内。②例外情况。企业雇员因业务活动而遭受的伤害，疾病或死亡，不适用本法的规定。

（8）罚则。其中规定：按不同情况，对违反本法者处以 1 年以下的劳役或 20 万日元以下的罚金。

日本曾经是大气污染最严重的国家之一。1968 年《大气污染防止法》制定以后，大气污染有了根本的好转。1968 年到 1974 年在工业继续增长的情况下，大气中的二氧化硫、一氧化碳、飘尘都不断下降。大气中的二氧化硫在燃料增长 103% 的情况下，却降低了 57%。到 1976 年，大气中的二氧化硫浓度为 0.02ppm。低于国家标准一半。飘尘在东京、大阪、北九州三大工业区由 1967 年的每立方米含尘 0.36 毫克降到 0.046 至 0.065 毫克，低于国家标准，使大气降尘量大为减少。一氧化碳国家标准为 10ppm，1976 年 1.6ppm，大大低于标准。氮氧化物 1974 年以来都在 0.03ppm 以下。在各大城市和工厂，已不见黑烟，空气比较清洁。1968 年，东京全年只有 13 天能见到富士山顶，而 1975 年已增到 76 天。

日本大气污染的减轻，主要是由于 1967 年以来政府制定了《公害对策基本法》、《大气污染防止法》等环境法规，特别是 1970 年末召开的公害国会，对《公害对策基本法》、《大气污染防止法》等环境法规作了根本性的修订，并大力贯彻执行以后，成效显著。日本大气污染的好转，近年来处于稳定状态。但是并不是问题已全部解决，例如光化学烟雾污染的控制，还是一个重要的课题。

（载《中国经济管理百科全书》，中国经济出版社，1993）

英国水污染防治法

　　英国河流的水质污染，在 1950 年，增长趋势很显著；到 60 年代，日益减轻；到 70 和 80 年代，得到更大的改善。英国的河流污染管理体系是在 1876 年的《污染防止法》中首次提出，并在 1951 年至 1961 年期间有效的《河流污染防止法》中得到强化。1950 年英国成立河流局，这是为管理污染跨出的重要一步。河流局的主要任务是控制各条河流集水区的污染。1964 年成立河流管理局，其主要任务是：除了原来的管理地面排水系统、控制污染、管理渔业以外，还增加了对水资源的管理。河流局与河流管理局还加强对污染者的制裁，要求排污者、市政当局及工业单位共同筹措资金安装和维护下水道、污水处理场及工业废水的处理。1974 年成立区域水管局，其主要的职责是开发水资源，供应饮用水，提供污水处理设施，管理地面排水系统和渔业，同时还要管理河水及地下水的汲取，河水及地下水的污染。每个水管局的大多数成员是由市政当局选举出来的，还有一部分是由环境保护部国务秘书和农业、渔业、食品部大臣指定的。水管局还根据河流的水质，对河流进行分级，并根据河流的既定用途，如供饮用水、淡水养鱼、水上娱乐活动、工业用水等，决定未来的河水质量标准。

　　英国水污染防治立法概况如下：

　　（1）1848 年的《公共卫生法》。该法是英国第一部改善工业城镇环境的立法。这部法律要求把污水和废弃物集中起来处理，并规定在中央政府的统一控制下，由地方当局负责供应净水。1854 年，一场可怕的霍乱席卷伦敦。追根寻源，是由于饮用水受到了污染。这使人们认识到净化饮用水和对污染物进一步处理是保证健康的措施。从那时起，为了进一步改善卫生条件和改进水的净化，通过了一系列的法律，直到 1936 年修订颁布《公共卫生法》。

　　（2）1974 年的《污染控制法》。该法是一部最新、最全面的综合性法律。这部法律的第二章是规定水污染问题的（第31－56节），包括整个内陆地面水、地下水和沿海水域污染的控制措施。其要点是：①建立了许可证或审批制度。原则上规定任何污染行为或排放都构成违法。但是，在紧急情况下避免对公众的危害而排污的，根据许可证或批准引入废水或排放的，根据《1974年废弃物海洋投弃法》取得许可证或得到批准而排污的，以及由弃矿造成的污染，都不构成违法。②许可证申请书的注意事项，必须通告和登记，包括申请书的细节和批准书，都必须保存。③排入公共下水道的工业污水的排放，其批准手续与排入河流的废水排放相同。④如果批准书批准的排污已经对一条河流的动物群或植物群有害，水管理机关必须采取措施终止这种危害，而且要用污染者的款项进行补救动物群和植物群所必需的作业。⑤授权水管理机关颁发细则，包括对任何无潮汐河流的槽、罐等生活容器的管理的规定。⑥关于向有关河流排放废水的费用，可以由水域或江河净化机构征收。⑦刑罚条款是：罪行小的，处3个月以下的关押或400英镑以下的罚金，或者并罚二者；罪行大的，处两年的关押或罚金。⑧根据这个法律的第31节第1条第2款，如果违反了水管理机关颁发的细则，"将成为违法者，并应负法律责任。处以不超过200英镑的罚金，或是像细则中规定的比较小的一个数目"。

这个法律修改了一些法律，特别是1862年的《苏格兰鲑鱼捕捞法》、1875年的《公共卫生法》和1906年的《制碱工厂管理法》，废除了1951年的《河流（防污染）法》和1960年的《净化江河（海湾和有潮汐的河流）法》。

（3）《1973年水法》第三十七章，其目标是：经过国务大臣和农业、渔业、食品部大臣，建立有关英格兰和威尔士的水域的管理，以及与之有关的游览和娱乐事业、水管理机关和其他法定的水公司的管理等方面的国家政策，并保证这些政策有效地执行。这一章的第二节是规定英格兰9个地区水管理机关和威尔士的一个地区水管理机关的建立。紧接着的几节是列举这些机构的任务和力量，

除上述外，还有些法，如1963年的《水资源法》；1961年的《公共卫生法》；1937年的《公共卫生（工业污水下水道）法》等，也对水污染控制作出了规定。

（载《中国经济管理百科全书》，中国经济出版社，1993）

瑞典海洋污染防治法

瑞典王国位于北欧斯堪的纳维亚半岛东南部,面积约 45 万平方公里,是欧洲第四大国。其东部、南部和西南部为波罗的海环绕,海岸线长达 14000 多公里。瑞典工业化程度很高,每年需进口石油 3000 万吨,而石油的海运量达 45000 万吨。每年由于各种情况流入瑞典海域的石油有 4 万 ~ 7 万吨,其中 1/4 是在海运过程中流失的。据统计,1973 至 1982 的 9 年中,在瑞典水域共发生 22 次 10 吨以上的、16 次 100 吨以上的、3 次 1000 吨以上的溢油事故。在瑞典水域,平均每 3 年发生一次千吨以上的事故,每年约发生两次百吨以上的事故。为了防治海洋污染,瑞典采取了积极的立法措施。瑞典关于海洋污染防治的立法,大致可分以下四类:

(1)综合性的环境保护法。这类法规对自然环境的保护及各类污染源的控制,作出了全面的规定,既适用于陆地,也适用于海洋环境。属于这一类的法规有:《自然保护法》《环境保护法》《水法》等。

(2)有关船舶的法规。这类法规主要是根据 1954 年的《防止船舶油污染的国际公约》、1969 年的《国际油污损害民事责任公约》,特别是 1974 年的《保护波罗的海区域海洋环境的公约》制定的。这类法规主要有:《防止船舶造成波罗的海水污染措施法》(1976 年)、《防止船舶造成水污染措施法》(1972 年)、《油污损害赔偿责任法》(1973 年)等。①《防止船舶造成波罗的海水污染措施法》和《防止船舶造成水污染措施法》。这两个"措施法"都禁止任何船只在瑞典领海(12 海里)或瑞典船只在波罗的海公海海域排放油性混合物。瑞典船只在波罗的海之外的公海排放油类或油性混合物时,必须遵守下列规定:非油轮在航行中,排放速率不超过 60 升/海里,油性混合物中的含油量不超过 100ppm,排放时应尽可能远离最近的海岸;油轮在航行中,排放速率不超过 60 升/海里,排放物中所含油类总量不超过该油轮装载量的 1/15000，排放时距最近海岸的距离不小于 50 海里。这两个法规还禁止任何船只在瑞典领海和瑞典船只在波罗的海公海排放除食物残渣外的固体废物。食物残渣的排放，也应尽可能远离海岸；距最近海岸的距离不得小于 12 海里。瑞典船舶不得用燃油舱装载水。如果船舶溢出或可能溢出油类或其他有害物质，有关当局可发布命令，防止或限制溢油。这种命令包括禁止该船离港或续航，禁止使用某种设备，要求该船装卸和驳运燃料，按指定的航线航行，驶离或驶往某地，等等。②《油污染损害赔偿责任法》（1973 年 12 月 17 日）。该法规定，散装运载油类的船舶在瑞典造成油污损害时，负有赔偿责任，包括赔偿为防止或减轻油污损害而采取措施的费用。即使根据法律规定负有采取措施的责任时，也应予以赔偿。赔偿金额限制在按船舶吨位计算的每吨 2000 瑞典克朗（以下简称克朗）以内，赔偿总额不得超过 2.1 亿克朗。索赔时限为 3 年，即自发生损害之日起 3 年内不提起诉讼，则无权再提出索赔要求。

（3）有关倾废的法规。主要是《禁止海上倾废法》。该法于 1972 年 1 月 1 日生效。根据《保护波罗的海公约》及其他国际公约规定。整个波罗的海都属于特殊保护区，全面禁止在波罗的海倾倒废物和其他物质。瑞典的《禁止海上倾废法》也禁止在瑞典领海倾倒任何固态、液态和气态废弃物，禁止为了在公海倾倒而通过瑞典的领海运送这类废弃物。但如果废弃物的倾倒不导致对环境的有害影响，有关主管部门可以批准进行倾倒，但应附加倾倒条件。一旦发现这类获准许可的倾倒造成未预料的有害影响，有关主管部门可制定补救的规定。在瑞典，有关海上倾倒废弃物的管理工作由海岸警备队负责。

（4）其他法规。瑞典有关海洋环境保护的法规还有：《关于有害废弃物的法令》、《建筑法》（1981 年）、《规划和建筑法》（1985 年）等。

除上述国内法外，瑞典还积极参加了有关海洋环境保护的国际公约，特别是保护波罗的海和北海的区域性公约和协定。1969 年和 1970 年，瑞典曾两次提出和修改有关波罗的海油污染合作协定草案，最终于 1974 年 3 月 22 日在芬兰赫尔辛基由所有的波罗的海沿岸国签订了《保护波罗的海区域海洋环境的公约》。该公约对防止倾废、船舶和陆源污染物造成的污染，以及波罗的海沿岸国消除污染的合作等问题作了全面规定，该公约对瑞典的海洋环境保护具有重要意义。瑞典还参加了《防止北海石油污染的协定》

《防止陆源物质污染海洋的公约》《防止船舶和航空器倾倒废弃物造成海洋污染公约》《关于海上作业引起的油污损害民事责任公约》等。

（载《中国经济管理百科全书》，中国经济出版社，1993）

美国噪声控制法

美国噪声控制方面的主要法律是《1978 年安静社会法》（它是《1972年噪声控制法》的修正案）。这个法的主要内容如下：

（1）国会的政策声明。国会确认下述基本情况和基本政策：①对噪声的控制不力已对国民的健康和福利造成了越来越严重的危险，尤其是在城区；②主要的噪声污染源为各种运输车辆、工商业经营中所使用的各种设施、机器、设备及其他产品；③在由各州、地方政府承担控制噪声的主要责任的同时，为了用全国统一的方法对工商业经营中所发生的噪声加以控制，联邦应采取必要的行动。

国会宣布，美国的政策是：为全体国民改善环境，使他们的健康和福利免受噪声的危害。为此，在本法中规定联邦在关于噪声研究和各项活动中应采取的各种有效的和协调的办法，为在工商业经营中所使用的各种产品规定联邦的噪声发射标准，以及向公众提供关于这些产品噪声发射的特性及降低它们的各种特定的办法。

（2）总统的权力。联邦政府的立法、司法、行政部门的各部、局或机构，对任何财产或设施有管辖权的，或者是从事发生噪声或可能发生噪声的活动的，应像其他任何人一样遵守联邦、州、州际或地方上关于控制和禁止环境噪声的要求。为了联邦的最高利益，总统可依照本法的有关条款，免除行政部门的任何部、局或机构所从事的某项活动或所拥有的某种设施。任何免除决定的有效期为 1 年。总统应在每年一月份就他在上一年度作出的免除决定的情况向国会提出报告，说明他之所以作出这种决定的理由。

（3）主要噪声污染源的确定。①标准的制订和发布。政府与有关的联邦官署协商之后，应在 1972 年 10 月 27 日以后的 9 个月内，制订和发布关于噪声的标准。该标准应最大限度地反映各种不同数量与特性的噪声对公众健康与福利造成的影响的种类与程度的科学知识。政府与有关的联邦官署协商之后，应在 1972 年 10 月 27 日以后的 12 个月内公布根据不同条件确定的、在各地区内为保护公众健康和福利应达到的或应维持的环境噪声标准。政府在制订这些标准时要留有余地。②在《联邦政府公报》上刊出。凡是根据本法有关条款确认某些产品是主要噪声源的报告，应在《联邦政府公报》上刊出。凡是根据本法规定公布的标准或技术情报，也应在《联邦政府公报》上刊出。一般公众可得到其副本。

（4）商业销售的各种产品的噪声发射标准。政府应根据本法公布下列产品的条例。①根据本法确定为主要噪声污染源的产品。②根据政府的判断，可以规定其噪声发射标准的产品。③下述各类产品：建筑设备；运输设备，包括游览船和有关的设备；任何马达或发动机（包括装有马达或发动机的任何设备）；电力或电子设备。

（5）飞机噪声标准。政府与有关的联邦、州、地方官署和有关人员协商之后，应从事下述问题的研究：①控制联邦航空器的飞行噪声和其他作业发生的噪声的适当办法；②对新的和现有飞机规定适当的噪声发射标准，同时提出更新或淘汰现有飞机的建议；③规定航空港四周可容许的噪声的标准以及达到此标准的办法；④航空港作业中可采用的和地方政府可采用的控制飞机噪声的其他办法。政府应在 1972 年 10 月 27 日以后的 9 个月内，就此研究情况向众议院的"州际与外贸委员会"和参议院的"商业和公共工程委员会"提交报告。

（6）噪声标准的通知。政府应颁布条例，对下述产品作出规定：①会发射出对公众健康或福利造成不良影响的噪声的产品；②根据其降低噪声的有效性才能全部或部分出售的产品。

政府应制定条例，规定向使用上述产品的人发出该产品发射的噪声标准或降低噪声的有效性的通知。这种条例应详细规定：①怎样将此通知固定在该产品上或该产品的包装上，或固定在这两者之上；②这种通知应采用何种形式；③用来测量这些噪声的方法和单位。

（7）进口限制。财政部长与政府协商之后制定各种条例，以贯彻本法对进口的新产品所作的各项规定。

（8）禁止的行为。包括：①禁止生产商生产违反本法规定的任何新产品。②禁止任何人在某些产品卖给购买人之前，移走本法规定的应固定在该产品或其包装上的任何通知。③禁止任何人违反本法向美国进口产品。④禁止实施违背本法规定的产品生产者的责任的行为。禁止实施违反铁路噪声发射标准和机动车噪声发射标准的行为。

（9）法律制裁。①凡故意违反上述禁止行为第①、③和④项之一者，处1年以下有期徒刑，或在违反之日内处以每日25000美元以下的罚金，或者两者并处。若系再犯，则处以两年以下的有期徒刑，或在违反之日内处以每日50000美元以下的罚金，或者两者并处。②凡违反上述禁止行为第①、③、④项者，在违反之日内，处以每日10000美元以下的民事罚款。③凡故意在本法规定的各种申请书或应保存的记录、报告、计划等文件中作虚假的说明、解释或证明书，或伪造、篡改这些文件者，以及故意使本法规定的各种监测设备或要求遵循的监测方法不准确、不精细者，将根据其犯罪事实，处以10000美元以下的罚金或6个月以下的有期徒刑，或者两者并处。

（10）公民的诉讼权。任何人（不包括国家）可以自己的名义对下列人提起民事诉讼：①违反本法规定的噪声控制要求的任何人，包括国家和政府官署。②未履行本法规定的职责的环境保护局局长。③未履行法定职责的联邦航空局局长。

（11）拨款授权。为了贯彻本法的规定，授权在1979年9月30日结束的财政年度内拨款1500万美元。

（载《中国经济管理百科全书》，中国经济出版社，1993）

联邦德国废弃物处理法

联邦德国于 1972 年 6 月 7 日制定了《废物处理法》，1977 年 1 月 5 日颁布施行。该法共 34 条，其主要内容如下：

（1）定义和适用范围。①该法所称"废物"系指其所有人要处理或为了保护公众的利益规定必须处理的可移动的废物。②该法所称"废物处理"系指对废物的收集、运输、处理、储藏和堆积。③该法的规定不适用于：《动物尸体处理法》《植物保护法》和据其制定的条例规定必须处理的废物；《原子能法》中所称的核燃料和其他放射性物质；矿山在探矿、开采、处理和加工矿物过程中所产生的废物；未装进容器的气态物质；流入湖泊和废水设施的废水；《税务条例实施法》规定应回收的废油。

（2）处理废物应坚持的原则。①处理废物时不能影响公众的利益，尤其不能因此产生下列后果：危害人体健康以及影响他们的福利；危害益兽、鸟类、野生动物和鱼类；对河流、土地和野生植物产生有害影响；污染环境和产生噪声，从而对环境产生有害的影响；影响自然空气的保护、风景区的美化和城市建设；经常危害或干扰公众的安全或秩序。同时还必须重视各地区和各州规划的目标和要求。②对工商业和其他行业的废物，可以根据其种类、性质和数量，尤其是根据对人体的健康、空气和水源的危害程度，分为易燃、有传染病菌或者能够引起传染病菌的废物。处理这些废物时，可根据该法的规定再提出附加的要求。

（3）处理废物的具体规定。①只能用业经许可的设备或设施处理、储藏和堆积废物。②在个别情况下，若不影响公众的福利，则主管部门可以允许例外。③工商业和其他行业的废物在收集和运输时，只准交给经主管部门许可的人员，而且必须具备下述条件：废物设施的经营人持有许可证，并愿受理此类废物。如果所有者自己运输这类废物或转交给废物处理设施的经营人，也必须有许可证。④在需要而又不影响公众福利的情况下，各州政府有权依法批准采用规定设施以外的其他手段处理一定数量的废物，但应规定这种处理的先决条件、方式和方法。

（4）处理废物的计划。按照该法规定，①各州要以全局观点制订本州的废物处理计划。②提出计划的程序由各州规定。③在尚未制订废物处理计划时，应制订临时计划，规定适用于处理、储藏和堆积工商业和其他行业的现有的废物处理设施。

（5）废物处理设施的许可。①固定在某地的废物处理设施的修建和经营以及对这种设施的修建或经营作重大的修改，需经主管部门批准。②在规定的某些情况下，主管部门可根据申请或公务上的需要执行许可程序，而不必批准计划。

（6）现有的废物处理设施。①在该法生效6个月之内，废物处理设施的所有人必须就他们在该法生效时经营的，或此时已经开始设立的固定在某地的废物处理设施向主管部门提交报告。②主管部门可为第一项所述的废物处理设施及其经营规定有效期、条件和义务。如果规定的义务、条件或期限不能阻止对公众利益产生的严重危害，主管当局可以全部或部分废止这些设施的经营。

（7）惩罚。分为两种：①违反该法的某些条款，按违章行为处理。对违章行为可处以10万西德马克以下的罚款。②违反该法某些条款，则按刑事犯罪处理，处以两年或两年以下徒刑或罚金。

此外，该法还对废物处理人员的任命、任务和职权，经营人的义务等问题，作了规定。

（载《中国经济管理百科全书》，中国经济出版社，1993）

法国有毒物质管理法

法国对有毒物质管理的立法，主要涉及三个方面：一般有毒物质；农药；洗涤剂。

（1）一般有毒物质。《公共卫生法典及其规章》对有毒物质的出售、使用作出了专门的规定。该法典规定，禁止用未经农业部长批准的有毒物质来消灭粮食作物和其他农作物上的病虫害。法国1965年的一个法令对这类物质的使用和残留物的处理作出了规定。

（2）农药。法国的某些法规中有很多关于防止由农药引起的污染的条款。这些条款大致分两类：一类是关于农药的销售；一类是关于农药的使用。①对农药销售的控制。规定未经官方批准，不得出售或免费发放某些种类的农药。管理农药销售的主要依据，是1943年《关于控制农药在农业中使用的法律》（该法已由1954年的一个政令加以补充，该政令于1972年修订）。该法总的原则是：凡出售法定的某些产品，应事先得到官方的批准。1972年政令扩大了那些应经批准后始得出售的产品的范围。凡为申请官方批准而呈交的申请书，应交给农业部，随后由一专门的研究委员会对申请书进行调查研究，而且应在两年内向农业部提出批准、拒绝批准或再进行专门研究的建议。农业部可为出售或进口某些产品颁发临时许可证，可以规定出售或进口某些简单的工业产品不必持有许可证。②对农药使用的控制。上述1943年法律规定，应在这些产品的包装和标签上标明官方批准令中规定的配药和使用办法。1955年的一个法令规定，应在供人、畜使用的水域、溪流和池塘四周建立保护区。根据这些保护区的情况确定可使用的农药，包括一些简单的工业产品的销售和分发范围。这些保护区范围的大小，根据汲水设备功率的大小来决定。

（3）洗涤剂。法国1970年的一个法令规定，禁止使用和出售含生物可分解成分少于 80% 的洗涤剂和其他洗净剂。但现在法国仅仅规定阴离子洗涤剂应符合已颁布的一个实施法令的要求。

（载《中国经济管理百科全书》，中国经济出版社，1993）

法国核污染防护法

　　法国是核电工业十分发达的国家，其核电工业已走过了近 30 年的漫长道路。法国现有核电站 41 座，总装机容量 32400 兆瓦，核电总产量已占其总发电量的 60%，居世界第一位。法国的铀储藏量约 12 万吨，是欧洲第一大生产国。目前，法国已掌握了从铀矿勘探、开采和加工，核设备的生产，核电站的设计和建造，到核电站的安全管理，核废料的处理和储存等一整套先进的技术和工艺。法国还建立了严格的安全管理制度，政府规定，一个核电站的负责人，不仅要掌握电站运行的一整套知识和技术以及电站基本设备的技术性能，同时还必须具有在事故发生时果断采取应急措施的本领。一般工作人员必须经过严格的专门技术培训，去有关厂家实习并接受模拟电站操作训练，经审核合格后，方能在核电站工作。

　　法国于 1973 年通过《核设施法修正案》。该法共 16 条，其中关于防止核污染方面，主要有以下一些规定：

　　(1) 建造基本核设施必须提出申请并经批准。在申请书中，必须阐明基本核设施和特定设备的特性，并附设施图，标明该设施在厂区的确切位置。一个核设施厂区要为将来可能建设的新设施留有空地。申请书应送交工业与科学发展部，必要时还要送交该设施所属的部。然后，工业与科学发展部再通知内政部、城乡规划设备住房与旅游部、文化部、自然与环境保护部、农业与农村规划部、卫生部、运输部。申请书须附交一份当地的调查报告（规定免交的除外）。申请书经"基本核设施部际委员会"提出意见后，在工业与科学发展部（必要时，加上该设施所属部）的审查报告的基础上，并根据卫生部确认的意见，予以批准并颁发批准书。(2) 组成"基本核设施部际委员会"。委员会由国防部、劳动部、内政部、经济与财政部、教育部、城乡规划设备住房与旅游部、文化部、自然与环境保护部、农业与农村规划部、工业与科学发展部、卫生部、运输部、原子能委员会核能署、国家科学研究中心、国家农艺研究所、电力部、国家保健与医学研究所、电离辐射防护中心各派代表1人或2人，加上核能领域的专家3人（其中2人由工业与科学发展部推荐；1人由卫生部推荐）作为委员组成。由总理任命国务委员会委员为主席，原子能高级专员或其代表为副主席，此外还任命与委员相同数目的候补委员，均任期5年。委员会设常务小组，由委员会主席、副主席、常务秘书和由委员会主席在委员会委员、候补委员中指定的若干人组成。委员会必须在收到工业与科学发展部的意见后的两个月内，对建设、改动基本核设施的申请书及每一种设施的专门规章提出自己的意见。（3）由工业与科学发展部制定与基本核设施安全有关的技术总则。（4）基本核设施应受基本核设施检查员的监督。检查员由自然与环境保护部、工业与科学发展部共同任命，受工业与科学发展部领导。（5）如果发生紧急情况，工业与科学发展部应根据卫生部或设施所属部的建议，采取一切必要的强行措施，以消除故障，确保安全。在特殊情况下，工业与科学发展部可以停止该设施运行，必要时贴以封条。（6）凡于该法颁布前就已经存在的基本核设施，在该法颁布之日起的两个月内，必须向原子能委员会核能署申报。（7）违反该法或为实施该法而制定的细则，可酌情处以400~2000法郎的罚款。

法国对核废物管理的基本方针是：把核发电系统作为一个整体加以考虑。产生核废物的部门应尽力使他们的设施所产生的废物适于包装和长期管理；负责长期管理的单位应参与制定核废物的标准。法国对低放射性废物采取浅地埋藏，高放射性废液固化后采取深地质层处理。在体制上，法国政府规定原子能委员会负责制定核废物管理的科学与技术研究计划。国家放射性废物管理局负责具体实施核废物的贮存计划，尽可能地广泛吸收关心这方面的负责官员或团体参加制定核废物管理的基本政策，按民主程序来选择核废物管理技术，按科学准则选择贮存场址，建立核废物包装及环境保护标准。

积30年之经验，法国已掌握了一套可靠的核废料处理的管理技术，建立了一套放射性废料处理和储存的独特系统。从核废料的产量预测，废料包的集中、运输、处理、存放，到废料包的标定验收、质量保险以及长期存放档案的管理，都制定了一套严格的科学程序，保证了核废料的安全管理。

（载《中国经济管理百科全书》，中国经济出版社，1993）

日本森林保护法

日本有"绿色之国"的美称。森林覆盖率在世界各国中是比较高的，森林分布也比较均匀。森林面积已达 2500 多万公顷，占整个国土面积的 68%。覆盖率最低的大阪府，森林也占土地的 32%；东京占 39%。日本是个岛国，山地占 70%。山势陡峻，森林在国土保安方面起着重要作用。由于森林土壤的吸水、渗水性强，贮水量高，日本全国森林土壤的年蓄水量已达 3300 亿吨。森林每年防止土沙崩塌和流失的数量达到 58 亿立方米，高出全国河流每年流失土石量的 100 倍以上。这对抵御自然灾害、促进农牧业发展和保障人民的健康，起了极大的作用。所以，日本把植树造林作为治山、治水、防风、保水、保土、保草的长远大计。确保绿色资源（森林），已经成为日本的基本国策。根据《国土利用计划法》，绿化是国土整治总体规划的一个组成部分。政府设置国土厅，推动这一计划的实现。绿化运动以"每年植两亿棵树"为努力目标，由市町村和地区居民以及绿化团体等结成一体来进行。

在第二次世界大战期间，日本的森林曾经遭到严重破坏。战后，日本开始重视植树造林。1947 年全国森林蓄积量只有 17 亿立方米，1957 年有 17.22 亿立方米，到 1984 年，森林蓄积量已增加到 27.17 亿立方米，比 1957 年净增 10 亿立方米。1984 年与 1966 年相比，总蓄积量增加了 8.3 亿立方米，其中 2/3 是人工造林，在 1948 年，荒山秃岭还有 150 万公顷。到 80 年代，就没有荒山秃岭了。道路、河流两旁和居民住宅周围都已绿树成荫。城市绿地发展很快，1949 年人均占有绿地 1.6 平方米，到 1981 年已增至 4.1 平方米，他们正努力达到人均 6 平方米的目标。

日本森林得到较好的保护，原因主要有 3 条：法律的作用，道德观念的作用，不以林木作为燃料。日本政府实行依法治林，已有 100 多年的历史。

林业法规比较健全。最早的《森林法》是 1897 年颁布的。经过 5 次修订，现行的《森林法》基本上是 1951 年修订的。还颁布了许多单行的林业法规，如《造林临时措施法》（1950 年）、《整顿保安林临时措施法》（1954年）、《国有林业法》（1951 年）、《林业基本法》（1964 年），还有《森林组合法》《林业种苗法》《森林病虫害防治法》《森林国营保险法》等。按照《森林法》的规定，培养森林，发展林业的主要目的是保护和改善自然环境。农林大臣应每 5 年作出为期 15 年的全国森林规划，都道府县知事要制定为期 5 年的本地区森林规划。无论国有林、公有林或私有林，都必须制定森林管理计划，经政府批准后执行。森林所有者、使用者或受益者，在进行采伐时必须预先向政府提出森林的公益效能，保证森林资源的永续利用为前提，以不影响自然生态为原则。采伐量不能超过森林生长量。无论国有林、民有林，在采伐后的两年内，必须及时完成更新的任务。烧山、烧荒必须得到政府许可。农林大臣可为了涵养水源、防沙固沙、防风、保护鱼类资源等目的划定保安林。在保安林内，未经政府许可不得采伐、放牧、开垦，国家和都道府县应兴建造林防护措施和设置防火设备。为制裁违法犯罪行为，《森林法》的"罚则"中还明确规定：在森林中偷盗林产品（包括加工的产品）者，定为森林盗窃罪，处以 3 年以下的徒刑或 10 万日元以内的罚金。以森林盗窃赃物为原料生产的木材、木炭和其他产品，也被认为是森林盗窃赃物。收受森林盗窃赃物者，也要处以 3 年以下的徒刑或 10万日元以内的罚金。在他人森林中放火者，处以 2 年以上的有期徒刑。失火烧毁他人森林者，处以 20 万日元以内的罚金。《森林法》对破坏保安林者给以更严厉的惩罚，规定：若在保安林范围内进行森林盗窃，处以 5 年以下的徒刑或 20 万日元以内的罚金。为了保证《森林法》的贯彻执行，及时制止破坏森林的现象，日本早在 100 多年前就建立了森林司法警察制度，据1978 年统计，日本全国营林局（署）共有森林司法警察 3711 名。

除了森林法对林业的保护和发展提供了有力的法律保障以外，在财政金融的立法方面及其他方面，也给予了林业建设多方面的扶持。例如：（1）制定了《国有林特别会计法》，根据该法设置了林业特别公积金。（2）政府还在一般会计法中，列有林业方面的部分支出，包括公共事业和非公共事业支出两类。（3）规定给予各种贷款援助。（4）实行优待税率。

此外，国家还实行森林保险制度，收费不多，但森林遭受自然灾害时，保险单位要付给林业经营者以损失费，保障其正常收入不受影响。日本的森林分为国有林（占31%）和民有林（占69%）。对民有林所需的造林和抚育费用，政府一般补助32%到68%，并且有严格的预决算制度，同时给予长期低息贷款；治山工程由国家和地方政府拨款；对森林组合的一些生产设施（如贮木场的建设），国家和地方也给予补助。

（载《中国经济管理百科全书》，中国经济出版社，1993）

日本《矿业法》对环境和矿产资源的保护

日本《矿业法（1981 年修订）》共 9 章 194 条。其中对环境和矿产资源的保护，主要规定了以下几项制度或措施。

第一，必须获得矿业权才能进行钻探或采掘。矿业权分为钻探权与采掘权。必须按规定手续向通商产业局长提出申请书，经其批准发给许可证，才能获得矿业权。

第二，对钻探权、采掘权加以限制。

（1）如果公害调整委员会认为，在某些地区开采某些矿物，对一般的公益事业或农业、林业或其他产业不适宜，则可就该指定的矿物，划出"禁止采矿区域"。

（2）如果要求开采的矿物是石灰石、白云石、耐火粘土、砂矿等离地表较近的矿物，而且认为采掘这些矿物将会妨害土地的利用时，通商产业局长必须向与"申请采掘地"有关的土地所有者发出通知，通知他们申请的内容，并规定出一定的限期，给他们提出意见书的机会。

（3）对某种情况下的钻探权或采掘权的申请，不发许可证。例如，如果通商产业局长认为开采"申请矿业地"上的矿物，在卫生保健方面将有危害，或将对保护文化遗产、公园温泉资源产生障碍，或将损害农业、林业及其他产业的利益，或将违反公共福利，则不得就其申请的有关部分发给许可证。

（4）如果矿业权所有者在铁路、公路、港湾、河流、灌溉排水设施、公园及其他公用设施和公用建筑物的地面或地下的 50 米以内的地方采掘矿物，除已按其他法令得到许可或认可外，必须得到管理厅或管理人的承诺。得不到承诺时，可向通商产业局长申请裁决。通商产业局长作出裁决之前，必须得到调整委员会的承认。

第三，缩小矿区或取消矿业权。

（1）如果通商产业局长认为，采掘矿物将对卫生保健有害，或对保护文化遗产、公园、温泉造成妨碍，或将损害农业、林业及其他产业的利益，以及将显著违反公共利益时，则必须作出缩小矿区某一部分的处理，或者取消其矿业权。

（2）矿业权所有者不按施工方案进行矿业活动，或违反其他条款，通商产业局长可取消其矿业权。

为了保护环境和矿产资源，日本《矿产法》还分别规定了"损害赔偿"和"刑罚"的原则和条款。

（载《中国经济管理百科全书》，中国经济出版社，1993）

法国水污染控制的立法

一 立法概况

（一）一般水污染

1964 年 12 月 16 日水域分类、管理和污染控制法。这个法构成地面水、地下水和沿海水域污染控制的基本法。

它不是重复早期的立法，其目的是改正一些缺点，使它更趋完善。

污水排放是审批的主要问题。

这个法目的还在于消除污染，改进水质（水质目标第三段），保护水资源。

1966 年 9 月 14 日法令。这个法令把法国分为六条江河流域（阿图反河——皮卡迪，莱茵河——默兹，塞纳河——诺曼底地区，罗亚尔河——布列塔尼地区，阿杜尔河——加龙省，罗尼河——地中海——科西嘉岛）并在每条流域建立一个江河流域资金署，作为达到 1964 年法律的水质目标的执行机构。

1967 年 12 月 15 日法令规定违反 1964 年法律条款的罚金。

1973 年 2 月 23 日法令是 1964 年法律第二、第六条的执行程序。

这个法令的第一款建立所有排放许可证的一般原则。无论是直接或非直接的排放，并且原则上适用于所有法律关于对地面水、地下水、领海内的海水水质的损害。

这个法令的第三款规定主要许可证的条件。根据其他法规不许可的排放，要求有许可证。当海水在法令生效时还存在，进入海水的排放必须在此后一年内通知县长。

1975 年 5 月 13 日的部长命令详细说明所有排放——滴漏、排水、倾倒垃圾和沉淀——的管理许可证的技术条件，是根据 1964 年法律的第一段和 2 月 23 日补充条例第二、第六款规定的。

这个命令的第三款，给"污染物流量"的概念下的定义，不是超过任何连续 24 小时的排放。还对在任何连续两小时内"主要污染物流量"的概念下了定义。

这个命令的第四款规定，取得排放许可证的命令必须详细说明污染物流量和主要污染物流量以及任何瞬间允许排放率的最大极限。

1975 年 5 月 13 日部长命令规定一些条件。具备这些条件，某种小量的有害的排放，按照 1964 年法律，经过 1973 年 2 月 23 日法令中规定的审核批准，是可以免税的。这些条件按照接受水域的性质而有差别。无论如何，在任何情况下，进入海洋或地面水的排放必须没有悬浮物而且不放出臭味，不产生明显的颜色，不引起排放点附近地区的降解或判明对接受水域任何特征的工作有损害，不至于对公共卫生有不利影响或者危及环境的生态平衡。

这个命令要求排放设施的装置使排放量减少到最低程度。

1975 年 3 月 13 日部长命令规定一些条件。根据这些条件，管理机构涉及 1964 年 12 月 16 日法律的补充即 1973 年 2 月 23 日法令，在取得排放许可证之前，是要磋商的。

1975 年 3 月 12 日法令。这个法令是关于水质的控制，解积接受水域和涉及 1964 年法律第六款第三段的排放的物理、化学、细菌学特征试验的执行条件。

1970 年 9 月 25 日法令，是按照 1964 年法律颁发的。授权行政法院限制或禁止某些产品排入地面水、地下水和领海水域及市场和配水系统。

1970 年 9 月 25 日法令，禁止某些洗涤剂排入地面水、地下水和领海水域。这些洗涤剂的生物降解性在 80% 以下。并控制这些洗涤剂的贸易和分布范围。

1970 年 5 月 11 日命令规定阴离子洗涤剂，包括洗涤和去污时的产物，采用生物降解措施的程序。

1969 年 1 月 10 日法令规定污染监测和打印报表业务的特别程序，每个县的这些业务的每一部分都必须一致。

1970 年 11 月 10 日的通告详细说明监测程序是怎样进行的。

1973 年 1 月 22 日通告规定县长怎样监测进入地面水和海洋的废水排放的水质和流量。

1974 年 12 月 31 日法令禁止液体放射性废水从原子核设施排入地下水。

1975 年 10 月 28 日的两个法令，用于对污染者强行征税以及征收实行净化方案的保险费。

1975 年 10 月 28 日法令，修正了 1966 年 9 月 14 日法令中关于流域资金署对"污染者"用户强制征税和收取保险金的计算的咨询职能。

（二） 工业源污染

1976 年 7 月 19 日关于环境保护的建设和分类法。这个法废除了 1917 年 12 月 19 日关于危险、不卫生和讨厌的建筑物法。它包括所有引起公害的建筑物（不只是工业，而且包括商业建筑物）。

1919 年 10 月 4 日法令。优先许可证是一种条件。这种许可证的使用或通知，包括习惯的消息和废水排放、处理的条件。

1973 年 2 月 23 日法令。这个法令规定（主要是对某些免税）关于任何由一个或多个设施组成的工厂，计划用地下水流域（非民用的）供应一个或多个设施，倘若其最大排水量大于每小时 8 立方米，则必须有通知，通知的程序有规定。

1973 年 2 月 23 日关于批准向水域排放的法令。用区分开放企业所需的许可证和排放许可证来修改预先制度。

此法令的第十二、三十一款。建立了危险、不卫生、讨厌的建筑物向地面水、地下水排放的准确程序（许可证所需要的）。这些条款详细说明了条件（七种不同的条件），根据这些条件，排放可以免除许可证。

1975 年 5 月 13 日部长命令是上述 1973 年法令的补充规定。

（三） 饮用水污染

1961 年 8 月 1 日法令。围绕流域面积建立三个直属保护区（首要地、内部的和外部的保护区），以保护水质。有些活动的进行，包括物质或液体的排放、垃圾的倾倒，等等，根据这些措施可以被禁止或限制。

还有 1964 年法律的第七、八款，1967 年 12 月 15 日法令和 1968 年 12

月 10 日的通告。

（四）海洋污染

1964 年 12 月 26 日的法律。这个法律规定本国船只或在法国领海内的外国船只的船主将石油或油体物质违反 1954 年防止海洋石油污染的国际协定（第三条第一、二段）排入海洋，构成犯罪。规定刑罚包括罚款和监禁。

1973 年 5 月 16 日法律。这个法律修正了防止海洋石油污染的法律，成为法国法律规定的惩罚。新的刑罚适用于所有法国船只的船主，不管是不是属于协定的条款及其修正案。前一个法律修正后适用于海外领域。

1964 年 12 月 16 日水污染基本法第二节。这一节直接涉及海水污染的控制并禁止排放可能供公共卫生和海底动物群和植物群受到损害以及使经济发展和近海水域的旅游受到危害的任何物质。

1970 年 9 月 25 日法令包括某些洗涤剂的排放的限制及其贸易和分布范围的限制，同样适用于近海水域的保护。

1974 年 9 月 30 日通告，包括消除污染保护港口的措施。它还包括关于碳氢化合物和石油的处理条款。

1974 年 5 月 7 日、14 日部长命令。两个命令规定关于海滩和近海水域的清洁度。前者禁止，特别是禁止各种排放和各种物质的泄漏、堆积。后者规定前者的补充程序。

1975 年 5 月 13 日部长命令包括的批准条件的部长命令。两个命令包括防止海洋污染的控制措施。

1973 年 12 月 27 日法律使法国批准 1972 年 2 月 15 日关于海洋污染的奥斯陆协定。

1975 年 6 月 26 日法令，批准 1969 年 11 月 29 日关于油污染损害的民事责任的国际协定和关于公海污染损害案的调解的国际协定。

1975 年 7 月 23 日法令，批准 1971 年 12 月 17 日关于核材料海洋运输民事责任的布鲁塞尔协定。

1976 年 7 月 7 日防止海洋因船舶和航空器倾倒垃圾而污染的法律。

1976 年 7 月 7 日消除和控制因在海洋焚化而污染海洋的法律。

二　法律的和经济的评价

（一）　淡水污染

关于水域污染控制的区域性问题，由于某些原因，是特别复杂的。在水资源管理和水污染控制的需要被认为是朝气蓬勃的政府所关心的事情以前，各种经常性的水的利用的矛盾已经导致在一些部门中产生立法的约束：公共卫生、工业发展、农业、内政……必须规定水在环境卫生、工业、农业、适合于休养消遣的以及其他目的的利用。1964 年 12 月 16 日关于水域分类管理和污染控制的法律颁布之前颁发的这种零碎的立法，没有被废除，而是用新的法规补充并在某些方面加以修正了。此外，新的法律的目的不是——也不可能是——夺去所有各部过去关心水管理的权限，只不过是根据总统的最高权限制订保证所有政府机构之间更好地合作的法律程序。最后，在规划预防性措施和发展政策之前，污染的控制已经主要通过法庭来实行。由于水质恶化造成的损害而出现的诉讼的重要团体，导致民事审判庭和刑事审判庭制订很多法律工具，用以惩罚污染者和取得损赔偿。

（二）　水的管理：机构和职权

指导 1964 年水法草案的一般原则表述如下：

水污染问题以经济和财政的观点来处理。水域保护的投资是需要的，而且必须规定用户负担必要的资金。

传统的行政委员会不适宜于处理水域管理问题。这样就导致六条江河流域的产生，每个流域由一个独立的财政机构来管理。

水污染问题必须以经济和财政的观点来处理，及各种行政机构或服务之间的合作。这是适用于任何一级；全国性、区域性和地方性的。全国的每个独立流域的联合协商组织因而建立起来，而且他们之间的合作也组织起来。

（三）　流域的管理

法国分为六条江河流域：阿图反河——皮卡迪，莱茵河——默兹，塞纳河——诺曼底地区，罗亚尔河——布列塔尼地区，阿杜尔河——加龙省，罗尼河——地中海——科西嘉岛。每个江河流域由一个流域的财政机构以法人和独立核算来管理。流域的财政机构的职能由第十四条表述如下：

参与有关管理辖范围内的公共福利科研项目的一般究和学习。

制订长远的行动和调解规划。

由于进行公共福利工作，以减少机构的财政开支的观点，取得公共事业和私人的贷款或补助金，机构的财产来自每个人和公共社团的税收，按比例加重把污染物排入环境等的税收。

这个机构由胜任的行政代表、地方权力和各类用户的代表组成的委员会来管理，管理委员会以流域委员会的协定来确定污染费估价的根据。

与管理机构平行的，还产生一个顾问机构即流域委员会（第十六条），它代表三类人：各类用户和专家，地方权力和国家行政机构。流域委员会是一种顾问组织，他们的意见由有关流域的所有计划项目和涉及 1964 年法律补充的流域范围内的所有问题来探索。它的协定是污染费的估价所必需的。

（四）全国水委员会

全国水委员会（第十五条）也是一个咨询机构，由 60 名成员组成，代表不同类型的用户、一般的和市的委员会以及中央政府。它必须就不局限于单独一个流域而是所有的问题进行磋商，例如江河流域的分界，关于国家和地方利益的水管理规划，以及包括不止一个流域的委员会或管理机构的所有问题。

（五）财政的和经济的预防措施

法国水污染立法的创见是不完全依赖禁止或管制废水的排放，而是探索用一种经济和财政的刺激来促进污染的减少。所有的，不管是公共的或私人的，都要按他们产生的污染的比例交费。水质恶化的"税收"率建立在三个主要的依据上：生化需氧量（BOD）以及悬浮物和有机物的重量。一个新的依据被有些机构介绍，就是要把废水中的有毒物质计算在内。采取这些措施，财政机构就能够取得贷款和补助金来资助反污染设施（如工业或生活废水处理工厂）或在帮助工厂主因改变工艺流程来减少污染所付出的代价。

1964 年法律的修正案（1974 年 12 月 27 日第 71114 条）规定了税率计算的详细分类，反污染设施（基本的净化设施）所有者取得的补助以及所有预算的和财政的目标。

（六）一般立法框架及其补充

1964 年法律仅仅规定了一个框架。在这个框架能实现以前，必须用法令和部长命令来补充它。

（1）地面水、江河和运河污染程度的国家的系统报表是由 1969 年 12 月 10 日法令创立而由 1969、1970 年的部长命令补充的。1971 年，在遍布全国的 1200 个点，每周年进行一次测定。这种作业，任何五年都要重复一次。当时，全日监测站从大约一百个敏感点校正数据。法律条款也规定了水路的新的分类，使水资源得到较好的利用。

（2）关于废水排放的目标，1964 年的法律仅仅包含一个进入海洋的有毒物的排放的一般禁令以及在第二节到第六节中规定了关于进入淡水的排放的一般原则。行政法院法令补充的程序则更慢，费了十多年才建立一个控制排放的合作制度。这是由 1973 年 2 月 23 日法令随后又由 1975 年 5 月 13 日的联合部长命令完成的。用一大堆细则来促使县长们和负责的行政部门对新的法规施加影响。在进入这个制度的说明以前，需要提及的是，无论如何，两个重要的法令，一是 1970 年 9 月 25 日法令，按照关于产品在洗涤和去污时使用某些洗涤剂的限制的 1968 年 9 月 16 日欧洲协定，不是至少 80% 可以生物降解的洗涤剂禁止出售。二是同一天的关于禁止生物可降解性不到 80% 的洗涤剂排入地面水、地下水和海洋的法令。1973 年法令建立的防制度叙述如下：

①没有事先经过管理部门同意，任何使水质有恶化倾向的水和物质都不许排入地面水、地下淡水或近海水域，除非造成危害的危险因素微不足道。

②排放或废弃物处理只有是按照部长关于联合行动的规定的情况下，才能得到批准。这是 1975 年 5 月 13 日第二号命令的目标。这个法令规定立法必须考虑：

关于地面水和地下水，接受水域的污染程度和它的更新量及其在计划中的用途。

关于近海水域，海洋的野生动物群和植物群的保护，海滩和海岸管道的保护以及在一般情况下所有消遣的和经济用途。根据这个法令制定的命令包括列举关于自然界、合成物、温度、体积和排放率、可以被批准的周期等等详细说明书。

③排放由县长批准或者包括在公用事业所需要的说明书中。在能得到批准前，一系列的审查在法令本身中详细列举。在第三号部长命令中已经提到的必须首先进行协商。任何情况下，都需要卫生部委员会的协商。排放的批准不是一次给予而是每次都需要：因过期失效可以撤销或改正（法令第三十到四十条）。

④预先批准的要求应用于所有的现行排放而不只是对新的工厂。事先批准，在上述立条款的执行时规定了。除非由于新的详细说明而取消或者修改，仍然保持法律效力。对于其他所有未批准的排放，申请书必须在法律生效后六个月内送请批准。

（七） 水域污染的法律控制

有各种条款规定违反水污染法律的刑罚。有些条款不是很有用的。刑罚如此宽大以致不能形成一个很强有力的威胁的力量。例如刑法典第 26 条 15 款关于地方政府规定的破坏环境卫生征收 3 ~ 40 法郎的罚款的规定。与 1964 年法律的条款不一致，或者在这些规定之下，同样是刑事犯罪而处以 1000 ~ 2000 法郎的罚款。这些刑罚还没有像法律那样被充分地执行。但是在以后几年中不得不加以改变。

对污染者的惩罚，用了许多年的强有力的武器是，或者至今还是农业法典第 434 条。根据这一条，假若一个人由于或者许可排入流水中的排放物破坏或损害了渔业，而且以任何理由都应负法律责任，这个人就被定为刑事犯罪。罪犯被处以 500 ~ 5000 法郎的罚款。在某些情况下，处以十天到一年的监禁。这一条具有以下几点重要影响：

鱼将被毁灭不是必然的，而主要是某人明明知道有毒物质被排放这件事的发生，排放能够妨碍再生产或者使鱼变得不能吃，这在理论上是无疑的，假若这些都已证实，就必须适用这个法律。

法律用语"任何理由"成为法官很随便的解释：它可能是有机物的或

有毒的水的排放，或者是人为的热水伤害了水流的生态学平衡。

可以用所有有效的手段取得犯罪证据。

无论损害是由于自觉或不自觉的，这个人都是犯罪。例如，一个实业家不能证明他不明白废水是有害。

一个企业的主席，一个工厂或公司的经理是应负法律责任的，即使是通过另一个人，而且不是就个人而言犯了罪。在同样的情况下，地方政府也可以被裁定为应负责任，例如下水道废水造成的损害。

这一条的适用范围，无论如何，多少有点受两种情况所限制：辖区负责人的批准，没有危险的根据，是不能提出刑事诉讼的；再者，假若罪犯答应安装必要的净化设施，而且付给河岸所有者或渔民的损失以赔款，行政当局有权和解。

一个受害者可以或是直接地通过民事审判庭，或是间接地适用刑事审判庭的损害赔偿金，要求赔偿。在后者的情况下，假若刑事犯罪已经成立，证实为损害是比较容易的。即使民事审判庭判决的损害被认为是宽宏大量。

当损害是由公共机关或公共作业造成的，行政法院有权判决赔偿。

（八）海洋防污染的保护

很清楚，海洋的污染是一个国际问题，而且必须用国际标准来处理。无论如何，国际动议权，在特殊的国际条约里，是优先的，而且有时需要采取国际措施来完成。

法国早在 1912 年时，有个关于渔业的法令规定，假若可能危害鱼类，禁止用过的工业废物排入水域（1912 年 12 月 28 日法令）。1935 年 10 月 30 日的另一个法令规定扁豆形的水底周围的保护区。1964 年 12 月 16 日法律是法国真正的"水的宪章"，它包括海水和淡水，禁止任何可能损害公共卫生、海生动物群和植物群或者可能危害近海水域经济和旅游的发展的排放。

对一般禁令可以得到例外。后来的 1973 年 2 月 28 日法令规定一个程序，结果是不太容易给予批准。根据这个程序，法庭可以被请求决定，豁免是否有根据。

（文伯屏 1980 年译自 *European Environmental Law*，1977）

外国排污许可证制度概况

目前世界上已经实行排污许可证制度的国家有欧洲经济共同体成员国和瑞典、挪威、苏联、罗马尼亚、波兰、美国、日本、韩国等。现将这些国家排污许可证制度的特点，介绍如下：

第一，对污染物的定义和种类，法律有明确具体的规定。美国规定废水中有毒污染物质 64 种。韩国规定大气污染物质 24 项。日本《大气污染防止法》第 2 条第 1 款规定："本法所称'烟尘'，是指下列各种物质：（1）由于燃烧燃料或其他物质而产生的硫的氧化物。（2）由于燃烧燃料或其他物质或使用电力作热源而产生的烟灰和飘尘；（3）由于物质的燃烧、合成、分解或其他处理过程（机械处理除外）而产生的镉、氯、氧化氢、铅和其他经内阁政令规定为有害于人体健康或生活环境的物质（本款第一项所列物质除外）。"苏联已给大气中的 145 种物质、20 种化合物以及家用和市政需要的水中近 500 种物质，确定了最大许可浓度；还为海水中的 32 种物质、用于水产业的淡水及海水中的 60 种物质以及土壤中的 3 种物质确定了最大许可浓度。

第二，从现行法规和资料来看，实行排污许可证制度的有些国家，不是对任何污染物的排放都一律实行许可证制度，而是有区别地实行这一制度。例如美国，对固定排放源排放废水和固体废弃物，实行了许可证制度；而对固定排放源排放废气则没有实行该制度。日本对排放固体废弃物实行了许可证制度，而对排放废水、废气都没有实行许可证制度。苏联实行了排放废气许可证制度，而没有实行排放废水许可证制度。

有些国家（如西德、法国、韩国、瑞典等）规定了排放装置、设施的修建、制造等许可证制度来控制污染源。

此外，西德还规定了核装置许可证、放射性物质的运输许可证制度；爱尔兰规定了放射性废物排放许可证制度。

第三，对许可证申请的条件、程序，许可证的审批等，法律部有详细具体规定。如美国1977年修订的《联邦水污染控制法》中的第4章是"许可证和执照"。其中对申请许可证的条件、程序，许可证的审批、签发、中止、撤销等等作了详细规定。

第四，有些国家排污许可证是多种多样的。美国规定了5种海洋倾废许可证，即（1）普通许可证，（2）特殊许可证，（3）紧急许可证，（4）临时许可证，（5）研究许可证。西德规定了"完全许可证"和"部分许可证"。对于整套排污装置，"部分许可时，可以发放在一定时期内有效的许可证或者保留一定的时期，直到正式批准许可证为止，并且规定交纳费用，其他情况适用全部许可的规定"。

第五，法律规定强调核发排污许可证的先决条件，如排污许可证申请者自我监测和报告制度等。例如美国，根据情况有区别地将排放标准规定在许可证里，从而对许可证持有者具有强制性。许可证必须包含监测设备正常安装和维修的要求。必须对排放的废水体积和污染物的量，能提出可靠数据的监测方法和足够的次数。许可证里规定的排放限值，将通过应用许可证规定的监测方法来确定。监测结果必须按照许可证发放机关规定的格式，定期地向发放机关报告。经常性报告的期限，由每一个单独的许可证来规定，至少每年一次，除了定期报告外，还有不定期报告的要求。对某些有意物质的排放，规定必须在24小时以内报告。西德原子能法规定了核发许可证的先决条件（可靠性、专业知识、核装置的技术防护、核装置的安全、辐射劳动保护和辐射环保、赔偿准备金及环境协调）。

第六，规定了违反排污许可证制度的法律制裁。苏联《大气保护法》规定，"违反许可证规定的条件和要求时，以及在发生威胁居民健康的危险时，应当按照对保护大气工作实行国家监督的机关的决定，限制、停止或禁止向大气排放污染物质，直至停止个别工业装置、车间、企业、机关和组织的活动。"美国法律规定任何人"故意或过失地"违反法律规定的许可证条件，将被处以2500美元/天，到25000美元/天的罚金，或者处以一年以下的监禁或是二者并处。法人的高级负责职员也和他们的公司一样，服以同样的刑罚。对再犯者，罚金加倍。

（载1989年12月12日《中国环境报》）

附 录|

Annex

环境法学研究之路

——中国社会科学院法学研究所研究员
文伯屏先生访谈录
（2007 年）

随着 1972 年周恩来总理指派中国政府代表团参加了在斯德哥尔摩召开的联合国人类环境会议，中国人第一次真正地了解了环境问题的全球化和西方发达国家进步的环境保护理念，在此影响下，国务院于 1973 年 8 月召开了新中国第一次全国环境保护会议，由此，环境法学在中国创立并蓬勃发展起来。

中国社会科学院法学研究所文伯屏研究员是中国环境法学学科奠基人、带头人之一，见证了该学科的成长过程。法学学术史特别是著名法学家的研究经历不仅能给我们梳理出一个清晰的学科发展脉络，更重要的是能给学者们的研究提供经验和导向，文伯屏研究员正是抱着这样的态度，于祖国 58 周年诞辰之际接受了我们的专访。聆听着年过八十的老人的谈话，我们如沐春风，受益匪浅。我们惊叹于文老敏捷并清晰的思维，同时被老人严谨的治学态度深深折服。访谈录音经整理后刊载如下。

记者（以下简称问）：您老是我国著名的环境法学家，对该学科作出了开创性的贡献。你是怎样走向环境法学研究之路的？您能否先简单地介绍一下自己的经历？

文老：我于 1927 年 6 月出生，1948 年参加革命，1950 年参加中国共产党，1946～1947 年在武昌华中大学化学系学习一年，1947 年至 1951 年在北京大学法律系毕业；1951 年至 1968 年任北京市公安局研究科、法制科副科长等职，从事犯罪对策学的研究和实践；1968 年至 1974 年下放劳动，1974 年至 1978 年任北京市环境保护监测科学研究所综合分析室负责人、大气分析室、情报资料室主任；1978 年调中国社会科学院法学研究所后任副研究员、研究员。

我对环境法的研究，是从 1974 年调到北京市环境保护监测科学研究所任综合分析室负责人开始的。我是学法出身，过去做的是政法工作，所以法学知识还是有的，担任新的职务以后和环境科学接触了。这是一个转折点，也是一个新的开始，我感到必须以法学的眼光来研究环境问题，单纯地以自然科学的头脑去分析问题、解决问题效果往往是不怎么好的，所以从那时候开始我就注意对中外这方面的情报资料及知识尽量地去收集和积累。那时候也写了一些东西，做了一些这方面的研究，刊物上也有所发表，还创办了《环境监测》内部刊物。当时的法学所领导知道我这个人，也想筹建环境法研究室，感觉我很合适，要调我到法学所。恰逢十一届三中全会，要提倡法制，我毕竟是法学出身，也想"归队"，所领导说所里还没有人专门搞环境法，所以就把我先安排在经济法研究室，以后慢慢筹建环境法研究室。当时我就向领导表示，我就是要搞环境法来的，毕竟已经做了五年的环境监测工作，对环境问题研究很有感情也很有兴趣，而且环境法的研究很符合我的性格，我希望围绕环境法做深入的钻研。调到法学所以后，为了认真贯彻落实党的十一届三中全会的号召，为祖国的四化建设贡献自己全部力量，我一直从事环境保护法和自然资源法的研究，至今 33 年没有间断。

问：您老从事环境资源法研究长达 33 年，为学科建设做出了开创性的贡献，请您谈一下您的科研成果好吗？

文老：在党的教育和各级领导的具体指导和同志们的帮助下，我从事环境法的研究工作，取得一些成绩。科研成果有：已出版的独著 2 本，合著 11 本，译著 3 本，已发表的论文 70 多篇，译文若干篇。另外未发表的立法建议 5 万字以上，为立法起草集体翻译编印的外国法参考资料 68 万字未计在内。分别叙述如下：

第一，独著 2 本。

（1）《环境保护法概论》，1982 年 12 月群众出版社出版，是中国最早出版的环境法专著。中国政法大学曾编入教科书目录。

（2）《西方国家环境法》，1988 年 4 月法律出版社出版。这本书是中国最早出版的外国环境法专著，对我国环境保护、国土整治等方面的法制建设和法学研究有重要的参考价值。

第二，合著 11 本。

（1）《论环境管理》，是 1980 年全国环境管理、经济与法学学术交流会上以于光远先生为首的演讲词选集，1980 年 7 月山西人民出版社出版。其中有我讲的《谈谈环境保护法》。

（2）《经济建设中的法律问题》，1982 年 10 月中国社会科学出版社出版。这是我所重点科研项目，我写了此书的第十一章。

（3）《经济法文选》，1981 年 12 月法律出版社出版，其中有我写的《略论环境保护法》。

（4）《经济法要义》，1988 年 8 月中国财政经济出版社出版，其中第 19 章是我写的。

（5）《法学论集》，1981 年法学杂志社出版，这是北京市法学会首届年会论文选集，其中有我写的《环境保护法的几个问题》。

（6）《法学论集》第二册，1983 年北京市法学会出版，其中有我写的《论违反环境保护法的法律制裁》。

（7）《经济法讲座》，1984 年北京市法学会出版，其中有我写的《环境保护法概述》。

（8）《中国环境法制》，1994 年国防工业出版社出版，这是全国人大环保委、最高人民法院等九个部门联合组织的电视教育讲座，其中第十九讲《国际环境法及其对国内法的调整》是我讲的，还曾录像。

（9）《新兴科学百科知识》，1988 年华夏出版社出版，其中有我写的《环境法学》。

（10）《中国经济管理百科全书》，1993 年中国经济出版社出版，其中第 1620～1629 页关于外国环境法的条目都是我写的。

（11）《中国大百科全书（环境科学卷）》，1983 年 12 月中国大百科全书出版社出版，其中第 491～492 页《中华人民共和国环境保护法（试行）》条目是我和程正康写的。

第三，译著 3 本。

（1）《外国环境法选编》（法规选译和简介，上下册共一百多万字，我任常务副主编），2000 年中国政法大学出版社出版；

（2）《美国环境法手册》（我和我当时的研究生宋迎跃合译），1988 年中国环境科学出版社出版；

（3）《国外水污染防治法规资料选编》，1984 年 1 月中国环境科学出版社出版，其中有我写的《法国水污染控制的立法》。

第四，已发表的论文、调研报告共 70 多篇，下列 27 篇是代表作。

（1）《略论我国的环境保护法》，载《法学研究》，1980 年第 1 期。

（2）《环境立法的时代背景和环境法学》，载《环境》1981 年第 5 期。

（3）《论噪声控制的立法》，载《法学研究》1982 年第 6 期。

（4）《试论环境保护法的体系》，载《环境管理》1984 年第 1 期。

（5）《论水污染防治法》，载《法学研究》1984 年第 5 期。

（6）《论森林法》，载《中国法学》1985 年第 1 期。

（7）《大气污染防治法的立法背景和主要内容》，载《法学研究》1988 年第 4 期。

（8）《制订耕地保护法刻不容缓》，载 1989 年 6 月 29 日《中国环境报》。

（9）How to Strengthen International Environmental Law on the Preservation of Biodiversity，载 ISO 出版社出版的 *Biodi versity and International Law* 英文书；1991 年 8 月联合国环境与发展大会第 3 次筹备会议时，大会将此文打印分发各国代表团。

（10）《论保护生物多样性的国际立法》，载《中国法学》1992 年第 2 期。

（11）《写在防止地球变暖公约签署后》，载 1994 年中国改革建议大奖赛组委会出版的受奖论文选集。

（12）《对修订水污染防治法的几点建议》，载 1995 年 4 月 6 日《中国环境报》。

（13）《中国大陆与香港环境立法之比较》，载《1996 年海峡两岸及港澳地区环境法学研讨会论文集》。

（14）《香港回归与自然资源法制建设》，载 1997 年 5 月 2 日《中国科学报》。

（15）《国际环境法发展史简介》，载 1997 年 7 月 19 日《中国环境报》。

（16）《中国环境法与立法程序》，载 1998 年《室内空气质量及相关政策专题国际研讨会论文集》。

（17）《环境保护立法的回顾和建议》，载 1999 年《中国环境资源法学研究会成立大会论文集》。

（18）《生态化是人类必由之路》（中英文对照），载《2001 年环境资源法学国际研讨会论文集》，《中国科技发展精典文库》第二辑和《城市环境》（2002 年第 2 期转载中文本）。

（19）《加快建设绿色贸易保障体系》，载 2003 年 2 月 27 日《中国社会科学院院报》；

（20）《全面、正确地认识绿色贸易壁垒》，载 2003 年 3 月 5 日《中国社会科学院要报》；

（21）《我国水资源可持续利用形势严峻》，载 2003 年 9 月 5 日《中国社会科学院要报》和 2003 年 9 月 2 日《中国社会科学院院报》。

（22）《关于加快水资源法制建设步伐的建议》，载 2003 年 11 月 15 日《中国社会科学院要报》；

（23）《关于制定生物多样性法的建议》，载《中国社会科学院要报》2004 年第 84 期；

（24）《论环境资源法律体系》，载《中国海洋法学评论》2005 年第 2 期，2005 年全国人大环资委主办的《环境立法与可持续发展国际论坛论文汇编》转载。

（25）《环境、资源法制建设存在的问题、原因和建议》，载《中国社会科学院要报》2005 年某期。

（26）《怎样遏制煤矿特大事故多发》，载 2006 年全国环境资源法学年会论文集。

（27）《为马克思主义法学现代化作贡献》，载 2006 年 3 月 21 日中国社会科学院院报。

第五，译文若干篇。例如：

（1）《现代环境科学教育》，载《环境科学动态》1979 年第 10 期。

（2）《亚洲及太平洋环境法方案》，载《国外法学》1983 年第 4 期。

（3）《净化水法修订中的争论》，载《环境法》1985 年第 1 期。

问：文老的著述这么多，对中国环境法学有重要影响，请您谈一下您的科研成果受到奖励这方面的情况好吗？

文老：我的科研成果受奖情况是：

（1）我于 1992 年获国务院颁发的社会科学突出贡献证书，享受政府特殊津贴；

（2）获中华研修大学于 1999 年 12 月评为博士研修生优秀导师证书。

（3）受奖论文：

①《关于加快水资源法制建设步伐的建议》（《专供信息》）被评为中国社会科学院 2003 年优秀信息一等奖；

②《环境保护立法的回顾和建议》，1999 年 11 月获国家环保总局、国土资源部、中国法学会、武汉大学联合授予的优秀论文证书；2005 年 10 月荣获首届中国社会科学院离退休人员优秀科研成果奖三等奖；

③《关于制定生物多样性法的建议》，2007 年 9 月 27 日荣获第二届中国社会科学院离退休人员优秀科研成果奖三等奖；

④《对修订水污染防治法的几点建议》，1995 年 6 月获中国环境报征文奖证书；

⑤《香港回归与环境自然资源法制建设》，1997 年 5 月获中国科学报"迎香港回归"征文奖证书、奖章；

⑥《写在防止地球变暖国际公约签署后》，1994 年 6 月获中国改革建议大奖赛组委会奖状、奖品。

问：文老作为著名法学家，在立法方面一定作出不少贡献，您能谈一下这方面的工作么？

文老：我参与的立法工作分两个部分：

（1）国内立法。我是中国环境保护法（试行）、大气污染防治法、水污染防治法、土地管理法、城市规划法等起草专家组成员以及参加森林法、海洋环境保护法、水法等等很多环境资源法律、法规草案的论证，不只是反复讨论修改草案，还曾写了不少立法建议，这些建议，绝大部分未曾发表，甚至于连底稿都没有留，参加立法工作，花费了大量的时间和精力。现将有案可查的，举例如下：

①《中华人民共和国水污染防治法》，我是该法起草小组的专家。为了借鉴外国的有益经验，掌握国内的基本情况，我与小组其他成员一起编译了《国内外水污染防治法规与资料》，约 68 万字。我们亲自去了 10 个省、市进行了系统的调查研究，经反复修改，才形成《中华人民共和国水污染防治法（草案）》，历时 4 年才颁布。

②《中华人民共和国大气污染防治法》，我是该法起草小组的专家，

亲自去5个省、市进行了系统的调查研究，我写了《论大气污染防治的立法》，提出了系统的立法建议，反复讨论修改草案，前后历时8年才颁布。

③《中华人民共和国环境保护法（试行）》，我是该法起草专家组成员，该法颁布前征求法学所的意见，所长要我写了《对中华人民共和国环境保护法（试行草案）的一些意见》，约五千字，送全国人大常委审阅参考，此立法建议的复制件至今还保存。

（2）国际立法。我曾连续十年担任环境法国际理事会（International Council of Envi ronmental Law）的理事，现任 IUCN—CEL（International Union for Conservation of Nature and Natural Resources—Commission on Environmental Law 即世界自然保护联盟环境法委员会）的委员。我参加了生物多样性国际公约立法工作。在《联合国生物多样性公约》起草期间，由于我认真研究修改公约草案，提出不少建议，得到起草专家组领导人沃尔夫冈·伯罕尼博士的表扬。1988 年 10 月 5 日给我来信说："收到您对国际生物多样性公约草案大量的、富有创见性的意见以及具体的修改方案，对您的贡献表示诚挚的感谢。我们将尽可能把您的宝贵意见吸收到新的公约草案中，并望在这项重要工作中与您保持联系。"

问：文老，回顾您的奋斗历程，您是坚持什么样的信念和沿着什么样的方向走过来的呢？

文老：我的政治方向、理论方向、科研方向是旗帜鲜明的。

我是 1947 年考入北大的，那时候是新中国成立前，但北大有学术自由的特点，当时有不少进步老师，如许德珩教授等讲授辩证唯物主义和历史唯物主义，我们自己的宿舍也公开地摆放着马克思主义列宁主义和毛主席的著作，不少同学还组织了学习马列主义的社团。当时的地下斗争很激烈，特务经常来骚扰，但是我还是读了不少的进步著作，主要解决的是方向问题。在地下党的教育和影响下，辩证唯物主义和历史唯物主义的人生观、世界观、价值观在我的头脑里扎了根，1948 年参加党的外围组织——中国民主青年同盟，1950 年入党后，在党的教育下，一直很注意政治方向、理论方向、科研方向问题。用辩证唯物主义和历史唯物主义的人生观、世界观、价值观分析问题、解决问题。我在 2006 年 3 月 21 日院报上发表的文章《为马克思主义法学现代化做贡献》中说："马克思主义法学现代化，就是以马克思主义法学武装头脑；以马克思主义法学指导法学研究、教学和法律工作；以马克思主义法学为指导思想，探索、构建、传播、弘扬马克思主义法律文化。"我参加革命 58 年来是这样写的，也是这样做的。参加革命 58 年来，未曾犯过错误。

问：您的科研工作中有什么创见或者独到见解么？

文老：我所写的《环境保护法概论》是中国最早出版的环境法专著，我所写的《西方国家环境法》是中国最早出版的外国环境法专著。在写作这两本书的时候，国内还没有环境法著作可资借鉴，所以这两本书的内容和学术观点可以说都是开创性的。

（1）《环境保护法概论》。1983 年 6 月 29 日人民日报介绍该书出版消息中说："本书是我国第一部系统论述环境保护法的专著……本书较系统地介绍了一些环境保护法的知识，国外有关环境保护的法规、情况和经验教训。对我国环境保护方面的法制建设，作者提出了一些看法和建议。"

中国法学会会长王仲于 1983 年 4 月 21 日给我的亲笔信中说："……《环境保护法概论》的出版，显示了我国法学界在这门对我们来说还是比较新的领域，开创出新的局面。"

日本有斐阁出版社 1982 年 4 月 30 日出版的日文专著《中国与日本的环境法》中有专文对我这本书作了详细的研究和介绍。

美国国会图书馆收藏了我这本书。美籍教授雷斯特·罗斯 1985 年 10 月 18 日来我所访问我，他说在美国国会图书馆看到了我这本书，感觉写得很好，有很重要的学术价值，可惜不能全部复制下来，请我赠给他一本，我赠给他一本，他非常高兴，回国后给我寄来他出版的著作。

（2）《西方国家环境法》。1988 年 4 月法律出版社出版。这本书是中国最早出版的外国环境法专著，对我国环境保护、国土整治等方面的法制建设、法学研究有重要的参考价值。出版后成了畅销书，很快就卖完了，此后直到现在，很多学者求我给他/她这本书，我应付不了，只能答复请向法律出版社要吧。

（3）**我的创新意识强**。运用历史唯物主义的观点、方法，对环境资源法学基础理论作了深入钻研，2005 年参加全国人大环资委主持的"环境立法与可持续发展国际论坛"上，我是专家委员会委员，我用中英文合璧的彩色幻灯片讲解了《中国环境资源法体系》，提出了一些独到的见解和新的观点，如"中国整个法律体系应当是在宪法统率下分为 10 个部门法"，"环境资源法是与行政法、民法、刑法等并列的一级部门法"，"环境资源法不是经济法的组成部分"等，讲解词说服力很强，与会的中外学者掌声强烈，反应很好，环境资源法学界普遍同意我的上述观点。

问：您在中国环境法学界具有很高的地位，您能否谈谈您在国内的社会影响？

文老：我的专长是环境资源法学（包括中国环境资源法、国际环境法、外国环境法）和法理学。我的专著《环境保护法概论》，是我国最早出版的环境法专著；《西方国家环境法》，是我国最早出版的外国环境法专著。曾任武汉大学博士生导师通讯评议专家、中华研修大学博士研修生导师、福州大学兼职教授、《法学杂志》首届编委会委员等职。现兼任世界自然保护联盟（IUCN）环境法委员会委员、中国法学会环境资源法学研究会顾问、中国人民法制网专家委员会委员、中国土地学会法学分会委员、海南省环境教育协会高级顾问等职。我曾讲授环境法概论、中国环境法、外国环境法、国际环境法等课程；已培养硕士研究生 16 名，博士生 2 名，其中有的现在是研究员、教授、全国法制工作先进个人。我还经常在期刊、网站上发表文章，虽已年过 80，仍活跃在环境资源法学研究前沿，受到法学界的尊重和欢迎。

问：您是中国环境法学学科奠基人、带头人之一，您能否谈谈您在国际社会的影响？

文老：我在中学、大学学了英语，参加工作后学过日语。1987 年至 1988 年在北京轻工业学院英语高级培训班结业，至今英语可读、听、说、写、译，曾破格连任环境法国际理事会（ICEL）理事 10 年，从 1987 年至今兼任世界自然保护联盟（IUCN）环境法委员会委员，多次参加中外学术研讨会，在国际环境法学界享有盛誉。我曾参加联合国生物多样性公约起草工作，1991 年参加在海牙举行的国际环境法会议上的英语演讲词是 How to Strengthen International Environmental Law on the Preservation of Biodiversity（《怎样加强生物多样性的国际环境法保护》），同年参加在日内瓦召开的联合国环境与发展大会第三次筹备会议时，大会将我的演讲词手稿打印分发与会各国代表团，成为有广泛国际影响和历史意义的文件。1986 年曾赴民主德国考察环境法，2004 年在香港召开的"跨界环境管理国际学术研讨会"，我是特邀代表，是专题讨论的主持人之一，我在大会上用中英文发表了《港澳粤跨境环境问题立法初探》演讲词，得到广泛好评。我至今与联合国等国际组织和外国朋友保持联系，联合国将英文定期刊物免费寄赠给我。IUCN-CEL 经常用 e-mail 与我互通信息。

我的主要业绩已编入：《世界名人录》，世界文化艺术研究中心、香港中国国际交流出版社 1999 年版；《中国世纪专家》第四卷，人民日报出版社等单位 2001 年版；《中国高级专业技术人才辞典》，中国人事出版社 1996 年版；《中国社会科学家大辞典（英文版）》，辽宁大学出版社 1995 年版；《中国法学家辞典》，中国劳动出版社 1991 年版；WORLD WHO'S WHO IN ENVIRONMENT & CONSERVATION，The Foundation for Environmental Conservation，1996 年版；INTERNATIONAL DIRECTORY OF DISTINGUSHED LEADRSHIP，The American Biographical Institute，Inc. 1998 年版；等辞书。

问：您作为有几十年研究经验的专家，对环境法学界青年学者和学生有什么寄语呢？

文老：搞环境法学研究是很有光明前途的，也是国家和人类的需要。对学科的特点年轻人要有足够的认识。我认为做学问第一条是政治方向、理论方向、科研方向一定要旗帜鲜明，这条要及早地竖立起来，而且要坚定，也就是为谁服务的问题要搞清楚，这是出发点和落脚点。德才兼备主要是靠自己，要有意识地培养自己的德与才。人生观、世界观、价值观在年轻的时候就要扎根头脑并逐渐巩固，这里边核心的问题是辩证唯物主义和历史唯物主义，因为它是真理，有了它看问题分析问题和解决问题才有一个正确的原则。第二条是在科研工作上要老老实实，做老实人做老实事，在做好调查研究的基础上才能谈继承、发展和创新，一切都要有根据，不要去搞空洞无物的理论和概念的游戏，理论要联系实际，要扎扎实实一步一个脚印地做学问。第三条是环境法学是一个交叉性学科，涉及面很广也很复杂，所以视野要广阔，环境科学里的环境物理、环境化学、环境地学等方面的基本知识以及各个部门法学都要懂一些，要建构复合型的知识结构，不要做井底之蛙，犯以偏概全的错误。写作要追求出精品，首先要写好论文和调研报告，写书也要追求质量高，决不要搞抄袭，或者为了务虚名而东拼西凑。要重视资料的积累，有自己的资料柜。信息时代要好好利用网络，但是必须有较强的识别能力，同时不可忽视报章杂志的收集，必要时也可做实地的调查工作。第四条是外语特别是英语要真正过关，要听说读写译样样都行才能称得上是过关，不能要哑巴英语，有过硬的外语能力才有利于开阔视野，加强交流，做好研究工作。

2004 年在香港举行的《跨境环境管理国际学术研讨会》上演讲

（载中国法学网、中国社会法学网、全国人民法制网等网站）

亚洲及太平洋环境法方案[*]

  在亚洲及太平洋经济社会委员会的国家中，环境法的地位是不同的。问题不仅在于法规的内容，而且包括规划、计划、方案和命令中，对法律要求注意不够，法律人才资源稀少，一批担负特定环境问题法律事务的律师缺乏经验。同时，普遍地缺乏对律师进行环境管理方面的法律培训计划。举例来说：（1）除少数国家如印尼、菲律宾外，环境法不作为大学的一门课程。毫不奇怪，环境法教材是很少的。（2）东盟国家中，仅马来西亚有制订综合的海湾环境农药管理规划的立法。（3）伊朗和斯里兰卡还未制订综合的污染控制法规。（4）马来西亚还没有国家公园管理方面的联邦法规。（5）泰国、斯里兰卡和马来西亚还未曾批准处理海洋污染的任何国际协定。

  据此，建议亚洲及太平洋环境法方案起到以下作用：

  第一，使区域内各国政府的有关官员进行接触，开始交换意见，使各国政府环境法的要求趋于一致，并制订实现这些要求的规划。

  第二，希望方案的代理人尽自己的职责，通过短期代表团和政府间对方案的意见的交流，使某些要求趋于一致。

  第三，方案必须建立一个合格的环境法专家专门登记簿。他们将是理想的、具有发展中国家的经验的代理人。

  第四，方案应力争在全区域的指定大学里建立适当的环境法训练规划。

  第五，方案应维护与世界上其他地方的有关研究机构的联系，以保证一出现重要的新进展，本区域就能直接与之联系。

  第六，方案应制订一个新文件支持方案中规定的技术支援活动。并促

---

* 本文摘自联合国环境规划署 1981 年在乌拉圭首都蒙得维的亚召开的环境法特别会议文件：《论亚太地区的主要环境问题和需要采取的紧急法律措施》。

进科学研究、新教材的编制及其他有关活动。

第七，搜集亚洲研究图书馆有关资料，包括现行技术支援委员会与方案有关的报告和综合材料。避免工作重复，并保护已有的经验。海湾管理技术支援的基本要求，在过去的规划中常常被忽略，这个方案不要再忽视。

为使方案得以实现，必须具备两个特点：持续性和灵活性。

持续性是重要的。因为方案在相当短的时间内将成为一个丰富的、全区域使用的、有关各种环境立法方法的情报库。包括很有用的、作为环境立法根据的数据库。这些数据对于某些政府改进他们的法规结构有很大价值。

同时，新方案将提供各种双边或多边机构之间一条很重要的纽带。这些机构像亚太地区环境法的发展一样，使人们日益感兴趣。在联合国系统内，例如粮食及农业组织、国际劳工局、环境规划署、教科文组织、工业发展组织、世界卫生组织都将认为这种区域性方案是很有价值的建议。

灵活性。在亚太地区，一个国家环境法的需要，特别是立法方面，经常出现时多时少的情况，而且为上述需要服务的技术支援也往往是有时间性的。因此，方案的财政支持的一定部分应当是选定的基金形式，使方案无需通过漫长的行政程序，能吸收专家参加并设置短期的委员会。这些程序在技术支援活动之前往往是不可少的。方案主要的长期的计划当然应服从于正常的批准程序，但现时真正的职责在于要有一个很合理的高效率的方法。

为了使人们对方案的可行性产生较好的认识，用一些可能实现的计划作为示范是有帮助的。

在环境保护立法方面，方案将能提供专家支援伊朗综合的土地利用法和斯里兰卡污染控制法的起草。控制农药和其他农业化学品的海湾法规的技术支援计划，在全区域也将是很有价值的。

除了法规起草以外，还可以对某些政府提供专家援助作为法庭辩论中的政府代理人，包括为执行污染控制法规作证的需要。怎样进行典型调查并作出书面证明？法院怎样才能相信作为证据的典型调查确实说明是屡犯而不是偶犯？等等，这些都是与违法者作斗争的"办案"的实际训练。

在训练方面，方案可以为所有政府代理人设置一系列短期的环境管理讨论会。使他们更充分地了解环境法领域，包括现代文学作品、有关的制度以及别国政府的经验，特别是实施和执行中的经验。从而促进某些国家的环境法得到应有的重视。

很需要一个为亚洲太平洋国家编写一本环境法新教科书的计划。从区域内的实际经验中汲取实际案例。适用法律的运用将被清楚地阐明。这本书将使这门学科生动而实际，并教导学生们评论现行法律和程序的方法。

同时也希望举办一个区域性的研究班来推荐经过挑选的法律系成员来编写新教材。并鼓励在全区域各地都开设环境法课程。这样，受过较好训练的青年代理人作为骨干，他们将能帮助他们的政府更有效地避免经济发展中损害环境的后果。

最后，此方案还可尽力鼓励召开全区性的或分区的跨国界环境问题专题讨论会。例如对影响部分区域海洋环境质量的行为加以控制的国际合作，就是很需要讨论的问题。

以上只是方案的几点重要的设想。所有这些将为亚太地区环境管理能力的真正提高奠定基础，现在还没有任何机构在进行这些工作。亚洲太平洋环境法方案的建立将满足全区域的急需。这是支持国家的、区域的以至全球的环境保护合作的好办法，应优先考虑这件事情。

（载《国外法学》1983 年第 4 期）

现代环境科学教育

现在，环境科学不只是包含自然科学和社会科学的几乎全部知识领域，同时也包括商业、管理、医药、建筑、工程等方面的应用科学。这些学科都是促进环境科学发展不可缺少的组成部分。由于多学科的相互渗透，现在，一些环境卫生工程师把环境科学一般称之为环境工程学。

环境科学的学术发展一般有三个主要方面：

（1）环境工程学。包括有关环境要素的材料、设备、结构的设计和试验。

（2）环境生物学。包括生态学（植物、动物之间及其与环境的相互作用），环境生理学，环境医学和公共卫生学的某些部分。

（3）环境的保护和改善。包括从制订规划、发展经济、环境立法以及对环境的认识等反映出来的人类和环境之间的相互作用。

现将现代环境科学教育情况详述如下。

大学一般已提出一些学环境科学的大学生必修课。许多研究生课程也开了环境科学课。这些新课程占三学年课程的1/4或1/2，以使环境科学各组成部分互相结合，互相联系。

值得重视的是，这些课程之一，即环境科学入门，在大学一年级就无条件地作为基础课。这门课程的目的是介绍环境科学的总的看法。正如现在环境科学所包括的，阐明各种环境因素怎样相互联系，怎样运用环境科学等。目标是提供进一步深入钻研的课题。

这门课程包含三部分内容：①环境科学概论；②环境分析；③环境效果。

这门课程的教学大纲如下：

（1）环境科学概论：

自然的和人为的环境；环境参数；环境系统；环境保护；环境的重要

与健康；环境的设计与试验；资源管理；环境法令和政策。

（2）环境分析：

制图基础；地面分析；大气分析；水文分析；生态学分析；社会经济分析；多组分系统。

（3）环境效果：

系统的环境分析；人类环境系统；机械环境系统；土地利用系统。

第二门课是环境系统：这是为对多种学科已经入门的学生所制定的高年级课程。这门课程的目的是把环境科学教育的成果结合在一起，加以总结。同时论证这种方法，即用不同的题目综合起来表明环境的某种相互作用。目标是证实这种多学科的相互作用，系统地阐述环境系统。

这门课程包含三部分内容：①环境原理；②简单的环境系统；③复杂的环境系统。

上述各项的内容提要分述如下：

（1）环境原理：

环境系统的概念；几何学的概率；距离——衰变关系；空间时间的变化；网络系统。

（2）简单的环境系统：

气象资料系统；地面运载工具系统；水文系统；环境结构系统。

（3）复杂的环境系统：

生态系统，环境与健康系统；土地利用系统。

第三门课是环境分析：这门课的任务是把毕业班学生培养成环境科学专家。这门课程的内容是介绍监测、汇报的方法。同一环境中各种化合物的相互关系以及它们独立存在或化合的来龙去脉。

这门课程的提纲按如下三部分来组织。

（1）基本概念：

环境因素；环境模式；关键性的环境因素；复合环境。

（2）分析方法：

气象分析（流动介体）；地面分析。

（3）环境效果：

环境和生物学功能之间的相互作用；环境同人类——机械功能之间的相互作用。

环境科学学士教学计划

第一学年

英语作文和技术著作；环境科学入门；高等代数；物理导言；植物学和动物学导言；选修课（共 30 学分小时）。

第二学年

微积分；普通化学；植物生理学；动物生理学；机械学导言；自然地质学；工程地质学；选修课（共 30 学分小时）。

第三学年

中间机修工；动力气象学；地区性气候学及其描述；海洋学；有机化学；选修课（共 27 学分小时）。

第四学年

植物生态学；动物生态学；水文学；电子计算机程序编制；工业工程学；环境系统；选修课（共 30 学分小时）。

推荐的选修课包括：

政治学导言；社会学导言；经济学导言；城市和全地区规划导言；污染物；环境保护；微生物学；生物化学；生物物理学；微气象学；噪声影响和控制；高等动力学；地震学；放射性物理；统计学分析；遥感和遥测。

环境科学硕士教学计划

必修课：

环境分析；空气和水的质量；环境设计和试验；植物和动物生态学；环境法令；电子计算机程序编制。

选修课：

环境工程学；环境政策和目的；环境生理学；环境系统；环境医学；环境保护；流体力学；热力学；地球力学；放射物。

环境科学的课程表

环境科学课程表，如上所述，提出来作为讨论的基础。这种讨论是环境科学家和教育家所要求并给予鼓励和赞助的。在这个课程表的制订中，还曾试图提出一个避免过早专业化的中级课程表附后，目的是为学生教育的各个阶段提供最大的灵活性和选择的自由。上述课程表可以避免把学生引向环境科学的局部领域及其应用。因为这样做是与环境科学的迅速发展和多学科性不相容的。经过选修课的选择，可以达到某种程度的专业化。由于特殊原因，可以请求改变课程，以满足学生的特殊需要。

已经提出一个达到环境科学学士学位的四年计划。其目标是：

①提供一个环境科学专业知识训练的良好基础。

②训练学生像上场的球员一样从事实际工作，或成为初级环境科学家。

③提供学生选择专业的最大自由。包括允许进入工程、法律、医学或商业学院。

上述的环境科学硕士学位一年教学计划分成两部分课程，必修课要求在进入计划前或在计划执行中完成。选修课要求总共完成30学分小时。这个计划的目标有两重意义：

①培养学生成为环境科学专家，在环境科学领域的实践活动中能运用自如。

②使学生在具备最低管理水平的条件下，能像一个中等水平的环境科学家那样，进行实际工作。

对取得环境科学博士学位的至少两年的教学计划有以下建议。这个研究生教学计划的目标是：

①使学生到政府或工厂里任职，担任中等或高等环境科学专家，在他的专业范围内，无需高级技术指导，就能完成困难的任务。

②培养学生能独立工作，详细地提出自己创造性的研究报告。

③培养学生能在任何高等教育里教授环境科学课。若按此教学计划进修，具有硕士学位的投考者就能通过博士学位的综合考试。

这个教学计划将提供学生三种专业的选择：①环境生物学；②环境工程学；③自然资源的保护与政策。

投考者将为专业范围的综合考试作准备。与这一专业范围有关的有三个领域：

（1）环境生物学：

环境生理学；环境医学；生物地理学；地球生态系统；水生动植物生态系统。

（2）环境工程学：

环境控制系统；"三废"治理；环境保护；环境的恶化；环境——机械系统。

（3）自然资源的保护和政策：

管理办法；城市和农村的环境；全地区性的经济发展；环境法令和政策；环境保护法令和政策。

结　论

环境科学正成为迅速发展的科学。其中包含许多学科。许多研究人员从不同角度来研究它，促进了这门科学的发展。实施上述或其他的专业课程表，对环境科学的发展和学生教育质量的保证将起着重要作用。

（译文，载《环境科学动态》1979 年第 10 期）

黄山观感

今年 4 月 19 日，我参加中国社会科学院老干部工作局组织的旅游团，从北京坐火车到杭州，从杭州坐小轮船，经新安江、千岛湖、上黄山，赴南京，28 日回到北京。浮光掠影，感触很多，而以黄山之游，印象深刻，漫谈几点观感。

黄山的传说

黄山素有"天下第一奇山"之称，是中国十大风景名胜之一，是国之瑰宝，世界奇观，自 1990 年被联合国教科文组织列入"世界文化与自然遗产"之后，更是誉满天下，来自海内外的游人络绎不绝，每年达数百万之众。

黄山命名的由来，有许多种说法，但近千年来因黄帝在此炼丹而得名的说法流传最广、影响最大。"黄山古称黟山，相传为中华始祖轩辕黄帝栖真之地。当年，黄帝率左右丞相容成子、浮丘公来山，采药炼丹。'经八个申子终炼成九转还丹'。服后浴汤泉而得道，飘然乘龙升天。唐玄宗崇尚道教，好神仙之说，于天宝六年，敕改黟山为黄山。"这段文字是用繁体中文刻在黄山旅游集团有限公司、黄山旅游发展有限公司 1999 年 12 月铸造的名为"千禧之声"的大铜钟上。黄山与西湖、千岛湖、歙县许国石坊、黟县古民居等连接成一条自然、文化遗产观光线。

观日出

4 月 22 日宿于光明顶北海宾馆附近的小木板房里。清晨五时起床，观日出的人们早已占据了有利地点，不少人披上从管理部门租来的军大衣，我只穿着一件长袖衫，忘记了冷，好容易爬到一个理想的山头。极目远眺，云海茫茫，对面的山峰呈现一片红光，这是日出前的预兆。五点半左右，发出黄色光芒的朝阳从山峰中露出了半个脸，然后冉冉升起，欢呼声、喀达喀达的相机快门声不绝于耳，两分钟后，一轮红日腾空而起，普照大地。人们还久久不愿离去。回忆起中学时代，在南岳衡山的祝融峰观日出，后在北戴河看过日出，都没有这次看得清楚，印象深刻。

奇松、 怪石

黄山最美的景观是"奇松、怪石、云海、温泉"，合称黄山四绝。

黄山松，是植物学上的一个独立树种，它以石为母，以云为乳，破石而生，立根危崖，苍劲挺拔，姿态万千，几乎"无石不松，无松不奇"。据导游介绍，已列入世界奇松名录的是：迎客松、送客松、陪客松、团结松、连理松、黑虎松、卧龙松、龙爪松、棋秤松、蒲团松。还有一些也是有名的奇松。游人能靠近的奇松，都用栏杆围住，并竖立木牌说明其特点。对这些奇松，有专人保护，如迎客松，一年四季、一天二十四小时都有专人守护，保卫员白天结合搞环境卫生，观察奇松的生长情况，每天作记录，发现病虫害，及时向领导汇报。感谢这些保卫人员终年默默无闻的辛勤劳动，使我们的国宝青春永驻。

黄山有 36 大峰，36 小峰，合称 72 峰，峰峰有怪石：有一石如猴，立于峰顶，静观云海，人称"猴子观海"：光明顶上，有奇石似龟，昂首向前，峰石结合，形成"鳌鱼驼金龟"一景，还有"松鼠跳天都""鲫鱼背""梦笔生花""猪八戒吃西瓜"等等怪石奇景。

难忘的徐红花女士

23 日清晨观日出以后，我为了抄写铜钟上铸刻的"黄山的传说"，没有跟上我们的团队，团队已去餐厅早餐，餐后出发，目的地不明，只知道今天将下山回到原住的宾馆。我急忙赶赴餐厅想跟上团队，到餐厅一看，没有我们团队，急向服务台询问，接待我的是一位餐厅领班女士。经询问，才知我走错了餐厅，我们团队没在此餐厅早餐，我着急了，想去追赶团队，女士劝告我：一个人去追赶团队，容易发生危险，答应替我与团队取得联系，并热情地送来早餐。我安下心来先吃早点。餐厅有电话机、电脑等。女士在打电话联系，约半小时，还没联系上，问我团导游的姓名，我不知道。心想：今天可糟糕了，身上带的钱不多，不可能坐滑竿，到处是悬崖削壁，又不认识路，怎么样下山？情急智生，我冷静下来，从我的袋子里翻出了本团队旅游日程表，上面有旅行社全程陪同人的姓名及住宿饭店的名称等，给女士后，又过了半小时左右，女士告诉我：旅行社是联系上了，但导游没有手机，还没联系上，劝我耐心等待，又过了半小时，我团队的导游出现在我面前，我高兴得不知说什么好了。导游小彭给我付了早餐费后，我向女士深致谢意，并问清她的姓名，她就是黄山北海风景区狮林大酒店餐饮部领班徐红花女士。徐女士的热情关怀和帮助，使我终生难忘。回京后，给黄山市长写了一封信，感谢和表扬徐女士社会主义的高尚情操。

名不虚传的"卫生山"

黄山的游人很多，但是景区清洁，很少见到垃圾。原因是到处设有垃圾池，而且有环卫工人经常打扫，有的环卫工人用绳索捆住自己的身子，到悬崖山坡捡塑料袋、纸屑等。黄山的环卫工人说：不管吃，只管住，每月工资四五百元。他们说，有些游人素质不高，到处扔垃圾。我在这里呼吁："让我们用不同的语言说，珍惜人类共同的拥有；让我们对不同肤色的人们说，一起伸出爱护的双手；付出真情，托起希望的彩虹；付出艰辛，寻找一片永恒的天空。"同时，也向有关管理部门建议：经日晒雨淋，"垃圾池"三个字大都不够醒目，使游人找不到扔垃圾的地方，需要妥善解决，才能减少乱扔垃圾的现象。

黄山存在的安全隐患相当严重

我们团队于 23 日下山，原计划坐后山缆车下山，但缆车正维修，只能步行。从玉屏楼下到慈光阁共 15 华里，走了三个小时。一般是三股人流（步行上山的、下山的和挑夫），有的还牵着或者抱着小孩，同时挤在一条1.5 至 2 米宽的山路上，挑夫一般是一人挑 150 斤左右，扁担长约 1.5 米，有时是两人抬着坐人的滑竿，有时是 4 人甚至 6 人抬的煤气灶、冰箱等大件家具。路的两边绝大部分是悬崖削壁，而毫无扶手栏杆。行人一般都给挑夫让路，但有时无路可让，互相碰撞是难以避免的，吵架之声时有所闻。我亲眼见到有个几岁的小孩滑倒，幸好被树杈挡住，没有滚下山去；当天 11 点多钟，从始信峰下山的路中，一个五六十岁的妇女，听说是外籍华人，被挑夫撞到石头上，头部流血，包扎着纱布，花了 1800 元坐滑竿抬到云谷寺。据了解，缆车停运的情况经常发生，目前这种拥挤状况如不采取措施加以改善，当旅游旺季到来时，很可能发生更严重的事故。

几点建议

对泰山是否应建索道问题，报纸上曾热烈讨论，就此问题谈谈我的一孔之见。如黄山、泰山等风景区应不应该建索道缆车？要从实际情况出发。要考虑的首要问题是游客多少？怎么样使尽可能多的游客安全地、方便地达到游山的目的？黄山游人之拥挤，已如上述，旅游旺季有过之无不及。现有的索道不是要不要的问题，而是怎么样避免在游客上下山高峰期索道缆车停运，索道缆车不够用的问题。我于 1993 年游过泰山，我认为从中天门到南天门的索道是必要的，否则难以解决游人拥挤问题。有人说外国的风景区不用缆车，这是不符合事实的。例如阿尔卑斯山、瑞典北方森林公园等，都用索道缆车。

关于如何解决风景区开发与保护的矛盾，是一个值得深入研究的问题。以黄山为例。观云海、日出是一个重要项目，因此宿于山顶上的游客肯定不少，而现在供游客住宿的条件很差。光明顶的北海宾馆，是邓小平同志 1979 年视察黄山时下榻之处，现在，一个床位住一夜，800 元至 900 元，但天天爆满，供不应求。我们团队预订的床位都被挤掉了。只好住在北海宾馆对面的木板房里。一间房三个床，上下铺，住 6 个人。上铺还不如火车上的硬卧上铺，连上床的脚蹬都没有，得踩在凳子上再往上爬，吱吱喳喳，响声很大，一人起夜，全屋的人都得惊醒。厕所在山坡上，只有三个坑，没有小便池，半夜拉肚子上厕所大小便都得排队。下山的 15 华里山路中，也只发现一个公用厕所。因此，急需适当地加建一些游人食宿、公用厕所等生活设施。

加强安全检查和措施。特别是在某些景点、山路等危险地段，加修栏杆、扶手，防止重大伤亡事故的发生。

对黄山的适当宣传是必要的，但不要过分。比如"黄山归来不看岳"，"登黄山，天下无山"……这是明代地理学家徐霞客夸大之词，其一是不符合事实，如果信以为真，那不是说，游了黄山以后，东岳泰山、西岳华山、南岳衡山、北岳恒山、中岳嵩山都不值得一游了吗？实际情况并非如此。其二是不实事求是地突出黄山，对进一步开展全国的旅游事业，对精神文明建设的全局是不利的。过分夸大地宣传黄山，将使中外游客特别集中于黄山，今年五一劳动节期间黄山以人满为患，就是一个深刻的教训，这样的旅游，使游客不但不能达到预期的目的，还会增加重大事故发生的可能。

黄山是世界自然文化遗产，为了保护好黄山，合理开发利用黄山，使黄山游人更好地提高爱国主义精神、爱护世界自然文化遗产的自觉性，建议立法部门在现行规章的基础上，提高要求，总结、汲取国内外有益的经验，制订单行法律或行政法规，并严格执行，依法管理黄山。

（写于 2000 年 4 月）

从错杀案看怎样加强法制

一

最近，趁参加天津市第八次司法工作会议的机会，作了点调查研究。所见所闻使我深深感到：由于林彪、"四人帮"的倒行逆施，法制被践踏，冤、假、错案情况之严重，真是骇人听闻！

天津市，1978 年 1 至 11 月收到刑事申诉案 2435 件，经过复查，已结案的 677 件中，冤、假、错案占 37.7%。更严重的是在冤案中已发现有错杀好人的案件。从 1966 年到 1978 年，全市杀了 345 人，已经复查三起，就有三人是被错杀的，而且都是在 1970 年内发生的。究竟还有多少人被错杀，有待复查工作全部完成后才能得出结论。

被错杀的三人中：两人是精神病患者被错判为"现行反革命分子"；另一人是"轮奸妇女"假案的"主犯"。其中有一人还是曾评为市级先进工作者的共产党员。

造成错杀的原因主要是：

（1）对案情不作具体分析，不管是不是精神病人，无限上纲、草菅人命，动不动以"恶毒攻击"领袖罪判处死刑。如李子珍，男，被杀时 41 岁，天津卫生检疫所会计，1968 年 1 月间，李因打爱人被扭送派出所。爱人和李的单位揭发李"诬蔑毛泽东思想"，"篡改毛主席著作"等问题。实际情况是：所谓"诬蔑毛泽东思想"是李打爱人、李的内弟劝架时对李说："你别老打我姐姐，毛主席教导：'虚心使人进步'，你也得虚点心。"李反驳说："毛主席说的'虚心使人进步'不对，'虚'就是'假'，假心怎么能使人进步？应该是'实心使人进步'"。所谓"篡改毛主席著作"，实际是李在自己的《毛泽东选集》上写了"《水浒》这本书我没看过，今后我要好好看一看"这句话。

1969 年 10 月间，经医院几次鉴定，李患"妄想型"精神分裂症。不负法律责任。二十多天后，李被送进公安局的精神病人管制所，该所"经过观察"，出具李没有精神病的证明。1970 年 2 月，塘沽区军管组写的请示报告中说：李经医院鉴定，医院意见不一致，我们认为不管李有无精神病，已构成反革命罪，应从严惩办。5 月 21 日，原市革委副主任批示："判处死刑，立即执行。"5 月 31 日李被杀害，现已昭雪平反。

（2）"四人帮"主子一句话"抓起来枪毙"，有些人唯命是从，先逮捕，后取证，先判死刑，后逼供，结果造成错杀。"七二六"假案就是如此。1967 年 7 月 25 日，一个群众组织为了夺取对立面组织的所谓黑材料，曾两次砸抢地毯公司。当晚，抢走部分档案材料，并非法绑架了一名女职工和六名男职工。事件发生后，社会上出现了林造反等人抢档案、"轮奸妇女"的传说，有人把这个情况反映到中央文革。江青出于不可告人的目的，借此大做文章。9 月 8 日，她借接见天津群众代表之机点了林造反的名，叫喊："要抓起来枪毙。"当场，原市革委负责人俯首听命，表示照办。9 月 10 日就把林造反等人逮捕。16 日以天津市革筹小组的名义向中央作了关于判处林造反死刑的报告。这些都是在既无证据、又无口供的情况下搞的。后来就大搞逼供信。根据逼出来的假口供定罪判刑，1970 年 5 月 31 日，由天津市公安机关军管会正式宣判。结果，一人被错杀，五人遭冤狱，十人被拘押，几十人受迫害，许多人受株连。

值得注意的是：天津市在"文化大革命"前 17 年中，杀了反革命分子和刑事犯罪分子 1145 人，没有发现错杀一人。而为什么近年来错杀案却屡见不鲜呢？根本原因是，在林彪、"四人帮"反革命修正主义路线的干扰破坏下，"公检法"被砸烂，社会主义法制被践踏。"四人帮"在天津的代理人搞什么"闯出新路子"，"采用新方法"。"闯出新路子"就是抛开原"公检法"人员，用专案组代行"公检法"职权；"采用新方法"就是"立足于有，着眼于是"，"先定性，后取证，先判死刑，后逼供"，"棍棒底下出材料"，"没有证据从犯人嘴里掏"。"七二六"假案，他们用了几十种惨无人道的封建式、法西斯式刑罚逼供，对逼出的假口供视若珍宝，作为定罪杀人的根据。

二

党的十一届三中全会，对加强法制问题作出了明确、有力的决定。全会公报指出：要"做到有法可依，有法必依，执法必严，违法必究"。"检察机关和司法机关要保持应有的独立性；要忠实于法律和制度，忠实于人民利益，忠实于事实真相；要保证人民在自己的法律面前人人平等，不允许任何人有超于法律之上的特权。"这些指示十分正确，非常重要。需要研究的问题是怎样保证这些指示认真贯彻执行，落到实处。比如说，采取哪些有效措施，才能使检察机关和司法机关能保持应有的独立性？才能防止和杜绝任何人有超于法律之上的特权？为了认真贯彻十一届三中全会精神，对今后怎样加强法制问题，除了建议正在起草的刑法和刑事诉讼法抓紧制订出来，做到有法可依以外，着重提出以下两点建议：

（1）取消逮捕、判刑案件由地方党委审批的制度，由"公检法"三家互相配合，互相制约，依法办案。目前，逮捕、判刑案件一般都由地方党委审批，各地的具体做法，五花八门，很不一致。有的由党委常委集体审批，有的由主管政法工作的书记和"公检法"三家共同审批，有的由第一书记审批；有的由主管政法工作的书记或常委一人审批，有的由党委授权"三家"代批，等等。在有法可依、公检法三家能正常工作的条件下，如果还实行地方党委审批逮捕、判刑案件的制度，那是不符合三中全会精神的。因为：

第一，这种审批制度本身就造成地方党委成员有超于法律之上的特权，不可能使检察机关、司法机关保持应有的独立性。因为对检察机关依法批准逮捕和法院的依法判决，既然需经地方党委审批才有效，那么，地方党委有权肯定也有权否定或改变检察机关的依法决定和法院的依法判决。地方党委的批示，当然在很多情况下，是符合法律规定精神的，但有的是不符合法律规定的。当地方党委的批示不符合法律规定时，检察机关和法院也只有服从地方党委的批示，而不可能服从法律。那么法律怎么可能有"极大的权威"，检察机关和法院又怎么可能保持应有的独立性呢？如果逮捕、判刑由地方党委审批的制度不改，还不如由办案人员向地方党委汇报案情，由地方党委批示，更节约人力物力，检察机关的依法批准逮捕和法院的依法审判不是多此一举，劳民伤财吗？

第二，这种审批制度很容易被坏人钻空子，利用职权，包庇敌人，镇压人民。如果地方党委成员中混进坏人，掌握了审批权，那就肯定会发生大批冤案，劳动人民就会遭受残酷的迫害。上述错杀的三人就是明显的例证。江青，不是一句话就置人于死地吗？

第三，容易造成错案。逮捕判刑案件一般都是案情比较复杂的，如果不是亲自参与办案，是很难处理适当的。上述审批制度要求地方党委在很短时间内批示，实际是要求地方党委在很短时间内检查断定案件事实是否清楚，证据是否确凿，定性是否准确，判处是否适当。要达到这一要求，即使地方党委成员对法律很熟悉，审卷很有经验，也是个难题，何况地方党委有审批权的成员，有的对法律并不很熟悉、对审卷并不很有经验呢？所以往往是签字盖章，走走形式而已，或者是主观臆断，造成错案。

第四，这种审批制度是党政不分、以党代政的表现。使党委成员忙于日常行政事务，对加强党的工作是不利的。

第五，由于审批制度手续繁琐，"公文旅行"，耗费时间，耽误事情，对提高办案效率很不利。

应该怎样做呢？我认为应该取消逮捕、判刑案件由地方党委审批的制度，应由公检法三家互相配合、互相制约，依法办案。逮捕应一律由公安机关执行。执行逮捕前应由公安机关报请检察机关依法批准。（特殊情况如持刀杀人的现行犯等可先拘留，后报请检察院依法批准逮捕，有些人，如统战人士等，应报请上一级检察机关批准。）而不应报请市委（地委）审查批准。法院的依法判决，不应报请地方党委审批，而应实行审判监督的制度。上级法院处理上诉、复核和申诉案件时，发现下级法院处理的案件确有错误时，可以直接改判，也可以提审或指令下级法院再审。下级法院对上级法院改判或指令再审的案件，有意见可以提出，但一经决定，就要遵照执行。如果下级法院还有意见，可向检察机关提出，请检察机关进行检查。上级法院应有计划有重点地检查下级法院处理的案件，了解办案质量，总结经验，发现错案，及时纠正。

取消逮捕、判刑案件由地方党委审批的制度，是否取消或削弱了地方党委对公检法三家的领导呢？不是的。因为地方党委对公检法三家的领导，不是体现在管具体案件的审批，而主要是体现在马克思列宁主义路线、方针、政策的领导；体现在党委为公检法三家挑选配备德才兼备、刚直不阿的工作人员；体现在通过公检法三家的党组织团结、带动广大群众贯彻执行党的路线、方针、政策和决议；体现在用马列主义、毛泽东思想教育干部、民警，使他们提高思想和业务水平，保证正确地适用法律，模范地执法守法，更好地完成任务；体现在定期听取公检法三家系统地汇报工作情况，研究和指导公检法三家的工作。

地方党委不管具体案件的审批，就能从日常行政事务中解放出来，集中精力和时间抓好主要工作。所以，这样做，地方党委对公检法三家的领导，不是削弱，更不是取消，而是加强。

（2）死刑应严加控制，应由最高人民法院判决或核准。随着国内外大好形势的发展，无产阶级专政的日益巩固，今后同罪犯作斗争，应缩小打击面，扩大教育面；死刑面更应缩小。应认真贯彻毛泽东同志曾经提出的"少杀"方针和内部肃反"一个不杀，大部不抓"的政策，要强调可杀可不杀的不杀，杀了就是犯错误，这样，有利于防止错杀；争取社会的同情；分化瓦解敌人；保存大批劳动力。一言以蔽之：有利于化消极因素为积极因素，加快现代化建设的步伐。当然，死刑不能废除，罪大恶极、不杀不足以平民愤，或是最严重地损害国家和人民利益、非杀不可的，还是要杀。但是，一定要严格控制死刑批准权。应取消当前实行的死刑由省、市、自治区党委批准的制度，一律由最高人民法院依法判决或核准。这样既使量刑容易统一，又能更有效地保证办案质量，防止错杀案件的发生。

（载中国社科院法学所《法学动态》第 1 期，1979）

德国环境法简介

联邦德国的环境保护立法有以下几个特点：

（1）很重视保护自然生态系统，维护生态平衡。1976 年，总理施密特在议会发表政府声明时就提出，联邦共和国的环境应成为一个使人感到是"值得住的"、"舒适的"国家。联邦共和国经济合作部长说："保护自然环境是德国发展政策的重点。"随着工业的发展，联邦德国开发利用自然资源的范围越来越广。为了保护自然环境和生态系统，《矿山还原法》规定，凡是被破坏的土地（包括农田和草地等）必须还原再造，以恢复原来的自然景观。实际上，在还原再造的过程中，人们并不满足于仅仅恢复原来的自然景观，而是根据需要重新全面规划，还原后，不仅有森林、农田、草地和人工湖泊，而且有游览、休假地和新建的村镇，从而大大改善了原来的自然景观和生态系统。

为了便于土地还原再造，联邦德国在开矿时将表层土按剥离的先后顺序堆放在一边，开采后还原土地时，先填底土和无害垃圾，然后再按顺序回填各层表土。土地还原后，按规定，第一年种绿肥，第二年种甜菜，从第三年开始种植粮食作物。5 年后，也就是待土地充分熟化后，采矿公司才能把土地移交给农民耕种。因此，还原后，农田的肥力比原来还大，作物的产量也有增长。

（2）环境保护法律规范的范围逐渐扩大到各个领域。20 世纪 60 年代以前，保护环境的要求开始提出，到 1959 年底，联邦议会通过了《自然保护法》、《原子能法》等环境法律和法规；进入 60 年代以后，环境污染成了重大的社会问题，到 60 年代末，除对以前通过的一些环境法律、法规进行了修订外，又增订了《水源管理法》、《植物保护法》等，把环保法律规范扩大到工业、交通、城建和水域管理等许多部门。70 年代以来，又制定了

《环保基本法》《消除废物法》《防止飞机噪声法》《滴滴涕法》等，把环保法律规范扩大和深入到生产和生活的各个方面。90 年代，又颁布了《环境监测法》《环境信息法》《循环经济和废物清除法》《联邦侵扰防护法》等，使环境保护法律规范渗透的面更广。

（3）环保立法很完备、很具体，要求很严，效果很好。德国于 1972 年通过第一部环境保护法，现在，环境保护法律规范之完备具体，在全世界是名列前茅的。不仅有环保基本法，而且有很具体的环保法规，如《滴滴涕法》《洗涤剂法》《飞机噪声法》等，已形成健全的环保法体系。对生态的保护、废物的处理等都有了严格的立法和环境标准。例如《水管理法》（1996 年 11 月 12 日公布，1998 年 8 月 25 日最新修订），共 6 章，45 条。规定的内容很具体、明确，违反本法规定（除违反第 41 条第 1 款第 7 项是罚款 2 万德国马克外），罚款 10 万马克。还有《洗涤剂法》、《滴滴涕法》、《废水排入水域纳税法》等配套法规，加以执法很严，因而对水域的管理收效很好。在 20 世纪五六十年代，莱茵河水污染严重，鱼是绝迹，而今天的莱茵河水已达到饮用水标准。

（4）高科技的投入，由市场带动环保。1999 年，拥有 17 万平方米展览面积的慕尼黑新展览馆展出了世界上最大的治理三废和环境技术博览会，其公关主任西肯格先生说，目前全世界所开发的环境技术中，美、日、英等发达国家占了 25% 左右，德国占 18%。环境技术在德国正成为日益上升的产业，已占 GNP 的 2%。由太阳能提供一切能源的符雷堡足球场，能容纳 27000 人的看台顶部的大面积太阳能设备，1994 年被载入吉尼斯世界纪录大全。德国人认为，应通过技术和立法促进环境质量的提高，而环境技术必须成为整个工商业的一部分，由市场带动它的发展。

（5）人民群众环保意识很高。举例来说，德国绿色和平组织于 1999 年推出"环保电力计划"，即这种能源有环保成分：其中至少有一半是来自太阳（1%）、风力（8%）、生物和水力（各占约 20%）等无污染能源，其余则是来自热能生产工厂。环保电价比电力市场最低价，每度贵将近 10 芬尼（合人民币 0.45 元）。四口之家，如果使用环保电力，每月须多付电费人民币约 90 元，单身家庭则需多付人民币 45 元。多年来争取关闭核电厂的德国人民宁肯多花钱也用环保电力，以保护环境。在科隆市，有世界最先进的垃圾焚化厂。该厂与科隆市政府签订了长期合同，由政府负责提供垃圾，从居民、单位收取垃圾处理费，交给该厂，这是该厂唯一的收入来源。该厂下属单位，包括垃圾分拣和运输等公司，有的是由各社区建立。该厂负责人说："这些垃圾公司为抢垃圾打得火热。"德国教育和科学部负责人舒尔茨先生说得好："1 吨废物 = 700 公斤的错误条件+200 公斤的懒惰思想+100 公斤真正的废物"。

联邦德国工业发达，自然环境曾经遭受严重污染。而现在已经大大改观。清澈的河水，茵茵的绿地，比比皆是。在工业区，也是空气清新、环境整洁，处处是鸟语花香，一片田园风光。实现了多年前提出的"变黑色工业为绿色工业"的口号。

德国的经验说明，严格的立法、执法，高科技的投入，人民环境保护意识大大增强，三者结合，必定能保证环境质量的大大提高。

（载《外国环境法选编》，中国政法大学出版社，1993）

德国环境监测法[*]

（1990 年 2 月 12 日公布　1997 年 8 月 18 日最新修改）

第 1 条　本法的目的

本法的目的是，在实施第 3 条设备计划中，确保有效的环境预防保护按照下列统一的原则进行：

（1）及时并全面地调查、说明和评价对环境的影响作用；

（2）各级政府部门决定批准时，尽早地考虑到环境监测的结果。

第 2 条　定义

环境监测是政府执行管理的一部分，为制订计划服务。环境监测包括报告、描述和评价某一计划对下列对象的影响作用：

（1）人类、动物、植物、土壤、水、空气、气候及风景，包括可能出现的个体间相互作用；

（2）文化及其他物品。

公众参与环境监测的执行。如果某个计划的审批由多个程序决定，那么在审理中进行的部分监测应合并到整体评价环境影响作用中，包括可能出现的个体间相互作用。

依据第 3 条的设备计划是指：

（1）将要建立和运营的建筑设备；

（2）其他要建立和运营的设备；

（3）其他对自然环境及风景的干预；

（4）根据第 3 款第 1 项和第 2 项的某一设备的重要变动，只要这种变动

---

* 以下六项德国法律条款为本书作者与另一位译者合译，载《外国环境法选编》，中国政法大学出版社，1993。

可能对环境带来明显的影响作用。

根据第 1 款第 1 项的决定是：

（1）同意、允许、批准和确定计划，以及主管部门对管理程序作出的决定，但不包括报告过程；

（2）确定飞机场路线，对以后的程序作出决定；

（3）根据建筑法第 10 条，对建筑计划的制订、修改和补充作出决定。

第 3 条　应用范围

根据本法提出的设备计划应当处在环境监测之下。联邦政府通过联邦参议院同意的法律条款对下列事项授权：

（1）将可能对环境造成重大影响的设备纳入计划之内；

（2）考虑到欧洲共同体议会或委员会法律文件，计划不包括那些担心对环境造成重大影响的设备。

在授权基础上的法律条款需要联邦议院的同意。如果联邦议院在接到法律条款后不在 3 周内拒绝给予批准，则视为承认对该法律条款的批准。

当有紧急的防务理由或履行国际间义务要求时，联邦国防部长可以根据与联邦环境自然保护和核安全部长达成一致意见后制定的原则，同意为国防服务的计划不适用本法或不适用本法的具体要求。但是，应考虑环境免受有害的影响。其他涉及审批程序的法律条款不受影响。联邦国防部长每年向联邦环境、自然保护和核安全部长报告本款的实施情况。

第 4 条　其他法律规定的优先地位

只要联邦或州的法律条款对环境监测没有作出其他的规定，或者其他规定与本法相冲突时，则适用本法。法律条款的其他要求不受影响。

第 5 条　报告检测的范围

当计划的承办者向主管部门报告计划时，主管部门应立即根据计划承办者提供的材料就环境监测的现状、范围和方法以及其他执行环境监测可能出现的问题进行说明。其他部门、专家和第三者也可参加讨论。主管部门应将环境监测的范围以及根据第 6 条所附材料的种类和范围通知计划承办者。如果主管部门有适用于第 6 条中涉及的资料信息，应及时提供给计划的承办者。

第 6 条　计划承办者的资料

计划承办者必须在计划的环境监测审理前，将计划对环境造成影响的有关资料提供给主管部门。计划开始实施前，承办者要提交书面申请和其他有关资料。

第 1 款的材料内容及范围是按法律条款规定的。如果法律条款未对资料进行个别规定，则按第 3 款和第 4 款执行。

第 1 款的资料至少必须包括以下内容：

（1）说明计划的地点、种类、范围大小和对土地的需求；

（2）说明可能产生的排放和残留物的类型和数量，特别是空气污染、废物、废水的残留物及其他需要的说明，以便确定和评估计划对环境的影响；

（3）说明避免、减少或可能平衡不利环境影响的措施，说明在不能平衡不利环境影响时采取的对自然风景的替代赔偿措施；

（4）说明计划对环境可能造成的明显影响，要考虑到公众对环境一般的认识，以及一般认可的检查方法。

（5）以上第 1 项至第 4 项应一起提供，以便综合考虑。

按照计划的种类，只要资料对环境监测是需要的，计划的承办者根据第 1 款所提供的资料也要包括下列内容：

（1）说明所采用的技术方法的最重要特征；

（2）只要这是确定和评估计划对环境产生的影响所要求的，在考虑到公众对环境一般的认识以及一般认可的检查方法时，对环境及其组成进行说明；

（3）说明计划承办者对计划的最重要意图，说明重要的选择原因，特别是计划对环境影响的背景分析；

（4）指出技术上存在的困难。

第 3 款第 2 项的含义必须涉及第 1 项至第 3 项所指的说明。

如果主管部门作为计划的承办者，同样适用第 1 款至第 4 款。

第 7 条　其他部门的参与

主管部门征求其他部门的意见，主管部门的计划涉及其任务范围。

第 8 条　超越界限的部门参与

如果计划可能对欧洲共同体某成员国根据第 2 条第 1 款第 2 项所指的值得保护的对象产生明显影响，由成员国任命的主管部门应向第 7 条中涉及的其他成员国的主管部门同时同等程度地报告有关该计划的情况。如果其他成员国尚未任命参与的主管部门，则应向其他成员国的最高环境事务部门报告。

如果计划可能对德意志联邦共和国的非欧洲共同体成员的邻国根据第 2 条第 1 款第 2 项所指的值得保护的对象产生明显影响，那么在平等互利的原则条件下相应地适用第 1 款。

根据第 1 款同其他成员国主管部门和根据第 2 款同邻国主管部门的协商，按照平等互利的原则进行。平等互利原则也适用于德国或邻国采用的方法和评价标准。

联邦和州的国际义务不受影响。

第 9 条　吸收公众参与

主管部门必须听取公众对计划所产生的环境影响的看法。如果计划的承办者在审理中改变了按照第 6 条所要求的资料，只要不用担心对环境造成的明显影响，就可以不用听取公众的意见。

主管部门要让有反对意见的和批准计划的有关人员了解决定的理由。如果计划被拒绝，要通知提出反对意见的有关人员。

与第 1 款和第 2 款不一样的是，公众通过如下活动参与计划的审理：

（1）公布计划；

（2）在合适的时间内可以查阅第 6 条所要求的资料；

（3）给予发表意见的机会；

（4）向公众报告决定情况。

公众参与不能改变法律要求。批准的程序不受公众意见的影响。

第 10 条　保密和数据保护

保密和数据保护的法律规定不受影响。

第 11 条　环境影响的总说明

主管部门的工作要在第 6 条资料基础上，根据第 7 条和第 8 条的主管部门的意见以及根据第 9 条公众的意见，对计划给予第 2 条第 1 款所指保护对象的影响及相互作用进行说明。自己调查的结果要包括进去。总说明应尽可能在 1 个月之内按照第 9 条第 1 款听取意见之后完成。总说明也可在作出批准计划决定时进行。

第 12 条　对环境影响进行的评估和作决定时对结果的考虑

主管部门在第 11 条总说明的基础上对计划的环境影响作出评估，并在批准计划的决定中考虑依据本法第 1 条、第 2 条第 1 款第 2 项和第 4 项有效的环境预防措施。

第 13 条　临时决定和部分批准

只有在实施环境监测后，才允许同意临时决定和部分批准。在这种情况下，环境监测必须涉及每个计划认可的总体的环境影响，最后涉及临时决定和部分批准对象的环境影响。在依据第 5 条检查范围的报告中，以及在根据第 6 条的资料中，要考虑环境监测的范围。

在其他部分批准中，环境检查应限制在计划附带的或其他明显的环境影响上。相应地适用第 1 款。

第 14 条　多个部门对计划的批准

如果一个计划需要多个部门的批准同意，州规定一个至少是对第 5 条和第 11 条的任务负责的联邦部门。州可以把第 6 条和第 9 条的管辖权转让给联邦部门。联邦部门必须至少同批准部门和自然保护部门一起合作，承担自己与计划有关的任务。

在第 11 条总说明基础上，批准部门必须对计划的环境影响进行总评估。在决定中，要根据第 12 条考虑这种总评估。联邦部门要保证批准部门一起合作。

第 15 条　飞机场路线的确定和批准

根据联邦远程航道法第 16 条第 1 款和根据联邦水运法第 13 条第 1 款以及根据航空交通法第 6 条第 1 款，在确定路线的审理中，将根据每个计划的现状进行环境监测。本规定不适用于土地规划审理中的环境监测。为了吸收公众的意见，要满足第 2 款和第 3 款的要求。

为了把公众吸引来参与确定路线，由制订计划产生作用的社区主管部门发起倡议，依据第 6 条的资料要陈列 1 个月以备查看。社区必须事先公布陈列的情况。直到陈列期结束以后 2 个星期，每个人都可以发表意见。对公众的意见要通过地方的公告给予报道。相应的适用第 9 条第 3 款第 2 项。

为了把公众吸引到根据航空交通法第 6 条第 1 款的审理程序中，必须相应地适用第 2 款第 1 项和第 2 项。第 9 条第 3 款不受影响。

在以后的批准审理中，环境监测可以限制在计划附带的或其他明显的环境影响上。

第 16 条　土地规划程序和批准程序

在土地规划程序中，计划对第 2 条第 1 款第 2 项所指的保护对象的重要影响应根据计划的水平进行调查、说明和评估。

在以后的批准审理中，主管部门在决定批准计划时必须考虑到根据第 1 款审理中进行的调查、说明和评估，考虑到计划对依据第 12 条的环境影响。

在以后的批准审理中，根据第 1 款审理中进行的调查和说明，环境影响应从第 5 条到第 8 条和第 11 条的要求中看出。这种审理步骤已出现在根据第 1 款的审理中。只要公众是根据第 9 条第 1 款参与，根据第 9 条第 3 款的审理，根据第 9 条第 1 款听取公众意见和根据第 12 条评估环境影响，应限制在附加的或其他明显的环境影响上。

第 17 条　制定建筑计划

如果制定、改动和补充依据第 2 条第 3 款第 3 项的建筑计划，依据第 2 条第 1 款第 1 项到第 3 项的环境监测，将在根据建筑法规定的建筑计划程序中得到实施。检查的范围在建筑计划适用的规定中得到确认。在第 2 条第 3 款第 3 项的审理中，应适用第 2 条第 1 款第 1 项到第 3 项和第 8 条。

第 18 条　矿山法的审理程序

在矿山建设计划中，根据第 2 条第 1 款第 1 项至第 3 项的环境监测，在计划制定审理中按照联邦矿山法执行。不适用第 5 条至第 14 条。

第 19 条　农田保洁程序

在制定道路和水域规划中，要根据农田保洁法第 41 条保护风景，公众根据第 9 条第 3 款要参与计划的制订。

第 20 条　管理规定

联邦政府在联邦参议院的同意后颁发如下一般管理规定：

（1）标准和方法，建立在第 1 条和第 12 条所指目的基础上，对环境影响进行调查、说明和评估；

（2）关于调查范围的报告原则；

（3）根据第 11 条环境影响的总说明原则，以及根据第 12 条的评估原则。

第 21 条　柏林附加条款（失效）

第 22 条　过渡规定

如果在本法生效时还没有公布计划，已开始的审理程序要按照本法的规定和本法支持的法律和管理规定进行到底。此规定适用于临时决定和部分批准或首次部分批准的审理。

在本法生效前，公共利益承担者根据建筑法第 4 条开始参与计划，或者根据建筑法第 3 条第 2 项提出建筑计划草案，在建筑计划中不必适用本法的规定。在本法生效前公布的建筑计划，不受本法规定的影响。

德国环境信息法

(1994 年 7 月 8 日公布)

第 1 条 本法的目的

制定本法之目的是为确保自由获取并传播由主管部门掌握的环境信息，规定获取环境信息的先决条件。

第 2 条 应用范围

本法适用的环境信息是：

（1）由第 3 条第 1 款规定的联邦、州、社区、协会或其他法人所掌握的环境信息；

（2）执行环境保护任务的法人或自然人，他们处在有关部门监督之下。

第 3 条 定义

主管部门是指依据管理程序法第 1 条第 4 款执行环境保护任务的机构，不包括下列机构：

（1）联邦和州主管立法及颁布法律条款的最高部门；

（2）根据对所有人都适用的法律条款，关注环境利益的部门；

（3）追究刑事责任的法院和违纪责任的部门。

有关环境的信息是指所有文字、图像或应用其他媒体记载的数据资料，涉及以下方面：

（1）水域、空气、土壤、动植物群落及自然栖息物的现状；

（2）活动对环境的压力（如噪声），需要采取哪些措施控制对环境的危害；

（3）保护环境的行动及举措，包括环境保护行政措施及计划。

第 4 条 对环境信息的要求

根据第 2 条第 2 项，人人都有权从主管部门或其他法人获取环境信息。主管部门可以根据申请发布信息，允许保护环境的档案被查阅，开通多种信息渠道。

获得信息的其他要求不受影响。

第 5 条　提出申请和对申请的决定

申请必须有充分理由，必须根据第 3 条第 2 款清晰地反映出信息的类型；

提出的申请必须在 2 个月内得到答复，主管部门没有义务检查信息或数据的正确性。

第 6 条　相同申请的代表

50 人以上的签字申请中，或者申请的内容相同，适用管理程序法第 17 条和第 19 条。超过 50 人，则要求任命一个共同的代表，主管部门可以公布其要求。

第 7 条　限定要求和保护公共利益

下列要求不予考虑：

（1）当公众信息对国际关系、国防、政府主管部门的可信度有影响时，或危及公众安全时；

（2）在法庭审理过程中，或审讯罪犯调查过程中，或政府主管部门执行行政管理时；

（3）如果担心信息的公布会对根据第 3 条第 2 款第 1 项的环境对象造成明显的或持久的损害，或者根据第 3 条第 2 款第 3 项政府的措施受到威胁时。

如果文件内部传递未完成，数据未确定，内部尚未通知，不予受理申请。

明显不正确的申请也应被拒绝，例如申请者提出信息已公布的要求。

私人第三者没有义务必须向主管部门报告有关环境的信息。没有第三者的同意，不允许公布环境信息。在不损害第 8 条的情况下，第三者的信息必须作为申请材料或说明提交给主管部门。

第 8 条　限定要求和保护个人利益

下列要求不予考虑：

（1）公布个人信息，会给个人带来重大损害；

（2）违反著作权保护法，与信息媒体相冲突。

商业机密未经授权不得披露。不得要求提供税收和统计信息。

决定公布第 1 款受保护的信息时，必须听取有关人员的意见。如果信息是企业商业秘密，一般情况下，主管部门应从第三者所关注的利益出发。如果主管部门提出要求，第三者应对企业商业秘密进行说明。

根据第 1 款规定的信息允许公开，那么根据工商业管理条例第 139·2 条的规定，不包括在企业商业秘密之内。

第 9 条　管辖权

执行本法由掌握信息的部门负责。在第 2 条第 2 项的情况下，由对当地人员进行监督的部门负责。

州可以对其管辖的地区作出不同的规定。联邦政府通过不需要联邦参议院同意的法律条款授权对联邦部门的管辖权作出不同的规定。

第 10 条　经费

对依据本法的官方行为，将提高经费。经费应能弥补预计的开销。其他法律条款中的经费规定不受影响。

联邦政府通过不需要联邦参议院同意的法律条款，授权对联邦部门的官方处理费用作出规定。

第 11 条　公开报导环境

联邦政府每四年在联邦地区公布一次国家环境报告。第一份报告于 1994 年 12 月 31 日公布。

德国联邦污染控制法

(1990 年 5 月 14 日公布 1998 年 10 月 19 日最新修改)

第一章 一般规定

第 1 条 本法的目的

本法律的目的是保护人类、动物、植物、土地、水、大气、农作物和其他物体免受有害的环境影响，并对需要被监测的设备可能有的危害、明显的不利和负担采取保护措施，预防有害的环境影响。

第 2 条 适用范围

本法的规定适用于以下方面：

（1）设备的建立和运营；

（2）设备和依据第 32 条到第 37 条燃料和发动机燃料、材料和材料产品的生产和运营；

（3）依据第 38 条到第 40 条机动车以及它们的拖车、铁路火车、飞机和轮船以及游泳设备的特性、装备、运营和检验；

（4）依据第 41 条到第 43 条公路、铁路、磁悬铁路和有轨电车的建造。

只要涉及保护不受核能危害和电离射线的有害影响，本法的条款不适用于飞机场和处在原子法或依据原子法颁发的法律条款下的设备、仪器、装置以及核燃料和放射性材料。此外，只要联邦和州对保护水域已有其他的法律规定，本法的规定就不适用于它们。

第 3 条 定义

本法中下列用语的含义是：

有害环境影响是指对环境的侵扰，根据其种类、范围或持续时间对公众或邻里造成危害、明显的不利和负担。

侵扰是指对人类、动物、植物、土地、水、空气、农作物和其他物体产生影响的大气污染、噪声、振动、光、热、射线和类似的环境危害。

排放是指从某一设备向外发出的空气污染、噪声、振动、光、热、射线和类似的现象。

空气污染是指空气的自然组成由于烟雾、煤尘、尘土、煤气、蒸气或气味而发生了变化。

设备是指：

（1）企业场所和其他固定的设备机构；

（2）机器、仪器和其他不在第 38 条规定内的技术设备以及运输工具；

（3）储存、堆放材料或工作的地方，它们可能造成排放，但公共交通道路除外。

企业范围是指整个处在经营者监督下的范围。依据 1996 年 12 月 9 日关于控制严重事故中危险物质建议准则第 3 条第 4 款的危险物质，它们出现在企业范围里包括基本设施在内的一个或多个设备中，存在于依据准则第 3 条第 8 款的储存活动中，它们实际上以准则第 2 条所说的数量存在。这些危险物质发生在失控的化学工业处理方法中。准则第 4 条中的设备、危险和活动除外。（第 5·1 款）

本法所称技术水平是指先进方法、设备和企业的发展中达到的水平。它确保采取适当的措施，限制排放不超标。在确定技术水平时，必须特别考虑到对方法和设备进行比较，采用那些在企业试运营中证实它们是成功的方法和设备。

本法所称生产是指制作、加工或其他处理；本法定义中的"其他利用"与"采用"相同。

第二章　设备的建立和运营

第一节　需要审批的设备

第 4 条　审批

用于储存和处理废物的清除设备，根据其特点和特有运营方式在特定的情况下造成有害的环境影响，或者以别的方式危害公众或邻居，明显地产生不利影响或侵扰，这种设备的建立和运营需要审批。不为商业目的服务和不用于经营企业的设备一般不需要审批。如果它们在特定的情况下通过空气污染或噪声造成有害的环境影响，则需要审批。联邦政府听取参与各方的意见后（第51条），通过联邦参议院同意的法律条款对需要审批的设备作出规定。在法律条款中还可以规定：如果设备或主要配件是按建筑法批准的，而且它们的建立和运营与建筑法批准的情况一致，则不得审批。

建立在井上和在井上运营的矿山设备或部分这种设备需要根据第1款进行审批。露天采矿不需要根据第1款审批。要求露天采矿的通风设备有不可少的设施。

第5条　需要审批的设备经营者的义务

需要审批的设备必须按下列方式建立和运营：

（1）不可造成有害的环境影响，不可对公众或邻居造成不利影响或打扰。

（2）对有害环境的影响采取预防措施，通过与技术水平相符的措施限制排放。

（3）要避免产生废物，一旦出现废物，应按规则无害地加以利用；否则必须尽可能消除对公众健康产生的不良影响。

（4）设备的种类和停留地点在技术上没有问题，且符合上述第1项至第3项的规定，经营者应对设备所产生的热能加以利用，或者转让给愿意接受的第三者。

联邦政府听取参与各方的意见后（第51条），由联邦参议院同意的法律条款作出规定，对设备中可能出现大规模热量的设备必须按照接近第1款第4项的要求进行利用和运营。

需要审批的设备要按照如下观点建立、运营和停产，即设备运营后经营者必须保证：

（1）从设备到设备用地都不能造成有害的环境影响、其他危险、对公众及邻里明显的不利和侵扰；

（2）现存的废物要按规定无害地进行利用，或者进行对公众健康有利的清除。

第6条　提前批准

下列情况时，应给予批准：

（1）保证履行第5条和第7条法律条款所规定的义务；

（2）其他法律规定和关于劳动保护的要求不妨碍该设施的建立、运营。

为各种企业服务的设备，如果满足了第 1 款的要求，批准可以根据申请扩展到各种企业。

第 7 条　需要审批的设备的法律条款要求

联邦政府听取参与各方的意见后（第 51 条），通过联邦参议院同意的法律条款授权对设备的建立、特点、运营以及运营停工后的状况作出规定，经营者自己要对需要审批的设备进行检测，必须满足第 5 条中所规定的要求，特别是如下要求：

（1）设备必须符合规定的技术要求；

（2）从设备释放出来的排放不允许超过规定的限定值；

（3）设备的经营者必须按照法律条款规定的方法对排放和侵扰进行测量；

（4）设备的经营者必须按照法律条款规定的方法，并根据第 29 · 1 条，专业人员要对技术资料进行安全检测。检测在下列情况下进行：

（1）设备建设期或投入使用前；

（2）运营后或按第 15 条或第 16 条作较大改动后；

（3）定期进行；

（4）在停工时或停工后，只要这些检测不是按仪器安全法第 11 条所规定的。

在法律条款中可以规定，在过渡期后，只要法律条款生效时在批准中提出的要求，根据第 1 款预防对环境造成有害影响的要求必须得到满足。

在过渡期的规定和应遵守的要求中，要特别考虑到设备排放物的种类、数量和危害性，以及设备的使用期和技术特点。第 1 项、第 2 项适用于根据第 67 条第 2 款应报告的设备，也适用于本法生效前根据工商管理条例第 16 条第 4 款应报告的设备。

只要法律条款按照第 5 条第 1 款第 2 项对要求作出了规定，在要求中可以规定，在第 2 款中所指的设备允许与第 1 款和第 2 款规定的预防对环境造成有害影响的要求不一致。这只适用于经营者或者第三者通过对设备的技术措施使得排放继续减少的情况。在法律条款中还可以进一步作出规定，为了履行与邻国的国际协议，第 2 项也适用于在邻国的设备技术措施的实施。

为了实现欧洲共同体内部的决定，联邦政府可以对第 1 条所指的目标，在联邦参议院的同意下，通过法律条款对需要审批的设备提出要求，以规范这些设备的建立、特点和运营、停业和经营者自己的检测。

根据第 1 款第 1 项至第 4 项的要求，结合第 4 款，专业部门的有关报告可以发给每一个人，应有如下情况：

（1）法律条款公布的日期和资料来源的详细说明；

（2）在德国专利局保护登记情况，并以法律条款加以说明。

第 8 条　部分批准

根据对设备或部分设备的建立的申请，或对部分设备的建立和运营的申请，符合下列情况可以给予批准：

（1）存在给予部分批准的利益；

（2）对部分批准的申请对象，存在批准的前提；

（3）目前的评估结果表明，设备的建立和运营与批准条件不存在不可克服的因素。

如果实际情况发生了变化，或者在以后部分批准范围内的单个检查中，出现评估与目前的评估不一致，将撤销目前的整体评估。

第 8·1 条　提前开始的批准

在批准的审理程序中，批准部门对下列情况的申请可以给予批准：

（1）申请人的申请理由充分；

（2）提前开始批准对公众有利，对申请人有利；

（3）申请人保证对建立设备造成的损害负赔偿义务，如果计划不被批准，保证恢复到原来的状态。

可以在任何时间撤销批准。批准可以同规定的义务联系在一起，或者在追加义务条件下给予批准。为了确保申请人履行义务，只要是需要的，主管部门可以对安全工作提出要求。

在根据第 16 条第 1 款的批准审理程序中，批准部门可以在第 1 款所指的前提下批准设备的运营，条件是，变更是为了履行本法或根据本法所颁布的法律条款。

第 9 条　临时决定

如果设备作用可以达到评估效果，作出临时决定是有利的，根据申请可以临时决定批准的前提和设备的停放地点。

如果申请人没有在认可后的 2 年之内再提出批准申请，临时决定将无效。期限根据申请可延长到 4 年。

第 6 条和第 21 条的规定从原则上是适用的。

第 10 条　审批程序

审批程序取决于书面申请。申请必须附有根据第 6 条所要求的绘图、说明和其他材料。如果用于检查的材料不够，申请人根据主管部门的要求在适当的期限内补充材料。

如果材料包含有商业或企业秘密，材料要作出标记并分开提交。它的内容没有价格秘密，必须是详细的，这样第三者才可能作出评估，设备的作用涉及有多大范围。

如果材料是全面的，主管部门要在他的官方公告栏里、在设备停放地的地方报纸里公开公布这些材料。申请和材料要在公布以后 1 个月进行查阅，根据第 2 款材料除外。查阅期过后 2 周内可以对计划提出书面反对意见。提出不同意见的期限过后，所有反对意见都失效。

第 3 款的公告涉及如下内容：

（1）要指出申请是在何地何时提出的，以及供查阅的材料。

（2）要求在规定的期限内将反对意见送交发出公告的部门，同时，要指出第 3 款规定的法律后果。

（3）规定发表反对意见的日期，并指出，在申请人不在的情况下由提出反对意见的人进行说明。

（4）要指出，官方公告可以代替递交的反对意见。

给予批准的主管部门应征求计划部门的意见。

发表反对意见的期限过后，批准部门要及时把对计划的反对意见向申请人和提出反对意见的人进行说明。以特殊私人头衔提出的反对意见，要依法向正规法院申诉。

批准申请要在申请和材料提交后 6 个月内，简单的审理应在 3 个月内作出决定。如果检查有困难或其他由申请人提出的理由，主管部门根据具体情况可延长 3 个月。期限的延长应向申请人说明理由。（第 6·1 款）

批准决定要以书面形式发放，并送交申请人和提出反对意见的人。

把批准决定送交提出反对意见的人，可以官方公告代替。官方公告也起到部分决定作用和法律教育作用。应指出承担的义务。在这种情况下，签发整个决定应从公告后当天开始到 2 周之内供查阅。在官方公告中应说明在何地何时查阅决定和理由，要根据第 6 款的要求。查阅期结束后，决定也应提供给没有提出反对意见的第三者，这一要求应在公告中指出。官方公告后，对反对意见作出的决定和理由应以书面形式提出。

以上各款相应的适用于临时决定的给予。

联邦政府通过联邦参议院同意的法律条款授权对审批程序作出规定。在法律条款中，也可以对简化审批程序（第19条）、临时决定（第9条）、部分批准（第8条）、提前开始的批准（第8·1条）作出规定。

联邦国防部长与联邦环境、自然保护和反应堆安全部长协调一致后，通过联邦参议院同意的法律条款的授权，可对为国防服务的设备的审批程序作出与第1款至第9款不一致的规定。

第10·1条　管理资助（失效）

第11条　第三者在部分批准和临时决定中的异议

已同意部分批准和临时决定，在设备的建立和运营批准生效后，就不可在以前审理中提出的事实基础上或根据已提交的解释材料再提出异议。

第12条　对批准的附加规定

只要是确保履行第6条所指的批准前提，可以有条件地给予批准，并与附加义务联系在一起。

可以根据申请在一定时间内给予批准。如果需要审批的设备只为试验目的服务，批准可以同取消保留条件一起进行。

批准后应按规定对设备的建立和运营提出要求，批准可以在对申请人保留撤销许可的权利时给予。此规定适用于参与部门没有及时发表意见的情况。（第2·1款）

符合第6条第2款的情况时，申请人有义务及时通知主管部门在批准的企业内第一次生产或应用。（第2·2款）

可以只在一定时期内给予部分批准。部分批准可以随时取消，直到决定给予批准为止，或在批准时附以限制性条件。

第13条　批准和其他部门的决定

批准包括部门的决定，特别是官方的批准、许可、同意。矿山计划的制订和批准，原子法规定基础上的官方决定，以及根据水管理法第7条、第8条的允许和批准除外。批准可以同应遵守的义务和条件一起给予。能源经济法第4条不受影响。

第14条　私人预防要求的例外

如果设备的批准是不可辩驳的，私人（但非名人）要求预防土地对邻近土地的不良影响，不可以要求设备停工，但可以要求采取预防措施，以排除不利影响。当这些预防措施由于技术障碍不能实施时，或者从经济价值考虑不值得推行时，可以要求赔偿损失。

第 14 · 1 条　简化的起诉

如果管理部门在申请人提出反对意见 3 个月之后还不作出决定，申请人可以起诉管理部门。

第 15 条　对需要审批的设备的修改

改变需要审批的设备的位置、特性或运营，只要申请还没有批准，则至少要在修改前 1 个月向主管部门报告情况。报告要附上依据第 10 条第 1 款的材料。主管部门必须以书面形式向计划的承办者证明接到报告和附件材料，并在接到报告和材料后通知计划的承办者，为了对第 16 条第 1 款的前提条件进行评估，还需要哪些补充材料。本法生效前，根据工商业管理条例第 16 条第 4 款对设备进行说明。

主管部门必须及时地、最晚在接到说明后 1 个月之内对修改进行审查，决定是否需要批准。一旦主管部门通知修改不需要批准，或者在规定的期限内没有发表对修改的意见，则允许承办者进行修改。

如果经营者打算让需要审批的设备停工，他必须及时地向主管部门报告。报告必须附有经营者为履行第 5 条第 3 款的义务所采取的措施材料。

根据第 10 条第 10 款的法律规定，审理的细节可以根据第 10 条第 1 款至第 3 款作出规定。

第 16 条　需要审批的设备的重要变更

如果变更可能造成明显的不利影响，对设备位置、特性或运营的变更需要批准；如果变更引起的不利影响很小，变更不需要批准。

如果计划的承办者提出的变更不会对第 1 条所指对象产生明显的不利影响，或者他们已采取措施排除影响，或者不利影响是微不足道的，主管部门应放弃公布计划和申请。如果重要变更涉及的是简单审理中的设备，则变更也要在简单审理中给予批准，相应的适用第 19 条第 3 款。

对申请的批准应在 6 个月以内作出决定，第 2 款规定的情况要在 3 个月以内作出决定。其余情况，相应的适用第 10 条第 6 · 1 款第 2 项、第 3 项。

计划的承办者可以为第 15 条第 1 款需要报告的变更申请批准。要在简单审理中给予批准，相应地适用第 3 款和第 19 条第 3 款。

批准的设备或批准的设备配件在给予批准的范围内进行替换或交换，不需要批准。

第 17 条　补充规定

为了实施本法或根据本法所颁布的法律条款规定的义务，可以在批准和根据第 15 条第 1 款的修改以后作出规定。如果在批准和根据第 15 条第 1 款的修改以后，公众和邻居所面临的有害环境影响或其他危险、明显的不利和侵扰没有得到有效的控制，主管部门应作出补充规定。

如果实施规定所要求的费用与规定所要求的不相符，主管部门应不允许作出补充规定。要特别考虑到从设备释放出来的排放，排放的种类、数量、有害性和所造成的侵扰，以及设备的使用期和技术特点。如果由于不协调而不允许作出补充规定，则主管部门应全部或部分取消第 21 条第 1 款第 3 项至第 5 项前提下所作的批准，适用第 21 条第 3 款至第 6 款。

通过法律条款最后作出了规定，就不允许再通过补充规定提出预防有害环境影响的要求。

计划中已制定减少排放量的技术措施，主管部门就应放弃补充规定。批准补充规定是为了实施本法或根据本法所颁布的法律条款规定的义务，并促进实现第 1 条的目标。（第 3·1 款）

如果实施规定的要求对设备的位置、特性或运营进行重要变更，而且也未最后决定以何种方式实施，变更则需要根据第 16 条的规定批准。

整体设备停工以后，可以限定在 1 年期限内作出规定，以实施第 5 条第 3 款的义务。（第 4·1 款）

第 1 款至第 4·1 款相应地适用于第 67 条第 2 款说明的设备，或者本法生效前根据工商业管理条例第 16 条第 4 款说明的设备。

第 18 条　解除批准

下列情况下批准失效：

（1）在批准部门规定的期限内没有开始设备的建立和运营；

（2）设备没有运营超过 3 年。

只要提出要求，批准可以取消。

批准部门可以在不损害本法目标的情况下，申请有重要理由时，可延长第 1 款的期限。

第 19 条　简化的审理

根据第 4 条第 1 款可以规定在简化的审理中对一定种类或一定范围的设备给予批准，条件是设备引起的有害环境影响的方式、规模和时间长短，其他危害、明显的不利和侵扰，同被保护的公众和邻居达成一致协议。第 1 款相应地适用于废物清除设备。

在简化的审理中，不适用第 10 条第 2 款、第 3 款、第 4 款、第 6 款、第 8 款、第 11 条和第 14 条。

根据计划承办者的申请，与第 1 款、第 2 款规定的情况不同，不能在简化的审理中给予批准。

第 20 条　禁止、停工和清除

如果需要审批的设备经营者不履行义务和补充规定，主管部门可以全部或部分地禁止运营，直到履行义务和规定为止。

经营者没有采取足够的措施预防严重事故，或控制事故影响不得力，主管部门必须全部或部分禁止非审批设备的运营。如果经营者没有按期递送规定的通知、报告或其他信息，主管部门可以全部或部分禁止第 1 款规定的设备的运营。（第 1·1 款）

主管部门应对没有批准的设备的建立、运营或变更作出停工或清除规定。如果公众和邻居不能以其他方式得到足够的保护，主管部门必须规定进行清除。

如果不能遵守法律条款，保护环境免遭有害影响，主管部门可以通过经营者或企业领导的委托人禁止设备运营，以保护公众健康。根据申请可以允许由保证按规定经营设备的人经营设备。批准可以同义务联系在一起。

第 21 条　撤销批准

如果对根据本法所给予的批准有争议，允许全部或部分在符合下列情况下撤销批准：

（1）根据第 12 条第 2 款撤销批准；

（2）如果批准同义务联系在一起，没有在规定的期限内履行义务；

（3）批准部门根据后来出现的蒙受损害的事实有权撤销批准，不撤销批准则公共利益会受到威胁；

（4）经营者还没有利用批准，批准部门根据已修改的法律条款有权撤销批准。

批准部门了解到证明撤销批准是正确的事实，那么允许在批准后 1 年之内撤销批准。

批准部门没有规定撤销批准的期限，撤销批准将无效。

如果在第 1 款第 3 项至第 4 项的情况下撤销批准，则批准部门根据申请应对有关人员的财产损失给予赔偿。

州可以规定不同的赔偿义务。

对赔偿的争议通过法律途径解决。

如果第三者提出争议的批准是在预审程序或行政法院的诉讼程序中被撤销的，在异议或诉讼已经由此得到补偿的情况下，第 1 款至第 6 款规定不适用。

第二节　不需要审批的设备

第 22 条　非审批设备经营者的义务

非审批设备必须在下列情况下建立和运营：

（1）防止技术措施可以避免的环境危害；

（2）采取可能的措施将不可避免的环境危害限制到最低点；

（3）按规定对设备运营中出现的废物进行清除。

联邦政府听取参与方的意见后（第 51 条），通过联邦参议院同意的法律条款，根据废物的种类和数量，授权对适用于第 5 条第 1 款第 3 项要求的设备作出规定。所有为非商业目的的服务和不用于经济企业的设备，它的义务是为了防止和限制由大气污染和噪声对环境造成的危害。

其他法律规定不抵触。

第 23 条　对非审批设备的建立、特性和运营要求

联邦政府听取参与方的意见后（第 51 条），通过联邦参议院同意的法律条款授权对非审批设备的建立、购置和运营提出要求，以保护公众和邻居免受危害。为了预防对环境造成危害，必须满足下列要求：

（1）设备必须符合规定的技术要求；

（2）从设备释放出来的排放不能超过一定的限量；

（3）设备的经营者必须按法律规定的方法，对排放和侵害进行测试，或由法律授权的部门进行测试；

（4）设备的经营者必须立即向主管部门说明设备投入使用和主要变更

的情况；

（5）只有在出示州的最高主管部门发放的专业证明以后才能运营设备，证明设备符合法律或第33条。

根据第1款的规定，仪器装备的可靠性要满足专业要求。在第1项条款中，应规定明确的、必要的要求。由于第1款第1项至第3项的要求，相应地适用第7条第5款。

对某些非审批设备，可以根据第1款作出规定，计划承办者的申请，要根据第4条第1款给予批准。对有关设备可以由非审批设备的部门应用审批设备的规定。第19条第2款、第3款相应地适用于审理程序。（第1·1款）

如果联邦政府没有授权，州政府可以通过法律规定授权对批准的要求作出规定。州政府也可以把授权转交给一个或几个州的最高部门。

第24条　对特别个例的规定

主管部门可以在个别情况下为实施第22条和本法所支持的法律条款作出规定。如果规定的目标可以通过劳动保护的措施实现，应对其措施作出规定。

第25条　撤销

如果设备的经营者没有根据第24条第1款满足主管部门的要求，主管部门可以全部或部分禁止设备的运营，直到满足要求为止。

经营者没有采取足够的措施预防严重事故，或限制事故影响不得力，主管部门必须全部或部分禁止非审批设备的运营。如果经营者没有按期报送规定的通知、报告或其他信息，主管部门可以全部或部分禁止第1款规定的设备的运营。（第1·1款）

如果由设备引起的有害环境影响威胁公众和邻居的生命和健康，主管部门应全部或部分禁止设备的建立和运营。

第三节　对排放和侵扰的通知，安全技术考核，设备安全技术委员会

第26条　由于特殊原因而进行的测量

如果担心设备引起环境危害，主管部门可以作出规定，允许需要审批的设备经营者或非审批设备的经营者，通过主管部门公布的单位调查设备的排放，以及设备影响范围内的侵扰。主管部门可授权对有关调查的种类和范围等细节作出规定。

第 27 条　排放说明

需要审批的设备经营者有义务向主管部门作出报告，说明大气污染的种类、数量、区域和时间的分布情况，释放出来的条件（即排放说明）。每两年要根据最新情况，对排放说明进行修改、补充。

如果具备第 1 款所要求的知识和资料，则不必适用税收法的第 93 条、第 97 条、第 105 条第 1 款，以及与 105 条第 1 款和第 116 条第 1 款相关的第 111 条第 5 款。财政部门在审理税收处罚过程和处理与税收程序有关的事项中，需要这些知识。这涉及公众的利益，对那些故意提供假报告的个人应绳之以法。

单个排放说明报告因涉及企业或商业秘密不能发表。在报送排放说明时，经营者必须通知主管部门并说明理由。单个排放说明报告涉及企业或商业机密是允许的。

第 28 条　对审批设备的第一次检测和复测

主管部门可以对需要审批的设备根据第 26 条提出如下要求：

（1）运营后或依据第 15 条或第 16 条的变更后；

（2）3 年期满以后进行检测和复测。

如果主管部门认为有必要对设备的排放方式、数量和危害性在第 2 项所指的期限内进行必要的调查，该主管部门应根据经营者的申请予以同意，调查由保卫人员执行，因为他们有必备的专业知识，可靠，有仪器技术装备。

第 29 条　常规连续检测

主管部门可以根据第 26 条或第 28 条不通过单项测试或附带测试，而在测试仪器的应用中调查一定的排放或侵扰情况，对需要审批的设备作出规定。对有明显空气污染排放物或废气的设备，特别是每小时排放 5 万立方米以上废气的设备，应根据第 1 款作出规定。超过法律或规定中制定的排放界限值，设备的种类不可除外的，要进行常规连续检测。

适用第 22 条，主管部门可以不通过根据第 26 条的单项测试或附带测试，而在测试仪器的应用中调查某些排放或侵扰情况，对不需要审批的设备作出规定。进行常规连续检测是必要的，目的是了解是否通过设备引起有害的环境影响。

第 29·1 条　安全技术检测的规定

主管部门可以规定，由需要审批的设备经营者委托主管部门根据州法律公布的专业人员进行安全检查和安全技术资料的检查。如果他们具备必要的专业知识和仪器技术装备，检查也可以由事故障碍委托人员（第58·1条）、根据仪器安全法第14条的专业人员或根据仪器安全法第2条第2·1款颁发的法律条款认可的专业人员进行。上述规定同样也适用于根据工商业管理条例第36条第1款任命的上述规定，专业人员，上述规定在安全技术检测方面具有特别的专业知识的，主管部门授权对安全技术检测的方法、范围以及提供检查结果作出规定。

可以规定检查在下列时间进行：

（1）设备建立时或开始运营前；

（2）开始运营后；

（3）定期；

（4）设备停工时；

（5）没有满足一定的安全技术要求而暂时停工时。

第1项也适用于依据第15条或第16条进行设备维修时。

经营者必须最迟在检查以后1个月内将安全技术检测的结果报送主管部门。为了防御危险事故的发生，经营者必须及时送交检测结果。

第30条　测试的费用和安全技术检测

调查排放、侵扰的费用和安全技术检测的费用由设备的经营者承担。对不需要审批的设备，经营者只承担根据第26条或第29条第2款调查信息所需的费用。要求调查的提出是由于下列情况：

（1）根据本法或本法所支持的法律条款中的义务和规定没有得到满足；

（2）根据本法或本法所支持的法律条款规定的义务。

第31条　排放和侵扰的咨询

设备的经营者必须将第26条、第28条或第29条规定基础上的调查结果报送主管部门。根据第29条的测试结果要保留5年。主管部门可以对报送测试结果的方式作出规定。

第31·1条　设备安全技术委员会

在联邦环境、自然保护和反应堆安全部成立设备安全技术委员会。设备安全技术委员会在防止事故的发生以及限制其影响等安全技术问题方面，对联邦政府或主管部提供咨询。考虑其他规定的保护目标时，设备安全技术委员会对安全技术水平应提出相应规定的建议。

在设备安全技术委员会中，除参与的联邦部门的代表和州的最高部门的代表，以及根据第 3 款的下级委员会的主席外，应特别任命科学代表、根据第 29·1 条专业人员的代表、设备经营者的代表、职业联合会的代表、根据仪器安全法第 11 条第 2 款和根据危险物质条例第 44 条第 1 款任命的委员会主席以及事故委员会的主席。设备安全技术委员会可以组成下级委员会，由非设备安全技术委员会成员的专业人员组成。

设备安全技术委员会制定有关活动规定，选举主席，并需要联邦环境、自然保护和反应堆安全部的批准。

联邦环境、自然保护和反应堆安全部听取州主管设备安全部门的意见后，在联邦报告中发表安全技术规定。

第三章　设备、材料、产品、燃料、发动机燃料和润滑剂的特性

第 32 条　设备的特性

联邦政府听取参与方的意见后（第 51 条），通过联邦参议院同意的法律条款授权作出规定，允许企业和其他机构以及第 3 条第 5 款第 2 项说明的设备，使之用于商业目的，条件是须满足保护环境免受空气污染、噪声和振动危害的要求，特作如下规定：

（1）设备和成批生产部件的污染物排放不允许超过规定的量；

（2）设备和成批生产部件必须与限定排放的技术要求相符合。

考虑到技术的发展，排放限定值可以在法律条款生效后确定。

法律条款还规定，只有详细说明排放量的数量等级之后，才允许设备和成批生产的部件用于商业目的或经济企业。

第 33 条　建筑方式的审批

联邦政府听取参与方的意见后（第 51 条），通过联邦参议院同意的法律条款授权作出如下规定，以保护环境免遭有害影响和预防有害的影响：

（1）在第 3 条第 5 款第 1 项或第 2 项说明的设备或这种设备的某些配件可以根据建筑方式进行批准，其义务同建筑方式的审批可以联系在一起。

（2）如果设备或配件的建筑方式是经批准的，设备或配件符合批准的样品，成批生产的设备或成批生产的配件允许在商业企业的范围内使用。

（3）规定建筑方式的审批程序。

（4）规定建筑方式的审批应缴纳的费用。费用是指与检查有关的人员

和物资的费用，特别是为专业人员、检查设备和材料、检查方法的开发和经验交流的费用。如果检查没有开始或没有结束，只要有理由，也可以规定提供费用。费用的高低取决于专业人员为各种检查所需要的时间。对费用减免、费用债权、负债、费用偿还的范围和费用的提高，法律条款可以作出与1970年6月23日管理费用法不相同的规定。

建筑方式的批准只允许取决于第32条第1款和第2款或其他法律条款所规定的要求，以及设备或配件的排放证明资料。

第34条　燃料、发动机燃料和润滑剂的特性

联邦政府听取参与方的意见后（第51条），通过联邦参议院同意的法律条款授权作出规定，允许生产燃料、发动机燃料、润滑剂或附加剂，并用于商业目的或经济企业，条件是须满足保护环境免受空气污染、噪声和振动危害的要求，特作如下规定：

（1）燃料、发动机燃料和润滑剂的自然组成部分或附加剂，导致空气污染或有碍空气污染的防治措施，不应添加，如要添加，则不允许超过规定的限量；

（2）引起空气污染的燃料、发动机燃料和润滑剂的附加剂，它们导致空气污染，有碍空气污染的防治措施，只允许以特殊的形式组成；

（3）燃料、发动机燃料和润滑剂必须含有一定的附加剂，以限制空气污染的产生；

（4）燃料、发动机燃料和润滑剂或附加剂必须经过规定的处理，以限制空气污染的产生；

（5）用于商业目的或经济企业的液体燃料、发动机燃料和润滑剂或附加剂，其生产和出口适用本法。联邦高级主管部门应作如下说明：

①对化学组成成分含有碳、氢和氧的燃料、发动机燃料和润滑剂的附加剂，要加以说明；

②对附加剂的种类和含量，附加剂燃烧时可能造成的环境危害，必须加以说明。

考虑到技术的发展，可以在法律条款生效后制定要求。第1款至第3款的要求应与第7条第5款相符合。

联邦政府通过联邦参议院同意的法律条款授权对下列情况作出规定：

（1）在进口燃料、发动机燃料和润滑剂或附加剂时，要向海关部门提

供生产者的书面说明，阐述燃料、发动机燃料和润滑剂或附加剂的特点，发货时须能提供这些说明；

（2）进口商应采用这些说明作为自己的商品说明；

（3）关于燃料、发动机燃料和润滑剂或附加剂特点的书面说明，必须包括在内；

（4）不需报关的燃料、发动机燃料和润滑剂或附加剂，在运输中进口商必须向当地主管部门报告；

（5）在燃料、发动机燃料和润滑剂或附加剂的储存中，必须登记入账，从账本上可以看出燃料、发动机燃料和润滑剂或附加剂的供货情况；

（6）用于商业目的或经济企业中的原料和附加剂，其特点的说明要通俗易懂；

（7）对用于商业目的或经济企业中的原料和附加剂，在使用时应标明它们的特点。

第 35 条　原料和产品的特性

联邦政府听取参与方的意见后（第 51 条），通过联邦参议院同意的法律条款授权作出规定，可以采用焚烧的方式，消除和回收部分原料和原料产品，以减少空气污染造成的环境危害。其组成和生产方式满足保护环境不受空气污染危害的要求，则可以允许在经济企业内生产、进口和使用。授权不涉及设备、燃料、发动机燃料和运输工具。

考虑到技术不断发展，对第 1 款的要求可以在法律条款生效之后作出规定。由于第 1 款和第 2 款的要求，相应地适用第 7 条第 5 款。

如果已对保护公众健康不受空气污染造成的环境危害达成一致意见，则要按照第 1 款的规定对生产方式作出规定。要求原料和原料产品的说明要明白易懂，必须标明焚烧时可能产生的环境危害，以及要采取哪些方法才能避免环境危害的方法。

第 36 条　出口

根据第 32 条至第 35 条，对生产、进口和使用所作的规定不适用于本法管辖范围之外的设备、原料、产品、燃料、发动机燃料。

第 37 条　实施国家间的协议和欧洲共同体的决议

为了履行国家间的协议和欧洲共同体内部的决议，为实现第 1 条所指的目标，联邦政府通过联邦参议院同意的法律条款允许在经济企业范围内使用设备、材料、产品、燃料、发动机燃料。法律条款是为履行欧洲共同体内部关于防止来自机动车气态有害物和空气污染颗粒的排放的决议服务的。联邦车管局作为审批部门可以作出规定，并将其处在联邦环境、自然保护和反应堆安全部专业监测之下。

第四章 交通工具的特性和运营，公路和铁路的建设和改建

第38条 交通工具的特性和运营

机动车、拖车、有轨机动车、飞行器和船舶以及游泳器材应具有的特性是在使用中所产生的排放不能超越保护环境免受危害的临界值；在运营中产生的可避免的和不可避免的排放，应尽可能限制在最低量。

联邦交通部长和联邦环境、自然保护和核反应堆安全部长听取参与方的意见后（第51条），通过联邦参议院同意的法律条款对第1款中属于联邦交通法管辖之下的运输工具和设备的特性、装备、运营和检测提出必要的要求，以保护环境免受危害。考虑到技术不断发展，排放限定值可在法律条款生效之后确定。

由于第2款的要求，相应地适用第7条第5款。

第39条 实施国家间的协议和欧洲共同体的决议

为了履行国家间的协议或欧洲共同体的决议，为了实现第1条的目标，联邦交通部长和联邦环境、自然保护和核反应堆安全部长通过联邦参议院同意的法律条款作出规定，必须满足第38条所指机动车的特性、装备、运营和检测要求。由于本条第1款的要求，相应的适用第7条第5款。

第40条 交通限制

州政府通过法律条款授权确定一些由于天气原因必须限制或禁止机动车的地区，以避免或减少空气污染造成日益增长的环境危害。法律条款也可以规定交通限制的时间和范围。当主管部门公布天气情况后，道路交通部门要在这些地区对法律条款中指定的机动车，按照交通法规作出完全禁止或部分禁止交通的规定。

侵扰防护主管部门认为有可能减少空气污染造成的环境危害，考虑到交通需求以及城市建设情况，根据交通法规，道路交通部门可以在一定的

道路上或地区，对机动车作出限制或禁止的规定。联邦政府听取参与方的意见后（第51条），通过联邦参议院同意的法律条款对污染物的浓度值作出规定。如果超越规定的浓度值，依据第1款要对所采用的措施（如测试和评估方法）进行检查。

第40·1条　在高臭氧浓度时的交通禁运

公路三个测试站之内，相距多于50公里少于250公里，柏林、不来梅、汉堡，至少相距一站，在这些联邦地区或州地区的公路上，要依据第40·2条至第40·5条，在下列情况下禁止机动车交通：

（1）同一天臭氧浓度达到平均每立方米空气含有240微克时；

（2）在德国气象预报的基础上，第二天在测试站应采用第1项所规定的浓度。

在有关地区禁止交通由州同邻州联合决定。根据1992年9月21日由臭氧引起空气污染的建议准则的方法，由州规定臭氧允许浓度，并通知其他州。

臭氧浓度达到每立方米空气含有180微克时，主管部门应要求机动车的司机和主人以及燃烧发动机的经营者，在非商业地尽可能地不要使用机动车。

第40·2条　交通禁运程序

州的最高公路交通部门通过无线电、电视、日报或以其他方式根据第40·1条第1款公布交通禁运。交通禁运在公告后第二天6时开始，持续24小时。

机动车的排放方式和范围没有达到高臭氧浓度时，根据第1款的公告可以在州的某地区不实行根据第40·1条第1款的交通禁运。

第40·3条　有害物排放少的机动车

第40·1条第1款的交通禁运对有害物排放少的机动车不适用。

如果有官方的标志，有害物排放少的机动车允许运营。州法律可对具体细节作出规定。

第40·4条　为特别目的的行驶

第40·1条第1款的交通禁运不适用于下列情况：

（1）根据客运法第42条和第43条第1项、第2项的交通线路，或者根据免责条例第1条的运输；

（2）根据客运法第 49 条第 1 款运送职业人员往返工作地点的租赁小车；

（3）根据客运法第 47 条和第 49 条第 4 款的客运车；

（4）用于急救、医疗、具有相应标志的汽车和救护车；

（5）运送残疾人的机动车，根据残疾人法第 4 条第 5 款，车上有标志；

（6）公共运输和铁路的救助供应车、公共能源和水供应车、家庭垃圾清除车；

（7）为下列目的运营的机动车：

①为维持农业企业生产；

②为执行林业保护措施；

③运输活的动物；

④运输易腐败的物品。

第 40·1 条第 1 款的交通禁运不适用于往返工作地和往返休假地的运输。公路交通部门应作出详细规定。

根据公路交通条例第 35 条，可以要求特别权利的汽车不包括在内。公路交通条例第 35 条第 5 款的特别权利在规定的范围适用于北大西洋非协议国家的非德国部队，允许他们在军事合作的范围内在德国停留；也适用于在联邦军的委托下使用的民用机动车，以履行联邦军的庄严任务。

第 40·5 条　例外

机动车的利用是为公共利益或重要的私人利益服务，特别是为了保证维持生产或人民的生活必需品所要求，公路交通部门可以在特殊情况下不批准根据第 40·1 条第 1 款的交通禁运。

此外，公路交通部门可以在特殊情况下不适用第 40·3 条，对两轮胎或三轮胎有害物排放少的机动车不批准根据第 40·1 条第 1 款的交通禁运。

根据第 1 款和第 2 款排除在外的机动车要根据州法律作出标志。

第 41 条　公路和铁路

修建和改建公路、铁路、磁悬铁路和有轨电车路时，要避免产生交通噪声，防止对环境造成危害。

当保护措施的资金与追求的保护目标不相称时，不适用第 1 款。

第 42 条　对隔音保护措施的补偿

在第 41 条情况下，超过依据第 43 条第 1 款规定的排放界限值，则有关的设备拥有者有权向承建者提出适当赔偿的要求，用以补偿使用设备造成的不良影响。此规定也适用于已批准设备的建设。

对设备的隔音保护措施，必须是花费多少就补偿多少，只要符合第 43 条第 1 款规定，给予其他赔偿，此规定不受影响。

如果承办者与有关人员就补偿不能达成一致意见，主管部门根据参与者的申请，用书面决定对赔偿作出规定。州的财产没收法对审理程序是适用的。

第 43 条 联邦政府的法律规定

联邦政府听取参与方的意见后（第 51 条），通过联邦参议院同意的法律条款授权颁发为实施第 41 条和第 43 条第 1 款和第 2 款所要求的规章，特别是如下方面：

（1）不允许超越的排放界限值，以保护邻居不受噪声的有害环境影响，以及排放和侵扰的调查方法；

（2）建设公路、铁路、磁悬铁路和有轨电车路的一定技术要求，以避免噪声的有害环境影响；

（3）建设设备时，为避免噪声的有害环境影响所采取的预防措施的种类和范围。

第 1 项的法律条款要考虑到铁路交通。

由于第 1 款的要求，相应地适用第了条第 5 款。

第五章 对联邦领域内空气污染的监测
空气净化计划和减少噪声的计划

第 44 条 监测的地区

为了了解联邦德国地区空气污染的现状和发展趋势，获取补救和预防措施，主管部门应依据州法对规定的监测地区进行检测，查明可能造成环境危害的空气污染的种类和范围及其后果。对该地区排放值的超标也要进行检查。执行本规定，目的是保护健康，避免危害，也是为了执行欧洲共同体的内部决议。

监测地区是已出现或可能出现空气污染的地区，原因是：

（1）多次长时间出现；

（2）高浓度；

（3）各种空气污染带来的环境危害可能造成危险。

州政府通过法律条款授权按照第 1 款规定进行检查。可以规定空气污染的检查只限定在部分地区进行。

在考虑气象因素的条件下，根据第 46 条规定进行排放登记。

第 45 条　测量的方法和使用

只要是为在联邦地区统一评价空气污染的水平和发展所要求的，联邦交通部长和联邦环境、自然保护和核反应堆安全部长在联邦参议院同意后，为实施第 44 条第 1 款发布关于下列一般管理规定：

（1）测量对象；

（2）测量方法和测量仪器；

（3）确定测量部门的数目和地点；

（4）评价测量结果；

（5）报告给公众。

第 46 条　排放登记

根据州法规定的主管部门应提供在第 44 条所指地区的排放登记情况。说明包括一定设备和汽车引起的空气污染的种类、数量、分布的范围和时间、出现的条件，并确定空气污染为下列对象：

（1）作为根据第 45 条第 1 项的测量对象；

（2）排放说明的对象（第 27 条）。

为排放登记的调查要说明考虑根据第 26 条、第 28 条、第 29 条和第 52 条的测量结果。州政府通过法律条款授权确定合适的部门，为制定排放登记进行必要的说明，特别要对当地燃料燃烧的功能和烟囱的高度进行调查，并向主管部门报告，同时对赔偿作出规定。主管部门要对第 1 项规定的对象进行检查，对排放登记进行补充。联邦环境、自然保护和核反应堆安全部长在联邦参议院同意后制定颁发排放登记应注意的一般管理原则。

州也可以在第 1 款第 1 项所指的其他条件下，对制定排放登记作出规定。

第 47 条　空气净化计划

如果根据第 44 条第 4 款评估在全部检查地区、部分地区或在根据第 44 条第 2 款第 2 项的地区为执行本法规定，保护健康免遭危害，或为执行欧洲共同体的内部决议而制定的排放限定值，州法规定的主管部门要制定空气净化计划作为整顿计划。如果出现由空气污染引起的其他有害环境影响，应对检查地区或部分检查地区制定整顿计划。如果空气污染超过欧洲共同体内部决议制定的排放限定值，或者可能使土地规划和州计划利用该地区的目标受到不良影响，为预防有害环境影响（预防计划）可以制定空气净化计划。空气净化计划可以限制为一定的空气污染物质、部分检查地区和一定种类的排放源。在制定空气净化计划时要注意土地规划和州计划的要求。

空气净化计划包括以下内容：

（1）对所有或一定空气污染物质所规定的排放和侵扰进行说明；

（2）对第 1 条所指的保护对象的影响进行说明；

（3）确定空气污染的原因和影响；

（4）对排放和侵扰情况将发生变化的预测；

（5）对第 1 款中所指的排放值进行说明；

（6）减少空气污染的措施以及预防措施。

主管部门对空气净化计划的具体措施作出规定，并依据本法或其他法律规定来执行。如果空气净化计划已作了规定，计划主管部门必须作出是否执行或在多大范围内执行这个计划的决定。

第 47·1 条　减小噪声的计划

在噪声造成或可能带来环境危害的地区，社区和主管部门应掌握噪声源的危害，并确定它们对环境的影响。

如果噪声造成和可能带来环境危害，为排除或减少环境危害，要求对各种噪声源采取行动，社区和主管部门要为居住区和其他值得保护的地区制定减少噪声计划。在制订计划时，应注意土地规划和州的计划。

减少噪声计划应包括下列说明：

（1）测定的和可能出现的环境危害；

（2）噪声源；

（3）减少噪声的措施或减少噪声危害的措施。

相应地适用第 47 条第 3 款。

第六章　总的规定

第 48 条　管理规章

为执行本法和本法所颁发的联邦法律条款，联邦政府听取参与方的意见后（第51条），通过联邦参议院同意的法律条款授权颁发一般管理规章，特别是关于下列内容的规章：

（1）不超过达到第1条所指目标的排放值；

（2）根据技术水平避免超过排放值；

（3）调查排放和侵扰的方法；

（4）主管部门对设备应采取的措施，可以为第7条第2款或第3款作出规定，但要考虑当地的前提条件。

第48·1条　履行欧洲共同体的决议

为履行欧洲共同体的内部决议，为第1条所指的目标，联邦政府可以在联邦参议院同意后颁发侵扰、排放界限值，包括调查方法以及遵守、监测和测量这些值的法律条款。在法律条款中也可以规定要如何向人民报告。在第1款和第2款授权基础上的法律条款也需要联邦参议院的同意。如果联邦参议院在接到联邦政府的批准材料后3周之内不答复，就视为同意。

根据第1款制定的措施，要由官方管理部门的主管承办人决定，根据本法或其他法律条款来实施。只要制定了计划，主管计划的承办人必须决定是否和如何考执计划。

为履行欧洲共同体的内部决议，为第1条所指的目标，联邦政府可以在联邦参议院同意后，在法律条款中说明部门履行义务的理由，给予他们权限，以处理和利用与个人有关的数据，只要这些是评价和检查必需的。

第49条　对特定地区的保护

州政府通过法律条款授权作出规定，对特定地区需要特别保护，使它们免遭空气污染或噪声带来的危害，为此作出如下规定：

（1）损害环境质量的设备不允许运营；

（2）不得设立某些固定设施；

（3）损害环境质量的和位置固定的设备只允许在规定的时间内运营，而且必须满足运营的高技术要求；

（4）设备和燃料造成空气污染和噪声，对环境带来危害，不符合本地区环境保护要求，设备里的燃料就不能用，或者只能限制性地使用。

州政府授权通过法律条款作出规定，对那些空气污染危害不断增加的地区，必须引起人们的高度重视。对这些地区可以作出如下规定：

（1）损害环境的和位置固定的设备只允许在规定的时间内运营；

（2）由主管部门公布，根据气候的变化引起空气污染的燃料不能在设备里用，或者只能限制性地使用。

州法律授权社区和社区联合会批准发布地方规定。保护人民健康，避免受空气污染和噪声造成的环境危害。

第 50 条　计划

在区域规划中，应划分出一定的面积专用于规定的目标，对主要用于居住的地区和需要保护的地区，应尽可能地避免环境危害。

第 51 条　倾听参与各方的意见

授权批准颁发法律条款和一般的管理条例，都要规定听取参与各方的意见，即科学界代表、有关人员、经济界代表、交通界代表以及州里主管侵扰防护最高部门代表的意见。

第 51·1 条　事故障碍委员会

在联邦环境、自然保护和反应堆安全部成立事故障碍委员会对联邦政府提供咨询。要任命设备安全技术委员会的主席进入事故障碍委员会。与联邦劳动和社会部协调一致后，还要任命科学代表、环境协会代表、工会代表、参与的经济界代表、州主管侵扰和劳动保护最高部门的代表参加事故障碍委员会。

事故障碍委员会应定期或有特殊原因时说明改善安全状况的可能性。

事故障碍委员会制定业务规范，从中选举主席。业务规范和选举主席必须与联邦劳动和社会部协调一致后，得到联邦环境、自然保护和反应堆安全部的同意。

第 51·2 条　确保送交的可能性

需要审批的设备经营者必须保证，在本法应用范围内的文件可以送达他。如果可以任命的全权代表送交，则经营者必须任命主管部门的全权代表。

第 52 条　监测

主管部门必须对本法和本法支持的法律条款的实施进行监测。

设备的拥有者和经营者以及土地的拥有者和经营者有义务允许主管部门的成员和他们的委托人进入土地，以预防紧急危险，保护公共安全和秩序，允许进入住宅进行检查，包括进行排放和侵扰的调查。有义务提供咨询和提供材料，这是完成任务所需要的。住宅不受侵犯的基本权利（基本法第 13 条）受到限制。根据主管部门的要求，为设备的经营者任命侵扰保护人员或事故障碍委托人员。根据主管部门的要求，设备的经营者必须请教侵扰保护人员或事故障碍委托人员采取监测措施。设备的拥有者和经营者在他们的义务范围内，必须提供劳动力以及辅助资金，特别要提供燃料和成套传动设备。

在根据第 32 条至第 35 条和第 37 条颁发的法律条款的规定下，第 2 款相应地适用于设备、材料、产品、燃料、动力燃料、润滑剂的拥有者和经营者。只要是为完成任务所需要的，拥有者和经营者必须允许主管部门的成员和他们的委托人进行抽查测试。

申请人承担批准审理检查的费用。根据第 3 款进行抽查测试和检查的费用由咨询义务人员承担。其他根据第 2 款或第 3 款进行监测的费用由咨询义务人员承担。措施涉及调查排放和侵扰或监测不需要审批的设备。如果进行调查是为了下列原因，费用由咨询义务人员承担：

（1）不履行本法或本法支持的法律条款的义务和要求；

（2）为履行本法或本法支持的法律条款的义务和要求而提供条件。

咨询义务人员可以对某些问题的回答保持沉默，因为回答这些问题可能会使他自己或民事诉讼条例第 383 条第 1 款第 1 项至第 3 项成员受到处罚的危险，或根据违规法受到审理。

只要进行调查是为了实施本法或本法支持的法律条款，停工设备所在地的土地拥有者必须允许主管部门的成员进入土地，对紧急的公共安全和秩序危险采取预防措施，允许进入住宅和进行检查。住宅不受侵犯（基本法第 13 条）受到限制。执行权限时要考虑到拥有者的利益。对出现的损失，州必须作出赔偿。在第 59 条第 1 款的情况下，联邦必须作出赔偿。如果损失是监测措施不可避免的结果，和主管部门的监测措施是针对设备经营者的，设备经营者必须对州或联邦作出赔偿。

纳税条例第 93 条、第 97 条、第 105 条第 1 款、第 111 条第 5 款，以及第 116 条不得适用根据第 2 款、第 3 款和第 6 款获得的资料。只要是为了执行税收处罚审理和与紧急公共利益有关的税收审理，财政部门需要了解情况。如果咨询义务人员的报告是错误的，则要适用根据第 2 款、第 3 款和第 6 款所要求的资料。

第 52·1 条　企业组织的报告义务

资本社团中有由多个成员组成的有代表权的机构，或者个人社团中有多个有代表权的合资经营者，应向主管部门说明，按照企业管理权限的规定，确定谁代表社团并承担需要审批设备的经营者的义务。但所有组织成员或合资经营者的共同责任不受影响。

需要审批的设备的经营者，在他们的企业管理权限内，依据第 1 款确定的人员必须报告主管部门，以何种方式保证在企业内使那些旨在保护环境免遭危害、减少明显的不利因素和后果的规定和条例得到重视。

第 53 条　企业任命侵扰防护委托人

从设备的种类和大小出发，需要审批的设备的经营者应任命一个或多个侵扰防护的委托人，理由如下：

（1）设备的排放；

（2）限制排放存在技术问题；

（3）产品在按规定的使用中造成空气污染、噪声和震动等环境危害。

联邦环境、自然保护和核反应堆安全部长听取参与方的意见后（第 51 条），通过联邦参议院同意的法律条款，对需要审批的设备作出规定。其设备的经营者应任命侵扰防护的委托人。

根据第 1 款规定需要审批的设备的经营者可以不依据法律条款，任命侵扰防护委托人。不需审批的设备的经营者可以任命一个或多个侵扰防护委托人。

第 54 条　任务

侵扰防护委托人向经营者和企业成员就侵扰防护的重要事务提供咨询。他有权有义务进行下列工作：

（1）开发和应用如下方法：

①有利于环境的方法，包括避免污染和无害化利用企业内产生的废物的方法，清除废物和利用废物变热能的方法；

②有利于环境的产品，包括再提取和再利用的方法。

（2）在有利于环境的方法和产品的开发和介绍中合作，以保护环境的观点对方法和产品进行鉴定。

（3）除依据第 58·2 条第 1 款处理事故障碍委托人的任务外，遵守本法的条款或依据本法的规定，对承担义务的情况进行监督，特别是定期对厂房进行检查，对排放和侵扰进行测试，通知测定的缺陷，对克服缺陷提出措施和建议。

（4）向企业成员解释由设备造成的环境危害，依法采取措施防止环境危害。

侵扰防护委托人每年向经营者提供一份第1款规定的措施报告。

第55条　经营者的义务

经营者应书面任命侵扰防护委托人，并详细说明他们的任务。经营者要将任命侵扰防护委托人及其任务、任务变动和解除任命向主管部门说明。说明的副本必须给侵扰防护委托人。

经营者在任命侵扰防护委托人之前，应向企业和人事委员会报告他们的任务，任务变动和解除任命也应报告。（第1·1款）

经营者只能任命那些具有完成任务必备专业知识和可靠的人为侵扰防护委托人。如果主管部门了解到侵扰防护委托人不具有完成任务必要的专业知识和可靠性，主管部门可以要求经营者任命别的侵扰防护委托人。联邦环境、自然保护和核反应堆安全部长听取参与方的意见后（第51条），通过联邦参议院同意的法律条款授权作出规定，对侵扰防护委托人提出专业知识要求。

如果任命多个侵扰防护委托人，那么，经营者要关注在任务代理中的必要协调，特别是通过组成环境保护委员会的协调。同样，按照其他法律条款，除一个或多个侵扰防护委托人外，任命企业委托人时也要这样。此外，经营者还要关注企业委托人同负责劳动保护方面人士的合作。

经营者应支持侵扰防护委托人完成他们的任务。要为他们完成任务提供必要的人力帮助，提供场地、设备、仪器、资金以及给予培训。

第56条　采纳经营者的意见

如果决定对侵扰防护可能是很重要的，在决定介绍采用方法和产品以及投资前，经营者要征求侵扰防护委托人的意见。

意见要及时征求，以便在作决定时能考虑到。这些意见要提供给每个决定采用方法和产品以及投资的部门。

第57条　报告权

如果侵扰防护委托人跟某个企业领导人意见不一致，以及由于事情的特别意义，他认为需要企业领导作出决定时，经营者要通过企业内部的组织措施，确保侵扰防护委托人能把他们的建议或想法直接地报告给企业领导。如果侵扰防护委托人在任务范围内由他所建议的措施与企业领导意见不一致，那么企业领导要向侵扰防护委托人全面地说明拒绝的理由。

第58条　禁止歧视，解约保护

侵扰防护委托人不能因为完成他所承担的任务而受歧视。

如果侵扰防护委托人是经营者任命的雇员，无正当理由解雇劳动关系是不许可的。但是，经营者有重要的解雇理由，也可以不遵守合同期。

第58·1条　任命处理事故障碍委托人

根据设备的种类和大小，以及企业出现事故障碍时对公众和邻居的危险的要求，需要审批的设备的经营者，要任命一个或多个处理事故障碍委托人。联邦政府听取参与方的意见后（第51条），通过联邦参议院同意的法律条款对需要审批的设备作出规定，经营者应任命处理事故障碍委托人的规定。

主管部门可以规定，根据第1款是必要的，需要审批的设备经营者可以不依据法律条款任命一个或多个处理事故障碍的委托人。

第58·2条　处理事故障碍委托人的任务

处理事故障碍委托人向经营者就设备的安全重要事务提供咨询。他有权利和义务与经营者共同处理如下工作：

（1）改善设备的安全；

（2）立即向经营者报告他所了解的企业内出现的事故障碍，以及可能对公众和邻居带来的危害；

（3）遵守本法或根据本法的规定，对满足的条件和承担义务的情况进行监督，以防止设备运营中出现事故障碍，特别是定期对厂房进行检查，通知测定的隐患，对克服隐患提出措施建议；

（4）可以预防的隐患、火灾防护及技术救助应急措施应立即向经营者报告。

处理事故障碍委托人应每年向经营者报告第1款中涉及的措施。此外，他还有义务对完成任务采取措施，并依据第1款进行说明。这个说明必须至少保存5年。

第58·3条　经营者对处理事故障碍委托人的义务和权利

第55条至第57条中所提到的经营者的义务也是处理事故障碍委托人的义务。第55条第2款规定，必须对处理事故障碍委托人提出必备的专业知识要求。

如果决定对设备的安全可能是很重要的，在决定投资和计划企业设备前，以及采用劳动方法和劳动材料前，经营者要征求处理事故障碍委托人的意见。意见必须及时征求，以便在作决定时加以考虑。意见必须提供给那些作决定的部门。

为了清除和限制企业事故障碍对公众和邻居可能带来和已经带来的危险，经营者可以将决定权授予处理事故障碍委托人。

第58·4条　禁止对处理事故障碍委托人的歧视，解约保护

第58条对事故障碍委托人相应的适用。

第59条　国防设备的管辖权

联邦政府听取参与方的意见后（第51条），通过联邦参议院同意的法律条款授权作出规定，在为国防服务的设备中实施本法和本法支持的法律条款是联邦部门的责任。

第60条　国防设备的例外

联邦国防部可以在个别情况下不按本法和本法支持的法律条款批准为国防服务的设备，条件是有紧急的防务理由，或者是为了履行国家间的义务。在此要考虑预防有害的环境影响。

联邦军允许设备的建筑方法与本法和本法支持的法律条款要求不一样，条件是履行特别紧急任务所需要。根据合同驻扎在联邦德国的外国部队应用的设备，可以与本法和本法支持的法律条款要求不一样，条件是为履行特别紧急任务所需要。

第61条　联邦政府的报告

联邦政府每年第一次会议后向德国联邦议院报告如下情况：

（1）报告期间由联邦地区的空气污染和噪声引起的有害环境影响的现状和发展，以及预期发展趋势；

（2）在执行本法中所采取的措施；

（3）正在进行的和计划进行的关于空气污染和噪声影响的研究计划；

（4）为减少空气污染和噪声引起的有害环境影响，进行的技术措施和设备开发；

（5）根据第3项和第4项进行的研究和开发所花费的费用，特别是联邦和州为此目的所提供的费用。

第62条　违反规章

违反规章是指有人故意或疏忽大意违反下列规定：

（1）没有根据第 4 条第 1 款的批准，进行设备建设；

（2）违反第 7 条的要求；

（3）第 8·1 条第 2 款第 2 项或者第 12 条第 1 款的义务没有履行，履行不全面或不及时；

（4）需要审批设备的位置、特性或运营，没有根据第 16 条第 1 款的批准，进行了重大改变；

（5）第 17 条第 1 款的要求，结合第 24 条第 1 款、第 26 条第 1 款、第 28 条第 1 款第 1 项或第 29 条的要求没有履行，履行不全面或不及时；

（6）违反第 25 条第 1 款禁止的要求，对设备进行了运营；

（7）违反第 23 条、第 32 条、第 33 条第 1 款第 1 项或第 2 项、第 34 条、第 35 条、第 37 条、第 38 条第 2 款、第 39 条、第 48·1 条；

第 7·1 条违反第 38 条第 1 款第 2 项，允许机动车和拖车在非公共交通道路上行驶；经营汽车、轮船以及游泳器材没有采取减少排放的措施，对不可避免的排放没有限制至最低量；

（8）违反第 49 条第 1 款第 2 项或该法律条款基础上的要求，建立了固定的设备。

此外，违反规定还包括下列方面：

（1）违反第 15 条第 1 款或第 3 款，没有报告，报告不全面或不及时；

第 1·1 条违反第 15 条第 2 款，进行了修改；

（2）违反第 27 条第 1 款，没有排放说明，说明不正确、不全面或未及时报送说明补充说明；

（3）违反第 31 条，没有调查排放的结果，或者没有保留测量的标度；

（4）违反第 52 条第 2 款，结合第 3 款或第 6 款，没有提供咨询，提供的咨询不正确、不全面或没有及时提供，未对措施采取宽容态度，没有提供材料，没有请教受委托人或违背所承担的义务；

（5）违反第 52 条第 3 款，没有允许进行抽查；

（6）没有根据第 67 条第 2 款进行报告，报告不正确、不全面或报告不及时；

（7）违反第 67 条第 2 款，没有提供材料，材料不正确、不全面或提供材料不及时。

违反规定，在第 1 款的情况下，罚款 10 万德国马克；违反规定，在第

2 款的情况下，罚款 2 万德国马克。

第 62·1 条　其他违规

违反规定是指有人故意或疏忽大意违反第 40·1 条第 1 款第 1 项，与第 40·2 条相关，机动车违规行驶。

违规可以罚款。

依据违规法第 36 条第 1 款主管部门是根据公路交通法第 26 条规定的部门或警察服务部门。

第 63 条至第 65 条　（失效）

第七章　最后规定

第 66 条　规章的连续有效性

本法的一般管理规定生效之前，下列规章继续具有权威性，并有效：

1964 年 9 月 8 日保护空气的技术指南；

1968 年 7 月 16 日防噪声的技术指南；

1970 年 8 月 19 日防护建筑噪声——噪声侵扰的一般管理规定；

1970 年 12 月 22 日防护建筑噪声——噪声排放的一般管理规定；

1971 年 12 月 6 日防护建筑噪声——对混凝土拌和设备、运输混凝土拌和机的排放标准值的一般管理规定；

1972 年 8 月 16 日防护建筑噪声——对转动气压机排放标准值的一般管理规定；

1972 年 10 月 24 日防护建筑噪声——对压缩机排放标准值的一般管理规定；

1973 年 3 月 28 日防护建筑噪声——对混凝土泵排放标准值的一般管理规定；

1973 年 5 月 4 日防护建筑噪声——对履带式推土机排放标准值的一般管理规定；

1973 年 5 月 14 日防护建筑噪声——对链式气压机排放标准值的一般管理规定；

1973 年 12 月 17 日防护建筑噪声——对挖土机排放标准值的一般管理规定。

第 67 条　过渡规章

本法生效前，根据工商业管理条例第 16 条或第 25 条第 1 款的批准，作为根据本法的批准继续有效。

只要设备没有按工商业管理条例第 16 条或第 25 条第 1 款进行审批，在第 4 条第 1 款规定生效时建立或改动的需要审批的设备，必须在规定生效后 3 个月内向主管部门报告。要在允许报告后的 2 个月内将依据第 10 条第 1 款有关设备的位置、范围和根据第 4 条第 1 款规定生效时的运营方式的有关材料提交给主管部门。

第 2 款的报告义务不适用于简化审理（第 19 条）中批准的设备。

要将根据本法或本法支持的管理条例的审理进行到底。

到 1978 年 9 月 4 日为止，在下列情况下：

（1）在批准建立和运营设备（第 6 条和第 8 条）以及改动设备的位置、特点和运营（第 16 条）时；

（2）在给予临时决定（第 9 条）时；

（3）在补充规定时；

（4）在要求调查从设备释放出来的排放以及设备的侵扰影响（第 26 条）时。要应用 1974 年 8 月 28 日保护空气的技术指南的第 4 条。第 6 条不受影响。

根据本法给予的批准不适用于下列情况：

（1）因基因技术发生改变的微生物；

（2）只要它没有为种植再次更改基因，基因技术发生改变的细胞；

（3）它包含生物活性，有重组的核酸，有根据第 1 项的微生物组成部分或物质代谢产品和根据第 2 项的细胞。这些为研究目的的设备在本法生效后继续适用于规范基因问题。第 4 款相应的适用。

根据废物法的制订计划或批准被看做根据本法的批准继续适用。根据废物法报告的设备被看做根据本法所作报告。既不是根据废物法批准规定的，也没有报告的废物清除设备，则应及时地报告给主管部门。第 2 款相应的适用。

对 1996 年的排放说明，要适用第 27 条，采用 1996 年 10 月 14 日的文本。

第 67·1 条　建立德国统一的过渡规章

在统一协定第 3 条中所指的地区，1990 年 7 月 1 日以前或此时已开始建立的需经审批的设备，必须在 6 个月之内向主管部门报告。报告附有的材料要包括种类、范围和运营方式。

在统一协定第 3 条中所指的地区，下列情况时，不允许由于侵扰值超量而禁止批准建立、运营或修改需要审批设备的位置、特点和运营：

（1）附加的负担是微不足道的，批准 5 年来，在设备的影响范围内，排放量明显减少；

（2）同计划一起，设备停工或修缮后负担减少，至少减少了新设备造成的负担的 1 倍。

根据 1986 年 2 月 27 日保护空气的技术指南规定，在一定的时期内执行整顿老设备的措施，对统一协定第 3 条中所指地区的期限延长 1 年。

第 68 条至第 73 条 （失效）

第 74 条 过渡性条款

第 40·1 条至第 40·5 条和第 62·1 条以及附件 1999 年 12 月 31 日失效。

德国水管理法

(1996 年 11 月 12 日公布 1998 年 8 月 25 日最新修改)

序章 开始的规定

第 1 条 实际的适用范围

本法适用于下列水域：

（1）常年的或季节性的在河床流动的或天然流动的水（地表水）。

在中等高水位海岸线之间的海洋，或者表层水域临海边界的海洋和海岸临海边界的海洋（沿海水域）。

（2）地下水。

州可以把不同经济价值的小水域，如用作治疗的温泉，不纳入本法律的规定之内。这一规定不适用于第 22 条。

州对非联邦内陆水系的临海边界的表层水域作出规定。

第一章 对水域的一般规定

第 1·1 条 原则

要确保水域作为自然的组成部分和动物、植物的生活区域。对它们的利用要为公众健康服务，避免发生对生态的不利影响。

每个人都有义务根据情况对水域产生影响的措施采取谨慎细心的态度，以预防水的污染或其本质的不利变化。通过管理水，达到节约用水的目的，避免水流失的扩大和加速。

土地占有者没有下列权利：

（1）对水域进行利用。依据本法或依据州的水法，需要批准同意后才能利用。

（2）在地表水域进行扩建。

第 2 条　批准许可要求

只要本法或依据本法颁发的州法律没有作出其他的规定，对水域的利用需要主管部门的许可（第 7 条）或批准（第 8 条）。

批准许可并不意味有引流一定量和特性的水的权利。尽管有第 11 条，但它不涉及私人引流一定量和特性的水的要求。

第 3 条　利用

本法所称的水的利用是：

（1）从地表水域提取和引流水；

（2）对地表水域的拦截和使之下沉；

（3）从地表水域提取对水域状况或水流产生影响的固定物质；

（4）把物质排入地表水域；

第 4·1 条把物质排入沿海水域；

（5）把物质排入地下水；

（6）将地下水汲至、提取或排至地面，或者将地下水改道。

下列影响作用也视为水的利用：

（1）用合适的设备对地下水进行拦截、使之下沉和改道；

（2）用合适的措施，长期地或在明显的范围内，使水的物理的、化学的、生物特性发生有害变化。

为地表水建立服务的措施不属于利用。只要没有使用化学品就不属于利用，这也适用于地表水域的管理措施。

第 4 条　利用的条件和义务

在确定利用条件和规定义务时，可以给予批准许可。为了预防或平衡对其他人的不利影响，规定义务也是准许的。

通过规定的义务，还可以：

（1）观察或确定利用前的措施情况，观察或确定利用带来的不利影响和作用；

（2）没有依据第 21·1 条任命水域保护人员，应任命负责的企业管理人员；

第 2·1 条对平衡利用所引起的水的物理的、化学的或生物特性的不良影响所要求的措施作出规定；

（3）为了预防和平衡由于水的利用给公众健康带来的不利影响，企业家要对采取的措施作出相应的费用补偿。

第5条　附加条件

如果事后出现下列情况，允许在附加条件下批准：

（1）提出对排入物质的附加要求；

第1·1条对在第4条第2款第2项、第2·1项和第3项以及第21·1条第2款中所指的措施作出规定。

（2）对观察利用水的措施及其结果作出规定。

（3）对节约用水的措施作出规定。

（4）如果满足要求的费用与所追求的结果不相关，则不允许提出根据第1项的附加要求。在此要考虑到引入或排入的物质的种类、数量和危害性，以及设备利用的期限和技术特点。根据第7·1条的要求允许超越。如果利用是在批准的基础上进行的，依据第2项、第3项的措施必须在经济上是合理的，并与利用是协调一致的。

如果第15条没有作出进一步的限制，第1款对原有的权利和原有的权限（第15条）都适用。

第6条　拒绝

如果计划中的利用会对公众的健康带来不利影响，特别是对公共供水带来危害，而且这种危害也不是能通过规定的义务和公共法人团体的措施（第4条第2款）所能预防和平衡，许可和批准应被拒绝。

只要计划中的利用对具有共同意义的地区和欧洲鸟保护区产生明显的不利影响，而且这种不利影响不能根据联邦自然保护法第8条第2款得到平衡，许可和批准应被拒绝。

第6·1条　国际要求

是为了实现欧洲共同体的内部协议或国家间协议，联邦政府可以在联邦参议院的同意下通过法律条款，根据第1·1条第1款的原则，颁布水域经营规章，特别是要制定对水域的特性和利用要求，以及对依据第18·2条第1款、第19·1条第1款和第19·7条第1款、第2款的设备的建设和运营作出规定。

第7条　许可

允许在一定的种类和范围内，撤销对水域的利用，可以限定利用的期限。依据环境监测法第 3 条处在环境监测下的计划，可以在符合所指法律要求的审理程序中给予批准同意。

如果没有其他规定，授予对一块土地的许可，可同水利用设施一起转让给法定继承人。

第 7·1 条　排放废水的要求

只有当废水的有害物含量很小时，才允许排放废水。排放废水要遵守一般公认的技术准则。第 6 条的适用不受影响。联邦政府在联邦参议院的同意下通过法律条款，颁发一般管理规定要求，并应符合一般公认的技术准则。

根据第 1 款，可以在法律条款中对现有的排放规定适当的要求。

如果现有的废水排放不符合第 1 款的要求，州应保证在适当的期限内采取必要的措施。

州要确保废水排入公共废水设备时，遵守第 1 款的要求，相应的适用第 3 款。

依据第 1 款的技术水平是发展中的水平。从技术上和经济上，它们作为最好的技术适合限制排放。

第 8 条　批准

以一定的方式给予利用水域的权利。属于别人的物品，或者属于别人的土地和设备，不给予利用的权利。

在下列情况下，允许给予批准：

（1）不能指望企业主实施他无法律保障的计划时；

（2）利用是为一定目的服务。

（3）不允许批准把物质引入和排入水域。不允许给予依据第 3 条第 2 款第 2 项的利用。第 2 项对没有不利变化的发电厂动力水的再排放不适用。

如果利用对他人的权利产生不利的影响，并且有关人员对此提出反对意见，只有在不利的影响通过规定的义务预防或平衡后，才允许批准。如果不可能，还是要从公众健康的理由出发予以批准，但要对有关的人员给予赔偿。

他人对不利的影响有提出反对意见的权利，州可以对这种情况作出进一步规定。在这种情况下，第 3 款相应地适用。当出现计划的利用明显超过有关人员所期待的弊端时，州仍然可以作出允许给予批准的规定。

给予的批准只适合一定的期限，在特殊情况下，期限可以超过 30 年。

只要没有其他的规定，可以把土地和水利用设备一起转让给法定继承人。

第 9 条　批准的程序

批准只能在审理程序中进行，审理保证有关人员和参与部门可以提出反对意见。依据环境监测法第 3 条的计划处在环境监测之下。审理程序必须符合法律。

第 9·1 条　提前用水的批准

在批准审理程序中，在下列情况下，负责批准的主管部门可以在任何时候同意在给予批准前开始水的利用：

（1）决定对企业主有利；

（2）提前用水对公众有益，对企业主有益；

（3）企业主承诺对自己的决定所造成的损失承担赔偿义务，并恢复到以前的状态。

批准可以限定期限，批准可以同利用条件和义务一起给予。

第 10 条　追加的决定

如果有关人员（第 8 条第 3 款和第 4 款）对批准同意提出反对意见，决定时也还不能确定，不利影响是否出现和以多大规模出现，那么，必须保留对所规定的义务和赔偿以后进行审理的决定。

有关人员在依据第 9 条进行审理时，可能没有预见到不利影响，他可以要求企业主对追加的义务作出承诺。如果不能预防或平衡追加的义务的不利影响，那么，有关人员要作出赔偿。允许在 1 年之内提出申请，有关人员在此期间已对利用的不利影响有所了解。相应情况下批准同意利用期限 30 年后，有关人员除外。

第 11 条　撤销要求

由于同意利用的不利影响，有关人员（第 8 条第 3 款和第 4 款）可以不向批准同意的人员提出排除障碍、放弃利用、建立防护设备或赔偿损失的要求。如果批准同意人员没有履行规定的义务，不利影响的损失赔偿责任不能免除。

第 1 款不适用于合同要求。

第 12 条　撤销批准

除批准不是按第 5 条规定不用赔偿损失外，当无限制地用水对公众健康，特别是公共供水造成明显的不利影响时，可以赔偿全部损失或部分地撤销批准。

不是按第 5 条规定的批准，当企业主在下列情况时，可以不用赔偿损失，全部或部分地撤销批准：

（1）没有在规定的期限内开始水利用，或者 3 年中断没有利用，或者明显的未超过规定用水幅度；

（2）改变了水利用的目的，与计划（第 8 条第 2 款）不一致；

（3）尽管受到警告，水利用还是明显地超越了同意的范围，或者是没有履行水利用的条件和规定的义务。

第 13 条　协会的利用

水、土地协会和乡镇协作组织在其章程的任务范围内，对水域进行超越本法规定利用时，需要得到批准。如果已有的权利或原有的权限，或者 1960 年 3 月 1 日对个别计划已通过特别法律条款作了规定，那么，本条对此不适用。

第 14 条　计划制定和矿山企业计划

对水域进行利用的计划，需要对计划的制订进行审理。由规划部门决定是否批准同意。

如果按矿山企业计划利用水域，那么，批准同意的决定应由矿山部门作出。

决定必须同水主管部门协商一致后共同作出。联邦部门在制订计划时，一定要倾听水主管部门的意见。

根据水主管部门的申请，规划部门决定是否限制或收回依据第 1 款的批准。规划部门也可以采取追加决定（第 10 条），相应地适用第 3 款。

限制或收回依据第 2 款给予的批准，按意见适用第 4 款。

第 15 条　原有的权利和权限

只要州没有作出其他规定，对下列利用不需要批准：

（1）依据州水法或由州水法维护的利用；

（2）依据 1945 年 2 月 10 日水和水协会法简化条例第 1 条第 1 款同意基础上的利用；

（3）根据工商业管理条例批准的设备的利用。

计划制定审理程序基础上的利用，不需要批准。

州可以给予州水法正式认可的利用与第 1 款的利用相同。

如果继续利用对公共健康产生明显的不利影响，可以用赔偿损失撤销第 1 款至第 3 款中所指的原有的权利和权限。除按 1976 年 10 月 1 日前的法律批准的以外，在下列情况下可以撤销批准，不用赔偿损失：

（1）如果企业主 3 年没有利用；

（2）企业主不再需要批准范围内的利用，3 年来明显地未超过批准利用的范围；

（3）企业主改变了利用的目的，与规定的目标不一致；

（4）尽管警告，企业主还是明显地超出了原有的权利和权限所规定的利用范畴，或者是没有履行利用的条件和义务。

同意追加要求和措施不受影响，依据第 5 条不用赔偿损失。

第 16 条　原有的权利和权限的登记

原有的权利和权限，只要是公开的，就必须由官方部门登记入水书。

可以公开地要求原有的权利和权限的拥有者，在 3 年之内根据官方要求登记入水书。原有权利和权限到期满时既没有公布也没有登记，只要它不是在期满前由于其他法律理由失效，根据官方要求在 10 年后失效。在官方要求中，应指出这种法律后果。第 2 款对登记入地籍簿的权利不适用。

只要具备同意的法律前提，根据前业主的申请，可以在本法范围内给予批准。

由于不可抗力和其他突发事件，不能遵守第 2 款的期限，可以在排除后 3 个月内登记原有权利。

第 17 条　练习和试验中的利用不需要批准

为下列目的进行练习和试验时，不需要批准：

（1）为国防目的；

（2）为了公共安全和秩序，抵御下列情况出现的危险，如临时从水域抽水，用活动设备把水重新排入水域，临时向水域排放物质。这些也可能不会造成不良影响或者影响很小，水的特性不会发生不利变化和产生其他不良影响。这种计划应提前向水主管部门报告。

第 18 条　权利和权限的平衡

当按水的数量和特性不够利用或利用产生不良影响时，当公共健康特别是公共供水要求时，批准的种类、范围和时间、原有的权利和权限，这些可以根据参与者的申请，在平衡审理程序中由官方部门确定或限制。在审理中，还可以规定平衡支付方式。

第 18·1 条　废水清除的义务和计划

清除废水要不影响公众的健康。依据本法的废水清除，包括废水的收集、引导、处理、排放、喷洒和流淌，以及与废水清除有关的淤泥清除。

州规定哪些法律团体对废水清除负有责任，以及其他人对废水清除负有责任的前提。依据第 3 款的计划，如果证明有其他承办人，则承办人应对废水清除负有责任。

州按跨地区的观点对废水清除制订计划（废水清除计划）。在计划中要确定处理废水的重要设备的地点、涉及的范围、废水处理的基本特征以及措施的执行人。对计划的制订可以进行解释。

第 18·2 条　废水处理设施的建立和经营

建立和经营废水设备，要求遵守废水排放的规定，特别是第 7·1 条的规定。废水设备的建立和经营，要符合一般公认的技术规则。

如果现有的设备不符合第 1 款的规定，则应适用第 7·1 条第 3 款。

第 18·3 条　废水处理设备的批准

两小时内排放 1500 立方米含无机物的废水（冷水除外）处理设备的建立、经营和重要改动，需要得到官方部门的批准。批准可以在符合环境监测法要求的审理中进行。当可能出现下列的不利影响时，要提出对设备的重要改动：

（1）人、动物、植物、土地、水、空气、气候和风景，包括变化影响；

（2）文化和其他影响。

第 19 条　水源保护区

只要这是公众健康所要求的：

（1）为了现存的或将来的公共供水利益，要保护水源免遭不利影响；

（2）增加地下水；

（3）预防雨水的有害冲刷以及洪水造成的土地损害，预防肥料或农药进入水域，为此可以确定水保护区。

在水源保护区可以：

（1）禁止一定行为，或者对行为进行限制；

（2）土地的所有者和有权利用者，有义务对一定的措施采取宽容的态度。对水域和土地的观察属于这些措施。

如果依据第 2 款的规定征收财产，对此要给予补偿。第 12 条对批准的限制是适用的，第 15 条第 4 款对原有的法律限制也是适用的。

如果依据第 2 款的规定制定了较高的要求，这种要求限制土地对农业和林业的利用，只要不存在依据第 3 款的赔偿，对由此造成的经济损失，应依据州的法律给予相应的赔偿。这也适用于 1987 年 1 月 1 日前颁布的规定。争议通过法院解决。

第 19·1 条　对运送水有害物质管道设备的审批

建立和经营运送水有害物质的管道设备，需要水主管部门进行审批。对没有超过工厂区的管道设备，以及为储存这种物质的设备辅助部件，不需要审批。

第 1 款的水有害物质是：

（1）原油、汽油、柴油和燃料油；

（2）其他液体的或气体物质，其本质易发生变化，易污染水域，联邦政府应通过在联邦参议院同意下的法律条款对这些物质作出规定。

管道设备的重要改变和设备运营的重要改变需要审批。

批准同设备一起移交给法定继承人。获批准的所有者必须向依据第 1 款的主管部门说明这种移交。

第 19·2 条　规定的义务和条件，拒绝批准

为了保护水域，特别是保护地下水，批准可以在确定条件和义务时进行。第 4 条第 1 款、第 2 款是适用的。批准可以有期限。当担心出现水域污染或水的特性发生不利变化时，允许在批准后对设备的特性和运营要求作出规定。

建立和经营管道设备时，如果担心水域污染或水的其他特性发生不利变化，规定的义务也不能预防和平衡，这种情况下，要拒绝批准。如果有理由担心靠近联邦共和国边界的管道系统的建立和运营不符合本法，可以拒绝批准。

依据环境监测法第 3 条的管道设备处在环境监测之下。对这些管道设备的批准，只能在审理程序中进行。审理程序是符合法律要求的。

第 19·3 条　撤销批准

如果担心水域污染或水的其他特性发生不利变化，根据第 19·1 条的批准可以全部或部分撤销，但应赔偿损失。如果问题是由非法建立和运营的

管道系统引起的，可以全部或部分撤销批准。

尽管警告了业主，业主还是没有履行规定的要求或义务，批准可以全部或部分撤销，不予赔偿损失。

确定追加的义务不受影响，依据第 19·2 条第 1 款不予赔偿损失。

第 19·4 条　法律条款

联邦政府通过联邦参议院同意后的法令授权颁发保护水域，特别是保护公共供水利益的规定。对第 19·1 条需要批准的管道设备作如下规定：

（1）设备的建立和运营要按技术要求，对设备不需要审批的改动，及运营有报告的义务；

（2）运营前对设备的检查、定期重复检查和按照主管部门要求进行的检查，由官方认可的专业人员定期进行；

（3）按规定对设备进行检查的费用，必须由设备的所有者、生产者和经营者缴纳。费用只用于与检查有关的人员、材料、方法和经验交流。可以对既不在开始也不在最后进行的检查费用作出规定。费用按专业人员检查所需要的小时平均计算。可以由 1970 年 6 月 23 日管理费用法的条款对费用的减免作出不同的规定。

第 19·5 条　现有的设备

管道设备的建立和运营应按第 19·1 条第 1 款进行审批。

不需要依据第 19·1 条第 1 款进行审批的管道设备，审批后 6 个月之内要向主管部门报告。但上述不适用于审批前依据州水法给予批准的管道设备。在第 19·3 条的前提下，禁止这种设备的运营。只要管道设备的运营按照其他规定可以禁止，不予赔偿损失，则依据第 19·3 条第 1 款的赔偿损失的义务可以取消。

第 19·6 条　同企业矿山的决定一起批准

对管道设备的批准，如果需要按仪器安全法第 2 条第 2·1 款的规定进行，由主管部门决定是否给予批准、撤销批准、规定义务，以及是否禁止经营。如果矿山企业计划建立或运营管道设备，则应由矿山部门决定是否给予批准、撤销批准、规定义务，以及是否禁止经营。

第 1 款的决定，要同第 19·1 条第 1 款的主管部门意见一致时作出。

第 19·7 条　与水危害物质打交道的设备

储存、灌装、生产和处理水危害物质的设备，以及在商业经济部门和公共机构利用水中有危害物质的设备，它们的建立、安装、管理和运营，不用担心水域污染或其特性的其他不利变化。这同样也适用于没有越过工厂区的管道设备。

用于转运水中有危害物质的设备，以及用于储存和灌装粪水、污水和青饲料水汁的设备建立、安装、管理和运营，要最大可能地保护水域，避免污染或水质的其他不利变化。

依据第 1 款和第 2 款的设备，必须至少符合一般公认的技术准则才能进行建立、安装、管理和运营。

储存水中有危害物质的州法律规定，在水源保护区、泉水保护区、洪水区或计划地区不受影响。

依据第 19·7 条至第 19·11 条的水危害物质是指油质的、液体的和气体的物质，特别是如下物质：

（1）酸、碱；

（2）碱性金属、含30%以上铝的铝合金、金属有机混合物、卤化物、酸卤化物、金属羰基化物和浸蚀盐；

（3）金属和动物油脂以及产品；

（4）液体的和水溶性的碳氢化合物、酒精、乙醛、甲酮、酯、卤素有机化合物、氮和硫有机化合物；

（5）有毒物质；

（6）这些物质引起水的物理、化学或生物特性的不利变化。联邦环境、自然保护和核反应堆安全部长在联邦参议院的同意下，颁布一般管理规定。在管理规定中，对水危害物质作出进一步规定，并对它们的危害性进行分级。

第 19·7 条和第 19·11 条的法规不适用于下列物质的储存、灌装和转运：

（1）废水；

（2）超过射线保护法规定界限的放射性物质。

第 1 款和第 19·8 条至第 19·11 条对用于储存和灌装粪水、污水和青饲料水汁的设备不适用。

第19·8条　确定合适的设备和批准建筑方法

依据第 19·7 条第 1 款和第 2 款的设备或配件，及其技术保护措施，只有在主管部门确定合适后才能应用。第 1 款不适用于以下方面：

（1）简单或传统种类的设备、设备配件和技术保护措施；

（2）水中有危害物质。

只要设备和设备配件，以及技术保护措施是成批生产的，就可以按建筑方法给予批准。可以从内容上对批准的建筑方法进行限制，规定履行义务的期限。建筑方法由主管部门批准。

依据第1款确定合适的设备和依据第2款批准建筑方法，在下列情况下可以取消：

（1）按1992年8月10日建筑产品法的规定，或按实施欧洲共同体原则的规定执行的。这些规定包括保护水域的要求，有欧洲共同体的标志（CE标志）。根据这些规定，州对其进行分级分类；

（2）根据建筑产品应用规定，保证遵守水法要求；

（3）建筑方法是按照排放保护和劳动保护法规定发放的。批准建筑方法时，要考虑到水法要求。

第19·9条　经营者的义务

如果经营者不符合第19·11条第2款的条件，又不是一个公共机构，则应将依据第19·7条第1款、第2款的设备的安装、建立、维修或保护委托给第19·11条规定的专业企业。

依据第19·7条第1款、第2款的设备经营者，必须经常检测安全设施的精密性和功能。经营者如果不具备专业知识，也没有专业人员，主管部门可以在个别情况下要求经营者与依据第19·11条的专业企业签订检测合同。此外，经营者要根据州法责任专业人员定期对设备进行检测。

主管部门可以让经营者承担观察水域和土地的措施。这些措施是为了早期认识依据第19·7条第1款和第2款设备中释放出来的污染所要求的。此外，主管部门还可以规定经营者必须任命水域保护人员，相应地适用第21·2条至第21·7条。

第19·10条　在灌装和排空时的特殊义务

灌装和排空储存水危害物质的设备时，必须对其过程进行监测。开始工作前，他要清楚安全设施的现状。在灌装和排空时，要遵守设备和安全设施所允许的负荷量。

第19·11条　专业企业

依据第19·7条第1款、第2款的设备只允许由专业企业安装、建立、维修或保洁。第19·9条第1款不受影响。州可以对不必由专业企业完成的工作作出规定。

依据第 1 款的专业企业是：

（1）拥有仪器和设备配件以及专业人员以确保遵守第 19·7 条第 3 款的要求；

（2）有权同技术监测组织签订监测合同。合同至少包括含有 2 年的监测。

（3）专业企业可以把他们的工作限制在一定的专业范围内。

第 20 条　赔偿

根据本法要对有关的财产损失作出合适的赔偿。只要进行利用，负有赔偿义务的人就要从防治不利影响出发采取措施，以提高利用效果。如果证实措施可以持久地提高利用效果，那么要考虑到这点。此外，要考虑到官方利用而出现的土地公共价值减少的情况。

只要法律上没有批准以水经济或其他措施作为赔偿措施，那么，赔偿以货币计算。

第 21 条　检测

凡因利用水域而提出审批申请，他有义务允许主管部门对设备、机构和具有使用价值的水域利用过程进行监督。他要检查是否允许利用，为此，要规定利用的条件和义务。在允许的范围内，利用是否符合依据第 5 条或补充的州法律条款的要求，即：

（1）工作时允许进入企业区；

（2）只要检查是为了预防公共安全紧急危险所需要，非工作时间允许进入住宅和企业区；

（3）任何时候允许进入与第 1 项和第 2 项不直接相连的土地和设备。住宅不受侵犯的基本权利（基本法第 13 条）受到第 2 项的限制。此外，为相同目的，他要开放设备和机构，提供信息，提供人力、资料和工具，使技术交流和考核有可能。为水源利用者任命水源保护人员（第 21·1 条）。应主管部门的要求，必须请教水源保护人员执行依据第 2 项、第 3 项的监测措施。

第 1 款从意思上适用于如下人员：

（1）建立和经营第 19·1 条规定的管道设备的；

（2）建立和经营第 19·7 条第 1 款、第 2 款规定的设备的；

（3）依据第 19·11 条的商业企业主。

（4）要允许在土地上建立和经营设备的所有者进入土地，提供信息和资料，使技术交流和考核有可能。

有义务提供信息资料的人可以对回答涉及民事诉讼的问题保持沉默（第 2·1 款）。

纳税法第 93 条、第 97 条、第 105 条第 1 款、第 111 条第 5 款对依据第 1 款、第 2 款进行监测的主管部门及其工作人员不适用。

联邦政府通过联邦参议院同意下的法律条款授权规定，依据本法规定的主管部门对国防服务的设备和机构中的监督，可以转让给为联邦国防事务服务的部门。

第 21·1 条　任命企业的水源保护人员

允许一天向水源排放 750 立方米以上废水的水源利用者，要任命一个或多个企业水源保护人员。

把废水排入水域的排放者，如果没有根据第 1 款为他们任命水源保护人员，必须为他们任命一个或多个企业水源保护人员。

凡在 1976 年 10 月 1 日前根据第 4 条第 2 款已被任命为负责废水排放的企业代理人员也是水源保护人员。

第 21·2 条　任务

水源保护人员向利用者和企业成员在水源保护重要事务方面提供咨询。

水源保护人员有如下权利和义务：

（1）对规定、条件和义务的遵守情况进行监测。通过定期对废水设备的检查，了解其作用、能力和运营情况。通过测量废水的量和质，记录检查和测量的结果，并向利用者报告存在的问题和解决的措施。

（2）使用适当的废水处理方法，包括按规定的利用方法，排除废水处理中的残留物。

（3）发明和采用企业内避免或减少废水事故的方法，推行对环境有利的生产。

（4）向企业成员说明企业内产生的废水负担，并依据水法规定向他们说明设备的情况和减少这些负担的措施。

水源保护人员每年向利用者报告依据第 2 款已采取的和准备采取的措施。

主管部门可以在个别情况下对第 1 款至第 3 款中说明的水源保护人员的任务作出进一步规定。只要水域保护所要求，也可以扩大水源保护人员的任务。如果自我监测不力，也可以限制。

第 21·3 条　使用者的义务

使用者要书面任命水源保护人员，向他详细地说明给他规定的任务。利用者要及时通知主管部门对水域保护人员的任命情况，说明他的任务、任务的范围和任务变动情况。说明的副本要给水源保护人员。

任命水源保护人员前，使用者要向企业人事委员会报告，通报他们给水源保护人员规定的任务。改变水源保护人员的任务范围时也要报告（第1·1款）。

只允许使用者任命那些为完成其任务具备专业知识的、可靠的人为水源保护人员。如果主管部门了解到水源保护人员不具备完成其任务的专业知识，也不可靠，那么，主管部门可以要求使用者任命其他水源保护人员。

如果任命多个水源保护人员，使用者要通过组织委员会来关心在执行任务中的协调工作。除一个或多个企业水源保护人员外，这也适用依据其他法律规定任命企业委托人员。此外，使用者要关心企业委托人员与负责劳动保护人员的合作。

使用者要支持水源保护人员完成任务，向他们提供完成任务所需要的人力、场所、设备仪器和经费，提供培训。

第 21·4 条　使用者的决定意见

如果决定对水源保护相当重要，使用者在决定采用某种方法和产品时，投资前，要征求水源保护人员的意见。

征求意见要及时，这样在依据第1款作决定时，就可以被适当考虑到。意见要及时提交给采用某种方法和产品的投资部门。

第 21·5 条　报告权利

当水源保护人员与企业领导意见不一致时，如果他认为事情的意义特殊，需要部门的决定，使用者要通过企业内部的组织措施，确保水源保护人员可以直接把意见或想法提交给作出决定的部门。水源保护人员可以与企业领导的意见不一致，企业领导要向水源保护人员说明其拒绝的理由。

第 21·6 条　禁止歧视，解约保护

水源保护人员在完成给予他的任务中不应受歧视。

如果水源保护人员是使用者任命的就业人员，即便使用者摆出事实，并以重要理由提前解除劳动合同，这种解除是不允许的。任命水源保护人员后，从任命时起1年之内，即便摆出事实，使用者以重要理由提前解除劳

动合同，这种解约也是不允许的。

第 21·7 条　特殊规定

州可以对地区团体的废水排放采取不同的规定。规定由地区团体组成的单位和水协会共同制定。这种规定必须至少保证自我监测，并努力加强水源保护。

第 22 条　对改变水的性质所承担的责任

谁往水源排放物质，或者谁给水源施加影响，使水的特性发生物理、化学或生物的变化，那他对此产生的损失负责。如果是多人使水域产生影响，那他们作为整体负债人而承担责任。

如果成功地从某一设备生产、加工、储存、运输或运走物质，也并没有把这样的物质排入水域，设备的所有者还是要对此产生的损失负有责任。第 1 款相应地也适用。如果损失由暴力引起，则没有赔偿义务。

如果没有提出依据第 11 条赔偿损失的要求，那么依据第 10 条第 2 款的有关人员必须赔偿。申请在 30 年后失效。

第二章　对地表水的规定

第一节　不需要许可的利用

第 23 条　公共用水

只要不与其他的法律相对立，只要权限或所有者和附近居民的利用不对其他人造成不良影响，那么每个人都可以在一定的范围内利用地表水，就像依据州法律允许共同使用一样。

第 24 条　所有者和附近居民的使用

只要利用不对其他人造成不良影响，也不会出现水的特性不良变化，水不会明显地减少，也不会产生其他不利影响，那么，所有者对表层水域的利用，可以不需要允许和批准。只要迄今是不允许的，州可以把所有者的利用排除在外。

州可以允许与地表水相连接的土地的所有者和有权利用这些土地的人员（附近居民），以及与附近居民土地相连接的土地所有者和有权利用这些土地的人员利用地表水，不需要依据第 1 款的批准。

对联邦为船运服务或人工建成的水路和其他水域,附近居民不能依据第 2 款进行利用。

第 25 条　用于渔业目的

州可以作出规定,为渔业目的服务而把物质引入地表水,不需要批准。

第二节　保持清洁

第 26 条　物质的排入、储存和运输

不允许含油脂的物质排入水域,以避免油脂污染。泥状物不被视为油脂物质。

如果物质储存或堆放在水域附近,其放置方法应不污染水源。这也适用于用管道输送的液体和气体。此款不影响作出进一步的禁止规定。

第 27 条　保持清洁的规定

州政府或由他们规定的部门可以从公共健康理由出发,对地表水域或部分水域作出保持水源洁净的法律规定。作出保持水源洁净的规定要特别注意以下方面:

(1) 不允许排入一定的物质;

(2) 排入一定物质必须满足一定的最低要求;

(3) 要防止某些可以使水质发生不利影响的后果。

如果这种法律和权限与保持水源洁净的规定相符合,则依据第 1 款的法律规定适用于作出批准同意的人员,也适用于原有的法律和原有的权限的保持者。第 12 条第 1 款和第 15 条第 4 款不受此上述规定影响。在依据第 14 条第 1 款的计划制定程序中,第 14 条第 4 款适用于批准同意。

第三节　维修保养和建设

第 28 条　维修保养的范围

水域的维修保养包括保持排水渠现状,在可行船的水域保持船可以行驶。在维修保养中,要考虑到自然保护和水域自然景观及疗养价值。州可以对维修保养作出规定。要保持水域及其沿岸符合水经济规定。如果没有其他人对此承担义务,还应适用于改善和保持自洁能力的措施。第 4 条第 2 款不受影响。

只要没有依据第 31 条的审理程序中作出其他规定,联邦或州也没有其

他规定，则维修保养范围的规定也适用于水域的维修保养。

第 29 条　维修保养的负担

水域的维修保养如果不是地区团体、水土协会或公共团体协会的责任，则就是水域拥有者、附近居民、土地和设备拥有者的责任。州可以规定土地其他拥有者在有关地区对维修保养负有责任。其他人对水域延伸地带或沿水域的建筑工程已负起的维修保养义务不受影响。州规定维修保养义务的履行方式。州可以对维修保养的负担作出不同的规定。

如果依据第 1 款的维修保养义务没有履行或履行不够，则要保证必要的维修保养工作由地区团体或水土协会或公共团体协会来完成。

第 30 条　在维修保养中的特殊义务

只要是维修保养所需要，附近居民必须按事先的通知，容忍承担维修保养义务的人或他们委托的人进入土地，并暂时利用土地。

只要是维修保养所要求的，附近居民必须容忍对维修保养负有义务的人在岸边种植绿化。他们有义务在要求的宽度内经营岸边土地，并使维修保养避免受到不利影响。在利用中，他们必须注意保护岸边的要求。

如果依据第 1 款或第 2 款的行动出现损害，受损害者有权要求对损害赔偿。

第 31 条　扩建

如果不与公共健康的重要理由相对立，处在自然状态或接近自然状态的水域应该维持原状，非自然状态的水域，应尽可能使其回到自然状态。这些理由可能是水力利用。

水域或沿岸的建立、清除或重要改建，需要实施计划制定审理程序。审理程序要符合环境监测法的要求。用于防洪水的塘和堤坝的建设视同扩建。如果水域只在限定的时间内存在，而且未造成明显的不利变化，则不适用第 1 款。

在下列情况下，无需实施计划制定审理程序，也可以批准扩建：

（1）意义不大的扩建，特别是对池塘接近自然的扩建，小的改建如清除水溪和水沟的堵塞；

（2）计划对环境监测法第 2 条第 1 款第 2 项所指的保护物种没有明显的不利影响。

扩建部分包括必要的辅助措施，它们是分段分级进行的，适合的部分可以批准。在依据第 2 款的计划制定审理程序中，或在依据第 3 款的批准审理程序中，相应的适用第 9 · 1 条。

在扩建中，要保留自然景观，对自然的水流不要做重要的更改，要保护自然的共栖群体，要避免水域自然状况的明显不利变化。在审理程序中，要对扩建措施的种类和范围以及设备作出规定。要对防止损失的措施作出规定。如果扩建对公共健康产生不利影响，特别是洪水危害和破坏自然景观，已制订计划的决议或批准可以取消。

如果计划中的扩建延伸到受几个州管辖的某一水域，各州对扩建的计划不能达成一致意见，联邦受参与州的委托要在州之间进行调解。

第四节　洪水泛滥地区

第 32 条　洪水泛滥地区

洪水泛滥地区是地表水域和堤坝或高岸之间洪水淹没或流经的地区。为了下列情况的需要，州对洪水地区作出并发布为免受洪水危害服务的措施：

（1）保持或改善水域及淹没地区的生态结构；

（2）防止侵蚀的危害；

（3）保持和重新获得自然景观；

（4）规定洪水疏导排流措施。

如果重新获得自然景观的规定，高于对农业或林业利用的要求，那么，相应地适用第 19 条第 4 款。

必须保护洪水泛滥地区的自然景观。如果与公共健康的重要理由对立，就要及时地采取必要的预防措施。如果不与公共健康的重要理由对立，以前的洪水泛滥地区的自然景观要尽可能恢复。

如果对其他州有明显的影响，则由州规定它们的洪水预防措施。如果不能就采取的措施取得一致意见，联邦政府根据一个州的申请应当在有关州之间进行协调。

第三章　对沿海水域的规定

第 32 · 1 条　不需要许可的使用

对沿海水域的利用，州可以规定在下列情况无需批准：

（1）为渔业目的放入物质；

（2）为排放地下水、矿泉水和雨水；

（3）为放入和排入其他物质，由此不会对沿海水域的水质带来不利的变化，或者有微小的不利的变化。

第 32·2 条　保持水域洁净

不允许把油脂物质排入沿海水域，以避免油脂污染。泥状物不算作含油脂物质。

沿海水域只能储存或堆放不引起水质污染的物质。这也适用于用管道运输的液体和气体。

第四章　对地下水的规定

第 33 条　无需许可的利用

为下列目的而提取、开采和引出地下水无需批准：

（1）为家庭生活，为农业、家禽饮用或少量为暂时目的之用；

（2）用于一般农业、林业或园艺目的的土地排水设备。

州可以对一般地区或个别地区就下列情况作出规定：

（1）对第 1 款提及的情况，需经批准许可；

（2）为第 1 款目的以外的商业目的，或为农业、林业或园艺建设，少量提取、开采或引出地下水，无需批准许可；

（3）将雨水排入地下水，为了无害的渗入目的，无需批准许可。

第 34 条　保持地下水洁净

不致使地下水出现有害污染或水质发生其他不利变化时，才允许把物质排入地下水。

物质的储存或堆放，应不导致地下水的有害污染或水质的其他不利变化。这同样适用于液体和气体的管道运输。

第 35 条　土地开发

只要水管理规定有要求，州必须对超过一定深度的钻探工作进行监测。

如果未经授权无意地开采地下水，考虑到对水管理的要求，可以要求停止开采。

第五章　水经济计划和水书

第 36 条　水经济框架计划

为了改善生活和经济关系，对必要的水经济前提提供保障，应该在河流地区或经济区域或其部分地区，制定水经济框架计划。这种框架计划要适应以后的发展。

水经济框架计划必须考虑到有用的水资源、防洪以及保持水域洁净。要求水经济框架计划和土地规划相互协调一致。

水经济框架计划由各州根据方针政策制定，它由联邦政府在联邦参议院同意之后颁布。

第 36·1 条　禁止改动计划

为了确保提取和储存水、清除废水、增加水、利用水力、灌溉、防洪、扩建地表水等为公共健康服务的计划得以实施，州政府或由他们认可的部门可以通过法律规定，确定计划的区域。在计划区域内，不允许对重要计划的实施进行改动。

以前已开始的改动在法律上是允许的，维修工作和继续利用不受禁止改动的影响。

只要法律没有作出其他时间规定，禁止改动经过 3 年期限后失效。如果有特殊情况要求的话，在 3 年期限的基础上最多可延长 1 年。

如果与重要的公共利益相违背的话，禁止改动可以作例外处理。

第 36·2 条　经营管理计划

如果水管理规定有要求，州可以制定水域经营管理计划（第 1·1 条）。它承担保护水域的责任，将水域保护作为自然保护管理的组成部分，保护地下水资源并按要求利用（经营管理计划）。土地规划和州计划的目标要受到注意。

应对地表水域或部分水域制定经营管理计划：

（1）为利用服务，这种利用可能给已有的或将来来自这种水域或部分水域的公共供水造成不利影响；

（2）要求执行国家间的协议或欧洲共同体内部的决议。

在地表水域或部分水域的经营管理计划中，在考虑到现实的自然情况下，对下列情况作出规定：

（1）水域应提供的利用；

（2）标志应指出水域的走向；

（3）为了保持规定的标志，要求采取一定的措施，并遵守期限；

（4）其他水经济措施。

经营管理计划要适应以后的发展。

经营管理计划应执行依据本法和州的水法所作出的规定，特别是补充要求（第5条）、许可（第7条第1款）、撤销批准（第12条）、撤销原有的法律和原有的权限（第15条）、平衡审理程序（第18条）、颁布保持水域洁净的规定（第27条）或其他经营管理计划中确定的措施。这可以依据州的法律对其他主管部门进行解释说明。

只要对地表水域或部分水域没有制定经营管理计划，而且不用担心地表水域或部分水域的水质发生不利的变化，才允许引入物质。允许也是公众健康所要求的。对其他部门把物质引入地表水域的计划决定，第1项也是适用的。第6条不受上述规定的影响。

联邦政府可以在联邦参议院同意后通过一般管理条例颁布和规定对水质标志的说明原则。在经营管理计划中，要强制性地采纳这种标志。

第37条　水书

水书是为水域提出的。

在水书里应特别登记如下方面：

（1）许可（第7条），它不只是为临时目的服务的；批准（第8条）；原有的法律和原有的权限（第16条）；

（2）水源保护区（第19条）；

（3）洪水泛滥地区（第32条）。

第六章　罚款和最后规定

第38条至第40条（失效）

第41条　违反规定

违反规定是指有人故意或疏忽大意进行下列利用：

（1）违反第2条，未经主管部门的批准进行利用。如果采取第4条第2款第2·1项措施，违反第4条第1款或第2款第1项、第2项或第2·1项

的义务，违反第 5 条第 1 款第 1 项或第 1·1 项的规定，违反第 5 条第 1 款
第 2 项或第 3 项的规定。

（2）违反第 19 条第 2 款的要求。

（3）违反第 19·1 条第 1 款、第 3 款，未经批准而进行管道设备的建立
和改动，或者违反依据第 19·2 条第 1 款规定的义务。

（4）违反依据第 19·4 条或第 36·1 条第 1 款的规定。

（5）违反第 19·5 条第 2 款，没有或者没有及时报告所规定的义务，
或者违反第 19·5 条第 2 款规定的义务。

（6）在依据第 19·7 条第 1 款或第 2 款的设备建设、建立、维修或运营
中，违反第 19·7 条第 3 款，没有遵守一般公认的技术规定；违反第 19·8
条第 1 款，采用的设备、设备的配件或技术防护措施不合适；依据第 19·7
条第 1 款或第 2 款的设备经营者，没有把设备的建设、建立、保养维修和保
洁工作委托给第 19·11 条规定的专业企业；违反第 19·9 条第 2 款，没有
经常对设备进行监测；违反第 19·9 条第 2 款的规定，没有签订监测合同；
违反第 19·9 条第 3 款的规定，没有任命水域保护人员；违反第 19·10 条，
没有对其过程进行监测，对规定所要求的安全设施的现状没有搞清楚，没
有遵守设备和安全设施所允许的负荷量；违反第 19·11 条第 1 款，对依据
第 19·7 条第 1 款和第 2 款的设备安装、建立、维修或保洁工作，没有进行
监测，也没有与监测组织签订监测合同。

（7）违反第 21 条，没有允许进入土地、设备或区域；没有开放设备，
也没有进行技术检测；没有提供所要求的人力、资料和工具；发布的信息
不准确、不全面，也不及时；水域保护人员对监测措施没有请教专业人员。

（8）违反第 21·1 条第 1 款，或者违反第 21·1 条第 2 款，没有任命水
域保护人员。

（9）违反第 26 条或第 32·2 条或第 34 条第 2 款关于物质储存、堆放或
运输的规定。

（10）违反第 27 条第 1 款的规定。

（11）没有依据第 31 条第 2 款制订计划，未经审批就进行扩建。

违反规定，在第 1 款第 1 项至第 6 项和第 8 项至第 11 项的情况下，罚款
10 万德国马克；违反规定，在第 1 款第 7 项的情况下，罚款 2 万德国马克。

第 42 条至第 45 条（失效）

德国废水纳税法

(1994 年 11 月 3 日公布 1998 年 8 月 25 日最新修改)

第一章 一般规定

第 1 条 原则

依据水管理法第 1 条第 1 款，把废水排入水域要缴税（废水纳税）。该税由州进行征收。

第 2 条 定义

依据本法的废水是由家庭、商业、农业或其他用途产生的，其特性发生变化的和在干热天气流在一起的水（脏水），以及从建筑的和固定的面积流来或积聚起来的水（雨水）。从处理、储存和堆放废物的设备释放和积聚起来的液体也视为脏水。

依据本法，排导是将废水直接排入水域；排入地下也视为排入水域。农业土地处理范围内的排入除外。

依据本法，废水处理设备是一种为减少或清除废水有害性服务的设备。为完全或部分防止废水形成服务的设备也视为废水处理设备。

第 3 条 评估基础

废水纳税视废水的有害性而定。废水纳税以氧化物、磷、氮、有机卤化物、金属汞、镉、铬、镍、铅、铜和它的化合物以及废水对鱼的毒性为基础。废水纳税按有害单位计算。当调查有害物浓度或年数量的有害单位数量没有超过设备中释放出来的界限值时，或稀释因子不多于两个，评价有害性不包括雨水（第 7 条）和少量排放（第 8 条）。

在第 9 条第 3 款（河流污水净化设备）的情况下，纳税视河流污水净化设备中水的有害单位的数量而定。

州可以规定废水在再净化池塘里进行直接清理后，其有害性不计算在内。

联邦政府通过联邦参议院同意后的法律条款授权规定，评估的有害性变化不大时，对测量设备有害性的规定要与当时的科学技术水平相符合，目的是为了简化审理程序，或者是为了减少在确定有害性时所需要的人力和物力上的浪费。

第二章　危害性的调查

第 4 条　在通知基础上的调查

按照废水排放的通知，在进行有害物的有害单位数量调查时，计算不包括雨水（第 7 条）和少量排放（第 8 条）。通知必须限制有害物和有害物群在废水中的浓度和对鱼有毒的稀释因子，还必须制定年污水量。如果通知包括对有害物和有害物群各个时期的监测值，纳税按最长的时间的监测值计算。如果废水中的有害物和有害物群没有超过当地所规定的界限值，那么可以不考虑监测值。

在第 9 条第 3 款（河流污水净化设备）的情况时适用第 1 款。

如果证明从水域直接提取的水在使用前已经有依据第 3 条第 1 款的毒性（预期后果），根据纳税义务人的申请，要对第 3 条第 1 款所指的有害物和有害物群的预期后果进行评估，要把估计的预期后果计算在内。在评估中，有害物浓度要从许多年的中间开始计算。州可以对水域或部分水域制定统一的有害物中间浓度标准。

在依据水法的水域监测范围内，要通过国家的或国家认可的部门检查是否遵守通知。如果进行的监测是建立在纳税基础上的监测，在税金确定期没有遵守监测值，那么要提高有害单位数量。提高以百分比计算，以超过最高测定的单个值计算。如果有一次没有遵守监测值，那么按 50% 提高计算。如果多次没有遵守监测值，按 100% 计算。如果没有遵守规定的废水数量，那么，有害单位数量对所有依据第 1 款在通知中限定的监测值也应提高。如果也没有遵守依据第 1 款的监测值和规定，规定提高有害单位的数量按最高的百分比计算。

如果排放者向主管部门说明，他在税金评估期的一定期间内（允许不短于 3 个月），遵守低于在通知中规定的监测值，或少于在通知中规定的废水数量，那么对这一时期有害单位的数量要按照说明的值进行调查。说明要在申请前 2 周提出，并适用第 2 款和第 3 款。如果主管部门进行监测，测量结果超过说明的值或超过依据第 4 款的规定，那么要对依据第 1 款至第 4 款的有害单位进行调查。第 9 条第 5 款的规定不受影响。

第 5 条 （失效）

第 6 条 对其他案例情况的调查

只要制定调查的有害单位没有包括在根据第 4 条第 1 款的通知中，排放者最迟要在税金估计期前 1 个月向主管部门说明，在税金估计期间将遵守哪些标准监测值。如果排放者不履行义务，主管部门进行监测的最高测量结果要以每个有害单位的调查为基础。如果没有来自主管部门的监测结果，主管部门必须估计监测值。在对有害单位的调查中，要进行年污水量的评估。

相应适用第 4 条第 2 款至第 5 款。

第 7 条 对排放污染雨水的总估计

由公共排水道排放的雨水的有害单位数量，总计按接通居民数的 20% 计算。如果来自固定面积的雨水不是由公共排水道排放，固定面积大于 1 公顷时，要以每公顷 18 个有害单位来计算纳税。可以按接通的居民数或固定面积的大小进行估计。

州可以规定在哪种前提下排放雨水完全或部分免税。

第 8 条 对少量排放的家庭污水和类似污水的总估计

依据第 9 条第 2 款的规定，公共法人团体对家庭污水和类似污水负有纳税义务。只要州没有作出其他规定，家庭污水和类似污水的有害单位数量，按没有与排水道接通的居民数量的一半计算。如果没有调查居民的数量，可以进行估计。

州可以规定在何种前提下排放污水不纳税。当废水处理设备的建立符合一般公认技术规则，并且确保按规则进行淤泥清除时，排放不纳税。

第三章　纳税义务

第 9 条 纳税义务和税率

谁排放废水（排放者），谁就负有纳税义务。

州可以规定公共法人团体作为排放者负有纳税义务。每天排放少于 8 立方米的家庭污水和类似污水的排放者，由州定为公共法人团体，负有纳税义务。州对推诿纳税作出规定。

如果水域的水在河流污水净化设备中净化，河流污水净化设备的经营者作为排放者负有纳税义务。第 2 款亦相应适用。

1980 年 12 月 31 日以前不存在纳税义务。每个有害单位的一年纳税率是：

从 1981 年 1 月 1 日起，12 马克；

从 1982 年 1 月 1 日起，18 马克；

从 1983 年 1 月 1 日起，24 马克；

从 1984 年 1 月 1 日起，30 马克；

从 1985 年 1 月 1 日起，36 马克；

从 1986 年 1 月 1 日起，40 马克；

从 1991 年 1 月 1 日起，50 马克；

从 1993 年 1 月 1 日起，60 马克；

从 1997 年 1 月 1 日起，70 马克。

依据第 4 款的纳税率减免 75%，但雨水（第 7 条）和少量排放（第 8 条）除外。从税金估计年 1999 年开始，不可避免的有害单位要减免一半，即使在下列情况下也是如此：

（1）根据第 4 条第 1 款的通知内容或根据第 6 条第 1 款的说明，至少应适合联邦政府在联邦参议院同意后根据水管理法第 7·1 条规定的要求；

（2）在规定的时间内，遵守由联邦政府在联邦参议院同意后根据水管理法第 7·1 条规定的要求。如果联邦政府在联邦参议院同意后根据水管理法第 7·1 条，没有对第 4 条第 1 款在通知中规定的或根据第 6 条第 1 款说明的监测值提出要求，适用第 1 款。

如果通知符合说明的值，并满足第 5 款的前提，根据第 4 条第 5 款的说明情况，按说明的值进行减免计算。

第 10 条　纳税义务的例外

下列排放没有纳税义务：

（1）使用前从水域提取的脏水，除了提取时有依据本法的有害性之外，不能证明有依据本法的其他有害性；

（2）开采矿物原料形成的表层水域脏水，这些水只用于清洗提取的产品，不含其他有害物，并保证没有有害物进入水域；

（3）水运输工具同时产生的脏水；

（4）3 公顷大小固定面积和铁路的雨水，没有由公共排水道排走时。

州可以规定把废水排入地下层。在地下层地下水由于它的自然特性，不适合用传统的水净化方法提取饮用水，这时废水排入地下层没有纳税义务。

如果建立和扩大废水处理设备有可能减少 20% 以上有害物或有害物群，并减少排入水域的总的有害物，对建立和扩大废水处理设备的费用，可以同设备投入使用前 3 年为排放所欠的税一起结算。此规定不适用于依据第 4 条第 4 款税的提高部分。如果税已支付，可以要求退回，不能要求偿还利息。如果设备没有投入使用，或者不能达到减少至少 20% 有害物和有害物群，税要提高。提高的税从到期时起要根据税收条例的第 238 条付利息。

排放废水的处理设备，应符合水管理法第 18·2 条的要求，第 3 款亦相应适用，要减少排放时可能出现的有害物。

如果在统一协议第 3 条所指的地区建立和扩大废水处理设备，其费用依据第 3 款和第 4 款同废水纳税一起计算。在这些地区，对其他排放纳税义务人可以宽容到 2005 年。

第四章　税收的制定、提高和使用

第 11 条　税金的估计期和解释义务

税金的估计期是日历年。

纳税义务的人有第 7 条和第 8 条的情况时，必须计算废水的有害单位数量，并向主管部门提供与此有关的材料。如果有纳税义务的人不是排放者（第 9 条第 2 款和第 3 款），则排放者必须向有纳税义务的人转让必需的数据和材料。

州可以规定有纳税义务的人在其他情况下也必须计算废水的有害单位数量，对评估作出必要的说明，并向主管部门提供与此有关的材料。

第 12 条　对义务的损害

如果有纳税义务的人不履行依据第 11 条第 2 款的义务和州的补充条款，则可以由主管部门对有害单位进行估计。

根据第 9 条第 2 款或第 3 款不负有纳税义务的排放者，如果他不履行根据第 11 条第 2 款的义务和州的补充条款，可以估计的方法纳税。这时，有纳税义务的人和排放者作为总债务人，要作出纳税保证。

第 12·1 条　法律帮助反对推延税收

对纳税的要求可提出异议和反驳，但不能推延纳税的作用。

第 13 条　使用

废水纳税的收入，应用于保持和改善水域资源的措施。州可以对执行本法和州的补充法律条款所产生的管理费用作出规定，从废水纳税的收入得到补偿。

依据第 1 款的措施如下：

（1）建立废水处理设备；

（2）建立雨水回收池和雨水净化设施；

（3）在拦水坝、湖和湖岸边建立环形接受渠道，建立清除污水的总收集设备；

（4）建立清除淤泥的设备；

（5）采取观察和改善水域资源的措施，如提高雨水低水位和增加氧气含量；

（6）设备的研究和开发，改善水域资源；

（7）为废水处理设施和其他保护和改善水域资源的设备培训企业人员。

第五章　公共条款和最后条款

第 14 条　纳税规定的处罚和罚款规章的适用

纳税规定第 370 条第 1 款、第 2 款和第 4 款以及第 371 条的处罚规章相应地适用于逃避废水纳税。纳税规定的第 378 条的罚款规章相应地适用于对废水纳税的减免。

第 15 条　违反规定

违反规定是指故意或疏忽大意违背第 11 条第 2 款，不提供计算价格或资料，不向纳税义务人转交必要的数据或资料。

违反规定的罚款可达 5000 德国马克。

第 16 条　国家条款

如果依据柏林和汉堡州的规定也是有纳税义务的，适用第 1 条。第 9 条第 2 款也适用于柏林和汉堡州，也可以由其规定标准。

德国循环经济和废物清除法

（1994 年 9 月 27 日公布　1998 年 8 月 25 日最新修改）

第一章　一般规定

第 1 条　本法的目的

本法律的目的是促进循环经济，保护自然资源，确保废物按有利于环境的方式进行清除。

第 2 条　适用范围

本法适用于：

（1）避免废物；

（2）利用废物；

（3）清除废物。

本法不适用于：

（1）依照动物体清除法、肉类禽类卫生法、食品和日用品法、奶制品和黄油法、动物瘟疫法、植物保护法以及根据上述法律颁布的法规进行清除的物质；

（2）依据原子法的核燃料和其他放射性物质；

（3）依据射线防护法颁布的条款规定清除的物质；

（4）在寻找、开采、洗选和处在矿山监督下的地下资源的再利用中出现的废物（间接和不经常在第 1 项活动中出现的废物除外）；

（5）不能用容积装的物质；

（6）很快排入或引入水域或废水设备的物质；

（7）寻找、打捞、运输、储存、处理和销毁的武器。

第 3 条　定义

依据本法的废物是指所有可移动的，由其拥有者已除掉的或将除掉的或必须除掉的物品。可利用废物是还能利用的废物。不能利用的废物是要清除的废物。

依据第 1 款的"除掉"，是指废物的拥有者对可移动的或者确实放弃利用的废物进行清除。

依据第 1 款的除掉意图，必须包括下列可移动的东西：

（1）在能源转换、生产、处理或利用中的物质或产品，或者是在服务行业中产生的已没有商业价值的物质或产品；

（2）应取消或放弃的物品，其已不具有重新利用价值。对价值的评价是建立在生产者或拥有者解释基础上的。

拥有者必须除掉依据第 1 款可移动的物品。根据具体情况，当前或将来对公众健康造成的危害，特别是对环境造成的不利影响，以及潜在性的危险，只能按规定的进行无害化的利用，或者按照本法的条款和依据本法颁布的规定进行排除。

依据本法的废物制造者是自然人或法人。废物是由于他们的活动产生的，他们对废物进行预先处理、混合或其他处理，对自然产生影响，使废物的组成发生变化。

废物的拥有者依据本法是自然人或法人，他们是实际的废物的主人。

清除废物包括利用和消除废物。

根据第 41 条第 1 款或第 41 条第 3 款第 1 项规定的废物是需要特别检测的。所有应该清除的废物以及依据第 41 条第 3 款第 2 项规定的废物是需要检测的。

联邦政府为实施欧洲共同体的法律文件，通过联邦参议院同意的法律条款授权把废物组成、清除方法或利用方法纳入可进行修改补充的附件内。

第二章　废物的制造者、拥有者和清除者的原则和义务

第 4 条　循环经济的原则

废物：

（1）首先要避免产生废物，特别重要的是减少废物的量及其危害性。

（2）其次是：

①利用；

②用来获取能源（能源利用）。

避免废物的措施是设备内的物质循环利用；要生产废物少的产品；要引导消费行为，消费那些废物少和有害物少的产品。

一种物质的利用包括原材料的替换，通过从废物中提取物质（二级原材料），或者为了它本来的目的，或者为了其他目的而利用废物的物质特性，但能源的直接再提取除外。另一种物质的利用是出于经济考虑，是考虑到个例情况出现的污染，利用这种废物的措施的主要目标不是为了排除有害物的潜在危险。

能源利用包括把废物作为补充燃料使用。为了清除废物，特别是清除家庭垃圾，定期进行处理，优先能源利用不受影响。这种区分必须在措施的主要目的上进行协调。从个例出发，不与其他物质混合。根据污染的种类和范围，以及通过处理而产生的废物和排放，来确定是否利用和处理。

循环经济包括通过废物利用的取送系统，运输、储存和处理准备的转让、收集和采集。

第 5 条　循环经济的基本义务

避免废物的义务是建立在第 9 条和第 23 条以及第 24 条法律规定上的。

废物的生产者或拥有者有义务按照第 6 条进行利用。只要本法没有作其他的规定，废物利用优先于清除。必须努力使废物的特性适合高效利用。只要是为了满足第 4 条和第 5 条的要求，被利用的废物必须分开保存和处理。

废物要按规定进行无害化利用。当利用与本法和其他公共法律条款一致时，利用就是按规定进行。依据废物的特性、污染的范围、利用的种类，不至于对公众健康产生不利的影响，特别是在有用物质循环中，有害物没有增加，这种利用是无害的。

只要是可能的和有经济价值的，特别是一种物质或能源有可能创造市场，就要遵守利用废物的义务。要求预先处理废物时，废物利用从技术上应是可能的。如果废物利用相关的费用不超过必须承担的清除废物的费用，经济上就是可行的。

如果废物的清除是按对环境有利的方式进行时，而要取消第 2 款规定的废物利用优先权。在此应特别考虑如下方面：

（1）可能产生的排放；

（2）保护自然资源的目标；

（3）投入的和获得的能源；

（4）产品中有害物质的增加，被利用的废物或由此产生的产品也在增加。

直接地或以其他方式通过研究和开发措施产生的废物，不适用优先利用原则。

第6条　物质和能源的利用

废物可以进行以下利用：

（1）进行物质的利用；

（2）提取能源。

优先采用对环境有利的方式进行利用，相应地适用第5条第4款。联邦政府听取参与方的意见后（第60条），通过联邦参议院同意的法律条款，依据第5条第5款规定的标准，考虑到第2款的要求，授权对一定种类的废物进行物质的或能源的优先利用作出规定。

只要优先利用的种类没有按照第1款在法律条款中作出规定，依据第4条第4款的能源利用在下列情况下是允许的：

（1）不同其他物质混合，某种废物的热值至少有1.1万卡路里/每公斤；

（2）至少要取得75%的燃烧效率；

（3）存在的热供自己利用或转给第三者；

（4）在利用范围内产生的其他废物，能最大可能地不需要进一步的处理就可以堆放。

如果符合第2项至第4项所指的先决条件，可以对再生原材料产生的废物，进行能源利用。

第7条　循环经济的要求

只要是履行依据第5条的义务，特别是为了确保无害化利用，联邦政府听取参与方的意见后（第60条），通过联邦参议院同意的法律条款授权规定如下要求：

（1）按产品的种类、特性和内在联系，限制生产中出现的废物。

（2）制定废物分开保留、运输和储存的要求。

（3）制定废物通过取送系统进行处理准备、转让、收集和采集的要求。

（4）对一定废物的利用，要按照种类、特性或数量，以不同方式进行利用。对公众健康造成不利影响，特别是对第 10 条第 4 款所指的保护物品产生不利影响的，要按照其产地、出现的地方或原始产品，以下列方式进行利用：

①只允许以一定的数量，按一定的特性，为一定的目的进行利用；

②某些具有一定特性的废物不允许流通。

（5）根据法律条款的要求，规定废物的拥有者的义务。废物拥有者把它转给第三者时，必须注意到这点。

（6）对废物制定标记。

发电站的废物、来自烟气脱硫设备的石膏，或其他处于矿山检测企业内产生的废物，由于矿山技术原因或矿山安全原因，进行再利用时，按第 1 款的法律规定，可以提出物质要求。

按第 1 款的法律规定，可以按当地确定的要求规定检测方法，特别是：

（1）抽查、保留和收藏原样品以及为此而采用的方法；

（2）确定每种物质或每组物质需要的分析方法。

根据要求，方法可以告知每个管理部门，必须：

（1）说明公布的日期，说明具体货源；

（2）在德国专利局登记，并以法律条款对此进行说明。

第 8 条　循环经济在农业肥料方面的要求

联邦环境、自然保护和核反应堆安全部与联邦食品、农业和林业部以及联邦卫生部协调一致后，听取参与方的意见（第 60 条），通过联邦参议院同意的法律条款授权制定农业方面的要求，以确保利用符合第 2 款规定且是无害的。

如果把利用的废物作为二级原材料肥料或依据肥料法第 1 款的经济肥料用于农业、林业或园艺土地，可以根据第 1 款的法律条款对有害物质作出以下特别规定：

（1）按照标志，如土地的种类和特性，获得的地点和时间，以及所在地的自然情况，采取禁止或限制的措施；

（2）对废物、经济肥料或土地进行调查，决定对这些物质采取预先处理的措施或其他合适的措施，这一规定对超越肥料法第 1·1 条专业活动范围内的经济肥料也适用；

只要联邦环境、自然保护和核反应堆安全部没有授权，州政府可以根据第 2 款颁布法律条款。州政府可以通过法律条款把授权全部或部分转让给其他部门。

第 9 条 设备经营者的义务

依照联邦侵扰防护法需要审批的和不需要审批的设备经营者，在建立和经营这些设备时，要按照联邦侵扰防护法的规定注意避免产生废物、利用废物和清除废物。设备经营者的义务应视联邦侵扰防护法的规定而定。利用和清除废物的方式、方法要求符合本法规定。要按第 6 条第 1 款和第 7 条规定设备内的利用要求。

第 10 条 对公共福利有利的废物清除原则

不利用的废物，长期不在循环经济之内，为了保护公众健康，必须清除。

废物清除包括清除废物的准备、转让、采集、运输、处理、储存和堆放。通过废物的处理，要减少它的数量和有害性。在处理和堆放中产生的能源或废物要尽可能利用。如果处理和堆放产生的能源或废物可利用，而且这种利用只是排除次要的东西，这种处理和堆放也当做废物清除看待。

要在国内清除废物。

废物清除，不应影响公众健康。不利影响包括：

（1）对人的健康不利；

（2）威胁动物和植物；

（3）水域和土地受到有害影响；

（4）空气污染和噪声给环境带来有害影响；

（5）土地规划和州计划的利益受到影响，自然风景保护以及城市建设受到影响；

（6）公共安全和秩序受到威胁。

第 11 条 废物清除的基本义务

第 13 条至第 18 条中没有作出其他规定，不能利用的废物的制造者和拥有者有义务按照第 10 条对公众健康有利的清除废物原则对废物进行清除。

只要是履行第 10 条要求所需要的，对被清除的废物要分离处理。

第 12 条 废物清除的要求

联邦政府听取参与方的意见后（第 60 条），通过联邦参议院同意的法律条款，根据相应的技术水平为履行第 11 条的义务，按废物的原产地、发生地、种类、数量和特性，授权对废物清除的要求作出规定。特别是下列各项：

（1）要求废物分离存放和处理；

（2）废物的准备、转让、采集、运输、储存和堆放；

（3）检查方法按照第 7 条第 3 款的要求进行。

联邦政府听取参与方的意见后（第 60 条），在联邦参议院同意下，为实施本法和在本法基础上颁发的联邦法律条款，根据技术水平颁发对环境有利的废物清除一般管理规定。规定收集、处理、储存和堆放的方法，以确保对环境有利的废物清除。

本法规定的技术水平是先进方法的发展中水平。设备的运营方式应确保对废物采取有利于环境的方式进行清除。在确定技术水平时，要特别考虑那些试用成功的、可对比的方法。

第 13 条　转让义务

与第 5 条第 2 款和第 11 条第 1 款不同，私人家庭废物的制造者或拥有者有义务把不能利用也不打算利用的废物转让给符合州法律的公共清除人员。只要不是在自己的设备里清除，或者是特别重要的公共利益要求转让，这也适用于来自其他原产地的废物制造者或拥有者的清除。

只要按照第 16 条、第 17 条或第 18 条把利用和清除废物的义务转让给了第三者或私人清除人员，对公共清除人员就不存在转让义务。

对下列废物不存在转让义务：

（1）只要不是公共清除人员按照第 24 条第 2 款第 4 项的规定参与回收，就要根据第 24 条的法律规定对废物进行回收；

（2）通过公益性的收集，采取按规定和无害化的利用；

（3）只要公共清除人员证明与主要的公共利益不对立，可以通过商业化的收集，采取按规定的和无害的利用。

第 2 项和第 3 项对特别需要监测的废物不适用。按照第 7 条和第 24 条的法律条款，对转让义务所作的特别规定不受影响。

对特别需要监测的废物清除，州可以对赔偿要求和转让义务作出规定，以确保对环境有利的清除。只要没有其他方面能保证按规定进行利用，对特别需要监测的废物利用，州可以对赔偿要求和转让义务作出规定。第 2 项所指的废物利用,由联邦政府在联邦参议院同意后通过法律条款作出规定。特别需要监测的废物利用可以要求赔偿。由州在本法生效时作出规定。只要第三者和私人清除人员按照第 16 条、第 17 条、第 18 条转让清除义务,他们就不能要求赔偿和转让义务。

第 14 条　土地的宽容义务

转让的废物所在的土地所有者和拥有者有义务对情况进行了解,并采取宽容的态度,允许进入土地进行收集、监测和利用废物。

第 1 款相应地适用于按照第 24 条的规定进行回收和收集。

第 15 条　公共清除人员的义务

公共清除人员必须清除他们所在地区出现的废物和家庭垃圾,对其他来源的、要清除的废物依据第 4 条至第 7 条进行利用,并依据第 10 条至第 12 条进行清除。如果由于第 5 条第 4 款的理由,废物要转让给别人清除,只要没有向他提出这种理由,公共清除人员有义务进行利用。

只要清除义务依据第 16 条、第 17 条或第 18 条已转让给第三者或私人清除人员,那么,公共清除人员就没有义务清除家庭垃圾。

只要公共清除人员处在第 24 条的回收义务之下,实际上也有相应的回收机构提供服务,那么,公共清除人员在主管部门的同意下,可以不参与清除废物。第 1 款也适用于其他来源的废物清除。这些废物按种类、数量或特性,不与家庭垃圾一起清除,而由其他清除人员或第三者进行有利于环境的清除,并结合州的废物经济计划一起进行。

当机动车或拖车停放在公共场地,不按规定进行利用,在 1 个月之内也不能按规定运走,那么,依据第 1 款的义务也适用于这些没有有效官方标志的机动车或拖车。

第 16 条　委托第三者

负有利用和清除义务的人员,可以把他们履行的义务委托给第三者。他们履行义务的责任不受影响。受委托的第三者必须是可靠的。

主管部门根据申请,在依据第 15 条、第 17 条、第 18 条清除义务者同意后,可以在下列情况下把他们的义务全部或部分转让给第三者:

（1）第三者具备专业知识、可靠;

（2）可以保证履行被转让的义务;

（3）不与重要的公共利益相对立。

私人清除人员把义务转让给第三者需要依据第 15 条公共清除人员的同意。

为了说明第 2 款的前提,第三者必须提出废物经济计划。废物经济计划必须包括如下内容:

(1) 说明要利用和清除的废物的种类、数量和所在位置;

(2) 对利用和清除的废物已采取的计划和措施进行说明;

(3) 说明下一个 5 年的清除途径,包括必要的停放地点、设备计划以及时间顺序;

(4) 对在德意志联邦共和国以外利用和清除的废物,要分别进行说明。

在制定废物经济计划时,要考虑到依据第 29 条的废物经济计划的指标。废物经济计划要按照第 19 条第 3 款制定和续签。义务转让 1 年之后,按照第 20 条第 1 款要制定和提出另一个废物平衡表。

转让是有期限的,可以有附加规定。转让可以在特殊条件下进行,它与撤销义务和追加条件联系在一起。

第 17 条 协会承担的任务

来自商业和其他经济企业或公共机构的废物制造者和拥有者,他们可以组成协会。废物的制造者和拥有者,可以把履行废物利用和清除的义务委托给协会,相应地适用第 16 条第 1 款第 2 项、第 3 项。

公共清除人员和经济自我管理团体,可以组成协会,并参与协会工作。

主管部门在依据第 15 条公共清除人员的同意下,可以根据他们的申请,在下列情况下把废物制造者和拥有者的义务全部或部分转让给协会:

(1) 以其他方式协会的目标不能实现;

(2) 保证履行转让的义务,特别要保证废物清除,使转让的任务与州的废物经济计划(第 29 条)协调一致;

(3) 不与重要的公共利益相对立。适用第 16 条第 3 款、第 4 款。

在规定的地区,主管部门可以在下列情况下让协会承担清除所有废物的任务,特别是清除其他制造者和拥有者的废物,条件是:

(1) 为了保护公众健康;

(2) 废物的制造者和拥有者不能履行他们的义务。

协会可以提高费用。费用的规章须经主管部门的审批。

第 15 条第 1 款和第 3 款相应地适用于转让的利用和清除义务。只要这是履行转让义务所要求的，协会有转让和容忍义务，相应地适用第 13 条第 1 款、第 3 款和第 14 条。为履行转让义务，协会可以要求废物的制造者和拥有者把废物分离堆放，送到规定的收集地点或处理场地进行清除。废物制造者和拥有者自己清除废物的权限不受影响。

第 18 条　经济自我管理团体承担的任务

工业协会、商业协会、手工业协会和州经济协会（经济自我管理团体）可以组织机构。废物的制造者和拥有者可以把利用和清除废物的任务委托给这些机构，相应地适用第 16 条第 2 款第 2 项和第 3 项。

应经济自我管理团体的申请，主管部门可以在规定的地区把废物制造者和拥有者的义务全部或部分委托给这些机构，相应地适用第 17 条第 3 款至第 6 款。

第 19 条　废物经济计划

每年产生 2 000 公斤以上需要特别监测的废物，或者每年产生 2 000 吨以上需要监测的废物的制造者，必须制定避免、利用、清除产生废物的经济计划。废物经济循环计划作为内部计划的工具，根据主管部门的要求，要对废物经济计划作出评估。废物经济计划必须包括以下内容：

（1）对特别需要监测的废物的种类、数量和存留情况，对需要监测的废物利用，以及废物清除情况进行说明；

（2）说明为避免产生、利用、清除废物已采取的和已计划的措施；

（3）说明废物清除的必要性，对第 5 条第 4 款中所提到的不够利用的理由进行说明；

（4）对下一个五年的清理途径进行说明，自己是清除人员的，说明必要的停放地点和设备计划，要按其时间顺序说明；

（5）对第 1 项提到的废物，在德国以外利用和清除时，要分别说明其存留情况。

在制定废物经济计划时，要考虑到第 29 条废物经济计划的任务。

只要州在本法生效时没有制定其他规定，1999 年 12 月 31 日前应制定下一个五年废物经济计划。主管部门可以要求提前提出方案。

联邦政府听取参与各方意见后（第 60 条），通过联邦参议院同意的法律条款可以作出如下规定：

（1）对依据第 1 款规定的资料的形式和内容作出进一步的规定；

（2）一定种类的废物不包括在第 1 款至第 3 款所指的义务之内；

（3）把不需要监测的废物的利用包括在废物经济计划之内。

第 15 条的公共清除人员，必须制定废物经济计划，就利用和清除本地区产生的废物和转让给他们的废物进行说明。州对废物经济计划的需求应作出规定。

第 20 条　废物平衡表

第 19 条第 1 款负有义务的人，必须每年进行废物平衡，第一次于 1998 年 4 月 1 日进行，就特别需要监测的和需要监测的废物已利用或清除情况、废物的种类、数量和存留情况进行说明，并根据主管部门的要求提供资料，相应地适用第 19 条第 1 款第 3 项和第 4 款。

来自商业或经济企业或公共设备的废物拥有者，必需转让废物，他们就有义务对依据第 1 款负有义务的人提供情况。

第 15 条规定的公共清除人员，要根据第 1 款进行废物平衡总结。对废物平衡表的要求由州里规定。

第 21 条　对个例的要求

在个别特殊情况下，为实施本法或根据本法颁布的法律条款，主管部门可以提出特殊的要求。

主管部门可以作出规定，依据第 19 条第 1 款负有义务的人员把废物经济计划和废物平衡表的考核工作委托给由主管部门公布的专业人员。

如果废物经济计划和废物平衡表不符合要求，或没有及时提出，主管部门可以拒收，并给负有义务的人员规定一个合适的弥补期限。

第三章　产品责任

第 22 条　产品责任

谁开发、生产、加工和经营的产品，谁就要承担满足循环经济目的的产品责任。为了履行产品责任，产品生产应尽最大可能在生产和使用中，避免产生废物，保证有利于环境的利用，确保在利用中产生的废物得到清除。

产品责任特别包括以下方面：

（1）产品包括多次利用的、技术寿命长的产品的开发、生产和使用，按规定和无害化利用后，采取对环境有利的清除；

（2）在产品生产中，优先采用可利用的废物或二级原材料；

（3）含有有害物的产品要有标志，以确保产品使用后剩下的废物采取有利于环境的利用或清除；

（4）产品标志上要有回收、再利用的可能性和义务的说明，以及抵押规定；

（5）产品和产品使用后剩下的废物的回收，以及以后的利用和清除。

在第1款和第2款的产品责任范围内，按第5条第4款要求，应考虑到其他法律条款对产品责任的规定以及保护环境的要求，确定商品自由流通的公共规则。

联邦政府根据第23条和第24条规定，要求那些负有义务的人必须履行第1款和第2款规定的产品责任。同时，他们对以何种方式履行产品责任作出规定。

第23条 禁止、限制和标志

为了制定第22条的要求，联邦政府听取参与方的意见后（第60条），通过联邦参议院同意的法律条款授权作出如下规定：

（1）一定的产品，特别是具有一定特性的和为一定用途的产品包装，只有保证它们按规定利用，并对所产生的废物进行清除，才允许流通；

（2）一定的产品根本不允许流通，是因为在清除它们时，不能阻止有害物质的产生，或者要花费很高的费用，或者是有利于环境的废物清除不能以其他方式得到保证；

（3）一定的产品只允许以减少废物清除负担的方式或多次容易利用的方式流通；

（4）一定的产品要以一定的方式作标志，以确保履行第5条规定的回收义务（标志义务）；

（5）有的产品要带标志才允许流通，按规定利用后，剩余的废物含有有害物；其回收的必要性要向生产者、经营者或第三者指出，以确保利用和清除是按要求的；

（6）按第24条有回收义务的产品，要在交付地点或使用地点指出回收的可能性，要对产品作出相应的标志；

（7）按第24条规定提高抵押的产品，要作出相应的标志，同时说明有多少抵押金。

第 24 条　回收和回收义务

为了制定根据第 22 条的要求，联邦政府听取参与方的意见后（第 60 条），通过联邦参议院同意的法律条款授权对生产者和经营者作出如下规定：

（1）只有产品回收可能性明确时，才允许交付或流通；

（2）必须保证产品的回收，并采用合适的措施进行回收，特别是要采用回收系统，或者提高抵押金；

（3）一定产品的回收必须在交付和积压地点进行；

（4）第 15 条、第 17 条和第 18 条规定的清除人员必须向州、主管部门对回收的废物的种类、数量、利用和清除作出说明，留存和保留凭据，并在要求时出示。

第 1 款可以根据第 22 条提出的要求，对废物的制造者、拥有者和第 15 条、第 17 条和第 18 条规定的清除人员的义务作出补充，在循环经济的范围内可以作出进一步规定：

（1）必须对回收、利用和清除回收产品承担费用；

（2）废物的拥有者必须把废物转让给依据第 1 款负有义务的生产者或经营者；

（3）转让的种类和方式、方法，包括依据第 4 条第 5 款为准备、收集、运输的措施；

（4）第 15 条、第 17 条和第 18 条规定的清除人员，通过对废物和转让情况的了解，在回收中合作，并把废物转让给第 1 款负有义务的人员。

第 25 条　自愿回收

联邦政府可以对废物的自愿回收在听取参与方的意见后（第 60 条）确定目标。这个目标要在合适的期限内达到。政府在联邦期刊内发表规定的目标。

需要清除的废物的生产者和经营者、需要监测的或特别需要监测的废物的生产者和经营者，必须向主管部门报告回收情况。只要自愿回收并促进第 4 条和第 5 条的循环经济目的，回收的废物按规定利用和清除，并以其他合适的方式得到证实，接受报告的主管部门应免除第 49 条的义务和第 43 条和第 46 条的证明义务。

第 26 条　回收后拥有者的义务

依据第 24 条或自愿回收的废物的生产者和经营者，具有第 5 条和第 11 条规定的废物拥有者的义务。

第四章　计划责任

第一节　规章和计划

第 27 条　清除的规章

允许废物在为清除目的服务的设备（废物清除设备）内进行处理、储存和堆放。要清除的废物的处理只允许在主要为废物清除服务的设备内进行，还需要得到依据联邦侵扰防护法第 4 条的批准。只要这不是重要设备，联邦侵扰保护法第 12 条第 1 款或第 23 条，或者第 12 条第 2 款管理条款没有作出其他规定，要清除的废物的储存或处理只允许在为此目的的废物清除设备内进行，依据联邦侵扰防护法，不需要批准。

主管部门可以允许在个别情况下有例外，条件是公众健康不致受到不利影响。

必要时也不用担心对公众健康的不利影响，州政府可以通过法律条款批准同意一定的废物或一定数量的这种废物的清除在依据第 1 款的设备外进行。在这种情况下，政府可以通过法律条款规定先决条件和清除的方式、方法。州政府可以通过法律条款全部或部分地把授权转让给其他部门。

第 28 条　执行清除

如果废物不能用另外一种方式进行清除，或者是清除费用很高，一起利用对经营者是可能的，主管部门可以同意废物清除设备的经营者承担义务，允许依据第 11 条对清除负有义务的人员和依据第 15 条、第 17 条和第 18 条的清理人员付给合适的报酬后共同利用废物清除设备。对报酬意见不一致，应由主管部门确定。只要不与本法条款对立，就可以分配指派。要确保根据第 11 条的基本义务得到履行。主管部门必须要求分配指派受优惠的人提出废物经济计划，并以此为基础。根据负有义务的人员的申请，可以让受惠人承担接受同样种类和数量废物的义务。

主管部门可以根据申请，把废物清除转让给比清除人员更经济的、依据第 15 条、第 17 条和第 18 条的废物清除设备经营者。转让可与规定的义务相结合。如果清除人员不能清除留存的废物，或者花费比例不协调，申请人可以有偿地清除所有由清除人员所管地区产生的废物，并获得费用补偿。如果申请人说明清除转让不是所期望的，那就不适合转让。

主管部门可以让利用土地进行矿物提取的企业家承担义务，容忍在他们的设备内或土地上清除废物，并提供设备或设备配件。费用要由对清除负有义务的人员承担。有容忍义务的人不承担废物清除中的损失。主管部门规定义务的内容。提取矿物的优先权不允许使废物清除受到影响。

根据 1998 年 8 月 25 日禁止将废物和其他物质运送到公海的法律，将废物运送到公海以及在公海焚烧是被禁止的。将挖土机挖出来的土运送到公海要根据法律进行，并要考虑到土中含有其他物质的情况。

第 29 条　废物经济计划

州对其地区按照跨地区的要求制定废物经济计划。废物经济计划要说明：

（1）避免和利用废物的目的；

（2）确保在国内清除所要求的废物清除设备。

废物经济计划证明有：

（1）允许的废物清除设备；

（2）为清除废物的设备确定合适占有的面积，它们用于最后堆放废物（存放）以及其他废物清除设备。

此外，还可以制订计划，确定有哪些清理人员，哪些废物清除设备必须服务于清除义务。

在说明要求时，必须考虑到将来的、至少 10 年之内的发展需求。为了说明需求，要充分利用废物经济计划和废物平衡表。

一块地皮如果它的长度、大小和特点与计划地区的废物经济计划的目标一致，适合规定的利用，也不与公共利益对立，这片地皮依据第 1 款是合适的。依据第 1 款的合适证明不是制定和批准第 31 条进行的废物清除设备计划的前提。

第 1 款的证明，可以为负有清除义务的人进行相关的说明。

在废物经济计划中，要考虑到国家土地规划法和州计划的目标和要求。国家土地规划法的第 5 条第 4 款和第 4 条第 5 款不受影响。废物经济计划对土地的重要要求和措施，可以纳入依据国家土地规划法第 5 条的项目和计划之内。

州应制定废物经济计划。如果计划要求超越州界，相关的州在制定废物经济计划时，应共同规定要求和措施。

在制定废物经济计划时，社区乡镇或其机构，以及依据第 15 条、第 17 条和第 18 条的清除人员应参与。

州应规定制订计划的程序方法和义务责任。

计划要在 1999 年 12 月 31 日作出，每 5 年作一次计划。

第二节　废物清除设备的批准

第 30 条　了解适当的停放地点

土地的拥有者和有权利用者，要宽容主管部门的委托人或依据第 15 条、第 17 条和第 18 条的清除人员，允许他们进入土地，了解适当的停放地点和公共废物清除设备，进行测量土地和地下水的调查以及类似的工作，进入宅除外。事先要通知土地的拥有者和有权利使用者。

主管部门和依据第 15 条、第 17 条和第 18 条的清除人员，在工作结束后，要恢复成原来的状态。他们可以要求在调查中保护那些设备。如果设备已对调查无用，或者设备在购置后 2 年内，还未作出决定，土地的拥有者和有权利使用者对设备的停放可向主管部门提出反对意见，要求把设备清除走。

土地的拥有者和有权利使用者，对依据第 2 款出现的财产损失，可以向主管部门提出费用赔偿要求。

第 31 条　计划的制订和批准

建立和经营固定的废物清除设备，是为了储存或处理要清除的废物。对这种设备和运营的重要改变需要依据联邦侵扰防护法的条款进行审批。依据本法的，不需要另外批准。

建立和经营废物存放地，以及这种设备和运营的重要改变，需要主管部门制订计划。在制订计划的过程中，应依据环境监测法的条款执行对环境有利的监测。

根据管理程序法第 74 条，主管部门可以根据申请进行下列各项工作：

（1）建立和经营不重要的存放地。

（2）对存放地的重要改变或改变其运营要提出申请。条件是这种改变对环境监测法第 2 条第 1 款第 2 项所指的保护物品不会有明显的不利影响。

（3）建立和运营存放地要申请。存放地主要为新方法的开发和试验服务。最多在设备投入使用后 2 年内应给予批准。这个期限根据申请可以延长 1 年。

因为可能对环境产生明显的影响，所以第 3 款第 1 项不适用于建立和运营堆放需要特别监测废物的设备。对这种设备的计划批准可以依据第 3 款第 3 项最多在 1 年内进行。如果改变不会对环境监测法第 2 条第 1 款第 2 项所指的保护物品带来明显的不利影响，符合目的要求，主管部门应批准审理。

第 32 条　同意制订计划，保证安全，附加规定

依据第 31 条第 2 款的计划作出决定，或依据第 31 条第 3 款的批准，只有在下列情况下才能同意：

（1）确保公众健康不受到不利影响，特别是下列各项：

①不引起第 10 条第 4 款所指的危险；

②对不利影响有预防措施，特别是通过建筑的、经营的或组织的措施，采用适当的技术。

（2）不用担心有关人员的可靠性。

（3）对其他法律没有不利影响。

（4）不与制定废物经济计划的准备相对立。

如果不利影响通过规定的义务和条件可以预防，有关人员不提出异议，第 1 款第 3 项所指的对其他法律的不利影响与同意制订计划或批准就不对立。如果计划是为公众健康服务的，第 1 款第 3 项不适用。如果在这种情况下同意制订计划，有关人员必须对由此引起的财产损失负赔偿责任。

主管部门可以要求存放人员再种植绿化，防止或排除设备停放对公众健康的不利影响，确保安全。

只要这是为了维护公众健康所要求的，可以有条件地决定和批准计划，如规订义务和限定期限。接受改变和补充存放设备和企业的要求条件，应在制定计划决定后或者在批准同意后。

第 33 条　提前审批

在制订计划或批准审理程序中，对制订计划或批准计划的主管部门，可以允许保留 6 个月撤销的期限。在下列情况下，制订计划或批准计划前，项目可以开始建立和运营：

（1）决定对项目的承办者有好处；

（2）提前开始对公众有益；

（3）项目的承办者承担一切由执行决定引起的损失赔偿。如果项目制定或批准，项目的承办者负责恢复成原来的状态。这个期限根据申请可以延长6个月。

只要是履行项目承办者义务所需要的，主管部门要对安全保障提出要求。

第 34 条 计划制定审理程序

管理程序法第 72 条至第 78 条对计划制定审理程序适用。联邦政府通过参议院同意下的法律条款授权对计划制定审理程序的细节，特别是申请的材料种类和范围作出规定。

在审批范围内的不同意见，可以在法律规定的期限内以书面形式提出。

第 35 条 现存的废物清除设备

主管部门可以对 1972 年 6 月 11 日前开始运营的废物存放设备提出运营期限、条件和义务的规定。如果义务、条件或期限不能阻止对公众健康的明显不良影响，主管部门可以全部或部分地取消这些设备的运营。

在统一协议第 3 条所指的地区，主管部门可以对 1990 年 7 月 1 日前开始运营的废物存放设备提出运营期限、条件和义务的规定，相应地适用第 1 款。

第 36 条 关闭停用

废物存放设备的拥有者要及时地向主管部门报告存放的意图。报告必须附上种类、范围和运营方式，计划再种植绿化的说明资料和其他保护公众健康的预防措施。

主管部门应让拥有者承担义务，自费对用于存放的地方恢复植被，采取措施，预防对公众健康的不利影响。如果怀疑存放对土地有有害影响或对个人或公众有其他危险，应按联邦土地保护法的条款进行登记、调查、评估和整顿。

依据第 1 款的义务，也适用于产生需要监测的废物的设备拥有者。

第五章 促 销

第 37 条 公众的义务

联邦部门和处于联邦监督之下的法人、特殊利益代表以及其他部门，有义务通过自己的行为对履行第 1 条的目标作出贡献。在考虑第 4 条和第 5 条的情况下，他们要对建筑项目的劳动过程、材料和日用品的购置和应用进行检查，了解产品是否应用，在多大范围内应用，考察它们的耐用性，是否能再修理和再利用，同其他产品进行比较，看哪种产品利用中产生的废物较少，有害物少。

第 1 款中所指的部门，在可能的范围内，同其参与的私人团体合作，重视依据第 1 款的义务。

由于法律条款对环境保护的理由，对产品和材料应用的特殊要求不受影响。

第六章　信息义务

第 38 条　废物咨询义务

依据第 15 条、第 17 条、第 18 条的清除人员有义务在他们承担的任务范围内，以自我管理的方式，对避免产生废物、利用和清除废物提供信息和咨询。个体经济管理团体也有义务提供咨询。有义务的人员可以把此项任务委托给依据第 16 条第 1 款的第三者。

主管部门应回答依据本法的清除人员对现有的、适当的废物清除设备的提问。

第 39 条　向公众报告

州向公众报告避免和利用废物的现状，以及确保废物清除的情况。报告要注意保密规定，包括对废物经济计划的总体说明和利用，对以后报告期的情况进行预测比较。

第七章　监　测

第 40 条　一般监测

废物的利用和清除处在主管部门的监测之下。

监测部门的委托人应对关于企业、设备、机构和其他监测事项的询问给予回答。问题涉及如下方面：

（1）废物的制造者和拥有者；

（2）清除义务者；

（3）废物利用和清除的设备经营者，设备停放不用时的经营者；

（4）废物利用和清除设备的前经营者，设备停放不用时的前经营者；

（5）废水设备的经营者，在这些设备里，废物一起利用和清除；

（6）依据联邦侵扰防护法规定的设备的经营者，在这些设备里，废物一起利用和清除。

（7）咨询义务人员要经主管部门委托人员的允许，才能进入土地、商店和工厂内，检查依据第5条、第11条的义务遵守情况，查阅资料，调查和考核技术名称。如果是为了防御紧急危险，保护公共安全和秩序，允许咨询义务人员进入住宅。住宅不受侵犯的基本权利（基本法第13条）受到保护。

利用设备和废物清除设备的经营者，或废物利用和清除一起进行的设备经营者，要开放设备，为监测提供人力、工具和资料，让他人自费按主管部门的要求对企业和设备的现状进行检查。

提供咨询的义务人员可以拒绝回答一些可能对自己或民事诉讼法第383条第1款第1项至第3项说明中的成员产生不利后果，或违背依据违规法的审理程序的问题。

第41条　需要监测的废物

对来自商业或其他经济企业或公共机构的废物的监测和清除，要按它们的种类、特性和数量，以及在特殊范围内对空气和水的危害，易爆和易燃，以及可能引起传染病等情况，根据本法提出特别的要求进行。联邦政府听取参与方的意见后（第60条），通过联邦参议院同意的法律条款对需要特别监测的废物的清除作出规定。

所有不在第1款清除范围内的废物也是需要监测的废物。

联邦政府听取参与方的意见后（第60条），通过联邦参议院同意的法律条款授权对废物清除作出如下规定：

（1）对废物的利用和监测，依据第1款所指的物质标志，按照本法提出要求进行（需要特别监测的废物清除）；

（2）按种类、特性和数量提出一定要求，以确保按规定和无害化利用（需要监测的废物清除）。

只要与当地的利益是一致的，主管部门可以对每个具体废物案例按第1

款至第 3 款的不同级别作一些调整。

第 42 条　清除废物的自选证明方法

主管部门可以规定，非家庭产生的废物拥有者要对废物的种类、数量、清除进行说明，保留和保存凭据，应把说明书和凭据提供给主管部门检查。

依据第 1 款的说明要求有：

（1）清除前，拥有者的说明，清除人员的接受说明和主管部门的证明；

（2）清除后，残留物的相应证明。主管部门在测量中对要求证明的种类、范围和内容作出决定。

如果依据第 48 条第 4 项的法律条款没有作出其他规定，依据第 40 条第 2 款第 1 项负有义务的人员，在废物清除过程中，对证明的凭据要保存 5 年。

第 43 条　需要特别监测的废物清除采用强制性的证明方法

本条所指的负有义务的人员，即使主管部门未对需要特别监测的废物的清除提出特殊要求，也不是依据第 48 条第 5 款规定的少量废物，则要根据第 42 条第 1 款、第 2 款进行说明和提供凭据。为此下列人员有义务：

（1）产生这种废物的设备的经营者；

（2）收集和运输这种废物的人员；

（3）废物清除设备的经营者；

（4）废水设备或依据联邦侵扰防护法规定的设备的经营者，在这些设备中这种废物一起被清除。

谁满足了第 1 款第 1 项至第 4 项所指的前提，要向主管部门报告。

主管部门可以根据第 1 款人员的申请，可以全部不要求提供证明或凭据，或对个别种类的废物不要求提供证明或凭据，前提是不用担心公众的健康受到不利影响。

第 44 条　清除强制性证明方法的例外

废物的制造者或拥有者在自己的设备里清除废物，证明可由废物经济计划和废物平衡表来代替。依据第 43 条的证明，或者依据第 42 条第 3 款的证明不要求提供。主管部门依据第 42 条第 1 款的权限，在个别情况下要求有证明，这点不受影响。

如果在设备中自己进行清除，主管部门应不要求提供依据第 43 条的证明。这时自己进行清除的好处可通过废物经济计划和废物平衡表得到证明。

在这种情况下，适用第 1 款第 2 项、第 3 项。

第 45 条　废物利用的证明方法

第 42 条对废物的清除所作的规定，也适用于对废物利用的证明方法。

不需要监测的废物的利用证明，只在为维护公众健康需要时才提出。主管部门如果联系第 42 条，要求对不需要监测的废物的利用提出证明，则应提出如下要求：

（1）说明产生废物的种类和数量，计划进行的利用方法；

（2）证明已进行的利用；

（3）残留物的证明。

依据第 40 条第 2 款第 1 项负有义务的人员，在利用需要监测的废物过程中，应保存为证明目的服务的凭据。

第 46 条　对需要特别监测的废物利用采用强制性证明方法

本条所指的负有义务的人员，即使主管部门没有对需要特别监测的废物的利用提出特殊要求，也不是依据第 48 条第 5 款规定的少量废物，则要根据第 42 条第 1 款、第 2 款进行说明和提供凭证。为此下列人员有义务：

（1）在设备里产生这种需要特别监测废物的设备经营者；

（2）收集或运输这种要利用的需要特别监测的废物的人员；

（3）在设备里要利用的需要特别监测废物设备的经营者；

（4）依据联邦侵扰防护法在设备里一起利用需要特别监测废物设备的经营者。

谁满足了第 1 款第 1 项至第 4 项所指的前提，要向主管部门报告。

主管部门可以根据申请对依据第 1 款的负有义务的人员全部或部分地免除提供证明或凭证，或者在撤销追加条件下对个别种类的废物免除提供证明或凭证，前提是不用担心公众健康受到不利影响。

第 47 条　利用强制性证明方法的例外

如果废物的制造者或拥有者是在自己的设备里利用废物，证据可由废物经济计划和废物平衡表来代替。依据第 46 条的证明，或者依据第 45 条第 3 款的证明不要求提供。主管部门依据第 45 条第 1 款的权限，在个别情况下要求有证明，这点不受影响。

如果利用是在设备中进行，主管部门应该不要求提供依据第 46 条的证明。按规定的和无害的利用可以通过废物经济计划和废物平衡表得到证明。

在这种情况下，第 1 款第 2 条、第 3 项相应地适用。

第 48 条　利用和清除证明的法律规定

联邦政府听取参与方的意见后（第 60 条），通过联邦参议院同意的法律条款授权作出如下规定：

（1）进行证明和保存凭证要符合一定的要求；

（2）第 1 项所指的资料对个别种类的废物的要求可以不一样；

（3）根据申请，主管部门可以对证明的种类、范围和内容作出与第 1 项要求不相同的规定；

（4）第 1 项所指的证明和凭证应保留一定的期限；

（5）根据废物的种类和特性，对小数量废物可以作出不同的规定。对小数量废物不需要提供按第 43 条第 1 款或第 46 条第 1 款的资料。

第 49 条　运输批准

清除废物必须有主管部门的批准（运输批准）才允许收集和运输。但这不适用于下列情况：

（1）依据第 15 条、第 17 条和第 18 条的清除人员以及由他们所委托的第三者；

（2）没有被有害物质所污染的挖出来的泥土、街道尘土、建筑碎料的收集和运输；

（3）主管部门根据申请或官方免除依据第 1 项的批准义务后，在经济企业范围内小量废物的收集和运输。

如果对申请人以及企业领导和监督负责人员没有怀疑，收集人员和运输人员以及由他们所委托的第三者具有必要的专业知识，主管部门应给予批准。只要这是为了保护公众的健康所要求的，批准可以与规定的义务相结合。给予运输许可，收集和运输前不能免除依据第 12 条、第 24 条和第 48 条提供证明的义务。

联邦政府通过联邦参议院同意的法律条款授权颁发如下规定：

（1）申请材料以及运输批准的形式和内容。

（2）付费及费用偿还。至少 10 马克。对个别情况也不允许超过 1 万马克。要采用费用管理法的条款。

（3）在法律规定中可以对依据第 2 款的专业和专业知识提出要求，对有关义务作出规定。批准的有效作用在一定情况下取决于第 2 款所指的证明。

批准适用于德意志联邦共和国。批准由运输者或收集者所在的州的部门负责。

由于安全原因，与运输危险物品有关的法律规定不受影响。

只要存在根据第 1 款的批准义务，在公共街道运输废物的机动车必须带有两个长方形的、反光的、白色的警示牌，要求它有 40 公分长，至少 30 公分高。警示牌挂在机动车上，不高于路面 1.5 米。在运输时要能从车的前后清楚地看到警示牌。火车要有两个警示牌，安装在拖车的背面。机动车司机要关心警示牌的安装。

第 50 条　中介交易的批准和其他情况

非废物拥有者为第三者作介绍，需要主管部门的批准。如果没有事实表明申请人和企业委托的领导和监督人员是不可靠的，则应给予批准。只要是为了保护公众健康和环境所要求的，批准可以在内容上进行限制并与规定的义务相结合。在相同条件下，允许在事后对义务进行修改和补充。如果审批部门了解相应的事实，他们有责任对申请人进行反驳。当相应的事实在事后才了解到，则应取消并收回批准。反对意见和反驳控诉没有推迟的作用。

联邦政府倾听参与方的意见后（第 60 条），通过联邦参议院同意的法律条款授权对下列情况作出规定：

（1）收集和运输待利用的需要特别监测的废物的人员，在适用第 49 条第 1 款至第 5 款时需要批准。

（2）为了保护公众健康，对需要监测的或需要特别监测的废物，按照第 4 条至第 7 条进行无害化利用时应提出特别要求。利用废物的人员应得到批准。在审理程序中，利用人员的可靠性或专业知识要得到证明。

如果不要求根据第 1 款、第 2 款的批准，依据第 16 条第 1 款，受委托的第三者要向主管部门报告自己的工作。

第 51 条　放弃运输许可和中介交易许可

依据第 52 条第 1 款的废物清除专业企业，向主管部门报告计划接受在专业企业团体的证明权限下工作，不需要按照第 49 条第 1 款和第 50 条第 1 款的要求进行批准。

只要是履行第 5 条和第 11 条的义务，主管部门可以对他们进行的工作拟定义务条件。如果事实清楚，证明他们不可靠或者没有遵守第 5 条和第 11 条所规定的义务，则主管部门要禁止他们进行的工作。

第 52 条　清除专业企业，清除团体

清除专业企业应有第 3 款认可的清除团体协会标志，它有权与技术监测组织签订至少为期 1 年的监测合同。监测合同需要废物经济最高主管部门或由它指定的部门的同意。批准可以同时作出。

联邦政府倾听参与方的意见后（第 60 条），通过联邦参议院同意的法律条款授权对清除专业企业作出规定。可以规定对专业知识的最低要求，要求对个人的可靠性和赔偿保险作出保证，并对仪器和设备的要求作出规定。此外，联邦政府可以对清除专业企业的特殊认可、认可的程序方法和前提、回收和取消认可、检查和检查机构的任命和组成以及检查方法作出规定。

清除团体需要废物经济最高主管部门或由其确定的部门的认可。为了抵制企业竞争的限制，可以撤销认可。清除团体的活动是按统一的方针进行的。其方针由联邦环境、自然保护和反应堆安全部在联邦参议院的同意下批准。方针可以规定许可的前提、撤销认可、监测标志、给予批准以及吊销批准的形式。

第八章　废物企业组织和受委托者

第 53 条　对企业组织的通知义务

如果在资本社团中，多个会员中有某个有代理权的组织，或在人员社团中，有多个有代理权的股东，应通知主管部门，由谁依据企业管理权限规定承担依据联邦侵扰防护法第 4 条需要审批设备经营者的义务，由谁承担依据第 26 条设备拥有者的义务。他们对本法和依据本法颁发的法律规定负有责任。所有组织成员和股东的整体责任不受影响。

联邦侵扰防护法第 4 条需要审批设备的经营者和第 26 条的拥有者，在其企业管理权限内，根据第 1 款的人员必须报告主管部门他们将以何种方式在企业内确保避免废物的产生和对环境有利的废物清除，如何保证法律规定和要求得到重视。

第 54 条　企业废物管理人员的任命

联邦侵扰防护法第 4 条需要审批设备的经营者，经常产生需要特别监测

的废物设备的经营者，地方上固定进行分类、利用和清除废物的设备经营者，以及依据第26条的拥有者，必须任命一个或几个企业废物管理人员。此外，根据设备的种类和大小，还要求考虑到如下因素：

（1）在设备里产生、利用或清除的废物；

（2）避免、利用和清除的技术问题；

（3）产品的合格情况，按规定利用时或利用后出现的问题，按规定的、无害化的利用或对环境有利的清除中出现的问题。

（4）联邦环境、自然保护和反应堆安全部听取参与方的意见后（第60条），通过联邦参议院同意的法律条款对根据第1项的设备作出规定，设备的经营者必须任命废物管理人员。

主管部门可以规定，如果这种任命从第1款第1项的观点来看，在个别情况下是必不可少的，依据第1款第1项的设备经营者必须任命一个或几个废物管理人员。

根据联邦侵扰防护法第53条必须任命一个侵扰防护管理人员，或者根据水管理法第21·1条必须任命一个水域管理人员，这些人员也应依据本法履行废物管理人员的任务和义务。

第55条 任务

废物管理人员对经营者和企业成员就循环经济和废物清除重要事项提供咨询。他们有权利并有义务处理下列事情：

（1）监督废物的形成及其利用和清除。

（2）遵守本法和依据本法颁发的法律规定，监督完成的条件和义务，特别是要检查工厂车间、设备中产生的废物，控制利用和清除的废物种类和特性。通知存在的问题并为清除措施提出建议。

（3）向企业成员解释公众健康受到的废物造成的不良影响，说明哪些是从废物中释放出来的，哪些是从设备中释放出来的。向企业成员解释设备的情况以及为避免、利用和清除废物所采取的措施。

（4）对联邦侵扰防护法第4条需要审批的设备，特别是监测那些产生需要特别监测的废物的设备。此外，还要致力于下列开发和应用：

①对环境有益的、废物少的方法，包括避免废物、无害化利用废物和对环境有利的废物清除方法；

②对环境有益的、废物少的产品，包括再利用、使用方法，再利用之

后对环境有利的清除方法；

③在开发和应用中，谋求第 1 目和第 2 目所指方法的协同合作。特别是对方法和产品的鉴定要考虑到循环经济和清除因素。

（5）致力于改善设备利用和清除废物的方法。

废物管理人员每年应向经营者提供一个报告，介绍应依据第 1 款第 1 项至第 5 项所采取的措施。

被任命负有责任的人员和废物管理人员之间的关系，适用联邦侵扰防护法第 55 条至第 58 条的规定。

第九章　最后规定

第 56 条　保密和数据保护

关于保密和数据保护的法律条款不受影响。

第 57 条　实施欧洲共同体的法律文件

为实施欧洲共同体的法律文件，为了第 1 条所指的目标，联邦政府在联邦参议院同意后可以颁发法律条款，确保利用是按规定的和无害的，清除对环境有利。在法律条款中也可以对如何教育公众作出规定。

第 58 条　在联邦国防军的实施执行

在联邦国防部的业务范围内，为利用和清除军队自己的废物，联邦国防部及所属部门必须实施本法和本法的规定。

只要有防务的迫切理由，或履行国家间义务的要求，联邦国防部对联邦军范围内的废物进行依据第 1 款的利用和清除时，可授权颁发本法和其他法律以外的规定。

第 59 条　联邦议院参与法律条款的颁布

根据本法第 6 条第 1 款、第 7 条第 1 款第 1 项和第 4 项、第 23 条、第 24 条、第 57 条的法律条款应送交联邦议院。先送交联邦议院，后送交联邦参议院。法律条款可以根据联邦议院的决定进行修改或拒绝颁布。联邦议院的决定将送交联邦政府。如果联邦议院在接到法律条款 3 周后不处理，未修改的法律条款将送交联邦参议院。

第 60 条　听取参与各方的意见

只要是授权颁发法律条款和一般管理条例，一定要听取参与各方的意见。要倾听每个科学家代表、有关人员代表、经济界代表、州里主管废物经济的最高部门的代表、社区和社区协会代表的意见。

第61条 罚金规定

故意或疏忽大意违规是指：

（1）在第27条第1款的设备之外处理、储存或堆放其不利用的废物；

（2）违反第27条第1款规定，在允许的废物清除设备之外处理、储存或堆放要清除的废物；

（3）没有根据第49条第1款第1项的批准，收集或运输要清除的废物，或者违反根据第49条第2款的义务；

（4）没有根据第50条第1款的批准，进行废物运送的中介服务；

（5）违反第6条第1款、第7条、第8条、第12条第1款、第23条、第24条、第27条第3款、第49条第3款或第50条第2款的规定。

故意或疏忽大意违规是指：

（1）违反第25条第2款、第43条第2款或第46条第2款，没有提出报告；

（2）违反第30条第1款，对进入土地或进行测量，进行土地和地下水调查没有采取宽容的态度；

（3）违反第40条第2款第1项，没有回答问题，或回答不全面，或回答不正确；

（4）违反第40条第2款第2项，没有允许进入土地，进入住宅、商店或工厂内，没有允许查阅资料和技术检查；

（5）违反第40条第3款，没有提供人力、工具和资料；

（6）违反第40条第3款、第42条第1款以及第45条第1款或第54条第2款有关的规定；

（7）违反第43条第1款第1项或第46条第1款第1项，没有进行证明或没有提供凭据；

（8）违反第49条第6款，没有安装警示牌或没有按规定安装警示牌；

（9）违反第54条第1款第1项，没有任命废物管理人员；

（10）违反第48条的规定。

根据第1款的违规，要罚10万马克，根据第2款的违规，要罚2万马克。

根据违规法第36条第1款第1项的管理部门是联邦物质运输局。

第 62 条　没收

如果出现第 61 条第 1 款第 2 项、第 3 项的违规，物品可以没收。应适用违规法第 23 条。

第 63 条　有关当局

如果没有通过州法律作出规定，实施本法的主管部门由州政府或其认可的部门作出决定。

第 64 条　临时过渡规章

避免和清除废物法的第 5·1 条和第 5·2 条直到本法第 7 条和第 24 条的相应法律条款生效后才失效。

图书在版编目（CIP）数据

文伯屏环境资源法学文集/文伯屏著 . —北京：
社会科学文献出版社，2013.2
（中国社会科学院老年学者文库）
ISBN 978-7-5097-4085-9

Ⅰ.①文… Ⅱ.①文… Ⅲ.①环境保护法-法学-文
集②自然资源保护法-法学-文集 Ⅳ.①D912. 601-53

中国版本图书馆 CIP 数据核字（2012）第 304168 号

· 中国社会科学院老年学者文库 ·

文伯屏环境资源法学文集

著　者／文伯屏

出 版 人／谢寿光
出 版 者／社会科学文献出版社
地　　址／北京市西城区北三环中路甲 29 号院 3 号楼华龙大厦
邮政编码／100029

责任部门／人文分社（010）59367215　　责任编辑／宋淑洁
电子信箱／renwen@ssap.cn　　　　　　　责任校对／王海荣
项目统筹／宋月华　魏小薇　　　　　　　责任印制／岳　阳
总 经 销／社会科学文献出版社发行部（010）59367081　59367089
读者服务／读者服务中心（010）59367028

印　　装／三河市尚艺印装有限公司
开　　本／787mm×1092mm　1/16　　　　印　张／37
版　　次／2013 年 2 月第 1 版　　　　　彩插印张／0.25
印　　次／2013 年 2 月第 1 次印刷　　　字　数／721 千字
书　　号／ISBN 978-7-5097-4085-9
定　　价／148.00 元